Dr. Friedrich Walter

Archiv und bibliothek des Grossh. hof- und nationaltheaters in Mannheim, 1779-1839;

Dr. Friedrich Walter

Archiv und bibliothek des Grossh. hof- und nationaltheaters in Mannheim, 1779-1839;

ISBN/EAN: 9783742873613

Hergestellt in Europa, USA, Kanada, Australien, Japan

Cover: Foto ©Thomas Meinert / pixelio.de

Manufactured and distributed by brebook publishing software (www.brebook.com)

Dr. Friedrich Walter

Archiv und bibliothek des Grossh. hof- und nationaltheaters in Mannheim, 1779-1839;

Archiv und Bibliothek
des
Grossh. Hof- und Nationaltheaters in Mannheim

1779—1839

Im Auftrag der Stadtgemeinde herausgegeben
von
Dr. Friedrich Walter

✳

——— Band II ———

Die Theater-Bibliothek

Leipzig
Verlag von S. Hirzel
1899.

Die Bibliothek

des

Grossh. Hof- und Nationaltheaters in Mannheim

1779—1839

Katalog der gedruckten Bücher, Manuskripte und Musikalien
der älteren Periode

nebst einem

Repertoire der Dalbergschen Zeit

Im Auftrag der Stadtgemeinde herausgegeben
von
Dr. Friedrich Walter

Leipzig
Verlag von S. Hirzel.
1899.

Einleitung.

Bei der Ausscheidung der älteren Soufflier- bezw. Regiebücher und Soufflier-Manuskripte aus der Bibliothek des Mannheimer Hof- und Nationaltheaters waren dieselben Grundsätze maßgebend, die bei der Trennung der älteren Archivalien von der neueren Registratur galten. Die Jahre 1839/40 bilden auch hier, soweit als möglich, die Grenze. In der Bibliothek sind vereinigt die für den Gebrauch des Regisseurs oder des Souffleurs angefertigten Bühnenmanuskripte, sowie die gedruckten Ausgaben derjenigen Stücke, die aufgeführt wurden oder deren Aufführung geplant war, auch solcher, die zur Aufführung eingesandt wurden, ferner Sammelausgaben von Schauspielen, Lustspielen u. s. w., einige historische Werke und verschiedene Schriften, welche das Theater betreffen. Am wertvollsten sind natürlich die geschriebenen Regie- und Soufflierbücher*) und unter diesen die Bühnenmanuskripte klassischer Werke, die als wichtige Dokumente für die Textgeschichte und Textkritik dieser Dramen inbetracht kommen, wie sich bei der eingehenden Besprechung der hervorragendsten dieser Mannheimer Bühnenmanuskripte z. B. der Räuber, des Fiesko, des Götz u. s. w. ergeben wird. Die vorhandenen Manuskripte rühren mit ganz verschwindend wenigen und unbedeutenden Ausnahmen von der Hand eines Kopisten (meist des Souffleurs) her, der auch das Ausschreiben der Rollen besorgte. Sie sind wie die Rollen in Quartformat geschrieben. Die Vorlage für den Kopisten konnte sehr verschiedenartiger Natur

---

*) In älterer Zeit hatte man nur Soufflierbücher, dann kam ein zweites Exemplar für den Regisseur hinzu, während heute Regisseur, Inspizient und Souffleur ihr eigenes eingerichtetes Buch haben.

sein: entweder das Originalmanuskript des Autors oder bereits eine Abschrift hiervon, das Souffliermanuskript einer auswärtigen Bühne, die Bearbeitung eines Stückes durch den Mannheimer Regisseur oder Intendanten, die gedruckte Ausgabe eines Dramas mit handschriftlichen Änderungen, Strichen, Zusätzen u. s. w. Diese Manuskripte erhalten weiterhin dadurch besondere Bedeutung, daß sie häufig handschriftliche Änderungen, Zusätze oder Bemerkungen des Regisseurs oder Intendanten, hin und wieder auch des Autors selbst enthalten. Dasselbe ist auch, wie bereits bemerkt, bei einer Reihe von gedruckten Büchern der Fall, die dadurch natürlich erhöhtes Interesse gewinnen.

Von wenigen Nummern abgesehen gehen die Bestände der Bibliothek nicht über die Dalbergsche Zeit zurück. Das Bibliothekmaterial der Marchandschen und Seylerschen Truppen, das Privateigentum war, befindet sich nicht in Mannheim. Dagegen wurde 1780 aus der Seylerschen Konkursmasse in Frankfurt eine Anzahl von Rollen und Musikalien vom Mannheimer Theater angekauft (I, 206). Der Plan des Ankaufs der Gothaischen Theaterbibliothek (1779), der aus der Vollmacht für den Mannheimer Abgesandten Sartori hervorgeht (I, 56), konnte nicht ausgeführt werden, da der ganze Fundus des aufgehobenen herzoglichen Hoftheaters in Gotha verblieb.

Ebenso wie unter den Akten entstanden auch in den Bücherbeständen im Lauf der vielen Jahre ihrer Benutzung Lücken durch Entwendung oder Verbrauch.

Schon Dalberg und sein Nachfolger Venningen sorgten für Katalogisierung und waren auf sorgfältige Verwaltung bedacht; doch haben sich keine dieser ältesten Kataloge erhalten. Schon für den Mai 1780, den November 1781, den Dezember 1786 und späterhin öfter läßt sich aus den Theaterrechnungen die Anfertigung eines alphabetischen Bücherverzeichnisses bei Gelegenheit von Inventaraufnahmen nachweisen.

In den ersten Monaten des Bestehens der Mannheimer Nationalbühne hatte der Direktor Seyler die Verwahrung und Beaufsichtigung der Bibliothek, dann wurde der erste Ausschuß (Regisseur) Meyer damit betraut; er hatte nach seiner Instruktion (15. Febr. 1781) dafür zu sorgen, „daß das Repertorium ordentlich geführt und die Bücher in guter Ordnung gehalten würden". Im September 1783 erhielt Rennschüb als Regisseur die Verwaltung der Bibliothek. Die Bibliothek befand sich damals, wie aus den Akten ersichtlich ist, im Hause des Regisseurs (vgl. I, 462). Auch Iffland verwaltete in den Jahren seiner Regieführung die Bibliothek, wofür er seinen Gagenquittungen zufolge eine Gehaltszulage von jährlich 25 Gulden erhielt. In den Kriegsnöten der neunziger Jahre war mit den übrigen Theatereffekten auch die Bibliothek stark gefährdet; ihre Sicherung bei den Bombardementsgefahren erforderte besondere Maßregeln (vgl. I, 171).

Nach Ifflands Weggang von der Mannheimer Bühne übernahm der Souffleur Trinkle („ein sehr guter Buchhalter inbezug auf die Theatertextbücher, aber ein sehr schlechter Souffleur", wie ihn Beck einmal nennt) die Bibliothek; er veranstaltete eine Bücherrevision; seine Verzeichnisse der damals fehlenden Werke sind erhalten (PIII, 1).

Die neuen Theatergesetze des Organisationsjahrs 1797 enthalten auch Bestimmungen über die Bibliothek, wonach jedes Theatermitglied berechtigt ist, den Katalog der Theaterbibliothek einzusehen und von den gedruckten Stücken je zwei gegen Schein zur Lektüre zu verlangen. Bezüglich der Manuskripte wurde mit Rücksicht auf die damaligen Verhältnisse von Autorenrecht und Mißbrauchsgefahr bestimmt, daß keines derselben ohne ausdrückliche Erlaubnis der Intendanz ausgeliehen werden dürfe, ebensowenig ein Stück, welches zwar gedruckt, aber geändert und so teilweise zum Manuskript gemacht worden sei.

Intendant v. Venningen, der bei seinem Dienstantritt 1803 eine große Verwahrlosung im gesamten Theaterbetrieb antraf, ordnete eine neue Inventarisation der Bibliothek, ebenso wie der Archivbestände an. Auch dieses Bibliotheksinventar hat sich nicht erhalten. Die ältesten vorhandenen Kataloge gehen auf die Arbeiten des Souffleurs und Regisseurs Karl Beil zurück. Von Beil existieren folgende Kataloge:

1. Ein Standortsregister, von Beil begonnen, von anderen weitergeführt, noch heute in Gebrauch zum Nachtragen der Neuerwerbungen. „Catalog der Bibliothek des Mannheimer Theaters" groß 4°. Eingeteilt in folgende Abteilungen: M·Manuskripte, G·gedruckte Bücher, S·Sammelwerke.

2. Ein alphabetischer Katalog in Folio, von Beil im Septbr. 1840 abgeschlossen, von Verberich (vgl. I, 23)

fortgesetzt. Innerhalb der einzelnen Buchstaben ist die alphabetische Ordnung nicht durchgeführt, was den Gebrauch erschwert. Hinter jedem Werk ist die Signatur angegeben, die einzelnen Stücke der Sammelwerke sind größtenteils mit aufgenommen. (Dieser Katalog wurde dem Archiv einverleibt.)

3. Ein alphabetischer Katalog in Folio, nach dem Beilschen 1856 angefertigt in genauer alphabetischer Ordnung. Ist noch heute auf dem Theaterbureau in Gebrauch.

Die Beilsche Katalogisierung wurde vorliegender Arbeit zugrunde gelegt. Aus Zweckmäßigkeitsgründen wurde davon abgesehen, die ursprünglich geplante systematische Änderung der Haupteinteilung und der Einzelnummerierung durchzuführen, um den Zusammenhang der als selbständige Gruppe ausgeschiedenen älteren Bücherbestände mit der ebenfalls nach dem alten System der Beilschen Katalogisierung geordneten und signierten Regiebibliothek nicht zu zerstören. Das vorliegende alphabetische Verzeichnis ist nach den Titeln der Stücke geordnet, wobei jeweils das erste Wort des Titels, ausgenommen der Artikel, maßgebend ist. Bezüglich der Aufstellung und Signierung ist die bisherige Gruppeneinteilung: M (=Manuskripte), G (=gedruckte Bücher) und S (=Sammelschriften) beibehalten worden. Im vorliegenden Katalog erscheinen die Abteilungen M und G des bequemeren Nachsuchens wegen vereinigt. Durch die Beisetzung der Buchstaben M und G ist die Zugehörigkeit der einzelnen Nummern sofort ersichtlich. Die Abteilung S folgt gesondert am Schlusse des Doppelverzeichnisses von M und G. Als eine selbständige Abteilung des vorliegenden Bandes folgt sodann der Katalog der älteren Musikalien des Theaters und fernerhin als Anhang ein nach den Zettelbänden zusammengestelltes Repertoire der Mannheimer Aufführungen von 1779 (bezw. 1778)—1803.

Die Exkurse über die wichtigsten Manuskripte sind in einen besonderen Anhang verwiesen, um den Zusammenhang des Katalogs nicht zu unterbrechen. Auf dieselben ist im Katalog durch ein † hingewiesen. Durch ein Autorenregister ist die Übersicht dessen ermöglicht, was die Bibliothek an Werken eines Autors besitzt.

A.
Die Bibliothek.

Katalog der Manuskripte und gedruckten Bücher.

Abällino, der große Bandit. Trauerspiel in 5 Aufzügen, nach der Gesch. dieses
Namens v. demf. Verf. [Zschokke.] Leipz. u. Frkf. a. O., Apitz 1795. G 855
Abällino, der große Bandit. Tr. 5 nach der Gesch. dieses Namens v. demf.
Verf. [H. Zschokke.] M 245
Abbé Lattaignant oder die Theaterprobe. Sg. 1 v. E. B. Hiemer, Musik v.
F. Danzi. M 571
Die Abenteuer einer Nacht. L. 3 n. d. Span. von L. F. Huber. M 139
Abenteuer einer Neujahrsnacht. Schw. 3. M 1118
Abraham. Drama mit Musik 3 [v. Castelli]. Musik v. Ignaz Ritter v. Seyfried.
Wien, Wallishauser 1818. G 718
Achilles, große heroische O. 2 a. d. Ital. Musik v. Paer. M 408, 561, 752 u. 805
Achille, Drama eroico per musica in due atti. La poesia è del Signor
Tenente de Gamerra, poeta del teatro aulico, la musica è del Sig. Ferdinando
Paer.*) M 766
Adelheid von Guesclin. O. 2 a. d. Ital. Musik v. Simon Mayr. M 887 u. 749
Das adeliche Schäfermädchen. Kom. O. 2 n. d. Ital. der „Pastorella nobile".
Musik v. Guglielmi. M 189 u. 793
Adelkunde und Friedrich oder an einem Tage Braut, Wittwe und wieder Braut
von Sebastian Winkes, Schauspieler. Wien, Haas 1793. G 320
Die Adelritter. Ein Gräuelgemälde a. d. Zeiten d. Vehmgerichte in 5 Handl.
vom Verf. Gerhard des Zweiten, Kurf. von Köln. Görlitz, Hermsdorf u.
Anton 1793. G 314
Die Adelsucht. L. 2 von F. L. Schröder. M 119
Der adelsüchtige Bürger. Kom. Sg. 3 n. d. Ital. Musik v. Cimarosa. M 177 u. 778
Der Adept. Tr. 5 v. Friedrich Halm. Wien, Gerold 1838. G 944
Der Adjutant. L. 3. [v. W. H. Brömel.] Hamburg, Herold 1780. G 22
Des Adlers Horst. O. 3. Musik von Gläser. M 1105

*) Titelvermerk: Rapresentato sul teatro Granducale e Nazionale a Mannheim
li 24. 27. e 31. Maggio 1812, rapresentato di nuovo due altre volte li 17 e li 26 dec. 1813.

Der Adliche, wie er weyland war. L. 3 a. d. Frz. des Herrn Mercier.
Hamburg, H. J. Matthießen 1793. G 326

Adolph der Kühne, Raugraf von Dassel. Gemälde der Vorzeit 5 u. Kramer
frey bearb. vom Schauspieler Karl Miedke. Augsb., Stage 1798. G 501

Adolph von Nassau. Ein Nationaltrauerspiel 5 von J. W. Franz. Frkft. u.
Leipz., Eßlinger 1799. G 518 u. 811

Adrast u. Isidore oder die Serenade. Kom. O. 2 nach Molière v. Bretzner.
[Musik v. Peru.] M 42

Adrian van Ostade. Sg. 1 v. Treitschke. Musik v. Joseph Weigl. M 430 u. 809

Advokat, Doktor und Apotheker. P. 1 vom Frh. v. Thumb u. d. Frz. M 879

Die Advokaten. S. 5 von Aug. Wilh. Iffland. Lpzg., Göschen 1796. G 415

Agatha oder die Gewalt der Erziehung. S. 5. M 658

Agnes Bernauerin. Ein vaterl. Tr. [vom Grafen Törring]. 1780. — Dasselbe
in anderer Ausg. o. O. 1780. G 1 a u. b

Agnes Sorel. O. 3 nach dem Frz. von Sonnleithner. Musik v. Kapellmeister
Gyrowetz. Wien, Wallishauser 1807. G 649

Agnes von Hochberg oder das dreizehnte Jahrhundert. Ritterstück 5 von
Gustav Krieg. Lpzg., Knobloch 1822. G 579

Aja oder die heimliche Ehe. Skizze eines Tr. 5. Berlin u. Lpzg. 1792. G 328

Alamon, Fürst von Catanea. O 3 v. Castel (Seyfried) u. Isonard. M 1054

Die Albaneserin. Tr. 5 von Müllner. Stuttg. u. Tübing., Cotta 1820. G 736

Alboin. Tr. 5 frei nach Fouqués Heldengedicht Alboin, von Pannasch.
(vgl. 927.) M 877

Alboin, König der Langobarden oder Rache für Rache. Tr. 4 n. d. wahren
Geschichte bearbeitet. Lpzg., Hilscher 1795. G 419

Albrecht Dürer. D. 1 von Schenk. M 895

Albrecht Dürer. Dr. G. 6 von Friedrich Wagner. Nürnberg, Bauer und
Raspe 1840. G 975

Der Alchymist. Opt. 1 [von Meißner nach L'amour diable von Le Grand].
Lpzg., Dyk 1778. G 79

Alderson, Tr. 4. [von Brandes] M 134

Alexander in Indien oder die Macedonier am Indus. O. 2 nach Metastasio
von Ministerialsekretär Römer, Musik von Peter Ritter. M 450

Alexander von Macedonien. S. 4 von Karl Theodor Beil. Mannheim, Schwan
u. Götz 1821 (mit hdschr. Zusätzen des Verfassers). G 750

Alexina oder Ein Tag in der Türkey. S. 5 a. d. Engl. frey bearb. von
Professor Cowmeadow. Zweyte Aufl. Berlin, Maurer 1796 G 389

Alexis und Justine. Kom. O. 2, übersetzt von C. G. Neefe. Musik von
Desaides. M 121 u. 706

Alfred, histor. S. 5 v. Christ. J. Salice Contessa. Hirschberg, Thomas 1809. G 627

Alfred, O. 3 von Kotzebue [Musik von Peter Ritter]. M 574

Alidia, rom. O. 3 von O. Prechtler, Musik von Fr. Lachner. M 1012

Aline, Königin von Golkonda. O. 3 nach Vial u. Fabiers v. G. F. Treitschke
Musik von Berton. M 376 u. 801

Aline von Fendenheim oder die Pfalz in Ostindien. Feenoper mit Gesang 3,
nach Bäuerles „Wien in einem anderen Weltteile" bearb. von Obermeyer.
Musik von W. Müller. M 614 u. 836

Aller guten Dinge sind drei. L. 2 v. Karl Albrecht. Warschau, Wilke 1797. G 470
Alles aus Eigennutz. L. 5 n. d. Engl. des Generals Bourgoyne. Graz u. Lpzg.,
   Albrecht u. Comp. 1793. G 287
Alles aus Eigennutz oder die Erbin. S. 5 n. d. Engl. des Bourgoyne [bearb.
   von H. Beck]. Mit einigen eigenh. Verbesserungen d. Bearbeiters. M 142
Alles nach der Uhr. L. 1 (nach „der Mann mit der Uhr") v. Thumb. M 411
Allzu scharf macht schartig. S. 5 v. Aug. Wilh. Iffland. Lpzg., Göschen 1795. G 390
Allzu scharf macht schartig. S. 5 von Iffland. M 231
Almanzor und Serena oder der Spiegel der Unschuld. Opt. 2 n. einer arab.
   Erzählung bearb. von J. N. K. Lpzg., Köhler 1796. G 443
Das Alpenröslein, das Patent und der Shawl. S. 3 v. Fr. v. Holbein. M 581
Alphonso. S. 3 nach d. Frz. von Frh. v. Thumb. M 415
Der alte böse General. L. 3 v. Karl Friedr. Kretschmann. Lpzg., Dyk 1787. G 185
Der alte böse General. L. 3 v. Karl Friedr. Kretschmann 1787. M 111
Der alte Feldherr. Liedersp. 1 von Karl v. Holtei. G 933
Das alte Gemälde. S. 1 nach Marsollier. M 700
Der alte Leibkutscher Peter des Dritten. Wahre Anekdote von Kotzebue.
   Leipzig, Kummer 1799. G 69
Die alten Freunde. L. 5 nach Picard v. Th. Hell. Augsb. u. Lpzg., Jenisch
   und Stage. G 805
Die alten Liebschaften. L. 1 von Kotzebue. M 449
Ein alter Musikant. D. 1 v. Charl. Birch-Pfeiffer. Berl., Gubitz 1852. G 998 a u. b
Die alte, schlaue Tante und ihre Erben. L. 5 frei n. Picard von Lambrecht.
   München, Lindauer 1815. G 699
Der alte Student. Dramatische Kleinigkeit 2 von G. A. Frh. v. Maltitz.
   Hamburg, Hoffmann u. Campe 1828. G 949
Der Alte Ueberall und Nirgends. Erster Theil. S. mit Gesang 5 nach der
   Geistergesch. des Herrn Spieß bearb. von Karl Friedr. Hensler. Musik v.
   Wenzel Müller. Wien, Wallishauser 1796. G 387
Dasselbe. Zweiter Theil. Wien, Wallishauser 1796. G 387 a
Der Alte überall und nirgends. S. mit Gesang 4. M 374 u. 720
Alte Zeit und neue Zeit. S. 5 v. Aug. Wilh. Iffland. Lpzg., Göschen 1795 G 353
Alzire. Tr. in Versen u. 5 Aufzügen nach Voltaire von Gotter. Aufg. im
   k. k. Nationalhofth. Wien 1785. G 123
Amalie von Hallberg. Familiengemälde in 5 A. aus dem 17ten Jahrh. von
   Gustav Joseph Krahe. München 1828. G 827
Amalie von Schönhof. S. 5 von W. Thombrinck, Canonikus. Fortsetzg. vom
   „Halben Ring". Lingen, Jülicher 1793. G 809
Der Amerikaner. L. 5 nach Federici frei bearb. [von Vogel]. M 281
Amtmann Graumann oder die Begebenheiten auf dem Marsch. S. 4 nach
   Calderon della Barca [von Schröder]. Mannh. 1781. G 57
Anakreon oder Amor auf der Flucht. O. 2 von Mendouze, (übers. v. Math.
   Stegmayer), Musik von Cherubini. M 946
Andromache. Tr. 5 von Racine, bearb. von Frh. v. Poißl. M 502
Anello. Tr. 5 von M. M. Körtinger. Warschau, Wilke 1798. G 490
Anna Boleyn, gr. O. 2 n. d. Ital. d. Felix Romani. Musik v. Donizetti. M 907
Antigone v. Sophokles, übers. v. J. J. C. Donner. Hdbg., Winter 1842. G 1016 a u. b

Die Apotheke, kom. O. 2 [von Engel, Musik von Neefe]. G 180
Der argwöhnische Liebhaber. L. 5 von C. F. Bretzner. Lpzg., Jacobäer u. Sohn 1783. G 120
Argwohn und leichter Sinn. L. 5 nach dem „argwöhnischen Ehemann" neu bearbeitet von Reinbeck. M 498 u. 758
Ariadne auf Naxos. Dd. 1. [v. Brandes u. Benda.] M 20 b bgb.
Ariadne. D. 3 von Friedrich Osann. Braunschweig, Vieweg 1840. G 982
Die arme Frau. Nachspiel 1 von Marsollier. M 249
Der arme Poet. S. 1 von Kotzebue. M 469
Der arme Minnesinger. S. 1. M 937
Armut und Edelsinn. L. 3 von Kotzebue. M 220
Armuth und Hoffarth. Ein Original-Lustspiel in fünf Aufz. von David Beil, Mitgl. des Mannh. National-Theaters. Berl., Rottmann 1789. G 212 a u. b
Der Arrestant. L. 3 von Anton Wall. Herrn Friedr. Naßdorff gewidmet. Lpzg., Dyk 1780. [Kupfer auf S. 40.] G 68
Aschenbrödel. Feenoper 3 a. d. Frz. des Etienne. Musik v. Isouard. M 613 a u. b
Aschenbrödel. Kom. O. 2 von Rossini. [Text von Ferretti.] M 592
Athelstan. Tr. 5 n. d. Engl. bearb. [von Leonhardi]. Wien 1778. G 23
Aucassin und Nicolette oder alte Sitten, gute Sitten. Opt. 3 a. d. Frz. Musik von Gretry. [Text von Sedaine.] M 91
Die Audienz. Alleg. Festsp. f. d. Neujahrstag v. Georg Harrys. M 854
Der Aufbrausende. Opt. 1 frei n. d. Frz. Musik von Mehul. M 651 u. 742
Der Aufschluß. Kom. Sg. 2 n. la Cifra frei bearb. Musik v. Salieri. M 204
Der Augenarzt. Sg. 2 a. d. Frz. v. Eman Veit, Musik v. Adelb. Gyrowetz. M 471
Die Ausgewanderten in Wien. S. 3 v. Carl August Delamotte. M 323
Die Aussteuer. S. 5 v. Aug. Wilh. Iffland. Lpzg., Göschen 1796. G 418
Die Aussteuer. Ein Nachspiel in 1 A. Nach dem Franz. einer noch ungedruckten Operette. Mannh., C. F. Schwan 1778. G 31
Das Avancement. S. 3 v J. A. S . . . . . r. Breslau, Hirschberg u. Lissa, Korn d. ä. 1802. G 606
Axel und Walburg. Tr. 5 von Öhlenschläger. Wien, Wallishauser 1814 und neue Auflage: Stuttg. u. Tüb., Cotta 1820. G 726 u. 793
Axur, König von Ormus. O. 4 n. Beaumarchais „Tartare" n. dem Ital. v. Dr. Schmieder. Musik von Salieri. M 169 u. 790
Azakia. Sg. 3 v. C. F. Schwan. Die Musik ist von Herrn Direktor Cannabich [die beiden letzten Worte sind durchgestrichen und darüber geschrieben: Franz Danzy]. Mannh., C. F. Schwan 1778. G 28

Baals Sturz. O. 3 von Joseph Weigl. M 598
Babylons Pyramiden. Heroisch-kom. O. 2 von Emanuel Schikaneder. [Musik von P. Winter.] M 459
Die Bacchanten. O. 2 von Gaetano Rossi. Musik von Peter Generali. München, Lentner 1817. G 817
Die Badekur. L. 2 von J. F. Jünger. Lpzg., Dyk 1782. G 37
Der badische Grenadier. Sg. 1 v. Meisl, Musik v. Wenzel Müller. M 524
Balboa. Tr. 5 von Collin. Berlin, Unger 1806. G 642

Der Bandit. Sg. 2 nach dem Frz. von K. A. Ritter. Musik von Ferd.
Fränzl 1831. M 985 u. 987
Barbarey und Größe. Tr. 4 v. F. W. Ziegler. Wien, Wallishauser 1793. G 412
Die Barbierlist oder: Welch Schloß ist der Liebe zu fest. L. 4 v. J. C. Bock.
Lpzg., Chr. Gottl. Hilscher 1780. G 49
Der Barbier von Sevilla oder die vergebliche Vorsicht. O. 4 a. d. Frz. des
Beaumarchais. [Musik von Paesiello.] M 89 u. 777
Der Barbier von Sevilla. Kom. O. 2 von Rossini. M 594
Barogo. Eine Posse in 1 A. n. d. Frz. Zeitz, Heinse 1793. G 819
Die Bastille. L. 3 v. C. P. Berger. Braunschweig, Otto 1836. G 948
Bathmendi. O. 2 für das k. k. Hoftheater in Wien neu bearb. u. in Musik
gesetzt von Frh. v. Lichtenstein. Wien, Wallishauser 1801. G 561
Das Bauerngut. L. 1 [von Anton Wall]. Fortsetzg. der beyden Billets und
des Stammbaums. Lpzg., Lincke 1798. G 525
Bauernliebe. Eine ländl. O. 2. Nach einer Anekdote von C. H. Spieß frey
bearb. v. Leopold Huber. Musik v. Ferd. Kauer. Wien, Schmidt 1802. G 593
Der Baum der Diana. Kom. O. 2 nach Da Ponte von C. G. Neefe, Musik
von Martini. M 788
Bayard, S. 5 in Jamben von Kotzebue. M 284 u. 748
Die beiden Antone oder der Name thut nichts zur Sache. Kom. O. 2 n. d.
ungedr. Schikanederschen Originale mit Beibehaltg. der Musik von Schack
neu bearb. Lpzg., Leo 1797. G 467
Die beiden Britten. L. 3 von C. Blum n. d. Frz. M 1100
Die beiden Brüder. Tr. 4 v. K. Th. Küstner. Darmstadt, Wittich 1833. G 906
Die beiden Ehemänner. L. 3 nach Picard v. Frh. v. Thumb. M 1060
Die beiden Flüchtlinge. Kom. Sg. 2 frei n. d. Ital. Musik v. Paesiello. M 700
Die beiden Freunde oder der Kaufmann aus Lyon. S. 5 nach Beaumarchais
von Schröder. M 178
Die beiden Gefangenen. O. 1 nach Marsolier v. Ihlee. Musik von Ferd.
Fränzl. M 312 u. 743
Die beiden Gefangenen. O. 1 v. Cherubini siehe „Die Gefangenen".
Die beiden Grenadiere. L. 3 n. d. Frz. frei bearb. von G. Cords. Berlin
- Braunes 1811. G 669
Die beiden Informatoren. S. 5 v. Gust. Ad. Blau. Stendal, Franzen und
Grosse 1789. G 279
Die beiden kleinen Auvergnaten. Dr. 1. [Kotzebue.] M 483
Die beiden Klingsberg. L. 4 v. Kotzebue. M 270 u. 1088
Die beiden Nächte. O. 3 frei n. d. Frz. von Friederike Ellmenreich. Musik
von Boieldieu. (vgl. G 831.) M 840, 882 u. 912
Die beiden Philibert. L. 3 frei d. Frz. nachgebildet v. Carl Lebrun, Schauspieler
Mainz, Kupfberger 1820. G 835
Die beiden Porträts. Familienscene 1 [v. Hofgerichtsrat Jung]. M 417 u. 1039
Die beiden Portraits oder Er ist schwer zu befriedigen. Nachspiel von
J. F. Jünger. Aufg. im k. k. Nationalhoft. [Wien] 1784. G 183
Die beiden Saalheim oder die Zwillingsbrüder. L. 5 n. Regnards „Menechmes"
von Karl Fuchs. Leer, Dogler 1828. G 855
Die beiden Sergeanten. S. 3 n. d. Frz. d. d'Aubigny [b. v. Budberg]. M 619 u. 846

Die Bekehrten. L. 5 v. Dr. E. Raupach. Hamb., Hoffmann u. Campe 1827. G 880
Die Bekehrung auf dem Lande. S. 1. Mannheim 1781. M 7
Die Belagerung von Saragossa oder Pachter Feldkümmels Hochzeitstag. L. 4
    von Aug. v. Kotzebue. Lpzg., Kummer 1812. G 675
Belas Flucht. S. 2 von Kotzebue. M 463
Belisar. O. 3 n. d. ital. des Salvator Camarone übers. v. J. Hähnel. M 1145
Belisar, romant. Tr. 5 von Eduard Schenk. M 819
Bellerofon. Sg. 3 von Winter. 1787. M 102
Das bemooste Haupt oder der lange Israel. S. 4 v. R. Benedir 1839. G 972 a u. b
Ben David der Knabenränber. S. 5 von Bernh. Neustädt (nach Spindlers
    Erzählung „Der Jude"). Breslau, Leuckart 1832. G 908
Ben David. S. 5 n. Spindlers Roman „Der Jude" v. Bernh. Neustädt. M 955
Die Bergknappen. Sg. 1. Musik von Ignaz Umlauf. M 72
Berg und Thal oder Verwechselungen. L. 5 von Friedrich Ludwig Schmidt.
    Hamburg, Hoffmann u. Campe 1819. G 730
Bertha von Werdenberg. Hist. O. 2 v. M. Stegmayer. Wien, Strauß 1809. G 722
Beschämte Eifersucht. L. 2 von Johanna Weißenthurn. M 307
Die Beschämten oder Weiber-Stärke und Schwäche. L. 5 v. Schink. M 163
Der beste Arzt. S. 4 von Franz Fels. Berlin, Reichardt 1839. G 950
Der beste Ton. L. 4 von C. Töpfer. M 1007
Der beste Wucher. S. 3 von Carl Aug. De la Motte 1803. M 850 u. 692
Die bestrafte Eifersucht. Kom. O. 2 n. d. Marito disperato [des Lorenzi] frei
    bearb. Musik von Cimarosa. M 1085
Bestrafter Ehrgeiz. D. 2 n. d. Frz. von K. Lebrun. G 939
Der Besuch nach dem Tode. S. 3 von C. M. Plümicke (nach Meißners Er-
    zählungen u. Dialogen Heft 1 Seite 24). Berlin in Commission bei Friedr.
    Maurer 1785. G 114
Der Besuch oder die Sucht zu glänzen. L. 4 [v. Kotzebue]. M 286
Der betrogene Geizige oder wer das Glück hat, führt die Braut heim. Opt. 3
    frei bearb. n. l'avaro deluso v. C. A. Vulpius. [Musik v. Paesiello.] M 135
Der betrogene Vormund oder der gefoppte Geizhals. Kom. Sg. 3. Musik von
    Paesiello. (Auch unter dem Titel: Der betrogene Geizhals; das Mädchen
    von Frascati. vgl. M 4 u. G 192.) M 85 u. 679
Betrug durch Aberglauben. Ein komisches Singsp. in zwey Aufzügen. Vom
    H. Eberl. Die Musik dazu ist ganz neu von Herrn Karl Ditters Edlen
    von Dittersdorf. Aufg. im k. k. Nationalhofth. [Wien, 1785]. G 196
Bettelstolz. Ein Original-Lustspiel in 5 A. von David Beil, Mitglied des
    kurf. National-Theaters zu Mannheim. Zürich u. Lpzg., Ziegler 1797. G 482
Der Bettelstudent oder das Donnerwetter. L. 2 mit Gesängen. Musik von
    Peter Winter. M 103 u. 727
Bewußtseyn! Ein Schauspiel in fünf Aufzügen v. Wilh. Aug. Iffland. für die
    kurf. Nationalbühne geschrieben. Mannh. 1786. Berlin, Decker 1787. G 417
Bewußtsein. S. 5 v. Wilh. Aug. Iffland f. d. kurf. Nationalbühne geschrieben.
    Mannheim 1786. M 104
Bianca. O. 2 v. Prof. Grimm. Musik v. P. Ritter. Mannh. 1824. M 817
Bianca della Porta. Tr. 5 von Collin. Berlin, Unger 1808. G 737
Bianca Kapello. Drama v. ˚ oder [erster Teil]. Lpzg., Baumgärtner. G 583

Bianca Medicis. D. 4 v. Fr. Löhle. München, Franz 1840. G 980
Bianca von Toredo. Dr. Dichtg. 5 v. K. Winkler. Lpzg., Hartknoch 1808. G 653
Das Bild. Tr. 5 von E. v. Houwald. M 591
Biondetta. Ein allegorisches S. mit Gef. 4 von Karl Christ. Engel. [Musik
    von Hiller jun.] Berlin, Maurer 1792. G 459
Blaise et Babet oder Töffel und Dorchen. (Die Fortsetzg. der drei Pachter.)
    Opt. 2 a. d. Frz. des Monvel. Musik von Desaides. M 131
Blanka von Burgund. Tr. 5. Lpzg., Rein 1795. G 371
Das Blatt hat sich gewendet. L. 5 v. Schröder. Nach d. Engl. des Cumberland
    für das k. k. National-Hofth. Wien 1786. G 210
Blaubart. Sg. 3 u. d. Frz. des Sedaine. Musik v. Gretry. M 652, 713 u. 1078
Das Blendwerk. Opt. 2 aus d. Frz. des Marmontel. Musik von Gretry.
    Mannheim 1781. M 23
Der Blinde. S. 5 vom Grafen von Soden. Augsburg u. Gunzenhausen,
    Späth 1798. G 548
Blind geladen. L. 1 [von Kotzebue]. M 437
Blindheit und Betrügerey. L. 3 von L. Y. v. Buri (aus dem 2. Bd. seiner
    Schauspiele). G 215
Blind und lahm. Nachspiel 1 von Ludwig Robert. M 945
Bob oder die Pulververschwörung. L. 2 n. Duport u. de Forges v. Th. Hell. M 1151
Bon-Bon oder die Censur. L. 3. Bayreuth, Lübecks Erben 1794. G 404
Le bon fils, der gute Sohn. Comédie 3 par Mr. Florian. Berlin u. Lpzg.
    1793. Frz. Text u. deutsche Übers. nebeneinander. G 832
Das böse Haus. S. 5 v. Joseph Frh. v. Auffenberg. Karlsr., Groos 1834. G 872
Der Botaniker. L. 2 nach Dupaty von Sonnleithner. M 489
Die Brandschatzung. L. 1. [Kotzebue.] M 861
Der Brauer von Preston. O. 3 v. de Leuven u. Brunswick (bearb. v. Frh. v.
    Lichtenstein). Musik von Adam. Mainz, Schott. G 957 a u. b
Die Braut. O. 3 frei n. d. Frz. v. Friederike Ellmenreich. Musik v. Auber. M 1143
Die Bräute von Arragonien. Tr. 5 v. Michael Beer. Lpzg., Brockhaus 1823. G 808
Der Bräutigam aus Mexiko. L. 5 von Clauren. M 616
Der Bräutigam und der Brautvater. L. 1 v. Frh. v. Biedenfeld n. d. Frz.
    des Hinaux u. Gendré. M 1101
Der Brautkranz. Tr. 5 von Prof. Aloys Weißenbach. M 448
Braut und Bräutigam in einer Person. Posse 2 [von Kotzebue]. M 490
Die Braut von Messina oder die feindlichen Brüder, ein Trauerspiel mit
    Chören von Schiller. Tübingen, Cotta 1803, (eingerichtetes Soufflirbuch,
    sehr defektes Exemplar). — Dasselbe, neuere Ausgabe (Separatabzug aus
    Sch.'s Werken). G 584 a u. b
Dasselbe, neue Auflage. Stuttgart u. Tübingen, Cotta 1818. G 616
Die Braut von vier Männern. P. 4 von Sebastian Ungenannt. Freyberg,
    Craz 1802. G 614
Die Brautwahl. S. 1 von Iffland. M 385
Die Brautwahl. L. 3 nach Picard von Lembert. Wien, Tendler und
    v. Manstein 1821. G 751
Brell und Louise oder Was vermag die Liebe nicht. S. 3 von Elise Müller,
    Schauspielerin. Gotha, Ettinger 1797. G 480

Der Brief aus Cadix. D. 3 [von Kotzebue]. M 457 u. 1094
Der Brite und der Deutsche. Dramat. Kleinigkeit 1. M 892
Der Bruder. Tr. 5 von Joh. Bapt. v. Zahlhas. Lpzg. 1820. M 564
Die Brüder. S. 5 n. d. Engl. des Richard Cumberland. 1785. M 83
Die Brüder. S. 1 v. Friedr. Rambach, Prof. in Berlin. Lpzg., Dyk 1798. G 510
Die Brüder. S. 5. Braunschweig, Schröder 1799. G 541
Die Brüder. S. 3 von C. R. M 1056
Die Brüder als Nebenbuhler. Kom. O. 2 nach dem Ital. frei bearb. Musik
  von Winter. M 273 u. 784
Der Brudermörder wider Willen. Tr. 5 von F. W. Ziegler. Augsburg u.
  Leipzig, Jenisch u. Stage. G 788
Bruder Moritz, der Sonderling, oder Die Colonie für die Pelew-Inseln. L. 3
  von Aug. v. Kotzebue. Lpzg., Paul Gotthelf Kummer 1791. G 237
Bruderzwist (oder der Arzt). S. 5 v. Kotzebue. M 244
Die buchstäbliche Auslegung [der Gesetze]. L. 1 [v. Brömel]. G 171
Die Bundesgenossen. Original L. 4 von Gustav Linden, Verfasser des neuen
  Proteus. Berlin, Kunst- und Industrie-Comptoir 1810. G 670
Der Bürgergeneral. L. 1 [von Anton Wall]. Zweyte Fortsetzung der beyden
  Billets. Berlin, Unger 1793. (G 252 a u. b)
Bürgerglück. L. 3 v. Prof. Babo in München. Berlin, Voß 1792. G 244
Bürgerglück. Original-L. 3 von Babo. M 179
Der Bürgermeister. L. 5 von Brühl 1785. M 82
Der Bürgermeister von Saardam oder die zwei Peter. L. 3 nach dem Frz.
  [vom Ministerialsekretär Römer]. M 552
Das Burgfräulein von Felsbergen. S. 5 von C. E. Haug. (Musik dazu —
  Pastorale und Marsch — von Schwegler d. ä. 1808 liegt bei.) M 788
Der Burggeist. L. 2 von Dr. Friedr. Lindheimer. Mannheim, Schwan u.
  Götz 1798. G 493

Caligula. Hist. S. 5 v. Ed. Jerrmann, n. d. Frz. neu bearb. Mannheim,
  Hoff u. Heuser 1838. G 940 u. 943
Camilla. O. 3 a. d. Ital. übers. v. J. J. Ihlée. Musik v. Ferd. Paer. M 287 u. 745
Camillus oder die Befreyung von Rom. Hist. S. 4. 1815. G 715
Carlo Fioras oder der Stumme in der Sierra Morena. O. 3 n. d. Frz. frei
  bearb. von Vogel. Musik von Ferdinand Fränzl. M 474 u. 806
Carl von Burgund. S. 4. Zürich, Füßli u. Comp. 1793. G 316
Carl von Dahlfeld, der Jüngling. Original-L. 3. Durchaus verbessert. Berlin,
  Felisch 1795. G 361
Caroline oder So wahr ich bin ein freyer Mann. L. 5 v. Anton Wall.
  Lpzg., Dyk 1780. G 67
Carolus Magnus. L. 3. (Fortf. der deutschen Kleinstädter) v. Aug. v. Kotzebue.
  Lpzg., Kummer 1806. (Beigeschr. anderer Titel: Der Gallatag in Kräh-
  winkel.) — Dasselbe 1807. G 639 u. 706
Cartesius. Ein historisch-charakteristisches Gemälde 2 a. d. Frz. des Bouilly.
  Straßburg u. Paris, König 1797. G 488
Casanova in Fort Saint-André. L. 3 n. d. Frz. von Ludwig Osten. Magdeb.,
  Wagner u. Richter 1837. G 875 beigeb.

Cäsario. O.-L. 5 von Alexander Wolf. M 475
Das Cassino. Ein Sittengemählde [v. J.** h.** Berlin, Schöne 1799. G 582
Catharina oder die vornehme Bäuerin. Ein prosaisches Lustspiel 3 mit Gesang
n. d. Frz. (Catterine ou la belle fermière) d. Schauspielerin Julie Candeille.
Tübingen, Cotta 1794, (von Dalberg mit höschr. Änderungen versehen u.
dem neuen Titel: Die Pächterin von Warneck. Kam jedoch nicht zur
Aufführung.) G 897
Die Cenci. Tr. 5 v. Percy Bytshe Schelly (übers. von Felix Adolphi). Stuttg.,
Verlag der Klassiker 1837. G 928
Cervantes. Drama 3 v. Dr. Georg Doering. Frkft., Hermann 1819. G 740
Cervantes in Algier. S. 5 von Kuffner. Brünn, Traßler 1820. G 758
Das Chamäleon. L. 5 [von. h. Beck]. M 296
Die Charlatans oder der Kranke in der Einbildung. P. 3 v. J. F. Jünger.
Regensburg, Montag u. Weiß 1803. G 602
Charlotte Corday oder Marats Tod. Dram. Gemälde a. d. frz. Revol. in
5 Abt. u. Dict. Ducange frei bearb. v. Ludw. Meyer. Lpzg., Wigand 1833. G 888
Der Cholerische. L. 5 a. d. Engl. d. Cumberland. A. d. Mannh. Nazionalbühne
z. 1. Mal aufgeführet den 12. Julii 1785. Mannh., Schwan 1785. G 154
Der Cid. Tr. 5 n. Corneille v. Ernst Graf v. Benzel-Sternau. M 489
Clara oder der Triumph der ersten Liebe. S. 5. Herbst, Füchsel 1794. G 862
Clemence Isaure. Tr. 5 von Anton Pannasch. M 880
Clementine von Aubigny. Ein dramatisches Gedicht 4 v. F. C. Weidmann,
k. k. Hoffschauspieler. Wien, Wallishauser 1816. G 694 a u. b
Coligny, Admiral von Frankreich. Tr. 5 von Eduard Marschner. Leipzig,
Baumgärtner 1820. G 757
Cora in Spanien. S. 5. [Erbprinz v. Leiningen.] M 251
† Coriolan. Tr. 5 v. Shakespeare. (Mannh. Bearbeitung.) M 172
Correggio. Tr. 5 v. Oehlenschläger. Stuttg. u. Tübingen, Cotta 1816. G 710
Der Corsar. Kom. O. 2 n. d. Ital. frei bearb. Musik v. Weigl. M 280 u. 746
Die Corsen. S. 4 von Kotzebue. M 255
La cosa rara siehe Lilla M 729.
Cosi fan tutte von Mozart siehe die Wette M 266; Mädchenrache M 1035;
die Zauberprobe M 1082.
Der Criminalprozeß. S. 3 von Heinrich Matte. G 929
Cuenna. Tr. 4 nach Meisners Erzählung von J. M. V. z. K. a. D. M.
Koblenz, Huber 1788. G 329a
Cuenna und Divonne oder Rache und Untreu. Tr. 5 n. Meißners Skizzen
frey bearb. v. F. A. v. B. Salzburg, Mayer 1793. G 329b
Curd von Spartau. S. 4 von David Beil, Schauspieler in Mannheim. Mannh.
Hof u. Akad. Buchhandlung 1790. G 222

Der Dachdecker. Kom. Gem. 5 frei n. d. Frz. von L. Angely. M 1025
Dame Kobold. L. 4 nach Calderon u. Gries f. die Teutsche Bühne bearb.
[vom Frh. v. Biedenfeld.] G 819 a u. b
Dämona. Feenmärchen mit Gesang 3 v. Bullinger. Musik v. Tutzeck. M 548
Die Danaiden. O. 4 n. d. Frz. frei bearb. v. Fr. ... Musik v. Salieri. M 205 u. 772
Dankbarkeit. S. 1. M 149

Das war dein Glück. L. 1 [von Caes. M. Heigel]. M 353
Das war ich. Ländl. Scene 1 [v. Joh. Hutt]. M 342
Demetrius. Tr. 5 n. d. hinterlassenen Entwurf Schillers von Franz v. Maltitz.
 Berlin, Hasselberg 1835. G 917
Demokrit. O. 2 n. d. Jtal. v. Schmieder. Musik v. Dittersdorf. M 174 u. 1087
Denise oder das Mädchen aus Montfermeuil. Liederspiel 2 nach d. frz. von
 Schumacher. Musik von C. Kreutzer. M 938
Deodata siehe das Gespenst. S. 4 von Kotzebue. G 735
Der Deserteur. S. 5 aus dem frz. des Mercier in einer freien Uebersetzg.
 2. Aufl. Mannh., C. F. Schwan 1771. G 15
Der Deserteur. D. 5 nach Mercier. Mannheim 1782. M 81
Der Deserteur. Eine Operette in drey Aufzügen. a. d. frz. des Herrn Sedaine.
 [Musik v. Monsigny.] Mannh., C. F. Schwan 1772. G 406
Der Deserteur. O. 1 neu bearb. von Friederike Ellmenreich. Musik von
 Franz Rüpfel. M 918
Die deutsche Familie. S. 5 n. d. Charaktergemälde: Lorenz Stark v. Prof. Engel,
 bearb. von F. L. Schmidt. M 468 u. 563
Die deutsche Hausfrau. S. 3 [v. Kotzebue]. M 454 u. 1005
Die deutsche Hausmutter. S. 5 von Julius Soden, Reichsgrafen. Augsburg
 u. Gunzenhausen, Späth 1797. G 511
Der deutsche Hausvater [oder die Familie S. 5 von Otto frh. v. Gemmingen] für
 die teutsche Schaubühne zu München. 1780 bey Joh. Baptist Strobl. G 34
Der deutsche Mann und die vornehmen Leute. Sittengem. 4 [v. Kotzebue]. M 532
Der deutsche Spieler. Tr. 5. M 47
Deutsche Treue. Hist. S. 5 v. Aug. Klingemann. Helmstädt, Fleckeisen 1816. G 782
Les deux Nuits. Opéra comique von Bouilly u. Scribe. Musik v. Boieldieu.
 Paris, 1829. (Frz. vgl. die beiden Nächte.) G 831
Diana von Mirmonda. S. 5 von Ed. Jerrmann (frei nach Emile Augier).
 Berlin, 1852. G 1005 a u. b
Die Dichterfamilie. L. 5 v. Max Roller. Rostock u. Lpzg., Stiller 1794. G 301
Dichterfreundschaft. L. 1 n. d. frz. M 1102
Der Dichter und der Schauspieler oder das Lustspiel im Lustspiel. L. 3 nach
 Dupaty von Lembert. M 472 u. 796
Die dicken Freunde oder der seltene Polizeibeamte. P. 1 nach Scribe vom
 frh. v. Thumb. M 878
Die diebische Elster. O. 2 a. d. Jtal. von Joseph Ritter v. Seyfried. Musik
 von Rossini. M 622 u. 990
Der Dienstfertige. L. 3 a. d. Frz. Wien, 1781. (Die frz. Namen sind durch-
 gehends hdschr. in deutsche umgeändert. Auf S. 33 ist eine hdschr. Änderung
 von Becks Hand eingefügt.) G 61
Dienstpflicht. S. 5 von Iffland. M 228
Dilara. Sg. 2 [a. d. Jtal. von Gozzi. Musik von Peter Ritter]. M 744
Der Direkteur in der Klemme oder die Kabale. O. 2 (nach l'impresario in
 angustie). Musik von Cimarosa. M 1034
Dir wie mir. P. 1 von Hensler. M 634
Doctor Robin. L. 1 n. d. frz. v. L. D. G. Karlsruhe, Macklot 1843. G 1020
Doctor Wespe. L. 5 von Roderich Benedix. 1843. G 1004 a u. b

Doktor Faust. Volks-Schauspiel in 5 Akten von Julius Soden, Reichsgraf. Augsburg, Späth 1797. G 508
Doktor Conuccio. L. 6 von E. F. Jester. M 261
Dom Karlos, Infant von Spanien von Friedrich Schiller (mit einem von Verhelst gestochenen Portraitkupfer einer nicht genannten Schauspielerin). Lpzg. bei Georg Joachim Göschen 1787. (505 S. = Gödeckesche Schillerausgabe V., 2, 142 ff.) G 200
† Don Carlos. D. G. 5 von Schiller. M 128
Don Fernando, Infant von Portugal. Tr. 5 nach Calderon (el principe constante) von C. A. Männinger 1817. M 1049
Don Gutierre oder der Arzt seiner Ehre. Tr. 5 n. Calderon v. C. A. West. M 828
Don Juan. O. 2 n. d. Ital. frei bearb. Musik v. Mozart.*) M 145 a u. b u. 843
Donna Diana. L. 4 nach Moreto von West.**) M 1097
Don Pedro, Herzog von Ossuna oder die Verschwörung. O. 5 v. Auber. M 1023
Don Raphael von Aquillas. Tragödie 4 v. Karl Theodor Beil (n. d. Erzählung v. Klinger). Eigenh. Mskr. M 549
Der Doppelgänger. L. 4 n. Adolf v. Schadens Erzählung v. Franz v. Holbein. Wien, Wallishaufer 1843. G 1024 a u. b
Der Doppelpapa. P. 3 nach Romanus, von Hagemann. M 542
Das doppelte Verlöbniß. Ein Familiengemählde. Frkft. u. Lpzg. 1798. G 481
Die Dorfdeputirten. Kom. O. 3 [v. Schubauer]. München, Strobl 1783. G 118
Die Dorfgala. Sg. 1 von Gotter, Musik von Schweißer. M 304
Das Dorf im Gebürge. S. mit Gesang 2 von Aug. v. Kotzebue. Musik von Kapellm. Weigl d. ä. Wien, Schaumburg. G 502
Der Dorfprediger. S. 5 nach dem engl. Roman: Der Landpriester von Wakefield von F. E. Jester. Königsberg, Nicolovius 1792. G 835 a n. b
Der Drache auf Rhodus. Tr. 5. M 838
Die Drachenhöhle bei Röthelstein. S. 4 v. J. Kollmann. M 919
Ein Drama ohne Titel. D. 5 nach St. Hilaire von Forst und Lentner. München, 1840. G 961 a u. b
Drei Freier auf einmal! Sg. 1 nach den „Prétendus" von Schmieder. Musik von Lemoyne. M 182 u. 718
Die drei Gefangenen. L. 5 nach dem frz. v. Pius Alexander Wolff. M 856
Die drei Hüte. Boudoir-Gemälde aus den Zeiten Ludwigs XV. L. 1 in Alexandrinern v. Ed. Jerrmann (frei n. d. frz.) Köln, Büschler 1835. G 852
Die drei Nachtwächter oder er quält sich um nichts! P. 1 u. Treitschke. M 851
Drei Tage aus dem Leben eines Spielers. D. 3 nach Victor Ducange von Carl Müller. M 957
Die drei Töchter. L. 2 von Chr. H. Spieß. M 97
Drei Väter und zwei Kinder. Kom. O. 2 n. Romanus frei bearb. v. M. St. [Musik von Mozart u. Hofmeister.] M 806
Die drei Wahrzeichen. Großes romantisches Spektakel-Lustspiel in fünf Abteilungen von Holbein. Als Mskr. gedr. 4°. [1818.] G 783
Drei Wochen nach der Hochzeit. L. 2 a. d. Engl. frei überf. Straßburg, im Verlag der Akad. Buchhdlg. 1786. G 172

---
*) No. 146 b u. 843 sind Soufflierbücher für den gesprochenen Dialog.
**) Stimmt mit dem gedr. Soufflierbuch nicht überein, der 4. Akt weicht am meisten ab.

Die Drillinge. L. 4 n. d. Frz. von B—n [Bonin] zum Behuf des Berlinischen
Theaters. Berl., Arn. Wever 1778. — Dasselbe, aufs neue umgearb. von
B—n. Gotha, Ettinger 1781. G 6 u. 738
Die Drossel. Ein Schauspiel 1 nach der Erzählung le faucon des La Fontaine
[von Unzer]. G 125
Das Duellmandat oder ein Tag vor der Schlacht bei Roßbach. D. 5. M 920
Der dumme Streich. L. 1 von Gustav Sellen. G 930
Die Dummköpfe. L. 1 n. d. Frz. frei bearb. v. Carl Ludwig Kaibel. M 405
Die dürftige Familie. S. 3 nach Mercier. Wien 1781. (Auf S. 14 handschr.
Zusatz von Rennschüb.) G 62
Van Dyks Landleben. Malerisches S. von Friedrich Kind. 2. verb. u. verm.
Aufl. Lpzg., Göschen 1821. G 766
Dyveke. Tr. 5 von O. J. Samsöe aus dem Dän. übers. von S. H. Gotha,
Ettinger. G 504

Ebbesen von Nörreriis. Tr. 5 von L. C. Sander, Sekretär der kgl. General-
Wege-Commission zu Kopenhagen [von demselben ins Deutsche übersetzt].
Kopenhagen, Brummer 1798. G 528
Der edelmüthige Soldat. S. 1 a. d. Frz. d. Dumaniant. Lpzg., Hamann 1789. G 311
Edelmuth stärker als Liebe. L. 1 [v. Brühl]. [Separatabzug aus Brühls
theatral. Belust. 5. Bd.] G 281
Der edle Verbrecher. (El delinquente honrado.) S. 5 aus dem Spanischen
übers. u. herausg. von Joseph Leonini, Lehrer bei J. K. H. der Prinzessin
Auguste von Preußen u. am Berlinischen Gymnasium. Berlin, Lagarde 1796.
(Der spanische Text ist neben der deutschen Übersetzung beigedruckt.) G 448
Eduard in Schottland oder die Nacht eines Flüchtlings. Histor. Drama 3 von
Alexander Duval, übers. v. Kotzebue. M 330
Eduard von Wallis, der schwarze Prinz. D. G. 4 v. Wilh. Jungmann.
Mannheim, kath. Bürgerspital 1835. G 932
Eginhard und Emma. S. 5 v. Franz Kratter. Frkft., Eßlinger 1801. G 556
Egmont. Tr. 5 v. Goethe. Ächte Ausg. Lpzg., Gg. Joach. Göschen 1788. G 206
† Egmont. Tr. 3 v. Goethe (verkürzte Bühnenbearbeitg.) M 372
Der Ehedoktor. Farce mit Gesang 3 u. einer Posse bearb. v. Joli. M 1024
Die eheliche Probe. L. 1 n. d. Engl. der Miß Ben [von Dalberg]. M 130
Die eheliche Vergeltung. Eine Folge der „ehelichen Probe". L. 1 [von
Dalberg]. M 186
Die eheliche Versöhnung, eine Folge der „ehelichen Vergeltung". L. 1 [von
Dalberg]. M 196
Der Ehemann auf Schleichwegen oder das verhängnißvolle Rendezvous. L. 3
nach Casimir Bonjour's „Le Mari à bonnes fortunes" von Lembert.
Wien, Tendler u. v. Manstein 1825. G 803
Das Ehepaar vom Lande. L. 4 v. J. F. Jünger. M 211
Das eherne Pferd. O. 3 v. Scribe (deutsch von Frh. v. Lichtenstein) Musik
von Auber. Mainz, Schott 1835. G 993
Die Ehescheuen. L. 1 von Frau v. Weißenthurn. M 526
Ehestandsproben. L. 4 von C. A. Vulpius. Fortf. des L.: Liebesproben.
Bayreuth, Lübeks Erben 1791. G 805 beigeb.

Die Ehrenerklärung. S. 2 von J. Kirpal für das churf. sächf. Hofth. Prag
u. Lpzg., Albrecht 1794. G 375
Das Ehrenwort. L. 4 von C. h. Spieß. Prag u. Lpzg., Schönfeld-Meißner,
1790. — Dasselbe. Wien, Wallishaufer 1792. G 365 u. 874
Ehrgeiz in der Küche. Tragiposse 1 v. Eduard Jerrmann n. d. Frz. M 906
Ehrgeiz und Liebe. L. 2 [von Schröder]. G 218
Eid und Pflicht. Bürg. Tr. 5 von J. J. Engel. Berl., Mylius 1803. G 609
Die Eifersucht auf der Probe. Opt. 3 v. Eschenburg n. il geloso in cimento,
    Musik v. Pasq. Anfossi. M 80
Die eifersüchtige Frau. L. 2 n. d. Engl. von A. v. Kotzebue. M 554
Der eifersüchtige Liebhaber. Opt. 3 von Gretry. Mannheim 1782. M 5
Die Eifersüchtigen (oder Alle irren sich). L. 3 n. Murphy. Mannh. 1783. M 57
Der Eifersüchtige ohne Liebe. L. 3 n. d. Frz. M 279
Der eifersüchtige Ungetreue. L. 3 n. d. Frz. des Jmbert fürs deutsche Th. eing.
    von Schröder. Berlin, Maurer 1783. G 112
Der eifersüchtige Ungetreue. L. 3 n. d. Frz. des Jmbert. M 61
Der Eilfertige. L. 2 von Salomo Friedrich Schletter. Wien 1785. G 100
Die Einfalt vom Lande. L. 4 von Dr. Carl Töpfer. M 889 u. 958
Die eingebildeten Philofophen. Sg. 2 v. Stephanie d. Jüng. Muf. v. Paesiello. M 774
Die Einquartirung. S. 1 v. M. W. Dem Fürsten Friedrich Karl zu Leiningen
    gewidmet. Mannheim, Schwan u. Götz 1794. (Spielt nach der Schlacht bei
    Lautern 28.—30. Nov. 1793.) G 360
Der Einsiedler. S. 5 [von d'Arien]. (Sonderabzug o. O. u. J. aus d'Ariens
    Schauspielen Bd. I.) G 147
Der Einsiedler. O. 3 von Planard. Musik von Caraffa. M 615
Der Einspruch oder Coquetterie und Unschuld. Original-S. 5 von J. F. Gley.
    Prag u. Lpzg., Albrecht 1794. G 449
Der eiserne Mann oder die Drudenhöhle im Wienerwald. Östr. Volksmärchen 3
    mit Gesang von Leopold Huber. Musik von Wenzel Müller. M 491
Eitelkeit und Liebe. L. 3 bearb. v. L. F. Huber. Lpzg., Wolf 1795. G 456
Elfride. Tr. 3 von Herrn Bertuch, Kabinetsfekretär zu Weimar, aufg. a. d.
    k. k. Nationalth. Frkft. u. Höchst in d. G. C. Göllmerfchen Buchhdlg. 1778. G 86
Elisabethe Cromwell. Tr. 4 von Gustav Bacherer 1834. M 909
Elisabeth, Königin von England. O. 2 [v. Schmidt]. Musik v. Rossini. M 644
Elisene, Prinzessin von Bulgarien. O. 3 n. d. Frz. von Castelli. Musik
    von Joseph Rösler. M 391 u. 782
Elise oder die Reise auf den St. Bernhardsberg. O. 2 n. d. Frz. des St. Cyr,
    frei bearb. von C. Herklots. Musik von Cherubini. M 708 u. 712
Elise oder Einfalt und Bosheit. L. 5. (Vgl. Martersteig 454.) M 124
Elise von Valberg. S. 5 v. Aug. Wilh. Iffland. Lpzg., Göschen 1792. G 289
Die Elternschule. S. 5 von Jester. M 1037
Elvire. Tr. 5. Lpzg., Christ. Gottl. Hilfcher 1779. G 46
Der Emigrant. S. 5 von P. E. Bunsen. Göttingen, Dieterich 1793. (Mit
    Strichen und hdfchr. Änderungen Dalbergs. Wurde aufg. unter dem Titel:
    Der Geburtstag 23. 4. 1794.) G 247
Emilie oder die Spieler. L. 5 n. d. Frz. des Generals Montesquiou bearb.
    von L. F. Huber. Lpzg., Wolf 1799. G 524

2

Emma oder das unbedachtsame Versprechen. O. 3 u. d. frz. des Planard v.
Friederike Elmenreich. Musik v. Auber. Mainz, Kupferberg 1825. G 804
Der Empfehlungsbrief. L. 4 von Carl Töpfer. M 932
Der Empfindliche. L. 1 nach Picard von G. Roemer. M 424
Die Empiriker. L. 3 n. d. Frz. von C. C. Haug. M 384 u. 761
Endlich hat er es doch gut gemacht! L. 3 nach einer engl. Idee für die deutsche
Bühne bearb. von Albini. Als Mskr. gedruckt. G 885
Engel und Dämon. L. 3 v. Courcy u. Depenty (bearb. v. Forst u. Lentner).
München, Weiß 1839. G 956
Der englische Kaper. Original-L. 1. München, Joh. Bapt. Strobel 1781. —
Dasselbe. Zweite, für die k. k. Nationalbühne eingerichtete Ausgabe.
Wien 1783. G 66 u. 121
Die Entdeckung. L. 2 v. A. fr. v. Steigentesch. Osnabr., Karl u. Comp. 1798. G 676
Die Entdeckungsfahrer oder die Insel der Liebe O. 2 u. d. Ital. frei bearb.
v. S. G. ... Musik von Vincenz Martini, k. russ. Kapellmeister. M 816
Die Entführung. L. 3 v. J. F. Jünger. M 99
Die Entführung aus dem Serail. Sg. 3 v. Mozart. [Text v. Bretzner.] M 67
Entsagung. S. 3 von Joh. Weißenthurn. M 310
Das Epigramm. L. 4 von Kotzebue. M 275
Eppelein von Gailingen. Dramatisch bearb. von G. F. A. Hansing. Fürth,
Geyer 1795. G 427
Die Erben. L. 4 [von Johanna Weißenthurn]. M 345 u. 756
Die Erbschaft. S. 1 [von Kotzebue]. M 412
Die Erbschaft. L. 3. M 1075
Die Erbschaft aus Ostindien. L. 4 v. C. F. Bretzner. Lpzg., Jacobäer 1796. G 542
Die Erbschaft oder der junge Geizige. L. 4 [von Brandes]. Mannh. 1781.
(Bemerkg.: Dieses Stück wurde vor dem Drucke hier noch nicht aufgef.) G 56
Der Erbschleicher. L. 5 v. Friedr. Wilh. Gotter. Lpzg., Dyk 1789. G 219
Der Erbschleicher. L. 5 von Gotter.*) M 115
Der Erbvertrag. Dr. Dichtg. 2 v. Wilh. Vogel (n. einer Erzählg. des C. F. A.
Hoffmann). Wien, Wallishauser 1828. G 915
Erdbeeren und Küsse. Ländl. Spiel 1. M 638
Die Erdennacht. Dram. Ged. 5 v. Dr. Ernst Raupach. Lpzg., Cnobloch 1820. G 749
Der Eremit auf Formentera. S. 2 mit Gesang v. A. v. Kotzebue. Reval,
Iversen u. Fehmer 1787. G 208
Er hat den Teufel im Leibe. Posse 2 nach „The deuce is in him" und der
Ricconischen Übersetzung. Gotha, Ettinger 1780. G 24
Er hat sie alle zum Besten! oder die Mütterschule. L. 5 nach d. Engl. des
Goldsmith bearb. von Lambrecht. Augsburg, Stage 1785. G 282 a u. b
Erich und Abel. Tr. von Öhlenschläger. Stuttg. u. Tüb., Cotta 1821. G 775
Erich und Abel, Könige von Dänemark. Vaterl. Tr. 5 von Carl August
Rüdinger. Schleswig, Röhß 1796. G 874

---
*) Beim Personen-Verzeichnis genaue Beschreibung des Kostüms, Andeutung des Charakters.
„Die Stellungen und Gemälde sind für den erfahrenen Schauspieler vielleicht zu genau vorgezeichnet.
Auch denkt man sich diese Dinge am Pulte oft anders, als sie sich auf dem Theater ausnehmen.
Eben das gilt von der Tonveränderung. Bei den Stellungen hat man die Manier des Herrn
v. Beaumarchais nachgeahmt, und nur die Namen der Personen an dem Rande bemerkt; so daß
der oberste Name immer die Rechte des Theaters bezeichnet."

Erinnerung. S. 5 v. Ifland. M 648 u. 1079
Er ist mein Mann. L. 1 von Carl Meisl. M 629
Er kömmt! Er kömmt! oder die Vaterlandsliebe. Ein ländl. L. 1 [v. F. W. W.]
    Bayreuth, Lübecks Erben 1796. G 424
Er mengt sich in Alles. L. 5 frey nach Mistreß Centlivre von J. F. Jünger.
    Lpzg., Göschen 1793. (Soufflierbuch.) G 288
Er mengt sich in Alles. L. 5 v. J. F. Jünger, frei n. Mistreß Centlivre. M 190
Er muß heiraten. L. 3 [von J. v. Voß?] M 451
Das Erndte-fest. Sg. 1 vom Herrn Thaarup. In Musik gesetzt vom Herrn
    Kapellmeister Schulz. Aus dem Dänischen nach der dritten, veränderten
    Auflage. Altona, Hammerich 1795. G 441
Ernst und Humor. L. 4 von Bauernfeld. (Mskr.-Druck.) G 991
Ernst und Humor. L. 4 von Bauernfeld. M 1152
Die Eroberung von Valenciennes. S. 1 von Gustav Hagemann. Hannover,
    Ritscher 1793. G 308
Er requiriert. L. 1 v. Louis Schneider. Musik v. mehreren Komponisten. M 1026
Das erste Debüt. Kom. Gem. in 5 Rahmen u. 3 Aufzügen frei n. d. Frz.
    [von L. Angely]. M 997
Erste Liebelei und erste Liebe. L. 1 n. Scribe von Th. Hell. M 971
Er will Soldat werden. L. 5 nach Pilon. M 160
Erwine von Steinheim. Tr. 5. Aufgef. a. d. Churf. Theat. zu München 1781. G 83
Erzherzog Maximilians Brautzug. Dramat. Gedicht 5 von Deinhardstein (nach
    dem Teuerdank). Wien 1832. G 866
Erziehung macht den Menschen. L. 5 vom Verfasser des Postzugs [Ayrenhoff].
    Aufg. im k. k. Nationalhofth. Wien, Kurzbeck 1785. G 157
Erziehungsresultate oder guter und schlechter Ton. L. 2 v. C. Blum. M 1182
Esserig-Esserochum oder die mißlungene Spekulation. L. 1 aus den hinter-
    lassenen Schriften des verstorbenen Herrn Hofgerichts-Raths Maier. M 77
Der Essighändler. S. 2 neu bearb. nach Mercier [von Vogel]. M 640
Der Essigmann mit seinem Schubkarren. Drama in drei Akten a. d. Frz. des
    Mercier. Für das hzgl. Gothaische Hofth. übers. von H. v. H. Gotha,
    Ettinger 1776. G 117
Der Essigmann mit seinem Schubkarren. L. 3 [von Mercier]. M 232
Ethelwolf oder der König kein König. S. 5 [v. F. L. Huber nach Beaumont
    u. Fletcher.] Auf S. 155 hdschr. Zusatz. — Dasselbe, nebst vorläuf. An-
    merkungen über Beaumont und Fletcher und das ältere Theater überhaupt.
    Dessau u. Lpzg., G. J. Göschen 1785. G 155 a u. b
Euer Verkehr. P. 1 von Jul. v. Voß. M 902
Eugen Aram. Tr. 5 (n. Bulwer) v. Ludw. Rellstab. Berl., Reichardt 1839. G 959
Eugen, der Zweyte, der Held unsrer Zeit. Ein österreichisches Bürgergemählde
    mit Chören in 1 Aufzuge von Karl Friedrich Hensler, Musik von Wenzel
    Müller. Wien, Schmidt 1796. G 475
Eugenie, ein Drama von 5 Handlungen. A. d. Frz. d. Beaumarchais. Hamburg
    gedr. bey Heinr. Christ. Grund 1768. G 97
Eugenio Skoko, Erbprinz von Dalmatien. Tr. 5. M 267
Eugenius Skoko, Erbprinz von Dalmatien. Histor. S. 5 n. der Gesch. für die
    Marinellische Schaub. bearb. v. Karl Frdr. Hensler. Wien, Camesina 1798. G 517

2*

Eulenspiegel — Der Faßbinder.

Eulenspiegel. P. 4 mit Gesang von Nestroy. Musik von A. Müller. M 1016
Euphrosine. O. 3 n. d. Frz. [v. Hoffmann]. Musik v. Herrn Mehul. Wien,
    Wallishauser 1806. G 725
Euphrosine. O. 3 n. d. Frz. Musik von Mehul. M 546
Evakathel und Schnudi oder Die Belagerung von Ypsilon. Große heroisch-
    tragisch-komische Fastnachts-P. 2. Musik v. Wenzel Müller. M 577
Ewig. L. 2 nach Scribe frei bearb. von F. A. v. Kurländer. M 979
Die Expedition oder Die Hochzeit nach dem Tode. L. 3 von Collé und Anton
    Wall [nach Collé's „Dupuis u. Desronnais"]. Lpzg., Dyk 1781. G 55
Ezzelino, Tyrann von Padowa. Tr. 5 von L. Kruse. Stuttg. u. Tüb.,
    Cotta 1821. G 778

Der Fabrikant. S. 3 nach Emil Souvestre von Ed. Devrient. Berlin,
    Reichardt 1839. G 965
Der Fächer. L. 3 v. Carl Blum n. Goldoni. M 891
Der Fähndrich oder der falsche Verdacht. L. 3 von Schröder. M 41
Die Fallbrücke. L. 5. M 717
Die Falle. L. 1 von Lembert. M 528
Der Fall im Abgrund. Tragikom. 5 [nach Gozzi]. M 46
Der Fall von Missolunghi. Dr. 3 von Gustav Joseph Krahe. München,
    Hübschmann 1828. G 826
Die falschen Spieler. L. 5 [von Klinger]. 1780. (Sonderabdruck aus F. M.
    Klingers Theater I.) G 176
Das falsche Panorama. L. 1. M 812
Falsche Scham. S. 4 [von Kotzebue]. M 289
Der falsche Schlüssel. D. 3 n. d. Frz. des Fréderic Lagueyerie. M 617
Die Familie Eichenkron oder Rang und Liebe. L. 5 v. Karl Friedr. Kretschmann.
    Lpzg., Dyk 1786. — Dasselbe, (ohne Angabe des Verf.) Wien 1786. G 173
Der Familienstolz. S. 5 [von Dr. Wagner]. M 14
Die Familie Pumpernickel. Musikal. Quodlibet 3 [von Stegmayer, Musik von
    Verschiedenen]. M 600
Die Familie Rose. Original-S. 5 von Carl Emil Thau, Hofmusikus zu Karls-
    ruhe. Pforzheim, Katz 1813. G 596
Die Familie Schroffenstein. Tr. 5 [v. Kleist]. Bern u. Zürich, Geßner 1803. G 615
Die Familie Werner. S. 3. M 870
Der Fanatismus oder Jean Calas. Hist. S. 5 von C. F. Weiße. Lpzg.,
    Dyk 1780. G 747
Fanchon oder das Leiermädchen. Sg. 3 n. e. frz. Vaudeville bearb. v. Kotzebue,
    Musik von Friedrich Himmel. M 357
Faniska. Eine große O. 3 n. d. Frz. von Sonnleithner. Musik v. Cherubini.
    Wien, Pichler 1806. G 677
Faniska. O. 3 n. d. Frz. von Sonnleithner. Musik v. Cherubini. M 369
Farinelli. S. mit Ges. 3 a. d. Frz. des Desforges v. W. Friedrich. G 91
Die Faschingswehen. Zauberspiel 3. M 1047
Der Faßbinder. Sg. 1 a. d. Frz. überf. Frkft. a. M. mit Andreäischen
    Schriften 1773. G 90
Der Faßbinder. Sg. 1 a. d. Frz. mit neuer Musik von Ferd. Fränzl. M 641

Faust. Tragödie 6 von Goethe für das königliche Theater zu Stuttgart zur
 Darstellung eingerichtet v. Carl Seydelmann. Musik v. Lindpaintner. M 964
Faust. Tr. 5 v. Aug. Klingemann. Lpzg. u. Altenburg, Brockhaus 1815. G 697
Faust, romant. O. 2 v. J. C. Bernard, in Musik gesetzt v. Louis Spohr. M 913
Faust von Mainz. Ein Gemählde aus der Mitte des fünfz. Jhdts. in 4 A.
 von J. A. Komareck. Lpzg., Köhler 1794. G 381 a
Fayel. Tr. 5 a. d. Frz. des Arnaud. München 1777. G 234
Die Fee aus Frankreich oder Liebesqualen eines Wiener Hagestolzen. Zauber-
 spiel 2 von Carl Meisl. M 888
Ein Fehltritt. Dr. 2 n. Scribe v. C. Lebrün. Mskr. f. die Bühne. Hamb. G 879
Feier des ... Julius 1811 vom H. Pfarrer Lepique. M 1068
Die Feinde. Tr. 3 von Ernst v. Houwald. Lpzg., Göschen 1825. G 816
Die Feinde oder Haß und Liebe. D. 4 von Lembert. M 1043
Die feindlichen Brüder. D. 3 v. Raupach. Hamb., Hoffmann u. Campe 1834. G 905
Felix oder der Findling. S. mit Gesang 3 a. d. Frz. des Sedaine übers. von
 Johann André. Musik von Monsigny. M 54
Felix und Hannchen. L. 4 v. C. F. Bretzner. Lpzg., Jacobäer 1791. G 882
Feodore. Sg. 1 von Kotzebue. Musik von Peter Ritter. M 458 u. 660
Ferdinand Cortez oder die Eroberung von Mexiko. Gr. heroische O. 3 mit
 Ballett u. d. Frz. von J. F. Castelli. Musik von C. Spontini. Wien,
 Wallishauser 1812. G 711
Ferdinand Cortez od. die Eroberung v. Mexiko. O. 3. Mus. v. Spontini. M 633 a u. b
Ferdinand Pernau. Tr. 5. Lpzg., Dyk 1787. G 261
Fergus Mac Ivor. S 5 v. Jos. Frh. v. Auffenberg. Würzb., Etlinger 1827. G 821
Fernando und Olimpia. S. 5 [v. B. Chr. d'Arien, übers. v. Gotter]. M 107
Fernando und Yariko. Sg. 3 von dem Hofrath v. Eckhartshausen. München,
 Cräz 1784. G 278
Eine Fessel. L. 5 nach Scribe (Une chaîne à rompre) übers. v. C. O. Hoff-
 mann. Berlin, Krause 1842. G 995 u. 1006
Fesseln. L. 5 nach Scribe von Th. Hell. Mskr.-Druck. G 1013
Das Fest der Winzer. O. 2. Musik von Kapellm. Kunze. M 855
Die Feuerprobe. L. 1 [von Kotzebue]. M 435
† Fiesko. Tr. 5 von Schiller. M 68
Figaro in Deutschland. L. 5 v. Wilh. Aug. Iffland. Berl., Rottmann 1790. G 224
Die Fischerin. Kom. O. 2. Musik von Gnglielmi. M 1042
Das Fischermädchen. Sg. 2 a. d. Ital. übers. Musik von Piccini. M 76
Flachshannchen oder der Hexenteich. Romant. S. 3 n. einer Erzählung gleichen
 Namens für die Bühne bearb. v. Bernh. Neustädt. Als Mskr. gedr. G 887
Die Fledermäuse oder Klug soll leben. Schwank 1 von C. Lebrün. Mainz,
 Kupferberg 1833. G 856
Der Fleischhauer von Ödenburg (anderer Titel: der Pantoffelbruder). L. 3.
 (Faschingsposse.) M 833 u. 894
Die Flucht. D. 5 n. Melesville u. Hestienne v. C. Götze. Mskr.-Dr. G 922
Die Flucht nach Kenilworth. Tr. 5 nach Walther Scotts Roman Kenilworth
 von J. R. Lenz genannt Kühne. M 921
Die Folgen der Verheimlichung oder die Ehescheidung. S. 3 n. einer Erzählg.
 von Friedrich Rochlitz. Freiberg, Craz u. Gerlach 1803. G 600

Die Folgen einer einzigen Lüge. S. 4 von C. H. Spieß. Prag u. Lpzg., Meißner 1792. G 880
Die Folgen einer minderjährigen Verlobung. Orig.-L. 4. Berl., Felisch 1795. G 872
Die Folgen eines Zweikampfs oder Heinrich IV. in Paris. D. 5 n. d. Engl. des Thomas Morton von W. Vogel. M 620
Folgen eines Zweikampfs. L. 3 von Heinrich Ritter. M 711
Fra Diavolo oder das Gasthaus von Terracina. O. 3. Text v. Scribe, Musik v. Auber. Für die deutsche Bühne bearb. von K. A. Ritter. M 863
Franz von Sickingen. T. 5 von —P—. Mannheim 1782. M 53
Franz von Sickingen. S. v. Furchau. Gött., Vandenhöck u. Ruprecht 1821. G 783
La frascatana oder das Mädchen von Frascati. Sg. 3. Musik von Paesiello. [Text von Livigni]. 1782. G 192
Frauenehre. D. 5 n. d. Span. des Trujillo v. Dr. Gg. Nic. Bärmann. M 1106 a u. b
Frauenemancipation. L. 3 von Dr. Wilhelm Marchland. Wien, Wallishauser 1840. G 963 a u. b
Frauenstand. L. 5 v. Aug. Wilh. Iffland. Lpzg., Göschen 1792. G 243
Fräulein von Belle-Isle. L. 5 v. Alexander Dumas, übers. von Braun v. Braunthal. M 1005 a u. b
Die Frau zweier Männer. S. 3 n. d. Frz. frei bearb. von Aug. Ed. Schulz. Lpzg., Kummer 1803. G 603
Freemann oder: Wie wird das ablaufen. S. 4 von J. E. Jester. Königsberg, Hartung 1790. G 325
Freien nach Vorschrift oder Wenn Sie befehlen. L. 4 v. Dr. Carl Töpfer. M 910
Die freie Wahl. L. 1 v. Leopold Feldmann. 1829. M 914
Der Fremde. S. 2 von J. G. Haller, Verf. des Rings oder die unvermutete Entdeckung. Prag, Diesbach 1788. G 259
Die Fremde. S. 5 von J. v. Weißenthurn. M 1147 a u. b
Die Fremde. O. 2 n. d. Ital. v. Friederike Ellmenreich. Mus. v. Vinc. Bellini. M 970
Die Fremden zu Bagdad. Liederspiel 1. M 1055
Das Freudenfest. Prolog. 1811. M 1057
Die Freunde. Tr. 5 von Dr. E. Raupach. Lpzg., Cnobloch 1825. G 797
Die Freunde. Original S. 4 v. F. W. Ziegler. Lpzg., Voß 1797. G 550
Die Freunde. S. 4 von Ferd. W. Ziegler. M 126 u. 659
Die Freunde oder die Wette zu Malta. Eine Komödie. Lüneburg, bey J. F. W. Lemke 1781. G 72
Die Freundschaft auf der Probe. Sg. 2 a. d. Frz. übers. [von Weiße] mit Musik [von Gretry]. Frkft. a. M. mit Andreäischen Schriften 1772. G 131
Der Freundschaftsdienst oder Wie macht es der Onkel in der Comödie? L. 3 von Frikke. Lpzg., Hilscher 1794 G 312
Freundschaft und Argwohn. L. 5 von J. F. Jünger. Lpzg., Dyk 1782. — Dasselbe: Wien, Wallishauser. G 266 a u. b
Freundschaft und Herzensschwäche. S. 5 von A. J. v. Guttenberg. Mannheim, Hof- und Akademie-Buchhandlung 1797. G 478
Freundschaft und Liebe. Ein Familien-Gemälde von Dr. Friedrich Lindheimer. Lpzg., Hinrichs 1804. G 617
Freya's Altar. L. 5 v. Oehlenschläger. Berl., Nicolai. Wien, Gerold 1822. G 778
Die Freyer. L. 4 von A. F. v. Steigentesch. Osnabrück, Karl 1798. G 531

Die Freymaurer. L. 3. Aufg. auf d. k. k. Nationalhoftheater. Wien, 1784. G 8
Fridolin. S. 5 von Franz v. Holbein n. Schillers Gedicht Der Gang nach dem
 Eisenhammer. Wien, Wallishauser 1806. G 632
Der Friede am Pruth. S. 5 v. Kratter. Frkft., Eßlinger 1799. G 529
Das Friedensfest. L. 2 v. Dr. Friedr. Lindheimer. Mh., Schwan u. Götz 1797. G 487
Friederike von Rosenhayn oder die Freyer. Ein Nachspiel. Augsb., bey
 Conr. Heinr. Stage 1783. G 111
Friedrich, der letzte Graf von Toggenburg. Ritterschauspiel 4 von C. H. Spieß.
 Prag u. Lpzg., Albrecht 1794. G 378
Friedrich IV. oder der Fanatismus in der Oberpfalz, ein oberpfälz. National-
 schauspiel 4 mit einer Vorrede von den Religionsveränderungen in der
 Oberpfalz. Regensburg, Montag u. Weiß 1795. G 433
Friedrich von Oesterreich. Ein Schauspiel aus der vaterländischen Geschichte
 in fünf Aufzügen v. Aug. Wilh. Iffland. Für die kurf. Mainzische National-
 schaubühne geschrieben. Gotha, bey Karl Wilh. Ettinger 1791. G 236 a u. b
Friedrich von Oldenburg oder der Mann von Stroh. S. 3 v. Gust. Hagemann.
 Hannover, Ritscher 1794. G 430
Fritz und Hänschen oder die Milchbrüder. L. 1. M 143
Frohe Laune. S. 4 v. Arresto. Hamburg, Verlagsgesellschaft 1800. G 666
Der fromme Betrug. Ein Nachsp. 1 v. C. A. Seidel. Lpzg., Fleischer 1789. G 458
Fürst Blaubart. Heroische O. 3 n. d. Frz. v. Dr. Schmieder. Musik v. Gretry.
 Altona, Bechtold 1802. G 591
Fürstenglück. Ein fürstl. Original-Familiengemählde 1 v. Joh. Carl Wilh. Palm.
 Magdeburg 1796. G 465
Fürstengröße. Vaterl. S. 5 v. F. W. Ziegler. Wien, Wallishauser 1793. G 698
Fürstengröße, ein vaterl. S. 5 [von Ziegler]. 1791. M 191
Fürstengroßmut. L. 3. M 170
Die Fürsten von Barcellona. Tr. 5 v. Rudolf vom Berge, bearb. v. Ehlers. M 885
Die Fürstin von Mirandola. Tr. 4. M 925 u. 1093
Der Fürst und der Bürger. Drama 3 von Ernst von Houwald. Lpzg.,
 Göschen 1823. G 863
Fust, der Erfinder der Buchdruckerey (nicht identisch mit Komarecks Faust von
 Mainz). Mainz, Fischer 1792. G 381 h
Fust von Stromberg. S. 5 mit den Sitten, Gebräuchen und Rechten seines
 Jahrhunderts. Von Hofgerichtsrath Maier, Verfasser des Sturms von Boxberg.
 Neue Auflage. Mannheim, Schwan u. Götz 1787. G 563
Fust von Stromberg. S. 6 [v. Hofgerichtsrat Jac. Maier]. Mannh. 1782. M 43

Die Galeerensklaven. S. 3 v. Herrn v. Budberg u. d. Frz. frei übers. M 612
Die Gallopade. L. 3 von J. V. C. Regensbg., Montag u. Weiß 1795. G 426
Galora von Venedig. Tr. 5 v. Trang. Benj. Berger. Lpzg., Hilscher 1778. G 3
Garrick in Bristol. L. 4 in Vers. v. Deinhardstein. Wien, Wallishauser 1834. G 901
Das Gastrecht. S. 5 von F. W. Ziegler. M 480
Gattin und Witwe zugleich. S. 5 u. d. Ital. des Federici [von Vogel] M 265
Die Gebesserten oder ein Abend in Spaa. L. 1 in Versen. M 543
Gebrüder Foster oder das Glück mit seinen Launen. Charaktergemählde in 5 A.
 nach einem engl. Plan von Dr. Carl Töpfer. M 858

Der Geburtstag. S. 5 v. H. C. Bunsen. (Vgl. G 247 Der Emigrant.) M 214
Der Geburtstag oder die Überraschungen. Ländl. L. 1 von Carl Christian Engel. Berlin, Maurer 1796. G 425
Die Geburtstagsfeyer oder Undank und Versöhnung. S. 5. Breslau, Hirschberg, Lissa in Südpr., Joh. Friedr. Korn 1796. G 429
Die Gefahren der Verführung. S. 5 v. J. Chr. Brandes. M 6
Die Gefahren der Verführung oder Jugend hat selten Tugend. S. 4 nach dem Jenneval des Mercier von Schröder. Mannheim 1780. M 21
Die gefährliche Nachbarschaft. L. 1 [v. Kotzebue]. M 428
Der Gefangene. O. 1 n. d. Frz. d. Duval, Musik v. Della-Maria. M 269 a u. b
Die Gefangenen. O. 1 a. d. Frz., Musik v. Cherubini. M 341 u. 1062
Die Gefesselten. Dramat. Dichtg. 5 m. einem Prolog v. Dr. Ernst Raupach, Lpzg., Knobloch 1821. G 795
Der gefesselte Prometheus. Tr. von Äschylos. Nach der Versart der Urschrift verdeutscht von Carl Philipp Conz, Prof. in Tübingen. Tübingen Laupp 1819. G 754
Die Geflüchteten. S. 1. [v. Iffland]. M 235
Der gefoppte Astrolog. Kom. Opt. 1 nach der Zigeunerin neu bearbeitet u. abgekürzt. Musik v. Paesiello. M 175 u. 795
Der gefoppte Bräutigam. Sg. 2 a. d. Ital., nach lo sposo burlato übers. Musik v. Dittersdorf. 1787. M 129 u. 725
Eine geheime Leidenschaft. D. 3 nach Scribe von C. Lebrun. M 1008
Das Geheimnis. O. 1 a. d. Frz. v. C. Herklots, Musik v. Solié. M 875
Die Geister. Ritterschausp. 3. Weißenfels u. Lpzg., Severin 1794. G 296
Der Geisterbeschwörer. Tr. 3 v. C. F. Bretzner. Lpzg., Jacobäer 1790. G 295
Die Geisterinsel. Sg. 3 v. Gotter (nach Shakespeares „Sturm"), Musik von Fleischmann. M 1058
Die Geisterinsel. O. 3 v. Gotter (nach Shakespeares „Sturm"), Musik von Zumsteg. M 519 a u. b
Das Gelübde. Heroisches S. 4 v. S. Grüner, Mannheim, Schwan u. Götz 1803. G 618
Der Gemsenjäger. Opt. 2 [von Bürde]. Musik v. G. B. Bierey. M 529
Der Generalmarsch. Tr. 4 von Friedrich Leo, Hofschauspieler zu Carlsruhe. Frkft., Varrentrapp u. Wenner 1793. G 304
General Schlenzheim und seine Familie. S. 4 von Spieß. Umgearb. u. verb. v. Plümicke u. Brömel. Frkft. u. Lpzg. 1784. G 185
General Schlenzheim und seine Familie. S. 3 [v. Chr. H. Spieß] 1783. M 62
Genoveva. Tr. 5 v. Dr. Ernst Raupach, Hambg., Hoffmann u. Campe 1834 G 899
Genua und Rache. Tr. 5 v. Babo. (M 797 enthält viele eigenh. Korrekturen Ifflands. Ist nach einer Bemerkung auf dem Umschlag das Berliner Regiebuch. In Berlin wurde das Stück dreimal vom 28. Febr. bis 6. März 1803 gegeben, in Mh. nur einmal: 11. März 1804). M 834 u. 797
Georg Torringer. S. 5. München, Hübschmann 1827. G 829
Der gerade Weg der beste. L. 1 v. Kotzebue. M 610
Gerechte Strafe. L. 3 v. W. Vogel. M 515
Gerechtigkeit und Rache. S. 5 [von Brömel]. Wien, 1783. G 148
Das gerettete Venedig. Tr. 5 nach Otway von Iffland (die Namensaufschrift auf dem Titelblatt von Iffland eigenhdg.) M 685

Das gerettete Venedig. Tr. 5 v. Meno. Bayreuth, Lübeks Erben 1796. G 858
Das Geschenk. Ein Gelegenheitsstück in 1 A. von B. D. Arnstein. Wien, Wallishauser 1801. G 560
Das Geschenk des Fürsten. L. 3 u. Comberusse u. d'Aubigny v. Baron Thumb. M 951
Die Geschwister. S. 5 v. Emanuel Leutner, Berlin, Sittenfeld 1837. G 941
Die Geschwister vom Lande. L. 5 v. J. F. Jünger. M 203
Gesetz und Natur. S. 5 v. Freyherrn von Danckelmann. Fürth, Bürean für Litt. 1803. G 620
Das Gespenst. S. 4 von August v. Kotzebue. (Titel hdschr. verändert in „Deodata".) Lpzg., Kummer 1808. G 785
Das Geständnis oder die Beichte. L. 1 v. Kotzebue. M 867
Die Getäuschten. Sg. 1 nach l'inganno felice bearb. v. F. K. Hiemer, Musik von Rossini. M 556
Gewissen! Tr. 3. M 773
Das Gewissen. Ein warnendes Gemälde in 3 A. nach dem Pastoren des Herrn Halbe. Prag u. Leipzig, Diesbach 1789. G 283
Das Gewissen. Bürgerl. Tr. 5 von Iffland. M 247
Gewohnheit ist die zweite Natur. P. 1 u. d. Frz. M 1074
Das Glas Wasser oder Ursachen und Wirkungen. L. 5 von Scribe (übers. von Dr. Herm. Nagel). Berlin, Fernbach 1841. G 976
Der Gläubiger. L. 3 [v. Richter]. München 1777. Dasselbe: Wien, Kurzböck 1777. G 92 a u. b
Gleiches mit Gleichem. L. 5 n. d. Jtal. d. Federici frei bearb. [v. Vogel]. M 248
Der Glöckner von Notre-Dame. D. in 6 Tableaus n. V. Hugos Roman v. Charlotte Birch-Pfeiffer. In: Jahrbuch deutscher Bühnenspiele, hg. von F. W. Gubitz XVI. Berlin, Vereinsbuchhdlg. 1837. G 968
Glück bessert Thorheit. L. 5 n. d. Engl. d. Miß Lee v. Schröder. Wien, 1781 G 87
Die glückliche Jagd. L. 2. Augsburg, Stange 1781. G 108
Die glücklichen Jäger. Sg. 3 [v. Stephanie d. J.] Musik v. Hrn. Umlauf. (Sonderabzug aus Stephanie's sämtl. Singspielen, Liegnitz 1792). G 251
Der glückliche Morgen. S. 1 v. Robert Behr. Berl., Belitz u. Braun 1799. G 533
Glücklicherweise. L. 1 v. d. Herrn Rochon de Chabannes. A. d. frz. übers. Braunschweig, fürstl. Waysenhausbuchhdlg. 1763. G 17
Die glückliche Überschwemmung. Ein ländl. S. 1. Lpzg., Kummer 1799. G 536
Die glückliche Wendung oder Liebe zum König. Volkslustspiel in 1 A. von Gustav Hagemann. Hannover, Hahn 1793. G 383
Glücksproben. L. 4 v. C. A. Dulpius. Fortf. der beiden L.: Liebesproben und Ehestandsproben. Bayreuth, Lübeks Erben 1791. G 305 beigeb.
Der Glückwechsel oder der liebenswürdige Sonderling. L. 5 a. d. frz. des Loaisel Treogate [la bizarrerie de la fortune ou le jeune philosophe] frei übers. Tübingen, Cotta 1794. G 394
Das goldene Kreuz. L. 2 frei n. d. frz. v. Georg Harrys. M 1125 a u. b
Das goldene Vließ. (Der Gastfreund Tr. 1, die Argonauten Tr. 5, Medea Tr. 5) v. Franz Grillparzer. Stuttgart, Macklot 1823. G 812
Des Goldschmieds Töchterlein. Altdtsch. Sittengem. 2 v. C. Blum. Berl. 1833. G 844
† Götz von Berlichingen v. Goethe. (Versch. Bearb.) M 161 627 715 715 a
Graf Albert. S. 2 mit Musik v. Gretry. M 153

Graf Armand oder die zwei gefahrvollen Tage (= Der Wasserträger) Sg. 3 a. d. frz. überſ. v. Joh. Jac. Ihlée. Muſ. v. Cherubini. M 682

Graf Benjowsky. O. 3 v. Boieldieu. [Text von Duval]. M 500 u. 738

Graf Benjowsky oder die Verſchwörnng auf Kamtſchatka. S. 5 v. Kotzebue. M 187

Die Grafen von Cilli, eine Begebenheit der Vorzeit v. Johann von Kalchberg. Cilli, Jenko 1792. G 402

Graf Königsmark. Tr. 5 v. Carl Frhr. v. Reitzenstein. Wien, Stahel 1792. G 291

Graf Mariano oder der ſchuldloſe Verbrecher. S. 3 nach dem Spaniſchen des Lope von Friedrich Rambach. Lpzg., Dyk 1798. G 506

Der Graf von Burgund. S. 4 v. Kotzebue. M 216

Graf von Santa Vecchia. Ein Gemählde der Schwärmereyen des achtzehnten Jahrhunderts in 5 Aufz. v. Max Roller. Berlin, Franke 1792. G 321

Der Graf von Walltron oder die Subordination. Orig.-Tr. 5 von Heinr. Ferd. Möller, Mitgl. der von Brunianiſchen Geſellſchaft. Frankfurt a./M., Johannes Bayrhoffer 1777. — Daſſelbe, München 1780. [Hdſchrftl. ſtark verändert, als Schauſpiel]. G 18 a u. b

Grimaldo und Laura Tr. 5 v. J. E. B.... Hlbrſtdt., Groß 1792 G 841

Griſelda. O. 2 a. d. Ital. [überſ. v. Ihlée]. Muſ. v. Paër. M 327

Griſeldis. D. G. 5 v. Friedrich Halm. Wien, Gerold 1837. G 924 a u. b

Der Groß-Cophta. L. 5 v. Goethe. Berlin, Unger 1792. G 837

Das große Geheimnis. fürſtl. Familiengem. 4 v. F. W. Ziegler. M 1064

Das große Loos. L. 1 [v. Hagemeiſter]. M 188

Die große Toilette. L. 5. Berlin, Himburg 1788. G 207 a u. b

Die Großtante. L. 1. frei n. d. Frz. v. Dr. K. W. Kirſch. Mannheim, Hähner 1842. G 988 a u. b

Die Großtante. L. 1 [von Dr. K. W. Kirſch]. M 1141 a u. b

Das Grubenlicht. O. 2 v. Louiſe Beck. Muſik v. P. Ritter. M 834

Die Grube zu Dorothea. S. 5 v. Aug. Klingemann. Helmſtädt, Fleckeiſen 1817. G 707

Guliſtan oder der Hulla von Samarcanda. O. 3 v. Etienne. Muſik von Dalayrac. Wien, Wallishauſer 1806. G 692

Gülnare oder die perſiſche Sklavin. Sg. 1 a. d. Frz. [des Marſollier] von Dr. Schmieder. Muſ. v. Dalayrac. M 662 702 1086

Der Günſtling. Tr. 5 v. Fr. M. v. Klinger. M 112

Die Günſtlinge. S. 5 v. Charlotte Birch-Pfeiffer. M 924 a u. b

Günther von Schwarzburg. Sg. 3 für die kuhrpfälziſche Hofſingbühne [von A. v. Klein. Muſik v. J. Holzbauer.] Mannh., gedruckt in der kuhrfürſtl. Hofbuchdruckerei und zu haben bei Schwan. (Ein zweites Exemplar iſt durchſchoſſen und von Rennſchüb als Regiebuch eingerichtet). G 274 a u. b

Guſtav oder die Minengräber in Schweden. Hiſt. S. 5 n. d. Frz. des Lamartelière v. Caſtelli. Wien, Wallishauſer 1805. G 802

Guſtav Waſa. S. 5 v. Kotzebue. M 294 u. 689

Die gute Ehe. L. 1 n. d. Frz. v. Anton Wall. Lpzg., Dyk 1784. G 136

Die gute Landesmutter oder Unſchuld ſiegt. S. 5 v. S. Börnſtein. Regensburg 1796. G 445

Das gute Mädchen. Opt. 3 n. der buona figliuola [des Goldoni]. Muſik v. Nic. Piccini. Lpzg., Schneider 1778. G 77

Guten Morgen Vielliebchen! L. 1 v. Adalbert vom Thale. 1834. G 918
Güte rettet. L. 5 n. d. road to ruin v. Holcroft. Frei bearb. vom Verf. des heiml. Gerichts. [F. L. Huber]. Lpzg., Göschen 1795. G 356
Der gutherzige Alte. L. 1 n. d. Frz. d. Florian. Frkf. a./M., Fleischer 1789. G 217 a u. b
Der gutherzige Polterer. L. 3 von Goldoni. M 445
Der gutherzige Sohn. Ländl. L. 1 n. Florian v. Schmieder. M 156

Die Hagestolzen. S. 5 v. Aug. Wilh. Iffland. Lpzg., Göschen 1793. (Stark gestrichenes u. verändertes Regiebuch.) G 880
Der Hahnenschlag. S. 1 [v. Kotzebue]. M 349
Hamlet, Prinz von Dännemark. Tr. 6 [nach Shakespeare von Schröder] zum Behuf des Hamburgschen Theaters. Nebst Brockmanns Bildniß als Hamlet n. der zu dem Ballet verfertigten Musik [beides fehlt]. Neue Aufl. Hambg., Herold 1789. — Dasselbe. Hamlet, Prinz von Dännemark. Trauerspiel in fünf Aufzügen nach Shakespeare [von Schröder]. [Ältere Ausg.] G 854
Hamlet, v. Shakespeare, übers. v. A. W. Schlegel. Berl., Unger 1800. G 925 a u. b
Die Hand des Rächers. Fortsetzung der Jäger. Ein Familiengemälde in 5 Akten von Carl Steinberg, Mit-Direktor der Schauspieler-Gesellschaft der Geschwister Schuch. Lpzg., Gräff 1795. G 437
Hanno Fürst in Norden. S. 3 von J. C. Bock. Lpzg., Christ. Gottl. Hilscher 1781. — Dasselbe, anonyme Ausgabe. Mannheim 1781. G 45 u. 58
Hans Kohlhas. Hist. Tr. 5 von G. A. Frh. v. Maltitz. Berl., Krause 1827. Als Mskr. gedr. G 890
Hans Sachs. Dramat. Gedicht 4 v. Deinhardstein. Wien, Armbruster 1829. G 877
Hans von Krikkrak oder: Eine Lüge ist der andern werth. P. 1 n. d. Frz. des „Monsieur de Crac dans son petit castel ou les Gascons" par J. F. Collin-Harleville, frei bearb. Lpzg., Rein 1802. G 569
Hans von Schwaben oder Kaiser Albrechts Tod, vom Verf. des Schweizerbunds. St. Gallen, Reutiner 1784. G 182
Hans von Zanow oder der Landjunker in Berlin. L. 5 v. Joh. Christ. Brandes. Hamburg, Bohn 1785. G 256
Hariadan Barbarossa. Rom. O. 3 v. G. Wohlbrück. Mus. v. Ferd. Fränzl. M 535
Hartmuth Hager oder Männerehre und Weibertreue. Tr. 5 von H. M. Bayreuth, Lübeck's Erben 1794. G 393
Haß allen Weibern. L. 1 frei n. d. Frz. des Bouilly von Castelli. M 948
Haß und Liebe. S. 4 v. Ch. Fr. v. B . . . n [Bonin]. Wien 1786. G 166
Das Haus Anglade oder die Vorsehung wacht. N. d. Frz. bearb. v. Th. Hell. Lpzg., Kollmann 1818. G 709
Der Hausdoktor. L. 3 von Ziegler. M 278
Die Hausfreunde. S. 5 von A. W. Iffland. M 360 u. 688
Der Hausfriede. L. 5 von Iffland. M 250
Die Hauskabale oder Die Schwiegermutter und Schwiegertochter. L. 5 von Karl Friedrich Kretschmann. Lpzg., Dyk 1787. G 271
Der häusliche Zwist. L. 1 [v. Kotzebue]. M 407
Der Hausnarr. Original-L. 4 von J. Wilh. Steinmüller, Schauspieler. Frkft. u. Lpzg. 1791. G 647

Das Hausregiment. L. 5 n. George Colmann [v. W. Chr. D. Meyer]. M 285
Die Hautboisten. L. 1 v. Wilh. Bröckelmann. Cassel, Grießbach 1797. G 466
Heckingborn. S. 5 von P. A. Heiberg. A. d. Dän. übers. von S. Biörn.
  Danzig, Troschel 1795. G 438
Heimburg und Maria. L. 5 v. C. F. Bretzner. Lpzg., Jacobäer 1796. G 469 a u. b
Die Heimkehr. S. 5 von A. W. Iffland n. d. Roman „Die Rückkehr ins
  Vaterland" frei bearbeitet. M 864 u. 794
Die Heimkehr. L. 1 von Ernst Frh. v. Houwald. M 572
Die Heimkehr siehe auch: Der Leuchtturm von Houwald. G 770.
Heimkehr aus der Fremde. Liederspiel 1. Musik v. Felix Mendelssohn-Bartholdy.
  Lpzg., Breitkopf u. Härtel. G 935 a u. b
Die heimliche Ehe. Kom. O. 2 nach il Matrimonio secreto [des Bertati] neu
  bearb. Musik v. Cimarosa. M 218 a u. b, 709
Die heimliche Ehe. Kom. O. 2 u. d. Ital. des Giovanni Bertati bearb. von
  Karl Ludw. Giesecke, Schauspieler in Wien. Musik von Cimarosa. M 681
Das heimliche Gericht. Tr. 5 [von L. F. Huber]. M 152
Heinrich der Löwe. Hist. Trag. in 5 Akten [von Klingemann]. o. O. u. J.
  (aus Klingemanns Theater I). G 686
Heinrich III. und sein Hof. Hist. Gem. 5 n. d. Frz. des Alex. Dumas. M 886
† Heinrich IV. I. Teil. S. 5 v. Shakespeare (übers. v. Benda). M 1122 a u. b
Heinrich der Vierte, König von Frankreich. Tr. 5 von Adolph Bergen.
  Königsberg, bei Göbbels und Unzer 1802. G 571
Heinrich IV. von Frankreich. Tr. 5 v. Eduard Gehe. M 558
Heinrich der Zweyte, Herzog von Montmorenci. Hist.-Dram. Gedicht 5 von
  Dr. Carl Eduard Sommer. Wien, Gerold 1817. G 762
Heinrich Frauenlob oder der Sänger und der Arzt [von A. Vogl]. Mainz,
  Fischer 1792. G 242
Heinrichs des Fünften Jugendjahre. L. 5 n. d. Frz. des Alex. Duval von
  Aug. Wilh. Iffland. Berlin, Braunes 1808. G 658 a u. b
Heinrich von Hohenstaufen, König der Deutschen. T. 5 v Karoline Pichler. M 578
Heinrich von Wolfenschiesen. Tr. 5 v. Aug. Klingemann. Historisches Seiten-
  stück zu Schillers Wilhelm Tell. (Aufgeführt zum erstenmale von der Magdeb.
  Schauspielergesellschaft zu Braunschweig am 22. Aug. 1805.) 1807. G 646
Der Heirathskontrakt. S. 5 von J. F. Wutstrack, Kammer-Secretär zu Bialystock
  in Neu-Ost-Preußen. Berlin, Maurer 1798. G 523
Helena und Paris. Mus. S. 3. Musik v. Winter. M 100 u. 735
Helene. S. mit Gesang 3. frei nach Bouilly von G. F. Treitschke. Musik
  von Mehul. M 395
Helene oder die Körbe. L. 5 v. C. P. Berger. Münch., Hübschmann 1840. G 989 a u. b
Die Helvetier in Lissabon. Original-S. 5 [von Werther in Wetzlar]. Frkft.
  u. Lpzg. 1792. G 418
Henriette oder der Husarenraub. S. 5 von C. M. Plümicke nach dem Roman
  gleiches Namens. Berl., Wever 1780. (Schluß handschr.) — Dasselbe: Jette
  oder der Husarenraub. S. 5 von C. M. Plümicke. Neue verb. rechtmäßige
  Ausg. Berlin, Maurer 1786. G 2 a u. b
Der Herbsttag. L. 5 von Aug. Wilh. Iffland. Lpzg., Göschen 1792. G 849
Hermann. Ein vaterl. S. 5 v. J. C. L. Fresenius. Glogau, Günther 1796. G 388

Hermann, Germaniens Retter. Histor. Melodrama 3 v. Matthäus Stegmayer,
k. k. Hofschauspieler. Wien, Wallishauser 1803. G 727
Hermann, oder Deutschlands Befreiung. S. 5 v. Johanna Weißenthurn. M 493
Hermann, oder die Befreiung Deutschlands. S. 5 von G. F. A. Wahlert.
Dortmund, Mallinckrodt 1816. G 728
Hermanns Schlacht. Ein heroisches S. 3. Das berühmte Bardiet des Herrn
Klopstock für die Bühne eingerichtet. Lpzg., Dyk 1784. G 485
Hermann und Dorothea. Idyllisches Familiengemälde 4 nach Goethe von
Dr. Carl Töpfer. M 911
Hermann von Unna. S. 5 mit Chören u. Tänzen. N. d. schwed. Originale
[des Oberst Skiöldebrand] frey übers. [Musik von Vogler.] Kopenhagen,
Brummer 1800. G 553 a u. b
Hernani. Romant. Tr. nach Victor Hugo für die deutsche Bühne bearb. v.
Karl Heinrich Hermes. Lpzg., Dyk 1831. G 874
Hero. Monodram 1 mit Chor, gedichtet v. Aloys Schreiber. Mus. v. Brandt. M 857
Herr Hampelmann im Eilwagen. Hampelmanniade in 6 Bildern vom Verf.
des Bürgerkapitäns (mit einer farb. Abb.) Frkft., Varrentrapp 1834 und
2. Aufl. ebenda 1837. G 920 a u. b
Die Herrin von der Elfe. S. 5 von C. Blum. M 1028
Herr Johann von Paris. Kom. O. 2 n. d. Frz. des St. Just v. Joseph
Ritter von Seyfried. Musik v. Boieldieu. Wien, Wallishauser 1812. G 684
Herr Spul oder Ächtheit ohne Schimmer. L. 5 [von A. Freih. v. Klesheim].
Wien, Wallishauser 1794. G 408
Herr van der Schalmay oder ein Carnevalsabend. Kom. O. 3 n. d. Frz.
Musik von Gaveaux. M 599
Herr von Jck. L. 1 frei n. Delongchamps v. Carl Blum. Berl. 1826. G 828
Das Herz behält seine Rechte. S. 5 v. Heinrich Beck. Auf der Mannheimer
Nationalbühne den 25. October 1787 zum erstenmal aufgeführt. Berl. 1788,
George Jacob Decker u. Sohn. (Freie Bearbeitung des engl. Lustspiels „Die
falsche Delicatesse" von Hughes Kelly.) G 204
Herzog Richelieu, seine Welt und seine Zeit. L. 5 v. J. G. Grötsch. Münch.,
Franz 1840. G 981
Die Hessin oder das patriotische Fest. L. 2 v. Gustav Hagemann. Hannover,
Ritscher 1794. G 431
Die Heurath durch Irrthum. L. 1 n. d. Frz. d. Patrat v. Schröder. Wien 1786. G 165
Der heutige Ton. S. 5. Stettin, Kaffke 1789. G 258 a u. b
Hinko. D. 5 m. Vorspiel „Der jüngere Sohn" v. Charlotte Birch-Pfeiffer. M 904
Hirngespinste [oder die Luftschlösser*)]. L. 4 von Lambrecht [nach Collin
d'Harleville „Ces châteaux en Espagne"]. Nürnb., Felsecker 1792. G 403
Das Hirtenmädchen. Rom. O. 3 n. d. Frz. des Planard von F. L. Rhode.
Musik von Auber. M 871 u. 873
Hochverrath oder der Emigrant. S. 5 von Friedrich Rambach, Professor in
Berlin. Lpzg., Dyk 1798. G 499
Das Hochzeitgeschenk. L. 5 v. Friedrich Laun. Pirna, Arnold 1802. G 612
Die Hofdame. L. 5. M 826

*) Dalberg hat diesen ursprünglich von Lambrecht gewählten Titel wieder gewählt. –
Vulpius hat ebenfalls das als Quelle Nennende frz. Lustspiel bearbeitet.

Die Hofmeister. S. 5 für Eltern u. Erzieher v. Fabre d'Eglantine. frey übers.
v. Frau v. Kotzebue geborne v. Krusenstern. Lpzg., Kummer 1801. G 555
Der Hofmeister oder Vorteile der Privaterziehung. S. 4 [v. Lenz, bearb. von
Schröder] 1780. M 8
Der Hofrath. Ein Lustspiel. München, Joh. Bapt. Strobel 1783. G 101
Die Höhle bei Kosire (vergl. die Räuberhöhle). Ernsthaftes Sg. 3 n. d. Frz.
des Dercia. Musik von Lesueur. M 521
Der Holzhauer oder Die drey Wünsche. Kom. O. 1. [Musik v. Benda. Übers.
von Gotter.] Berlin, Christ. Friedr. Himburg 1772. G 42
Die Horatier und Curiatier. Heroisch-trag. O. 3 a. d. Ital. [des Sografi] von
Carl Willms. Musik von Cimarosa. M 373, 687 u. 725
Horatius oder der Kampf der Horatier und Curiatier. Tragödie von Voltaire,
metrisch übers. [v. Carl v. Hänlein]. Aus: Corneilles Meisterwerke. Zweiter
Theil. Berlin, Dümmler 1817. G 785
Der Huffschmied. Opt. 1 n. d. Frz. des Quetant. Musik v. Philidor. Frkft.
u. Lpzg., Eßlingerische Buchhdlg. 1772. G 78
Die Hugenotten. O. 5 von Scribe, Musik von Meyerbeer. M 1111
Der Husar als Zauberer, siehe: Der Soldat als Zauberer. G 110.
Die Husaren. S. 5 von Friedrich Werne, Doctor der Rechte. Osnabrück,
Kißling u. Sohn 1793. G 313
Die Hussiten vor Naumburg im Jahre 1432. S. 5 [von Kotzebue]. M 321 u. 808
Der Hut. L. 1. [von Vogel]. M 276
Die Hütte am Felsen. Dramatische Scenen aus der Vorwelt [von Reinmitz].
Frkft. u. Lpzg., Macklot 1795. G 398

Die Jacobiner. Nachspiel in 1 Akt (nach dem Engl.) Wien 1794. G 423
Das Jägermädchen. Gemählde a. d. wirklichen Welt in 5 A. v. C. M. Plü=
micke (nach C. G. Cramer). Berlin, Frölich 1803. G 604
Die jähzornige Frau. L. 1. M 359
Jakobs Kriegsthaten und Hochzeit. P. 3. Zweite, durchaus verb. u. verm.
Ausgabe. Auch als Forts. von „Unser Verkehr". Kanaan, Boselli 1816. G 705
Ich bleibe ledig. L. 3 v. C. Blum. M 1134 a u. b
Ich irre mich oder der Räuberhauptmann. L. 1 n. d. Frz. v. C. Lebrün. M 856
Ida. S. 4 m. Gesang v. Frz. v. Holbein. Mus. v. Gyrowetz. Wien, Wallis=
hauser 1807. G 681
Ida Münster oder das heimliche Gericht. S. 5 [v. De la Motte]. M 317
Ida oder das Vehmgericht. Hist. S. 5 v. J. N. Komareck. Lpzg., Köhler 1793. G 285
Jeannot und Colin. L. 3 a. d. Frz. d. Ritters von St. Florian. Ronne=
burg u. Lpzg., Schumann 1799. G 539
Jery und Bätely. Sg. 1 v. Goethe. M 511
Ignez de Castro. Tr. 5 v. Julius Fr. von Soden. Dessau und Leipzig,
in Commißion bey der Buchhdlg. der Gelehrten 1784. G 146
Der Illuminat. Ein Drama v. Andreas Petz. 1803. G 608
Imogen (Cymbeline). S. 5 von Shakespeare. Wien 1782. G 103
Das Incognito. S. 5 v. Federici [bearb. v. Dalberg]. M 217
Die Indianer in England. L. 3 v. Aug. v. Kotzebue. Frkft. u. Lpzg. 1790. G 232
Die Indianer in England. L. 3 v. Kotzebue. M 151

Der Indienfahrer. S. 4 v. C. G. H. Arresto [Burchardt]. Hamburg, Campe 1803.   G 585

Die Insel der Liebe. O. 2 a. d. Ital. v. Stegmayer, Muf. v. Martini. M 1033

Der Instinkt oder: Wer ist Vater zum Kinde. Nachspiel v. J. F. Jünger. Lpzg., Dyk 1785.   G 186 beigeb.

Das Intermezzo oder der Landjunker zum erstenmal in der Residenz. L. 5 v. Kotzebue.   M 890 u. 690

Der Invalid. S. 1 [v. Vogel].   M 271 a u. b

Johanna v. Montfaucon. Romant. Sittengem. 5 v. Kotzebue.   M 283

Johannes Gutenberg. Orig.-S. 3 v. Charlotte Birch-Pfeiffer. (Mskr.-Druck.) G 851

Johann von Calais. S. 3 übers. a. d. Frz. v. Castelli.   M 598

Johann von Procida oder die Sicilische Vesper. S. 5 von Hagemeister. Berlin, Maurer 1791.   G 299 a u. b

Der Journalist. L. 1 v. E. M. Öttinger.   M 1002

Die Journalisten. L. 1 v. St. Schütze. Lpzg., Voß 1806.   G 638

Jovialität und Liebe. L. 2 v. Dr. Frdr. Lindheimer, Mannheim, Schwan u. Götz 1798.   G 492

Iphigenie auf Tauris. S. in 5 A. v. Goethe. Ächte Ausgabe. Lpzg., Göschen 1787. (Soufflierbuch mit vielen Strichen).   G 193

Iphigenie in Aulis. O. 3 in Musik gesetzt v. Ritter Gluck. (Druckort u. Jahr weggeschnitten).   G 886

Iphigenie in Aulis. O. 3 v. Gluck.   M 499 a

Iphigenie auf Tauris. Trag. O. 4 n. d. Frz. d. Guillard. Musik v. Ritter Gluck. Darmstadt, Will 1812.   G 893

Iphigenie in Tauris. Trag. Sg. 4 a. d. Frz. d. Guillard. Muf. v. Gluck. M 166 u. 814

Das Irrenhaus in Dijon. S. 3 nach Le Jean der Herren Beraud und Alexis von Adalbert Prix.   M 903

Das Irrlicht oder: Endlich fand er Sie. Sg. 3 nach Bretzner für das k. k. Th. eingerichtet, Musik von Umlauf. Wien 1785.   G 156

Die Irrungen durch Einbildung, Eifersucht und Liebe. S. 5 von Calderon. [Bearb. v. Gotter]. Mannheim 1782.   M 29

Der Irrwisch oder: Endlich fand er sie. Opt. in 3 Akten v. C. F. Bretzner. Musik von Preu in Leipzig. Lpzg., Schneider 1788.   G 156

Isidor. Tr. 5 v. Friedr. Graf v. Kalkreuth.   M 936

Isidor und Olga. Tr. 5 v. E. Raupach.   M 824

Die Italiener in Algier. O. 2. Musik v. Rossini.   M 557

Die Italienerin in London. Kom. O. 2 n. d. Ital. frey bearb. von H. C. Pleißner, Mitgl. der Großmannischen Schauspieler-Gesellschaft. Frankfurt, Fleischer 1783.   G 235

Die Italienerin in London. Kom. O. 2. [v. Cimarosa] n. d. Ital. auf's neue frei bearb.   M 150 a

Die Jubelfeier. Ländl. Drama 1 v. Carl L. Kaibel.   M 527

Die Jubelhochzeit. Kom. O. [v. Weiße, Muf. v. Beecke]. Lpzg., Dyk 1773. G 83

Der Jude. S. 5 [nach Cumberland].   M 953

Die Jugend Peters des Großen. Sg. 3 v. Jos. Weigl.   M 518 a u. b

Julchen, oder Liebe Mädchen, spiegelt euch! Orig.-L. 5 v. Frz. Xaver Huber, Verfasser des Schlendrians. Wien, Wallishauser 1793.   G 345

Juliane. L. 3 v. d. Verf. d. heiml. Ger. [L. F. Huber]. Berl., Voß 1794. G 857
Juliane von Allern oder: So bessert man Koketten. L. 5. Berlin, Hartmann 1796. G 405
Juliane v. Lindorak. S. 5 n. Gozzi [v. Schröder]. M 26
Julie oder Tugend und Liebe. L. 4. Riga, Müller 1797. G 489
Julius Cäsar oder die Verschwörung des Brutus. Ein Trauerspiel in sechs Handlungen von Shakespeare. Für die Mannh. Bühne bearb. [nach Wielands Übersetzung v. W. H. v. Dalberg] u. zum erstenmal das. aufgeführt den 24. April 1785. Mannheim, Schwan 1785. G 150
† Julius Cäsar. Tr. 5 v. Shakespeare. Bearb. v. Schlegel. M 432
Julius von Sassen. Tr. 4 v. Verf. d. Abällino [Zschokke]. Zweite Ausg. Zürich, Orell, Füßli u. Comp. 1798. G 428 a u. b
† Julius von Tarent. Tr. 5 v. Leisewitz. M 70
Die junge Indianerin. L. 1 v. Hrn. de Champfort. Frankfurt u. Leipzig, Cramer 1766. G 851
Die junge Indianerin. L. 1 a. d. Frz. des Champfort. M 30 a u. b
Der junge Werther oder die Macht der Liebe. P. 1 m. Ges. n. d. Frz. M 915
Die Jungfern Köchinnen. P. 1 v. Verf. d. Bürgerkapitäns und d. Hampelmanniaden. M 1118
† Die Jungfrau von Orleans. Tr. 5 v. Schiller. Mskr. fehlt, signiert als: M 814
Der Jüngling von 60 Jahren. L. 1 v. Frohberg n. d. Frz. M 497 u. 555
Der Jurist und der Bauer. Ein Lustsp. in 2 Aufz. v. Joh. Rautenstrauch. G 651

Kabale und Liebe. Ein bürgerliches Trauerspiel in fünf Aufzügen von Friedrich Schiller. Frankfurt und Leipzig 1784. (164 Seiten, Soufflierbuch mit vielen Korrekturen u. Strichen. Die gestrichenen Stellen zumeist überklebt. Stark verbrauchtes Exemplar.) — Dasselbe. Neue Orig.-Auflage. Mannheim, bei C. F. Schwan u. G. C. Götz 1796. (166 Seiten, Regiebuch mit vielen Korrekturen und Strichen. Die gestrichenen Stellen sind meist überklebt. Stark verbrauchtes Exemplar). G 124 a u. b
Kabale und Rache. Tr. 5. Weißenfels u. Lpzg., Severin 1796. G 368
Kain und Abel. Ein Darstellnis in einer Abteilung (in rythmisch gebundener Rede). M 1104
Kaiser Adrian in Syrien. S. 3 n. Metastasio v. Bock. Lpzg., Hilscher 1781. G 51
Kaiser Friedrich in Prag. Tr. 5 v. Gustav Kühne (mit eigenh. Zusätzen d. Verf.) Mskr.-Druck. G 1019
Kaiser Hadrian. O. 3. Musik v. Weigl. M 580
Kaiser Otto III. Tr. 5 v. J. Mosen M 1112 a u. b
Kaiser Rudolf v. Habsburg. Tr. 5 [von Anton v. Klein]. M 229 u. 410
Der Kalif von Bagdad. Sg. 1 a. d. Frz. d. St. Just. Musik v. Boieldieu M 355 u. 678
Kalli. Tr. 5 v. Detlef Friedrich Bielfeld. Lpzg., Wolf 1802. G 611
Die Kameradschaften (anderer Titel: Die Vetter- und Gevatterschaft). L. 5 v. L. v. Alvensleben n Scribes Camaraderie. M 1128 a u. b
Der Kammerdiener. L. 1 n. Scribe u. Melesville v. Friederike Krickeberg. M 842
Der Kammerhusar. S. in 1 A. Regensburg, Montag u. Weiß 1797. G 464
Kampl oder das Mädchen mit Millionen und die Nätherin. P. 4 von Joh. Nestroy, Musik v. C. Binder. Mskr.-Druck. G 954 a u. b

Der Kapellmeister. Kom. O. 1 v. Paër (unvollst. Text d. Gesänge). M 621
Karl der Kühne. Tr: 5 v. Ludw. Rellstab. Berl., Duncker u. Humblot 1824. G 801
Karl XII. bei Bender. S. 5 v. Vulpius. M 553 u. 1041
Karl des Großen Geburt und Jugendjahre. Ein Ritterlied v. Friedrich Baron de la Motte Fouqué, herausgeg. v. Frz. Horn. Nürnbg., Schrag 1816. G 771
Karl von Anjou der Jüngere. Geschichtl. Tr. 5. M 368 u. 786
Das Kasernenzimmer. L. 2 nach Th. Haynes Bayly v. Fr. Meck. M 1008
Kaspar der Thorringer. Vaterl. S. 5 [vom Grafen Törring-Guttenzell.] Frkft. u. Lpzg. 1785. G 141
Katharina Cornaro, Königin von Cypern. O. 4 von Saint-Georges (übers. von A. Büssel), Musik von Frz. Lachner. München, Franz [1841]. G 992
Das Käthchen von Heilbronn oder die Feuerprobe. Histor. Ritterschauspiel 5 von Heinr. v. Kleist. M 501
Das Käthchen von Heilbronn. S. 5 nebst Vorspiel [von Kleist], bearb. von Holbein. M 575 a u. b
† Der Kaufmann von Venedig. L. 4 v. Shakespeare. (Mhm. Bearb.) M 44
Kean. S. 5 nach Alex. Dumas von B. A. Herrmann. G 945
Kein Dienst, auch dem Geringsten geleistet, bleibt unbelohnt. [In 2 Teilen u. 3 Akten v. Gr. Brühl]. Separatabz. a. Theatr.-Belustig. v. Brühl Bd. 5. G 277
Keinen Schwiegersohn ohne Amt. L. 1 n. d. Frz.: Il lui faut un état. Frkft., Eßlinger 1803. G 595
Kent. Ritterl. Tr. in 5 A. Veränd. Ausg. Cilli, 1793. G 315
Der Kerkermeister von Norwich. S. 4 n. einer wahr. Begebenheit. Wien, Kurzbeck 1793. G 249
Die Kette des Edelmuths. L. 2 von K. L. Schmidt. Hannover, Bartsch 1792. G 48
Das Kind der Liebe. S. 5 v. Kotzebue. Frkft. u. Lpzg. 1791. G 229
Das Kind der Liebe. S. 4 v. Präs. v. Kotzebue. M 167
Das Kind des Herkules. Pantomime 1 zur Geburtstagsfeier des Erbgroßh. v. Baden 2. Okt. 1812. M 1044
Die kinderlose Ehe. P. 1 n. d. Frz. v. C. Lebrün. M 930
Kindliche Liebe. S. 5 v. Joh. Weißenthurn. M 315
Klara von Hoheneichen. Ritterschausp. a. d. 15. Jhrdt. in 4 A. v. C. H. Spieß. Prag u. Lpzg., v. Schönfeld-Meißner 1791. G 240
Klara von Montalban. D. 5 v. Elise Bürger. M 508
Das Kleeblatt oder das Hausgesinde. Kom. O. 1 n. einer frz. Idee bearb. Musik v. Anton Fischer. M 544
Das Kleid aus Lyon. L. 4 v. J. F. Jünger für d. k. k. Nationalhofth. Wien, Joh. Jos. Jahn. G 113
Der kleine Deklamator. S. 1 [v. Kotzebue]. M 479
Der kleine Irrthum. L. 1 v. Karl Chr. Engel. Berlin, Maurer 1799. G 538
Der kleine Matrose. Sg. 1 n. d. Frz. des Pigault-Lebrun frei übers. von C. Herklots. Musik v. Gaveaux. M 254 u. 1089
Der kleine Neger. L. 1 v. Friedr. Wilh. Hauffner. M 899 u. 785
Die Kleinstädter. L. 4 [v. Kotzebue]. M 311
Die kluge Frau im Walde oder der stumme Ritter. Zauberspiel in 5 A. v. August von Kotzebue. Lpzg., Kummer 1801. G 552
Die Kokarden. Tr. 5 v. Aug. Wilh. Iffland. Lpzg., Göschen 1791. G 422

Die Kolonie. Sg. 2 a. d. Frz. [nach l'isola d'amore. Musik von Sacchini]. Frkft a./M. mit Andreäischen Schriften 1778. **G 88**

Das komische Duell. O. 2 v. Moline u. Paesiello a. d. Frz. übers. v. Neefe. **M 95**

Die komische Ehe oder: Sie werden ihre eigenen Nebenbuhler. L. 1 [n. d. Frz. v. G. L. P. Sievers]. **M 801 u. 1081**

Komm' her! L. 1. **M 875**

Die Komödianten aus Liebe. L. 1 [v. Kotzebue]. **M 434**

Die Komödie aus dem Stegreife. L. 1 v. J. F. Jünger. Wien, Wallishauser 1794. **G 454**

König Alfred. Tr. 5 n. d. Engl. des Rowe von Tyrof. **M 889**

Der König auf Reisen. L. 4 v. F. W. Ziegler. **M 210**

König Eduards Söhne. Tr. 3 n. Casimir Delavigne f. d. deutsche Bühne bearb. von Dr. G. Ritter v. Frank. Lpzg., Brockhaus 1835. **G 839**

Die Königinnen. Dram. Ged. 5 v. Ernst Raupach. Lpzg., Cnobloch 1882. **G 792**

König Lear. Tr. 5 n. Shakespeare v. J. C. Bock. Lpzg., Hilscher 1779. **G 52**

† König Lear. Tr. 5 v. Shakespeare (bearb. von West). **M 1168**

König Ottokars Glück und Ende. Tr. 5 v. Franz Grillparzer. Wien, Wallishauser 1825. (Durchschossenes Regiebuch mit Strichen 2c.) **G 849**

Des Königs Befehl. L. 4 v. Carl Töpfer. **M 981**

König Theodor in Venedig. O. 2 von Seyfried (nach dem Ital.), Musik von Paesiello. 1813. **M 84 u. 1058**

Der König und der Narr. Gesch. L. 2 n. d. frz. frei bearb. v. J. F. Castelli. Augsburg u. Lpzg., Jenisch u. Stage. **G 758**

König und Schauspieler. In 1 Akte, freie Bearb. eines frz. Vaudeville von Georg Harrys. Hannover, Telgener 1833. **G 850**

Der König und der Stubenheizer. S. 1 v. W. Vogel. **M 845 u. 853**

König Yngurd. Tr. 5 v. Ad. Müllner. Lpzg., Göschen 1817. **G 781**

Konradin. Tr. 5 [v. Klinger] 1784. (Mit hdschr. Zusätzen). **G 39**

Koriolan. Tr. 5 v. Joh. Friedr. Schink. Graz, Widmanstätten 1790. [Sonderabzug aus Schink: Zum Behuf des Teutschen Th. II. Bd.] **G 276**

Der Kosacken-Offizier. Sg. 1 n. d. Frz. des Cuvelier. Wien, Wallishauser 1804. **G 626**

Die Kostgängerin im Nonnenkloster. S. 4 von Elise Müller, Schauspielerin. Gotha, Ettinger 1797. **G 479**

Der Kranz Mnemosynens. Festspiel zur Feier des Einzugs des Großh. Leopold und der Großherzogin Sophia von L. Ahl. **M 1029**

Des Kriegers Heimkehr. S. m. Ges. 3. Feier des Friedens v. Al. Schreiber. **M 540**

Die Kriegskameraden. L. 5 v. Kratter. **M 207**

Die Kriegslist. L. 1 v. Mariane Sophie Weikard. Wien 1792. Gedr. mit Öhlerischen Schriften. **G 26 a u. b**

Kritik der Antikritik. L. 4 v. Dr. Ernst Raupach. Hamburg, Hoffmann und Campe 1827. **G 848**

Die Krone von Cypern. S. 5 v. Eduard v. Schenk. **M 1021 a u. b**

Der Krug geht so lange zu Wasser, bis er bricht. L. 3 v. Jünger. **M 1038**

Kunst und Natur. L. 4 v. Albini. **M 984**

Kunz von Kauffung. Tr. 5. Lpzg., Weigel 1809. **G 800**

Der Küster von St. Paul. D. 4 n. Bouchardy. Frkft., Osterrieth 1839. **G 953**

Lanassa. Tr. 5 von C. M. Plümicke (nach der Veuve du Malabar des Le
Mierre). 1782. G 96
Das Landhaus an der Heerstraße. Fastnachtssp. 1 [v. Kotzebue]. M 416
Das Landhaus im Walde. Kom. O. 1 frei n. d. frz. von H. Zunz. Musik
von Nicolo [de Malta-Jsouard]. M 883
Das Landleben. L. 3 von A. fr. v. Steigentesch. Osnabrück u. Lpzg.,
Blothe 1802. G 588
Das ländliche Fest in der Nachbarschaft. Sg. 2 n. d. frz. Mus. v. Boieldieu. M 560
Der Landwirt. S. 4 vom Verf. der Lüge u. Wahrheit. [Prinzessin Amalie
v. Sachsen.] M 963
Die Lästerschule. L. 5 von Sheridan. (M 2 ist eine Bearb. in 4 A. von
Leonhardi.) M 2 u. 695
Die lästige Würde (oder der falsche Stanislas). L. 3 frei nach: Le faux
Stanislas von Alexander Duval. München, Lindauer 1810. G 671 a u. b
Laßt die Toten ruhen. L. 3 v. E. Raupach. Hamb., Hoffmann u. Campe 1826. G 909
Laßt mich lesen! L. 1 von Carl Töpfer. M 942
Laura Mollise oder Der Gang des Schicksals. Tr. 5 bearb. nach d. Roman
Laura Mollise von Fr. J. Hildburghausen, Hanisch. G 472
Laura oder das wütende Heer. Heroisch-kom. O. 2 n. Bretzner. Musik von
Rubrecht. M 792
Laura Rosetti. S. 3 mit Gesang von D'Arien. (Hdschr. Zusatz: Die Mus.
ist von Herrn Franz Danzy). Lpzg., Dyk 1777. G 19
Der Lazzarone von Neapel. Rom. S. 5 v. Aug. Klingemann. Hamburg,
Vollmer 1814. G 776
Das lebende Bildnis. L. 3 n. d. frz. v. L. V. G. Karlsr., Macklot 1843. G 1023
Das lebendige Weinfaß oder Der Prozeß in der Hölle. Liederspiel 3 von
M. Stegmayer. M 818
Das Leben ein Traum. Dram. Ged. 5 n. d. Span. d. Calderon de la Barca
f. d. deutsche Bühne bearb. [v. C. A. West]. Wien, Wallishauser 1816. G 708
Die Lebensmüden. L. 5 v. E. Raupach. Berlin, Sittenfeld 1839. G 1014
Leben und Tod Kaiser Heinrichs des Vierten. S. 5 von Julius Fr. v. Soden
Dessau, 1784. G 184
Der ledige Ehemann. L. 1 a. d. frz. M 601
Lehmann oder Der Thurm von Neustadt. O. 3. Seitenstück zum Wasser-
träger, n. d. frz. v. G. L. P. Sievers. Musik v. D'Alayrac. M 340
Der Leibeigne. S. 5 v. Friedr. Baron de la Motte Fouqué. Berlin, Schle-
singer 1820. G 763
Leichter Sinn. L. 5 v. Iffland. M 253
Der leichtsinnige Lügner. L. 3 v. Friedrich Ludwig Schmidt (Preisstück)
Stuttgart u. Tübingen, Cotta 1813. G 688
Leichtsinn und gutes Herz. L. 1 von Hagemann. Schwerin und Wismar.
Bödner 1791. G 245
Leichtsinn und gutes Herz. L. 5. G 293
Leichtsinn und kindliche Liebe oder Der Weg zum Ruin. L. 5 n. d. Engl.
v. L. F. Huber. M 63
Die Leiden der Ortenbergischen Familie. Tr. 4 v. C. F. W. Barnickel. Cassel,
Griesbach 1803. G 586

Leidenschaft und Liebe. Tr. 5 v. C. A. Vulpius. Lpzg., Gräff 1790. G 451
Lenore. Vaterländ. S. 3 mit Gesang v. Carl Holtei. Musik v. Eberwein. M 884
Leocadia. Lyr. D. 3 n. d. frz. des Scribe u. Melesville von K. A. Ritter. Musik von D. F. E. Auber. M 630
Leon oder Das Schloß von Montenero. O. 3 a. d. frz. von Ihlée. Musik v. Dalayrac. (Beigeb. gedr. Text der Arien u. Gesänge, frkft. 1801.) M 781
Leonore oder Spaniens Gefängnisse bei Sevilla. Heroisch-kom. O. 2 n. d. Ital. Musik von Ferd. Paër. (Vgl. Beethovens Fidelio.) M 494
Lestocq oder Intrigue und Liebe. O. 4 n. d. frz. des Scribe zur beibehaltenen Musik von Auber für die deutsche Bühne bearb. von Frh. v. Lichtenstein. (Dazu ein von Grua geschr. Textbuch.) G 840 u. 841
Das letzte Abenteuer. L. 5 v. Bauernfeld. Wien, Wallishauser 1834. G 846
Das letzte Mittel. L. 4 von Joh. v. Weißenthurn. M 583
Der letzte Rausch. Sg. 2 n. d. l'ivrogne corrigé von Anseaume. Musik von Gluck. Mannh., C. F. Schwan 1780. G 21
Der Leuchtthurm. — Die Heimkehr. Zwei Trauerspiele von Ernst v. Houwald. Lpzg., Göschen 1821. G 770
Libussa. Romant. O. 3 v. J. C. Bernard. Musik von Conradin Kreutzer. Wien, Wallishauser 1823. G 799
Die Lichtensteiner oder Die Macht des Wahns. Dr. Gem. 5 mit Vorspiel „Der Weihnachtsabend" metr. n. van der Velde bearb. v. J. F. Bahrdt. M 956
Licht und Schatten im Hause von Sarning. S. 5 v. A. W. Iffland. M 589 u. 757
Die Liebe auf dem Lande. Op. 2 n. Weiße. Musik v. Hiller. M 19
Die Liebe im Narrenhause. Kom. O. in 2 Aufzügen von Stephanie dem Jüngern. Musik v. Ditters v. Dittersdorf. Köln, Langen 1788. G 201 a u. b
Die Liebe in der Weinschenke. L. 2 übers. a. d. Span. frkft., Macklott 1794. G 436
Die Liebe in Spanien. L. 3 a. d. frz. [1804.] M 843
Liebe kann Alles oder Die bezähmte Widerspenstige. L. 4 frei n. Shakespeare und Schink von Holbein. Pesth, Hartleben 1822. G 870
Der Liebe Lohn. S. 2 v. C. A. Vulpius. Baireuth, Lübeks Erben 1789. G 216
Liebe macht sinnreich. L. 3 (nach einer frz. Posse übers.) Pilsen u. Lpzg., Morgensäuler 1795. G 444
Liebe nach der Mode oder Der Eheprokurator. L. 5 von C. F. Bretzner. Dritte verb. Aufl. Lpzg., Jacobäer 1790. G 817
Liebe nach der Mode oder Der Eheprokurator. L. 5 v. C. F. Bretzner. M 48
Das Liebesgeständnis. L. 5 für das k. k. Nationalhofth. Wien, Wallishauser 1793. G 458
Das Liebesgeständnis. L. 5 von Anton Seibold. M 219
Liebesproben. Orig.-L. 3 v. C. A. Vulpius. Bayreuth, Lübeks Erben 1790. G 305
Der Liebestrank. O. 2 v. Scribe (übers. v. Frh. v. Lichtenstein). Musik von Auber. Mainz, Schott 1831. G 910
Liebe und Freundschaft. L. 4 von Lambrecht. M 650 u. 1099
Liebe und Freundschaft. S. 5 v. C. A. Vulpius. Lpzg., Schneider 1787. G 267
Liebe und Geheimnis oder Welcher ist mein Vetter. L. 1. n. d. frz. von Sonnleithner. M 476
Der Liebe Zauberkreis. Dram. Ged. 5 von Dr. Ernst Raupach. Lpzg., Cnobloch 1824. G 794

Das Liebhaberkonzert. Sg. 1 [v. F. Täuscher]. Musik v. Carl Eberwein. M 545
Liebhaber und Nebenbuhler in einer Person. L. 4 von Ziegler. M 184
Lilla oder Schönheit und Tugend. Opt. 2 a. d. Ital. (La cosa rara). Musik
   von Vincenzio Martini. M 168 u. 789
List gegen Mißtrauen. L. 1 n. d. Frz. M 325
List und Liebe. L. 1 von G. F. Treitschke 1801. M 707
List und Unschuld. L. 1 von C. A. Vulpius. M 225
Das Loch in der Thüre. Ein ursprünglich deutsches Lustspiel in 5 Aufz. von
   Herrn Stephanie dem Jüngern. Aufgef. im k. k. Nationalth. Wien 1781. G 60
Lodowiska. O. 3 n. d. Frz. v. Dr. Schmieder. Mus. v. Cherubini. M 164 u. 1108 a u. b
Lohn der Wahrheit. S. 5 von Kotzebue. M 272
Lohn und Strafe. Ländl. Familienscene 1 v. Salomo Friedrich Schletter. M 832
Lorbeerbaum und Bettelstab oder Drei Winter eines deutschen Dichters. S. 3
   von Karl v. Holtei. M 1013
Der Lorberkranz oder Die Macht der Gesetze. Original-S. 5 v. F. W. Ziegler-
   Wien, Rehm 1799. (Mit Strichen u. hdschr. Zusätzen.) G 545
Lord Davenant. D. 4 v. Carl Blum n. d. frz. Dr. gleichen Namens. M 897
Lorenz Stark. Bürgerl. Familien-Gemälde 5 n. Engel frei bearb. M 814
Das Lotterieloos. Sg. 1. Musik von Nicolo Isouard. M 523
Louise von Walkheim. S. 1 v. Wagenseil. Kempten, typogr. Gesellsch. 1785. G 179
Der Löwe von Kurdistan. S. 5 von Joseph Frh. v. Auffenberg. M 835
Lucrezia Borgia. Drama von Victor Hugo, a. d. Frz. von P. H. Külb.
   Mainz, Kupferberg 1835. G 859
Der Lüderliche. Ein trag. Gemälde in 5 Akten n. d. Geschichte: Das Leben
   eines Lüderlichen von C. F. Bretzner. Lpzg., Jacobäer 1789. G 827
Ludlams Höhle. Dramat. Märchen 5 von Öhlenschläger. Einzelner Abdruck,
   wohlfeile Ausgabe. Berlin, Nicolai; Wien, Gerold 1822. G 777
Ludovico. Sg. 2 von St. Georges; dtsch. v. K. A. Ritter. Musik v. Herold
   und Halévy. M 351
Ludwig Capet oder Der Königsmord. Ein bürgerl. Tr. in 4 Aufz. von
   L. Th. v. Buri. Zweite Aufl. Neuwied, J. L. Gehra 1794. G 73
Ludwig der Springer. S. 5 vom Schauspieler Gustav Hagemann. Hannover,
   Hahn 1793. (Mit vielen Strichen u. hdschr. Veränderungen Dalbergs.) G 833
Ludwig der Springer. S. 5 v. Gustav Hagemann. M 221
Ludwig XI. in Peronne. S. 5 v. Jos. Frh. v. Auffenberg. Karlsr., Braun 1827. G 919
Ludwig XI. in Peronne. Hist. romant. S. 5 frei nach Walther Scotts
   „Quentin Durward" von Joseph Frh. v. Auffenberg. M 928
Die Luftbälle oder Der Liebhaber à la Montgolfier. Posse 2 v. C. F. Bretzner.
   Lpzg., Jacobäer 1786. G 174
Die Luftschlösser. L. 2 von Dr. Bothe nach Collin d'Harleville. (M 696
   eigenh. Mskr.) M 509 u. 696
Die Luftschlösser. L. 4 von Lambrecht siehe Hirngespinste G 403.
Der Lügenfeind. L. 1 [von Kotzebue]. M 460
Der Lügner und sein Sohn. P. 1 nach Collin d'Harleville. M 447
Lukas und Bärbchen oder Der Jahrmarkt. Singspiel in 1 A. v. Gotter und
   Benda. Lpzg., Schwickert 1786. G 183
Lukas und Bärbchen oder Der Jahrmarkt. Sg. 1 v. Gotter u. Benda. M 79

Das lustige Beilager. Karnevals-Sg. 2 nach Hafner von Perinet. Musik von
  W. Müller. M 623
Die lustigen Musikanten. Sg. 2 von Clemens Brentano. Frkft., Körner 1803.
  (Der Titel ist hdschr. geändert in „Das neue Jahr in Famagusta", aufgef.
  mit der Musik von Kapellmeister Ritter.) G 581
Der lustige Schuster oder Die verwandelten Weiber. Kom. O. 2 a. d. Ital.
  Musik von Paër. M 456 a u. b
Lustig lebendig. Sg. 2 nach Hafner von Perinet. Musik von W. Müller.
  (Mskr. in Fol.) M 1103
Das Lustlager. Sg. 2. Musik von Dr. Schuhbauer, dem Verfasser der Dorf-
  deputirten. München, Strobl 1784. G 190
Die Lustspielpreisaufgabe. L. 1. Lpzg., Wigand 1841. G 996

Macbeth. S. 5 n. Shakespeare. Seinem unvergeßlichen Freunde Joh. Erich Biester
  in Berlin gewidmet von G. A. Bürger. Gött., Joh. Christ. Dietrich 1783. G 98
Macbeth. Tr. 5 von Shakespeare zur Vorstellung auf dem Hofth. zu Weimar
  eingerichtet von Friedrich Schiller. Mannh., 1803. — Dasselbe. Tübingen,
  Cotta 1801. G 628 a u. b
† Macbeth. Tr. 5 von Shakespeare. M 15
Die Macht der Kindesliebe. Ein Gemählde fürs Theater in 5 A. v. C. A. Seidel.
  Lpzg., Fleischer 1789. G 452
Die Macht der Verhältnisse. Tr. 5 von Robert. M 514 u. 1070
Der Machtspruch. Originaltr. 5 von F. W. Ziegler. 1807. G 673
Der Machtspruch. Tr. 5 von F. W. Ziegler. M 886
Mädchenrache. O. 2 v. Mozart. (Bearbeitg. von Cosi fan tutte). M 1035
Das Mädchen seltnerer Art oder Die verständige Wahl. S. 4 nach einer
  Erzählung von Friedrich Rochlitz. Freyberg, Craz u. Gerlach 1803. G 599
Das Mädchen vom See. Melodram 2. Musik von Rossini. M 993
Das Mädchen von Lyon oder Liebe und Stolz. S. 5 v. Edward Lytton Bulwer
  (übers. v. Otto v. Czarnowsky). Aachen u. Lpzg., Mayer 1838. G 942
Das Mädchen von Marienburg. S. 5 von Kratter. M 206
Die Mädchen von St. Cyr. L. 5 v. Alex. Dumas. Frkft., Osterrieth 1843. G 1010
Der Magnetismus. Nachspiel 1 von Wilh. Aug. Iffland. Mannh., Schwan
  u. Götz 1787. G 189
Mahomets Tod. Tr. 5 von Georg Christian Braun, Rector in Wetzlar.
  Wiesbaden, Schellenberg 1815. G 700
Das Majorat. Dr. Geb. 2 nach E. T. A. Hoffmanns Erzählung. M 1031
Der Maitag. Ländl. Gemählde in 4 A. von Gust. Hagemann. Schwerin u.
  Wismar, Bödner 1793. G 300
Der Maitag. Ländl. Gem. 4 von Gustav Hagemann. M 202
Malberg. S. 5 aus der Vorzeit von J. B. Tilly. Berl., Maurer 1799. G 520
Die Maler. Lustspiel 1 [von Babo]. München, Strobl 1783. G 107 a u. b
Der Maler als Arzt. L. 4 von J. Gehrig, Mitglied des Mh. Hofth. Mannh.,
  Hähner 1843. G 1009
Des Malers Meisterstück. L. 2 von Johanna Weißenthurn. M 923
Der Mandarin oder Die gefoppten Chinesen. Liederschwank 1 von Peter
  Ritter. M 586

Die Männerschule. Gereimtes L. 3 nach Molière v. Dr. F. G. Bothe. (Eigenh. Manuskr., Brief beiliegend.) M 499 b
Männerschwur und Weibertreue. Ritterl. Tr. 5 aus dem 14. Jhdt. Nach Veit Webers Gemählde. 1793. G 880
Männer Stolz und Weiber Rache. Ritterschausp. aus den Zeiten der Kreuzzüge in 4 A. v. Adolph Anton, deutsch. Schausp. Münch., Lindauer 1792. G 881
Männertreue. Kom. O. 3 n. d. Frz. v. Joseph Ritter v. Seyfried. Musik v. Joseph Triebensee. 1815. M 586
Männertreue oder So sind sie alle. L. 1 [von Dr. Albrecht]. M 588
Der Mann mit der eisernen Maske. Dr. 5 frei n. d. Frz. von C. Lebrun. Mskr. f. d. Bühne. G 853
Der Mann mit der eisernen Maske. D. 5 von Lebrun n. d. Frz. M 1014
Der Mann mit der eisernen Maske. Mainz, Kupferberg 1858. G 952
Der Mann nach der Uhr siehe: Alles nach der Uhr. M 411.
Mann und Frau, Wittwer und Wittwe. Posse 3. Lpzg., Dyk 1785. G 186
Der Mann von vierzig Jahren. L. 1 n. d. Frz. des Fayan bearb. von A. v. Kotzebue. Lpzg., Kummer 1795. G 497
Der Mann von Wort. S. 5 v. Aug. Wilh. Iffland. Lpzg., Göschen 1800. (Soufflierbuch mit Strichen.) G 548
Der Mann zweier Frauen oder Die Doppeltverheirateten. L. 1 nach Scribe von Angely. M 1018
Das Manuscript. S. 1 von Ferd. Ochsenheimer, zum 1. mal aufg. auf der Nationalbühne zu Mainz am 18ten Junius 1791. Frkft., Fleischer 1791. G 241
Das Manuskript. S. 1 von F. Ochsenheimer. M 181
Marcantonio. [D. von Pavesi.] M 847
Margarethe. Possensp. 1 von Karl v. Holtei. M 862
Margot oder Das Mißverständniß. L. 1 von Friedrich Rambach, Professor in Berlin. Lpzg., Dyk 1798. G 514
Mariane. Ein bürgerl. Tr. 3 [von Gotter] f. d. herzogl. Hoftheater Gotha. C. Wilh. Ettinger 1776. Das Süjet ist aus der Melanie des Herrn la Harpe genommen. (Durchschoss. Exemplar mit hdschr. Änderungen.) — Dasselbe. Münchener Ausgabe. G 38 a u. b
Maria Stuart. Ein Trauerspiel von Schiller. Zweite Auflage. Tübingen, Cotta 1801. (Soufflirbuch, die gestrichenen Stellen sind überklebt, teilweise auch hdschr. wiederhergestellt.) G 582
† Maria Stuart. Tr. 5 von Schiller. M 780
Maria Stuart. Tr. 5 von C. H. Spieß. M 230
Maria Tudor. Dr. 5 von Victor Hugo (übers. von P. H. Külb). Mainz, Kupferberg 1854. G 916
Maria von Schwaningen. Tr. 5. Breslau, Korn 1797. G 471
Marie Antoinette von Österreich, Königin in Frankreich. Tr. 4 vom Verf. des Ludwig Capet [Buri]. Neuwied, Gehra 1794. G 848
Marie von Arragonien. S. 5. M 782
Marie von Medicis. L. 4 v. C. P. Berger. Breslau, Kupfer 1836. G 967 a u. b
Marie von Montalban. O. 4 (als zweyter Theil des Trauerspiels Lanassa). Musik von Kapellmeister Winter. Text von Reger. München, Hübschmann, 1800. (Soufflirbuch mit Strichen u. hdschr. Zusätzen.) G 580

Markgraf Friedrich und die vierhundert Bürger von Pforzheim. Hist.-vaterl. S. 4 von W. Vogel, Großh. bad. Hofschauspiel-Direktor. Karlsruhe, Macklot 1810. G 810

Marquise von Senneterre. L. 3 nach Melesville u. Duveyrier v. Georg Kettel. Braunschweig, Meyer 1844. G 1029 a u. b

Martin Luther. Ein dramatisches Gedicht [von Klingemann]. o. O. u. J. (aus Klingemanns Theater I). G 687

Die Martinsgänse. Nachspiel v. Gustav Hagemann. Eisenach, Wittekindt. G 519

Masaniello von Neapel. Orig.-Trauersp. 5. Berl., Himburg 1789. G 238

Masaniello von Neapel. Tr. 5. M 1078

Die Maske. Tr. 4. Braunschweig, Schröder 1797. G 468

Maske für Maske oder Das Spiel der Liebe und des Zufalls. L. 2 nach Marivaux Le jeu de l'amour et du hazard v. J. F. Jünger. M 195 a u. b

Maske für Maske. L. 3 nach Marivaux von J. F. Jünger. G 938

Mathilde, Gräfin von Giesbach. Tr. 5 von F. W. Ziegler. M 158

Mathilde von Altenstein oder Die Bärenhöhle. Ritterl. S. 5 von Joh. Aloys Senefelder. München, Hübschmann 1793. G 298

Die Matrone von Ephesus. L. 1 (hdschr. Bemerkung: Aus Gotthold Ephraim Lessings Nachlaß). Sonderabzug aus Lessings theatr. Nachlaß Bd. 1. Der Schluß ist hdschr. ergänzt. — Dasselbe. Ergänzt von K. L. Rahbeck. Mannheim, Schwan u. Götz 1790. G 220 a u. b

Die Matrone von Ephesus. L. 1 von Aug. Klingemann (mit Benutzung des Lessingschen Fragments). M 495 u. 758

Die Mauren in Spanien. S. 4 von Alednog. Heidelberg, Groos 1821. G 780

Maurice oder Der Helfer in der Not. S. 2 nach Melesville u. Duveyrier von Ph. J. Düringer. Lpzg., Reclam jun. G 1015

Die Mausfalle oder Die Reise nach Egypten. L. 3 [v. Spieß]. Lpzg., 1786. G 177

Max Helfenstein. L. 2 [v. Kotzebue]. M 446 u. 1096

Maximilian in Flandern von A. Pannasch siehe Alboin G 927.

Medea. Ein mit Musik vermischtes Drama. [Duodrama v. Gotter. Musik v. Benda.] Frankenthal, gedr. mit Gegelischen Schriften. 1778. G 82

Medea. Dd. 1 v. Gotter u. Benda. 1775. (Dabei Rolle der Medea.) M 20 a u. b

Die Mediceer. D. 5 vom Fürsten zu Lynar. Lpzg., Brockhaus 1842. G 1028

Meine Frau ist ein Engel. Meine Frau ist ein Teufel. Zwei Kleinigkeiten in Versen von Meisl. M 905

Meister Martin der Küfner und seine Gesellen. Altdeutsches L. 5 m. e. Vorspiel genannt die Kerzenmeisterwahl nach Hoffmanns Erzählung von Franz v. Holbein. M 816

Melomanie oder Die Singsucht. Sg. 1 a. d. Frz. von Schmieder. Musik von Champein. M 183 u. 776

Die Memoiren des Teufels. L. 3 nach Arago und Vermond von B. A. Hermann. G 1003 a u. b

Menschenhaß und Reue. S. 5 von Kotzebue. 1789. M 144

Menzikoff und Natalia. T. 5 v. Franz Kratter. M 173

Merope. Tr. 5 [von Gotter nach Voltaire und Maffei]. Zum erstenmahl aufgeführt auf dem Hofth. zu Weimar am Geburtstage der Durchlauchtigsten Herzogin-Regentin den 27. October 1773. Gotha, Ettinger 1774. G 660

Michael Angelo. Sg. 1 n. d. Frz. Musik von Nicolo Isouard. M 484 u. 697
Milton. Sg. 1. Musik von Spontini. M 401 a u. b
Der Minister und der Seidenhändler. L. 5 v. Scribe (C. Riemann). G 923
Der Minister und der Seidenhändler oder Die Verschwörungskunst. L. 5 nach Scribe von Riemann. M 1123
Mirandolina. L. 3 frei nach Goldonis „Locandiera". G 902
Mißtrauen und Liebe. L. 3 [n. d. Frz.: la belle fermière] bearb. von L. F. Huber. Lpzg., Wolf 1796. G 895
Mißverständniß. S. 4 v. d. Verf. d. Abällino [Zschokke]. Augsb., Stage 1798. G 509
Das Mißverständniß. S. 1. M 22
Das Mißverständnis oder Die glückliche Feuersbrunst. L. 4 n. d. Sujet des Peregrine Picle frey bearb. Breslau, Hirschberg, Lissa bei Joh. Friedr. Korn d. ä. 1799. G 521
Der mit Allem Zufriedene. L. 5 a. d. Frz. [nach dem Optimiste] des Herrn Collin d'Harleville. Straßburg, König 1789. G 278
Die Mitschuldigen. Lustsp. von Goethe. Ächte Ausgabe. Lpzg., Georg Joachim Göschen 1787. G 194
Die Mitternachtsstunde. Sg. 3 nach „La guerre ouverte" von Lambrecht. Musik von Franz Danzi. M 274
Modethorheiten. L. 5 a. d. Engl. Lpzg., Hilscher 1797. G 483
Die Mohrin. S. 4 von F. W. Ziegler. 1805. — Dasselbe: Neue Auflage. Wien, Wallishauser 1834. G 768 u. 808
Die Mohrin. S. 4 von F. W. Ziegler. M 568
Molière. L. 5 frei nach Desnoyer von B. A. Hermann. G 971
Monaldeschi oder Die Abenteurer. Tr. 5 v. Heinr. Laube. (Mskr.-Druck.) G 1001
Monaldeschi oder Die Abenteurer. Tr. 5 v. H. Laube. M 1159
Der Mönch vom Carmel. Dr. Ged. 5 von Dalberg. Auf der Mh. Bühne den 10. Sept. 1786 zum erstenmal aufgeführt. München u. Lpzg., in der neuen Buchhandlung 1787. G 187
Der Mönch von Carmel. Tr. 5 von Frh. v. Dalberg nach Cumberland. 1786 (Vorgebunden: gedr. Prolog bei der 25 jährigen Jubelfeier 7. Okt. 1804, gesprochen von Regisseur Prandt.) M 106
Der Mondkaiser. P. 3 a. d. Frz. frei übers. Berl., Unger 1790. G 462
Der Mondkaiser. Scherzspiel 1 frei nach dem Frz. M 299
Montesquieu von Dalberg siehe: Die unbekannte Wohlthat. M 114.
Der Morgen auf Capri. Dram. Ged. 3 v. L. Halirsch. Lpzg., Focke 1829. G 832
Moses. Dram. Ged. 5 v. Aug. Klingemann. Helmstädt, Fleckeisen 1812. G 372
Moses. Ernsthafte O. 2 [von Süßmayer]. M 396
Der Müller im Eichthale oder Die Verwiesenen. Ländl. S. 4. M 291
Die Müllerin oder Launen der Liebe. Kom. Sg. 3 n. d. Ital.: „la Molinara". Musik von Paesiello. M 240
Der Müller und sein Kind. Volksdr. 5 von E. Raupach. Hamburg, Hoffmann u. Campe 1835. G 914
Der Müller und sein Kind. D. 5 von E. Raupach. M 1117
Die Mutter. L. 5 nach der Gräfin von Genlis, von Gotter. Wien, 1785. (Auf S. 77 u. 91 hdschr. Zusätze von Gotter.) G 119
Die mütterliche Ungewißheit. S. 1 (2) M 185

Das Mutterpferd. L. 2 v. Karl Chr. Engel. Berl., Maurer 1799. G 537
Das Muttersöhnchen oder Der Hofmeister. L. 3 n. Goldoni. Berl., Wever 1780. G 82

Nach Mitternacht. Schw. 1 n. d. frz. von Carl Frh. v. Braun. M 1149
Der nach Verdiensten gezüchtigte Rezensent. L. 3 von Albert Reuth, R. X.
    z. W. Paderborn 1795. G 373
Der Nachschlüssel. D. 3. n. d. frz. M 1107
Das Nachtlager von Granada. S. 2 von Fr. Kind. M 559
Die nächtliche Erscheinung. Kom. O. 2. Musik v. Joh. Fr. Schubert. M 298 u. 786
Nacht und Ohngefehr. L. 1 von H. A. O. Reichard. (Der Plan des Stückes
    ist von La Notte des Marchese Albergatti Capacelli genommen.) M 10
Die Nachtwandlerin. O. 3 von Bellini. [Text von Romani.] M 952
Nadir Amida, König von Persien. Tr. 5 von J. S. Siegfried. Lpzg.,
    Hartknoch 1807. G 645
Die Narbe an der Stirn. L. 4 v. G. L. P. Sievers. Lpzg., Rein 1802. G 568
Das Narrenhaus oder Die Schule der Eifersucht (Liebe haßt allen Zwang,
    das Narrenhospital). Sg. 2 a. d. Ital. überf. v. Pf. Zehnmann. Musik
    v. A. Salieri. M 73 u. 110
Der Nasenstüber. P. 3 v. Dr. E. Raupach. Hamb., Hoffmann u. Campe 1835. G 875
Nathan der Weise. Ein dramat. Ged. 5 v. Gotthold Ephraim Lessing 1779.
    (Regiebuch mit Strichen und hdschr. Zusätzen, sehr defekt.) — Dasselbe.
    Andere Ausgabe 1779. (Altes, defektes Soufflirbuch.) G 628 a u. b
† Nathan der Weise. D. G. 5 von Lessing. (Dies unter M 351 im alten
    Katalog verzeichnete Mskr. ist nicht mehr vorhanden.)
Der natürliche Sohn. L. 5 v. Richard Cumberland. A. d. Engl. überf. Lpzg.,
    Dyk 1785. G 144
Der natürliche Sohn. S. 5 v. Huber. (Herausg. n. Hubers Tod v. Kotzebue.) G 685
Nehmt ein Exempel dran. L. 1 von Carl Töpfer. M 994
Die Negerin oder Liliput (Rosalie v. Felsheim). Zweiter Teil. L. 5 von
    Julius Frh. v. Soden. M 148
Nephtali oder Die Macht des Glaubens. Gr. O. 3 n. d. frz. metrisch bearb.
    v. Jos. R. v. Seyfried. Mus. v. Felix Blangini. Wien, Wallishauser 1813. G 717
Der neue Calender, ein Blick in den neufränkischen Verstand. Dramatisch dar-
    gestellt in einem Lustspiel von drey Aufzügen von einem ruhigdenkenden
    Teutschen. Frankfurt u. Lpzg. 1795. G 442
Die neue Emma. L. 3 [von Unzer]. G 126
Die neue Frauenschule. L. 3 frei n. le secret du menage v. Kotzebue. G 444 u. 1090
Die neue Gurli oder Die Prophezeiung. L. 1. M 880
Der neue Gutsherr. Kom. O. 1 n. d. frz. von J. F. Castelli. Musik von
    Boieldieu. M 537 u. 750
Der neue Gutsherr. L. 3 v. J. B. Cilli. Berl., Maurer 1799. G 522
Das neue Jahrhundert. Posse 1 v. Aug. v. Kotzebue. Lpzg., Kummer 1801. G 549
Das neue Jahr in Famagusta siehe: Die lustigen Musikanten. G 581.
Die neuen Arkadier. Her.-kom. O. 2 n. d. Spiegel von Arkadien [des Schikaneder]
    gearb. v. A. Vulpius. Mus. v. frz. Süßmayer. Weimar, Hoffmann 1796. G 367
Die neuen Arkadier. Her.-kom. O. 2 (n. d. Spiegel von Arkadien gearbeitet).
    Musik von Franz Süßmayer. M 722

Der neue Proteus. Original-L. 4 von Gustav Linden. Berlin, Kunst- und
Industrie-Comptoir 1808. G 664
Die neue Schauspielerschule. L. 5 nach Delavignes „Comédiens" von Frh. v.
Thumb. Lpzg., Hartmann 1821. G 745
Das neue Sonntagskind. Kom. Sg. 2 [von Perinet]. Musik von Kapellmeister
Müller. Lpzg., Geers 1794. G 447
Der neue Toggenburg. L. 1 von M. Beer. M 961
Die Neugierige. L. 4 [von Stephanie]. Wien 1783. G 129
Die Neugierigen. L. 3 v. F. L. Schmidt. Hamburg, Vollmer 1808. G 693
Das Neujahrsgeschenk. L. 1 n. d. Frz. M 295
Der Nibelungen-Hort. Tragödie 5 mit einem Vorspiel von Dr. Ernst Raupach.
Hamburg, Hoffmann u. Campe 1834. G 843
Nicht mehr als sechs Schüsseln. Ein Familien-Gemälde in 5 A. v. G. F. W.
Großmann. Bonn, Joh. Friedr. Abshoven 1780. G 40
Nina oder Wahnsinn aus Liebe. Opt. 1 a. d. Frz. überf. von Joh. André.
Musik von Dalayrac. 1786. M 767
Nina oder Wahnsinn aus Liebe. Sg. 2. Musik von Paesiello. M 201 u. 791
Noch ein Pumpernickel. L. 2. M 810
Noch gut, daß es so kam! oder: Hoffe man nur auf Verwandte. S. 2 von
Andrä K. G. Rauffer, kaif. Reichs-Post-Amts-Verwalter zu Lindau. Kempten,
Köfel 1792. G 823
Noch ist es Zeit. S. 3 v. A. P. [Pannasch?] Berl., Reichardt 1839. G 966 a u. b
Die Nothlüge. L. 2 a. d. Engl. des Garrick. Berl., Arnold Wever 1783. G 93
No. 5648 oder so bezahlt man seine Schulden. L. 1 v. F. A. Schubert. M 850
Nur ein Stündchen war er fort! Nachspiel n. d. Frz. des Loraur. Lpzg.,
C. G. Weigel 1805. G 630
Die Nymphe der Donau. Erster Theil. Fortsetzung des Donauweibchens.
Romantisch-komisches Volksmärchen mit Gesang in 3 A. nach Berling bearb.
von Karl Friedrich Hensler. Musik v. Ferd. Kauer, Musikdirektor. Wien,
Schmidt 1803. G 516

Oberon oder König der Elfen. Romantisches Sg. 3 n. Wieland v. Friederike
Sophie Seyler. Herrn Schröder, Director des Hamb. Th. zugeeignet. Die
Musik ist von Paolo Wranitzky. Dritte Auflage. Hamb., Herold 1792. G 495
Oberon, König der Elfen. Sg. 3. Musik von Paul Wranitzky. M 165
Oberon, König der Elfen. Romantische Feenoper 3 n. d. engl., der Ton=
dichtung des Herrn Kapellmeister Frh. Karl Maria v. Weber untergelegten
Originale von J. R. Planché, für die deutsche Bühne übers. v. Theodor
Hell. Dresden u. Lpzg., Arnold 1826. (Altes Regiebuch mit hdschr. szenischen
Bemerkungen.) G 864
Der Oberst von 16 Jahren. L. 1 n. d. Frz. v. L. Schneider. M 1442 a u. b
Octavia. Tr. 5 von Aug. v. Kotzebue. Lpzg., Kummer 1801. G 577
Oda, die Frau von zween Männern. Tr. 5 von Babo, aufgef. auf dem kurf.
Nationalth. in München. München, Strobl 1782. G 132
Oda, die Frau von zween Männern. Tr. 5 [von Babo]. M 12
Der offene Briefwechsel. L. 5 von J. F. Jünger. Wien 1784. G 188 beigeb.
Offene Fehde. L. 3 n. d. Frz. v. L. F. Huber. Mh., Schwan u. Götz 1788. G 407

Offene Fehde. L. 3 n. d. Frz. von L. F. Huber. **M 116**
Das öffentliche Geheimniß. L. 3 von Gotter, nach Gozzi. 1782. **G 65**
Das öffentliche Geheimniß. L. 3 von Gozzi. **M 1**
Der Oheim. L. 5 v. Iffland. **M 784, 959 u. 1052**
Olind und Sophronia. Heroisches Drama in ungebundener Rede u. 5 A. a. d. Frz. des Mercier übers. Frkft. a. M., Varrentrapp 1771. **G 12b**
Olind und Sophronia. Tr. 5 v. Joh. Fr. Frh. v. Cronegk. (Sonderabzug aus: Theater der Deutschen Bd. V. Durchschossenes Exemplar, die gestrichenen Stellen sind überklebt.) **G 12a**
Olympia. Eine ernste Oper in 3 A. v. Spontini. Darmst., Stahl 1823. **G 858**
Olympia. O. 3 von Spontini. [Text von Briffault, Dieulafoy und Bujac nach Voltaire.] **M 844, 864 u. 934**
Die olympischen Spiele oder Der Sieg der Freundschaft. O. 3 n. Metastasio. Musik von Sacchini. **M 74 u. 771**
Onkel Adam und Nichte Eva. L. 2 von Lembert. **M 872**
Der Onkel aus Amsterdam. Eine comische Oper in 2 A. N. d. Ital.: il pittore parigino frei bearb. u. der Musik des Cimarosa untergelegt [von G. C. Claudius]. Aufg. von der Secondaschen Gesellsch. in Lpzg. u. Dresden, Riga u. Mitau, Müller 1796. **G 432**
Des Onkels Geheimnis. L. 1 n. d. Frz. des Darin von Obermayer. **M 1116**
Der Opfertod. S. 3 von Kotzebue. **M 305**
Der Optimist oder Die beste Welt. L. 5 n. d. Frz. des Collin d'Harleville. (Titelblatt u. Personenverzeichnis statt des herausgerissenen hdschriftl. von Dalberg.) **G 253**
Der Optimist oder Die beste Welt. S. 5 n. d. Frz. des Harleville. **M 154**
Das Orakel. Ein Lustsp. a. d. Frz., wie solches auf der Schuchischen Schaubühne vorgestellet wird. (Aus Brandes' Besitz. Name auf dem Titelblatt aufgeschrieben.) **G 18**
Orest und Elektra. Tr. 5 [von Gotter]. Z. 1. Mal aufg. auf dem Hoftheater zu Weimar den 7. Januar 1772. Gotha, Carl Wilh. Ettinger 1774. (Personenverz. mit Besetzg.: Aegisth-Eckhof, Orest-Boek, Pylades-Meyer, Hammen-Brandes, Dimas-Knüdel, Klytemnestra-Mad. Boek, Elektra-Mecour, Iphise-Brandes.) **G 20**
Oronooko. Tr. 5 [a. d. Engl. des Sothern von W. H. v. Dalberg]. Für die Mannh. National-Bühne. Mannh., Schwan 1786. **G 158**
Orsina. Tr. 5 als Folgestück aus Lessings Emilia Galotti von G. Freyherrn v. Seckendorff, Doctor u. Professor der Philosophie u. Ästhetik am Kollegio Karolino zu Braunschweig. Braunschweig, Vieweg 1815. **G 712**
Das Osterwasser. L. 1 von Julius Eberwein. **G 861**
Der Ostindier oder Die unmöglichen Sachen. L. 4 n. d. Engl. [v. Schröder]. **M 27**
Der Ostindienfahrer oder Die Liebe heilt nichts. Original-L. 3 von Herrn Stephanie d. Jüng. Wien 1781. **G 75**
Othello. Tr. 5 von Shakespeare. A. d. Engl. von Ludewig Schubart. Lpzg., Breitkopf u. Härtel 1802. **G 690**
Othello. Tr. 5 von Shakespeare, übers. von Dr. Johann Heinrich Voß, Professor am Weimarischen Gymnasium. Mit drei Compositionen von Zelter. Jena, Frommann 1806. **G 640**

† Othello. Tr. 5 von Shakespeare. (Bearbeitungen von Schubart und Seydelmann.) M 897 u. 674
Othello, der Mohr von Venedig. O. 3 n. d. Ital. [des Berio] von Grünbaum. Musik von Rossini. M 606
Otto der Schütz, Prinz von Hessen. Vaterl. S. 4 vom Schauspieler F. G. Hagemann. Hannover, Ritscher 1792. G 825
Otto der Schütz, Prinz von Hessen. Vaterl. Sch. 5 v. F. G. Hagemann. M 209
Otto von Wittelsbach, Pfalzgraf in Baiern. [Trauersp. 5 von Babo.] Aufgef. auf dem Hochfürstl. Marckgräfl. Bad. Hoftheater. Carlsruhe, gedruckt bey Mich. Macklot 1783. (Stark verbrauchtes Soufflierbuch, die gestrichenen Stellen sind meist überklebt, auch sind ganze Blätter entfernt, hdschr. Zusätze.) G 151
O Wunder! Ein Weib verschweigt ein Geheimniß. L. 5 a. d. Engl. der Mrs. Centlivre v. Franz Denisle, Schauspieler. Wien, Doll 1792. G 822

Pachter Feldkümmel von Tippelskirchen. Fastnachtssp. 5 v. Aug. v. Kotzebue. Lpzg., Kummer 1812. G 674
Padmana. Tr. 5 v. Friedr. Aug. Kanne. Mit einer Vorrede v. k. k. Hofrath u. Hofdollmetsch Jos. v. Hammer. Wien, Wallishauser 1818. G 718
Der Page und das Pasquill. S. 1 von R. Frohberg. M 496
Pagenstreiche. P. 5 von Kotzebue. M 826
Palmer (Major Palmer). O. 3 n. d. Frz. des Lebrun, bearb. v. C. Herklots. Musik v. Ant. Barth. Bruni. Wien, Wallishauser 1805. G 734
Palmira. O. 4 a. d. Ital. des Gamera, übers. v. Schlotterbeck. Musik v. Salieri. (M 1059 dasselbe i. deutscher Übers. v. Ihlée). M 257
Pantoffel und Degen. L. 4 frei n. Schröder v. Frz. v. Holbein. Hannover, Telgener 1841. G 1002
Der Papagei oder der Schiffbruch. S. 3 [v. Kotzebue]. M 176
Der Paria. Tr. 1 von Michael Beer. M 940
Die Parias. Tr. 5 n. d. Frz. des Casimir Delavigne vom Frh. v. Biedenfeld. Berlin, Trautwein 1824. G 822
Paridom Wrantpott oder: Wer schilt, wird wieder gut. L. 3 [v. Bock nach Goldoni]. Lpzg., Chr. Gottl. Hilscher 1779. G 53
Der Pariser Taugenichts. L. 4 n. Bayard u. Vanderburch v. L. v. Alvensleben 1836. (M. vielen hdschr. Änderungen u. Zusätzen.) G 921
Die Parlamentswahl oder Schrecken der Ehrsucht. S. 5 v. Ed. Jerrmann. Frei nach dem Franz. des Dinaux. M 860
Partey-Wuth oder: Die Kraft des Glaubens. Original-S. 5 v. F. W. Ziegler. Wien, Rehm 1817. G 695 a u. b
Der Pasquillant oder: Es lebe Friedrich der Große. S. 2. v. B. H. Carl Reinhard, Schauspieler. Braunschweig, Schröder 1792. G 496
Paul und Johann. L. 2 n. Bayard v. Frz. Obermayer. M 968
Paul und Virginie. S. 3 m. Ges., v. Schmieder. Mus. v. R. Kreutzer. M 242 u. 676
Die Pfarre. L. 4 v. Julius v. Voß. Berlin, Schmidt 1812. G 685
Der Perückenstock. Dramat. Bagatelle 1 [von Caes. M. Heigel.] M 324
La Peyrouse. S. 2 [v. Kotzebue]. M 122
Pfeffer-Rösel oder: Die Frankfurter Messe im Jahre 1297. S. 5 v. Charlotte Birch-Pfeiffer. Wien, Wallishauser 1833. G 857 a u. b

Der Pflegvater. Dramat. Gemählde i. 1 A. v. Philipp Karl Bonafont, Verfasser einiger frz. theatr. Werke. Karlsruhe, Macklot 1802.   G 607

Pflicht und Liebe oder Wiedervergeltung. S. 5 v. Vogel n. d. frz.   M 298 u. 1040

Phädra. Tr. v. Racine. Übersetzt v. Schiller 1806.   G 662

Phasma. O. 2. Musik v. Franz Xav. Süßmayer, Kapellmeister i. wirkl. Diensten d. k. k. Theatr. Hof-Direktion. Wien, Wallishauser 1801.   G 562

Die Physiognomie. L. 5 [von Bretzner]. Wien 1782.   G 116

† Die Piccolomini. S. 5 von Schiller.   M 657

Die Pilger. S. 5 a. d. Zeiten d. Faustrechts. Fortsetzung der Mathilde v. Giesbach. [Von F. W. Ziegler] 1791.   M 194

Die Pilgerfahrt. Tr. 5 v. Friedrich Baron de la Motte Fouqué. Herausgegeben von Franz Horn. Nürnberg, Schrag 1816   G 748

Die Pilgrime von Mekka. O. 3 von Gluck. Siehe: Die unvermutete Zusammenkunft. G 43.

Pizarro. Tr. 5 nach Kotzebues Spanier in Peru oder: Rollas Tod frey bearbeitet v. Richard Brinsley Sheridan. N. d. dreizehnten Londner Ausgabe ins Deutsche übersetzt v. J. C. S. Lpzg., Sommer 1800.   G 558

Der Plan. L. 1 v. Arresto (Burchardt).   M 108 u. 729

Der Podagrist. Orig.-L. 2 v. Bösenberg. Lpzg., Kleefeld 1797.   G 474

Der Pole und sein Kind oder: Der Feldwebel vom vierten Regiment. Liederspiel 1 v. Albert Lortzing.   M 989

Der politische Kannengießer. L. 4 v. Holberg. für d. Mannh. Bühne neu bearb. u. auf ders. 3. Schluß d. Karnevals 22. Febr. 1784 aufgef.*) M 69

Der politische Zinngießer (Kannengießer). Vaudeville 2 nach Holberg von G. F. Treitschke.   M 608

Polyidos. Tragödie. Lpzg., Hartknoch 1805.   G 755

Pompejus Tod. Trag. v. Voltaire. Metr. übers. [v. Carl v. Hänlein]. Aus Corneilles Meisterwerken, zweit. Th. Berl., Dümmler 1817. G 786 (beigb. a. 785)

Das Portefeuille. L. 1 n. d. frz. (Das Original steht bei Reichard, Cahiers de Lecture X—XX Stück, 249). 1789.   G 307

Das Porträt der Erbin oder: Die zerbrochene Brille. L. 3 n. d. frz. des Charlemagne.   M 431

Das Porträt der Geliebten. L. 3 v. L. Feldmann. München 1842. G 1012

Das Portrait der Mutter oder Die Privatkomödien. L. 4 [v. Schröder] G 226

Der portugiesische Gasthof. Kom. Sg. 1. frei n. d. frz. v. G. F. Treitschke. Musik von Cherubini.   M 833

Der Postillon von Lonjumeau. O. 3 von Adam. [Text von Brunswick u. de Leuven.]   M 965

Das Präferenzrecht (oder die Kaufleute zu Aachen). L. 3. 1785.   M 78

Präsentirt das Gewehr. L. 2 [v. J. H. Fr. Müller]. Lpzg., Böhme 1777. G 4

Prellerei über Prellerei oder: Hierin bespiegelt Euch. Ein deutsches Familien-Gemälde in 3 Aufz. v. Sigismund Grüner, Mitgl. d. Bühne. Riga und Königsberg, Hartung 1789.   G 268

Die preußischen Husaren im französischen Nonnenkloster. S. 5. Cöthen, Aue 1795.   G 440

---

*) Wurde von Rennschüb in der Ausschußsitzung vom 17. Dez. 1783 zur Aufführung vorgeschlagen. Martersteig 227.

Preziofa. S. 4 von P. A. Wolff. M 597
Prinz Egid von Bretagne. S. 4. A. d. frz. Gesch. bearb. v. Catharina v. Heffe,
 Witte, gebohrne Reichsfreyen v. Boffi, Münch., Lindauer 1798. G 491
Die Proberollen. P. 1. 1807. M 892
Prolog (zu Ehren der Großherzogin Stephanie). M 1063
Prolog zu Goethes Totenfeier. M 898
Der Prozeß. L. 3 von Julius Reichsgraf v. Soden. Aus dem Ersten Bande
 d. Schausp. besond. abgedruckt. Berlin, Maurer 1793. G 366
Die Prozeßvermittlung. L. 2 [n. d. frz.] v. W. Vogel M 516
Prüfung und Frauengeduld oder Die Wiederverehlichung. Familiengemälde
 5 v. A. Frh. v. Clesheim. Wien, Wallishaufer 1793. G 848
Pfyche. Sg. 2 v. Karl Müchler (Porträtkupfer der Friedr. Auguste Unzel-
 mann geb. Flittner). Berlin, Maurer 1790. G 228
Pfyche. Sg. 2. Musik von Winter. M 678
Die Pullichi auf Malabar. S. 5 v. K. A. Zumbach. Köln, Haas u. Sohn 1799. G 540
Der Puls. L. 2 von Babo. M 322
Pumpernickels Hochzeitstag. Muf. Quodl. 3 v. M. Stegmayer. M 504 u. 807
Die Puritaner. O. 3 v. Bellini. [Text vou Graf Pepoli nach Walther
 Scotts Roman.] M 969

Die Quäker. S. 1. M 452
Die Quälgeister. L. 5 v. Heinr. Beck. Frkft a. M., Eßlinger 1801. G 486
Die Quälgeister. L. 5 [v. H. Beck n. Shakespeare]. M 200

Die Rache. Tr. 4 n. Ed. Young [von -m-]. Für das k. k. National-Hofth.
 Wien, Wallishaufer 1795. — Dasf. Lpzg., Grieshammer 1794. G 401 a u. b
Rache für Rache. L. 4 [v. J. K. Wezel]. Lpzg., Dyk 1778. G 25
Rache für Weiberraub. T. 5 von F. W. Ziegler. M 654
Das rächende Gewiffen. Tr. 4 v. Heinr. Zschokke, bearb. v. Kotzebue. M 289
Radegund von Thüringen. Tr. 5 n. einer vaterl. Gesch. frey bearb. [von
 Friedrich Voigt, der Philosophie Doktor]. Berl., Maurer 1792. G 410
Rafaele. Tr. 5 n. einer neu-griech. Sage v. Dr. Ernst Raupach. Hamburg,
 Hoffmann u. Campe 1828. G 845
Die Ränke. L. 5 nach dem Engl. v. C. H. Schall, Hoffchaufp. in Weimar.
 Lpzg., Dyk 1798. G 503
Die ränkesüchtige Frau. L. 2 v. Franz Eugen Joseph, Frh. v. Seida und
 Landensberg, ehem. Offiz. in kurf. Köllnischen Diensten. 1796. G 489
Raphael von Aquillas. Tr. 4 v. K. Th. Beil. Siehe: Don R. v. A. M 549
Rataplans Namenstag. Liederfp. 1 v. Ferd. Pillwitz. M 996
Das Räthsel und der unterbrochene Schwätzer. Zwei Lustspiele von C. W.
 Conteffa. Berlin, Realschulbuchhdlg. 1808. G 654
Die Räuber. Tr. v. Friedr. Schiller. Neue f. d. Mannh. Bühne verbeff.
 Orig.-Aufl. Mannheim, Schwan u. Götz 1802. (Soufflierb. m. Strichen
 etc., in sehr defektem Zustande.) G 779
† Die Räuber. Tr. 7 von Schiller. (Mannh. Bühnenbearb.) M 42
Die Räuberhöhle. O. 3 a. d. frz. des Dercia frei bearbeitet. Musik von
 Lesueur. M 716 u. 759

Die Räuberhöhle. Kom. O. 2 n. d. Ital. v. C. W. Franke. Muf. v. Paër. **M 865**
Der Rauchfangkehrer. Ein mufik. Luftspiel in 3 A. nach einer neuen Umarbeitg. für die Berliner Bühne. [Wiener Text von Dr. Auernbrugger.] Mufik von Anton Salieri. Berlin, Arnold Wever 1785. **G 184 a u. b**
Das Räuschgen. L. 4 von C. F. Bretzner. Köln, 1786. — Dasselbe. Lpzg., 1786. **G 170 a u. b**
Das Räuschgen. L. 4 von Bretzner. **M 94**
Das Recept für Magen und Herz. Original-L. 2 von Carl Hugo v. Thumb. Hanau, Edler 1826. **G 825**
Das Recidiv. L. 3 n. Marivaux von J. F. Jünger. Regensburg, Montag u. Weis 1803. **G 594**
Rechtschaffenheit und Betrug. Original-S. 3 von F. L. Schmidt. Lpzg., Hilscher 1794. **G 435**
Das redende Gemälde. Sg. 1 von Gretry (nach dem Tableau parlant des Anseaume von R * *). 1778. **M 17**
Die Regentschaft. Tr. 5 n. d. Engl. vom Verfasser des Dya-Na-Sore. Züllichau, Frommann 1795. **G 551**
Regulus. Tragödie 5 von Collin. Berlin, Joh. Friedr. Unger. (Eingerichtetes Soufflierbuch. Beigelegt ift eine neuere Ausgabe, Einrichtung von Feodor Wehl für das Leipziger Stadttheater.) **G 578**
Der Rehbock oder Die schuldlosen Schuldbewußten. L. 3 v. Kotzebue. **M 508**
Der reiche Deutsche zu Florenz. L. 3 nach Le Magnifique von Sedaine. Lpzg., Hilscher 1780. **G 47**
Die reiche Freyerinn. L. 5 v. Stephanie dem Jüng. Wien 1784. **G 128**
Der reiche Mann oder Die Wasserkur. L. 4 v. Karl Töpfer. **M 1020**
Die Reise auf gemeinschaftliche Kosten. Kom. Gem. 5 frei n. d. Frz. von Louis Angely. **G 969**
Der Reisewagen. D. 5 nach Melesville von Th. Hell. **M 998**
Die Reise zur Hochzeit. L. 3 frei n. d. Frz. von Lembert. **M 573**
Repressalien. S. 4 von F. W. Ziegler. **M 802**
Eine respektable Gesellschaft. P. 1 [v. Kotzebue]. **M 470**
Rettung für Rettung. Orig.-S. 5 v. Heinrich Beck. Frkft., Eßlinger 1801. **G 564**
Rettung für Rettung. S. 5 [von H. Beck]. **M 264**
Die Reue des Figaro. L. 1. (Ein Zug aus Figaros ehelichem Leben) von Parissau. **M 90**
Reue und Ersatz. S. 4 n. d. Ital. des Federici frei bearb. v. Vogel. Herausg. von N. H. Brämer. Hamburg, Vollmer. **G 650**
Reue verföhnt. S. 5 v. Wilh. Aug. Iffland. Berl., Rottmann 1789. **G 213**
Der Reukauf. L. 1 v. A. Fr. v. Steigentesch. Osnabr. u. Lpzg., Blothe 1802. **G 587**
Revanche. L. 2 n. d. Frz. von Friedrich Rochlitz. Züllichau u. Freystadt, Darnmann 1804. **G 629**
Der Revers. Originalluftspiel 5 v. J. F. Jünger. Wien, Jahn 1788. **G 203**
Richard Darlington. S. 3. Vorher Das Haus des Doktors [als Dorfspiel]. N. d. Frz. v. Dr. Karl Wilh. Kirsch. Mainz, Kupferberg 1835. **G 847**
† Richard der Zweite, v. Shakespeare. Ein Trauerfp. für die deutfche Schaubühne von Otto v. Gemmingen, Reichsfreiherrn. Mannh., Schwan 1782. **G 80**
† Richard III. Tr. 5 v. Shakespeare. (Bearb. v. Friedr. Förster.) **M 1158 a u. b**

Richard Löwenherz. Opt. 3 a. d. Frz. des Sedaine überſ. v. Johann André. Muſik von Gretry.   M 118 u. 686 b

Richard Savage oder Der Sohn einer Mutter. Tr. 5 von Leonhard Falk (= Karl Gutzkow). Von Gutzkow eigenhdg. eingerichteter Mſkr.-Dr. G 962

Richard und Zoraide. O. 2 a. d. Ital. v. Grünbaum. Muſ. v. Roſſini. M 624

Richards Wanderleben. L. 4 von G. Kettel (nach John O'Keefe). Mſkr.-Druck. Boths Bühnenrepertoir No. 28. 4°.   G 904

Der Richter. S. 2 nach Mercier. Wien 1781.   G 105

Richterſpruch und Gewiſſensprobe. Ein Gemälde aus der Vorzeit in 4 A. von R—s. Breslau u. Lpzg., Korn 1795.   G 400

Der Richter von Zalamea. S. 4 v. Calderon, einger. v. C. Immermann. M 1011

Der Ring. L. 5 von Schröder. Wien 1786. (Zwei hdſchr. Beilagen zu Akt 2 und Akt 4.)   G 161

Der Ring (2. Theil) oder Die unglückliche Ehe durch Delikateſſe. L. 4 [von Schröder].   G 227

Rita oder Die Rache einer Spanierin. (Die geheimnisvolle Maske.) D. 4 frei n. d. Frz. von Dr. Adolf Steppes.   M 1144

Die Ritterempörung. Eine wahre Begebenheit der Vorzeit [von Johann v. Kalchberg]. Graz u. Leipzig 1792.   G 297

Ritter Tulipan oder Das liſtige Bauernmädchen oder Die unerwartete Hochzeit. Kom. O. 2 a. d. Ital. Muſik von Paeſiello.   M 478 a u. b

Robert der Teufel. O. 4 von Meyerbeer. [Text v. Scribe u. Delavigne.] M 962

Robert der Teufel. Romant. S. 5 von Dr. Ernſt Raupach. Hambg., Hoffmann u. Campe 1834.   G 903

Robert und Kalliſte oder Der Triumph der Treue. Opt. 3 n. d. Inhalte der Sposa fedele v. Joh. Joachim Eſchenburg. Lpzg., Schneider 1778. G 77 beigeb.

Rochus Pumpernickel. Muſikal. Quodl. 3 v. Math. Stegmayer 1809. M 414 u. 656

Rococo. L. 5 von Heinr. Laube.   G 997

Rococo oder Die alten Herren. L. 5 von Heinr. Laube.   M 1156

Rococo. L. 4   M 1115 a u. b

Rodogune. Tr. 5 von Corneille.   M 11

Rodogüne, Prinzeſſin der Parther. Tr. 5 des Herrn v. Corneille. (Zum Behuf des Hamburgiſchen Theaters.) Hambg. u. Bremen, Cramer 1769. G 11

Rodogüne. Tr. 5 n. Corneille v. A. Bode. Berl., Braun 1803. G 589 u. 661 a u. b

† Romeo und Julia. Tr. 5 v. Shakeſpeare (nach Schlegels Überſ. bearb. von Weſt).   M 584 u. 1000

Romeo und Julie. Tr. 5 nach Shakeſpeare frei fürs deutſche Theater bearb.*) von P. Lpzg., Jacobäer 1796.   G 446

Romeo und Julie. S. mit Geſang 3 [von Gotter; Muſik von Benda.] Lpzg., Dyk 1779.   G 122

Die Römer in Deutſchland. Ein dramat. Heldenged. in 5 A. vom Profeſſor Babo. Frkft. u. Lpzg. 1783.   G 149

Roſalie von Felsheim oder Lilliput! L. 5 von Julius Fr. v. Soden. Lpzg., Buchhandlung der Gelehrten 1786. Siehe auch die Negerin M 148. G 167

---

*) Als hauptſächliche Änderung wird in der Vorrede genannt: Die Verſöhnungsſcene des „Grafen von Lobrona" mit Romeo im fünften Akt. — Der Chor und der Grabgeſang ſind aus der Oper der Herren Gotter und Benda genommen.

Rosamund. Sg. 3 [von Wieland, Musik von Schweizer] für die Chur-Pfälzische Hof-Singbühne. Mannh., in der Akademischen Buchdruckerey 1778. G 667
Röschen, Fortsetzung von Fritz und Hänschen oder die Milchbrüder. L. 3 a. d. frz. des Beaunoir. M 25
Röschens Aussteuer oder Das Duell. L. 3 n. d. frz. frei bearb. v. Friederike Ellmenreich. M 648 u. 1030
Röschen und Colas. Eine Operette in 1 Aufz. [a. d. frz. Musik v. Monsigny]. Mannh., Schwan 1771. G 71
Die Rosen des Herrn v. Malesherbes. Ländl. Gem. 1 [v. Kotzebue]. M 467
Rosette oder Das Schweizerhirtenmädchen. Sg. 2 v. Bretzner. Musik von G. B. Bierey. M 878
Das rote Käppchen. Kom. O. 2 [v. Stephanie d. j.], Musik v. Dittersdorf. M 180
Das Rotkäppchen. Feen-Oper 3 n. d. frz. des Théaulon. Mus. v. Boieldieu. M 569
Der Rotmantel. L. 4 n. e. Volksmärchen d. Musäus von Kotzebue. M 522 a u. b
Rubens in Madrid. S. 5 v. Charlotte Birch-Pfeiffer. M 982 u. 983
Die Rückkehr des Ahnherrn. Prolog. 1806. M 1061
Die Rückkehr des Gatten. S. 1 in Versen n. Ségur v. W. Vogel. M 506
Rudolf von Crecky. Sg. 3 n. Raoul Sir de Crecky [des Monvel] von Schmieder. Musik von D'Alayrac. M 224
Der Ruf oder Die Journalisten. L. 1 v. J. v. Plötz. Münch., Franz 1840. G 983
Die Ruinen von Rodenstein oder der mitternächtige Geisterzug. Gr. romant. S. 4 von der Verfasserin des Irrenhauses zu Dijon [L. Meyer]. M 908
Der Russe in Deutschland. L. 4 von Kotzebue. G 634

Sakontala oder Der entscheidende Ring. Ein indisches S. von Kalidasa. Aus den Ursprachen Sanskrit u. Prakrit ins Englische*) u. aus diesem ins Deutsche übers. mit Erläuterungen v. Georg Forster. Mainz u. Lpzg., Fischer 1791. G 420
Salomons Urtheil. Historisch musik. Dr. in 3 A. n. d. frz. des Caigniez frey bearb. v. Math. Stegmayer. Mus. v. Quaisain. Wien, Schmidt 1804. G 336 u. 644
Salomons Urteil. S. mit Gesang 3. [Musik v. Pet. Ritter, Kapellmeister.] M 388
Samma. Tr. 5. Glogau, Günther 1796. G 370
Der Sammtrock. L. 1 [v. Kotzebue]. M 429
Die Samnitische Vermählungsfeyer. S. mit Gesang a. d. frz. [v. Meyer und André]. Musik von Gretry. Berlin, Himburg 1780. G 44
Sancho Pansa. Kom. Op. 2 n. d. frz. Musik v. Philidor. Mannh. 1783. M 56
Die sanfte Frau. L. 3 nach Goldoni. Lpzg., Dyk 1779. G 7
Die Sängerinnen auf dem Lande. Kom. O. 2 a. d. Ital. Musik von Val. Fioravanti. (Gedr. Text beiliegend.) M 379 u. 798
Sappho. Tr. 5 von Franz Grillparzer. Stuttgart, Macklot 1822. G 729 b
Sargines oder Der Zögling der Liebe. Heroisch-komische O. 2 a. d. Ital. von C. M. Heigel. Musik von Paer. (Beiliegend: gedr. Textbuch: Sargines, bearb. von Ihlée.) M 862 u. 754
Saul, König in Israel. Melodram 3 a. d. frz. des Caigniez v. Joseph Ritter von Seyfried. Musik von J. v. Seyfried. Wien, Wallishauser 1810. G 716
Die Schachfigur oder Der Sonderling. L. 4 nach dem Englischen. Lpzg., Köhler 1797. G 478

---
*) Der engl. Übersetzer ist Sir William Jones, Oberrichter in Bengalen.

Die Schachmaschine. L. 4 n. d. Engl. frei bearb. v. Heinr. Beck, Schausp. des Churfürstl. National-Theaters zu Mannheim. Rechtmäßige Auflage. Berlin, Unger 1798.   M 498 a u. b

Die Schachmaschine. L. 4 n. d. Engl. frei bearb. [v. Heinr. Beck]. (In M 1032 S. 5 u. 6 Kl. hdschr. Änderungen d. Verf.)   M 233 u. 1032

Schatten und Licht. S. 4. Lpzg., Meyer 1797.   G 477

Der Schatzgräber. O. 1 a. d. frz. [le trésor supposé]. Musik v. Méhul. M 837

Die Schauspielerschule. Orig.-Lustsp. i. 3 A. v. Dav. Beil, Mitgl. d. kurf. Nat.-Theat. z. Mannh., z. erstenm. aufgef. d. 20. Sept. 1785. Mannh., i. d. neuen Hof- u. Akad. Buchhdlg. 1786.   G 153

Der Scheiben-Toni. S. 4 v. Charlotte Birch-Pfeiffer.   M 1150 a u. b

Die Scheidung oder: Das grüne Portefeuille. L. 3 v. Kettel. M 1127 a u. b

Der Scheintote. Kom. O. 2 a. d. Ital. Mus. v. Paer.   M 297

Scheinverbrechen. S. 5. Wien, Wallishauser 1794.   G 460

Scheinverdienst. S. 5 v. Aug. Wilh. Iffland. Lpzg., Göschen 1795. G 391

Scheinverdienst. L 5 v. Iffland.   M 227

Scherz und Ernst. Ein Spiel in Versen von Joseph Ludwig Stoll. Berlin, Unger 1804.   G 655

Das Schicksal. Tr. von Max von Klinger, daraus die Verbannungsszene der Medea.   M 418

Der Schiffbruch. Tr. 5 [v. Brandes].   M 45

Der Schiffbruch oder die Erben. L. 1. Frkft., Eßlinger 1798.   G 515

Der Schiffskapitän oder Die Unbefangenen. Vaudev. 1 von Carl Blum, frei n. d. frz.   M 582

Der Schiffspatron oder Der neue Gutsherr. Kom. O. 2 [n. Chr. G. Neefes Sgsp.] neubearbeitet. Musik von Herrn Ditters von Dittersdorf. Lpzg., Heinsius d. j. 1793.   G 810

Schill oder Das Deklamatorium in Krähwinkel. L. 3 von Aug. Klingemann. (Fortsetzung der Gala in Krähwinkel.)   M 419 u. 688

Der Schlaftrunk. L. 3 nach Lessing. Eingesandtes anonymes Preisstück*) M 98

Der Schlaftrunk. Tr. 5 von Ed. Jerrmann (nach der Katharina Howard des Alexander Dumas). Aachen, Beaufort 1834. (In dem einen Exemplar eigenh. Änderungen des Verfassers.)   G 934 a u. b

Das Schlangenfest in Sangora. Eine heroisch-komische O. 2 als Seitenstück zum Sonnenfest der Braminen von Karl Friedrich Hensler. Musik von Wenzel Müller, Kapellmeister. Wien, Schmidt 1796.   G 624

Die schlaue Wittwe. L. 3 n. d. Ital. des Goldoni.   M 35

Die schlaue Wittwe oder Die Temperamente. P. 1 [von Kotzebue]. M 352

Die Schleichhändler. Possenspiel 4 von E. Raupach.   M 825

Der Schloßgärtner und der Windmüller. Kom. O. 1 v. Wenzel Müller. M 837

Der Schloßgeist oder Der nächtliche Tambour. L. 6 n. d. frz.   M 818

Schloß Greiffenstein. S. 5 v. Ch. Birch-Pfeiffer. Wien, Wallishauser 1833. G 907

Das Schloß von Montenero. Sg. 3 a. d. frz. überf. v. Ihlee. Musik v. Herrn D'Alayrac. Aufg. auf dem k. k. priv. Th. an d. Wien. Wien, Schmidt 1804. G 668

---

*) Vgl. Martersteig 453 f. „Wir entbehren wirklich durch diesen Mangel (Lessings Schlaftrunk) eins der besten komischen Stücke unserer Bühne, das schwerlich jemand ganz in Lessings Größe zu vollenden imstande sein möchte." Allg. deutsche Bibl. des 61. B. 2tes St. S. 418.

Das Schlüsselloch. L. 3 in Versen, von Otto Ch. Frh. v. Budberg. M 848
Der Schmaus. Kom. Sg. 2 a. d. Ital. [il convito] überf. von J. Heinr. Burmann. Musik von Cimarosa. M 93
Der Schmuck. L. 5 von A. M. Sprickmann. Originalausgabe. Münster, Perrenon 1780. G 27
Der Schnee. Kom. O. 4 n. d. Frz. des Scribe und Delavigne. Musik von Auber. M 631 u. 849
Die Schneidermamfells. Vaudeville 1 von L. Angely. M 881 a u. b
Der Schneider und sein Sohn. L. 5 n. d. Engl. des Marton bearb. von Schröder. M 580
Das Schnupftuch. Tr. 3 v. Gottlob Hacke auf Bilzingsleben. Hamb. 1781. G 50
Die schöne Arfene. Sg. 4 von Monsigny. [Text von Favart.] M 13
Schön Ella. Volks-Trauersp. 5 v. Friedrich Kind. Lpzg., Göschen 1825 G 790
Die schöne Schusterin. Kom. Sg. 2 [von Stephanie]. G 414
Die Schöngeister in der Livree. L. 1 n. d. Frz. M 1019
Der Schreckensschwur oder Die Abenteuer auf dem Schlosse zu Palluzzi. Rom. S. 3 aus den Untersuchungsakten des Fualdesschen Kriminalprozesses. Nach d. Frz. frei bearb. von Heinrich Ludwig Ritter. M 755
Das Schreibpult oder Die Gefahren der Jugend. S. 5 v. Kotzebue. M 260
Der Schreiner. Sg. 1 n. d. L. gleiches Namens bearb. v. Aug. v. Kotzebue. Musik von Paul Wranizky. Wien, Wallishauser 1799. G 570
Die Schuld. Tr. 4 v. Adolph Müllner. Dritte Aufl. (mit Portrait). Lpzg., Göschen 1817. G 743
Die Schuld. Tr. 4 in freien Versen von Dr. Adolf Müllner. M 507 u. 668
Der schuldlose Verbrecher. S. 5 nach Lope de Vega v. Friedr. Rambach (mit einigen eigenh. Korrekturen des Verf.) M 1076
Die Schule der Alten. L. 5 a. d. Frz. des Herrn Casimir Delavigne metrisch überf. von J. F. v. Mosel. Wien, Strauß 1824. G 789
Die Schule der Damen oder Was fesselt uns Männer? L. 5 von Georg Stephanie d. Ält. M 37
Die Schule der Eifersucht siehe: Das Narrenhaus.
Die Schule der Graubärte. L. 5 n. d. Engl. d. Miß Cowley. Mannh. 1787. M 120
Die Schule der Väter. S. 5 nach dem Frz. des Piepre. M 133
Die Schule des Lebens. S. 5 von E. Raupach. M 1010
Der Schulgelehrte. L. 2 n. d. Engl. der Miß Cowley. Wien 1782. G 102
Schwärmerei und Biedersinn. L. 3 von August Lafontaine. M 223
Die schwarze Frau. Parodirende Posse 3 vom Verfasser der Arsena ꝛc. [Carl Meisl]. Musik nach Boieldieu von Adolf Müller. M 901
Der schwarze Mann. P. 2 [von Gotter]. Lpzg., Dyk 1785. G 672
Der Schwätzer. L. 1 n. d. Frz. d. Boissy. M 18
Der Schwätzer. L. 5 frei n. Goldoni v. F. K. Weidmann. M 354, 666 u. 694
Die Schweden in Baiern oder Die Bürgertreue. S. 5. München, Joh. Bapt. Strobel 1783. G 106
Die Schweizerin in Mantua. D. 5 n. James Sheridan Knowles. M 839
Das Schwert oder Die reisenden Engländerinnen. L. 5 n. d. Engl. der Miß Inchbald von Prof. Commeadow. M 671
Die Schwestern. L. 1 nach Darin von Angely. M 1135 u. 1136

Die Schwestern von Amiens. Tr. 5 von Joseph Frh. von Auffenberg. Karlsruhe, Braun 1827. **G 838**

Die Schwiegermütter. L. 5 von Brandes. Mannheim 1782. **M 49**

Die Schwiegersöhne. L. 4 n. Etienne frei bearb. v. A. Frohberg. **M 681 u. 1065**

Der Schwiegersohn kommt. L. 1 nach Scribes Demoiselle à marier frei bearb. vom Frh. v. Thumb. **M 922**

Der Schwur gegen die Ehe. L. 5 von Friedrich Maximilian Klinger. Riga, Hartknoch 1797. **G 476**

Der Schwur oder Die Falschmünzer. Kom. O. 3 nach Scribe von Dr. Petit. Musik von Auber. Mainz, Schott 1833. **G 971 a u. b**

Die Sclaven. Original-S. 1 v. J. K. Waldau. **M 318**

Der Sclavenhändler. Sg. 2 [v. Schwan]. In Musik ges. v. Peter Ritter. Mannh., Schwan u. Götz 1790. (Ist n. d. Vorrede eine Neubearb. des Kaufmanns von Smyrna, d. Schwan a. d. Frz. d. Champfort überf.) **G 221**

Die Sclavin. S. 1. **M 64**

Die Sclavin in Surinam. S. 5 v. Kratter. Frkft. a. M., Eßlinger 1804. **G 619**

Sechs Wagen mit Contrebande oder: Großthun und Knickerei. L. 5 v. Dyk. **M 128**

Das sechzehnjährige Mädchen. (Dieser Titel ist überklebt mit dem geschriebenen: „Unschuld und Liebe".) L. 2 u. d. frz. v. Lambrecht. Münch., Lindauer 1788. **G 202**

Die Seelenverkäufer. P. 4 von C. P. Berger. Münch., Hübschmann 1841. **G 994**

Die Seeräuber. Tr. 5 v. E. v. Houwald. Lpzg., Göschen 1831. **G 836**

Selbstbeherrschung. S. 5 v. A. W. Iffland. **M 808 u. 1069**

Der Selbstquäler. Charakter-Gem. 3 v. Bauernfeld. **M 972 a u. b**

Selbstsucht. S. 5, bearb. v. L. F. Huber [n. Le Philinte de Molière ou la suite du Misanthrope v. Fabre d'Eglantine]. Lpzg., Wolf 1796. **G 876**

Seliko und Berißa oder Die Liebe unter den Negern*). S. 4 v. Gustav Hagemann. Eisenach, Wittekind. **G 526**

Selinde. Sg. v. Joh. Heinr. Weismann, der Weltweisheit Magister. Zweite Auflage. Rudolstadt, Bergmann 1786. **G 272**

Die seltene Beständigkeit. L. 2 von Mariane Sophie Weikard. Frankfurt, Andreä 1791. **G 364**

Ein seltener Fall, oder Die Mutter, die Vertraute ihrer Tochter. L. 3 von J. F. Jünger. Regensburg, Montag u. Weiß 1803. **G 601**

Der seltene Onkel. L. 4 [von Ziegler]. **M 150**

Der seltene Prozeß. S. 3 nach einer wahren Anekdote. 1805. **G 648**

Die seltsame Heirat. L. 4 von F. W. Ziegler. **M 579**

Sertorius. Tr. 5 von Carl Giesebrecht. Bremen, Müller 1807. **G 731**

Shakespeare. D. 3 nach L. Tiecks Novelle „Dichterleben" von Ritter Braun von Braunthal. **M 941**

Shakespeares Beruf und Triumph. (Shakespearefestsp.) Mainz, Fischer 1792. **G 188**

1723. 1823. 1923. Phant. Zeitgem. 3 mit Gesang u. Tänzen von Carl Meisl. Wien, Mörschner u. Jasper 1824. **G 818**

Sie konnts nicht übers Herz bringen. S. 5 von C. A. Vulpius. Weißenfels u. Lpzg., Severin 1788. **G 255**

---

*) Die Personen sind im Verzeichnis eingeteilt in: „Ganz Schwarze, Schwarzbraune and Weiße."

Sie läßt sich herab, um zu siegen, oder Die Irrthümer einer Nacht. L. 5 von
  Doctor Goldsmith; a. d. Engl. übers. von Wittenberg. Hamburg und
  Güstrow, Buchenröder u. Ritter 1775. G 14
Sie müssen sich schlagen. L. 1 von Frh. v. Thumb. M 608
Die silberne Hochzeit. S. 5 v. Kotzebue. M 256
Sind die Verliebten nicht Kinder? L. 3 von Reichard nach Goldoni. M 36
Siri Brahe oder Die Neugierigen. S 3 von S. Maj. Gustav dem Dritten,
  Könige in Schweden. Aus dem Schwed. übers. von J. A. Gruttschreiber,
  kgl. preuß. Legationssekretär in Stockholm. Berl., Unger 1794. G 886 a, b u. c
Siri Brahe oder Die Neugierigen. S. 3 von König Gustav III. v. Schweden.
  A. d. Schwed. übers. von Gruttschreiber, kgl. preuß. Legationssekretär in
  Stockholm. M 222
Sohn oder Braut. L. 1 v. Georg Harrys. Als Mskr. gedr. Hannover 1835. G 900
Eine Soiree in Paris. S. 1 v. Stefan Artaria frei n. d. Frz. übers. M 944
Der Soldat (hdschr. verbessert „Husar") als Zauberer. Kom. O. 1 a. d. Frz.
  übers. von F. W. M. Musik von Philidor. Mannh., Schwan 1772. G 110
Die Soldaten. S. 5 v. C. G. H. Arresto (Burchardi). M 886
Soliman der Zweite oder Die drei Sultaninnen. O. 2 nach Favart bearb. von
  Franz Huber. Musik von F. X. Süßmayer. M 844 u. 741
Der Sollicitant oder Die Kunst ein Amt zu erhalten. L. 1 n. Scribe. M 893
So muß man die Männer fangen. L. 5 a. d. Engl. der Miß Cowley. M 88
Der Sonderling. L. 4 [v. Kotzebue] = Bruder Moritz, der Sonderling. M 192
Das Sonett. L. 3 v. Dr. Ernst Raupach. Hamb., Hoffmann u. Campe 1853. G 888
Das Sonnenfest der Braminen. Heroisch-kom. Oper 2 (von Hensler) neu
  bearbeitet. Musik von W. Müller. M 236, 669 u. 770
Die Sonnenjungfrau. S. 5 von Aug. v. Kotzebue. Lpzg., Kummer 1791. G 231
Die Sonnenjungfrau. S. 5 von Kotzebue. M 161
Der Sonnen-Wirth. Tr. 5. Nach Schillers Geschichte: Der Verbrecher aus
  verlorner Ehre. Frkft. u. Lpzg., Pech 1794. G 342
Das Sonntagskind. Kom. O. 2 [von Perinet], ganz neu bearbeitet. Musik
  von Wenzel Müller. M 721
Sophonisbe. Tr. 4 von F. L. Epheu. Dessau u. Lpzg., Verlagskasse für
  Gelehrte und Künstler 1782. G 94
Sophonisbe. Ein musikal. Drama 1 von Meißner u. Neefe. M 20 b beigeb.
Sophonisbe. Heroische O. 2 a. d. Ital. Musik v. Fernando Paër. M 512 u. 780
Sophronia. S. 4 v. Wilhelm Gerhard. M 567
Sorgen ohne Not und Not ohne Sorgen. L. 5 [v. Kotzebue]. M 422 u. 731
So sind sie. L. 1 von [Caesar Heigel]. M 404
So sind sie gewesen. S. 1 [von Caesar Heigel]. M 402
So waren sie. L. 1 [von Caesar Heigel]. M 403
So zieht man dem Betrüger die Larve ab. L. 5 von A. F. G. v. B[rühl].
  Dresden, Walther 1787. G 260
Die Spanier in Peru. Tr. 5, eine Folge der Sonnenjungfrau v. Kotzebue. M 226
Die Sparbüchse oder Der arme Kandidat. L. 1 [v. Kotzebue]. M 348
Der Spekulant oder Theatermanier. P. 2 von Scheerer. Stade, kgl. priv.
  Buchdr. 1803. G 605
Der Spiegel des Tausendschön. Burleske 1 von Karl Blum. M 939 u. 1109

Der Spiegelritter. O. 3 v. Kotzebue. Musik v. Ignaz Walter d. ält. M 197 u. 674
Der Spiegel von Arkadien siehe: Die neuen Arkadier. G 367 u. M 722.
Die Spieler. Ein Original-Schauspiel in 5 A. von David Beil, Schauspieler in Mannheim. Mannh., Schwan 1785. G 140
Der Spieler. S. 5 [von Iffland]. M 287
Spielerglück. L. 5 nach Regnard u. Goldoni. Lpzg., Dyk 1786. G 275
Der Spleen oder Einer hat zu viel, der andere hat zu wenig. L. 3 v. Stephanie dem Jüngern. Wien 1774. G 80
Spukgeister. P. 4 vom Frh. v. Thumb (eigenh. 1811). M 802
Der Staatsminister oder Die Tage der Geäfften. Hist. L 5 von Dr. G. N. Bärmann. M 1146 a u. b
Staberls Reise-Abenteuer. P. 2. M 991
Stadt und Land. S. 5 n. d. Engl. des Thomas Morton Town and Country frei bearb. von Carl Blum. Berlin 1826. G 824
Der Stammbaum. Erste Fortsetzung der beyden Billets von Anton Wall. Lpzg., Dyk 1791. G 230 a u. b
Standesproben. L. 3. M 874
Starkother. Tragödie von Öhlenschläger. Stuttg. u. Tüb., Cotta 1821. G 774
Der Statthalter. Tr. 5 [nach the regent von Bertin Greatheed]. Berlin, Himburg 1790. G 239
Der Steckbrief. L. 3 von Roderich Benedix. G 1017 a u. b
Steffen Langer aus Glogau oder Der holländische Kamin. L. 4 v. Charl. Birch-Pfeiffer. Zürich, Ulrich 1842. G 1007 a u. b
Stephanie und Montano. O. 3 [n. d. Frz. des Dejaure; Musik v. Berton.] M 382
Die Sterne. Dramat. Gedicht 4 von Karl v. Holtei. Als Mskr. für die Bühne gedr. Berlin 1824. (Trägt den hdschr. Vermerk: 18./4. 24. für das Großherzogl. Hof- u. National-Theater in Mannheim. C. v. Holtei.) G 814
Das Sternenmädchen im Maidlinger Walde. Romantisch-komisches Volksmährchen mit Gesang in 3 Aufzügen für die Marinellische Schaubühne von Herrn Leopold Huber. Musik von Ferd. Kauer. Wien, Schmidt 1802. G 703
Der Stern von Sevilla. Dr. 5 n. Lope de Vega von O. v. Malsburg. M 822
Der Stiefvater. L. 3 nach Holberg von Dr. Ernst Raupach. Hamburg, Hoffmann u. Campe 1833. G 876
Stille Wasser sind tief. L. 4 nach Beaumont und Fletchers „Rule a wife and have a wife" [von Schröder]. Separatabdruck. G 739
Stille Wasser sind tief (betrüglich). L. 4 nach Beaumont u. Fletcher [von Schröder]. M 566
Stilpo und seine Kinder. Tr. 5 [von Klinger]. Basel, Thurneysen 1780. G 175
Stolz und Liebe. L. 5 v. J. F. Jünger. Regensb., Montag u. Weiß 1804. G 621
Stradella. Dr. 3 nach Deinhardsteins gleichnamiger Novelle von Dr. Römer. Prag 1828. Als 2. Bd. des Originaltheaters von Schießler. G 884
Die strafbare Mutter oder Der zweite Tartüffe. S. 5 [nach Beaumarchais von L. F. Huber]. M 28
Das Strandrecht. S. 1 v. Kotzebue. M 413
Der Strauß. Spiel 1 von G. v. K. M 870
Die Strelitzen. Ein heroisches Schausp. 4 nach einer wahren russ. Begebenheit. Von J. M. Babo. Frkft. u. Leipzig. G 233

Die Strelitzen. Heroisches S. 4 [von Babo]. **M 146**
Der Strich durch die Rechnung. L. 4 von J. F. Jünger. Lpzg., Dyk 1785.
— Dasselbe: Wiener Ausgabe. **G 137 u. 138**
Die Stricknadeln. S. 4 [v. Kotzebue]. **M 358 u. 726**
Der Student. Opt. 1. Musik vom kgl. bair. Kapellm. H. Chelard. **M 820**
Student und Dame. L. 2 nach Scribe und Mélesville von Georg Harrys.
Hannover, Telgener 1838. **G 955**
Der Studiosus von Oxford oder Riese und Zwerg. Hist. L. 3 nach Wafflard
von Frh. v. Thumb. **M 830**
Das stumme Mädchen. L. 5 u. d. Engl. des Johnson mit Veränderungen von
Georg Colmann fürs teutsche Theater eingerichtet von S... Erlangen, Joh.
Jac. Palm 1781. **G 64**
Der Sturm. S. von Shakespeare, für das Theater bearb. von Ludwig Tieck
nebst einer Abhandlg. über Shakespeares Behandlg. des Wunderbaren.
Berlin u. Lpzg., Nicolai 1796. **G 377**
Der Sturm von Borberg. Ein Pfälzisches Nationalschauspiel 3 von Herrn
Hofgerichtsrath Maier. Neue für die Bühne eingerichtete Auflage. Mannh.,
in der Schwanischen Hofbuchhdlg. 1785. **G 152**
Die Stuzerlist. L. 5. A. d. Engl. übers. v. Leonhardi. Berl., Maurer 1782. **G 109**
Der Sylphe. Opt. 1. A. der neuen Agnese v. Löwen. [Musik v. F. Danzi.] **M 81**
Der Sylvesterabend. Tr. 2 von Karl Panse. Lpzg., Berger 1833. **G 881**

Der Tabuletkrämer. L. 3 mit Gesang. Nach einem russischen Original frei
bearb. Freiburg, Craz u. Gerlach 1803. **G 590**
Der Tabuletkrämer. L. 1. **M 705**
Der Tadler nach der Mode oder Ich weiß es besser. L. 5 [von Stephanie
nach dem Connaisseur des Marmontel]. **G 15**
Der Tadler nach der Mode oder: Ich weiß es besser. L. 3 von Stephanie
d. Jüngeren. Mannheim 1781. **M 39**
Der Tag der Erlösung. S. 5 von F. W. Ziegler. **M 259**
Das Tagebuch. L. 2 von Bauernfeld. **M 966 a u. b**
Der Tagesbefehl. D. 2 von Karl Töpfer. **M 625**
Ein Tag in der Hauptstadt. L. 3 von Gustav Linden. Aufg. auf dem kgl.
Bair. u. Nat.-Th. zu München im Juni 1806. Berl., Schmidt 1807. **G 657**
Ein Tag in Paris. O. 3 u. d. Frz. [des Etienne]. Musik von Isouard. **M 455**
Der Talisman. P. 3 mit Gesang v. J. Nestroy. Musik v. Adolf Müller. **M 1155**
Der Talisman. Sg. 1 u. d. Frz. Musik von P. Ritter. **M 642**
Der Talisman oder Die Zigeuner. Sg. 3 n. d. Ital. Mus. v. Salieri. **M 155 u. 693**
Tancred. Tr. 5 nach Voltaire von Goethe. Tübingen, Cotta 1802. **G 573**
Tankred. O. 2 v. Joachim Rossini [Text v. Rossi].*) Darmst., Will 1816. **G 701**
Tante Aurora oder Der Roman aus dem Stegreife. Kom. O. 2 von
Boieldieu. **M 400 u. 765**
Taps oder Wie gewonnen, so zerronnen. P. 2. A. d. Frz. des Dumaniant.
Wien, Wallishauser 1793. **G 248**

---
*) Soufflierbuch für den Dialog. Stark verändert durch handschr. Zusätze. „Der Text aus einem Clavier-Auszug der Fürstin Isenburg, worin auch zugleich die diebische Elster." Handschr. Bemerkung neben dem Titelblatt.

Das Taschenbuch. Dr. 3 von Kotzebue. M 547
Tasso. Dr. Ged. 4 v. Andreas Brummer. M 899
Der taube Liebhaber. L. 2 nach Pilon von Schröder. M 40
Der Taubstumme oder Der Abbé de l'Epée. Hist. Drama 5 von Bouilly, a. d. frz. übers. von A. v. Kotzebue. Lpzg., Kummer 1800. (Soufflierbuch mit ganzen Seiten hdschr. Änderungen.) G 546
Telemach, Prinz von Ithaka. Eine heroisch-komische O. 2. Ganz neu bearb. [von Vulpius]. Musik von Hofmeister. Weimar, Hoffmann 1797. G 689
Telemach, Prinz von Ithaka. O. 2 neu bearb. von Vulpius. Musik von Hofmeister. M 1066
Tell. Heroisch-romant. Oper 4 nach Gouy u. Bis frei bearb. v. Theodor v. Haupt. Musik von Rossini. Mainz u. Antwerpen, Schott. G 867
Die Tempelherren. Dram. Gedicht 5 [von Johann v. Kalchberg]. 1788. G 384
Die Tempelherrn. Tr. 5. Nach einem dramatischen Gedichte [von Joh. v. Kalchberg], fürs Theater bearb. von P. Mannheim im neuen Kunstverlage 1796. Melpomene 1. Heft. Mannh. 1796, im neuen Kunstverlag. (Prosabearbeitung des vorigen Stückes.) G 384
Tempora mutantur. L. 3 von Carl Blum. Berl., Reichardt 1840. G 977
Das Testament. L. 4 von Schröder. 1782. M 3
Das Testament des Onkels. S. 3 n. d. frz. M 377
Das Testament einer armen Frau. D. 5. Frei nach Victor Ducange von Adalbert Prix. M 827
Des Teufels Lustschloß. Eine natürliche Zauberoper in 3 A. von August v. Kotzebue. Lpzg., Kummer 1801. G 559
Der Teufelstein. Romantisch-kom. Volksmärchen mit Gesang [von Hensler. Musik von Wenzel Müller]. M 477 u. 714
Der teure Ring. L. 4 v. Klemens G. v. Törring-Seefeld. Münch., Strobl 1785. G 115
Das Thal von Ameria. S. 1 [v. Kotzebne]. M 485
Das Thal von Barcelona oder Die beiden Eremiten. Sg. 1 n. d. frz. Musik von Peter Ritter. M 461 u. 1051
Thassilo der Zweite, Herzog von Bayern. Tr. 5 von Joh. Baptist v. Zahlhas. Lpzg., Hartmann 1820. G 760
Die That. Tr. 5 von Therese v. Artner. Der „Schuld" von Adolph Müllner erster Theil. Zweite verb. Aufl. Lpzg., Hartleben 1820. G 742
Theaterfucht. L. 3 von K. Schall. M 1046
Theatralische Abenteuer. Kom. O. 2. Musik v. Cimarosa. Der 2. Akt von Mozart.*) M 277 u. 787
Der theatralische Versuch und die Wette. P. 2 nach Bayard u. Duvert von Obermayer. M 1119
Therese oder Die Waise von Genf. S. 3 n. d. frz. des Victor von K. A. Ritter. Mannheim, Januar 1821. M 602
Thomas Aniello. Tr. 5 von August Fresenius [verfaßt 1811]. Herausg. von Friedrich Baron de la Motte Fouqué. Frkft., 1818. G 728
Thomas More. Tr. 5 [von J. G. Dyk]. Leipzig 1786. M 137

---

*) Köchel, Verz. der Mozartschen Werke bemerkt 386: Cimarosa's „l'impresario in angoscie" wurde 1791 unter Goethes Mitwirkung als kom. Oper unter dem Titel: Theatr. Ab. bearbeitet und in dasselbe sämtliche Musikstücke aus Mozarts „Schauspieldirektor" aufgenommen.

Thomas Riquiqui. Kom. ⓞ. 3 von C. Gollmick (nach Saint-Georges und
 de Leuven). Musik von Heinr. Esser. G 1011 a u. b
Die tiefe Trauer. Opt. 1 n. d. Frz. [Musik von Berton.] M 835
† Timon von Athen. Tr. 5 von Shakespeare. (Mh. Bearb.) M 141
Die Tochter der Luft. Myth. Trag. 5 nach der Idee des P. Calderon von
 Dr. Ernst Raupach. Hamburg, Hoffmann u. Campe 1829. G 833
Die Tochter der Natur. Familiengemälde in 3 A. von Aug. Lafontaine.
 Görlitz, 1793. G 802
Die Tochter des Portiers. D. 3 nach Arago u. Anicet von F. M. Speyer. M 890
Die Tochter Jephthas. Tr. 5 von Ludwig Robert. Stuttgart u. Tübingen,
 Cotta 1820. G 767
Die Tochter Jephthas. Tr. 5 von Robert. M 453
Die Tochter Pharaonis. L. 1. M 482
Der Tod der Dido. Sg. 1 n. d. Ital. des Metastasio. Musik von Ignaz
 Holzbauer. 1779. M 65
Tollheit und Herzensgüte. L. 3. Zeitz, Heinse 1793. G 318
Der Ton der großen Welt. L. 2. A. d. Engl. des Colman von C. G. v. H.
 Altenburg, Richtersche Buchh. 1778. G 5
Ton des Tages. L. 3 n. d. Frz. von Julius v. Voß. Berl., Starke 1806. G 668
Toni oder Die Franzosen auf Domingo. Dr. 3 v. Theodor Körner. M 486
Der Ton oder Thorheiten nach der Mode. Ein Londoner Sittengemälde von
 Lady Wallace. Übers. von R. Tübingen, Heerbrandt 1789. G 263
Torbern oder Der schwedische Fischer. Sg. 2 n. d. Frz. Mus. v. Méhul. M 331 u. 1045
Der Tote ein Freier. L. 2 nach Sedaine. M 60
Der tote Gast. L. 5 von W. Vogel. M 811
Der tote Neffe. L. 1 nach Martinville von Kotzebue. M 329
Die Totenfeier. Tr. 3 von Joh. Jos. Reiff. M 604 u. 916
Der Totenschein. L. 3 frei bearb. nach Andrieny v. F. L. Hiemer. M 819 u. 740
Der Totentanz um Mitternacht. Lokalposse 3 von Josef Huber. M 587
Trau, schau wem! L. 1 von Carl Schall. M 525
Die Trennung. S. 5 v. Beaunoir a. d. Frz. übers. M 16
Trennung aus Stolz oder Die Wirkung einer Scene im deutschen Hausvater
 von K. F. A. Frhn. von L—f. Bayreuth, Lübeck's Erben 1794. G 363
Die treuen Köhler. Operette 2 von Hermann. Musik von L. Schubaur, der
 Medizin Doktor. Aufg. a. d. Münch. Nationalth. 1786. Münch., Lindauer. G 205
Ein treuer Diener seines Herrn. Tr. 5 von Franz Grillparzer. Wien, Wallis-
 hauser 1830. G 892
Treue und Undank. L. 1. Berlin, Maurer 1782. G 104
Der Trinker. S. 5. Hamburg, Hoffmann u. Campe 1840. G 979
Der Trostlose. L. 1 n. d. Frz. Manuskripte der Verfasserin von Schweizersinn
 übers. vom Herausgeber der Friedens-Präliminarien. Berl., Voß 1794. G 892
Im Trüben ist gut fischen oder: Wer's Glück hat, führt die Braut heim.
 Sg. 3 n. d. Ital. Musik von Joseph Sarti. M 52. 675 u. 804
Trunkner Mund, wahrer Mund. L. 1 nach Collé (La vérité dans le vin)
 von Gotter. 1782. M 50
Die Tugend auf der Schaubühne oder Harlekins Heirath. Nachspiel 1 von
 J. Möser. Berlin u. Stettin, Nicolai 1798. G 507

Der Türke in Italien. Kom. O. 2 u. d. Ital. bearb. von F. K. Thiemer. Musik von Rossini. M 949
Der Tyroler Wastl. Kom. O. 3 von E. Schikaneder. Musik von H. Haibel. M 488, 649 u. 762

Ubaldo. Tr. 5 von Aug. v. Kotzebue. Lpzg., Kummer 1808. G 798
Die Übereilung. L. 1 nach Murphy. M 188
Die Überlisteten. Eine dramatische Kleinigkeit n. d. Frz. des Belin. M 442
Die Überraschung. Eine Familienszene von C. Neumann, Schauspieler der Bellomoischen Gesellschaft. Jena, gedr. mit Stranckmannschen Schriften. G 145
Die Überraschung. L. 2, anwendbar bei Geburts- und Namensfesten v. Ch. H. Spieß. Lpzg., Leo 1799. G 585
Die Überraschung nach der Hochzeit oder: Regier' dein Weib, so bist du Mann. L. 5 aus dem Engl. des Cibber von Lambrecht. M 71
Die üble Gewohnheit. L. 1 n. d. Frz. M 264
Üble Laune. S. 4 von Kotzebue. M 263
Ulrich von Regensperg. S. 5 vom Verf. des Carls von Burgund. Zürich, Orell u. Comp. 1793. G 347
Ulrike, unglücklich durch Liebe und Konvenienz. Original-S. 4 von Georg Schwarz, Mitglied der Hochgräflich Unwerthischen deutschen Schauspieler-Gesellsch. zu Ofen u. Pest. Zweite Orig.-Aufl. Pest, Patzko 1791. G 808
Ulrike, unglücklich durch Liebe und Konvenienz. S. 4 von Georg Schwarz. M 208
Um sechs Uhr ist Verlobung. L. 5 von Schröder n. d. Engl. des Fielding. Wien 1786. G 169
Die unbekannte Wohlthat (auch unter dem Titel: Montesquieu). Ein Zug aus des edlen Montesquien Leben, in 3 Handlungen; in Jamben [von Dalberg]. 1787. M 114
Die Unbesonnenheiten. Original-L. 4 von F–z. Wien, Pichler 1805. G 643
Der Unbeständige [l'inconstant]. L. 5 a. d. Frz. des Herrn Collin d'Harleville. (Gegenstück zu dem Optimiste desselben.) Straßburg, König 1789. G 262
Die Unentschlossenheit einer Mutter oder Die zwey Neffen. Ein Schauspiel in 1 Aufzug vom Verf. von Trennung aus Stolz. Münch., Lentner 1798. G 500
Die unerwartete Wendung. L. 4 von J. F. Jünger. M 132
Der ungegründete Verdacht. L. 1 von P. M. v. Brahm. M 75
Die Ungetreuen. L. 1 a. d. Frz. des Barthe von Reichard überf. (Die Besetzung ist beigeschrieben. Hdschr. Änderungen im Text von Beck.) M 9
Die ungewöhnlichen Nebenbuhler. L. 3 [von Hippel]. Königsberg, Denzel 1768. G 10 a u. b
Die ungleichen Brüder. L. 5 von F. Lud. Schmidt. M 607
Die Unglücklichen. L. 1 v. Kotzebue. M 473
Die Uniform. O. 2 frei nach Carpani von Treitschke. Musik von Jos. Weigl. M 363 u. 665
Der Universalfreund oder Gerechtigkeit und Windbeutelei. L. 5 a. d. Engl. des Goldsmith von G. F. Rebmann. Lpzg. u. Gera, Heinsius 1796. G 399 a u. b
Das Unkraut unter dem Weizen oder Religion und Gleisnerey. Bearb. in Gesprächen u. drey Abteil. zum Gebrauch der Schaubühne von dem Hofrath Karl v. Eckartshausen. München, Lentner 1793. G 818

Die unmögliche Sache. L. von Schröder siehe: Der Ostindier M 27.
Die unruhige Nachbarschaft. Kom. O. 2 nach Herrn Leopold Huber für die
  k. k. priv. Schaubühne in der Leopoldstadt bearb. von Carl Friedrich Hensler.
  Musik von Wenzel Müller. Wien, Schmidt 1803. G 598
Unschuld und Liebe. L. 2 v. Lambrecht siehe: Das sechzehnjährige Mädchen G 202.
Unser Fritz. S. 1 [v. Kotzebue]. M 347
Unser Verkehr. P. 1 nach der Handschrift des Verfassers. Dritte Auflage
  mit einigen Zusätzen. Lpzg., Dyk 1816. G 720
Die unsicheren Zimmer. S. 5. M 719
Der Unsichtbare. Opt. 1 [von Costenoble]. Musik von Carl Eule, Musik-
  direktor beim Hamburger Stadttheater. M 551
Das unsichtbare Mädchen. Ein Intermezzo. M 83
Das unterbrochene Opferfest. Heroisch-kom. O. 2 von Fr. Xav. Huber. Musik
  von Winter. M 262 a u. b u. 751
Die unterbrochene Whistpartie oder Der Strohmann. L. 2 von Karl
  Schall. M 581 u. 1071
Die Unverbesserlichen. L. 5 in Alexandrinern [eigenhdg. Beiliegend ein Brief
  u. eine Zergliederung des Stücks von dem anonymen Verfasser.] M 763
Unverhofft kommt oft. O. 3. Musik v. Gretry a. d. frz. des d'Héle von
  Johann André. M 59 u. 667
Die unvermuthete Entdeckung oder Nicht jeder Bräutigam ist so glücklich.
  Original-L. 5 von Franz Xaver Huber, Verf. des Lustspiels Julchen oder
  liebe Mädchen spiegelt euch. Wien, Wallishauser 1795. G 457
Die unvermuthete Zusammenkunft oder Die Pilgrime von Mekka. Sg. 3
  a. d. frz. übers. [nach Darcourt von J. H. Faber. Musik von Gluck.]
  Frkft. a. M., mit Andreäischen Schriften 1772. G 43
Die unversehene Wette. L. 1 nach Sedaine [von J. W. Gotter]. Lpzg.,
  Dyk 1781. G 41
Das Urteil des Midas. Kom. O. 3. Musik von Gretry. A. d. frz. übers.
  von C. G. N [eefe]. M 55
Das Urtheil von Paris. Eine Farce in drei Aufzügen. Mainz, Fischer 1792. G 265
Uthal.*) O. 1 nach Ossian und d. frz. des St. Victor von F. K. Hiemer.
  Musik von Méhul. M 425 u. 764

Valentine von Mailand. O. 3 u. Bouilly. Musik von Méhul. M 950
Der Vater. L. 4 v. Bauernfeld. M 967 a u. b
Der Vater der Debutantin. P. 4. M 1124
Das Vaterhaus. S. 5. (Fortsetzung der Jäger) von A. W. Iffland. M 282
Der Vater von ungefähr. Nach Pain u. Vieillard von Kotzebue. M 328
Das Vehmgericht. Dram. Gem. 5 v. Aug. Klingemann. M 427 u. 704
Veit von Solingen. L. 4 nach Barthe von Gotter. Aufg. im k. k. National-
  hofth. Wien, Kurzbeck 1784. G 191
Venedigs letzter Doge. S. 5. Nach den Ereignissen des 15ten u. 16ten Mai
  1797 in Venedig. Breslau, Korn 1801. G 557
Der verbannte Amor oder Die argwöhnischen Eheleute. L. 4 von
  Kotzebue. M 420 u. 670

*) Als M 761 b u. c: Uthal, eine die Handlung erklärende Dichtung von A. P.

Die Verbannten. Dr. in 4 A. nebst einem Nachspiele von Joseph Freyh. v. Auffenberg. Bamberg u. Würzburg, Gebhardt 1821. G 765

Der verborgene Ehemann oder Die geheime Verbindung. L. 3 u. d. Frz. des Florian. Mannheim 1787. M 127

Verbrechen aus Ehrsucht. Ein ernsthaftes Familiengemählde in 5 Aufzügen von Wilh. Aug. Iffland. Neue veränderte Originalausgabe.*) (Portraitvignette, Iffland gestochen von Verhelst in Mannheim.) Mannh., C. F. Schwan u. G. C. Götz 1787. G 127

Verbrechen aus Liebe. Dram. Gemälde 3 von J. Koller. Basel, Joh. Schweighauser 1793. G 257

Verbrechen aus Vaterliebe. S. 1. M 710 u. 1072

Verbrecher aus Liebe. S. 2. M 1098

Der verdächtige Freund. L. 4 von J. Leonhardi. (A. d. Engl.; Schluß von Rennschübs Hand geändert.) M 58

Die vereitelten Ränke. O. 2 nach „Le trame deluse" frei bearb. Musik von Cimarosa. M 252 u. 677

Die verhängnisvolle Wette (oder Das Fräulein von Belle-Isle). D. 5 von Alex. Dumas (bearb. v. Franz v. Holbein). Hannover, Telgener 1839. G 946

Der verheurathete Philosoph. L. 5 nach Destouches frey bearb. Prag, Calve 1793. G 450

Verirrung ohne Laster. S. 5 [von Heinr. Beck]. M 159

Die Verläumder. S. 5 vom Präsidenten v. Kotzebue. Lpzg., Kummer 1796. G 568

Die Verlobung oder Kindespflicht über Liebe. L. 1 [von Brömel]. Mannh., Hof- u. Akad. Buchhdlg. 1786. G 250

Der verlorne Sohn. L. 3 von Schink. Für das k. k. Nationalhofth. Wien. Wallishauser 1794. G 461

Das Vermächtnis. S. 5 von Aug. Wilh. Iffland. Lpzg., Göschen 1796. G 463

Das Vermächtnis. S. 5 von Iffland. M 238

Die vermeinten Fehler. L. 1 nach Sedaine. M 186

Der vernünftige Narr oder Keiner versteht den Andern! L. 1 v. Schröder. M 218

Vernunft und Vorurtheil. Ein Gemälde aus den Begebenheiten des itzlebenden Teutschlands von Joh. Aug. Halbe. Prag, Diesbach 1789. G 269

Verrechnet! Charakterbild m. Ges. 3 v. Friedr. Kaiser. Mus. v. Karl Binder. G 986

Der Verschlag oder Hier wird Verstedens gespielt. L. 3 nach Calderon von Bock. Als 4. Bd. d. Vermischten Theaters der Ausländer 3. Gebr. d. deutschen Bühne herausg. von J. C. Bock. Lpzg., Hilscher 1781. G 54

Die Verschleierte. L. 4 n. d. Ital. des Federici. M 258

Die verschlossene Thüre. L. 3 von Bösenberg. Für das churf. Sächs. Hofth. Dresden u. Lpzg., Richter 1792. G 806

Der verschriebene Bräutigam aus Paris. S. 1. [Separatabzug aus Dyks Nebentheater I.] G 484

Die Verschwörung wider Peter den Großen [oder Menzikoff und Natalie]. Tr. 5 von Franz Kratter. Frkft., Eßlinger 1795. G 421

Die Versöhnung. L. 2 von Ernst August v. Steigentesch, Offizier ic., verfaßt 1794 und zum Besten blessirter und kranker Soldaten zum Druck gegeben. Wetzlar, Winkler 1795. G 434

---

*) „Statt wichtiger Änderungen finden die Leser nur geänderte Lesarten. . . ."

Versöhnung. S. 3 von Joh. v. Weißenthurn. M 570
Versprechen macht Schuld oder Was thut die Liebe nicht! L. 3 von K. G. Miersch. Berlin, Schöne 1793. G 292
Verstand und Leichtsinn. L. 5 von J. F. Jünger. Lpzg., Dyk 1786. G 162
Verständniß und Mißverständniß. Original-L. 5. Für das k. k. Nationalhofth. Wien, Jahn 1788. G 409
Der verstellte Blinde. Nach Le Grand in 1 A. von M—r. Berlin, Wever 1780. G 565
Die verstellte Liebhaberin. Opt. 2 a. d. Ital. übers. von J. André. Musik von Paesiello. M 117 u. 747
Der verstellte Lord. Opt. 2 übers. v. J. André. Mus. v. Piccini. 1787. M 125 a u. b
Der verstellte Postmeister. L. 1 von Friedrich Reil. M 366
Die Vertrauten. L. 2 in Versen von Müllner. M 492
Die Verwandtschaften. L. 5 von Kotzebue. M 246
Die Verwechslung. Kom. Opt. 1 von Wolff. Musik von A. J. Fischer, kgl. bair. Hofsänger. M 876
Der verwünschte Brief. L. 4 von F. Schödler. 1840. G 990 a u. b
Die Vestalin. O. 3 [von Jouy]. Musik von Spontini. M 505
Die Vestalinnen. O. 2. Musik von Joseph Weigl. M 898 u. 701
Der Vetter aus Lissabon. Bürgerl. Familiengem. 3 v. F. L. Schröder. M 86
Vetter Benjamin aus Polen oder Der Achtgroschenvetter. L. 5 v. Cuno. M 576
Vetter Jacob oder je toller, je besser. Sg. 2 nach Bouilly von Hiemer. Musik von Mehul. M 680
Der Vetter in Lissabon. Familiengemälde 3 von Schröder. Wien 1786. G 163
Vetter Kukuk. L. 4 von T. H. Friedrich. Berlin, Braunes 1811. G 678
Viola. S. 5 von Joseph Frh. v. Auffenberg. M 618
Die vier Temperamente. Original-L. 4 von F. W. Ziegler, Konsulent der k. k. Hoftheater. Dresden, Arnold 1821. G 752 u. 772
Der vierundzwanzigste Februar. Trag. 1 von Friedr. Ludwig Zacharias Werner. Lpzg. u. Altenburg, Brockhaus 1815. G 704
Viktorine oder Wohlthun trägt Zinsen. L. 4 von Schröder. Wien 1786. G 160
Viktorine oder Wohlthun trägt Zinsen. L. 4 von Schröder. M 88
Der Vizekanzler. S. 5 [von Kratter]. Für das k. k. Nationalhofth. Wien, Jahn 1789. G 211
Das Vogelschießen. L. 5 von H. Clauren (Karl Heun). M 585
Voltaires Ferien. L. 2 frei nach dem Frz. von B. A. Hermann. Hamburg, Berendsohn 1839. G 904 a u. b
Vor hundert Jahren. Sittengem. 4 von E. Raupach. M 899
Der Vormund. S. 5 v. Aug. Wilh. Iffland. Lpzg., Göschen 1795. G 352
Der Vormund oder Das Mädchen von Frascati. Opt. 4, in freier Übers. v. M . . ., Musik v. Paesiello. Mannh. 1782. (Vgl. M 85 u. 679.) M 4
Die Vormünder. L. 4 n. d. Engl. der Mrs. Centlivre [von Schröder]. M 66
Die Vormundschaft. L. 2 von W. A. Gerle und Uffo Horn. M 927
Die vornehmen Wirthe. Kom. O. 3 n. d. Frz. des de Jouy von J. R. v. Seyfried. Musik von Catel. Wien, Wallishauser 1813. G 691 u. 796
Der Vorposten. S. 5 von H. Clauren. M 787
Der Vorsatz. Ländl. Sc. 1 von Franz v. Holbein. M 393

Das Vorurtheil. L. 5 n. d. Engl. von C. H. Schall, Hof-Schauspieler in Weimar. Lpzg., Dyk 1798. G 505
Vorurteile oder Die verstoßene Tochter. Dramat. Skizze 4. M 1189

Die Waffenbrüder. Gemälde der Vorzeit 5 nach Heinr. v. Kleists Familie Schroffenstein frei für die Bühne bearb. von Franz v. Holbein. Wien, Wallishauser 1824. G 815
Der Waffenschmied. Kom. O. 2 nach Herrn Zieglers beliebtem Lustspiele: Liebhaber und Nebenbuhler in einer Person. Als Sg. bearb. v. Karl Friedr. Hensler. Musik v. Ferd. Kauer, Musikdirektor. Wien, Kamesina 1797. G 518
Wahrheit ist gut Ding. L. 5 nach dem Lügner des Goldoni frey bearb. von Salomo Friedrich Schletter, Souffleur bey dem k. k. National-Schauspiel. Wien 1781. G 70
Die Waise aus Genf. Drama 3 n. d. Frz. des Victor von J. F. Castelli. Augsburg u. Lpzg., Jenisch u. Stage. G 806
Das Waisenhaus. Sg. 2. [Text von Treitschke, Musik von Josef Weigl.] für die k. k. Hofth. Wien, Wallishauser 1809. G 665
Das Waisenhaus. Sg. 2. [Musik v. Kapellmeister Weigl.] M 655
Die Waise und der Mörder. Dr. 3 mit Musik. A. d. Frz. übers. von Castelli. Musik von Ignaz v. Seyfried. M 550 u. 852
Der Wald bei Hermannstadt. Rom. 5. 4 n. d. Frz. v. J. F. v. Weißenthurn. M 611
Walder. Ein ländl. S. mit Gesang in 1 A. Der Inhalt ist aus Marmontels Silvain genommen, die Musik von Herrn Georg Benda [Text von Gotter]. Gotha, C. Wilh. Ettinger 1778. G 29
Die Waldmänner. Kom. O. 3 v. E. Schikaneder. Mus. v. J. B. Henneberg. M 637
Waldners Familie. Bürgerliche Familienscene 3. M 724
Wallas. Heroisches Tr. 5 von Joseph Frh. v. Auffenberg. Bamberg und Würzburg, Goebhardt 1819. G 748
Wallenstein. S. von G. A. v. Halem. Göttingen, Dieterich 1786. — Dasselbe. Rostock u. Lpzg., Stiller 1796. G 270
Wallenstein. Ein dramatisches Gedicht von Schiller. Erster Theil. Tübingen, Cotta 1800. — Dasselbe: Zweiter Theil. Tübingen, Cotta 1800. (Soufflierbuch mit Strichen.) G 547 a u. b
Wallenstein. Dramat. Gedicht von Schiller. Erster Theil. Frkft. u. Lpzg., 1800. (Soufflierbuch mit Strichen und hdschr. Zusätzen.) G 637
† Wallenstein. Tr. 6 nach Schiller, bearb. von W. Vogel. M 723
Wallensteins Lager. [Von Schiller.] (Soufflierbuch). G 636
Wallensteins Lager, Vorspiel dazu [von A. Brummer]. M 657 a
Die Walpurgisnacht. P. 1 von Ernst Bornschein. Gera, Heller. G 572
Walter oder Der deutsche Mann. Eine Geschichte aus den neuesten Zeiten dramatisch bearbeitet. Stuttgart, Steinkopf 1793. G 369
Walwais und Adelaide. In 5 Aufzügen [von W. H. v. Dalberg]. Mannh., C. F. Schwan 1778. — Dasselbe: Mannheim 1781. G 9 u. 63
Das wandernde Körbchen. L. 1 von Dr. Friedrich Lindheimer. Mannheim, Schwan u. Götz 1798. G 494
Die wandernden Comödianten. Kom. O. 2 nach dem Ital. [des Balocchi]. Musik von Val. Fioravanti. M 409 u. 672

Was sein soll, schickt sich wohl. Original-Lustspiel 3 von J. F. Jünger. Regensburg, Montag u. Weiß 1802. G 575
Was sein soll, schickt sich wohl. L. 3 von Jünger. M 1077
Der Wasserträger. O. 3 von Cherubini siehe Graf Armand M 682.
Was wir bringen. Vorspiel bei Eröffnung des neuen Schauspielhauses zu Lauchstädt [26. Juni 1802] von Goethe. Tüb., J. G. Cotta 1802. G 824
Der Wechsel. L. 4 von J. F. Jünger für das k. k. Nationalhofth. Wien, Jahn 1788. G 209
Der Wechsler. L. 3 von Dr. Ernst Raupach. Hamburg, Hoffmann und Campe 1832. G 884 u. 960
Das Weibercomplott. L. 5 n. d'Ancourt v. J. F. Jünger. Lpzg., Dyk 1786. G 168
Weiberehre. Ein Sittengemählde des dreyzehnten Jahrh. in 5 A. von F. W. Ziegler. Für das k. k. Nationalhofth. Wien, Wallishauser 1793. G 344 u. 1000
Weiberehre. Sittengemälde in 5 A. von F. W. Ziegler. M 212
Das Weibergelübde. L. 2 n. d. Engl. [von Dalberg]. M 109
Weiberpolitik. L. 4 von F. L. Schmid. Brandenburg, Leich 1801. G 652
Weibertreue, oder Die Mädchen sind von Flandern. Kom. Sg. 2 mit Musik von Mozart. Nach Cosi fan tutte frei bearb. von C. F. Bretzner. Lpzg., Jacobäer 1794. G 530
Der weibliche Abälino oder Das Mädchen in vielerley Gestalten. Rom. S. 5 von G. L. P. Sievers. Lpzg., Rein 1802. G 567
Der weibliche Ehescheue. S. 2 von dem Freyherrn von Dalberg. Aufg. auf der Churfürstl. Nationalschaubühne in München. Augsb., Stage 1786. G 198
Der weibliche Jacobiner-Club. Ein politisches L. in 1 A. von Aug. v. Kotzebue. Lpzg., Kummer 1792. G 340
Ein weibliches Herz. D. G. 5 v. Theod. Stamm. Stuttg. u. Tüb., Cotta 1842. G 1027
Der weibliche Soldat. Sg. 1 n. d. Ital. frei bearb. Musik v. Naumann. M 234
Die Weihe der Erinnerung. (Totenfeier für Großherzog Karl Friedrich) Juli 1811. M 1067
Weihnachtsabend oder Edelmann und Bürger. S. 5 von Gustav Hagemann. Eisenach, Wittekind. G 527
Der Weihnachtsabend oder: Noch war es nicht zu spät. Nachspiel 2. Freyberg, Craz u. Gerlach 1803. G 592
Die Weinlese. Kom Opt. 2 nach Weißens Erntekranz. Musik von Herrn v. Beecke, Hauptmann eines schwäb. Kreisdragoner-Regiments. (1782.*) M 51
Der Weise in der That. S. 5 nach Sedaine [von Gotter]. Lpzg., Dyk 1781. G 76
Ein weißes Blatt. S. 5 v. Karl Gutzkow. (Als Manuskr. gedruckt.) G 1008
Welcher ist der Bräutigam. L. 4 von Joh. v. Weißenthurn. M 565
Der Weltbürger. L. 3 von Reichard (nach Goldoni). Berl., Wever 1780. G 81
Der Weltbürger. L. 3 von Reichard nach Goldoni. M 82
Weltklugheit und Herzensgüte. L. 5 von F. v. B., geb. v. B. Halle, Francke 1792. G 294
Weltton und Herzensgüte. Ein Familiengemälde in 4 A. von F. W. Ziegler. für das k. k. National-Hofth. Wien, Wallishauser 1793. G 411
Weltton und Herzensgüte. S. 4 von F. W. Ziegler. M 241

---

*) Bearbeitg. vom Regisseur Meyer, vgl. Marterkrieg S. 430.

Der Weltumsegler wider Willen. P. 4 frei n. d. Frz. des Théaulon u. Decourcy
von G. W. Emden, lokalisiert von S. Ellem [Ph. Düringer, hdschriftl.]
Als Mskr. gedr. G 1021
Wer den Schaden hat, darf für den Spott nicht sorgen. In Einem Aufzuge
[Übersetzung von Dorvigny's Les battus payent l'amende.] Lpzg., Dyk
1786. = Komisches Theater der Franzosen X, 349 ff. G 180
Wer ist nun betrogen? oder Der spanische Bräutigam. L. 5 von J. C. Kaffka
Breslau, Gutsch 1789. G 254
Wer ist sie? L. 4 [v. Schröder n. Edward Moores Foundling]. (Separatabdr.) G 455
Werner oder Herz und Welt. S. 5 von K. Gutzkow. (Mskr.-Druck, als
Regiebuch eingerichtet.) G 970
Werner oder Herz und Welt. S. 5 von Karl Gutzkow. M 1121
Wer's Glück hat, führt die Braut heim. O. 3 von Sarti siehe: Im Trüben
ist gut fischen.
Wer sucht, findet, auch was er nicht sucht. L. 1 [von Steigentesch]. M 440 u. 699
Wer wird sie kriegen? L. 1 von einem Soldaten (fr. v. Eckardt). Wien. G 59
Die Westindier. L. 5 nach Cumberland neu bearb. von Reinbeck. M 464 u. 691
Die Wette oder Weibertreue keine Treue. Sg. 4 nach „Cosi fan tutte" frei
bearb. Musik von Mozart. M 268
Die Wette. L. 1 nach dem Frz. von Thumb. 1809. M 406 u. 1090
Die Wette. Sg. 1 n. d. Frz. un quart d'heure de silence. Musik von B. A.
Weber, kgl. preuß. Kapellmeister. M 466 u. 799
Der Wetterableiter. P. 2 n. d. Frz. von C. Lebrun. Berl., Sittenfeld 1837. G 937
Die Widerbellerin (Die bezähmte Widerbellerin oder Gaßner der zweite). L. 4
n. Shakespeare [v. Schink]. Mannh., 1781. M 24
Die Wiedererstattung. S. 1. M 292
Das Wiedersehen. S. 1 von Franz v. Holbein. M 894
Das Wiedersehen. S. 3 v. E. F. H....r. Offenbach, Weiß u. Brede 1793. G 379
Das Wiedersehen. O. 1 von K. A. Ritter. M 917 a u. b
Die Wiedertäufer zu Münster. Romantisch-histor. Gemälde 5 nebst einem Vor-
spiele nach der Idee des van der Veldeschen Romans „Die Wiedertäufer"
von Eduard Lange. Berlin, Krause 1832. G 894
Die Wiener in Berlin. Liederposse 1 von Karl Holtei. M 645
Die Wilden. Sg. 3 n. d. Frz. von Schmieder. Musik von Dalayrac. M 1050
Der Wildfang. L. 3 „für die Verdauung" von Kotzebue. M 198
† Wilhelm Tell. S. 5 von Schiller. M 339 u. 664
Wilhelm und Lieschen oder Die Folgen des Friedens. Opt. 2 von Will d.
jüng. Straubing, Reitmayr 1802. G 597
Das Winterquartier in Amerika.*) Orig.-L. 1 [von Babo]. Berl., 1778. G 89
Der Wirrwarr in der Residenz. L. 3. 1821, als Mskr. gedr. G 828
Die Witwe und das Reitpferd. Eine dramatische Kleinigkeit von Aug. v.
Kotzebue. Lpzg., Kummer 1796. G 416
Die Witwe und ihr Mann. L. 1 von L. Angely. M 1138
Wohlthun macht glücklich. S. 5 v. Friedr. Tr. Senf. Meißen, Erbstein 1790. G 346
Wohl zu bekommen. L. 1 frei n. d. Frz. von Lebrun. M 1006 a u. b

---

*) Das Buch stammt aus Großmanns Besitz, der auf dem Titelblatt den Namen:
J. G. S. nominé Großmann aufgeschrieben hat.

Der Wollmarkt. L. 4 von H. Clauren. M 635 u. 639
Wülfing von Stubenberg. Hist. S. 5 von Joh. v. Kalchberg. Wien, Wallishauser 1794. G 396 a u. b
Die Wunder des Kreuzes oder Die Reue des Sünders. Dramat. Gedicht 3 v. Calderon (übers. v. Aug. Wilh. Schlegel, bearb. v. Ludw. Brandt). M 636 u. 926
Das Wunderglöckchen oder Lucifer als Page. Feen-O. 3 n. d. Frz. [des Theaulon.] Musik von Hérold. M 866
Der Wunderschrank. L. 4 von Franz v. Holbein. M 596
Die würdige Mutter. A. d. Frz., nach dem Ritter von Merclat umgearbeitet [von Brühl]. [Separatabdruck aus Brühls theatr. Belustg. 5. Bd.] G 280
Die Wut der Parteien (Parteiwut) oder Die Macht des Glaubens. S. 5 von Ziegler. M 533

Zaire. Tr. 5 von Voltaire. Aufg. auf dem kurf. Th. Neueste Übersetzung in Jamben. München, Joh. Bapt. Strobl 1786. — Dasselbe. [München] 1778. G 85 a u. b
Zaire. Tr. 5 nach Voltaire von Chr. Ernst Graf v. Benzel-Sternau. M 433
Zaire. Tr. 5 von Voltaire, übers. von Pencer. (No. 1 aus: Klassisches Theater der Franzosen.) Lpzg., Brockhaus 1819. G 784
† Die Zauberflöte. O. 2 von Schikaneder (neu bearb. von C. A. Vulpius). Musik von Mozart. M 698 a u. b
Die Zauberharfe. Sg. nach Aug. Lafontaine, bearb. vom Verfasser des Waldbruders im Eichthale [Schreiber.] Offenbach, Brede 1798. G 625
Die Zauberhöhle des Trophonio. Kom. O. in 3 (2) v. Salieri. A. d. Ital. übers. von C. G. Meefe]. 1786. M 105
Die Zauberin Sidonia. S. 4 von Heinrich Zschokke. Berlin, Maurer 1798. [Hdschr. stark verändert; der Titel folgendermaßen: Das rächende Gewissen, S. 4 von Heinrich Zschokke, Verf. des Abällino, bearb. von Herrn Aug. v. Kotzebue.] G 512
Die Zauberprobe oder So sind sie alle. Nach Cosi fan tutte neu bearb. Romant. O. 2. Musik von Mozart. M 520 u. 1082
Die Zaubertrommel. O. 4 [v. Schikaneder, Musik v. Wenzel Müller).*] M 371
Die Zauberzither. Kom. O. 3 [von Perinet]. Musik v. Wenzel Müller. M 290
Der Zeitgeist. Possenspiel 4 von Raupach. M 859
Zemire und Azor. Sg. 4 a. d. Frz. des Marmontel. Mus. v. Gretry. M 84
Die Zerstreuten. P. 1 [v. Kotzebue]. M 421
Die Zigeunerin. Kom. O. 2 [von Paesiello, auch unter dem Titel: Der gefoppte Astrolog.] 1791. M 769
Der Zitherschläger. Sg. 1 von Heinrich Seidel. [Musik von Kapellmeister Peter Ritter.] M 426 u. 887
Der Zögling der Liebe. Sg. 4 nach dem Sargines des Monvel von Schmieder. Musik v. Dalayrac. M 171 u. 684
Zufall und Laune. L. 1. Prag u. Lpzg., Albrecht 1794. G 359
Das zugemauerte Fenster. L. 1 [v. Kotzebue]. M 436
Zurücksetzung. L. 4 von Töpfer. M 1120 a u. b

*) In Mh. aufgef. unter dem Titel: Der wohlthätige Derwisch oder Die Zaubertrommel und die Schellenkappe.

Zwei Augen für eins. S. 2 von P. L. Bunsen. M 381
Die zwei Blinden von Toledo. Kom. O. 1 von Méhul. M 803
Die zwei Brüder. Tr. 4 mit einem Vorspiel von Friedrich Baron de la Motte
  Fouqué. Stuttgart u. Tübingen, Cotta 1817. G 718
Die zwei Gräfinnen. Kom. Sg. 2 a. d. Ital. frei überf. von K. J. F. Musik
  von Paesiello. 1778. M 87 u. 788
Zweimal sterben macht Unfug. L. 5. Lpzg., Göschen 1800. G 544
Zwei Nichten für eine. L. 2 [v. Kotzebue]. M 488
Zwei Onkels für Einen. L. 1 [n. d. Frz. von Gotter]. Lpzg., Dyk 1781. G 74
Zwei Stationen. L. 3 n. d. Frz. des Picard bearb. von Theodor Hell. Lpzg.,
  Hinrichs 1817. G 761
Die zwei Vormünder. Kom. O. 2 a. d. Frz. überf. von C. G. Neefe, Musik
  von Dalayrac. Bonn 1786. M 96
Zwei Worte oder Die Nacht im Walde. L. mit Gesang 1. Nach d. Frz.
  des Marsolier. Musik von Dalayrac. M 388
Die Zwillinge. Tr. 5 [von Klinger]. 1774. [Sonderabdruck aus F. M. Klingers
  Theater I.] G 178
Die Zwillinge von Bergamo. L. 1 a. d. Frz. des Ritters von St. Florian.
  Ronneburg u. Lpzg., Schumann 1799. G 534

Gesammelte Bühnenwerke einzelner Autoren.

Alphabetisch nach den Verfassern.

[Albini.] Spenden für Freunde des Scherzes von A. Albini. Berlin, Held 1827. Inh.: 1. Die Bekehrten oder Der türkische Edukationsrat. P. 2; 2. Die Menagerie. L. 3; 3. Der kleine Proteus. Dram. Aufg. 1. S 145

[Albrecht.] Dramatische Werke, für das Hoftheater in Dresden gearbeitet von Albrecht. I. Bd. Dresden u. Lpzg. 1790. 1. Zieh aus Bruder. L. 3; 2. Fürstenglück. S. 5 [von Dalbergs Hand anderer Titel geschr.: „Ottilie"]; 3. Die Engländer in Amerika. S. 4. S 53

[Albrecht.] Neue Schauspiele von Albrecht für das churf. sächs. Hofth. 2 Bde. Lpzg., Liebeskind 1795. I.: 1. Masaniello von Neapel. Tr. 5; 2. Der Teufel ein Hidraulikus. L. 3 nach dem Bettelstudenten; 3. Die Enterbung. S. 1. — II.: 1. Die beschwerlichen Brüder. L. 5; 2. Wilhelmine Relast. Tr. 5; 3. Alle strafbar. L. 2. S 105

[Angely.] Neuestes komisches Theater von Louis Angely. 2 Bde. Hamb. 1836. I.: 1. Wohnungen zu vermieten. Kom. Gemälde in 5 Rahmen; 2. Die Schwestern. L. 1; 3. Die Königin des Festes. Dramatisirte Anekdote 1; 4. Jugend muß austoben. L. 1; 5. Prinz Tu-Ta-Tu. Burleske 1; 6. Der Turm von Notre-Dame. Dramatisirte Anekdote 1. — II.: 1. Die Sängerin und die Näherin. P. 4; 2. Vierzehn Tage nach Sicht. L. 1; 3. Die Erholungsreise. P. 1; 4. Punkt drei Uhr. S. 1; 5. Ein kleiner Irrtum. L. 1; 6. Zephyr und Flora. S. 1. S 140

[Auffenberg.] Trauerspiele von Joseph Frh. v. Auffenberg. Karlsruhe, Müller 1838. 1. Das Nordlicht von Kasan. Tr. 5; 2. Der Schwur des Richters. Tr. 4; 3. Der Prophet von Florenz. Tr. 5. S 176 u. 201

[Bahrdt.] Dramatische Dichtungen von J. F. Bahrdt. I. Lpzg., Fleischer 1834. 1. Die Lichtensteiner. Dr. Gem. 5; 2. Die Grabesbraut oder Gustav Adolf in München. Dr. Gem. 5. S 144

[Bäuerle.] Komisches Theater von A. Bäuerle. 6 Bände. Pest, Hartleben 1820—26. I.: 1. Die falsche Prima Donna. P. 2; 2. Der Leopoldstag oder kein Menschenhaß und keine Reue (Parodie von Menschenhaß u. Reue). P. 3; 3. Der Freund in der Not. P. 1. — II.: 1. Die Bürger in Wien. P. 3; 2. Staberls Hochzeit oder der Curier. P. 3. (Fortf. von 1.); 3. Staberls

Wiedergenesung. — III.: 1. Der Fiaker als Marquis. Kom. O. 3; 2. Die Gespensterfamilie. Schw. 1; 3. Der verwunschne Prinz. Lokale Parodie 2. — IV.: 1. Das Haus der Laune. Orig.-L. 3; 2. Der Tausendsasa. P. 2; 3. Der Untergang der Welt. Gelegenheitsschw. 3. — V.: fehlt. — VI.: 1. Aline oder Wien in einem andern Weltteile. Volkszauberoper 3; 2. Die schlimme Liesel. L. 1; 3. Wien, Paris, London und Konstantinopel. Zaubersp. 3.   S 113

[Bauernfeld.] Lustspiele von Bauernfeld. Wien, Sollinger u. Lpzg., Liebeskind 1833. Enthält: 1. Leichtsinn aus Liebe. L. 4; 2. Das Liebesprotokoll. L. 3; 3. Die ewige Liebe. L. 1.   G 142

[Bauernfeld.] Theater von Bauernfeld. Mannheim, Hoff 1837. I.: fehlt. — II.: 1. Helene. Charaktergemälde 4; 2. Der Zauberdrache. L. 5.   S 143

[Beaumarchais.] Beaumarchais von Aug. Lewald. Stuttgart, Hoffmann 1839. Enthält außer einer Biographie folg. Schauspiele: Eugenie, Barbier von Sevilla, Hochzeit des Figaro.   S 167

[Beck.] Theater von Heinrich Beck. 2 Bde. in 1. Frkft., f. Eßlinger 1802/3. I. 1802: Titelkupfer: Werdy als Kabinetssekretär Hallen. 1. Rettung für Rettung. L. 5; 2. Die Quälgeister. L. 5. — II. 1803: Titelkupfer: Sophie Bulla als Irene. 1. Das Kamäleon. L. 5.   S 87

[Bilderbeck.] Schauspiele von C. F. v. Bilderbeck. 2 Bde. Lpzg., Voß 1801. I.: 1. Vaterland und Weiberliebe. S. 4; 2. Mutterpflicht. S. 5. — II.: 1. Herzensgüte. L. 3; 2. Erste Liebe. Nachsp.; 3. Das Manuscript. Nachsp. 4. Kleider machen Leute. Nachsp.   S 85

[Blum.] Vaudevilles von Carl Blum. II. Bd. Berlin, Duncker u. Humblot 1826. Enthält: 1. Der Oberst. L 1 nach Scribe; 2. Der Secretair und der Koch. L. 1 n. d. Frz.; 3. Blancheflour. Vaudeville 1 nach Dartois; 4. Die beiden Turenne. Liederspiel 1; 5. Canonicus Ignaz Schuster. Vaudeville 1.   S 149

[Blum.] Lustspiele von Carl Blum. Berlin u. Landsberg, Enslin 1827. 1. Die beiden Briten. L. 3 n. d. Frz.; 2. Die Brüder Philibert. L. 3 n. d. Frz.; 3. Die Reise nach Dieppe. L. 3 nach dem Frz. des Waffard und Fulgence.   S 150

[Blum.] Dramatische Werke von Carl Blum. Lpzg., Leo 1832. 1. Friedrich August in Madrid. S. 5; 2. Der Fächer. L. 3.   S 141

[Bonafont.] Thalia, Sammlung neuer Schauspiele von C. Bonafont. 2 Bde. Augsburg u. Lpzg. 1816.
I. 1816: 1. Aurelia oder Triumph der Tugend. S. 5 nach Beaumarchais' Eugenie; 2. Die Überbildeten. L. 1 nach Molières „Précieuses ridicules"; 3. Die Brunnengäste. L. 1; 4. Paul der Erste oder Entschlossenheit und Gnade. S. 1; 5. Betrug für Betrug oder Bedientenstreiche. L. 1. — II. 1816: 1. Dina-Nathan oder Lieb' und Rache. Tr. 5 nach Bischoffs trag. Gemälde bearb.; 2. Künstlerglück oder Dem Verdienste seine Kronen. S. 2; 3. Die Heuchlerin oder Weiberrache. S. 2; 4. Das Duell oder Sieg der Liebe. S. 2.   S 82

[Bösenberg.] Dramatischer Beitrag für das Hoftheater in Dresden von J. H. Bösenberg. Dresden u. Lpzg., Richter 1791. 1. Elsbeth von Sandhorst. S. 5. [Umarbeitg. der Gisela Brömserin.]; 2. Liebe und Großmut. S. 5. [Aus den Illustres françaises, e. frz. Roman.]; 3. Einer prellt den andern. Original-L. 1; 4. Die amerikanische Waise. L. 1. [Nach le philosophe dupé de l'amour von Saintfoix.] S 88

[Brandes.] Lustspiele von Joh. Christ. Brandes. 2 Bde. Lpzg., Dyk 1774—76.
I. 1774: 1. Der geadelte Kaufmann. L. 3; 2. Der Graf von Olsbach. L. 5; 3. Der Hagestolze oder Wie mans treibt, so gehts. L. 5. — II. 1776: 1. Der Schein betrügt. L. 5; 2. Der Gasthof. L. 5; 3. Die Mediceer. S. 5. S 18

[Brandes.] Sämtliche dramatische Schriften von Johann Christian Brandes. 8 Bde. 1790—91. Hamburg, auf Kosten des Verfassers, in Commission der Dykschen Buchhdlg. in Lpzg.
I. 1790: 1. Der Landesvater. S. 5, verfertigt 1782; 2. Der geadelte Kaufmann. L. 5, 1769; 3. Ariadne auf Naxos. Duodrama, 1774. — II. 1790: 1. Olivie. Tr. 5, 1773; 2. Der liebreiche Ehemann oder Der Schein betrügt. L. 5, 1767; 3. Constanzie von Detmold oder Maaß für Maaß. S. 5, 1778. — III. 1790: 1. Graf von Olsbach oder Die Belohnung der Rechtschaffenheit. S. 5, 1768; 2. Rahel oder Die schöne Jüdinn. Tr. 3, 1789; 3. Die Hochzeitfeyer oder Ist's ein Mann oder Mädchen. L. 5, 1776. — IV. 1790: 1. Alderson, erster Theil. Tr. 5, 1786; 2. Alderson, zweyter Theil. S. 4, 1787; 3. Alderson, dritter Theil. S. 5, 1787. — V. 1790: 1. Was dem Einen recht ist, ist dem Andern billig. L. 3, 1782; 2. Die Mediceer. S. 5, 1775; 3. Die Erbschaft oder Der junge Geizige. L. 4, 1780. — VI. 1790: 1. Der Gasthof oder Trau, schau, wem!; 2. Unbesonnenheit und Irrthum. S. 5, 1789; 3. Ino. Melodrama 1, 1777. — VII. 1791: 1. Ottilie [Bearbeitg. von Miß Sara Sampson]. Tr. 5, 1779; 2. Der Hagestolze oder Wie man's treibt, so geht's! L. 5, 1771; 3. Die Irrthümer. Komödie 1, 1786. — VIII. 1791: 1. Der Schiffbruch. Tr. 5, 1765. [Umarb. von Miß Fanny nach Manon Lescaut]; 2. Der Landjunker in Berlin oder Die Überlästigen. Komödie 5, 1785; 3. Die Komödianten in Quirlequitsch. Kom. 3, 1770. S 5

[Bretzner.] Schauspiele von C. F. Bretzner. 4 Bde. Leipzig, Fr. Gotth. Jacobäer 1792—1808.
I. 1792: 1. Das Räuschgen. L. 4. (Neue verbesserte Aufl.); 2. Der mißtrauische Liebhaber. L. 5. (Neue, ganz umgearb. Aufl.); 3. Komplimente und Wind. L. 4. — II. 1796: 1. Heimburg und Maria. L. 5; 2. Die Erbschaft aus Ostindien. L. 4; 3. Der Eheprokurator. L. 5. — III. 1808: 1. Karl und Sophie oder Die Physiognomisten. L. 5. (2. Aufl.) 1784; 2. Die Luftbälle oder Der Liebhaber à la Montgolfier. P. 2, 1786; 3. Der Lüderliche. Trag. Gemälde 5 nach der Geschichte „Das Leben eines Lüderlichen". 1789. — IV. 1808: 1. Der Geisterbeschwörer. Tr. 3, 1790; 2. Felix und Hannchen. L. 4, 1791; 3. Die Pastete. P. 2, 1808. S 14

[Brömel.] Beytrag zur deutschen Bühne von dem Verfasser des Adjutanten, W. H. Brömel. Dessau 1785. 1. Die buchstäbliche Auslegung. L. 1; 2. Gideon von Tromberg. P. 3 nach Shakespeare [lustige Weiber]; 3. Gerechtigkeit und Rache. S. 4 [nach Shakespeares Maß für Maß]; 4. Stolz und Verzweiflung. S. 3 nach George Lillo. S 109

[Clauren.] Lustspiele von H. Clauren. Dresden, Arnoldi 1817. 1. Der Brauttanz. L. 5; 2. Die Folgen eines Maskenballs. L. 1 nach d. Frz. S 98
[Costenoble.] Lustspiele von C. L. Costenoble. Wien, Tendler 1830. Enth.: Der tote Onkel, Der Schiffbruch, Die Testamentsklausel, Die Cerne, Fehlgegriffen, Amor hilft. S 175
[Cremeri.] Sämtliche Lustspiele von Anton Cremeri. Frkft. u. Lpzg. 1787. Enthält: 1. Don Juan oder Der steinerne Gast. Ein Kassastück 5 von Anton Cremeri. Frkft. u. Lpzg., 1788; 2. Mesmer der Zweyte oder Die Ehen werden im Himmel beschlossen. L. 3 von Anton Cremeri. Frkft. u. Lpzg. 1788; 3. Der Auditor oder Alles in Schuh und Strümpfen. Milit. S. 5 von Anton Cremeri. Frkft. u. Lpzg. 1788; 4. Die Ohnmachten oder Heute bleiben wir auf der Gasse. L. 1 von Anton Cremeri. Frkft. u. Lpzg., 1787. G 284
[Deinhardstein.] Dramatische Dichtungen von Deinhardstein. Wien, Wallishauser 1816. 1. Das Sonett. Spiel 1; 2. Mädchenlist. L. 1; 3. Der Witwer. P. 1; 4. Der Rosenstock. Spiel 1; 5. Boccaccio. Dram. Ged. 2. S 58
[Deinhardstein.] Deinhardsteins Theater. I. Teil. Wien, Armbruster 1827. 1. Der Gast. Dr. 1; 2. Florette. Dr. 1; 3. Die verschleierte Dame. L. 1; 4. Boccaccio. Dr. 1; 5. Das Bild der Danae. L. 2. S 148
[Diderot.] Theater von Diderot. 2 Bde. Berlin, Voß 1760. I.: Der natürliche Sohn oder Die Proben der Tugend. S. 5, nebst der wahren Geschichte des Stücks. — II.: Der Hausvater. S. 5. Anhang: Von der dramatischen Dichtkunst. S 42
[Dyk.] Nebentheater von J. G. Dyk. Lpzg., Dyk 1786—97. 7 Bde. I. 1786: 1. Die schwere Wahl. Dram. Familiengemälde 4; 2. Das Aufkommen französischer Sitten. Dramat. Schilderung 5 aus dem letzten Jahrzehnt des vorigen Jahrh.; 3. Der verschriebene Bräutigam aus Paris. Posse 2. — II. 1786: 1. Coriolan. Tr. 5 (Beigegeben eine Abhandlung über die versch. dramat. Bearbeitungen der Geschichte des Coriolan.); 2. Die Ehrenpforte. Vorspiel mit Gesang; 3. Der Weg zu gefallen oder Der liebenswürdige Alte. L. 5; 4. Jack Spleen oder Ich erschieße mich nicht! L. 1. — III. 1786: 1. Graf von Essex. Tr. 5 nach Banks; 2. Der Zerstreute. L. 5 nach Regnard; 3. Ehrsucht und Schwatzhaftigkeit oder Der standhafte Mann. S. 5 nach Destouches. — IV. 1786: 1. Spielerglück. L. 5 nach Regnard u. Goldoni; 2. Thomas Moore. Tr. 5; 3. Sechs Wagen mit Contrebande oder Großthun und Knickerei. L. 5. [Durch Striche und hdschr. Änderungen von Dalberg zur Aufführung eingerichtet.] — V. 1787 (mit 84 Seiten dramaturg. Vorrede): 1. Ferdinand Pernau. Tr. 5; 2. Zwei unruhige Nächte oder Neigung und Abneigung. S. 3; 3. Die belesnen Jungfern. P. 1 nach Molières précieuses ridicules. — VI. 1788: (Dabei: „Einige Bemerkungen über theatralische Vorstellung".) 1. Roms Bannstrahl im eilften Jahrhunderte. Tr. 5 [Heinrich IV.]; 2. Der neue Gutsherr oder Die Huldigung. Kom. O. 3; 3. Liebeszunder oder Das Mädchen und der Jüngling. Fam.-Gem. 3. — VII. 1797: 1. Aly Bey, Sultan von Ägypten. Tr. 5; 2. Die getäuschte Witwe oder Die Sympathie. L. 3; 3. Omar oder Das Ehrgesetz der Tartaren. S. 3. S 31

[Foote.] Footes dramatische Werke aus d. Engl. frei übersetzt. 4 Bde. Berlin u. Stettin, Nicolai 1796—1798.
I.: 1. Der Kunstgeschmack. L. 2; 2. Die Engländer in Paris. L. 2; 3. Der Engländer aus Paris zurück. P. 2; 4. Der Schulze von Garratt. L. 2; 5. Die Ritter. L. 2. — II.: 1. Der Schriftsteller. L. 2; 2. Die Redner. L. 3; 3. Der Mündel. L. 3; 4. Der Lügner. L. 3. — III.: 1. Der Mäcen. L. 3; 2. Der Kriegskommissar. L. 3; 3. Der lahme Liebhaber. L. 3; 4. Die Schneider. Vaterl. Tr. 3, aufzuführen, wenn es warm ist. [Von Foote neu bearbeitet.] — IV.: 1. Vorgesehn! oder Die Industrieritter. P. 3; 2. Die Batherin (Mädchen von Bath). L. 3; 3. Der Nabob. P. 3.   S 46

[Fuchs.] Schauspiele von K. A. F. Fuchs. (2. Bd. der Sammlung neuer Schauspiele.) Braunschweig 1815. 1. Luise Hochfeld. Tr.; 2. Brutus oder Die Befreiung Roms. Tr.   S 66

[Gebhard.] Beitrag dramatischer Spiele von Friedrich Albert Gebhard, Regisseur in Petersburg. I. Quedlinburg u. Lpzg., Basse 1826. 1. Die trostlose Witwe. L. 2; 2. Die Schmarotzer. L. 1; 3. Verratener Liebe Sieg und Lohn. S. 3.   S 159

[Gebler.] Theatralische Werke des Freyherrn von Gebler. 3 Bde. Prag u. Lpzg., Walther 1772—73.
I. 1772: 1. Das Prädikat. L. 3; 2. Die abgenöthigte Einwilligung. L. 1 (nach Guyot von Merville); 3. Der Minister. S. 5; 4. Das Bindband oder Die fünf Theresen. L. 1; 5. Die Freunde des Alten oder Ehedem waren gute Zeiten. L. 3; 6. Die Übereilung. (Freie Übersetzung der Etourderie des Fagan). — II. 1772: 1. Darf man seine Frau lieben? L. 5 nach Nivelle de la Chaussée; 2. Die Kabala oder das Lottoglück. L. 1; 3. Klementine oder Das Testament. Dr. 5; 4. Die Wittwe. L. 2; 5. Der Stammbaum. L. 5. — III. 1773: 1. Leichtsinn und gutes Herz. L. 5; 2. Die Osmonde. Dr. 5; 3. Die Versöhnung. L. 5; 4. Thamos, König in Egypten. Heroisches Dr. 5.   S 2

[Goldoni.] Des Herrn Carl Goldoni Sämmtliche Lustspiele mit Kupfern. 11 Bde. Band 1 (in 2. Aufl. 1774), 10 u. 11 bei Bernh. Christoph Breitkopf u. Sohn, Lpzg. erschienen, die übrigen Bände bei Zach. Heinr. Eisfeld, Lpzg. 1768—1779.
I. 1774: 2. Aufl. 1. Der wahre Freund; 2. Der seltsame Zufall; 3. Die väterliche Liebe oder Das erkänntliche Dienstmägdchen; 4. Der Krieg. — II. 1768: 1. Das Neugierige Frauenzimmer; 2. Der Lügner; 3. Der Vormund; 4. Die verstellte Kranke. — III. 1768: 1. Die neue Wohnung; 2. Die schlaue Witwe; 3. Der ehrliche Aventurier; 4. Die vernünftige Frau. — IV. 1769: 1. Moliere; 2. Die eigensinnigen Weiber; 3. Die häuslichen Zwistigkeiten; 4. Die Verliebten. — V. 1769: 1. Der Cavalier von gutem Geschmack; 2. Die gute Mutter; 3. Der Vater aus Liebe; 4. Der militärische Liebhaber. — VI. 1770: 1. Die gelassene Frau; 2. Die ledige Pamela; 3. Die verheirathete Pamela; 4. Der Lehnsherr. — VII. 1770: 1. Die Grobiane; 2. Die Gastwirthin; 3. Die gutherzige Magd; 4. Der Geizige. — VIII. 1771: 1. Die Kaufleute; 2. Die Frau

von vielen Geschäften; 3. Der venetianische Advokat; 4. Die gehorsame Tochter. — IX. 1771: 1. Das wackere Mädchen; 2. Der Hausvater; 3. Der Diener zweyer Herren; 4. Das Kaffehaus. — X. 1774: 1. Das komische Theater; 2. Der Schmeichler; 3. Der Cavalier und die Dame; 4. Die Familie des Antiquitätensammlers oder Die Schwiegermutter und Schwiegertochter. — XI. 1779: 1. Der eyfersüchtige Geizige; 2. Der Spieler; 3. Der Schauspieldirektor aus Smirna; 4. Die thörichte Neigung zur Landluft. S 4

[Gotter.] Gesellschaftstheater, von der Verfasserin des Erziehungstheaters. A. d. Frz. frey übersetzt von F. W. Gotter. I. Bd. Lpzg., Dyk 1783. 1. Der Verschlag. L. 1; 2. Der Liebhaber ohne Namen. L. 5; 3. Anhang, Variante der 17. Szene des „Verschlags". G 99

[Grahn.] Zwey Comödien von Grahn. Das Wiedersehen. S. 1 und Die Überraschung. L. 1. Hannover, Lamminger 1802. G 610

[Gustav III. von Schweden.] Ausgewählte Bibliothek der Klassiker des Auslandes. XVIII. Bd. Schauspiele von König Gustav III. von Schweden übers. von Karl Eichel. Lpzg., F. A. Brockhaus 1843. 1. Helmfalt. S. 5; 2. Gustav Adolf und Ebba Brahe. S. 3; 3. Gustav Wasa. S. 3; 4. Siri Brahe. S. 3. S 196

[v. Haupt.] Schauspiele von Theodor von Haupt. 2 Bde. Mainz, Kupferberg 1825.
I.: 1. Harlekins Tücke. Maskenspiel 1; 2. Catharina von Curland. Rom. S. 3; 3. Ali Pascha. Melodr. 3; 4. Ahasverus der nie Ruhende. Rom. S. 3. — II.: 1. Der Unbekannte. Dr. 3; 2. Der Retter wacht. Dr. 3; 3. Die Abenteuernacht. L. 3. S 136

[Heigel.] Dramatische Bagatellen von Cäsar Max Heigel. 1821. 1. Der Perückenstock; 2. Das war dein Glück; 3. Der Bruder; 4. Des Dichters Liebschaften; 5. Civilverdienst. S 60

[Hell.] Lustspiele von Theodor Hell [Pseud. für Winckler]. 2 Bde. Lpzg., Weigel 1805/6.
I.: 1. Die Gelübde. L. 2; 2. Nur ein Stündchen war er fort. Nachspiel nach d. Frz des Loraux; 3. Der Beruf. L. 1; 4. Unverhofft. L. 1; 5. Die Freiwerber. L. 2. — II.: 1. Geisterscenen. L. 4; 2. Das Idyll oder Die Sucht zu dichten. L. 5 nach Piron; 3. Der alte Comödiant oder Die Legate. L. 1 nach Picard; 4. Die glückliche Entdeckung. Nachspiel. S 48

[Hell.] Neue Lustspiele von Theodor Hell. 4 Bde. Lpzg., J. C. Hinrichs 1807—1811.
I.: 1. Glückswechsel oder Die Marionetten. L. 5 nach Picard; 2. Er ist es selbst. L 1 n. d. Frz.; 3. Die beiden Väter oder Der Blumenkelch. L. 2 nach Dupaty. — II.: 1. Der Haustyrann. L. 5; 2. Ein Tag aus dem Jugendleben Heinrichs V. L. 3; 3. Die Verwechselung oder Kleider machen Leute. Nachspiel; 4. Herr Habicht unter Siegel. Nachspiel. — III.: 1. Muttermilde. S. 3; 2. Der Flatterhafte oder er muß heiraten. L. 3; 3. Das Strudelköpfchen. L. 1 nach dem Frz. — IV.: 1. Drei Stockwerke hoch oder Das Lustspiel auf der Treppe. A. d. Frz., Nachspiel 1; 2. Der Feuerlärm. L. 4; 3. Alisbertha, die Kriegerin der sieben Berge. S. 3. S 47

[Herbst.] Kleine deutsche Theaterbibliothek von C. A. Herbst. I. Breslau, Meyer 1798. 1. Der glückliche Zufall. L. 1; 2. Die Geisterbeschwörung oder Die Heirat aus Angst. L. 1; 3. Der Pflegmatikus. L. 1; 4. Die Schatzgräber. P. 1. S 94

[v. Heyden.] Theater von Friedrich v. Heyden. 3 Bde. Lpzg., Einhorn 1842. I.: 1. Nadine. Tr. 5; 2. Die Modernen. L. 5. — II.: 1. Der Liebe Zauber. S. 5; 2. Album und Wechsel. S. 5. — III: 1. Die Geschäftsführer. L. 5; 2. Der Spiegel des Akbar. Tr. 5; 3. Geheimnisse und ihr Ende. L. 3. S 198

[Hiemer.] Dramatische Blätter von F. K. Hiemer. Stuttgart, Nebel 1802. 1. Das Singspiel. Sg. 1. Musik von Dominico della Maria; 2. Adolf und Klara oder Die beiden Gefangenen. Sg. 1 nach Marsollier. Musik von D'Alayrac; 3. Dies Haus ist zu verkaufen (beigeschr. Titel: Der Hausverkauf). Sg. 1 n. d. frz. des Alexander Duval. Musik von D'Alayrac. S 110

[v. Holbein.] Franz v. Holbeins Theater. 1. Rudolstadt, Hofbuchhdlg. 1811. 1. Fridolin. S. 5; 2. Der Brautschmuck. S. 5; 3. Der Verstorbene. Rom. Gem. 3; 4. Der Verräter. L. 1. S 129

[Huber.] Neueres französisches Theater, bearbeitet von L. F. Huber. III. Bd. Leipzig, Wolf 1797. 1. Die Weiber. L. 3 nach les femmes von C. A. Demoustier; 2. Der verliebte Briefwechsel. L. 5 (l'intrigue épistolaire von Fabre d'Eglantine); 3. Der alte Junggeselle. L. 5 (le vieux célibataire von Collin d'Harleville); 4. Die ungeladenen Gäste. P. 1 (le souper imprévu von A. Duval); 5. Die Verdächtigen. L. 1 (les suspects von Picard u. Duval). S 57

[Hutt.] Lustspiele von Johann Hutt. I. Wien, Degen 1803. 1. Das war ich. Ländl. Sc.; 2. Der rechte Weg, eine Ehestandsscene; 3. Hab ich nicht recht? Original-L. 3. S 90

[Iffland.] A. W. Ifflands dramatische Werke. 16 Bde. mit Kupfern. Lpzg., Göschen 1798—1802. (Meist als Regie- oder Souflierbücher eingerichtet.) I. 1798: Meine theatralische Laufbahn. — II. 1798: 1. Albert von Thurneisen. Tr. 5; 2. Verbrechen aus Ehrsucht. Fam.-Gem. 5; 3. Die Mündel. S. 5. — III. 1798: 1. Die Jäger. Ländl. Sittengem. 5;. 2. Bewußtseyn. S. 5; 3. Der Spieler. S. 5. — IV. 1798: 1. Reue versöhnt. S. 5; 2. Achmet und Zenide. S. 5; 3. Figaro in Deutschland. L. 5. —. V. 1799: 1. Frauenstand. L. 5; 2. Der Komet. P. 1; 3. Hausfrieden. L. 5. — VI. 1799: 1. Herbsttag. L. 5; 2. Leichter Sinn. L. 5; 3. Friedrich von Östreich. S. 5. — VII. 1799: 1. Elise von Valberg. S. 5; 2. Das Gewissen. Bürg. Tr. 5; 3. Luassan. Prolog 1. — VIII. 1799: 1. Erinnerung. S. 5; 2. Alte und neue Zeit. S. 5; 3. Das Vermächtnis. S. 5. — IX. 1799: 1. Die Aussteuer. S. 5; 2. Die Hagestolzen. L. 5 (hdschr. in 3 Akten eingerichtet von Eduard Devrient); 3. Der Magnetismus. Nachsp. 1; 4. Die Geflüchteten. S. 1. — X. 1800: 1. Der Mann von Wort. S. 5; 2. Die Reise nach der Stadt. L. 5; 3. Der Veteran. S. 1. — XI. (fehlt!): 1. Der Fremde. L. 5; 2. Die Advokaten. S. 5; 3. Die Verbrüderung. S. 1; 4. Der Eichenkranz. Dialog. — XII. 1800: 1. Selbstbeherrschung. S. 5; 2. Dienstpflicht. S. 5; 3. Allzu scharf

macht schartig. S. 5. — XIII. 1800: 1. Der Vormund. S. 5; 2. Liebe um
Liebe. Ländl. S. 1; 3. Die Kokarden. Tr. 5; 4. Die Vaterfreude. Vor-
spiel. — XIV. 1801: 1. Die Künstler. S. 5; 2. Die Höhen. S. 5. —
XV. 1802: 1. Die Familie Lonau. L. 5; 2. Scheinverdienst. S. 5. —
XVI. 1802: 1. Das Erbteil des Vaters. S. 4 (Fortf. des „Essighändler"
von Mercier); 2. Das Vaterhaus. S. 5.
Supplement zu Ifflands dramatischen Werken. 17. Bd., mit Kupfern.
Berlin, Wilh. Oehmicke d. j. 1808. 1. Die Hausfreunde. S. 5; 2. Der
Oheim. L. 5. S 49

[Immermann.] Trauerspiele von Karl Immermann. Hamm u. Münster,
Schultz u. Wundermann 1822. 1. Das Thal von Roncevall; 2. Edwin;
3. Petrarca. S 161

[Kind]. Friedrich Kinds Theaterschriften. I. Lpzg., Göschen 1821. 1. Der
Minstrel. Dr. Ged. 5. 1804; 2. Vergeltung. S. 5. 1799; 3. Die schwarze
Frau oder Die Wette. L. 2. 1806; 4. Alcindor. Festoper 3. 1819. S 65

[Klähr.] Bühnenspiele von Karl Klähr. Meißen, Goedsche 1819. 1. Der
Alchymist. L. 4; 2. Das seltene Wiedersehen. Kriegsscene 3; 3. Der
Zauberspiegel. L. 2. S 62

[v. Kleist.] Heinrich von Kleists hinterlassene Schriften, hg. von L. Tieck.
Berlin, G. Reimer 1821. Enthält: Prinz von Homburg, Die Hermanns-
schlacht, Fragment aus Robert Guiskard u. Gedichte. S 184

[Klingemann.] Theater von Aug. Klingemann. 3 Bde. Tüb., Cotta 1808.
I. 1808: 1. Heinrich der Löwe. Tr. 5; 2. Martin Luther. Dr. Ged. 5.
— II. 1811: 1. J.A. Leisewitz' Todtenopfer. Prolog; 2. Cromwell. Tr. 5;
3. Die Entdeckung der neuen Welt. Vorspiel 1; 4. Columbus. Tr. 5. —
III. 1820: 1. Alfonso der Große. S. 5; 2. Das Vehmgericht. Dr. G. 5;
3. Ödipus und Jokaste. Tr. 5, frei nach Sophokles. S 81

[Klinger.] F. M. Klingers Theater. 4 Bde. 1786/87. Riga, Hartknoch.
I. 1786: 1. Konradin; 2. Die Zwillinge; 3. Die falschen Spieler. —
II. 1786: 1. Der Schwur; 2. Die neue Arria; 3. Sturm und Drang. —
III. 1787: 1. Medea; 2. Der Derwisch; 3. Stilpo. — IV. 1787: 1. Der
Günstling; 2. Simsone Grisaldo; 3. Elfriede. S 32

[Klinger.] Auswahl aus Friedr. Maxim. Klingers dramatischen Werken.
2 Bde. Lpzg., Jacobäer 1794.
I.: 1. Die Zwillinge. Tr. 5; 2. Der falsche Spieler. Tr. 5; 3. Elfriede.
Tr. 5; 4. Konradin. Tr. 5; 5. Der Günstling. Tr. 5. — II.: 1. Medea
in Korinth. Tr. 5; 2. Medea auf dem Kaukasos. Tr. 5; 3. Aristodymos.
Tr. 5; 4. Damocles. Tr. 5. S 26

[Komareck.] Schauspiele von J. N. Komareck. Lpzg., Köhler 1793. 1. Ida
oder das Vehmgericht. Hist. S. 5; 2. Der Graf von Thurn. National-S. 4;
3. Albrecht Waldstein, Herzog von Friedland. Tr. 5. S 32

[v. Kotzebue.] Neue Schauspiele von August von Kotzebue. 22 Bde. Lpzg.,
Kummer 1798—1818.
I. 1798: 1. Der Graf von Burgund. S. 5; 2. Falsche Scham. S. 4;
3. La Peyrouse. S. 2; 4. Der Wildfang. L. 3. — II. 1798: 1. Die
Versöhnung. S. 5; 2. Die Verwandtschaften. L. 5; 3. Der Opfertod. S. 5;

4. Die Unglücklichen. L. 1. — III. 1799: 1. Die silberne Hochzeit. S. 5; 2. Die Corsen. S. 4; 3. Der alte Leibkutscher. S. 1; 4. Üble Laune. S. 4; 5. Das Dorf im Gebirge. S. 2 mit Gesang. — IV. 1800: 1. Johanna von Montfaucon. Rom. Gemälde a. d. 14. Jhdt. in 5 A.; 2. Das Schreibepult. S. 4; 3. Der Gefangene. L. 1. — V. 1801: 1. Das neue Jahrhundert. P. 1; 2. Das Epigramm. L. 4; 3. Lohn der Wahrheit. S. 5. — VI. 1801: 1. Die kluge Frau im Walde. Zauberspiel 5; 2. Die beiden Klingsberge. L. 4; 3. Der hyperboreische Esel. Ein drastisches Drama u. philosophisches Lustspiel für Jünglinge in 1 A. [Satire gegen die Schlegels.] — VII. 1801: 1. Octavia. Tr. 5; 2. Gustav Wasa. S. 5; 3. Die Zurückkunft des Vaters. Vorspiel. — VIII. 1801: 1. Bayard. S. 5; 2. Der Besuch oder Die Sucht zu glänzen. L. 4; 3. Des Teufels Lustschloß. Natürl. Zauberoper 3. — IX. 1803: 1. Die Kreuzfahrer. S. 5; 2. Die deutschen Kleinstädter. L. 4; 3. Die französischen Kleinstädter. L. 4 nach Picard; 4. Der Wirrwarr. P. 5. — X. 1803: 1. Die Hussiten vor Naumburg. S. 5; 2. Hugo Grotius. S. 4; 3. Don Ranudo de Colibrados. L. 4 nach Holberg; 4. Der Schauspieler wider Willen. L. 1 a. d. Frz. — XI. u. XII.: fehlen. — XIII. 1806: 1. Die Organe des Gehirns. L. 3; 2. Blinde Liebe. L. 3; 3. Carolus Magnus. L. 3, (Fortsetzung der deutschen Kleinstädter). — XIV. 1808: 1. Die Unvermählte. D. 4; 2. Ubaldo. Tr. 5; 3. Das Gespenst (Deodata). Romant. S. 4. — XV. 1810: 1. Das Intermezzo. L. 5; 2. Die kleine Zigeunerin. S. 4; 3. Der blinde Gärtner. Liebesspiel. — XVI. 1810: 1. Der verbannte Amor oder Die argwöhnischen Eheleute. L. 4; 2. Sorgen ohne Not und Not ohne Sorgen. L. 5; 3. Das arabische Pulver. P. 2, nach Holberg frei bearb. — XVII. 1812: 1. Pachter Feldkümmel von Tippelskirchen. Fastnachtsspiel 5; 2. Die Belagerung von Saragossa oder Pachter Feldkümmels Hochzeitstag. L. 4; 3. Die neue Frauenschule. L. 3 nach d. Frz. le secret du ménage; 4. Max Helfenstein. L. 2. — XVIII. 1813: 1. Der Brief aus Cadix. Dr. 3; 2. Die deutsche Hausfrau. S. 3; 3. Belas Flucht. S. 2; 4. Ungarns erster Wohlthäter. Vorspiel mit Chören; 5. Die Ruinen von Athen. Nachspiel mit Chören. — XIX. 1815: 1. Der Schutzgeist. Dram. Legende 6 nebst einem Vorspiel; 2. Der Rehbock. L. 3; 3. Der Westindier. L. 5. — XX. 1815: 1. Rudolf v. Habsburg und König Ottokar von Böhmen. Hist. S. 6; 2. Des Hasses und der Liebe Rache. S. 5 aus dem spanischen Kriege. — XXI. 1817: 1. Der Vielwisser. L. 5; 2. Der Rothmantel. Volksmärchen 4 nach Musäus, für die Bühne bearb.; 3. Der Capitain Belronde. L. 3 nach Picard. — XXII. 1818: 1. Gisela. S. 4; 2. Das Taschenbuch. D. 3; 3. Der deutsche Mann. Sittengemälde 4. S 68

[Kotzebue.] Nachtrag zu Kotzebues Schauspielen.] Lpzg., Kummer 1819. 1. Pfalzgraf Heinrich. Erster Akt; 2. Die entlarvte Fromme oder Ein Pröbchen vom Zeitgeiste. Erster u. vierter Akt; 3. Herrmann und Thusnelde. Heroische O. 3; 4. Menschenhaß und Reue. S. 5. S 73

[Kotzebue.] Dramatische Spiele zur geselligen Unterhaltung von A. v. Kotzebue. 9 Bde. Stuttgart, A. F. Macklot 1822. (2. Bd. fehlt.) S 69

[Körner.] Dramatische Beyträge von Theodor Körner. 2 Bde. Wien, Wallishauser 1813/14.

I.: 1. Toni. D. 3; 2. Die Braut. L. 1; 3. Der grüne Domino. L. 1; 4. Der Nachtwächter. P. 1. — II.: 1. Der vierjährige Posten. Sg. 1; 2. Der Vetter aus Bremen. L. 1; 3. Joseph Heiderich. D. 1; 4. Hedwig. D. 3; 5. Die Gouvernante. P. 1. **S 107**

[Körner.] Theodor Körners poetischer Nachlaß. 2 Bde. Lpzg., Hartknoch 1814/15. I.: 1. Zriny. Tr. 5; 2. Rosamunde. Tr. 5. — II.: Vermischte Gedichte und Erzählungen. Charakteristik des Dichters von C. A. Tiedge u. biogr. Notizen von seinem Vater. **S 108**

[Kratter.] Schauspiele von Franz Kratter. I. Band. Frankfurt, Friedrich Eßlinger 1799. 1. Das Mädchen von Marienburg. Fürstl. familiengem. 5; 2. Die Verschwörung wider Peter den Großen. Tr. 5; 3. Der Friede am Pruth. S. 5. **S 99**

[Küstner.] Dramatische Kleinigkeiten von Karl Theodor Küstner. Lpzg. 1815. 1. Die Vermählte. S. 3; 2. Feder und Schwert. L. 1; 3. Die Ehemänner als Junggesellen. L. 1. **S 127**

[Lafontaine.] Dramatische Werke von Aug. Lafontaine. 1 Bd. Görlitz, Anton 1805. 1. Die Tochter der Natur. Familienscene; 2. Die Prüfung der Treue oder Die Irrungen. L. 3. **S 55**

[Lebrun.] Neueste kleine Lustspiele und Possen von Carl Lebrun, Schauspieler. Mainz, Kupferberg 1820. 1. Ich irre mich nie oder Der Räuberhauptmann. L. 1, n. d. Frz.; 2. Die beiden Philibert. L. 3, frei n. d. Frz.; 3. Der Unschlüssige. L. 1; 4. Der alte Jüngling. P. 1, frei n. d. Frz. **S 83**

[Lebrun.] Lustspiele (Originale u. Bearbeitungen) von Carl Lebrun, Schauspieler. 2. Theil (erster Theil fehlt). Mainz, Kupferberg 1822. 1. Er ist sein eigner Gegner. L. 3, frei nach Picard; 2. Ninon, Molière und Tartüffe. L. 1; 3. Die Schauspieler. L. 5, in Versen nach Delavigne. **S 76**

[Lebrun.] Neue Bühnenspiele von C. Lebrun. 2 Bde. Mainz, Kupferberg 1825 u. 1830. (Siehe auch Picard S 147.) I.: 1. Humoristische Studien. Schw. 2; 2. Die Wette. L. 4; 3. Eine Freundschaft ist der andern wert. L. 3. — II.: 1. Die Stimme der Natur. S. 4 von Schröder, für die Bühne eingerichtet; 2. Der Zeitspiegel. L. 3, nach Picards und Mazères „trois quartiers"; 3. Hans Luft. Dramat. Skizze 3. **S 139**

[Lebrun.] Lustspiele und Erzählungen von Carl Lebrun, Mitdirektor des Hamb. Stadttheaters. Mainz, Kupferberg 1827. 1. Spiele des Zufalls. L. 3; 2. Zeitungstrompeten. L. 2; 3. Postwagenabenteuer. P. 3, n. d. Frz. **S 151**

[Lembert.] Dramatische Spiele von Lembert. Lpzg. u. Altenburg, Brockhaus 1816. 1. Der Ehemann in der Klemme. L. 1; 2. Professor Hackler. L. 1; 3. Die Verwandten des Großveziers. P. 1; 4. Der Gemahl von ungefähr. L. 2; 5. Die verbündeten Truppen. S. 2. **S 187**

[Lenz.] Schauspiele von J. R. Lenz, Schauspieler in Hamburg. Mainz, Kupferberg 1826. 1. Die Flucht nach Kenilworth. Tr. 5; 2. Das Gericht der Templer. Romant. S. 5. [Nr. 1 nach Kenilworth, Nr. 2 nach Ivanhoe von Walther Scott.] **S 140**

[Lenz.] Lustspiele von J. R. Lenz-Kühne, Mitglied des Stadtth. in Hamburg. I. u. II. Mainz, Kupferberg 1835.

I.: 1. Die Nacht der Irrungen. L. 5, n. d. Engl.; 2. Katharina II. und ihr Hof. L. 3, n. d. Frz.; 3. Die vornehme Welt in der Bedientenstube. L. 2, n. d. Engl.; 4. Carl II. oder Ein fürstliches Abenteuer in der Taverne. L. 2, n. d. Frz. des Aleg. Duval. — II.: 1. Margarethe von Valois und Die Mißvergnügten im Jahr 1579. D. 5, n. d. Frz.; 2. Hochmut kommt vor den Fall. L. 5, frei n. d. Engl. S 158

[Lessing.] Trauerspiele von Gotthold Ephraim Lessing. Berlin, Voß 1772. 1. Miß Sara Sampson; 2. Philotas; 3. Emilia Galotti. S 21

[Lessing.] Lustspiele von Gotthold Ephraim Lessing. 2 Bde. Berlin, Voß 1770. 2. Aufl.
I. 1770: 1. Der junge Gelehrte; 2. Die Juden; 3. Der Misogyn. II. 1770: 1. Der Freygeist; 2. Der Schatz; 3. Minna von Barnhelm. S 22

[Lessing.] Gotthold Ephraim Lessings theatr. Nachlaß. Herausg. von Karl Lessing. 2 Bde. Berlin, Voß 1784—86.
I.: 1. Weiber sind Weiber. L. 2; 2. Vor diesem! L. 1; 3. Der Schlaftrunk. L. 3; 4. (Die Matrone von Ephesus. L. 1, ist herausgenommen); 5. Tarantula. Possenoper; 6. Die glückliche Erbin. L. 5 nach l'erede fortunata des Goldoni; 7. Justin. L. 5 nach Plauti Pseudolus. — II.: 1. Fatime. Tr.; 2. Der Horoscop; 3. Alcibiades; 4. Das befreyte Rom; 5. Samuel Henzi. Tr.; 6. Giangir; 7. Brutus. Tr.; 8. D. Faust. S 22

[Marivaux.] Sammlung einiger Lustspiele des Marivaux, a. d. Frz. übersetzt. 2 Bde. Hannover, I.: Gercfens 1747. II.: Richter 1749.
I. 1747: 1. Das Spiel der Liebe und des Zufalls (le jeu de l'amour et du hazard). L. 3; 2. Der Betrug der Liebe (la surprise de l'amour). L. 3; 3. Der andere Betrug der Liebe (la seconde surprise de l'amour). L. 3; 4. Der durch die Liebe gewitzigte Arlequin (arlequin poli par l'amour). L. 1; 5. Die Sclaven-Insul (l'isle des esclaves). L. 1; 6. Der Bauer mit der Erbschaft (l'heritier de village). L. 1. — II. 1749: 1. Die beyderseitige Unbeständigkeit (l'inconstance mutuelle). L. 3; 2. Das falsche Kammermädgen oder Der gestrafte Betrüger (la fausse suivante ou le fourbe puni). L. 3; 3. Der bekehrte Petitmaitre (le petitmaitre corrigé). L. 3; 4. Die Insel der Vernunft oder Die kleinen Leute (L'isle de la raison ou les petits hommes). L. 3; 5. Der unvermutete Ausgang (le dénouement imprévu). L. 1; 6. Die Wiedervereinigung der Liebesgötter (La réunion des amours). L. 1. S 20

[Meisl.] Theatralisches Quodlibet oder Sämtliche dramatische Beyträge für die Leopoldstädter Schaubühne von Carl Meisl. 2 Bde. Pesth, Hartleben 1820. Dazu: Neuestes Theatralisches Quodlibet, Bd. III u. IV, als Band IX und X der vorigen Sammlung. Wien, Mörschner und Jasper 1825.
I. 1820: 1. Die Entführung der Prinzessin Europa. Parodie 2; 2. Der Kirchtag in Petersdorf. Lokales Sg. 2; 3. Elisabeth, Landgräfin v. Thüringen. D. 3; 4. Altdeutsch und Neumodisch. Eine Kleinigkeit 1. — II. 1820: 1. Orpheus und Eurydice. Mythol. Karrikatur 2; 2. Die Aloe im botanischen Garten zu Krähwinkel. P. 1; 3. Ein Tag in Wien. Lokale Original-P. 3; 4. Der Flügelmann. Original-L. 1. — III. 1825: 1. Das

Gespenst in Krähwinkel. P. 2; 2. Arsenius, der Weiberfeind. Zaubermärchen 2. — IV. 1825: 1. Arsena, die Männerfeindin. Zaubermärchen 2; 2. Sechzig Minuten nach zwölf Uhr. Parodie der Melodramen in 2 Akten mit Gesang und Tanz; 3. Die Fee und der Ritter. Feenmärchen, nach dem Deffrischen Ballet gleichen Namens frei bearb. mit Gesang, in 2 A.   S 111

[Meyer.] Beyträge, der vaterländischen Bühne gewidmet von F. L. Meyer. Berlin, Unger 1793. 1. Der Schutzgeist. L. 3; 2. Wie gewonnen, so zerronnen. P. 2, nach dem Frz. des Dumaniant; 3. Der Schriftsteller. L. 2, n. d. Engl. des Foote; 4. Die Prüfung. L. 1, nach Marivaux.   S 108

[Molière.] Molières sämtliche Lustspiele nach einer sorgfältigen Übersetzung. 2. sehr verbesserte Ausgabe. 4 Bde. Hamburg 1769.
I.: 1. Der Unbesonnene. L. 5; 2. Der verliebte Verdruß. L. 5; 3. Die lächerlichen Preciösen. L. 1; 4. Skanarell. L. 3; 5. Dom Garcias von Navarra. L. 5; 6. Die Männerschule. L. 3; 7. Die Beschwerlichen. L. 3. — II.: 1. Die Frauenschule. L. 5; 2. Kritik der Frauenschule. L. 1; 3. Die Prinzessin von Elide. L. 5; 4. Die erzwungene Heirat. L. 1; 5. Don Juan. L. 5; 6. Die Liebe ein Arzt. L. 3; 7. Der Menschenfeind. L. 5; 8. Der Arzt wider Willen. L. 3. — III.: fehlt. — IV.: 1. Der adlige Bürger. L. 5; 2. Scapins Schelmereien. L. 3; 3. Psyche. L. 5; 4. Die gelehrten Frauen. L. 5; 5. Die Gräfin von Escarbagnas. L. 1; 6. Der Kranke in der Einbildung. L. 3 (mit Zwischenspielen). Anhang: Molières Geist. L. 1.   S 27

[Molière.] Molières Lustspiele und Possen für die deutsche Bühne von Heinrich Zschokke. 6 Bde. Zürich, Geßner 1805/6. [Freie Bearbeitungen der Molière'schen Stücke. Mit litterar-historischen Anmerkungen.]
I.: 1. Der Geizige. L. 5; 2. Der Wunderarzt. L. 3 (le médecin malgré lui); 3. Die Eleganten. P. 1 (les précieuses ridicules). — II.: 1. Der Sicilianer. L. 1 (le Sicilien ou l'amour peintre); 2. Die Männerschule. L. 3 (l'école des maris); 3. Alles zur Unzeit. L. 5 (l'étourdi ou les contretemps). — III.: 1. Tartüffe in Deutschland. L. 5; 2. Die sympathetische Kur. P. 1 (l'amour médecin); 3. Die Henrath wider Willen. P. 1 (le mariage forcé); 4. Die Gräfin von Hohennafen. P. 1 (la comtesse d'Escarbas). — IV.: 1. Wer zuletzt lacht, lacht am besten. L. 3 (l'école des femmes); 2. Peter Rothbart (George Dandin); 3. Der Kranke in der Einbildung. L. 3 (le malade imaginaire). — V. 1. Der Adelsüchtige. P. 3 (le bourgeois gentilhomme); 2. Eifersucht in allen Ecken. L 1 (Sganarelle ou le cocu imaginaire); 3. Der Misanthrop. L. 5. — VI.: Baldrian von Schabernack. P. 3 (monsieur de Pourceaugnac). Dazu eine Biogr. Molières.   S 50

[Mörike.] Iris von Eduard Mörike. Stuttgart, Schweizerbart 1839. Enthält: 1. Der Schatz. Märchen; 2. Die Regenbrüder. O. 2 (Musik von J. Lachner); 3. Der letzte König von Orplid. Schattenspiel; 4. Lucie Gelmeroth; 5. Der Bauer und sein Sohn. Märchen.   S 169

[Mosen.] Theater von Julius Mosen. Stuttgart u. Tübingen, J. G. Cotta 1842. 1. Kaiser Otto III.; 2. Cola Rienzi; 3. Die Bräute von Florenz; 4. Wendelin und Helene.   S 197

[Müchler.] Dramatische Bagatellen von Karl Müchler. 2 Bde. Berlin, Hartmann 1794/95.

I.: 1. Hier ist das mittelste Stockwerk zu vermiethen. P. 2; 2. Das Geheimnis. L. 1; 3. Das verauktionirte Serail. L. 1; 4. Zamenide. Dialog. Feenmärchen, a. d. Frz. der Gräfin v. Beauharnois; 5. Die Freuden des Herbstes. Ländl. Vorspiel. — II.: 1. Der Scharlachmantel. L. 1; 2. Der Bildhauer. L. 1; 3. Psyche. Sg. 2; 4. Was kümmerts mich! L. 1. S 36

[Nolte.] Ein Versuch, Scribes dram. Werke auf die deutsche Bühne zu verpflanzen und zu nationalisiren von Vincent Nolte. Hamburg, Perthes u. Besser 1830. Die Erbschaft. Lustspiel; Die Zigeunerin. Hist. Dr. S 157

[Pannasch.] Dramatische Dichtungen von A. Pannasch. Güns, Reichard 1835. Alboin. Tr. 5. — Maximilian in Flandern. Tr. 5. G 927
[Pannasch.] Theater von Pannasch. Prag, Kronberger u. Weber 1826. 1. Der Findling. Dram. Ged.; 2. Die Grafen Montalto. Tr. 5. S 155
[Picard.] Lustspiele und Possen von L. E. Picard. F. d. deutsche Bühne bearb. von C. Lebrün. Erste Sammlung. Mainz, Kupferberg 1826. 1. Aller Welt Freund. L. 2; 2. Aller Welt Vetter. L. 1; 3. Der Empfindliche. L. 1; 4. Verwechslungen. L. 2. S 147
[Plötz.] Lustspiele von Johann von Plötz. München, Franz 1835. 1. Die Choleramanen. P. 1; 2. Stolz der Geburt und Stolz des Glücks. L. 5; 3. Abenteuer einer Neujahrsnacht. S. 3 (hdschr. eingerichtet von Regisseur Jerrmann). S 193

[Raimund.] Ferdinand Raimunds sämmtliche Werke, hg. von Joh. N. Vogl. 4 Bde. Wien, Rohrmann u. Schweigerd 1837.
I.: 1. Der Diamant des Geisterkönigs. Zauberspiel 2; 2. Der Alpenkönig und der Menschenfeind. Romant.-kom. Märchen 3. — II.: fehlt. — III.: 1. Der Barometermacher auf der Zauberinsel. Zauberposse mit Gesang 2; 2. Die gefesselte Fantasie. Original-Zauberspiel 2. — IV.: Die unheilbringende Krone. Zauberspiel 2. Dazu: Gedichte u. Biographie. S 154
[Raupach.] Dramatische Dichtungen von Ernst Raupach. Liegnitz, Kuhlmey 1818. 1. Timoleon, ein Monument des Jahrs 1813; 2. Lorenzo und Cecilia. S. 5; 3. Die Fürsten Chawansky. S. 5. S 70
[Raupach.] Ernst Raupachs dramatische Werke ernster Gattung. V.—XV. Bd. Hamburg, Hoffmann u. Campe 1837—1840.
V. 1837: Die Hohenstaufen I: Kaiser Friedrich I., 1. u. 2. Teil. — VI. 1837: Die Hohenstaufen II: Kaiser Friedrich I., 3. u. 4. Teil. — VII. 1837: Die Hohenstaufen III: Kaiser Heinrich VI., 1. u. 2. Teil. — VIII. 1837: Die Hohenstaufen IV: König Philipp. König Friedrich. — IX. 1837: Die Hohenstaufen V: Kaiser Friedrich II., 1. u. 2 Teil. — X. 1837: Die Hohenstaufen VI: Kaiser Friedrich II., 3. u. 4. Teil. — XI. 1837: Die Hohenstaufen VII: König Enzio. Manfred, Fürst von Tarent. — XII. 1837: Die Hohenstaufen VIII: König Manfred. König Konradin. — XIII. 1840: Das Märchen im Traum. Dr. Ged. 3; Der Prinz und die Träumerin. Tr. 5. — XIV. 1840: Corona von Saluzzo. D. 5; Themisto. Tr. 5. — XV. 1840: Die Schule des Lebens. S. 5; Die Royalisten oder Cromwell General. S. 5. S 178

[Reinbeck.] Sämtliche dramatische Werke von Dr. Georg Reinbeck. 5 Bde. 1817—1821. Bd. 1 u. 2 Heidlbg., Engelmann; Bd. 3—5 Coblenz, Hölscher. I. 1817: 1. Graf Rasowsky oder Nicht alles ist falsch, was glänzt. Russ. Charakterbild 4; 2. Der Virginier. L. 3, nebst einer Abhandlg.: Mein dramatischer Lebenslauf. — II. 1818: 1. Die Doppelwette oder er muß sich malen lassen. L. 5; 2. Lisinka oder Der Triumph der Dankbarkeit. S. 5, nebst einer Abhandl.: Über den Wert der Schaubühne für die Menschheit. Anhang: Über das Lustspiel im I. Bde.: Der Virginier. — III. Coblenz, Hölscher 1818: 1. Die beiden Wittwen. S. 5; 2. Der Schuldbrief. L. 1; 3. Der Quartierzettel. L. 3. Dazu: „Briefe über den gegenwärtigen Zustand der deutschen Bühne". — IV. 1819: 1. Gordon und Montrose. Tr. 5; 2. Der Dichter. L. 1; 3. Unbesonnenheit und gutes Herz. Nebst einer Abhandlg.: Der französische Dramaturg über deutsche dramatische Dichtung. — V. 1821. 1. Der argwöhnische Ehemann. L. 5; 2. Der Verführer. L. 5; 3. Die Rückkehr. Vorsp. 1.   S 85

[v. Riesch.] Bühnenspiele von F. Grafen v. Riesch. 3. u. 4. Bd. Wien, Teudler 1820/21.
III. 1820: 1. Wie Du mir, so ich Dir. L. 2; 2. Ich bin nicht ich. L. 1; 3. Die Überlisteten. L. 1; 4. Das Gespenst im Keller. L. 1; 5. Nichts. Dr. Scherz 1; 6. Ein Scherz des Schicksals. L. 1; 7. Die Abenteuer einer Ballnacht. P. 1; 8. Der Schellenbaum. P. 1. — IV. 1821: 1. Der Freischütz. Tr. 5; 2. Die Bleikammern von Venedig. D. 3; 3. Scherz, Gefahr und Liebe. Romant. S. 3.   S 78

[Römer.] Theater von Dr. Römer. Wien, Mausberger 1837. 1. Stradella. Dr. 3; 2. Liebe und Liebelei. L. 4; 3. Brautstand und Ehestand. L. 1.   S 168

[Schall.] Lustspiele von Karl Schall. I. Breslau 1817. 1. Mehr Glück als Verstand; 2. Das Heiligtum; 3. Der Kuß und die Ohrfeige; 4. Theatersucht; 5. Trau, schau, wem?; 6. Die unterbrochene Whistpartie oder Der Strohmann.   S 64

[Schenk.] Schauspiele von Eduard v. Schenk. II. u. III. Stuttg. u. Tüb., Cotta 1833 u. 35.
II.: 1. Henriette von England. Tr. 5; 2. Albrecht Dürer in Venedig. L 1; 3. Der Untersberg. S. 3. — III.: 1. Die Krone von Cypern. S. 5; 2. Alte und neue Kunst. Vorspiel; 3. Ahnen und Enkel. Festspiel; 4. Die Griechen in Nürnberg. L. 3.   S 153

[Schink.] J. Fr. Schink, zum Besuch des Teutschen Theaters. Erster Beitrag. Graz, v. Widmanstetten 1782. 1. Lina von Waller. Tr. 3; 2. Die Nebenbuhlerinnen. S. 5; 3. Gasner der zweite. P. 4; 4. Der neue Doktor Faust. Plaisanterie mit Gesang 2; 5. Althäa. Melodr. 1.   S 51

[Schlegel.] Joh. Elias Schlegels Werke. Herausg. von Joh. Heinr. Schlegel. 5 Bde. Kopenhagen u. Leipzig, Proft und Rothens Erben 1771 ff.
I. 1771: 1. Orest und Pylades. Tr., verf. 1737; 2. Dido. Tr., 1737; 3. Die Trojanerinnen. Tr., 1737; 4. Canut. Tr., 1746; 5. Herrmann. Tr., 1740/1; 6. Elektra. Nach Sophokles, 1740. — II. 1773: 1. Lucretia. Tr.; 2. Der geschäftige Müßiggänger. L. 5, 1741; 3. Der Geheimnißvolle.

L. 5; 4. Der Triumph der guten Frauen. L. 5, 1746; 5. Der gute Rath. L. 1; 6. Die stumme Schönheit. L. 1, 1747; 7. Die Langeweile. Vorspiel bei Eröffnung des dän. Theaters, 1747; ferner versch. Fragmente. — III. 1764: Enthält versch. Schriften meist dramaturgischer u. ästhetischer Art. — IV. 1766 u. V. 1770 enthalten vermischte Schriften, darunter das Leben Schl. und eine Wochenschrift: Der Fremde, 1745 u. 1746. S 9

[Schmidt.] Neue Hamburger Bühne. Eine Sammlung der neuesten Lustspiele von Friedr. Ludwig Schmidt. Hamburg, Herold; Wien, Wallishauser 1824. 1. Die Teilung der Erde. L. 3 von Friedr. Ludw. Schmidt; 2. Gleiche Schuld, gleiche Strafe. L. 3 n. d. Frz. von Friedr. Ludw. Schmidt; 3. Der zerbrochene Krug. L. 1 von H. v. Kleist, bearb. von Friedr. Ludwig Schmidt. S 186

[Schreiber.] Theaterstücke von dem Verfasser der dramaturgischen Blätter [A. W. Schreiber in Karlsruhe]. Frankfurt, Fleischer 1789. Inhalt: Der Liebhaber auf der Probe (Orig.); Die Erbschaft (Idee von Zachariä); Liebe und Rechtschaffenheit (Orig.); Betrug aus Leichtsinn (nach d. Frz.); Mädchenlist (nach d. Frz.). (J 246

[Schröder.] Beytrag zur deutschen Schaubühne von F. L. Schröder. III. Teil. Berlin, Rottmann 1790. 1. Der Ring. L. 4 nach Farquhas [Fortsetzung des Ring I. Teil]; 2. Das Portrait der Mutter. L. 4; 3. Ehrgeiz und Liebe. L. 2 nach l'homme de fortune von de la Chaussée. S 80

[Schütz.] Neue Schauspiele von F. W. v. Schütz. I. Bd. Altona 1801. 1. Arthur, Prinz von England. Tr. 4 nach Shakespeare; 2. Der Schornstein zu Neuhoff. S. 4; 3. Der Hausschleicher. P. 1; 4. Die Katze läßt das Mausen nicht (Fortsetzung des Bauernguts). Sprichwort 1. S 37

[Seckendorff.] Dramatische Arbeiten des Frh. v. Seckendorff auf Zingst. I—III. Leipzig, Comptoir für Litteratur 1822—24. I.: 1. Die Mesalliancen. L. 3; 2. Die geprellten Philister. P. 3; 3. Die demagogischen Umtriebe in Hasenbogen. P. 2; 4. Die Frauenvereine. Satir. L. 2; 5. Die Höllenmühle. S. 2; 6. Die Heimkehr. L. 1; 7. Die Sklavenrache. Tr. 3. — II.: 1. Des Vaters Bild. Tr. 3; 2. List und Possen. L. 3; 3. Der silberne Storch oder Die goldene Hochzeit. S. 4; 4. Die Recepte. L. 2; 5. Das Widerspiel. L. 1; 6. Pflicht und Gewissen. Tr. 4 — III.: 1. Pflicht und Gewissen. Metrisch bearb. von H. D. Tr. 4; 2. Schach Lala. P. 2; 3. Anna von Sachsen. Tr. 5. S 180

[Seidel.] Theaterstücke von C. A. Seidel. 2 Bde. Lpzg., Fleischer 1789—1790. I.: 1. Gutherzigkeit u. Eigensinn; 2. Die Macht der Kindesliebe; 3. Der fromme Betrug. — II.: 1. Der Fehler in formalibus; 2. Die Stiefsöhne; 3. Netto sechs und fünfzig Ahnen. S 84

[Shakespeare.] Shakespeares dramatische Werke. Übersetzt von Aug. Wilh. Schlegel u. Ludw. Tieck. Neue Ausg. in 9 Bden. Berlin, Reimer 1853. S 132

[Soden.] Schauspiele von Julius Frh. Soden von Saßanfart. 4 Bde. Berlin, Maurer 1788—1791. I. 1788: 1. Kleopatra. Tr. 5; 2. Don Quixotte. Opt. 3; 3. Der Prozeß. L. 3; 4. Arkadien. O. 1. — II. 1789: 1. Die Braut. Tr. 5; 2. Der neue Timon. L. 5; 3. Laura. Opt. 3. — III. 1790: 1. Leben und Tod Kaiser

Heinrichs des vierten. S. 5; 2. Rosalie von Felsheim oder Lilliput. I. Teil. L. 5; 3. Die Negerin oder Lilliput. II. Teil. L. 5. — IV. 1791: 1. Ernst, Graf von Gleichen. S. 5; 2. Ignez de Castro. Tr. 5; 3. Der rasende Roland. S. 5. S 88

[Soden.] Theater von Julius Graf von Soden. 3 Teile. Aarau, Sauerländer 1814 u. 1819.
I.: 1. Sadi, Schah von Persien. Tr. 5; 2. Chelonis. Tr. 5; 3. Franz von Sickingen. D. 5. — II.: 1. Medea. Tr. 5; 2. Franzesko Pizarro. Tr. 5; 3. Virginia. Tr. 5. — III.: 1. Das Bild von Albrecht Dürer. S. 3; 2. Adels- und Bürgerspiegel. L. 5; 3. Die doppelte Komödie. L. 4. S 61

[Steigentesch.] Dramat. Versuche von A. F. v. Steigentesch. Osnabrück 1798.
I.: 1. Der Schiffbruch. L. 1; 2. Die Freyer. L. 4. — II.: 1. Convenienz und Liebe. L. 4; 2. Die Entdeckung. L. 2. S 101

[Steigentesch.] Lustspiele von Frh. v. Steigentesch. 2 Bde. Wien und Triest, Geistinger 1808.
I.: 1. Der Schiffbruch. L 1; 2. Der Briefwechsel. L. 3; 3. Verstand und Herz. L. 1; 4. Die Zeichen der Ehe. L. 1; 5. Liebe neckt. L. 1. — II.: 1. Die Entfernung. L. 2; 2. Die Kleinigkeiten. L. 1; 3. Die Entdeckung. L. 2; 4. Die Mißverständnisse. L. 1; 5. Die Prüfung. L. 1. S 100

[Stein.] Deutsches Theater von Karl Stein. Berlin, Stuhr 1820. 1. Die armen Maler. L. 1; 2. Shakespeares Bestimmung. S. 1; 3. Der Günstling. S. 3; 4. Das Loch in der Thür. L. 5, nach Stephanie d. J. für das Kgl. Th. zu Berlin neu bearb. S 71

[Stephanie d. J.] Stephanie des Jüngeren sämtliche Schauspiele mit Kupfern. 5 Bde. Wien, v. Ghelen 1774 ff.
I. 1777 (2. Aufl.): 1. Die Werber. L. 5; 2. Die abgedankten Offiziere. L. 5; 3. Die Wohlgeborne. L. 5; 4. Die Wirthschafterin. L. 2. — II. 1774: 1. Gräfin Freyenhof. L. 5; 2. Die Kriegsgefangenen. Dr. 5; 3. Der unglückliche Bräutigam. In 3 A. „Nicht Lust- nicht Trauerspiel, Man nenn es, wie man will"; 4. Macbeth. Tr. 5. — III. 1776: 1. Der Tadler nach der Mode. L. 5; 2. Der Neugierige. L. 5; 3. Der Deserteur aus kindlicher Liebe. L. 3; 4. Die Liebe für den König. Dr. 5. — IV. 1778: 1. Der Spleen. L. 3; 2. Der allzugefällige Ehemann. L. 3; 3. Betrug und Eifersucht. L. 5; 4. Die Wölfe in der Herde. L. 5. — V. 1780: 1. Die Bekanntschaften im Bade. L. 5; 2. Das Mädchen in der Irre. L. 3; 3. Die Art, eine Bedienung zu erhalten. L. 5; 4. Die Wildschützen. L. 3 mit Gesängen. S 18

[Steppes.] Kleines dramatisches Herbarium von Dr. Adolf Steppes. Darmstadt, Pabst 1839. 1. Eine Familie zu Luthers Zeiten. Tr. 1 nach Delavigne; 2. Das Mädchen aus der Fremde. Dram. Arabeske 1; 3. Homöopathie. L. 1, nach dem Frz. des Fournier u. Biéville. S 190

[v. Thale.] Geburtstagsspiele und andere kleine dramatische Dichtungen von Adalbert vom Thale. 1 Bändchen. Berlin u. Posen, Mittler 1822. S 185

[Thomson.] Sämtl. Trauerspiele von Jacob Thomson. A. d. Engl. übers., mit einer Vorrede von Gotthold Ephraim Lessing. Lpzg., Weidemann 1756.
1. Sophonisbe; 2. Agamemnon; 3. Eduard und Eleonora. 4. Tancred und Sigismunda; 5. Coriolan. S 41 n

[v. Thumb.] Beiträge für die deutsche Schaubühne von Frh. v. Thumb. 1 Bd. Frkft., Schäfer 1818. 1. Die Familie Anglade; 2. Catharina von Curland. S 63

[v. Thumb.] Neue Bühnenstücke von Frh. v. Thumb. Augsburg u. Leipzig, Jenisch u. Stage, o. J. 1. Das Geschenk des Fürsten. L. 3; 2. Das Gewissen. Tr. 6; 3. Die vergessene Schildwache. S. 1; 4. Sie müssen sich schlagen. L. 1. S 97

[v. Thumb.] Zwei Bühnenstücke von Frh. v. Thumb. Tübingen, Laupp 1820. 1. Christine von Wolfenbüttel. S.; 2. Ehestands-Repressalien. L. G 756

[Töpfer.] Spenden für Thaliens Tempel von Carl Töpfer. Leipzig 1823. 1. Der Tagesbefehl. Dr. 2; 2. Die blonden Locken. Dram. Spiel in Versen. 3. Cyprian und Barbara. L. 1 in Versen. S 75

[Töpfer.) Lustspiele von Dr. Carl Töpfer. 2 Bde. Berlin, Duncker und Humblot 1830 u. 1835.
I.: 1. Der beste Ton. L. 4; 2. Nehmt ein Exempel dran. L. 1; 3. Schein und Sein. L. 5. — II.: 1. Bube und Dame. L. 3; 2. Der Krieg mit dem Onkel. L. 4; 3. Freien nach Vorschrift. L. 4. S 146

[Voltaire.] Voltaires sämtliche Schauspiele nebst den dazu gehörigen Schriften. A. d. Frz. von versch. Federn übers. 5 Bde. Nürnberg, Raspe 1766—1771. I. 1766: 1. Ödipus. Tr. 5; 2. Mariamne. Tr. 5; 3. Der Unverschwiegene. L. 1; 4. Brutus. Tr. 5; 5. Zayre. Tr. 5. — II. 1766: 1. Cäsars Tod. Tr. 5; 2. Alzire oder Die Americaner. Tr. 5; 3. Der verlorene Sohn oder Das verschwenderische Kind. L. 5; 4. Merope. Tr. 5; 5. Mahomet, der Prophet. Tr. 5. — III. 1770: 1. Semiramis. Tr. 5; 2. Nanine oder Das besiegte Vorurtheil. L. 3; 3. Orest. Tr. 5; 4. Catilina oder Das gerettete Rom. Tr. 5; 5. Charlot. L. 3. — IV. 1770: 1. Zulime. Tr. 5; 2. Amelie oder Der Herzog von Foig. Tr. 5; 3. Der Waise in China. Tr. 5; 4. Die Spröde oder Die Verwahrerin. L. 5; 5. Die Frau, welche Recht hat. L. 3; 6. Olympie. Tr. 5. — V. 1771: 1. Das Caffeehaus oder Die Schottländerin. L. 5.; 2. Tankred. Tr. 5; 3. Das Herrenrecht oder Die Klippe des Weisen. L. 5; 4. Socrates. Tr. 5; 5. Die Scythen. Tr. 5; 6. Die Guebern oder Die Religionsduldung. Tr. 5. S 10

[v. Voß.] Jul. v. Voß Lustspiele. III. u. VIII. Berlin, Schmidt 1810 u. 1816.
III. 1810: 1. Künstlers Erdenwallen. Original-L. 5; 2. Die Witwenkasse. S. 3; 3. Die Sterbekasse. P. 1; 4. Chamarante. Dramatisirte Anekdote aus den Zeiten Ludwigs XIV. — VIII. 1816: 1. Die blühende und die verblühte Jungfer. L. 2; 2. Die Einnahme von Breda. S. 5. S 91

[v. Voß.] Neue dramatische Schwänke von Jul. v. Voß. Berlin, Schüppel 1817. 1. Die Einquartierungspein. P. 1; 2. Frau Rußkachel. P. 1; 3. Die Bettelherberge. L. 1 n. d. Span.; 4. Die Seiltänzer. L. 4; 5. Der erste April. L. 1. S 112

[v. Voß.] Neue Theaterpossen nach dem Leben, von Julius v. Voß. Berl., Petri 1822. 1. Der Stralower Fischzug; 2. Die Damenschuhe im Theater. S 72

[v. Voß.] Neuere Lustspiele von Julius v. Voß. III. Bd. Berlin, Schlesinger 1825. 1. Des Fahnjunkers Treue oder besser spät wie gar nicht. L. 3; 2. Der geheime Registrator oder Die versalzenen Klöße. L. 2; 3. Nichts als liebe Jugend. L. 1; 4. Der Waisenknabe. Schicksals-L. 2. S 187

[Wagner.] Theaterstücke von Heinrich Leopold Wagner. Frkft., Garbe 1779.
1. Evchen Humbrecht. Original-S. 5, [Umarbeitg. der „Kindsmörderin"];
2. Macbeth. Tr. 5 nach Shakespeare. § 41 m

[Walder.] Kleinere Theaterstücke für gesellsch. Bühnen von A. K. Walder.
I. Böchen. Freyberg u. Annaberg, Craz 1793. 1. Die Freunde. Dr. 1;
2. Verirrung und Reue. S. 1 nach einer Erzählung v. Rahbeck; 3. Tadeln
können alle Thoren, aber — besser machen nicht! Dramatisirtes Sprichwort 1;
4. Verzeihen ist süßer als Strafen. L. 2 nach Merville. § 89

[Wall.] Bagatellen von Anton Wall. 2 Bde. Carlsruhe, Schmieder 1790.
I.: Die Kirmes oder Der Brautwerber. L. 2; ferner verſch. Erzählungen ꝛc. —
II.: Der Herr im Hause. L. 3; ferner verſch. Erzählungen. § 44

[Weiße.] Trauerspiele von C. F. Weiße. 5 Bde. Leipzig, Dyk 1776—1780.
I. 1776: 1. Eduard III.; 2. Richard III. — II. 1776: 1. Krispus;
2. Mustapha und Zeangir. — III. 1776: 1. Die Befreiung von Theben;
2. Atreus und Thyest. — IV. 1776: 1. Rosemunde; 2. Romeo und Julie. —
V. 1780: 1. Die Flucht; 2. Jean Calas. § 40

[Weiße.] Komische Opern von C. F. Weiße. 3 Bde. Lpzg., Dyk 1777 u. 1772.
I. 1777: 1. Lottchen am Hofe. Kom. O. 3; 2. Die Liebe auf dem Lande.
Kom. O. 3. — II. 1777: 1. Die verwandelten Weiber oder Der Teufel
ist los. Kom. O. 3; 2. Der lustige Schuster oder Der zweite Teil vom
Teufel ist los. Kom. O. 3; 3. Der Dorfbarbier. Kom. O. 2. — III.
1772: 1. Die Jagd. Kom. O. 3; 2. Der Erntekranz. Kom. O. 3. § 39

[v. Weißenthurn.] Schauspiele von Johanna Franul v. Weißenthurn geb.
Grünberg, k. k. Hofschauspielerin. 14 Bde. Wien, Degen 1810. Band
7 u. 8 neue Folge, Wien 1817, Kaulfuß u. Armbruster; Band 9—14
neuste Folge. Berlin, Schlesinger 1821 ff. u. Wien, Wallishauser 1832 ff.
I.: (fehlt). — II. 1810: 1. Liebe und Entsagung. S. 3; 2. Beschämte
Eifersucht. L. 3; 3. Das Nachspiel. L. 1 n. d. Frz. frei bearb.; 4. Die
Drusen. S. 3. — III. 1810: 1. Die Erben. L. 4; 2. Totila, König der
Gothen. S. 5; 3. Das Mißverständnis. L. 1. — IV.: 1. Adelheid, Mark-
gräfin von Burgau. Romant. S. 4; 2. Die Radikalkur. Original-L. 3;
3. Unterthanenliebe. L. 2; 4. Das Frühstück. L. 1. — V.: (fehlt). Statt
des V. Bandes: 1. Der Wald bei Hermannstadt. Romant. S. 4, n. d. Frz.
von Johanna Franul von Weißenthurn. Wien, Wallishauser 1833; 2.
Versöhnung. S. 3, n. d. Frz. von Johanna Franul v. Weißenthurn. Wien,
Wallishauser 1833; 3. Die Ehescheuen. L. 1, von Johanna Franul von
Weißenthurn. Wien, Wallishauser 1833. — VI. 1810: 1. Die Bestürmung
von Smolensk. Romant. S. 4; 2. Die erste Liebe. L. 3; 3. Das Waisenhaus. S. 2. — VII. (N. F. 1) 1817: 1. Johann Herzog von Friedland.
S. 5; 2. Es spukt. L. 2; 3. Die Schweizerhütte am Rheinfall. L. 1 nach
einer wahren Begebenheit im Jahre 1813. — VIII. (N. F. 2) 1817:
1. Hermann. Gesch. S. 5 in Jamben; 2. Welche ist die Braut? L. 5;
3. Künstlerdank. Dramatische Scene. — IX. (2. F. 1.): 1. Die Schwestern
St. Janvier. S. 5; 2. Das Gut Sternberg. L. 4; 3. Welcher ist der
Bräutigam? L. 4. — X. (2. F. 2) 1822: 1. Ruprecht Graf zu Horneck.
Tr. 5; 2. Agnes van der Lille. S. 5; 3. Das Consilium. L. 1. — XI. u.
XII.: (fehlen). — XIII. (2. Folge 5) 1832: 1. Das Manuscript. L. 5;

2. Pauline. S. 5. — XIV. 1836: 1. Des Malers Meisterstück. L. 2; 2. Der erste Schritt. L. 4; 3. Der Brautschleier. L. 1; 4. Die Geprüften. L. 5. S 56

[Wenzel.] Dramatische Werke Gottfried Jmanuel Wenzels. 2 Bde. Prag 1788. I. 1788: 1. Gertrude und Rheinhold. Dramat. Ged. 4; 2. Die Fürstendiener oder Die Verstellungskunst. Städt. Sittengem. 3; 3. Der Hofrath zahlt die Schulden. Familiengem. 3. — II. 1788: 1. Masaniello. Geschichtstrauerspiel 5; 2. Verbrechen aus Infamie. Theatr. Menschenschilderung 3 für Richter u. Psychologen [nach Schiller]; 3. Der Geisterseher. Dramat. Fragm. 3. S 19

[Wezel.] Lustspiele von J. K. Wezel. 4 Bde. 1. 2. u. 4.: Lpzg., Dyk 1778—1787; 3.: Dessau, Buchhdlg. der Gelehrten 1782.
I. 1778: 1. Rache für Rache. L. 4; 2. Ertappt, ertappt! L. 1 (mit höchr. Änderungen). — II. 1779: 1. Eigensinn und Ehrlichkeit. L. 5; 2. Die seltsame Probe. L. 5. — III. 1782: 1. Der blinde Lärm. L. 3; 2. Die komische Familie. L. 5; 3. Wildheit und Großmut. L. 2; 4. Der erste Dank. L. 1. — IV. 1787: 1. Der kluge Jacob. L. 3; 2. Kutsch und Pferde. L. 3; 3. Herr Quodlibet. L. 1. S 17

[v. Zedlitz.] Dramatische Werke von Jos. Christ. Baron v. Zedlitz. II.—IV. Bd. Stuttg. u. Tüb., Cotta 1834, 35 u. 36.
II.: 1. Kerker und Krone. S. 5 [Torquato Tasso]; 2. Der Königin Ehre. S. 5. — III.: 1. Turturell. Trag. Märchen 5; 2. Herr und Sklave. Tr. 2; 3. Zwei Nächte zu Valladolid. Tr. 5. — IV.: 1. Cabinetsintriguen. L. 3; 2. Liebe findet ihre Wege. L. 4. S 152

[Zschokke.] Schauspiele von Heinrich Zschokke. I. Bayreuth, Lübeck 1804. 1. Der Marschall von Sachsen. S. 4; 2. Die eiserne Larve. Tr. 5. S 86

Sammelausgaben, Almanachs u. s. w.

Allgemeiner deutscher Theateralmanach für das Jahr 1822, hg. von Aug.
Klingemann. Braunschweig, G. C. E. Meyer 1822.   S 178
Allgemeine Theaterrevue, hg. von Aug. Lewald. I u. II. Stuttgart u. Tübingen,
Cotta 1835, 1836.   S 242
Almanach dramatischer Spiele für Gesellschaftstheater. Wien u. Triest,
Geistinger 1811.   S 125
Almanach dramatischer Spiele für das Jahr 1834 von Lembert. Wien,
Tendler. Derselbe für das Jahr 1836. II. Jahrg.   S 117
Almanach dramatischer Spiele zur geselligen Unterhaltung auf dem Lande
von A. von Kotzebue, 16°. Lpzg., Hartmann 1813 ff. mit kolor. Abb.
XI. 1813, XII. 1814, XVI. 1818, XVII. 1819, XVIII. 1820. — Derselbe,
angefangen v. Kotzebue, fortgesetzt von Mehreren. Lpzg., Kummer 1821.
XIX. 1821, XX. 1822, XXI. 1823, XXIV. 1826. — Derselbe, begründet
von Kotzebue, hg. von Carl Lebrun. Hamburg, Hoffmann u. Campe.
XXV. 1827, XXVI. 1828, XXVII. 1829, XXIX. 1831, XXX. 1832,
XXXI. 1833. — Opernalmanach für das Jahr 1817 von A. v. Kotzebue.
2. Jahrgang. Lpzg., Kummer 1817.   S 116
Almanach für Freunde der Schauspielkunst, seit 1854 unter dem Titel:
Deutscher Bühnenalmanach. Bis 1845 hg. v. L. Wolff, Souffleur des kgl.
Theaters in Berlin. Vom XI. Jahrgang 1846 an hg. von A. Heinrich.
XXIV. 1860 und XXV. 1861 von L. Schneider für die Perseverantia.
XXVI. 1862 von A. Heinrichs Nachfolger A. Entsch. XXVII. 1863 von
A. Entsch, A. Heinrichs Nachfolger Entsch und Engel Berlin, Commissions-
Verlag von Eduard Bloch. — Vorhanden Jahrgang: 1837 (2), 1838 (2),
1840, 1842, 1843, 1845, 1846, 1848—63.   S 183
Almanach lustiger Schwänke für die Bühne, hg. v. T. H. Friedrich (mit
Kupfern). Berlin, Maurer 1816.   S 120
Almanach für Privatbühnen, hg. von Adolf Müllner. I. 1817. II. 1818.
III. 1819. Lpzg., Göschen.   S 122
Almanach fürs Lustspiel von J. Ch. Baron Zedlitz. I. Jahrg. Stuttgart,
Hallberger 1839. 1. Bürgerlich u. romantisch. L. 4 von Bauernfeld; 2. Die
Frau von dreißig Jahren. L. 4 von Rosier; 3. Luftschlösser. L. 4 von
A. F. Weidner.   S 170
Almanach fürs Theater 1807, von Aug. Wilh. Iffland. Berlin, Oehmigke jun.
1807 (mit Kupfern). Derselbe 1808.   S 119

Auswahl dänischer Lustspiele für Deutsche, hg. von Chr. L. Sander. I. Bd. Zürich, Orell, Geßner, Füßli u. Comp. 1794. 1. Heckingborn. L. 5 von P. A. Heiberg; 2. Der Vertraute. S. 1 von Rahbeck; 3. Die goldene Dose. L. 5 von Oluffen; 4. Die Hoftrauer oder Das Testament. L. 1 von P. A. Heiberg. **S 104**

Beytrag zum deutschen Theater. IV. Theil. 2. Aufl. Lpzg., Dyk 1769. 1. Atreus und Thyest. Tr. 5 [von C. F. Weiße]; 2. Amalia. L. 5; 3. Der Projektmacher. L. 5; 4. Weiberklatsche oder ein Qui pro Quo. L. 1. **S 92**

Beytrag zum spanischen Theater. Hamburg u. Riga, Hartknoch 1771. 1. Der beschwerliche Narr. L. 3 von Don Antonio de Solis; 2. Die Melonen oder Die Zänkerin. Nachspiel 1; 3. Die armen Teufel. L. 1; 4. Die Pfannkuchen. L. 1; 5. Die Reliquie. L. 1. **S 16**

Biographisches Taschenbuch deutscher Bühnenkünstler und Künstlerinnen, hg. von L. v. Alvensleben. I. Jahrg. 1836. Lpzg., Fischer u. Fuchs. **S 249**

Bühnenrepertoir des Auslandes. In Übertragungen hg. von L. W. Both. Bd. I—VII (56 Stücke). Berlin, Hayn 1834 ff. 4°. **S 162**

Dramatische Blüten. IV. Bändchen. Braunschweig, Busse. 1. Karls XII. Tod. Vorsp. 1; 2. Die Söhne der Nacht oder Die Königsmörder. S. 4. **G 918**

Dramatische Desserts f. d. J. 1836, hg. von E. M. Öttinger. Hamburg, Magazin f. Buchhandel 1836. — Dasselbe 1837. **S 177 u. 194**

Dramatische Gemälde. Vom Verf. der dramaturgischen Blätter. Wien u. Lpzg., Doll 1792. Enthält: 1. Die Büßende. S. 3, Gegenstück zu Menschenhaß u. Reue. 2. Schadenfreude. L. 1; 3. Der Arzt. L. 1. **G 286**

Dramatisches Sträußchen von J. F. Castelli. Wien, Wallishauser. Jahrg. II. 1817, III. 1818, V. 1820, VII. 1822, XI. 1826, XIII. 1828, XV. 1830, XVII. 1832, XVIII. 1833. **S 118**

Dramatisches Vergißmeinnicht aus den Gärten des Auslandes nach Deutschland verpflanzt von Theodor Hell. Dresden, Arnoldi 1823—44. I. 1823: 1. Der Unschuldige muß viel leiden! L. 3. n. d. Frz.; 2. Clementine. S. 1 n. d. Frz. [unter dem Titel „Gabriele" aufg.]. — II.: (fehlt). — III. 1825: 1. Die beiden Sergeanten. S. 3 n. d. Frz. des Aubigny; 2. Der Herr Gevatter. L. 1 n. d. Frz. — IV. 1826: 1. Die Benefizvorstellung. P. 1 n. d. Frz.; 2. Marie. S. 3 n. d. Frz. — V. 1827: 1. Die Vernunftheirat. L. 2; 2. Der Gesandte. L. 1. — VI. 1829: 1. Die Flitterwochen. L. 2 n. d. Frz.; 2. Die Unzertrennlichen. L. 1 n. d. Frz. — VII. 1830: 1. Der Diplomat. L. 2 nach Scribe u. Delavigne; 2. Clara Wendel. P. 2 n. d. Frz. — VIII. 1831: 1. Die Königin von sechzehn Jahren. D. 2 n. d. Frz.; 2. Der Enkel. S. 1 n. d. Frz. — IX.: (fehlt). — X. 1833: 1. Die Verstorbene oder Abreise und Rückkehr. Dr. 2 n. d. Frz.; 2. Der lustige Rath. L. 2 n. d. Frz. — XI. 1834: 1. Immer. L. 2 nach Scribe u. Varner; 2. Der Staatsgefangene. P. 2 n. d. Frz. — XII.: (fehlt). — XIII. 1836: 1. Caravagio. Dr. 3 n. d. Frz.; 2. Geliebt oder tot. L. 1 nach Scribe u. Dumanoir. — XIV. 1837: 1. Die Dame von Laval. Dr. 3; 2. Laurette oder Das rote Siegel. L. 1. — XV—XIX.: (fehlen). — XX. 1843: 1. Bob oder Die Pulververschwörung. L. 2 nach

Duport und de Forges; 2. Der Schulmeister. P. 1 nach Locrou u. Anicet; 3. Fesseln. L. 5 nach Scribe. — XXI. 1844: 1. Oscar oder Wie schwer ist's doch, eine Frau zu betrügen! L. 3 nach Scribe u. Duveyrier; 2. Die Reise nach Rußland. L. 3 n. d. Frz.; 3. Der Sohn Cromwells oder Eine Restauration. Hist. L. 5 nach Scribe. S 74

Englisches Theater von Christian Heinrich Schmid, Doctorn der Rechte und Professorn der Beredsamkeit und Dichtkunst zu Gießen. 7 Bde. Danzig u. Lpzg., Wedel 1772—1777. (4. Band Lpzg. 1771 bei Engelhart Benjamin Schwickert.) Titelkupfer vor jedem Band, darunter: Eckhof (VI.) u. Mad. Seylerin als Merope (VII.)
I.: 1. Die heimliche Heirath. L. 5 von Colmann u. Garrick; 2. Othello. Tr. 5 nach Shakespeare; 3. Der Werbeoffizier. L. 5 von George Farquhar. — II.: 1. Kleopatra. Tr. 5 von Dryden; 2. Wie mans treibt, so gehts oder Die aufgebrachte Ehefrau. L. 5 von Vanbrugh; 3. Der beste Mann. L. 5 von Beaumont u. Fletcher. — III.: 1. Das Mißverständnis. L. 5 von Vanbrugh; 2. Der Hagestolz. L. 5 von Congreve; 3. Kalliste. Tr. 5 von Nikolaus Rowe. — IV.: 1. Die Entdeckung. L. 5 von Mistreß Sheridan; 2. Der leichtsinnige Ehemann. L. 5 von Colley u. Cibber; 3. Die Wayse. Bürgerl. Tr. 5 von Thomas Otway. — V.: 1. Die Gunst der Fürsten [Essex]. Tr. 5 nach Banks, Brooke, Jones u. Ralph; 2. Der Landjunker. L. 5 von Vanbrugh u. Cibber; 3. Die Frau ohne Mann. L. 5 von W. Kenrick. — VI.: 1. Der Mann von Geschäften. L. 5 von Georg Colmann; 2. Gustav Wasa. Tr. 5 von Heinrich Brooke; 3. Das Landmädchen. L. 5 von Whycherley. — VII.: 1. Der Gutherzige. L. 5 von Goldsmith; 2. Der Mann von Geschmack. L. 5 von Miller; 3. Die Braut in Trauer. Tr. 5 von Congreve. S 43

Familientheater nach neuen französischen Lieblingsstücken. 2 Bde. Lpzg., Göschen 1808/9.
I.: 1. Eitle Mühe der Verliebten. L. 1 (la cloison von Bélin); 2. Herr Temperlein oder Wie die Zeit vergeht. L. 1 (Ms. Musard ou comme le temps passe von Picard); 3. Cephise oder Der Sieg des Herzens. L. 1 (Cephise ou l'erreur de l'esprit von Marsollier). — II.: 1. Die beiden Lustspieldichter. L. 1 (Bruis et Palaprat von Etienne); 2. Haß den Frauen. L. 1 (Haine aux femmes von Bouilly); 3. Die spanische Wand. L. 1 (le paravent von Planard). S 59

Hamburg.
Hamburgisches Theater. 4 Bde. Hamburg, Bode 1776—81. (Die 2 ersten Bde. des einen Exemplars stammen aus Boecks Besitz, das andere ist von der zweiten Auflage 1782.) Hinter Bd. 1 u. 2 Repertoire des Hamburgischen Theaters.
I.: 1. Die Zwillinge. Tr. 5, von Klinger. (Durchschossen und mit höchstr. Änderungen Boecks); 2. Die reiche Frau. L. 5, von Karl Lessing; 3. Die Nebenbuhler. L. 5, nach Sheridan von J. A. E[ngelbrecht]; 4. Was sein soll, schickt sich wohl. L. 5, nach the sister der Charlotte Lenox. —

II.: 1. Henriette oder Sie ist schon verheiratet. L. 5 von Großmann; 2. Gianetta Montaldi. Tr. 5 von Schink; 3. Jeanette. (Nach Voltaires Nanine) L. 3 von Gotter; 4. Geschwind eh es jemand erfährt! (Nach Goldonis Un accidente curioso) L. 3 von Bock. — III. (neue Aufl. 1785): 1. Hamlet. Tr. 5 nach Shakespeare von Schröder. Neue rechtmäßige Ausgabe. Hannover, Hahn 1795; 2. Der argwöhnische Ehemann. (Nach dem suspicious husband des Hoadly) L. 5 von Gotter; 3. Wie man eine Hand umkehrt oder Der flatterhafte Ehemann. (Nach der school for wives) L. 5 von Bock; 4. Das Mädchen im Eichthal. (Nach the maid of the oacks) Ländl. Hochzeitspiel 5 von Bock. — IV.: 1. König Lear. Tr. 5 nach Shakespeare; 2. Juliane von Lindorak. S. 5 nach Gozzi; 3. Die Gefahren der Verführung. S. 4 (nach dem frz. Drama Jenneval frei bearb.) von Schröder; 4. Adelaide oder Die Antipathie gegen die Liebe. L. 2 a. d. frz. übers. von Schröder.   S 28

Sammlung von Schauspielen fürs Hamburgsche Theater. Herausg. von Schröder. 4 Bde. Schwerin u. Wismar, Bödner 1790—94. (I. auch: S 79.) I. 1790: 1. Maaß für Maaß. S. 5 nach Shakespeare [von Schröder]; 2. Die Eifersüchtigen oder Keiner hat Recht. L. 4 nach all in the wrong des Murphy [von Schröder]; 3. Wer ist sie? L. 3 [nach Edw. Moores Foundling von Schröder]; 4. Die Übereilung. L. 1 nach dem Engl. des Murphy [von Prof. Meyer]. — II.: 1. Beverley oder Der Spieler. S. 5 nach Moore und Saurin; 2. Der Taubstumme. L. 3 von Anton Hunnius; 3. Die vier Vormünder. L. 3 nach dem Engl. der Mrs. Centlivre; 4. Leichtsinn u. gutes Herz. L. 1 von Hagemann. — III. 1792: 1. That und Reue. S. 4 von J. B. Tilly; 2. Die beiden Freunde oder Der Kaufmann in Lyon. S. 5 nach dem frz. des Beaumarchais übers. von Bock; 3. Luftschlösser. L. 4 von Vulpius; 4. Der Fürst und sein Kammerdiener. L. 1 von F. G. Hagemann. — IV. 1794: 1. Das Landmädchen oder Weiberlist geht über alles. L. 4 nach Wicherley und Molière von B. C. d'Arien; 2. Incle und Jariko. S. 3 nach dem Engl. des George Colman; 3. Der Diener zweier Herren. L. 2 nach Goldoni [von Schröder]; 4. Der Blinde und der Taube. L. 1 n. dem frz. des J. Patrat von d'Arien. S 38 u. 79

Jahrbuch deutscher Bühnenspiele, hg. von F. W. Gubitz. XI., XVI. u. XVII. Berlin, Vereinsbuchhdlg. 1832, 1837 u. 1838.
XI. 1832: 1. Der Kammerdiener. P. 4 von P. A. Wolff; 2. Das Aprilmärchen. L. 4 von Dr. Schiff; 3. Frauenliebe. S. 4 von Albini; 4. Demoiselle Bock. L. 1 von J. E. Mand; 5. Er hat den Hals gebrochen. Schw. 1 von C. Norbeck. — XVI. 1837: 1. Der Glöckner von Notre-Dame. Dr. 6 von Birch-Pfeiffer; 2. Der dumme Peter. S. 2 von K. Holtei; 3. Der Narr seiner Freiheit. L. 1 von E. Raupach; 4. Der Fußfall. Dr. Scherz 1 von Ludwig Robert; 5. Die Reise auf gemeinschaftliche Kosten. Kom. Gem. 5 von Louis Angely. — XVII. 1838: 1. Der General-Hof-Schneider. P. 2 von Albini; 2. Die Zeitungsbraut. P. 3 von K. F. Holm; 3. Die Gunst des Augenblicks. L. 3 von Ed. Devrient; 4. Die alte und die junge Gräfin. L. 3 von E. Raupach; 5. Die Engländer in Paris. P. 4 von Charl. Birch-Pfeiffer; 6. Die Haushälterin. Schw. 1.   S 181

Jahrbuch deutscher Bühnenspiele, hg. von C. v. Holtei. Jahrg. I., II., VIII. u. IX. Breslau 1822 ff.
I. Jahrg. 1822: 1. Das wilde Heer. L. 1 von v. d. Velde; 2. Der Hund des Aubri. P. 1 von P. A. Wolff; 3. Wenn nur der Rechte kommt! L. 1 von Heinr. Schmelka; 4. Die Farben. L. 1 von C. v. Holtei; 5. Der Großpapa. L. 1 von Kurt Walter. — II. 1823: 1. Stanislaus. Dr. 1 von Carl v. Holtei; 2. Herr Peter Squenz. P. 1 von Wilh. Müller; 3. Die Theaterprobe. P. 1 von Oswald; 4. Was dir die dunkle Nacht versprach, erkennet nicht mehr an der Tag. S. 1 von Wilh. v. Studnitz; 5. Der Solofänger. P. 1 von Carl v. Holtei; 6. Der freiwillige Landsturm. P. 1 von C. Lebrün. — VIII. Jahrg. Berlin 1829: 1. Der alte Feldherr. Liederspiel 1 von K. v. Holtei; 2. Spleen oder Der Geliebte in der Einbildung. Schw. 1 von Fr. Tietz; 3. Hans Sachs oder Dürers Festabend. Dr. Gem. von F. W. Gubitz; 4. Änuchen von Tharau. Dr. 3 von Willibald Alexis; 5. Steckenpferde. L. s von Pius Alexander Wolf. — IX. Jahrg. Berlin 1870: 1. Der Mann von fünfzig Jahren. L. 2 von Pius Alexander Wolf; 2. Der Dichter im Versammlungszimmer oder Das fantastische Lustspiel. L. 1 von C. v. Holtei; 3. Der Bär. L. 1 von Chr. Oeser; 4. Die Lokalposse. Berliner Lokalposse 1; 5. Die Macht der Töne. Dram. Scene 1 von Leopold Bartsch; 6. Des Sohnes Rache. Tr. 1 von Karl v. Holtei; 7. Sechs und dreißig Jahre aus dem Leben zweier Liebenden. Dr. mit etwas Musik und Gesang in einem kurzen und einem langen Akte.   S 84
Jahrbücher für Drama, Dramaturgie und Theater. Hg. von E. Willkomm und A. Fischer. I. 1—4 Lieferung, II. 1—8 Lieferung in einem Band (alles erschienene). Lpzg., Julius Wunders Verlagsmagazin 1837.   S 192
Jahrbücher für dramatische Kunst und Litteratur von Prof. Dr. H. Th. Rötscher. I. Berlin, Hirschfeld 1848.   S 200
Jahrbuch für Theater und Theaterfreunde. Hg. von C. Lebrun. I, II. Hamburg, Perthes, Besser u. Mauke 1841.   S 246

Komisches Theater der Franzosen für die Deutschen. Herausg. von J. G. Dyk. 10 Bde. 1777—1786. Leipzig, Dyksche Buchhdlg. („Dieses aus zehn Bänden bestehende Werk enthält 48 Stücke, von welchen 14 von Herrn Gotter bearbeitet sind, 10 von dem Herausgeber, 5 von Herrn Meißner, 3 von Herrn Weiße, 3 von Herrn Wezel, 3 von Herrn Jünger, 5 von Herrn Heyne oder Anton Wall und die übrigen von denen Herren Ewald, Kretschmann, Mylius, Schmidt und zwey Ungenannten." Vorrede zu Bd. 10.) *)
I. 1777: 1. Der poetische Landjunker. L. 3 nach Destouches (Die Übersetzung von Mad. Gottsched benutzt.); 2. Der Ball. L. 1 nach einem dramatischen Sprüchworte des Collee.**) (Die meisten Scenen gehören dem Verdeutscher.); 3. Julchen oder Die glückliche Probe. S. 1 von Saintfoix; 4. Die beiden Hüthe. L. 1 nach einem dramat. Sprüchworte des Collee;**)

---

*) Einige der in dieser Sammlung enthaltene Stücke sind höchst. als Soufflierteßte bearb.
**) Im zweiten Bd. wird bemerkt, daß Der Ball und Die beiden Hüte Herrn Marmontel und nicht Herrn Collé zum Verfasser haben und aus den Amusements de Société ou proverbes dramatiques entnommen sind

5. Der Ehescheue. L. 5 nach Dorat (le célibataire) von F. W. Gotter. — II. 1778: 1. Die gegenseitige Probe. L. 1 nach Le Grand von Meißner; 2. Der Zerstreute. L. 5 nach Regnard vom Herausgeber (Dyk); 3. Die Grazien. L. 1 von Saintfoix; 4. Alter hilft vor Thorheit nicht oder Der junkerirende Philister. P. 4 nach Molière vom Verf. des Doctor nolens volens; 5. Der Finanzpachter. S. 1 nach Saintfoix von Meißner; 6. Anhang: Noch einige Scenen zu dem im ersten Th. befindl. Nachspiel Die beiden Hüthe. — III. 1778: 1. Der Sprödenspiegel. L. 1 nach den Précieuses ridicules des Molière; 2. Der Barbier von Sevilla oder Die vergebliche Vorsicht. L. 4 von Beaumarchais, übersetzt von Ewald; 3. Der Faschingstreich. P. 5 n. d. fille capitaine des Montfleury von Gotter; 4. Der verliebte Werber. L. 1 nach les amours de Nanterre, einer Operette der Herren Le Sage und d'Orneval im 3. Theile des von ihnen herausg. Théatre de la foire. (Die Übersetzung von Heydenreich ist zu Grunde gelegt.) — IV. 1778: 1. Der aufbrausende Liebhaber. L. 3 nach Monvel (l'amant bourru) von Meißner; 2. Der Stumme. L. 5 nach De Brueys; 3. Ein Qui pro quo oder Trau, schaue, wem! L. 1 nach le Boiteux im zweyten Bande der Proverbes dramatiques des Marmontel; 4. Der Kobold. L. 4 von Gotter nach la dame invisible von Hauteroche u. der Colléschen Verbesserung dieses Stücks l'esprit follet; 5. Das dreyßigjährige Mädchen. L. 1 von einer Dame übers., von Meißner überarbeitet. (Original 1776 zu Paris erschienen.) — V. 1779: 1. Die galante Betrügerei. L. 1 nach Collé; 2. Der Spieler. L. 5 nach Regnard mit Benutzung von Goldonis Spieler [von Dyk]; 3. Die falsche Vergiftung. L. 1 von Wezel nach Marmontel; 4. Trunkner Mund wahrer Mund. L. 1 nach Collé von Gotter; 5. Selbst gefangen! L. 1 nach Marmontel; 6. Peter. P. 2 nach Collé von Dyk. — VI. 1781: 1. Ehrsucht und Schwazhaftigkeit oder Die Klippen des Hoflebens. S. 5 vom Herausgeber (Dyk) nach l'ambitieux et l'indiscrète von Destouches; 2. Die seidnen Schuhe. L. 2 von Kretschmann nach der Operette eines Ungenannten Les souliers mor-dorés; 3. Die unversehene Wette. L. 1 von Gotter (nach la gageure imprévue von Sedaine); 4. Die Expedition oder Die Hochzeit nach dem Tode. L. 3 von Anton Wall nach Dupuis u. Desronais von Collé. — VII. 1781: Zwey Onkels für Einen. L. 1 von Gotter nach d. frz.; 2. Adelaide oder Die Antipathie gegen die Liebe. L. 2 von Gotter nach d. frz. des Dudoyer; 3. Der liebenswürdige Alte oder Der Weg in der Liebe zu gefallen und zu misfallen. L. 5 vom Herausgeber (Dyk) nach Destouches;[*] 4. Der Mann, den seine Frau nicht kennt. L. 2 nach Boissy von Gotter; 5. Der Weise in der That. S. 5 nach Sedaine (le philosophe sans le savoir) von Gotter. — VIII. 1783: 1. Die schöne Rosette. L. 1 nach Le Grand; 2. Der Verschlag. L. 1 nach der Gräfin v. Genlis von Gotter bearb.; 3. Die sich Liebenden, ohne es zu wißen. L. 3 vom Herausgeber (Dyk) n. d. frz.; 4. Die beiden Billets. Nachspiel 1 von Anton Wall nach d. frz. bearb.; 5. Der Liebhaber ohne Namen. L. 5 nach der Gräfin von Genlis von Gotter bearb.; 6. Die Bildsäule. Nachsp. 1 von Anton Wall bearb., aus den proverbes dramatiques von Marmontel. — IX. 1784: 1. Die Vetterschaft. P. 1 von Gotter nach l'ecrivain

---

[*] In Mh. aufgeführt unter dem Titel: Gefälligkeit im Alter.

des charniers von Marmontel; 2. Die Mutter. L. 5 von Gotter nach la mère rivale der Gräfin Genlis; 3. Die gute Ehe. L. 1 von Anton Wall (nach le bon menage von Florian, Fortsetzung der beiden Billets); 4. Schalk Amor oder Die geschiedne Frau. L. 3 von dem Herausgeber (Dyk) bearb. n. d. Coulouf des Doisenon; 5. Der schwarze Mann. P. 1 nach l'homme noir ou le spleen von Gotter. — X. 1786: Mann und Frau, Wittwer und Wittwe. P. 3 von Dyk nach le double veuvage des Dufresny; 2. Der Instinkt oder Wer ist Vater zum Kinde? Nachspiel 1 von Jünger nach le faux instinct des Dufresny; 3. Das Weibercomplott L. 5 von Jünger nach les bourgeois à la mode von Dancourt; 4. Wer den Schaden hat, darf für den Spott nicht sorgen. L. 1 nach Dorvignys Les battus payent l'amende. S 6

Lustspiele oder dramatischer Almanach von F. A. Kurländer. XII. 1822, XIV. 1824, XVI. 1826, XVII. 1827, XIX. 1829, XX. 1830, XXV. 1836, XXVII. 1837. Leipzig, Baumgärtner. S 182

Mannheim.
Komische Opern für die Churpfälzische deutsche Schaubühne. Zweyte Sammlung. Mannheim, Schwan 1773. 1. Röschen und Colas. Opt. 1, 1771; 2. Tom Jones. Kom. O. 3 a. d. Frz. übers., 1772; 3. Der Soldat als Zauberer. Kom. O. 1 a. d. Frz. übers. v. F. W. M. Musik von Philidor, 1772; 4. Die Sclavin und der großmütige Seefahrer. Opt. 1 a. d. Ital. Musik von Piccini, 1773. S 41 q

Mannheimer Schaubühne, hg. von Klein. I.—V. Bd. (in 3 Bänden geb.) Mannh., Verlag der Herausgeber der ausländ. schönen Geister 1781—1782. I. Mannheim 1781: 1. Der Hochzeitstag. S. 5 von Heinrich Fielding; 2. Amtmann Graumann oder Die Begebenheiten auf dem Marsch. S. 4 nach dem Spanischen des Calderon de la Barca [von Schröder]; 3. Hanno, Fürst in Norden. S. 3. — II. Mannheim 1781: 1. Die Briefschreiber oder Ein neues Mittel, eine Frau zu Hause zu halten. S. 3 von Heinr. Fielding; 2. Die Erbschaft oder Der junge Geizige. L. 4; 3. Walwais und Adelaide. S. 5 [von Dalberg]. — III. Mannheim 1781: 1. Alles für Liebe. Tr. 5 a. d. Engl. des Dryden; 2. Lysimachus. Tr. 5 a. d. Lateinischen des De la Rue. — IV. Mannheim 1782: 1. Die Liebe unter verschiedenen Larven. S. 5 von Heinrich Fielding. Straßburg, Levrault 1782; 2. Der Ehemann nach der Mode. L. 5 von Heinrich Fielding. Straßburg, Levrault 1781. — V. Mannheim 1782: 1. Der akademische Stutzer. S. 5 von H. Fielding; 2. Die büßende Schöne. Tr. 5 von Nicolaus Rowe; 3. Das verschlagene Kammermädchen. L. 2 von H. Fielding. S 807

Melpomene von Aug. Klingemann. Braunschweig, Meyer 1830. Enthält: 1. Braut vom Kynast. S. 4; 2. Bianca di Sepolcro. Tr. 5. S 174

Neues deutsches Originaltheater, hg. von S. W. Schießler. Prag, Enders 1829. N. F. 1—6.
I.: 1. Die Tartarenschlacht. Tr. 5 von L. Halirsch; 2. Domestiquenstreiche. L. 1 von F. W. Fleischer. — II.: 1. Adelma. Dr. 5 von W. Vogel; 2. Die Schifffahrt. L. 1 von E. Gehe. — III.: 1. Der Jarl der Orkney-

Inseln. Tr. 5 von Fr. de la Motte-Fouqué; 2. Der Flüchtling. L. 1 von Wilhelm Bondi. — IV.: 1. Er weiß Alles. L. 4 von Dr. Birch; 2. Der Räuber. P. 1 von Th. Hell. — V.: 1. König Kanut. Dr. 4 von Dr. G. N. Bärmann; 2. Das Schloß in den Pyrenäen. Dr. 5 von L. Becker. — VI.: 1. Der Streitsüchtige. L. 2 von Deinhardstein; 2. Der Geist der Vernichtung und der Genius des Lebens. Zauberspiel 2.   S 179

Neues vermischtes Theater für Deutsche. Lpzg., Hamann 1790. 1. Othello oder Der Mohr von Venedig. Tr. 5 nach Shakespeare von Prof. Hagemeister für das Berl. Nationalth. bearb.; 2. Elise von Mirrthal. Dr. 5 vom Verf. der großen Toilette; 3. Hauptmann Sturm und seine Kinder Dr. 2 von Gg. Carl Claudius.   S 93

Norddeutsche Thalia. Taschenbuch für Freunde des Theaters auf das Jahr 1846, hg. von Karl F. Ottmann. Danzig, Bertling 1846.   S 258

Nouveau théatre allemand par M. Friedel. 4 Bde. Paris 1782. [Deutsche Stücke in frz. Übersetzg. Dem ersten Band ist eine Histoire du théatre allemand beigegeben.)

I. 1782: 1. Emilie Galotti. Trag. 5 par Gotth. Ephr. Lessing; 2. Clavijo. Trag 5 de Goethe. — II. 1782: 1. Jules de Tarente. Trag. 5 de Leisewitz; 2. Le comte d'Olsbach ou la probité récompensée. Comédie 5 de Jean-Chrétien Brandes; 3. Menzikow ou l'ennemi généreux. Drame par J. K. Wezel (nur 1. u. 2. Akt). — III. 1782; 1. Atrée et Thyeste. Trag. 5 de F. C. Weisse; 2. Le voilà pris! Le voilà pris! Com. 2 de J. K. Wezel; 3. Stella. Drame 5 pour les âmes aimantes par Goethe. — IV. 1782: 1. Agnes Bernau. Trag. 5 [vom Gr. v. Törring]; 2. Le ministre d'Etat. Dr. 5 par le baron de Gebler; 3. L'homme à la minute. Com. 1 par K. Th. Hippel.   S 25

Originalbeiträge zur deutschen Schaubühne. III. V. u. VI. Jahrgang. Dresden, u. Lpzg., Arnoldi 1838, 1841, 1842.

III.: 1. Der Zögling. L. 4; 2. Vetter Heinrich. S. 5; 3. Der Unentschlossene. L. 4. — V.: 1. Kapitän Firnewald. L. 4; 2. Die Heimkehr des Sohnes. S. 4; 3. Folgen einer Gartenbeleuchtung. L. 3. — VI.: 1. Die Unbelesene. L. 4; 2. Die Stieftochter. L. 4; 3. Pflicht und Liebe. S. 2.   S 172

Sammlung ausländischer Schauspiele für die deutsche Bühne umgearb. von A. Freiherrn von K..... I. Heidelberg, Gebr. Pfähler 1784. 1. Der Gefällige. L. 3 u. d. Frz.; 2. Der Richter. Dr. 2 u. d. frz. des Mercier.   S 54

Schauspiele [Titelblatt ausgerissen]. 1. Dämona, das kleine Höckerweibchen. Kom. Feenmärchen 3 von Joseph Bullinger. Musik von Tutzeck. 1808; 2. Cäsar in der Livrée oder Mädchenstreiche. L. 3 von Schwarz. Seitenstück zu den Pagenstreichen. 1808; 3. Entdeckung durch Zufall. S. 4 von G. A. F. Hansing. 1808.   S 134

Spanisches Theater. Aus dem Französischen übersetzt. 3 Bde. Braunschweig, Waisenhausbuchhdlg. 1770/71.

I. 1770: 1. Der Verschlag oder Die Verwirrung über Verwirrung. L. 3 nach dem Span. des Calderon de la Barca; 2. Die Sclavin ihres Liebhabers. L. 3 von Lope de Vega; 3. Der Weise auf dem Lande. L. 3 von

Don Juan de Mathos Fragoso; 4. Es geht erwünscht. L. 3 von Calderon de la Barca. — II. 1770: 1. Die unmögliche Sache. L. 3 von Moreto; 2. Gelegenheit macht Diebe. L. 3 von Moreto; 3. Die Liebe versteht keinen Spaß. L. 3 von Calderon; 4. Die Ähnlichkeit. L. 3 von Moreto. — III. 1771: 1. Die übertriebene Delikatesse. L. von Lope de Vega; 2. Die bestrafte Entführung. L. 3 von Calderon; 3. Der vermeinte Informator. L. 3 von Lope de Vega; 4. Der Zweikampf mit seiner Geliebten. L. 3 von Don Francisco Bandes y Candamo. S 16
Supplement zu Schillers Werken. 1. Schillers Briefe an Dalberg; 2. Demetrius. Tr. bearb. von Frz. v. Maltiz. S 163, 14

Thalia, Taschenbuch plastischer, dramatischer u. lyrischer Darstellungen f. d. Jahr 1823, hg. von Sophie May. Berlin, Trautwein. S 126
Thalia, Almanach dramatischer Spiele für das Jahr 1826 von S. W. Schießler. Prag, Wien u. Freibg. S 124
Taschenbuch dramatischer Originalien, hg. von Dr. Franck. II. Jahrg. Lpzg., Brockhaus 1838. Enthält: Grabbe, Dramaturgische Erinnerung von Karl Immermann; Die gefährliche Tante. L. 4 von Albini; Die Leibrente. S. 2 von G. A. Maltiz; Der Telegraph. L. 1 von Dr. Frank; Fragment aus d. Trauerspiel Der Adept von Friedr. Halm; Der litterarische Salon. L. 3 von Bauernfeld. S 166
Taschenbuch W. G. Beckers zum geselligen Vergnügen, hg. von Friedrich Kind (mit Kupfern) auf das Jahr 1822. Lpzg., Göschen. S 123
Taschenbuch für Schauspieler und Schauspielerfreunde auf das Jahr 1821, hg. von Lembert. Wien, Tendler u. Manstein. S 117
Theater der Ausländer. (Verdeutschungen.) 3 Bde. Gotha, Ettinger 1778—1781. I. 1778: 1. Zu gut ist nicht gut. L. 5 nach Goldsmith von Schmid; 2. Sind die Verliebten nicht Kinder? L. 3 nach Goldoni; 3. Natalie. Tr. 4 nach Mercier; 4. Die drey Pächter. Sg. 2 nach Monvel verdeutscht von Wilhelm Gottlieb Becker. — II. 1780: 1. Friederike. S. 5 nach Voltaire u. Colmann; 2. Wie man's macht, so geht's! Dr. 5 n. d. Frz.; 3. Er hat den Teufel im Leibe. P. 2 nach the deuce is in him und der Riccobonischen Übers. — III. 1781: 1. Die Drillinge. L. 4 n. d. Frz. aufs neue umgearb. von B—n; 2. Doktor Fausts Leibgürtel. P. 1 mit Gesang, nach Rousseau von Mylius, Gesang von Schink; 3. Das Blendwerk. Kom. O. 1 u. d. Frz. des Marmontel und beibehaltener Gretryscher Musik von Meyer. S 15
Theater der Deutschen. 19 Bde. 1768—1783. (Bd. 1 u. 3 in zweiter Auflage.) Bd. 1, 4, 5 u. 6: bei Joh. Heinr. Rüdiger, Berlin u. Lpzg. Bd. 2, 3, 7, 8—18: bei Joh. Jac. Kanter, Kgsberg u. Lpzg. Bd. 19: Wagner und Dengel, Kgsberg u. Lpzg.
I. 1768. 2. Aufl.: 1. Codrus. Tr. 5 von Joh. Fr. Freyh. v. Cronegk; 2. Eduard der Dritte. Tr. 5 von Weiße; 3. Der Freygeist. Tr. 5 vom Hrn. v. Brawe; 4. Der Mann nach der Uhr oder Der ordentliche Mann. L. 1 von Hippel; 5. Die Candidaten. L. 5 von Krüger; 6. Der Geheimnißvolle. L. 5 von Schlegel. — II. 1768: 1. Miß Sara Sampson. Tr. 5 von Lessing; 2. Der Renegat. Bürg. Tr. 5; 3. Canut. Tr. 5 von Schlegel; 4. Der Mißtrauische. L. 5 von Cronegk; 5. Die Poeten nach der Mode. L. 3 von

Weiße; 6. Das Band. Schäferspiel 1 von Herrn Prof. Gellert. — III. 1769
2. Aufl.: 1. Lucie Woodvil. Bürg. Tr. 5; 2. Die Trojanerinnen. Tr. von
Schlegel; 3. Richard der Dritte. Tr. von Weiße;*) 4. Crispin als Kammerdiener, Vater und Schwiegervater. L. 3 von Romanus; 5. Der blinde
Ehemann. L. 3 (zum erstenmal den 8. Juli 1747 in Hamburg aufgef.);
6. Der Schatz. L. 1 von Lessing. — IV. 1767: 1. Rosemunde. Tr. 5 von
Weiße; 2. Rhynsolt und Sapphire. Prosaisches Tr. 3 von Martini
3. Ludewig der Strenge. Tr. 5; 4. Erast. S. 1 von Gessner; 5. Die Betschwester
L. 3 von Gellert; 6. Die stumme Schönheit. L. 1 v. Schlegel; 7. Der
Teufel ein Bärenhäuter. L. 1 von Krüger; 8. Die Insel der Pucklichten.
L. 1 von Lieberkühn; 9. Die umgekehrte Comödie oder Der rückwärts gespielte Roman. L. 1. — V. 1767: 1. Philotas. Tr. 1 von Lessing;
2. Herrmann. Tr. 5 von Schlegel; 3. Olint und Sophronia. Tr. 5 von
Cronegk; 4. Minna v. Barnhelm oder Das Soldatenglück. L. 5 von Lessing;
5. Der Triumph der guten Frauen. L. 5 [von Schlegel]; 6. Die Matrone
von Ephesus. L. 1 v. Weiße. — VI. 1768: 1. Mustapha und Zeangir.
Tr. 5 von Weiße; 2. Julie. Tr. 5 von Storch;**) 3. Der Freygeist. L. 5
von Lessing; 4. Die Brüder oder Die Schule der Väter. L. 5 von Romanus;
5. Die unerwartete Zusammenkunft oder Der Naturaliensammler. L. 1;
6. Die Schule der Jünglinge. L. 1. — VII. 1768: 1. Romeo und Julie.
Bürg. Tr. 5 von Weiße; 2. Brutus. Tr. 5 von Brawe; 3. Hermes und
Nestan oder Das Orakel. Ein prosaisches Tr. 2 von Löwe; 4. Der Schein
betrügt. L. 5 von Brandes; 5. Der Misogyn. L. 3 von Lessing; 6. Die
Haushälterin. L. 5 von Weiße. — VIII. 1769: 1. Krispus. Tr. 5 [von
Weiße]; 2. Amalia. L. 5 [von Weiße]; 3. Das Loos in der Lotterie. L. 5
[v. C. F. Gellert]; 4. Lisuart und Dariolette. Kom. Oper (nach Chaucers
The tale of the wife of bath, vgl. Voltaire Ce qui plait aux dames); 5.
Basilio und Quiteria. Singgedicht 1 (aus Don Quichotte); 6. Der Mohr.
L. 1; 7. Die geprüfte Treue. Schäferspiel 1; 8. Sylvia. Schäferspiel 1. —
IX. 1770: 1. Atreus und Thyest. Tr. 5 [von Weiße]; 2. Ugolino. Tr. 5
[v. Gerstenberg]; 3. Aurelius oder Wettstreit der Großmuth. Tr. in Versen
von einem kaiserl. königl. Offizier; 4. Der geschäfftige Müßiggänger. L. 5;
5. Trau, schau, wem! L. 5. — X. 1771: 1. Der Zweykampf. L. 5 v. Schlegel;
2. Der Projektmacher. L. 5 v. Weiße; 3. Der junge Gelehrte. L. 3 v. Lessing;
4. Der gute Rath. L. 1 von Schlegel; 5. Die Belagerung von Gloucester.
L. 1 v. Pfeffel; 6. Die Maskerade. L. 1 v. Schlegel; 7. Damon und Phytias.
L. 1 von Pfeffel. — XI. 1772: 1. Medon oder die Rache des Weisen. L. 3
von Clodius; 2. Das Duell oder Das junge Ehepaar. L. 1 von Jester;
3. Die Freundschaft auf der Probe. L. 5 von Weiße; 4. Der dankbare
Sohn. L. 1 von Engel; 5. Der Aerndtekranz. Kom. O. 3 von Weiße;
6. Dido. Tr. 5 von Schlegel; 7. Die Juden. L. 1 von Lessing. — XII. 1772:
1. Emilia Galotti. Tr. 5 von Lessing; 2. Die Familie auf dem Lande.
Dr. 5 von Mad. Hensel; 3. Amors Gukkasten. Opt. 1 von Michaelis;
4. Das Prädikat oder Der Adelsbrief. L. 3 vom Frh. von Gebler; 5. Das

---

*) Als Soufflirtext benutzt, die Rolle des Richard enthält verschiedene hdschr. Korrekturen, offenbar von Borks Hand.

**) Als Soufflirtext benutzt. Der 5. Akt nur hdschr.

Rosenfest. Opt. 3 von Musäus; 6. Die Parodie. Ein Nachspiel 1 von Chr. Heinr. Schmidt; 7. Walder. Nachspiel 1 von Weiße. — XIII. 1775: 1. Der Einsiedler. Tr. 1 in Versen; 2. Elysium. Vorspiel mit Arien von Jacobi; 3. Alceste. Sg. 5 von Wieland; 4. Der blöde Schäfer. Schäferspiel 1 von Gleim; 5. Der Bankerot. Bürgerl. Tr. 5 von Dusch; 6. Der Einspruch. Opt. 1 von Michaelis; 7. Die Werber. L. 5; 8. Der geadelte Kaufmann. L. 5 von Brandes. — XIV. 1774: 1. Lady Johanna Gray oder Der Triumph der Religion. Tr. 5 von Wieland; 2. Der Stammbaum. L. 5 von Frh. v. Gebler; 3. Der Aepfeldieb oder Der Schatzgräber. L. 1 von Bretzner; 4. Der Hagestolze oder Wie mans treibt, so gehts. L. 5 von Joh. Christ. Brandes; 5. Evander und Alcimna. Schäferspiel 3 von Salomon Gesner; 6. Die Liebe in Korsika oder Welch ein Ausgang. Dr. 5 von Stephani d. ä.; 7. Das Trentleva. Nachspiel 1. — XV. 1776. (Enthält ein Verzeichnis der 99 in den XV ersten Bänden des Theaters der Deutschen enthaltenen Stücke.) 1. Götz von Berlichingen mit der eisernen Hand. S. 5 von Goethe; 2. Der Deserteur aus Kindesliebe. L. 3 von Stephanie; 3. Clavigo. Tr. 5 von Goethe; 4. Die Eroberung von Magdeburg. S. 5 von Schummel; 5. Der Edelknabe. L. 1 für Kinder von J. J. Engel. — XVI. 1776: 1. Eduard Montrose. Tr. 5; 2. Stella. S. 5 für Liebende von Goethe; 3. Elfride. Tr. 3 von Bertuch; 4. Die Mediceer. S. 5 von Brandes; 5. Der Volontair. S. 1 von Plümike; 6. Medea. Ein mit Musik vermischtes Drama von Gotter; 7. Ariadne auf Naxos. Duodrama mit Musik, von Brandes; 8. Olivie. Tr. 5 von Brandes. — XVII. 1776: 1. Diego und Leonore. Tr. 5 v. Prof. Unzer; 2. Das befreyte Ratenau. S. 5 v. J. Chr. Blum; 3. Die Reue nach der That. S. 6; 4. Adelheid von Siegmar. Tr. 5 von Gebler; 5. Erwin und Elmire. S. 1 mit Gesang von Goethe. — XVIII. 1776: 1. Die verstorbene Ehefrau oder Drey Liebhaber auf einen Tag. L. 5 von Bretzner; 2. Thamos, König von Aegypten. Heroisches Dr. 5 von Herrn v. Gebler; 3. Orest und Elektra. Tr. 5 von Gotter; 4. Miß Jenny Warton oder Gerechtigkeit und Großmuth. L. 3; 5. Der Minister. Ein theatral. Versuch 5 von Gebler. — XIX. 1785: 1. Nicht mehr als sechs Schüsseln. Familiengemälde 5 [von Großmann]; 2. Die Holländer oder Was vermag ein vernünftiges Frauenzimmer nicht! L 3 [von Bock n. Goldoni]; 3. Der deutsche Hausvater oder Die Familie. S. 5 von Otto Frh. v. Gemmingen; 4. Das Loch in der Thüre. L. 5 von Stephanie d. J. S 1 Ein Bändchen Theaterstückchen, zu betrachten als eine Zugabe zu d. Hauptstücken der Ostermesse 1787. Preßburg, Phil. Ulr. Mahler 1787. Inhalt: 1. Adelheid von Ponthieu. Verfertiget 1774 zu einer Feierlichkeit in Esterhaz (n. d. Operntext des St. Marc); 2. Die Tobaksdose. S. 1 verf. 1776; 3. Der Hirsch, ein Gelegenheitsstückchen, eine deutsche Anekdote fürs Th.; 4. Ein Vorspiel an einem Neujahrstage; 5. Soldatenherz, eine deutsche Anekdote fürs Th. G 199 Drittes Bändchen Theaterstückchen, zu betrachten als eine Zugabe zu den Hauptstücken der Ostermesse 1791. Vom Verf. der Bändchen von 1787 u. 1789. Preßburg u. Lpzg., Mahler 1791. Inhalt: 1. Gewohnheit wird zur Natur. L. in 3 Zeitteilchen; 2. Es kann vor Nacht leicht anders werden. L.; 3. Das Erbgräfchen. L. mit Ges.; 4. Camillus. Ein Gelegenheitsvorspiel; 5. Das Drama, ein Lustspiel. G 290

Vermischtes Theater der Ausländer. Zum Gebrauch der deutschen Bühne herausgegeben von J. C. Bock. 4 Bde. Lpzg., Hilscher 1778—81.
I.: 1. Die Holländer oder Was vermag ein vernünftiges Frauenzimmer nicht. L. 3 (nach Goldonis Kaufleuten); 2. Der beste Mann. L. 3 nach Kenrick (S. Schmids engl. Theater); 3. Wissenschaft geht vor Schönheit. L. 3 (nach Goldonis „Das gelehrte Dienstmädchen"). — II.: 1. Elvire. Tr. 5; 2. Paridom Wrantpott oder Wer schilt, wird wieder gut; 3. Gustav Wasa. Tr. 5. — III.: 1. König Lear. Tr. 5 n. Shakespeare v. J. C. Bock; 2. Die Barbierlist [Barbier von Sevilla]. L. 4 von J. C. Bock; 3. Der reiche Deutsche. L. 3 nach le magnifique von Sedaine. — IV.: 1. Kaiser Adrian in Syrien. S. 3 nach Metastasio von Bock; 2. Hanno Fürst in Norden. S. 3 von J. C. Bock; 3. Der Verschlag oder hier wird Versteckens gespielt. L. 3 nach Calderon von Bock. S 45

Weimarisches dramatisches Taschenbuch, hg. von Theodor Hell. I. Weimar, Hoffmann 1823. S 121

Wiener Sammelausgaben.

Wiener Schaubühne. Der genaue Titel lautet in Bd. 2—12: „Die deutsche Schaubühne zu Wien nach alten und neuen Mustern"; in Bd. 1: „Deutsche Schauspiele, welche in Wienn auf dem Kayserl. Königl. privilegirten Stadt-Theater aufgeführt worden." Wien, Krauß 1750—1765. (Die einzelnen Verlagsjahrzahlen sind sehr willkürlich.) 12 Bde.
I. 1750 [Fortsetzung des 1749 erschienenen Bandes: Deutsche Schaubühne zu Wien]: 1. Jphigenia. Tr. 5 a. d. Frz. des Herrn Racine übers.; 2. Der Eifersüchtige. Schäferspiel 1; 3. Sterbender Cato. Tr. 5 von Joh. Christoph Gottsched; 4. Zayre. Tr. 5 des Herrn von Voltäre a. d. Frz. übers. von Herrn Joh. Joachim Schwaben in Leipzig; 5. Der neugierige Ehemann. L. 1 a. d. Frz. des Herrn d'Allainval übers.; 6. Das Orackel. Eine Comoedie. — II. 1762. [In diesem und den folgenden Bänden sind die einzelnen Stücke besonders durchpaginiert und haben vollständiges Titelblatt]: 1. Arminius. Tr. 5 von J. Möser. Wien, 1761; 2. Der Cid. Tr. 5 a. d. Frz. des Herrn Corneille übers. von G. L. Wien, 1767; 3. Cornelia, die Mutter der Grachen. Tr. a. d. Frz. der Mad.lle Barbier übers. von Luise Adelg. Vict. Gottsched. Wien, 1761; 4. Die standhafte Christinn Gabinie, welche unter der letztern zehenden schwersten Haupt-Verfolgung Kaisers Diocletiani enthauptet worden. In einem Christlichen Trauerspiel vorgestellet. Wien 1757; 5. Der Märtyrer Polyeuctes. Ein Christliches Trauerspiel des Herrn Peter Corneille. Wien 1759; 6. Regulus. Tr. a. d. Jtal. des Herrn Abt Peter Metastasio übers. Wien 1759. — III. 1752: 1. Alzire oder Die Amerikaner. Tr. 5 a. d. Frz. des Herrn von Voltaire übers. von Luise Adelg. Vict. Gottsched. Wien 1751; 2. Banise. Tr. 5 von Friedr. Melch. Grimm. Wien 1751; 3. Mahomed der Vierte. Tr. 5. Wien 1751; 4. Merope. Tr. 5 des Herrn Marchese Scipion Maffei übers. von Friedrich Molter, der albrizzianischen Societät zu Venedig und Herzogl. deutschen Gesellsch. zu Helmstädt Mitglied. Wien 1751; 5. Panthea. Tr. 5 von Luise Adelg. Vict. Gottsched. Wien 1751; 6. Ulysses oder der für todt gehaltene, aber endlich glücklich wieder

gefundene Ehe-Gemahl. Tr. 5. Dieses deutsche Original ist in Leipzig von einer gelehrten Feder verfertiget. Wien 1751. — IV. 1762: 1. Agis, König zu Sparta. Tr. von Joh. Christ. Gottscheden. Wien 1751; 2. Cenie oder Die Großmuth im Unglücke. Ein moral. Stück 5. A. d. Frz. der Frau von Graphigny übers. von der Frau Gottschedin zu Leipzig. Wien 1763; 3. Darius. Tr. 5 von D. Friedrich Lebegott Pitscheln. Wien 1752; 4. Mariamne. Tr. 5 des Herrn von Voltaire a. d. Frz. übers. vom Herrn Scharfenstein. Wien 1764; 5. Octavia. Tr. 5 von J. F. Camerer. Wien 1752; 6. Der königliche Schäffer. Ein musik. Schauspiel des Herrn Abbate Peter Metastasio in das Deutsche übers. von L. L. von C. (An dem kaiserl. Hoflager von Damen u. Cavalieren an. 1751 wälsch gesungen.) Wien 1762. — V. 1765: 1. Araxane. Ein erdichtetes Tr., verfasset von Herrn B. v. Trenk. Wien 1754; 2. Britannicus. Tr. des Racine, a. d. Frz. übers. vom Herrn v. Stüven. Wien 1754; 3. Das Schäferfest oder Die Herbst-Freude. Ein deutsches L. in Versen an dem glorreichen Allerhöchsten Namens-Feste Maria Theresia, Ihro Römisch-Kaiserl. auch zu Hungarn u. Böheim Königl. Maj. aufgeführet, verfasset von Friederica Carolina Neuberin. Wien 1754; 4. Lucius Papirius. Tr. 5 a. d. Ital. des Apostolo Zeno, weiland Kaiserl. Hofdichters und Geschichtschreibers mit einiger Veränderung übers. Wien 1754; 5. Sancio und Sinilde, die Stärke der mütterlichen Liebe. S. 5. Wien 1761; 6. Die Verschwörung wider Venedig. Tr. des Herrn Thomas Ottway, theils aus dem Original, theils aber aus der französischen Nachahmung des Herrn la Place gezogen. Wien 1764. — VI. 1756: 1. Adrianus in Syrien. Tr. a. einer ital. Oper des Herrn Abts Peter Methastasii in Teutsche Verse übers. von Johann Georg Heubel, Theatral-Secretario. Wien 1756; 2. Der Chinesische Held. Ein musicalisches S. des Herrn Abt Metastasio, welches an dem kaiserl. Hof von Damen u. Cavaliers im Jahr 1752 wälsch gesungener vorgestellt, anjetzo aber in das Teutsche übersetzt worden von L. L. C. Wien 1764; 3. Themistokles. Tr. a. einer ital. Oper des Herrn Abts Peter Metastasio übersetzet von Franz Freyherrn von Funken. Wien, 1768; 4. Die schlaue Wittwe. L. 5 des Herrn Doct. Goldoni a. d. Ital. übersetzt. Wien 1767; 5. Der Cavalier und die Dame oder Die zwey gleichen Seelen. L. a. d. Ital. des Herrn Goldoni übers. Wien 1761; 6. Die zwey Zwillinge. Eine von dem berühmten Advokaten zu Venedig Sigr. Carlo Goldoni verfertigte Comödie, aus dem Ital. desselben übersetzt von Heubel. Wien 1756. — VII. 1758: 1. Eduard der Dritte. Tr. a. d. Frz. des Herrn Gresset. Wien 1757; 2. Orest und Pylades oder Das Denkmaal der Freundschaft. Tr. in Versen von Herrn von Derschau in Schlesien. 1756; 3. Der venetianische Advocat. L. nach Goldoni von Joh. Georg Heubel, Theatral-Sekretarius übers. Wien 1758; 4. Die Engeländische Pamela. L. 3 nach Goldoni von Friedrich Wilh. Weiskern. Wien 1758; 5. Die Macht und Stärke der Freundschafft oder Der Wettstreit der Großmuth zwischen einem Spanier und Engeländer. L. 3 n. d. Ital. imitiret von Joh. Georg Heubel, Theatral-Sekretarius. Wien o. J.; 6. Marianna, die glücklich und unglückliche Waise. Erster Theil. Oder die Schule für alle schöne Mädgens, wie sie zu grossem Glück und Ehre gelangen können. Für die Wienerische Schau-Bühne verfertigt von Joh. Georg Heubel, Theatral-Sekretarius.

Wien 1758. — VIII. 1760: 1. Rhadamist und Zenobia. Tr. des Herrn von Crebillon a. d. Frz. in deutsche Verse übers. von Joh. Friedrich Gries. 1760; 2. Polyphemus oder Die Gefahren des Ulysses auf der Cyclopen-Insul mit Hanswurst lächerlichen Unglücksfällen. L. 3, verfertigt von Joh. Georg Heubel. Wien 1759; 3. Adelheid in der Sclaverey oder Tugend und Unschuld bietet allen Verleumdungen Trotz. Tr. 5. Wien 1760; 4. Odoardo, der glückliche Erbe. L. 3, verfertiget von Joh. Georg Heubel. 1760; 5. Alexander in Indien. In Versen von 5 Aufzügen a. d. Frz. des Herrn Racine übersetzet. Wien 1760; 6. Das Testament. Ein deutsches L. 5. Wien 1760. — IX. 1761: 1. Zanga oder Die Rache. Ein neues Tr. in Prosa a. d. Engl. des Herrn D. Eduard Youngs entlehnet von Joseph Carl Huber. Wien 1760; 2. Das Loos in der Lotterie. L. 5 von C. F. Gellert. Wien 1760; 3. Das menschliche Leben ist ein Traum. Ein neues Tr. 5 a. d. Ital. übers. und in deutsche Verse gebracht von M. Julius Friedrich Scharfenstein. L. Occ. P. (aufgef. von Christ. Frid. Huberin). Wien o. J.; 4. Thakmene und Kizimirka oder Die geprüfte und obsiegende Heldenliebe. Ein L. 3 von Johann George Heubel, Theatral-Secretarius. Wien 1760; 5. Der Cavalier von gutem Geschmacke oder Der weltkluge Mann nach der Mode. L. 3 dem Ital. des Herrn Goldoni nachgeahmet. Wien 1761; 6. Codrus. Tr. 5 v. Joh. Fr. Freyh. v. Cronegk. Wien 1764. — X. 1762: 1. Die verliebte Ehefrau. Aus dem Wälschen des Herrn Doct. Goldoni. Wien 1761; 2. Der Ruhmredige. L. 5 in Versen von Herrn Professor Schlegeln aus des Herrn Nericault Destouches frz. übers. Wien, 1761; 3. Das Vorbild weibliches Heldenmuthes oder Die erste Märtyrin Thecla. In einem Tr. vorgestellet. Nürnberg 1760; 4. Der Poetische Dorfjunker. L. 5 mit einiger Veränderung aus dem frz. des Herrn Destouches übers. von L. A. V. Gottschedinn. Wien 1761; 5. Achilles in der Insul Scyrus. S. aus Herrn Metastasio von dem Welschen in das Deutsche übersetzet. Nürnberg 1761. — XI. 1763: 1. Die Persianische Braut. S. 5 des Herrn Doctor Carl Goldoni, aus dem Ital. desselben nachgeahmet. Wien 1763; 2. Comoedia nuova tradotta dell. Sign. D. Goldoni intitolata: La Dama prudente oder Die kluge Edelfrau. Wien 1762; 3. Die gutherzige Kammermagd. L. 3 dem Ital. des Herrn Goldoni nachgeahmet. Wien 1764; 4. Das rachgierige Kammermädel. L. 3 dem Ital. des Herrn Goldoni nachgeahmet. Wien 1764. — XII. 1764. („Dieser zwölfte Theil machet endlich den Schluß der deutschen Schaubühne zu Wien. Der Verleger hat sich entschlossen, eine neue Sammlung der deutschen Schaubühne zu Wien herauszugeben, ja es sind bereits schon 5 Theile davon ans Licht getreten.") 1. Argenide oder Das übereilte Gelübde erwiesen von Idomeneo, König in Creta, dem Mörder seines eigenen Sohnes Eurindo. Tr. 3, verfertiget von Joseph Carl Huber. Wien 1762; 2. Aurelius oder Das Denckmahl der Zärtlichkeit. Tr. von Joh. Theod. Quistorpen. Wien 1762; 3. Der Hausvater. L. 5 a. d. frz. übersetzet. Nürnberg 1761; 4. Iphigenia. Tr. 5 a. d. Frz. des Herrn Racine übers. Wien 1762. S 3

Neues Theater von Wien. Zur Fortsetzung der Schaubühne und neuen Sammlung von Schauspielen. 5 Bde. (unvollständig). Wien, Krauß 1769 ff. (Jedes Stück mit besonderem Titelblatt und besonders paginirt.)

I. 1769: 1. Canut. Tr. von Joh. Elias Schlegel, 1768; 2. Die Schule der Liebhaber oder Die Wahl eines Ehemanns. L. 3 von Klemm, 1765; 3. Die doppelte Verwandlung. Kom. O. (nach le diable à quatre), 1767; 4. Das Mündel. L. 1 a. d. frz. des Fagan, 1768. — II. 1769: 1. Georg Barnwell oder Der Kaufmann von London. Bürg. Tr. a. d. Engl. des Tillo, 1768 (neue veränderte Ausg.); 2. Die Philosophinnen. L. 3 a. d. Ital. übers. von J. A. E. v. G., 1768; 3. Molière oder Der eifersüchtige Ehemann. L. a. d. Ital. des Chiari, 1768; 4. Die Jagd. Kom. O. [v. Weiße] 1766. — III. 1769: 1. Crispus. Tr. in Versen von Weiße, 1768; 2. Minna von Barnhelm oder Das Soldatenglück. L. 5 von Lessing (Titelblatt fehlt); *) 3. Die Heurath wider die Mode. L. 3, 1768; 4. Die Hofmeisterin. Mus. L., 1764. — IV, V, VI. Teil fehlen. — VII. 1770: 1. Eduard und Eleonore. Tr. a. d. Engl. des Thomson von Prof. Schlegel übers., 1770; 2. Trau, schau, wem! L. 5 von Brandes. Frankfurt 1770; 3. Medon oder Die Rache des Weisen. L. 3 von Prof. Clodius in Lpzg., 1768; 4. Der Postzug oder Die noblen Passionen. L. 2 [von Ayrenhoff], 1770. — VIII. 1770: 1. Romeo und Julie. Tr. nach Shakespeare von Wieland, 1770; 2. Julie oder Wettstreit der Pflicht und Liebe. L. 3 von Franz Heufeld, 1770; 3. Der blinde Ehemann. L. 3 von Krüger, 1770; 4. Die eifersüchtige Ehefrau. L. 5 aus d. Engl. übers., 1770. S 12

Neue Schauspiele. Aufgef. in den k. k. Theatern zu Wien. 12 Bde. Preßburg, bei Anton Cowen 1772—75.

Bd. I fehlt. — II. 1772: 1. Antiope. Tr. 5 in Versen von Ayrenhoff; 2. Darf man seine Frau lieben? L. 5 nach Nivelle de la Chaussé; 3. Karl der fünfte in Afrika. Heroisches Tr. 5 von Johann v. Sternschutz; 4. Die indianische Wittwe. Nachspiel (nach d. frz. von J. v. Pauersbach); 5. Der gutherzige Murrkopf. (Übers. nach Goldoni le bourru bienfaisant von Stephanie d. Ä.) — III. 1772: 1. Sidney und Silly (nach einer frz. Erzählung) von Baron von Gugler; 2. Leichtsinn und gutes Herz. L. 5 [von Gebler]; 3. Der geadelte Kaufmann. L. 3 von Brandes; 4. Die Entführung oder Die zärtliche Mutter. D. 5 von Mad. Hensel; 5. Die Originalien. L. 1 nach dem frz. des Herrn Fagand. — IV. 1773: 1. Osmonda oder Die beiden Statthalter. D. 5 [von Gebler]; 2. Die Abenteuer an der Wien. L. 5 [von Sekr. Pelzel]; 3. Zwo Königinnen oder Der Wettstreit weiblicher Freundschaft. D. 5 frei nach dem frz. des Dorat [von Pauersbach]; 4. Der unglückliche Bräutigam. L. 3 von Stephanie d. j.; 5. Das Gespenst auf dem Lande. L. 1. — V. 1773: 1. Macbeth. Tr. 5 [von Stephanie d. j.]; 2. Die junge Griechin. L. 3 a. d. Frz. [übers. von Steigentesch]; 3. Die Grafen Hohenwald. D. 5 [von Frh. v. Otterwolf]; 4. Der Freund der ganzen Welt. L. 2 nach dem Philanthrope des Le Grand [übers. vom Frh. v. Otterwolf]; 5. Die Versöhnung. L. 5 [von Gebler]. — VI. 1773: 1. Die bestrafte Neugierde. L. 5 [von Stephanie d. j.]; 2. Nicht alles ist Gold, was glänzt. L. 5 [freie Bearb. des Lustspiels il saggio amico des Capacelli von Herrn von Landes]; 3. Der Tadler nach der Mode oder Ich weiß es besser. L. 5 [von Stephani d. j. nach Marmontels le Connoisseur];

---

*) Mit Auslassungen „anstößiger Worte" und Verkürzungen „überflüssiger Längen". Wurde noch 1879 als Soufflirtext benutzt!

4. Der neue Weiberfeind und Die schöne Jüdin. L. 5 [von Stephanie d. ä.] VII. 1773: 1. Hamlet. Tr. 5 nach Shakespeare [von Heyfeld]; 2. Die ländlichen Hochzeitsfeste. L. 5; 3. Schach Hussein. Persisches Märchen 3 [von Pauersbach]; 4. Der Jurist und der Bauer. L. 2 von Rautenstrauch (ist herausgenommen u. einzeln gebunden.] — VIII. 1773: 1. Orest und Elektra. Tr. 5 nach Voltaire und Crebillon [von Gotter]; 2. Der junge Greis. S. 3 nach d. Frz.; 3. Thorheit und Betrügerei. L. 3; 4. Der Deserteur und Kindesliebe. L. 3 von Stephanie d. j. — IX. 1774: 1. Der Schwätzer oder Die bösartige Mutter. L. 5 [von Weidmann]; 2. Der betrogene Vormund. L. 5 nach dem Frz. des Cailvaha d'Estandoux von Joh. Andr. Pufendorf; 3. Frau Mariandel oder Die natürliche Zauberei. Maschinenkomödie 3 von Stephanie d. j.; 4. Fanny oder Die glückliche Wiedervereinigung. D. 1 [von Mlle. Teutscherin]; 5. Die Post oder Die Frau als Kurier. L. 2 von Lucas Bogers. — X. 1774: 1. Der Gefühlvolle oder Der glückliche Maler. L. 5 [von Weidmann]; 2. Die Liebe für den König. D. 5 von Stephani d. j.; 3. Der Eigensinnige. L. 5 von Stephanie d. j.; 4. Der redliche Bauer und großmüthige Jud oder Der glückliche Jahrtag. L. 3 [von Herrn v. Pauersbach]. — XI. 1775: 1. Die seltsame Eifersucht. L. 5 von Stephanie d. j.; 2. Der allzugefällige Ehemann. L. 3 von Stephanie d. j.; 3. Ehrlich währt am längsten. L. 5 nach dem Engl. des Cumberland; 4. Der Stolze. Original-L. 5. — XII. 1775: 1. Der entlarvte Philosoph. L. 5 von Stephanie d. j.; 2. Verwirrung über Verwirrung. L. 3 nach dem Spanischen des Calderon; 3. Der Ehrgeizige. Original-L. 5; 4. Die Theatraldichter oder Viel Lärmen um nichts. L. 5. S 30

Kaiserlich-königliches Nationaltheater. 6 Bde. Wien, Gräffer 1778—82. (Herausgeber: „Der Theatralausschuß vom k. k. Nationalhofschauspiel".) I. 1778: 1. Herrmannide oder Die Räthsel, altfränk. Märchen 5 von Schmidt, hzgl. weimarischen Rath; 2. Wer ist in der Liebe unbeständig? Sinds die Mannspersonen? Sinds die Frauenzimmer? L. 2 (nach Menander und Marivaux) von Schmidt, hzgl. weimarischen Rath; 3. Die Wildschützen. L. 3 mit Ges. von Stephanie d. J., umgearb. Aufl.; 4. Der Bankrottier. L. 5 von Karl Lessing; 5. Alles aus Freundschaft. L. 5 von F** aus Dresden, überarbeitet von S* in Wien. — II. 1779: 1. Athelstan. Tr. 5 nach dem Engl. von Leonardi; 2. Die Überraschung. L. 2 von Stephanie d. J.; 3. Das Intelligenzblatt. S. 3 von Ludwig Buri; 4. Wer hat sich nun betrogen? L. 3 nach Bock; 5. Nichts. L. 1 von Stephanie d. J. — III. 1780: 1. Edwin und Emma. Tr. 5 von Schrämbl, k. k. Normalschuldirektor; 2. Der Adjutant. L. 3 [von Brömel]; 3. Der Schmuck. L. 5 von Sprickmann; 4. Alte Liebe rostet wohl. L. 5 von Ayrenhoff. — IV. 1780: 1. Ottilie. Tr. 5 von Brandes; 2. Die gute Tochter. L. 5; 3. Der Oberamtmann und Die Soldaten. S. 5 von Stephanie d. J.; 4. Die Verlobung. L. 1 von Brömel; 5. Hedwigis von Westenwang oder Die Belagerung von Wien. Tr. 5. — V. 1781: 1. Betrug für Betrug oder Wer hat nun die Wette gewonnen? L. 3 von Schletter; 2. Natur und Liebe im Streit. Tr. 5 von d'Arien; 3. Erwine von Steinheim. Tr. 5 von Blumauer; 4. Die Schwäger. Tr. 5; 5. Wer wird sie kriegen. L. 1 von einem Soldaten [Fr. v. Eckardt]. —

VI. 1782: 1. Irene. Christl. Tr. 3 von Ayrenhoff; 2. Das Loch in der Thüre. L. 5 von Stephanie d. J.; 3. Der Ostindienfahrer oder Die Liebe heilt nichts. L. 3 von Stephanie d. J.; 4. Die Freundschaft der Weiber. L. 2 von Ayrenhoff. S 29

Kaiserlich-königliches Nationalhoftheater. 7 Bde. Wien, Kurzbeck 1783—1785. (Jedes Stück ist besonders paginirt und mit besonderem Titelblatt versehen.) I. 1783: 1. Die drey Töchter. L. 3 von C. H. Spieß, 1782; 2. Die falschen Spieler. L. 5 von Klinger, 1782; 3. Imogen. S. 5 nach Shakespeare, 1782; 4. Die unmögliche Sache. L. 4 nach Crown, 1782; 5. Der taube Liebhaber. L. 2 nach Pilow von Schröder, 1782; 6. Die Versuchung. L. 1 nach Marivaux, 1782. — II. 1783: 1. Die väterliche Rache oder Liebe für Liebe. L. 4, 1783; 2. Heinrich der Vierte. S. 5 nach Shakespeare von Schröder, 1782; 3. Tancred. Tr. 5 nach Voltaire, 1783; 4. Der Eilfertige. L. 2 von Salomo Friedrich Schletter, 1783; 5. Der Autor. L. 2 nach Foote, 1783; 6. Der Schulgelehrte. L. 2 nach Miß Cowley, 1782. — III. 1784: 1. Gerechtigkeit und Rache. S. 5 [v. Brömel] 1783; 2. Adelheid von Ungarn. Tr. 5 in Versen nach Dorat von Karl Teimlich, 1783; 3. Die Glücksritter. L. 5 nach the beaux stratagem des Farquhar, 1783; 4. Kronau und Albertine. Dr. 5 nach Monvel, 1783; 5. Die Zwillingsbrüder. L. 5 nach Regnard von Schröder, 1782; 6. Jeder fege vor seiner Thüre. Sprichwort 1 a. d. frz., 1783. — IV. 1784: 1. Kleopatra und Antonius. Tr. 4 von Ayrenhoff, 1783; 2. Die Freymaurer. L. 3, 1784; 3. Die Mutter. L. 5 nach der Gräfin von Genlis von Schröder, 1783; 4. Das vermeinte Kammermädchen. L. 3 nach Marivaux, 1783; 5. Die verdächtige Freundschaft. L. 4, 1783; 6. Doktor Brummer. L. 3, 1783. — V. 1784: 1. Die reiche Freyerin. L. 5 von Stephanie d. J., 1784; 2. Alzire. Tr. 5 in Versen nach Voltaire von Gotter, 1783; 3. Die Neugierige. L. 4 nach der Gräfin Genlis von J. H. F. Müller, 1784; 4. Hannibal von Donnerberg oder Der ehrgeizige Soldat. L. 5, 1784; 5. Weder einer noch der andere. P. 1, 1783; 6. Die Komödie. L. 1, 1783. — VI. 1785: 1. Der Graf von Narbonne. Tr. 5 nach dem Engl. des Robert Jephson; 2. Die philosophische Dame oder Gift und Gegengift. L. 5 nach dem Ital. des Gr. Gozzi frei bearb. von S. F. Schletter, 1784; 3. Marie Stuart. Tr. 5 von C. H. Spieß, 1784; 4. Irr thum auf allen Ecken. L. 5 nach dem Engl. des D. Goldsmith, (fehlt); 5. Die beyden Portraits oder Er ist schwer zu befriedigen. Ein Nachspiel von J. F. Jünger, 1784. — VII. 1785: 1. Der Strich durch die Rechnung. L. 4 von J. F. Jünger, 1784; 2. Der offene Briefwechsel. L. 5 von J. F. Jünger, 1784; 3. Veit von Solingen. L. 4 nach Barthe von Gotter, 1784; 4. Erziehung macht den Menschen. L. 5 vom Verfasser des Postzugs [Ayrenhoff], 1785; 5. Christoph Ehrlich. L. 1 nach Dorvigny von Stephanie d. J., 1784. S 7

Im kaiserl. königl. Nationaltheater aufgeführte Schauspiele. 6 Bde. Wien, Rudolf Gräffer 1783.*)

I. 1783: 1. Glück bessert Thorheit. L. 5 n. d. Engl. der Miß Lee von Schröder, 1781; 2. Das Findelkind. L. 5 von einem Kavalier. 1781;

---

*) Sammlung von 35 einzeln erschienenen Stücken. Nach der Vorrede betrug die Auflage dieser Sammlung nur 100 Exemplare.

3. Gaston und Bayard. Tr. 5 n. d. Frz. des Belloy von K**. 1779; 4. Die Eroberung von St. Lucie. S. 1 n. d. Frz. von S*. 1781; 5. Treue und Undank. L. 1 von M**. 1781; 6. Bekir und Gulroui. S. von R**. 1780. (Stoff aus den Mélanges de Littérature orientale von Cardonne.) — II. 1783: 1. Die Vatergrille. L. 3 n. d. Engl. (the maid of the oacks) 1782; 2. Der Dienstfertige. L. 3 a. d. Frz. von W**. 1781; 3. Mahomet, der Prophet. Tr. 5 nach Voltaire von L**, neue Übers. in Jamben. 1778; 4. Der verlogene Bediente. L. 2 nach Garrick von J. F. Ratschky. 1781; 5. Die schöne Nannette. L. 1 nach Legrand. 1781; 6. Andromeda und Perseus. Melodr. von K**. 1780. — III. 1783: 1. Der Hofmeister oder Das Muttersöhnchen. L. 3 nach Goldoni. 1780; 2. Das Rendezvous oder Der eifersüchtige Liebhaber. L. 11. d. Frz. von S*. 1779; 3. Der Dichterling oder Solche Insekten giebts die Menge. Original-L. 1 von E**. 1781; 4. Die Rechnung ohne den Wirth oder: In der Liebe giebts Narren die Menge. L. 1 n. d. Frz. von S**. 1780; 5. Liebe wirkt schnell. L. 1 von S**. 1782; 6. Die gegenseitige Probe. L. 1 nach Legrand. 1779. — IV. 1783: 1. Die Gefahren der Verführung. S. 4 n. d. Frz. (Jenneval) von Schröder. 1781; 2. Die Expedition oder Die Hochzeit nach dem Tode. L. 3 neubearbeitet. 1782; 3. Die Abgebrannten. L. 2 von [Fr. v. Eckardt]. 1782; 4. Gianetta Montaldi. Tr. 5 von Schink. 1781; 5. Adelaide oder: Die Antipathie gegen die Liebe. L. 2 a. d. Frz. übers. von Schröder. 1781; 6. Das Portrait. L. 1 nach Beauchamps. 1779. — V. 1783: 1. Die Wankelmütige oder Der weibliche Betrüger. L. 3 nach Cibber von Schröder. 1782; 2. Die sanfte Frau. L. 3 nach Goldoni v. E**, 1779; 3. Die Trojanerinnen. Original-Tr. 5 von J. E. Schlegel. 1782; 4. Monsieur Fips oder Alter schützt vor Thorheit nicht. L. 1 nach Dufresny (Le Dedit). 1782; 5. Die dürftige Familie. S. 3 nach Mercier. 1781. — VI. 1783: 1. Weder Wittwe noch Jungfer. L. 1 von S**. 1782; 2. Der Verschwender. L. 5 nach Destouches. 1779; 3. Der Richter. S. 2 nach Mercier. 1781; 4. Wie mans macht, so gehts. Dr. 5 nach dem Frz. [von Brandes]. 1780; 5. Der Arrestant. L. 2 [von A. Wall]. unverändert; 6. Der Blinde aus Leichtgläubigkeit. L. 1 nach dem Frz. S 8

Zwey Lustspiele für stehende Bühnen und Liebhabertheater. 1. Dies Haus ist zu verkaufen. In einem Akte nach dem Frz. von A. Klebe; 2. Die Wiedererstattung. In einem Akt von W. K. frkft., Simon 1804. G 682
Zwey Schauspiele für Privatbühnen. Inhalt: 1. Thalberg und Julie; 2. Liebe und Freundschaft. Breslau u. Lpzg., Gehr 1802. G 613

Nachtrag I.

Inhalt einiger Sammelbände, alphabetisch nach den Titeln der Stücke aufgezählt.*)

Adonis oder Die Rache des Ares. Melodr. 1 von Baur, Musik v. Wagner. Darmstadt, Will o. J. N 53
Adrian oder Der Sieg der Tugend. O. 3 [von Metastasio], Musik von Joh. Cöl. Mayer. Wien, Wallishauser 1807. N 37
Agnes Sorel. O. 3 von Sonnleithner u. d. frz., Musik v. Gyrowetz. Wien, Wallishauser 1807. N 39
Alceste. O. 3 v. Gluck. Ital. u. deutscher Text. Wien, Wallishauser 1810. N 46
Alceste. Sg. 5 [v. Wieland u. Schweizer]. Lpzg., Weidmanns Erben 1773. N 2
Aline, Königin von Golkonda. O. 3 von Treitschke (nach Vial u. Faviers), Musik von Berton. N 21
Der allzugefällige Ehemann. L. 3 von Stephanie d. J. München, Fritz 1775. S 41 f u. h
Aschenschlägel. Travest. O. 3 von Perinet, Musik v. Gebel. Wien, Tendler 1812. N 57
Die Aussteuer. Nachspiel 1 n. d. frz. einer noch ungedruckten Opt. Mannh., Schwan 1778. S 41 l

Babilons Piramiden. O. 2 von Schikaneder [Musik von Peter Winter]. Wien, Jahn 1800. N 5
Der Balbier von Bagdad. L. 1 a. d. frz. des Pallissot de Montenoy [übers. v. André]. Frkft. u. Lpzg., Eßlinger 1772. S 95
Barnwell im Gefängniß; Yariko in der Sklaverey. Zwey heroische Gedichte, prosaische Übersetzung. Braunschweig 1766. S 41 d
Die bedrängten Waisen. S. 5. Wien, Kurzböck 1769. S 41 k
Die beiden Dorotheen. Original-L. 2 von Adolf v. Schaden. München, Sauer 1825. S 138
Die beiden Freunde oder Der Kaufmann aus Lyon. S. 5 a. d. frz. des Beaumarchais übers. Frkft., Andreä 1771. S 41 k
Die beiden Füchse. Kom. O. 2 von Seyfried (nach Une folie des Bouilly), Musik von Méhul. Wien, Schmidt 1804. N 23
Die beiden Gefangenen. Sg. 1 von Ihlée (nach Marsollier), Musik von Ferd. Fränzl. Frkft. 1800. N 7

*) Nachtrag zu G; die mit N bezeichneten hier eingereihten Nummern sind eine Sammlung bisher angeordnet in der Theaterbibliothek aufbewahrter deutscher Operntexte, meist aus dem Anfang des XIX. Jahrhunderts.

Die Belagerung von Ypsilon oder Evakathel und Schnudi. Karrikatur 2 von Perinet, Musik von Wenzel Müller. Wien, Wallishauser 1807. N 56
Der Bernhardsberg. O. 2 von Saint Cyr (bearb. von Seyfried), Musik von Cherubini. Wien, Schönfeld 1802. N 9
Der betrogene Betrüger. O. 1 von Valville, Musik von Gyrowetz. Wien, Degen 1805. N 27
Der Bettler. L. 1. Lpzg., Hilscher 1778. S 41 f
Bewerley. Bürg. Tr. 5 nach d. frz. des Saurin von O. L. V. h. Frkft., Andreä 1776. S 41 g
Caroline von Rothenburg. Tr. 5. Bremen, Förster 1777. S 41 p
Der Cavalier und die Dame oder Die zwei gleich edlen Seelen. L. 3 a. d. Ital. des Goldoni. Wien, Kranz 1761. S 41 b
Die Comödie aus dem Stegreif. L. 1 a. d. Frz. übers. Münster, Perrenon 1769. S 41 a
Der Diamant. L. 1 n. d. Frz. des Collé. Lpzg., Dyk 1773. S 41 a
Don Ramiro. Tr. 3 von H. G. Hotho. Berlin, Maurer 1825. S 188
Die drey Brüder als Nebenbuhler. L. 1 n. d. Frz. des La Font [übers. von Andre]. Frkft. u. Lpzg., Eßlinger 1772. S 95
Der dumme Peter. Original-S. 2 von Holtei. S 191
Der Dürftige. S. 4 a. d. Frz. des Mercier. Mannh., Schwan 1772. S 41 l
Die englische Waise. S. 3. Frkft., Andreä 1771. S 41 h
Die Eroberung von Jerusalem. Hist. Dr. 3 nach Cronegk u. Demieur von Stegmayer. Musik von Quaisin. Wien 1805. N 30
Eulalia. Tr. 5. Lpzg., Weygand 1777. S 41 k
Der Fabrikant von London. S. 5 a. d. Frz. des Falbaire. Frkft., Andreä 1772. S 41 h
Die Familie auf Isle de France. O. 3 von Castelli, Musik von Kreutzer. Wien, Wallishauser 1805. N 31
Fanny oder Der Sieg der Tugend. Dr. 1 aus den Werken des Herrn von Arnaud entnommen. Mannheim, Schwan 1778. S 41 i
Das Fest der Winzer oder Wer führt die Braut nach Hause? Sg. 2 von Kunze. Berlin 1807. N 38
Die Festung an der Elbe. O. 3 v. Castelli n. d. Frz. Musik v. Fischer. N 85
Die Feuersbrunst. S. 3. Halle, Curt 1778. S 41 k
Feuer und Wasser. Kom. Opt. 1 von Seyfried n. d. Frz., Musik von D'Alayrac. Wien, Schmidt 1803. N 12
Der Gleichgültige. L. 5 von P. M. Bayreuth, Lübeck 1775. S 41 a
Der glückliche Einfall. L. 1. Mannheim, Schwan 1777. S 41 i
Die glückliche Zusammenkunft. L. 1 a. d. Frz. von F. A. E. 1789. S 41 e
Gulistan oder Der Hulla von Samarcanda. O. 3 von Etienne, Musik von D'Alayrac. Wien, Wallishauser 1806. N 81
Gulnare oder Die persische Sklavin. Kom. Sg. von Marsollier (bearb. von Lippert), Musik von Süßmayer. Wien, Wallishauser 1800. N 6
Der Gutherzige. L. von Goldsmith. Danzig u. Lpzg., Wedel 1777. S 41 k

Helene. S. mit Gesang 5 von Treitschke (nach Bouilly). Wien, Wallishauser 1803. N 16

Die Holländer oder Was vermag ein vernünftiges Frauenzimmer nicht! L. 3 [von Bock nach Goldoni]. Lpzg., Hilscher 1778. S 41 l

Die Jagdlust Heinrich des Vierten. L. 3 a. d. frz. des Collé [von Schwan]. In Mannheim den 30. Oktober 1768 zum erstenmal aufgeführt von den Churpfälzischen deutschen Hofcomödianten unter der Direction des Herrn Sebastiani. Mannheim, churfürstl. Hofbuchhdlg. 1768. S 41 l

Der Jahrmarkt. Kom. O. 2. Lpzg., Dyk 1778. S 41 o

Ines von Castro. Tr. 5 nach d. frz. des la Motte. München, Thuille 1778. S 41 g

Johann von Paris. O. 2 nach Saint Just von Seyfried, Musik von Boieldieu. 2. Aufl. Wien, Wallishauser 1813. N 50

Iphigenia in Aulis. O. 3 von Gluck. Wien, Wallishauser 1808. N 42

Iphigenia in Tauris. Trag. Sg. 4 von Guillard, Musik v. Gluck. Frankfurt 1790. N 3

Die Irrungen. L. 5 nach Shakespeare von G. F. W. Großmann. Frkft., Diehl 1777. S 41 c

Julius von Tarent. Tr. 5 [von Leisewitz]. Lpzg., Weygand 1776. S 41 p

Julus und Rhea. Duodram m. Mus. Paphos, in Amors Druckerey 1784. S 41 e

Kaiser Rudolf von Habsburg. Tr. 5 von Anton Klein. Zweite Ausgabe. Mannh. 1788. S 41 o

Kalaf. O. 3 n. d. Frz. von Treitschke, Musik von D'Allayrac. Wien, Wallishauser 1808. N 41

Der Kalif von Bagdad. O. 1 von St. Just, Musik von Boieldien. Wien, Wallishauser 1804. N 22

Klementine oder Das Testament. Dr. 5 [von Gebler]. Neue vom Verf. durchaus veränderte Aufl. Dresden, Walther 1774. S 41 d

Der kluge Freund. L. 3 a. d. Ital. des Marchese Francesco Albergati Capacelli. Augsburg, Stage 1771. S 41 b

Die Kolonie. Sg. 2 a. d. Frz. N 1

Marie von Montalban. (2. Teil von Lanassa). O. 4, [Musik von Winter]. Wien, Wallishauser 1803. N 14

Medea. O. 3 von Treitschke, Musik von Cherubini. Wien, Wallishauser o. J. — Dasselbe, zweite Auflage. Wien, Wallishauser 1812. N 48 a u. b

Milton. Sg. 1 nach Joui und Dieulafoi von Treitschke, Musik von Spontini. Wien, Wallishauser 1805. N 32

Miranda oder Das Schwert der Rache. Heroisch-komische O. 3 v. Kanne. Wien, Wallishauser 1811. N 49

Miß Obre oder Die gerettete Unschuld. L. 5 nach dem Engl. des Herrn Cumberland. Lpzg., Junius 1774. S 41 a

Der Nebenbuhler seines Herrn. L. 1 n. d. frz. des Le Sage. Frkft. u. Lpzg., Eßlinger 1772 [übers. von André]. S 95

Die neue Alceste. Karrikaturoper 3 von Perinet, Muſ. von W. Müller.
Wien, Wallishauſer 1806. N 55

Der Onkel in Livree. Sg. 1 von Treitſchke (nach Duval), Muſik von Della
Maria. N 15

Pachter Robert. Kom. O. 1 von Seyfried (nach dem frz. des Bernard
Valville), Muſik von Lebrun. Wien, Schmidt 1803. N 13 a u. b
Paridom Wrantpott oder Wer ſchilt, wird wieder gut. [Aufgef. unter dem
Titel: Der wohlthätige Murrkopf.] L. 3 [nach Goldoni von Bock]. Lpzg.,
Hilſcher 1779. S 41 f
Phasma. O. 2 v. Süßmayer. Wien, Wallishauſer 1801. N 8
Peter und Hannchen oder Die Bezauberten. Opt. 1 nach dem frz. der Mad.
Favart, Muſik vom Überſetzer. Frkft. u. Lpzg., Eßlinger 1772. (Muſik
beigegeben.) S 95
Der Philoſoph ohne es zu wiſſen. L. a. d. frz. d. Sedaine für ein Privat-
theater überſetzt. Dresden, Walther 1776. S 41 d
Die poetiſche Familie oder Die Reimſucht. L. 5 von Piron. Bremen,
Cramer 1768. S 41 k
Der portugieſiſche Gaſthof. Sg. 1 von Treitſchke u. d. frz., Muſik von
Cherubini. N 19
Der Poſtzug oder Die noblen Paſſionen. L. 2 [von Ayrenhoff], 1776. S 41 h

Die Rätſel. Sg. 2 von Schmieder, Muſik von Frh. v. Kerpen. (Aufg. Mainz
Dez. 1790). Mainz, Craß 1790. N 4
Der reiſende Student oder Das Donnerwetter. Muſ. Quodlibet 2. Muſik v.
Verſch. 1. Bdchen von L. Schneiders Jokoſus. Berlin, Hayn 1838. S 165
Roſamunde. O. 3 (frei nach Montano u. Stephanie) von Seyfried, Muſik
von Berton. Wien, Wallishauſer 1810. N 43
Die rote und die weiße Roſe. O. 3 von Caſtelli a. d. frz., Muſik von
Seyfried. Wien, Wallishauſer. N 44
Die Rückkehr zur Tugend oder Die Schule der Jünglinge. S. 5 von La
Chauſſee. Bremen, Cramer 1768. S 41 k

Die Samniterinnen. O. 3 v. Marmontel, Muſik v. Gretry. Wien 1806. N 86
Samori. O. 3 [von G. J. Vogler]. Wien, Schönfeld 1804. N 20
Der ſchöne Flüchtling. L. 5 von C. G. v. H. nach der engliſchen Runaway
der Miitreß Cowley, f. d. Herzogl. Hofth. in Gotha. Augsburg, Richter
1776. S 41 d
Der Schubkarn des Eßighändlers. L. 3 a. d. frz. des Mercier. Frkft.,
Eichenbergiſche Erben 1775. S 41 b
Die Schule der Liebhaber. L. 5 u. d. Engl. des Whitehead [von Hofrat
Bode]. Hamburg, Bohn 1771. S 41 c
Die Schweizerfamilie. O. 3 von Caſtelli, Muſik von Weigl. Wien, Wallis-
hauſer 1810. N 47
Semiramis. O. 3 von Desriaux (nach Voltaire), überſ. von Caſtelli. Muſik
von Catel. 2. Aufl. Wien, Strauß o. J. N 51 a u. b

Das Singspiel. Sg. 1 von Treitschke n. d. Frz. Musik von Della Maria. Wien, Wallishauser 1803. N 18

Sophie oder Der gerechte Fürst. S. 3 von Heinr. Ferd. Möller, Mitglied der Seilerischen Gesellsch. Lpzg., Böhme 1777. S 41 p

Die Stärke der väterlichen Liebe. S. 3 [von Franz Joseph Sebastiani]. Mh., churf. Hofbuchhdlg. 1769. [Die Mannh. Besetzung ist beigedruckt.] S 41 h

Stern, Zepter, Blume oder Der Stern von Sevilla. Der beste Richter ist der König. Das Krugmädchen. Von Lope de Vega, hg. von Ernst Friedr. Georg Otto v. d. Malsburg. Dresden, Hilscher 1824. S 156

Taddädl der dreißigjährige ABC-Schütz. P. 3 von Hensler, Musik v. Wenzel Müller. Wien, Schmidt 1799. N 54

Das tartarische Gesetz. S. 2 mit Gesang. Lpzg., Dyk 1779. S 41 o

Temperamente. L. 3. Auf der Ackermannschen Schaubühne in Hamburg aufgeführt. Hambg., Herold 1777. S 41 p

Die Temperamente. Kom. O. 1 von Seyfried (nach dem Irato des Marsollier), Musik von Méhul. Wien, Schmidt 1803. N 10

Die tiefe Trauer. Opt. 1 n. d. Frz., Musik von Berton. N 25

Tom Jones. Kom. O. 3 a. d. Frz. [übers. v. Gotter]. Mh., Schwan 1772. S 95

Der türkische Arzt. O. 1 von Villiers u. Armand-Gouste, Musik von Isouard. Wien, Schmidt 1804. N 24

Der Turm von Gothenburg. O. 3 von Marsollier, Musik von d'Allayrac. Wien, Schönfeld 1803. N 11

Die Uniform. O. 2 von Weigl. Mannheim, Mittell o. J. N 52

Untreue aus Liebe. Romant. O. 2 von Stegmayer, Musik von Seyfried. Wien, Schmidt 1805. N 28 u. 29

Die unvermutete Zusammenkunft oder Die Pilgrime von Mekka. Sg. 3 a. d. Frz. des Doncourt, Musik von Gluck. Wien, Wallishauser 1807. N 40

Die Verkleidung. L. 3 [nach Marivaux Le jeu de l'amour et du hazard bearb. von Schwan?] Mannheim, C. F. Schwan 1777. S 41 1

Der Verleumder. Comödie n. d. Frz. d. Destouches. Dresd., Walther 1778. S 41 d

Die Vestalin. O. 3 von Seyfried (nach Jouy), Musik von Spontini. N 45

Die wandernden Komödianten. O. 2 nach Picard von Treitschke. Musik v. Devienne. Wien, Wallishauser 1805. N 33

Der Westindier. L. 5 a. d. Engl. des Cumberland. 2. Aufl. Hamburg, Bode 1775. S 41 f

Wilhelmine von Blondheim. Tr. 3. Gotha, Ettinger 1775. S 41 g

Die zu zärtliche Zurückhaltung. L. 5 a. d. Engl. des Hugh Kelly. Kgsberg, Kanter o. J. S 41 e

Zwei Posten. Kom. Sg. 3 von Treitschke (nach Dupaty), Musik von Tarchi. Wien, Wallishauser 1804. N 26 a u. b

Das zweite Kapitel. Kom. Sg. 1 von Treitschke (nach Dupaty), Musik von Solié. Wien, Wallishauser 1803. N 17 a u. b

Nachtrag II.

Verschiedenes. Litterarhistorische, biographische Werke, Nachschlagebücher u. ä.

Biographisches.

Lessings Leben nebst seinem noch übrigen theatr. Nachlasse. Herausg. von K. G. Lessing. I. Teil. Berlin, Voß 1793.   S 23
Friedrich Ludwig Schröder, Biographie von F. L. W. Meyer. 2 Bde. Hamb., Hoffmann u. Campe 1819.   S 96
Seydelmanns Leben und Wirken von Dr. Heinr. Theodor Rötscher. Berlin, Duncker 1845.   S 225

Dramaturgisches.

Lessing, Hamburgische Dramaturgie. 2 Bde. (in 1). Hamburg, in Commission bey J. H. Cramer in Bremen 1. Mai 1767—19. April 1768. Originalausgabe.   S 229
Gotth. Ephr. Lessings theatr. Bibliothek. 4 Teile in 2 Bden. Berlin, Voß 1754/55.   S 24
Dramaturgische Fragmente von Joh. Friedr. Schink. 3 Bde. Graz 1781—1782 und 4 Bde. ebenda.   S 14 u. 230
Dramaturgische Aphorismen von Fr. Ludw. Schmidt. 3 Bde. Hamburg, Hoffmann u. Campe 1820, 1828, 1834.   S 239
Ludwig Tieck, Dramaturgische Blätter. 2 Bde. Breslau, Max u. Comp. 1826.   S 235
Zimmermann, Dramaturgische Blätter für Hamburg, hg. von F. G. Zimmermann, Professor. 4 Bde. Hamburg, Hoffmann u. Campe 1821—22. S 236
Fr. Gottl. Zimmermanns Dramaturgie, hg. von Georg Lotz. 2 Bde. Hamb., Herold 1840.   S 237

Kostümwesen u. ä.

M. Danet, l'art d'armes. 2 Bde. Paris 1756/57.   S 333
Gallerie dramatique: Costumes des Théâtres de Paris par M. M. Dollet, Lacauchie et L. Lassalle. Paris, Maison Martinet, Haute-coeur frères [ca. 1845—1860]. 1000 colorierte Kostümbilder, lose in 9 Enveloppes à 100 Nummern. Sehr schöne und wertvolle Sammlung, aber leider nicht ganz vollständig. Viele Nummern fehlen, einige sind doppelt vorhanden.*)   S 325 a

---

*) Außer den folgenden Kostümwerken besitzt das Mannheimer Theater aus älterer Zeit noch das überaus wertvolle, in Aquarellfarben ausgeführte Kostümwerk des Ferraris, von dem nur noch wenige Exemplare existieren. Dasselbe ist im Intendanz-Zimmer des Hofth. aufgestellt.

Koſtümbilderſammlung aus dem Verlag von Hautecoeur-Martinet, Paris. Nach Pariſer Aufführungen, Mitte des XIX. Jhdts. Die Bilder ſind koloriert und mit dem Namen des Darſtellers und ſeiner Rolle verſehen. In 6 Bänden geb. Enthält: I.: Nr. 584—826; II.: Nr. 828—957; III.: Nr. 958—1100; IV.: Nr. 1101—1263; V.: Nr. 1264—1446; VI.: Nr. 1447—1596. Dazu noch ein Bündel ungebundener Bilder 1597—1635. Hier wie in den 6 Bänden fehlen einzelne Nummern. (Jeder Band enthält einen hdſchr. Eintrag auf der erſten Seite über die Blätterzahl und den Ankaufswert. Das Blatt koſtete 10 Kr. Der Wert jedes Bandes iſt durchſchnittlich 25 Gulden.) S 325

Koſtümbilderſammlung enthält: 1. Coſtüm des Ritterſchauſpiels Klara von Hoheneichen nach der Churfürſtlichen Büne zu Mannheim (das nächſte Heftgen enthält das Coſtüm der Oper Ritter Roland). Herausgegeben und zu haben bei Franz Wolf, Kupferſtecher in Mannheim 1795. Darin folg. kolorierte Bilder: Ursmar von Adelungen, Klara von Hoheneichen, Heinrich von Thüringen, Otto von Schönborn, Bruno von Hildersweil, Ullo, Robert, Willibald, Marie; 2. Coſtüm der Operette Die Entführung aus dem Serail nach der Churfürſtl. Bühne zu Mannheim (das nächſte Heftgen enthält das Coſtüm des Schauſpiels Die Sonnenjungfrau). Herausgegeben und zu haben bey Franz Wolf, Kupferſtecher in Mannheim 1796. Ende der erſten Sammlung. Darin folg. kolorierte Bilder: Selim, Belmonte, Konſtanze, Blonde, Pedrillo, Osmin, Klaas; 3. Coſtüm des Trauerſpiels Graf von Eſſex nach der Churfürſtlichen Bühne zu Mannheim (das nächſte Heftgen enthält das Coſtüm der Operette Die Entführung aus dem Serail). Herausgegeben und zu haben bey Franz Wolff, Kupferſtecher in Mannheim 1796. Darin folg. kolorierte Bilder: Eliſabeth, Gräfin Nottingham, Rottland, Eſſex, Southampton, Sir Walther, Lord Burleigh, Lieutenant des Tower, ein Offizier. S 367

Das Koſtüm der meiſten Völker des Altertums durch Kunſtwerke dargeſtellt und erwieſen von Andreas Lens. Aus dem Frz. überſetzt, berichtigt, mit Zuſätzen u. Vorrede begleitet von Georg Heinr. Martini, mit 57 Kupfertafeln. Dresden, Walther 1784. S 133

Über den Gebrauch der falſchen Haare und Perrücken in alten und neuern Zeiten von Friedrich Nicolai. Berlin u. Stettin 1801. S 232

Verſuch über das Koſtüm der vorzüglichſten Völker des Alterthums, des Mittelalters und der neueren Zeiten. Nach den bewährteſten Schriftſtellern bearb. von Robert v. Spalart, auf eigene Koſten hg. von Ignatz Albrecht. Wien, Joſeph Eder 1796—98. I, 1. I, 2 u. I, 3 mit je einem Bd. kolor. Abbildungen, ferner noch zwei: II, 1 u. II, 2 bezeichnete Bände kolor. Abb. ſowie 5 Querfoliobände kolor. Tafeln, bezeichnet: I, 1. I, 2. II, 1. II, 2. II, 3. S 825 b

Theorie 2c.

[Grüner.] Kunſt der Scenik von Franz von Akáts, genannt Grüner. Wien, Mausberger 1841. S 243

[Quandt.] Verſuch, durch pſichologiſch-äſthetiſches Gemeinprincip für wahre Menſchendarſtellung auf der Bühne, den Beruf zu ihr aus ihren Forderungen herzuleiten von Daniel Gottlieb Quandt. Nürnb., Grottenauer 1803. S 130

[Sievers.] Schauspieler-Studien, Handbuch von G. L. P. Sievers. Braunschweig, Litterarisches Museum. S 238

[Thürnagel.] Theorie der Schauspielkunst von Thürnagel, großh. bad. Hofschauspieler. Heidelberg, Oswald 1836. S 241

Verschiedenes.

Description de ce qui il y a d'intéressant et de curieux dans la ville de Mannheim. Mannheim, à l'imprimerie de la cour et de l'académie 1794. S 302 a

Düringer, Theaterlexikon. Theoretisch-praktisches Handbuch, hg. von Ph. J. Düringer, Regisseur u. H. Bartels, Inspektor am Theater zu Leipzig. Mit 8 Tafeln Abbildungen. Lpzg., Otto Wigand 1841. S 195

Handbuch der deutschen Litteratur seit der Mitte des achtzehnten Jahrhunderts bis auf die neueste Zeit (Bibliographie) von Joh. Samuel Ersch. 8 Bde. Amsterdam u. Lpzg. 1812. S 114

Hof- und Staatshandbuch des Großherzogtums Baden. Jahrgänge 1845, 1846, 1847, 1850, 1853. Karlsruhe, Braun. S 199

Conversations-Lexicon oder encyclopädisches Handwörterbuch für gebildete Stände. 10 Bände in 14 u. 5 Supplementbden. 4. Aufl. Altenburg u. Lpzg., F. A. Brockhaus 1817—1820. S 188 a

Konversationslexikon der neuesten Zeit und Litteratur. 32 Hefte in 24. (4 Bde.) Lpzg., F. A. Brockhaus 1832—34. S 188

Sophie La Roche, Briefe über Mannheim. Mannh., Schwan u. Götz 1791. S 302

Litteratur- und Theater-Zeitung. I, 1—4. II, 1—4. III, 1—2. Berlin, Arnold Wever 1778, 1779, 1780. S 135

Benno Rauchenegger. Das Theater in seiner wissenschaftlichen u. nationalen Bedeutung und Behandlung. Lpzg. 1845. S 245

M. J. Schmidt's Geschichte der Deutschen. 21 Bde. u. Registerbd. Ulm, A. L. Stettin 1778—1786. S 77

Nachtrag III.

Französische und italienische Bühnenwerke.

(Diese bisher vom Theater als Requisitenbücher benutzten Drucke aus dem 17. u. 18. Jhdt. wurden der Bibliothek neuerdings erst einverleibt und folgen hier mit der Signatur R. Die einzelnen Stücke aus den verschiedenen Sammelbänden sind mit in das alphabetische Verzeichnis aufgenommen. Es ist wahrscheinlich, daß die meisten der folgenden Bücher ehemals der kurf. französischen Komödie gehörten.)

L'ambitieux et l'indiscrète. Tragi-Comédie par Destouches. Paris 1737.   R 38
L'amour diable. Comédie par Le Grand. La Haye 1710.   R 36,$_2$
Ampitryon. Com. 3 par Molière. Paris 1679.   R 57 a u. b
Aristomène. Tragédie par Mr. Marmontel. Paris, Jorry 1750. Beigeb. Réflexions sur la tragédie pour être mises à la suite d'Aristomène. Par le même auteur. Paris, Jorry 1750.   R 30

Bajazet. Tragédie par Racine. Paris, Le Monnier 1672.   R 14
Brutus. Tragédie de Voltaire. Paris.   R 36,$_1$

Le cadi dupé. Op. com. en 1 acte par l'auteur du Maitre en droit. Paris, Duchesne 1761. Beigeb.: Ariettes du cadi dupé.   R 44
Le caffé ou l'Ecossaisse. Comédie en 5 actes par Mr. Hume, traduite en français par M. de Voltaire. Genève, Frères Cramer 1770.   R 28
Catilina. Tragédie par M. de Crébillon de l'academic française. Paris, Prault fils 1749.   R 23
Cénie. Pièce en 5 actes par D'Happoncourt de Grafigny. Paris, Cailleau 1751.   R 37,$_1$
Le cocq de village. Op. com. [von Favart]. (Der Schluss hdschr.)   R 37,$_2$
Le complaisant. Comédie. Paris, Le Breton 1733.   R 20
Le compliment sans compliment. Paris, Duchesne 1761.   R 45,$_1$
Le comte d'Essex. Trag. 5 par T. Corneille.   R 54
Le comte de Warwick. Trag. 5 par M. de la Harpe.   R 51
Cosroes. Trag. 5 par Lefèvre. Paris, Duchesne 1767.   R 47
Crispin bel esprit. Comédie par le Sieur de la Tuillerie, comédien de la troupe du Roy. Paris 1682.   R 36,$_4$
Cromwell. Trag. 5. London, Libraires associés 1764.   R 53

Les dehors trompeurs ou l'homme du jour. Comédie de Boissy. Paris, Prault 1740.   R 11

Democrite. Comédie par Mr. R***.   R 36,₃

Le départ de l'opéra comique. Paris, Duchesne 1759.   R 45,₂

La double inconstance. Comédie. Paris, Flahault 1724.   R 18

L'école des bourgeois. Com. en 3 actes [par D'Allainval]. Vienne, Ghelen 1756.   R 37,₃

L'époux par superchérie. Comédie en deux actes de Mr. de Boissy. Paris, Prault fils 1744.   R 25

L'esprit du jour. Com. en 1 acte par Pierre Rousseau. Paris, Jorry u. Duchesne 1754.   R 37,₄

Les etrennes ou la bagatelle. Com. de Mr. de Boissy. Paris, Prault 1733. R 38,₄

La famille extravagante. Com. par Mr. Legrand. La Haye 1710. R 36,₂

Les faucons et les oyes de Bocace. Comédie en 3 actes. La Haye, Jean Neaulme. 12°   R 26

La fausse esclave. Opéra comique en un acte, mêlé d'Ariettes. Vienne, Ghelen 1758.   R 42

Les fausses infidélités. Com. 1 par Barthe. Amsterdam, Rey 1770. R 48

La fausse ridicule. Op. com. Liège, Broncart 1744.   R 37,₃

Le François à Londres. Com. par Mr. de Boissy. Paris, Barbou 1727. R 37,₄

La femme philosophe. Comédie en 3 actes par Mr. Teisserenc. [Liège] 1759.   R 42 beigeb.

Les femmes savantes. Com. 5 par Molière.   R 56

La fête d'Auteuil ou la fausse méprise. Com. en 3 actes par Mr. de Boissy. Paris, Clousier 1745.   R 38,₂

La fille capitaine. Com. par Montfleury. Paris, Le Monnier 1672. R 13

Les fils naturel ou les épreuves de la vertu. Comédie en 5 actes et en prose. Avec l'histoire véritable de la pièce. Amsterdam 1757.   R 27

La finta cameriera. Intermezzo per musica in due atti, frz. u. ital. Paris, Delormel 1752.   R 39,₁

La foire S. Laurent. Comédie [von Legrand].   R 36,₄

La folie du jour. Com. de Mr. de Boissy. Paris, Clousier 1745. R 38,₄

La frivolité. Com. en 1 acte par Mr. de Boissy. Paris, Duchesne 1753. (Mit Noten im Anhang.)   R 39,₂

La gageure de village. Com. 1. Paris, Duchesne 1756.   R 49

Il giocatore. Intermezzo per musica in 3 atti, frz. u. ital. Paris, Delormel 1752.   R 39,₄

Habis. Tragédie par Mad. de Gomez. Paris, Ribou 1714.   R 31

L'heureux retour. Com. 1. Paris, Prault 1744.   R 45,₃

Hippolite et Aricie. Parodie. Paris, Duchesne 1759.   R 45,₄

Les jeunes mariés. Op. com. 1 v. Parmentier u. Favard. Haag, Gosse 1755.   R 45,₃

L'important de cour. Comédie.   R 17

L'impromptu de la folie par Le Grand. Paris. Ribou, Pépingué u. Flahault 1726, (vgl. Oeuvres, Tome IV). R 19
Les impromptus de l'amour. Com. 1 par Merville. Paris, Prault 1742. R 50
L'impromptu du coeur. Opéra comique 1 par Vadé. Paris, Duchesne 1757. R 45,₆
L'ingrat. Comédie par Destouches. Paris, Le Breton 1712. R 16
Joconde. Com. en un acte. Paris, Prault 1741. R 39,₃
Jphigénie en Tauride. Trag. par M. Guymond de la Touche. Paris, Duchesne 1758. R 89,₃

Les Machabées. Trag. par De la Motte. Paris, Dupuys 1722. R 10
Il maestro di musica. Intermezzo in 2 atti, frz. u. ital. Paris, Delormel 1752. R 89,₆
Le malade imaginaire. Comédie mêlée de musique et de danses [Intermezzi] par Mr. Molière. R 84 beigeb.
Le mariage fait par lettre de change. Com. en vers et en un acte avec un divertissement. Par M. Poisson. La Haye, A. van Dole 1737. R 21
Le mariage par escalade. Op. com. Paris, Delormel u. Prault 1756. R 45,₇
Le Misanthrope. Comédie par Molière. Liège, Broncart 1703. R 15
Les moeurs du tems. Comédie en un acte [par Mr. Saurin]. Paris, Prault fils 1761. R 29
Momus philosophe. Com. 1. Amsterdam, Mortier 1750. R 52
La mort de Mandrin. Tragicomédie en 2 actes. par M. L***. Valence 1755. R 39,₇

Nanine. Com. en 3 actes. Paris, Mercier et Lambert 1749. R 40,₁
Nicaise. Opéra comique par M. Vadé. Paris, Duchesne 1757 (mit Notenbeilagen). R 43
Nina et Lindor ou les caprices du coeur. Intermède en 2 actes. [Paris], Ballard 1758. R 48 beigeb.

L'ombre. Comédie par Molière. R 34

Les petits maîtres. Comédie en 5 actes par Mr. J. V. E. La Haye. Gaspar Fritsch 1719. R 21 bgb.
Le plaisir. Com. en 1 acte. Paris, Cailleau 1749. R 38,₃
Le port de mer. Comédie. R 40,₂
Le préjuge à la mode. Comédie par Nivelle de la Chaussée. Paris, Le Breton 1735. R 12

Ramir. Com. héroique en 4 actes, tirée de l'Italien par M. Mailhol. Paris, Cuissart 1757. R 40,₃
La répétition interrompue. Op. com. Paris, Duchesne 1758. R 46
Rhadamisthe et Zenobie par M. de Crébillon 2. édition. Paris, Ribou 1711. R 32
La ruse inutile. Com. en 1 acte par Rousseau. Paris, Jorry 1749. R 38,₁

Saul. Tragédie 5 de M. Nadal. R 55

Semiramis. Tragédie (hdschr. mit Angabe der Dekorationen u. Stellungen als Regiebuch bearbeitet). R 40,₁

Le serdeau des théâtres. Comédie par M. F****. Paris, Cavellier et Pissot 1723. R 38,₃

Le suffisant. Op. com. 1 par M. Vadé. Paris, Duchesne 1753. R 46 beigeb.

Le tambour nocturne ou le mari devin. Comédie anglaise [von Addison], accommodée au théâtre français. R 24

La veuve indécise. Opéra comique de feu Mr. Vadé. Parodie de la veuve coquette. Paris, Duchesne 1759. R 44 beigeb.

Zulica. Tragédie. Paris, Duchesne 1760. R 22

[Corneille.] Le théâtre de T. Corneille. 5. partie. Paris 1692. 1. Ariane. Trag. 1690; 2. Circé. Trag. 1690; 3. La mort d'Achille. Trag. 1690; 4. D. César d'Avalos. Com.; 5. L'inconnu. Com. 1692; 6. Le comte d'Essex. Trag. 1691. 12°. R 35

[De la Fosse.] Oeuvres de théâtre de Mr. Antoine de la Fosse d'Aubigny. Paris, Guillain u. Ribou 1696 u. 1700. 1. Polixène. Trag. 1696, 2. Manlius Capitolinus. Trag.; 3. Thesée. Trag. 1700; 4. Coresus et Callirhoé. Trag. R 9

[De la Grange-Chancel.] Oeuvres de la Grange-Chancel. Tome I. Paris, Pierre Ribou 1734. Inhalt: Jugurtha; Oreste et Pylade; Méléagre; Athénais. R 2

[Hauteroche.] Hauteroche, oeuvres. Tome I u. II. Paris, Compagnie des Libraires associés 1742. Inhalt: I.: L'amant, qui ne flatte point; le soupé mal-apprêté; les nobles de province; le deuil. II.: Crispin musicien; le cocher; Crispin médecin; les apparences trompeuses. R 3

[Legrand.] Théâtre de Le Grand, Comédien du Roi. Tome II, III, IV. (in 2 Bänden). Paris, Ribou 1731. Inhalt: II.: L'usurier gentilhomme; l'aveugle clair-voyant; le roi de Cocagne; Plutus; Belphegor; le fleuve d'Oubly. Nach Seite 292 beigebunden: Cartouche ou les voleurs. La Haye, Merville 1731, aufgef. 1721. III.: Le galant coureur ou l'ouvrage d'un moment; le Ballet des 24 heures, ambigu comique; le philantrope ou l'ami de tout le monde; le triomphe du temps (passé, présent, futur). IV.: Le mauvais ménage; l'impromptu de la folie; la chasse du cerf; la nouveauté; les Amazones modernes. R 5

[Legrand.] Les comédies de M. Legrand, Comédien du Roy. Paris, Ribou 1709. 1. La foire S. Laurent; 2. la famille extravagante; 3. la femme fille et veuve; 4. l'amour diable. R 8

[Marivaux.] Comédies de Marivaux (Sammelband.) Paris, Prault. Inhalt: Le triomphe de Plutus. 1739; Le triomphe de l'amour. 1732; L'école des mères; L'heureux stratagéme. 1733. **R 7**

[Montereau.] Montereau, oeuvres. Tome I. (Piéces italiennes.) Paris, Briasson 1749 (in 4 Bänden). Inhalt: 1. Le port à l'Anglois ou les nouvelles débarquées. Comédie en 3 actes; 2. L'amante romanesque ou la capricieuse. Comédie en 3 actes; 3. Les amans ignorans. Comédie en 3 actes. **R 1**

[Montfleury.] Les oeuvres de Montfleury. Tome I. Paris, David 1705. Inhalt: La femme juge et partie, comédie. L'ambigu comique ou les amours de Didon et d'Aenée, tragédie en 3 actes mêlée de trois intermèdes comiques (1. le nouveau marié; 2. Dom Pasquin d'Avalos et le semblable à soi-même). La mort d'Asdrubale, trag. Trigaudin ou Martin Braillard, com. L'école des filles, com. Le mariage de rien, com. Le procès de la femme juge et partie, com. **R 6**

[Racine.] Racine, oeuvres. Tome I, nouvelle édition. Amsterdam, Bernard 1722 (mit Kupfern). Inhalt: La vie de Racine; La nymphe de la Seine, Ode; Lettre de Racine à l'auteur des hérésies etc., La Thébaide ou les frères ennemis; Alexandre le Grand; Andromaque; Britannicus; Bérénice; Les plaideurs; Discours prononcé dans l'académie française à la réception de Messieurs Thom. Corneille et de Bergeret par Racine; Idylle sur la paix; Remarques sur les pièces de Racine contenues dans le premier volume de ses oeuvres. **R 4**

Komödien. (Titel u. S. 1—16 fehlt.) 1. Les vacances (unvollst.); 2. Renaud et Armide; 3. La loterie; 4. Le Charivary; 5. Le retour des officiers; 6. Les curieux de Compiegne; 7. Le mary retrouvé; 8. Prolog u. Divertissement zu L'inconnu. **R 41**

The Spectator. Vol.: I. II. III. IV. V. VI. VII. VIII. IX. 1. März 1711 — 3. August 1715. No. 1—695. London, Buckley and Tonson. (I. u. II.: 3. edition 1714; III.: 2. edition 1714; IV. V. VI. VII.: 1713; VIII. u. IX.: 1715.) **R a**

Beilage.

Bemerkungen über die wichtigsten Manuskripte der Theaterbibliothek.

(In alphabetischer Reihenfolge entsprechend der Anordnung des Katalogs.)

Coriolan, Tr. 5 von Shakespeare (M 172).

Das Manuskript umfaßt 166 beschr. Quartseiten und ist geschrieben vom Souffleur und Kopisten Trinkle im Nov. 1789. Die Rollen wurden, wie sich aus den Rechnungen Trinkles in den Kassenbelegbänden ergiebt, im März 1790 ausgeschrieben; Nachtrag zu den Rollen Februar 1791; aufgeführt wurde diese Mannh. Bearbeitung, die (auch von Genée S. 287) ohne hinreichenden Anhaltspunkt Dalberg zugeschrieben wird, nur einmal: am 20. März 1791. Das Stück gefiel gar nicht und wurde alsbald wieder vom Spielplan abgesetzt. „Werden wir uns wundern", sagt Koffka S. 194, „wenn Dalberg damit seine Bemühungen, Shakespeare auf dem Repertoir heimisch zu machen, schloß?" Vorliegende Bearbeitung, die durchgehends in Prosa gehalten ist, verfährt sehr frei mit dem Shakespeareschen Original und leistet an Ausscheidungen, Zusammenziehungen und Zuthaten alles mögliche. Sie ist nichts weniger als hervorragend und glücklich zu nennen, was um so mehr ins Gewicht fällt, als eine Coriolanbearbeitung keine allzugroßen Schwierigkeiten in sich trägt und auch nicht die einschneidenden Veränderungen erfordert, die der Mannheimer Bearbeiter für nötig hielt. Einige der wirksamsten und bedeutendsten Scenen wie III, 1, III, 3 u. III, 5 sind ganz weggeblieben; dafür sind andere neu hinzugefügt wie der letzte Teil des 3. Akts der Bearbeitung. Von den Personen sind Titus Lartius, Cominius und Valeria gestrichen, dafür ist eine weitere Person, Priscus, ein Freund des Aufidius, neu eingefügt. Vgl. den Flavius der Schinkschen Bearbeitung.[1]) Auf S. 128 des

---

[1]) Der Mannheimer Bearbeiter kennt offenbar die Schinksche Bearbeitung, hält sich aber im einzelnen selbständig. — Bereits 1779 erschien in Mh. eine anonyme Prosaübersetzung des Coriolan. Genée 266.

Manuskripts ist eine Streichung und eine kleine Korrektur von Rennschübs Hand zu konstatieren, und zwar in den Worten des Priscus, den Rennschüb spielte. Folgende Vergleichung der Bearbeitung mit dem Original wird den Charakter jener ziemlich deutlich darthun.

I. Akt. Zimmer bei Coriolan: 1. Scene: Volumnia, Virgilia, d. kl. Marcius; frei benutzt I, 3; 2. Scene: Vorige, Menenius, der die Siege des Coriolan über die Volsker erzählt; aus I, 3 ist bezüglich des kleinen Marcius die Geschichte vom Schmetterling verwendet; 3. Scene: Bürger dringen ein; Benutzung von I, 1; 4. Scene: Bote meldet die siegreiche Heimkehr des Coriolan, die Schlachtscenen sind ganz weggefallen; 5. Scene: Menenius erzählt die Fabel vom Magen und den rebellischen Gliedern (wo Shakespeare ihn zu einem Bürger sagen läßt: „Du große Zeh in dieser Ratsversammlung" heißt es in der Bearbeitung: „Du der kleine Finger dieser Versammlung" — was als ein Beispiel dafür dienen möge, daß der Bearbeiter auch die urwüchsige Kraft der Sprache des Originals nicht zu wahren gewußt oder beizubehalten gewagt hat); 6. Scene: Sicinius, Brutus, Volk; 7. Scene: Coriolan, Volumnia, Virgilia, Marcius, Volk. Benutzung von II, 1, dann Anrede Coriolans aus Volk nach der Anrede in I, 1; 8. Scene: Brutus, Sicinius.

II. Akt. a) Zimmer bei Coriolan: 1. Volumnia, Virgilia; 2. Vorige, Menenius; 3. Coriolan; 4. Sicinius, Brutus, Vorige. (In Scene 2—4 Erzählung der ausgefallenen Senatscene II, 2). b) Marktplatz: 5., 6. u. 7. ungefähr II, 3 entsprechend. c) Zimmer bei Coriolan: 8. Volumnia, Virgilia; 9. Menenius erzählt (!) die große Scene III, 1; 10. Coriolan nimmt Abschied. III, 3—5 ganz weggeblieben.

III. Akt. Bei Aufidius: 1. Aufidius Monolog; 2. Aufidius u. Priscus; 3. Coriolan u. Diener, vgl. IV, 3 Anfang; 4. Coriolan, Monolog. Vgl. IV, 2 Schluß; 5. Coriolan, Aufidius. Vgl. IV, 3; 6. Vorige, Priscus; 7. Priscus, Diener. Schluß von IV, 3 benutzt; 8. u. 9. Weihe des Coriolan zum Feldherrn, Opfer u. dgl. freie Zuthat; 10. Aufidius u. Priscus. (Ersatz für IV, 5).

IV. Akt. a) In Rom, Coriolans Haus: 1. u. 2. Menenius und Volumnia versprechen zu Coriolan zu gehen. b) Volskisches Lager: 3. Aufidius und Priscus (fortf. des Gesprächs III, 10 der Bearb.); 4. Coriolan und Aufidius (Differenzen); 5. Menenius abgewiesen. Vgl. V, 2.

V. Akt. Volskisches Lager: 1. Aufidius, Priscus. Das Nahen der Volumnia und Virgilia gemeldet; 2. Coriolan, Vorige. Vgl. V, 3 Anfang; 3. Vorige, Volumnia, Virgilia ꝛc. Vgl. V, 3. Hieran direkt angeschlossen der Tod des Coriolan, der im Kampf gegen Aufidius und die Seinen fällt.

Die ersten Darsteller des Stückes in Mannheim waren nach dem Zettel vom 20. März 1791: Coriolan—Boek, Virgilia—Mad. Ritter, Volumnia—Mad. Rennschüb, der junge Marcius—Mlle. Nicola, Menenius—Beil, Sicinius—Müller, Brutus—Ifland, Aufidius—Beck, Priscus—Rennschüb.

Don Carlos, Tr. 5 von Schiller. (M 128.)

Soufflier-Manuskript mit 229 Quartblättern, unregelmäßig paginiert bis Seite 495. Den Theater-Rechnungen zufolge vom Souffleur und Kopisten Trinkle im Dezember 1787 geschrieben (495 Seiten, Kopiegebühr 8 fl. 15 kr.). Im Januar 1788 wurden die Rollen ausgeschrieben, im Februar 1788 berechnet Trinkle für 35 Seiten „Abänderung des Don Carlos" und im März 1788 für 78 Seiten „zweimalige Abänderung des Don Carlos" sein Honorar. Die erste Aufführung fand am 6. April 1788 statt. Außer diesem Manuskript besitzt die Mannheimer Theater-Bibliothek noch die gedruckte Ausgabe: Dom Karlos, Infant von Spanien von Friedrich Schiller. Leipzig bei Georg Joachim Göschen 1787. 505 S. (G 200), abgedruckt in der großen Cottaschen Schillerausgabe V, 2, 142ff., worin Herm. Sauppe den Don Carlos in einer Prosa- und in einer Versbearbeitung mitteilt. Das wichtige Mh. Mskr. ist in dieser Schillerausgabe unberücksichtigt geblieben. Die Cottasche Verlagshandlung war zwar im Besitz einer von Arnold Schloenbach[1]) gefertigten Abschrift des Mh. Mskr., aber dieselbe war unbrauchbar. Gödeke sagt im Vorwort des bezeichneten Bandes: „Bei genauerer Prüfung fand sich, daß die Abschrift weder zuverlässig im Einzelnen, noch überhaupt von Wert im Ganzen war, da die Bearbeitung für das Theater wesentlich nur eine Abkürzung war, um das umfangreiche Stück der ersten Gesamtausgabe so zusammenzudrängen, daß es einen Theaterabend nicht zu sehr in die Nacht verlängere. Es war deshalb überflüssig, genauere Rechenschaft darüber zu geben."

Dagegen hat sich Dr. W. Vollmer, der das Mannheimer Don Carlos-Manuskript 1879 zur Kollationierung erhielt, in seiner gründlichen kritischen Ausgabe des Don Carlos (Stuttgart, Cotta 1880), die den Text der Druckausgabe von 1787 (Lpzg., Göschen) zu Grunde legt, der Mühe unterzogen, die Varianten des Mannheimer Soufflierbuchs genau anzuführen und dieses selbst einer sorgfältigen Prüfung zu unterziehen.

Die Fassung der Ausgabe von 1787, die im April 1787 zum Druck befördert wurde und etwa im Juli desselben Jahres fertig vorlag, war von Schiller nicht für die Bühne bestimmt. Für die Bühne arbeitete Schiller den Don Carlos in zwei Fassungen um: in Jamben und in Prosa; beide entstanden ziemlich gleichzeitig und ein wenig früher als die Druckredaktion. Beide Theaterbearbeitungen[2]) waren nicht für den Druck bestimmt und wurden den Bühnen nur handschriftlich mitgeteilt (vgl. Jonas, Briefe Schillers I, 334). Später, im Jahre 1801, nahm Schiller noch eine Überarbeitung vor und diese Form des Stückes betrachtete er als die endgültig für die theatralische Wiedergabe geeignete.

Das Mannheimer Manuskript ist ebenfalls wie das des Hamburger Theaters (über das Vollmer a. a. O. LV nachträglich berichtet) eine Jamben-

---

[1]) Derselbe hat auch in seinem Dresdener Schillerbuch 1860 S. 127ff. einiges aus dem Mh. Carlosmskrpt. mitgeteilt.

[2]) Von diesen liegt die Prosabearbeitung in zwei Redaktionen vor: in der einen ist der Beichtvater Domingo durch den Staatssekretär Perez ersetzt. Die Perezredaktion ist veröffentlicht: Cottasche Ausgabe, Bd. V.

fassung. Bereits am 21. April 1787 schreibt Schiller an Körner (Jonas 1,338): "Der Carlos ist für Mannheim angenommen" und am 19. Oktober 1787 an denselben: er solle Huber sagen, daß Dalberg den Carlos geben werde. (Jonas 1,426.) Jedoch dauerte es noch bis zum 6. April 1788, bis der Don Carlos zum erstenmal über die Mannheimer Bühne ging. Der Grund dieser Verzögerung lag in mehrfachen Abänderungen, die auch durch die obenangeführten Trinkleschen Rechnungsposten bewiesen sind. Bereits Vollmer erkannte aus inneren Gründen, daß das Manuskript in Mannheim angefertigt worden ist, worüber jetzt gar kein Zweifel mehr möglich ist.

Erst im Anfang des Jahres 1788 trat Dalberg der Aufführung des Don Carlos näher, denn erst im Januar 1788 wurden die Rollen ausgeschrieben. Dann wurden noch zweimalige Abänderungen vorgenommen, bis das Stück einstudiert wurde. Diese Abänderungen rührten von Dalberg selbst her, wie Schiller in seinen Briefen (2, 52 u. 56) bezeugt.

Die erste Aufführung des Don Carlos in Mannheim [1]) hatte nicht den Erfolg, den man erwartete. Schiller äußert sich darüber von Weimar aus am 25. April 1788 (Jonas 2,51): "Von Mannheim habe ich Nachricht, daß der Carlos dort gegeben worden, aber bey weitem das nicht gethan hat, was man von ihm erwartete. Dalberg setzt es in die verfehlte Einheit und in die Unverständlichkeit des Plans. Beck klagt die Chikane der Direktion und das äußerst schlechte Spiel gewisser Schauspieler an. Du wirst wissen, was aus beydem zu nehmen ist. Etwas mag freylich von Außendingen bewirkt worden seyn. So ließ Dalberg zum Beispiel (ganz gegen mein Mscrpt, und ich weiß gar nicht zu was Ende! oder woher er die Bravour hat?) den Domingo (den ich in einen Staatssekretär Perez verwandelte) [2]) als Jesuiten auftreten. Alles murmelte sich zu: Pater Frank! [3]) und dieser Umstand allein hätte dem Stück in einer Stadt wie Mannheim den Hals brechen können, wenn ich nicht eben soviele Gründe dazu in seiner inneren Structur fände. Ifland soll den König geheult, Bök den Marquis aber gut, vorzüglich gut gespielt haben. Die Königin habe niemand verstanden, weil die Schauspielerin leise und unvernehmlich sprach. Domingo soll ein Hanswurst gespielt haben. Mit Beck war man, und auch Dalberg, Schwan und andere, sehr zufrieden." Schiller scheint danach von Dalberg und Beck über den Erfolg der Mannheimer Aufführung brieflich unterrichtet worden zu sein. Auch Schwan schrieb ihm, dem er am 2. Mai 1788 ausführlich antwortet (Jonas 2,55). Er sagt in diesem Briefe u. a.: ". . Indessen höre ich, daß die zweyte Vorstellung besser ausgefallen sey als die erste. Entweder kommt das von den Veränderungen, die

---

[1]) Die Besetzung war folgende: Philipp — Iffland, Elisabeth — Md. Ritter, Carlos — Beck, Posa — Boek, Alba — Beil, Domingo — Rennschüb, Eboli — Mlle. Witthöft.

[2]) Daß eine Vorlage, in der Domingo als Perez vorkommt, für die Mannheimer Souffleurabschrift benutzt wurde, geht deutlich hervor aus S. 346 u. 390 dieser Abschrift. Dieselbe hatte statt Don Perez, Staatssekretär u. s. w. überall Domingo, Kaplan, ehrwürdiger Herr Beichtvater u. s. w. eingesetzt. Dafür hat eine Rotstiftkorrektur wieder die ursprüngliche Lesung hergestellt. Dieselbe ist dann abermals durchstrichen und die Domingoversion als gültig bezeichnet. Diese Korrekturen sind jedoch nicht konsequent im ganzen Buch durchgeführt. Sie finden sich auf S. 179, 181, 216, 316 u. 390. Auf S. 346 sagt Alba: „Kaplan, Sie gehen mir?" Über Kaplan steht die mit Tinte nachgezogene Rotstiftkorrektur: Msc. Secretair (d. h. in der Manuskriptvorlage steht: Sekretär). Ebenso S. 390. Hiernach ist Vollmer S. XXX zu berichtigen.

[3]) Ein Jesuit und Günstling des Kurfürsten Karl Theodor.

Dalberg in dem Stücke gemacht hat — oder es kommt daher, daß das Publikum beim zweytenmal Dinge verstehen lernte, die es bei der ersten Vorstellung — nicht verstand."

Der Text des Mannheimer Soufflierbuchs weicht von allen vorhandenen Bearbeitungen ab; er wurde unter Benutzung des Drucks von 1787, aber auch der Perezprofabearbeitung und der Thaliafragmente hergestellt. Die vorhin angeführte Briefstelle läßt die Annahme zu, daß ein von Schiller an Dalberg gesandtes Manuskript als Hauptvorlage diente. Doch ist auffällig, daß sich in den Theaterrechnungen keine Spur über die Erwerbung, ja auch nur über das Eintreffen eines solchen Manuskripts findet.

Das Mannheimer Soufflierbuch ist in einem unglaublich strapazierten Zustand. Zu den Änderungen vor der ersten Aufführung (erkennbar durch ausgeschnittene und eingeklebte Blätter verschiedener Papiersorten) kommen Änderungen der Regisseure und Souffleure mehrerer Jahrzehnte. Über ein Dutzend verschiedener Handschriften ist darin nachzuweisen. Die gestrichenen Stellen sind häufig überklebt, oder es sind Zettel mit Zusätzen eingefügt. Auf S. 247 ist z. B. eine Stelle viermal überklebt, jeweils mit anderer Textfassung. Schwarze Tinte, rote Tinte, Rotstift und Bleistift wechseln ab. Das Gestrichene ist häufig durch den Vermerk „bleibt" wiederhergestellt, häufig ist auch auf die gedruckte Ausgabe von 1787 verwiesen.

Über den Zustand des Soufflierbuchs sei noch bemerkt: S. 1—32: von T 1 [1]) geschrieben, nach S. 32: 2. Bl. T 2, S. 34—44: T 1, S. 45—56: T 2 (Änderung der Königin-Posa Scene I, 4 nach dem Druck von 1787), nach S. 56 mit falscher Paginierung S. 53—80: T 1, der ursprüngliche Schluß des ersten Aktes ist herausgenommen. Die jetzige S. 81 ist mit der darauffolgenden S. 92 zusammengeklebt. Von S. 92 an: T 2, auf S. 110 folgt S. 119, zwischen 170 u. 171 ein blaues Blatt von fremder Hand. Nach 316 sind 3 Bl. ausgeschnitten, nach 396 ebenfalls 3 Bl. ausgeschnitten, das folgende Bl. ist neu eingeklebt, das nächstfolgende überklebt, dann folgt S. 407. S. 409 ist ganz überklebt, nach 466 2 Bl. ausgeschnitten und ein neues zusammengeklebtes Bl. eingefügt. Schlußscene S. 493—495: T 2.

Dalbergs Hand ist nirgends nachweisbar, dagegen Becks Hand an einigen Stellen, z. B. S. 164, 197, 262, 263. Eßlair: 247, 266 u. öfter. Karl Veil: sehr häufig durch das ganze Buch.[2]) Iffland (?): 56, 81, 94, 220, 250 u. ö. in kleinen Änderungen.

Am auffallendsten sind Zusätze und Korrekturen von einer Handschrift, die unbedenklich als Schillers Handschrift bezeichnet werden könnte,[3]) wenn sich dabei nicht sofort die Frage erheben würde, auf welche Weise diese Schillerschen Korrekturen in die Mannheimer Soufflierabschrift gekommen sind. Man müßte annehmen, daß einzelne Bogen dem Dichter nach Weimar, wo er sich seit Juli 1787 befand, zur Durchsicht zugeschickt worden sind. In seiner Korrespondenz befindet sich jedoch keine Spur, die darauf schließen läßt. Andererseits ist die Ähnlichkeit der Handschrift außerordentlich groß. Merk-

---

[1]) T 1 bezeichnet die erste Kopie Trinkles auf gelblichem Papier, Wasserzeichen: Das kurpfälz. Wappen. T 2 die Abänderungen von Trinkles Hand auf bläulichem Papier.

[2]) Seine Handschrift ist die von Vollmer XXVI. mit M 3 bezeichnete.

[3]) Gegen Vollmer XXVI.

würdigerweise finden sich diese Korrekturen nur im 1., 2. und 8. Akt, abgesehen von zwei Worten, die im 4. Akt geändert sind. Es handelt sich dabei durchgängig um Herstellung des Textes der Druckausgabe von 1787 bezw. um Beseitigung einiger allzustarken Striche. Diese Korrekturen finden sich auf S. 16, 17, 19, 21, 26, 27, 29, 98, 104, 105 (hier fehlt das Wort „Gefangener", vgl. Vollmer Vers 1312), 132, 170, 350 u. 351 (je ein Wort), 408 u. 409 (eine große Stelle wiederhergestellt), 430 (die in der Abschrift fehlenden Worte „aus Flandern" sind hinzugefügt), 434 (ebenso die fehlenden Worte „wird er"), 442, 444, 446 u. 447, 490, 492. Hie und da sind diese Änderungen infolge des beschränkten Raums nicht metrisch genau geschrieben.

Bei Vollmer ist aus dem Mannheimer Souffliermanuskript folgendes abgedruckt: Personenverzeichnis, I, 1. III, 3 u. 4. V, die drei letzten Scenen. Die vielen Kürzungen und kleineren Varianten[1]) können hier nicht alle angeführt werden, dagegen soll eine Besprechung der wichtigeren Änderungen ein Bild der Mannheimer Bearbeitung geben.

An I, 2 ist angefügt der Schluß von I, 9 „Arm und Arm mit dir u. s. w." Der erste Akt schließt mit Scene 6, Vers 1032 (der Vollmerschen Ausgabe).

In II, 8 liest die Eboli in einem Buch, während Carlos hereinstürzt (vgl. Prosabearbeitung).

    Eboli: Wo hab ich denn mein Buch? Er soll
        Mich überraschen.
      (Sie setzt sich geschwinde in Sofa (sic), zu lesen.)

Im Verlauf der Scene ist daher folgende Änderung nötig:

    Carlos (nimmt das Buch von der Erde): Sie haben
        Mit Lesen sich beschäftigt, schöne Fürstinn
        Darf ich mich wohl —
    Eboli (will es ihm wegnehmen): Nein! nicht doch! Nein. Es war
        Ich glaube gar, die Rede von der Liebe.
    Carlos: Der schönste Text für solche Leserinnen —
        Doch freylich nicht —
    Eboli: Nun? freylich nicht? — Sie zweifeln.
              u. s. w.

Ebenso muß Carlos später sagen:

        Vortrefflich!
    Ganz unvergleichlich, Fürstinn. Lesen Sie
    Mir diese Stelle doch noch einmal. —

Dem Monolog der Eboli folgt sogleich die Scene mit Domingo, bei der Eboli spielend (vgl. die Prosabearbeitung II, 10; sie entspricht II, 11 der Ausg. von 1787). Alles Dazwischenliegende, namentlich die Scene zwischen Alba und Domingo ist ausgefallen. Die Worte Albas V. 2305—2316 sind am Anfang der Scene zwischen Eboli, Alba und Domingo eingefügt nach 2605. Die Prinzessin antwortet: „Das ist verdächtig, Herzog!" und fährt Vers 2614 weiter. Mit dieser Scene schließt Akt II und zwar mit folgenden Worten Albas:

---

[1]) u. a. ist Roderich durchgehends ohne Rücksicht auf das Metrum in Rodrigo verwandelt.

>   Daß es bis dahin kommen muß! — Ich bin
>   In seinen Schlachten grau geworden — daß
>   Ich betteln soll bey diesen Wangen! Das —
>   Ich kanns nicht läugnen — das verdrüßt mich! Doch —
>   Doch dies Erröthen soll mit Seelenangst
>   Der Knabe mir bezahlen! — Kommen Sie!

Akt III beginnt etwas abweichend (vgl. Prosabearbeitung). Der Schluß der Scene Albas mit dem König ist stark geändert. Die Worte an den Admiral sind an den Schluß der Empfangsscene gestellt. Die Posascene spielt ebenfalls im Audienzsaal, erst eine spätere Hand hat bei III, 8 Scenenwechsel (Zimmer) verlangt. Die Einleitungsscene mit Alba III, 8 nach der Ausgabe von 1787, gekürzt. Die große Posascene enthält viele Varianten. Die Stelle von der Gedankenfreiheit war übrigens, wie aus den Rotstiftstrichen hervorgeht, bei der ersten Mannheimer Aufführung beseitigt. (Gestrichen von 3852—3888!) Akt III schließt in der ursprünglichen Lesart (vgl. Prosaredaktion):

>   König: Es ist kein verlorner in dem meinigen. Und hört Ihr, Marquis?
>   Kommt bald wieder zu mir!
>   Marquis (ab).
>   Lerma (tritt ein).
>   König (zu Lerma): Der Malthefer wird fortan nicht mehr gemeldet!
>   [verbessert: ungemeldet vorgelassen].

Akt IV beginnt mit der ersten Galleriescene zwischen Carlos und Lerma. Das Vorausgehende, darunter auch die unentbehrliche Scene Posas mit der Königin, ist weggefallen. IV, 13 und 14 weggefallen. Nach IV, 12 folgt sofort die Eboliscene, vor welcher noch ein Auftritt eingeschoben ist: derselbe entspricht IV, 14 und 15 der Ausgabe von 1787 und dem auf S. 99 der Cottaschen Prosaausgabe in der Fußnote abgedruckten zehnten Auftritt, den auch die von Dr. Albrecht 1808 veröffentlichte Prosaredaktion und das Prosa-Manuskript des Dresdener Theaterarchivs enthalten. IV, 26 ist bis 5262 getilgt. Die Eboli tritt nicht mehr auf. Der Akt schließt folgendermaßen:

>   (Man hört eine Glocke im Kabinet).
>   Lerma (eilt hinein).
>   Domingo: Weg ist er! — Da steh ich angefesselt vor Entsetzen.
>   Zwanzigster Auftritt. Vorige. Herzog Alba.
>   Alba (frohlockend aus dem Kabinet auf Domingo zueilend): Rufen Sie
>   Triumph! Das Feld ist unser.
>   Domingo: Unser?
>   Alba: Nur geschwind hinein zum Herrn! Sie sollen weiter von mir
>   hören (er eilt ab).
>   Domingo (ins Kabinet ab).

Die ungeschickte Änderung im 5. Akt statt Vers 5504:

>   In jenem Kloster der Karthäuser ist
>   ein Mönch, von dem man weiß, er hinterbringt das Majestätsgefährliche,
>   das ihm gebeichtet wird, dem König. Diesem Priester hab ich ein
>   falsch Bekenntniß abgelegt, gebeichtet hab ich ihm, daß ich, ich selbst

(geht weiter wie 5505: die Königin geliebt ꝛc.) und bei 5516 statt
„diesen Brief —": „Dieser Mönch hat, wie ich seh', schon seine Pflicht
gethan."

rührt vom Souffleur Karl Beil her und ist ohne jeden Belang. Schloenbach
hielt sie für eine Änderung Schillers (vgl. Dollmer XXVII)!

Den Auftrag des Leibarztes Merkado richtet ein Page aus (vgl. Prosabearbeitung), von der Verkleidung ist nichts gesagt. (Die Rolle des Merkado
wurde den Theaterzetteln zufolge erst 1820 eingefügt.)

Akt V., 9: Nachdem der König die Papiere durchgelesen hat, sagt er:
König: Ungesäumt soll sich das heilige Gericht versammeln,
  Ich stelle mich als Kläger selbst. (Domingo ab.)
Die Meldung des Offiziers und die Großinquisitorscene ist weggefallen.[1])
Der Schluß von V., 9 lautet nach obigen Worten:
Alba: (will gehen).
König (winkt ihn zurück und spricht dann geheim mit ihm):
  Und hört Ihr Herzog!
Alba: Sire?
König: Im Nebenzimmer also!
Alba (der bey den Worten des Königs mit Entsetzen zurück trat, ver-
beugt sich stille und antwortet mit Beben):
  Der Wille meines Herrn ist gut und weise,
  Auch wenn er schrecklich ist (ab).
König (zu einem Granden [Lerma übergeschr.]):
  Laßt meine Garden unter die Waffen treten
  und des weiteren gewärtig seyn. — Euch andre
  lade ich zu einem Schauspiel neuer Art! Folgt mir!
  (Lerma ab.) Und richtet zwischen mir und
  meinem Blute! (ab).

Darauf folgt die Scene im Zimmer der Königin. Der abweichende
Schluß des Dramas lautet folgendermaßen:
Der König (tritt zwischen ihnen): Es ist Dein letzter!
Königin (sinkt ohnmächtig nieder; ein gebrochener Laut des Entsetzens):
  Gott!
Carlos: Ist sie todt? — (faßt sie auf) O Himmel und Erde!
Die Granden (treten herzu und stehen in einem halben Kreis um den
  König und Dom Karlos herum).
(Eine allgemeine pantomimische Pause.)
König (mit einer fürchterlichen Ruhe): Spanier, das war mein Sohn!
  In seinen Armen fand ich Eure Königinn.
Alle (stehen stumm).
(Lange Pause.)
Carlos (indessen sich fassend): Der Schein
  Klagt wider uns — ich weiß zu meiner
  Rettung nichts zu sagen! Nichts!

---

[1]) Erst 1827 wurde mit der Einfügung der Rolle des Großinquisitors der vulgäre Schluß
hergestellt.

>   Der Schein verdammt uns! — Wir sind überwiesen
>   Vor Menschen; aber droben ist ein Gott,
>   Der das Verborgne richtet.
>
> König: Mache Dich
>   Bereit, in dieser kommenden Minute
>   Vor ihm zu stehn! [Von hier an T 2 auf bläul. Papier.]
> (Die Granden schrecken zusammen und ein Laut des Schmerzens durchläuft die ganze Versammlung.)
> Carlos (edel und gefaßt): Wer richtet mich?
> Der König: Die Kirche.
> Carlos (verhüllt das Gesicht): Ich bin verloren.
> Die Granden (dem König zu Füßen fallend): Gnade ihrem Kinde!
>   Ihr eignes Blut ist es, das Sie vergießen.
> König: Es ist vergiftet.
> (Er giebt einen Wink und eilt ab.)
> (Die Sbirren treten ein und umgeben den Prinzen.)
> Die Granden (weichen mit ehrerbietigem Schrecken zurück).
> Carlos (wendet sich nochmals zur Königin und stürzt mit wankendem
>   Knie vor ihr nieder).
> (Der Sbirren Anführer berührt ihn mit seinem Stabe — Carlos steht
>   auf, wird von den Sbirren umgeben — wenn sie in der Thüre
>   sind — fällt der Vorhang.)

In dem Hauptbuch des Mannheimer Theaters (III, 184), wo dieses Mskr. als Soufflierbuch bezeichnet ist — danach noch 1817 in praktischem Gebrauch — findet sich folgende scenische Anordnung des Stückes:

I. Akt: 1. königl. Garten. — II. Akt: 2. Audienzsaal; 3. Vorzimmer der Königin; 4. Kabinet der Eboli. — III. Akt: 5. Kabinet des Königs; 6. = Nr. 2 Audienzsaal; 7. = Nr. 5 Kabinet des Königs. — IV. Akt: 8. Gallerie; 9. = Nr. 5 Kabinet des Königs; 10. = Nr. 4 Kabinet der Eboli; 11. Nr. 3 Vorzimmer der Königin; 12. = Nr. 5 Kabinet des Königs. — V. Akt: 13. Zimmer mit Gitterthüre; 14. = Nr. 5 Kabinet des Königs; 15. Nr. 3 Vorzimmer der Königin. (4 Fackeln, 2 weiße Stäbe, 6 Masken für die Sbirren.)

Egmont. Tr. 3 von Goethe, Schillersche Bearbeitung.
(M 372. Ein zweites Mskr. M 663 fehlt.)

Das vorliegende Manuskript auf 299 Seiten (danach wurde der Egmont 1806—1824 in Mannheim aufgeführt) ist eine dreiaktige Bühnenbearbeitung des Goetheschen Schauspiels von Schiller (vgl. Schloenbach, Schillerbuch 133), die viele Verkürzungen und Zusammenziehungen aufzuweisen hat. Margaretha v. Parma und Macchiavell sind ausgeschieden, ihre Scenen fehlen. An die erste Volksscene des I. Akts (mit dem Auftreten Egmonts) ist unmittelbar ohne Verwandlung die erste des II. Akts angeschlossen. Dann Zimmer bei Egmont: Scenen Egmonts mit dem Sekretär und mit Oranien. Damit schließt der I. Akt. Der II. Akt beginnt mit der Volksscene IV, 1. Dann Verwandlung: bei Klärchen; die Klärchenscenen des I. u. III. Akts sind zusammengezogen mit mannigfachen Änderungen. Dann folgen die Scenen bei Alba aus dem IV. Akt. Sodann, immer noch im II. Akt der Bearbeitung, die den V. Akt eröffnenden Straßenscenen. Mit dem Abgang Klärchens und Brackenburgs schließt der II. Akt. Der III. Akt beginnt mit den letzten Klärchenscenen. Dann folgt[1]) der Monolog Egmonts im Gefängnis, der mit der letzten Gefängnisscene zusammengelegt ist.

Sehr beachtenswert ist, daß am Schluß die Erscheinung Klärchens, gegen die sich Schiller ausgesprochen hat, wegbleibt; dafür beschreibt Egmont, was er im Traume gesehen. Wir setzen diese Stelle hierher:

„... und hören auf zu seyn". (Er entschläft: Die Musik vom Orchester begleitet seinen Schlummer und wird zuletzt vom kriegerischen Spiel hinter der Scene unterbrochen. Von dem Getöse der Trommeln erwacht Egmont, greift nach dem Haupte und scheint sich mit Mühe zu besinnen. Endlich steht er auf; die Musik schweigt; er kommt vorwärts). Verschwunden ist der Kranz — ein Traum hat mich getäuscht! Ein paradiesisch schöner Traum! — Ich sahe sie — zu mir herunter stieg ein göttliches Bild — es kam von oben — doch hatt' es alle Züge meiner Klara. — Sie schwang die Siegespalme mir entgegen — zeigte mir von fern ein frölich Volk zum lauten Ufer wimmelnd und Segel zahlenlos im Winde flatternd, und drückte leise mir den Lorbeer auf das Haupt — Es war mein Klärchen, war mein Vaterland. Zusammen in ein Bildniß flossen sie, die beyden schönsten Freuden meines Herzens. In einem ernsten Augenblick erschienen sie vereinigt, ernster noch als lieblich" u. s. w. wie im gewöhnlichen Text.

Die hier vorliegende Bearbeitung entspricht derjenigen, die Schiller 1796, als Iffland in Weimar gastierte, mit dem Egmont vornahm. Vgl. Bötticher, Entwicklung des Ifflandischen Spiels 1796, S. 364 und Goethe selbst in dem Aufsatz: Ein Vorsatz Schillers und was daraus erfolget (Werke, Cotta 1867 Bd. 31, S. 290 ff). Daselbst findet sich die Scenenfolge des in 5 Akte abgeteilten Stückes; Goethe schreibt dazu: „Daß auch Schiller bei seiner Redaktion grausam verfahren, davon überzeugt man sich bei Vergleichung nachstehender Scenenfolge mit dem gedruckten Stücke selbst. Die persönliche Gegenwart der Regentin zum Beispiel vermißt unser Publikum ungern; und doch ist in Schillers Arbeit eine solche Konsequenz, daß man nicht gewagt hat, sie wieder einzulegen." Auch Bötticher schreibt: „Sehr ungern mißte man die Scene zwischen Macchiavell und Margaretha, da gerade durch diese Unterredung das Ganze Gewicht und Interesse erhält. Statt dieser Abkürzungen waren verschiedene neue Auftritte hinzugekommen. Die Erscheinung des Sekretärs während Egmonts Unterredung und das, was

---

[1]) Bei der Verwandlung findet sich im Buch folgende Regiebemerkung: „Sobald das Licht erloschen ist, verwandelt sich die Scene in Egmonts Gefängnis. Das Verwandlungszeichen wird mit der Papierrolle gegeben." Durch dieses Zeichen, das der Souffleur oder der Regisseur gab, sollte das Klingelsignal ersetzt werden.

Egmont dabei sagt, sollte der Unterredung eine andere Wendung und einen von dem jetzigen ganz verschiedenen Ausgang geben. Noch unbefriedigender ist die zweite Dazwischenkunft des Sekretärs bei Klärchen. Die dadurch veranlaßte Scene dreht sich doch nur in Wiederholungen herum, und Egmont wird ein Großsprecher wie Fiesko. Der Einfall, den Grafen noch zum zweiten und dritten Mal warnen zu lassen, scheint sehr gewagt. Was Oranien sieht, darf Egmont übersehen, ohne weniger unser Held zu sein. Aber wenn ein Mädchen und ein Schreiber weiter sieht als er, so ist er ein gar zu blödsinniger Thor . . ."

Fiesko, Tr. 5 von Schiller. (M 68.)

Das Mannheimer Fieskomanuskript enthält 381 beschriebene Quartseiten und trägt den Titel: Die Verschwörung des Fiesko zu Genua. Ein Trauerspiel in fünf Akten für die Mannheimer Bühne von dem Verfasser: F. Schiller neu bearbeitet auf das Jahr 1784. Es ist vollständig abgedruckt in der großen Cottaschen Schillerausgabe 3, 185 ff. Der Herausgeber Dr. Vollmer erhielt das Mh. Manuskript im April und Mai 1867 zur Kopie. Das Material, das ihm zu Gebote stand, bevor ihm das Original selbst zugänglich wurde, war folgendes:

1. Der von Boas in seinen Nachträgen Bd. 3, S. 50—226 mitgeteilte Abdruck. Derselbe ist aufs nachlässigste gearbeitet; ganze Scenen sind weggelassen, einzelne Sätze ausgefallen, einzelne Worte falsch wiedergegeben u. s. w.
2. eine von Prof. Joachim Meyer in Nürnberg im Juli 1846 gemachte Kollation des Mannheimer Originals mit dem Boasschen Druck, welche in diesem ad marginem notirt ist. Dieselbe hat sich nur an den eigentlichen Text gehalten, die Orthographie dagegen unberücksichtigt gelassen.
3. eine von Arnold Schloenbach gemachte Kopie des Mannheimer Originals. Dieselbe ist vollständig wertlos; sie weicht so sehr vom Original ab, daß sie z. B. „Bulerin" statt „Beterin", „Festmal" statt „Festnacht", „anstreichen" statt „zeichnen" hat, verdient also kein Vertrauen.

Die Edition Vollmers ist mit der größten Genauigkeit gemacht. Bei Rücksendung des Manuskripts an das Mh. Hoftheater schrieb Vollmer (13. Mai 1867): „Nachdem mir nun das Manuskript selbst vorgelegen, das durch die zum Teil eigenhändig eingetragenen Korrekturen Schillers einen erhöhten Wert hat, sah ich erst, wie höchst ungenügend und lückenhaft ohne dasselbe meine Arbeit geworden wäre."

Mit der Mannheimer Bühnenbearbeitung des Fiesko war Schiller im September und Oktober 1783 beschäftigt. Die „mühsame Umschmelzung", die ohne Freude an der Arbeit, in Tagen der Krankheit von ihm vorgenommen wurde, machte ihm (wie er am 29. September 1783 an Dalberg schrieb) viel zu schaffen.¹) Die erste Aufführung des reich ausgestatteten Werkes fand statt am 11. Januar 1784. Die Besetzung war folgende: Fiesko—Boek, Andreas—Kirchhöfer, Gianettino—Engel, Verrina—Iffland, Bourgognino—Beck, Mohr—Beil, Leonore—Mad. Beck, Julia—Mad. Rennschüb. Die gewöhnliche Fassung des Fiesko erschien zum ersten Mal in Mannheim im Dezember 1783 im Druck bei Schwan, dem Schiller sein Manuskript für 11 Louisd'or verkauft hatte. Die Mannheimer Bühnenbearbeitung weicht davon in wesentlichen Punkten ab. Die Änderungen sind teils Kürzungen des Textes, teils Umstellungen von Scenen, teils Einschiebungen neuer Scenen, teils Abweichungen im Verlauf der Handlung.

So fehlt z. B. in der Mh. Bearbeitung I, 3; die Bertha-Verrinascenen I, 10ff. sind stark geändert in den zweiten Akt herübergenommen; der zweite Akt beginnt mit der Scene zwischen Fiesko und dem Mohren, weggefallen sind zum Vorteil des Werkes die Scenen Leonores mit Julia und Kalkagno. Ebenso muß gegenüber manchen Verlusten, welche die Charakteristik der Personen in der Mh. Bearbeitung beeinträchtigen, die Beseitigung von Leonores Tod im fünften Akt als Verbesserung gelten. Den Mantel des getöteten Gianettino nimmt Bourgognino an sich und eilt damit in Berthas Gewölbe (neu hinzugekommene Scene): „Dieser Scharlach, noch feucht von Tirannenblut, wird mein Hochzeitschmuck seyn!" Die Hauptänderungen betreffen den fünften Akt und namentlich den Schluß des Dramas. Verrina stürzt Fiesko nicht ins Meer, sondern Fiesko weist großmütig Krone und Scepter zurück: „Steht auf Genueser! Den Monarchen hab ich euch geschenkt! Umarmt euren glücklichsten Bürger!" Und zu Verrina, der in seiner letzten großen Scene mit Fiesko das Schwert nach diesem gezückt hat, sagt er: „Und mit Drohungen wolltest Du mir einen Entschluß abnötigen, den mein eigenes Herz nicht geboren hat? Genuas Freiheit war in diesem Busen entschieden, ehe Verrina noch dafür zitterte — aber Fiesko selbst mußte der Schöpfer seyn — (Verrinas Hand ergreifend, mit Wärme und Zärtlichkeit) Und jetzt doch mein Freund wieder, Verrina?"

Götz von Berlichingen, Schauspiel von Goethe.
(M 161, 627, 715 u. 715a.)

Von Goethes Götz besitzt die Theaterbibliothek folgende Mskr.:

M 161 = M 1: Götz von Berlichingen mit der eisernen Hand. Ein Trauerspiel in 5 Handlungen für die Bühne geordnet von Goethe, 1786. 270 beschr. Quartseiten. Von Trinkle geschrieben. Von Dr. Eugen Kilian 1889 herausgegeben (Mannheim, Druck und Verlag von J. Bensheimer). Kilian

---

¹) Bereits im November 1782 hatte Schiller Dalberg den Fiesko vorgelegt (Jonas 1,79), aber erst nach seiner Rückkehr aus Bauerbach nach Mannheim war Aussicht zu einer Aufführung daselbst vorhanden (Brief an die Wolzogen vom 11. August 1783). — Der Kopist Trinkle berechnete im Dezember 1783 für das Fiesko-Soufflierbuch (372 S.) 6 fl. 12 kr. Kopiegebühr und im Januar 1784 figuriert auf seiner Rechnung ein Posten für 49 Seiten „letzte Abänderung zu Fiesko".

schließt mit Hermann, Das Mh. Th. vor 100 Jahren, S. 66 auf den Regisseur Rennschüb als Verfasser dieser Bearbeitung. Eine sichere Entscheidung ist jedoch nicht möglich.¹) Die Mannheimer Bearbeitung begann ursprünglich mit der Scene: Herberge im Wald (Kilian S. 41). Erst nachträglich wurde die Anfangsscene vorgesetzt, wie der Befund des Soufflierbuchs beweist, und die folgenden Scenen wurden etwas geändert.²) Außerdem läßt das Mskr. Änderungen in der Bamberger Tafelscene (S. 90—95, 104) erkennen. Die Scene zwischen Elisabeth und Maria III, 1 ist später beigeheftet. In IV, 3 ist Seite 189—190 eine Stelle nach dem Original eingeschoben. Über Charakter und Wert dieser Mh. Bearbeitung hat Kilian in der Einleitung zu seiner Ausgabe ausführlich gehandelt.

Ein im alten Katalog unter M 441 verzeichnetes Götz-Mskr. war nicht mehr aufzufinden.

M 627 = M 2. Götz von Berlichingen mit der eisernen Hand. Ein Trauerspiel in 5 Akten für die Bühne geordnet von Goethe. 242 beschr. Quartseiten. Von fremder Hand (Frauenhand?) sehr schlecht und unverständig kopiert, mit ganz gedankenlos thörichten Fehlern (z. B. Stadtmachr Stadtwache, Bamberische Bambergische, u. mal 'n mal, Mumorei Mummerei, Weise statt Wiese, etwas viel was viel, schwarf- ich warf u. s. w.).

So wertlos auch dies Mskr. durch derartige Nachlässigkeiten zuerst erscheint, so interessant ist es doch, da es im allgemeinen zwar der Fassung von M 1 folgt, aber an mehreren Stellen bemerkenswerte Abweichungen von dem die ursprüngliche Version darstellenden Text in M 1 aufzuweisen hat. Die Fremdwörter Retour, Papa, Desavantage ꝛc. (vgl. Kilian 29) sind durch die deutschen Ausdrücke ersetzt. In der ersten Scene nur 1 Knecht und 1 Bambergischer Reiter. Bei Franz heißt es immer Knappe statt Bube. Die Bamberger Tafelscene fehlt. Akt II beginnt in M 2 mit der kurzen Scene Adelheids mit Franz (in M 1 = II, 2), spielend in Bamberg, Saal bei Adelheid. Dann Anfang von II, 3 (statt des Bedienten ein Kammermädchen) und II, 4. In Akt V Scene 3 sind aus 3 Bauern-Sprechrollen 2 gemacht. Am Schluß der 11. Scene des 5. Akts fehlt die in M 1 enthaltene Bemerkung: „Der mittlere Vorhang fällt" (vgl. Kilian S. 26), die übrigens mit Martersteig nur von dem Prospektvorhang zu verstehen ist, der in der Mitte der Bühne niedergelassen wird. M 2 hat an verschiedenen Stellen etwas gekürzt, was teils auf wirkliche Striche in der Vorlage, teils auf Nach-

---

¹) Von Rennschübs Handschrift befindet sich in M 1 keine Spur. — Hier mag erwähnt sein, daß Schiller nach dem Erfolg seiner Räuber in Mannheim von Dalberg, vielleicht auch von Schwan (im Frühjahr 1782 zu einer Bearbeitung des Götz aufgefordert wurde. Er schreibt am 2. Februar 1782 aus Stuttgart an Schwan: „... Wegen dem Göz von Berlichingen will ich an Göthe selbsten schreiben..." und an Dalberg, Stuttgart, 1. April 1782: „... An dem Göz v. Berlichingen habe ich mich noch nicht gewagt, weil ich besorgte, der Verfasser möchte sich dadurch beleidigt finden. Wenn E. E. durch Ihr Ansehen und persönliche Bekanntschaft mit Göthen mir die vollkommene Freiheit hierin verschaffen könnten, so würde ich, während meiner medicinischen Beschäftigungen, in der Umarbeitung dieses Stüks die angenehmste Erholung finden ..." (Jonas, Schillerbriefe I, 55 u. 67.)

²) Nach den Theaterrechnungen erhält Trinkle im Januar 1786 für die Kopie des Götz-Soufflierbuchs (264 S.) 4 fl. 24 kr. und für Rollenausschreiben 6 fl. 42 kr., im Februar für Abänderung in Buch und Rollen 1 fl. 38 kr. (26 S. erste Scene, 39 S. zweite Scene, 9 S. dritte Scene in Stück und Rollen).

lässigkeit des Abschreibers zurückzuführen ist. Andererseits hat M 2 in der Schlußscene mehr als M 1. Götz sagt in M 1: „Meine Stunde ist kommen. Ich hoffte, sie sollte sein wie mein Leben. Sein Wille geschehe. Ich fühl's, ich sterbe." M 2 hat vor „Sein Will" noch: „Es ist nicht so", was man in M 1 des Sinnes wegen ungern vermißt. Ferner hat M 2 in Götzens letzten Worten folgenden nicht in M 1 enthaltenen Goetheschen Passus: „.... Lerse dein Angesicht freut mich in der Stunde des Todes mehr als im mutigsten Gefecht. Damals führte mein Geist den eurigen, jetzt hältst Du den meinigen aufrecht." Einige in M 1 nachträglich gestrichene Stellen fehlen in M 2 ganz, z. B. in I, 8 bei Götzens Auftreten die Worte (nach „Schnallt mir den Harnisch auf"): „Und gebt mir meinen Wamms", ebenso die Bemerkung ebenda: „Knechte mit Weislingens Kleider. Weißlingen kleidet sich aus und an." In I, 11 fehlt nach „Adelheid, eine Buhlerin" der in M 1 gestrichene Zusatz „eine Sonne auf ihrer Neige" u. s. w. In der Gerichtsscene ist in M 1 bei dem Wort „Mit Strang und Dolch" (so Goethe) Dolch in „Schwert" korrigiert, M 2 hat ebenfalls „Schwert", u. a. m.

Aus all dem geht hervor, daß M 2 keine direkte Kopie von M 1 ist. Über Herkunft und Abschreiber von M 2 war nichts festzustellen. Als Soufflierbuch hat M 2 niemals gedient.

M 715 = M 3. Götz von Berlichingen mit der eisernen Hand. Schauspiel in fünf Aufzügen. Auf dem Deckel steht von Denningens Hand: Dirigir-Buch. 295 beschr. Quartseiten.

Über die Erwerbung dieses Mskr., nach welchem der Götz am 11. Aug. 1811 zum ersten Mal aufgeführt wurde (dann 1812, 1828 und 1834 je einmal), giebt folgende Quittung Auskunft, die sich in den Rechnungsbeilagen vom März 1811 findet: „Zwanzig Stück Dukaten à 3 Rthlr. 6 Gr. in Speciesthalern à 1 fl. 10 Gr. Honorar für das von der herzogl. Hoftheater Direktion an das Mannheimer Theater abgelaßene abgeänderte Manuscript von dem Schauspiel: Götz von Berlichingen durch den Herrn Major von Lüd zur herzogl. Hoftheater Casse richtig ausgezahlt erhalten zu haben, bescheiniget hierdurch. Weimar den 10ten März 1811. Johann Georg Bergfeld." Ferner folgende Quittung des Weimarischen Kammerherrn und Majors Lebrecht von Lud: „112 fl. 4 kr. Auslage in Weimar für das Manuskript Goetz von Berlichingen incl. 2 fl. 40 kr. Porto sind mir von der Großherzogl. Theater Casse allhier wieder ersetzt worden, welches hierdurch bescheiniget wird. Mannheim d. 25. März 1811."

Prof. August Sauer, der dieses Mskr. vor mehreren Jahren einsah, konstatierte, daß es (worauf auch Schriftvergleiche führten) von Joh. Andr. Rühl in Weimar geschrieben sei, der dafür der Theaterkasse 3 Thl. 2 Gr. Schreibgebühr quittierte (Quittung im Staatsarchiv zu Weimar). Ferner finde sich unter den Rechnungen Goethes eine wahrscheinlich aus dem Jahr 1811 stammende, wonach Goethe genannte 3 Thl. 2 Gr. der Theaterkasse zurückzahlte, von dieser aber 63 Thl. cour. oder 20 Dukaten à 3 Thl. 6 Gr. als Honorar vom Mannheimer Theater für die Lieferung einer Abschrift seines Götz erhielt.

Im März 1811 wurden von Trinkle die Rollen ausgeschrieben, und am 11. Aug. 1811 gelangte der Götz in dieser Bearbeitung zum ersten Mal zur Aufführung. Erst am 26. April 1812 fand eine Wiederholung statt, dann erst wieder 1828 und 1834 je einmal.

Das Mannheimer Manuskript des Bühnen-Götz blieb viele Jahrzehnte hindurch unbekannt.[1]) Erst als 1876 die sogenannte Heidelberger Handschrift aufgefunden und 1879 veröffentlicht wurde[2]), fiel die Aufmerksamkeit der Forscher auch auf das Mannheimer Exemplar, über das Wendt in Birlingers „Alemannia" VII, 182 ff. zuerst berichtete. Der Wert dieses Mannheimer Manuskripts wurde nicht sofort erkannt; noch Bächtold nannte es kurzweg „ein stark interpoliertes Theatermanuskript". Erst Kilian (Beil. z. Allg. Ztg. 10. Sept. 1891) bekämpfte diese geringschätzige Meinung und erklärte die Mannheimer Handschrift „für eine der Heidelberger Handschrift an Wert sehr wohl ebenbürtigen Text."

Die Heidelberger Handschrift (Cod. Heidelb. 363 Nr. 1 der Großh. Universitätsbibliothek in Heidelberg) wurde am 5. Dez. 1876 von Karl Reinhard in Heidelberg der dortigen Universitätsbibliothek geschenkt, der sie in einem Schrank des Café Maximilian in München entdeckte. H enthält 172 beschriebene Quartblätter und ist besonders deshalb wertvoll, weil sich darin zahlreiche Striche, Korrekturen und Zusätze von Goethes eigener Hand (teils im Text, teils auf eingeklebten Zetteln) vorfinden. Die Hdschr. stammt nach einer Bemerkung auf dem Titelblatt aus dem Besitz des früheren Weimarischen Hofschauspielers Unzelmann, der sie vielleicht dem früheren Besitzer des Café Maximilian in Geldnöten versetzte. Das Heidelberger Mskr. vor diesen Goetheschen Korrekturen und das Mannheimer Mskr. stellen ein und denselben Text dar, der durch sie allein der Nachwelt überliefert ist. Die Heidelberger Hdschr. nach den eingetragenen Goetheschen Korrekturen geändert ergiebt diejenige Fassung des Götz, die 1832 als Bühnenbearbeitung in den nachgelassenen Werken erschien. Wendt hält H für Goethes eigenes Handexemplar. Da nun in H Anfang und Schluß des ersten Aktes in der ursprünglichen Fassung fehlen, weil hier Blätter ausgeschnitten sind, so ist diese ursprüngliche Fassung der unter Schillers Beihilfe (vgl. Bächtold S. VIII) entstandenen Bühnenbearbeitung, die der ersten Weimarer Aufführung am 22. Sept. 1804 zu Grunde lag, vollständig nur durch die Mannheimer Hdschr. M 3 erhalten. M 3 geht ebenso wie H auf einen authentischen Goetheschen Text zurück, wie schon die Herkunft von M 3 beweist. An diesem Text nahm Goethe selbst späterhin die Änderungen vor, die sich in H vorfinden.

---

[1]) Mit Recht bemerkt Kilian (Beil. z. Allg. Ztg. 1891, 10. Sept.) zu dieser befremdlichen Thatsache: „Daß dieses wertvolle Manuskript des Mannheimer Theaterarchivs jahrzehntelang unbeachtet bleiben konnte, daß man auf dasselbe erst durch die zufällige Auffindung der Heidelberger Handschrift und deren Erscheinen im Buchhandel aufmerksam wurde, ist ein sprechender Beweis für den geringen Eifer, welcher der Durchforschung der Theaterarchive und deren Nutzbarmachung für die Litteratur- und Theatergeschichte im allgemeinen zugewendet wird."

[2]) Götz von Berlichingen mit der eisernen Hand. Schauspiel in 5 A. Erste vollständige Bühnenbearbeitung nach der Goethe-Handschrift der Universitätsbibliothek in Heidelberg [hg. von G. Wendt] Karlsruhe 1879. Bächtold, Goethes Götz v. B. in dreifacher Gestalt, Freiburg 1882, stellt den Urgötz von 1771, die Umarbeitung von 1773 und die Heidelb. Hdschr. nebeneinander. Über die Bühnenbearbeitung des Götz handelt Brahm im Goethejahrbuch II, 190 ff. Vgl. auch: Theatergeschichtl. Forschungen, Bd. 2: Zur Bühnengeschichte des Götz von Fr. Winter und E. Kilian Hamburg 1891.

Wieso Bächtold dazu kam, das vom Weimarer Hoftheater an das Mannheimer Hoftheater gelieferte Manuskript M 3 ein „stark interpoliertes Theatermanuskript" zu nennen, ist kaum begreiflich. M 3 weist wie jedes Soufflierbuch Striche und Regieänderungen auf, die aber dem Wert des Grundtextes nichts anhaben können.¹) Gegen Schluß des Stückes mehren sich die Änderungen, die für die Aufführungen 1811 u. 1812 im Buche angebracht wurden. Trinkles Hand ist nachzuweisen auf S. 198, 226 u. 293, Eßlairs Hand (Eßlair spielte 1811 den Götz) S. 161, 209, 214, 253, 257 (Zettel), 274, 283, 291 (Zettel).

Die Lücke in H am Anfang des 1. Akts wurde von Wendt und Bächtold nach den sog. Fragmenten des Musculus²) ergänzt, die dem unveränderten Text von H und M 3 entsprechen. Der Schluß des ersten Akts in der ursprünglichen Fassung, die nur Karl (nicht aber wie in der späteren Abänderung Goethes in H auch Maria) zu Götz und Weislingen treten läßt, ist nur in M 3 erhalten.

Auch das Karlsruher Theaterarchiv besitzt ein handschriftliches Soufflierbuch der Goetheschen Bühnenbearbeitung des Götz (ältere Repertoirstücke G 97). Dasselbe erweist sich nach Kilian (a. a. O.) als eine Abschrift von M 3 unter Beibehaltung aller M 3 eigentümlichen Kürzungen und Änderungen. Bei dem regen Tauschverkehr mit Souffliere bezw. Regiebüchern, Rollen, Partituren und Stimmen, der zwischen den Hoftheatern in Karlsruhe und Mannheim damals bestand, darf es nicht auffallen, daß Karlsruhe im Jahre 1820 das Mh. Mskr. des Götz erbat und erhielt, und danach, ohne irgendwie die Rechte des Dichters zu berücksichtigen, das Werk aufführte.

M 175 a = M 4. Scenen aus: Götz von Berlichingen mit der eisernen Hand. Trauerspiel in 5 Akten von Goethe. 83 beschr. Quartseiten. Schreiber unbekannt. Enthält nicht den ganzen Text, sondern verweist auf ein in der Bibliothek nicht nachzuweisendes Buch, aus dem eine Reihe von Scenen unverändert herübergenommen wurde, deren Copie unterblieb. Die ausgeschriebenen Scenen folgen der Fassung B (bei Bächtold), enthalten mannigfache Änderungen: Kürzungen, eigene Zusätze des Bearbeiters, neue Gruppierung. Eine Menge von Korrekturen erstrebt Annäherung an den Wortlaut von M 3. Für das Alter dieser Handschrift fehlen sichere Anhaltspunkte. Die Hand des Souffleurs Beil, die hin und wieder darin erscheint, läßt ungefähr auf Mitte dieses Jahrhunderts schließen. Die saubere, deutliche Handschrift ist jedenfalls Autograph des Bearbeiters. Diese Bearbeitung scheint zur Aufführung benützt worden oder wenigstens bestimmt gewesen zu sein, denn sie enthält die Zeichen für die Aktschlüsse und Verwandlungen.

Eine Vergleichung der Mannheimer mit der Heidelberger Handschrift ergab folgende Varianten der Hdschr. M 3. Angeführt nach Bächtolds Ausgabe,

---

¹) Zahlreiche Bleistiftkorrekturen suchen die Fassung von 1773 in einigen Scenen wiederherzustellen.

²) Diese Fragmente sind abgedr. im Weim. Jahrb. 5,452 ff. und in der Hempelschen Ausg. 11,354 ff. Musculus war der Verfasser des Inhalts- und Namensverzeichnisses zu Goethes Werken, er erhielt diese Fragmente von Frau v. Voigt geb. Ludecus unter der Versicherung, daß sie aus dem beim Weimarer Theaterbrand 1825 zu Grunde gegangenen Mskr. abgeschrieben seien. Wendt schließt aus der Inkorrektheit dieser Fragmente auf die Inkorrektheit der Weimarer Vorlage, gegen die H und M 3 natürlich in ihrem Wert steigen.

Seiten- und Zeilenzahl. Unwesentliche orthographische Abweichungen sind nicht berücksichtigt. Das Personenverzeichnis mit der Mh. Besetzung 1811 auf S. 3 u. 4 erst nachträglich von anderer Hand beigeschrieben.

I. Aufzug. Erster Auftritt: Zwey Bambergische Knechte, Metzler, Sievers, Franz, Zigeunergeschwister, Faud, Peter, der Wirth.

Erster Knecht (kommend): Ich habe wieder abgezäumt, und den Pferden noch ein Futter gegeben. Wer weiß, wenn der Herr sich vom Schlosse droben losmacht! Was kümmerts ihn wie es uns hier unten geht.

Zweyter Knecht: Uns wird nichts abgehen und so solls den guten Thieren auch nicht fehlen. Ein rechter Reuter sorgt zuerst fürs Pferd.

Franz (kommt): Früh gesattelt u. s. w. (wie in dem Musculusfragment Bächtold S. 2).

2., $_{22}$: Desto mäßiger der Gast. Mein Herr weiß; $_{33}$: bring. — 3., $_{18}$: Zigeunerkinder] Zigeunertochter und Zigeunerknabe. — Statt Mädchen immer „Tochter"; $_{28}$: Viel wissen wir; $_{34}$: her] mir; $_{41}$: fremden] fernen. — 4., $_{27}$: Lügen; $_{30}$: (ab.); $_{40}$: Zigeuner ab] Die Zigeuner gehn ab; $_{42}$: Bursche] Bube; $_{45}$: beym; $_{47}$ f.: Den haben die Bamberger da drüben geleitet; $_{49}$ ff.: wo er herkommt. Sie warten auf ihn, er geht zurück nach Bamberg. Sievers: Wer ist der Weisling? Metzler: Des Bischoffs rechte Hand, ein gewaltiger Herr, und einer von denen die dem wackern Götz auf den Dienst lauern. Sievers: Er mag sich in Acht nehmen. Die Pfäffischen sind mir alle zuwider. Ärgern wir sie noch zu guter letzt. Sievers: Und wie? Metzler: Erzähle nur die Geschichte vom Berlichingen, recht laut, daß sie's gut vernehmen. (Vorsätzlich laut.) Seit wann hat denn der Götz wieder Händel mit dem Bischoff von Bamberg? Es hieß ja, alles . . . [vgl. die Goethesche Änderung in H.] — 5., $_{24}$: Reutern; $_{36}$ u. $_{47}$: Erster Reuter; $_{50}$: Tausend] Tausen; $_{53}$: Reuter [so immer]. — 6., $_{24}$: Herr der Götz. — 8., $_{1}$: stickst. — 9., $_{18}$: Wäre] Wär'. — 13., $_{26}$: Davor. — 15., $_{39}$: irgendwo] irgend; $_{41}$: ward] war. — 16., $_{25}$: Martin geht. — 21., $_{30}$: und fehlt. — 23., $_{11}$: schweigt] antwortet nichts. — 28., $_{33}$: Liebs] Liebes. — Nach 32., $_{52}$ folgt:

Weislingen: So beleidigt kein Edler. Götz: Das duldet kein Wohlgesinnter. (Sie stehen von einander entfernt und abgewendet.)

Zwölfter Auftritt: Die Vorigen, Carl.

Carl: Zu Tische Vater! zu Tische! Wie steht ihr da? wie schweigt ihr? habt ihr euch verzürnt? Nicht doch, — Vater, das ist dein Gast! Mann, das ist dein Wirth. Weislingen (nach einer Pause sich umkehrend, indem er das Kind in die Höhe hebt): Du bezwingst mich lieber Kleiner. Götz (indem er auf Weislingen zugeht und das Kind anfaßt, so daß sie es beyde in die Höhe halten): Bote des Friedens, du erinnerst mich an meine Pflicht. Carl: So tragt mich zur Mutter, so tragt mich zur Tante. Euch versöhnt, verbunden zu sehen ist ihr einziger Wunsch. Das habe ich ihnen lange schon abgemerkt. [Dieser Schluß des 1. Akts ist nur in M 3 erhalten].

II. Aufzug. 41., $_{19}$: dem] den. — 47., $_{32}$: du fehlt. — 50., $_{39}$: lauernder] laurender. — 53., $_{11}$: Bononien] in Benonien verschrieben, (später: Bononien); $_{24}$: sich über] sich aber über. — 68., $_{8}$: zu] so. — 77., $_{23}$: Das zweite „wird ausbleiben" fehlt.

III. Aufzug: 85., ₄₅: Kayserliche. — 86., ₄₃: Diesen — Berlichingen; ₄₅: Fehdenglieder. — 90a., ₁₇: Schimpf] Schunpf; ₄₃: besser] eher. — 91a., ₄₃: gedenke? — 92., ₆: kommts; ₁₁: Form Sickingen ist. — 99., ₁₂: in Willens] in der Meinung; ₁₄: nachreiten] nachrucken; ₁₇: wir] sie; ₂₀: Da merkten sie, ihr wolltet; ₂₂: und ritten herab. — 105., ₃₄: siegerisch] siegreich. — 107., ₁₉: versteckts] versteckt. — 108., ₂₅: [fand, nicht Selbitz:] Hier sitzen wir nun, vielleicht nun nicht wieder aufzustehn. Das muß wohl ein Reutersmann jeden Tag erwarten, und wenns kommt wills einen doch nicht gefallen. (oben) Ach Herr! — 112., ₁₃: Schuften] Schufte; ₃₁: rettete] verschrieben: rette.

IV. Aufzug: 115b., ₁₄: Läuten] Singen. — 116., ₄₁: Der obern Seite. — 120., ₃₉: genauer rechtlicher] genauen rechtlichen. — 133b, ₂₆—₂₈: Ich will auch nicht mehr den Unterhändler abgeben. — 134., ₅—₆: Götz nachher Elisabeth nachher Gerichtsdiener. — 136., ₂₅: zuletzt f. — 138., ₇ u. 139., ₁₃: Schreiber] Ratsherr. — 141., ₂₀: ihn] ihm. — 145., ₁₂: erforschen — Trier] Die unruhigen Bauern machen dem Reiche genug zu schaffen.

V. Aufzug: 155., ₂₆: Was? Ich] Was ich! meinen Eid brechen! — 157., ₁₇: ermordetet] ermordet; ₃₇: versagtet] versagt. — 165b., ₇: maynzischen] maysischen (verschrieben). — 169., ₄₃: Pack] Back. — 172., ₅₅: treibt] drängt. — 176b., ₆₀: Halparten. — 179., ₁₁: Jugendkraft geht. — 188., ₄ u. ₅: nachher Kastellan nachher Götz. — 188., ₄₇: verbergens. — 189., ₅: Die in H fehlende scenische Bemerkung: „wird herausgeführt" ist in M 3 erst von anderer Hand nachträglich zugefügt.

Hamlet, Tr. 5 von Shakespeare.

Hamlet, nach Schröders Bearbeitung wurde zum 1. Mal gegeben am 10. Okt. 1779 und bis 1835 46 mal gespielt. Als Soufflierbuch diente der Druck: Hamburgisches Theater III. Bd. Hamburg 1778. Über die Schrödersche Bearbeitung vgl. Genée 237 ff. 241. Die hdschr. Änderungen im Soufflierbuch scheinen vom Regisseur Jerrmann zu stammen. Erst 1838 wurde die Schlegelsche Übersetzung (G 925) einstudiert.

König Heinrich IV., I. Teil. S. 5 von Shakespeare. (M 1122 a u. b.)

Heinrich IV., I. Teil. Schauspiel in 5 Akten von Shakespeare, übersetzt von Joh. Wilh. Otto Benda. Regie- und Soufflierbuch nach der 1825 in Druck erschienenen Bendaschen Übersetzung. Danach in Mannh. 1834—1859 sechsmal aufgeführt.

Julius Cäsar, Tr. 5 nach Shakespeare von Schlegel überf. (M 432).

Ist, wie schon das Titelblatt angiebt, eine Bearbeitung der Shakespeareschen Tragödie nach Schlegels Übersetzung. 232 beschr. Quartseiten. Shakespeares Julius Cäsar wurde an der Mannheimer Bühne zuerst in der Dalbergschen Bearbeitung, die der Wielandschen Übersetzung folgt, gegeben (vgl. Iffland, Theatr. Laufb. S. 58). Diese Bearbeitung erschien im Druck: Julius Cäsar oder die Verschwörung des Brutus. Ein Trauerspiel in sechs Handlungen von Shakespeare. Für die Mannheimer Bühne bearbeitet und zum erstenmal daselbst aufgeführt den 24. April 1785. Mannheim, in der Schwanischen Hofbuchhandlung 1785. Ein gedrucktes Exemplar diente als Soufflierbuch. Die Dalbergsche Bearbeitung wurde an folgenden Tagen gegeben: 24. April 1785, 1. Mai 1785, 8. Mai 1785, 3. Juli 1785, 29. Januar 1786, 11. Febr. 1787, 30. März 1788, 15. Juni 1788, 1. Febr. 1789, 14. Nov. 1790.[1]) Dann ruhte der Cäsar bis zum Jahre 1811, wo man zur Schlegelschen Übersetzung griff. Damals wurde das vorliegende Soufflürmanuskript angefertigt, das sich bis zum Schluß des vierten Akts an die Schlegelsche Übersetzung anschließt, von da an aber wesentlich abweicht. Hie und da kommen Kürzungen vor (z. B. III, 3; IV, 1), und andere Sceneneinteilungen (z. B. ist II, 3, 4 u. III, 1 des Originals zusammengezogen, mehrere Rollen sind gestrichen oder vereinigt). Die erste Scene findet sich doppelt vor und zwar in der Originalfassung und daneben in einer stark veränderten Bearbeitung.

Von S. 208 an, nach dem Erscheinen des Geistes bis zum Ende des Dramas folgt das Manuskript der Dalbergschen Bearbeitung, hinsichtlich der Anordnung und der mannigfachen Änderungen Dalbergs[2]); die Prosa bei Dalberg ist in gebundene Rede umgewandelt. Hierfür folgendes Beispiel:

Dalbergsche Bearbeitung VI, 5.	Mskr. V, 5.
Brutus (stürzt herein mit fliegendem Haar, ohne Schwerdt): Hinweg, verdammter Geist! wohin verfolgst du mich! Schreckbild! Du? du willst mich fliehen lehren? Du? tausendfache Lanzen! — Der nahe Tod selbst, könnt' es nie! und du sträubst mir alle Haare empor? Das Blut meiner Wunden erstarret vor dir? — Das Mark meiner Gebeine ist erschüttert! — Ha! wo bin ich sicher? — wo? — hier? — dort zwischen Tigern und Löwen! zwischen furchtbaren Schatten	Brutus stürzt mit fliegenden Haaren ohne Schwerdt herein: Hinweg — Verdammter Geist! wohin verfolgst du mich? Furchtbares Bild des Schreckens! fort — bist du Noch nicht versöhnt? Willst du mich fliehen lehren? Nicht tausend Lanzen, nicht der nahe Tod Vermogten es — mein Blut erstarrt zu Eiß

---

[1]) Aus den Theaterrechnungen ergiebt sich folgendes: Bereits im April 1784 verrechnet Trinkle die Kopie eines Cäsarsoufflierbuchs von 236 Seiten, im Januar 1785: Cäsarsoufflierbuch 233 Seiten, im Febr. 1785 Ausschreiben der Rollen. Im Juli 1785: Julius Cäsar, Tr. 6 336 Seiten (42 S. werden ihm abgezogen wegen zu weitläufiger Kopie). Von diesen drei Manuskripten fand sich keine Spur mehr vor. — Über die Dalbergsche Bearbeitung vgl. Genée 278 ff. — Bereits 1779 erschien in Mh. (anonym) eine Prosaübersetzung des Julius Cäsar. Genée 266.

[2]) Die Kampfscenen sind ganz anders eingeteilt. Bei Brutus' Tod erscheint Cäsars Geist nochmals u. s. w.

erschlagener Brüder! — Kassius! Mein Haar sträubt sich empor bey
Zinna! Kaska! alle meine Freunde! deinem Anblick;
wo seid ihr? — ermordet! fort, fort, hinweg du schreckliches
Phantom!
Wo bin ich sicher? hier? Dort zwischen
Tiegern
Und Löwen! Zwischen furchtbar
blut'gen Schatten
Erschlag'ner Brüder! — Cinna!
Cassius!
Wo seyd ihr, meine Freunde! seyd
ihr alle
Ermordet?

Diese Bearbeitung nach der Schlegelschen Übersetzung wurde aufgeführt: 28. Jan. 1811, 15. April 1811, 11. Okt. 1812, 30. Okt. 1814, 1. Nov. 1815. Dann ruhte Cäsar in Mh. fast 30 Jahre, bis August 1844.

Julius von Tarent, Tr. 5 von J. A. Leisewitz (M 70).

Der genaue Titel lautet: Julius von Tarent. Ein Trauerspiel in 5 Akten von H. Leisewiz. Für die Mannheimer Bühne bearbeitet, 1784.[1]) Das Mskr. umfaßt 254 beschriebene Quartseiten. Ein Vergleich mit der Leipzig 1776, Weygandsche Buchhandlung erschienenen Druckausgabe läßt starke Abweichungen dieser Mannheimer Bühnenbearbeitung erkennen, in der das Stück zum 1. Mal am 21. 3. 1784 und noch 1818 und zum letzten Mal am 3. 9. 1822 (im ganzen 10 Mal) zur Aufführung kam. Die Person des Bearbeiters ist unbekannt. Die Frage, ob das Stück durch die Bearbeitung gewonnen oder verloren habe, wird dem Ausschuß von Dalberg am Schluß seiner Kritik in der Sitzung vom 2. April 1784 vorgelegt (Martersteig 242 u. 256). Eine Beantwortung liegt nur von Iffland vor, der zu folgendem Resultate kommt: „Unstreitig danken wir es der mühsamen Umarbeitung, daß unsre Nationalbühne um eines der anerkannt klassischen Stücke reicher geworden ist. That es dennoch die Wirkung nicht, die man erwartete, so liegt es daran, daß Bruder- und Kindermord, wenn auch unvermeidlich gemacht durch die Situationen — diese Unvermeidlichkeit aber wieder von uns entfernt, gefället durch blumigte Sprache — in der Kleidung unserer Zeiten[2]) — daß dieses Gegenstände sind, die empören, und daß ein deutsches Publikum, wenn es das Schauspielhaus mit Schauder verläßt, es auch zugleich fast immer mit Mißvergnügen verläßt."

[1]) Geschrieben von Trinkle, der im Febr. 1784 seine Kopiegebühr für Soufflierbuch und Rollen berechnet. Im Okt. 1784 schreibt er ausweislich seiner Rechnungen eine Kopie für den Grafen Seeau in München.

[2]) Das Stück wurde, wie auch aus dem Garderobebuch ersichtlich ist, im Kostüm der damaligen Zeit gespielt. Die Zeitangabe: „Ende des 15. Jahrhunderts" war aus der gedruckten Vorlage ins Mannheimer Manuskript gekommen, ist aber darin gestrichen worden.

In der Mh. Bearbeitung ist auf Verdeutlichung der Situationen Wert gelegt, deshalb ist am Anfang vor der Scene des Julius mit Aspermonte noch eine im Grund genommen unnötige Expositionsscene zwischen dem Fürsten und Theodora, der Mutter Blancas, angefügt. Auch Einschiebungen im Dialog kommen vor z. B. zu Seite 13 des gedruckten Originals. In I, 4 u. 6 (des Originals) ist ebenso wie später in IV, 4 der ausgeschiedene Erzbischof durch Cäcilie ersetzt. Der Anfang des zweiten Akts ist ganz verändert (Äbtissin ausgeschieden, durch Theodora teilweise ersetzt). II, 4 der Bearbeitung = I, 2 des Originals. II, 4 des Originals ist in der Bearbeitung zu einem Monolog umgearbeitet, um die Person der Portia zu sparen. Im dritten Akt ist Scene 1 u. 2 des Originals zusammengezogen und auf den Fürsten und seine Söhne beschränkt; der Schluß dieses Aktes: die Klosterscenen sind ganz verändert. Der fünfte Akt ist ganz umgearbeitet.

Die Jungfrau von Orleans, Tr. 5 von Schiller.

Das ehemals vorhandene Souffliermannskript von Schillers Jungfrau von Orleans (M 314) fehlt; es ist schon im Beilschen Katalog durchgestrichen. Sein ehemaliges Vorhandensein ergiebt sich auch aus den Theaterrechnungen: Trinkle verrechnet am 30. März 1802 die Kopiegebühr für das Manuskript der Jungfrau von Orleans (240 Seiten); das Vorlage-Manuskript kam aus Dresden, wie die Briefportozusammenstellung vom März 1802 beweist.

Die J. v. O. wurde in Mh. als romantische Tragödie in 6 Aufzügen z. 1. Mal am 24. Okt. 1802 gegeben. Der Theaterzettel trägt den Vermerk: „für das Theater besonders bearbeitet. Manuskript" Ein Vergleich des erhaltenen Scenariums der ersten Aufführungen ergiebt keine besonderen Abweichungen von der Scenenanordnung des gewöhnlichen Textes. Das Vorspiel zählt als I. Akt. Die Montgomeryscenen II, 6—8 sind gestrichen, III, 1 fehlt, V, 5 u. 6 ist zusammengezogen. Die Worte des Herolds am Schlusse des 1. Akts sind Fastolf übertragen, an Stelle des Erzbischofs ist ein Seneschall getreten, der auf dem Zettel der ersten Aufführung zwar fehlt, auf dem der zweiten aber vorkommt. Die Rolle des Chatillon ist gestrichen. Was die Bezeichnung „Theaterbearbeitung" berechtigte, waren wohl die Kürzungen des Textes, die sich natürlich bei dem Fehlen des Soufflierbuchs nicht mehr nachweisen lassen.

Kabale und Liebe. Tr. 5 von Schiller.

Von „Kabale und Liebe" besitzt die Mh. Theater-Bibliothek kein geschriebenes Buch. Dr. Vollmer, der im Mai 1867 für die große Cottasche Schillerausgabe wegen eines Mannheimer Manuskripts beim damaligen Hoftheatercomité anfragte, erhielt einen Bescheid in diesem Sinne.[1]) Er schrieb

---
[1]) Die Antwort des Comités selbst liegt leider nicht bei den Akten. (P 7, 2.)

damals, er wiſſe recht wohl, daß bis jetzt das Vorhandenſein eines Kabale und Liebe-Manuſkripts in der Mh. Theater-Bibliothek nicht konſtatiert ſei, auf der anderen Seite aber liege die beſtimmteſte Nachricht vor, daß Schiller unter dem 7. März 1784 der Mh. Theaterkaſſe „den Empfang von ſechs und einer halben Karolin [ca. 72 fl.] für das Trauerſpiel Kabale und Liebe" beſcheinigt habe. Hier iſt zu bemerken, daß in den Theaterrechnungen weder eine derartige Quittung, noch überhaupt irgend ein Hinweis auf dieſen Ausgabepoſten ſich findet. Dagegen findet ſich in den Kaſſenbelegen folgende Rechnung des Kopiſten Trinkle vom 30. März 1784: „Änderung von Kabale und Liebe" 1 fl. 30 Kr. und für die ausgeſchriebenen Rollen (362 Seiten) 6 fl. 2 Kr. und im April 1784 ſind 50 Seiten abermalige Abänderung in Rechnung geſtellt.

Von einer Kopiegebühr für eine ganze Souflierabſchrift war nichts aufzufinden. Die Bezeichnung „Änderung" in der eben angeführten Rechnung ſcheint aber auf ein geſchriebenes Buch zu deuten. In dem alphabetiſchen Katalog von 1840 iſt übrigens kein Hinweis auf ein Kabale und Liebe-Manuſkript. — Die handſchr. Änderungen in den beiden gedruckten Soufflierbüchern G 124 (Frkft. u. Lpzg. 1784, Mannh. Schwan u. Götz 1794) ſind für die Textkritik belanglos, da ſie nichts Neues bieten.

Der Kaufmann von Venedig, L. von Shakeſpeare (M 44).

Der genaue Titel des Mſkr. lautet: Der Kaufmann von Venedig. Ein Luſtſpiel in 4 Akten nach Shakeſpear. Es umfaßt 242 beſchriebene Quartſeiten. Der Kaufmann von Venedig wurde nach dieſem Mſkr. aufgeführt: 7. Dez. 1783, 11. Dez. 1783, 1. Febr. 1784 u. 5. April 1785. Aus den Theaterrechnungen ergiebt ſich, daß Trinkle bereits im März 1780 die Rollen ausſchrieb und zwar nach dieſer Bearbeitung, wie aus der Aufzählung der Rollen erſichtlich iſt; die Perſonen ſtimmen mit denen der vorliegenden Bearbeitung überein, doch ſind es zwei mehr: der alte Gobbo und Leonardo, Baſſonios Diener, die offenbar ſpäter geſtrichen wurden. In den Ausſchußprotokollen (16. Dez. 1782 Marterſteig S. 100) findet ſich die Notiz, daß das Mſkr. des Kaufmanns von V. in der Theaterbibliothek nicht die Umarbeitung von Gotter, ſondern die Dresdener Bearbeitung ſei; die Gotterſche werde man ohne Schwierigkeit erhalten können. In der Theaterbibliothek iſt von der Gotterſchen Bearbeitung keine Spur zu finden, dieſelbe ſcheint alſo nicht angeſchafft worden zu ſein. Dagegen ſcheint die Dresdener Faſſung von einem nicht zu ermittelnden Mannheimer[1]) einer Neubearbeitung unterzogen worden zu ſein. Dafür ſpricht der Befund des Mſkpts. und außerdem noch folgender Poſten in Trinkles Rechnungen vom November 1783: für Abänderung des Kf. v. V. in Rollen und Mſkr. 57 Seiten — 57 Kr., für nochmalige Abänderung 101 Seiten — 1 fl. 41 Kr. Von dem erſten (offenbar Dresdener) Schreiber ſind im Mh. Souflierbuch noch folgende Seiten erhalten: 17—20,

---

[1]) Dafür, daß es Dalberg war, wie Pichler, Chronik S. 73 und Shakeſpeare-Jahrbuch IX, 7 annimmt, fehlt jeder ſichere Anhaltspunkt.

25—34, 39—56, 77—102, 111—138 (fast der ganze 2. Akt) 143—152, 179—190, 195—206, 215—218. Auf diesen Seiten sind häufige Korrekturen von Trinkle, der das übrige geschrieben hat. Dalbergs Hand ist nur in einigen wenigen kleinen Verbesserungen nachzuweisen: auf S. 7, 12, 117, 148, 168.

Aus den Ausschußprotokollen ergiebt sich ferner, daß Iffland am 11. Mai 1783 den Kf. v. V. zur Aufführung vorschlug und am 16. Aug. 1783 zur Beurteilung erhielt. In der Sitzung vom 15. Okt. 1783, der ersten, der Schiller als Theaterdichter beiwohnte, gab Iffland eine Kritik über das Werk (Martersteig 209). Aus dieser Kritik, die zu dem Resultat kommt, daß das Stück sich halten könne und wegen der Neuheit seines Ganges der Einförmigkeit der Lustspiele steuern werde, geht hervor, daß Iffland damals noch nicht die Mh. Bearbeitung vorlag, denn er bespricht noch den 5. Akt, der in dieser vollständig weggefallen ist. In der Sitzung vom 17. Dez. 1783 giebt Dalberg eine Kritik der Aufführung, ohne der Bearbeitung mit einer Silbe zu gedenken. Daraus zu schließen, daß sie von ihm selbst herrühre, wäre etwas gewagt.

Die Dresden-Mannheimer Bearbeitung, wie wir das vorliegende Mskr. wohl nennen dürfen, bedient sich durchweg der Prosa; sie ist in der Technik nicht ungeschickt, wenn sie auch nicht frei ist von mancherlei neuen Zuthaten und andererseits bei dem Streben nach Vereinfachung eine Reihe von Scenen gestrichen oder geändert hat. Der fünfte Akt, mit ihm die herrliche Liebesscene des Lorenzo und der Jessica ist auf diese Art ganz weggefallen. Die Zusammenschließung der Scenen mit Vermeidung des Schauplatzwechsels ist dem Bearbeiter recht glücklich gelungen. Der erste Akt spielt zuerst bei Shylock, dann auf dem Markusplatz, der zweite in Belmont und dann ebenfalls auf dem Markusplatz, der dritte ganz in Belmont und der vierte ganz im Gerichtssaal.

Folgende vergleichende Zusammenstellung der Scenen in der Bearbeitung und dem Shakespeareschen Original mag ein Bild davon geben, wie eingreifend die Änderungen sind, die an dem Original vorgenommen wurden.

I. Akt. a) Zimmer in Shylocks Hause: 1. Lanzello (sic) II, 2 (geändert); 2. Lanzello, Jessika entspricht ungefähr II, 5 (die köstliche Scene L.'s mit dem alten Gobbo ist ganz weggefallen); 3. Shylock, Lanzello, Jessika (Lanzellos Abschied, geht in Lorenzos, nicht Bassanios Dienst) II, 5 benutzt. — b) Markusplatz: 4. Antonio und Bassanio, I, 1 letzter Teil benutzt;[1]) 5. Antonio, Graziano; 6. Bassanio, Shylock I, 3; 7. Shylock, Monolog mit Benutzung der Worte in I, 3: „Wie sieht er einem falschen Zöllner gleich ꝛc."; 8. Antonio, Bassanio, Shylock I, 3; 9. Bassanio, Graziano II, 3 Schluß; 10. Jessika, Lorenzo, Lanzello; 11. Jessika, Lorenzo, Lanzello, Graziano. (10 u. 11 Entführung Jessikas II, 6 stark verändert.)

II. Akt. a) Belmont: 1. Porzia, Nerissa, I, 2 frei benutzt; 2. Stefano meldet den Freier Don Rodrigo von Granada (entspricht dem Prinzen v. Marokko); 3. Don Rodrigo wählt das gold. Kästchen II, 1 u. II, 7; 4. Stefano meldet den nächsten Freier, den Vicomte de Guerchy (dem Prinzen

---

[1]) Porzia ist nach Bassanios Worten „eine Witwe, die, weil sie mit ihrem ersten Gemahl in einer unzufriedenen Ehe gelebt, den festen Entschluß gefaßt hat, sich nie wieder zu vermählen."

v. Aragon entsprechend); 5. Der Vicomte wählt das silb. Kästchen II, 9;
6. Stefano meldet Bassanios Ankunft = Schluß von II, 9. — b) Markusplatz:
7. Salanio, Solarino; 8. Dorige, Shylock; 9. Shylock, Tubal (sehr in die Länge
gedehnt; die Scenen 7—9 = III, 1); 10. Antonio, Salanio, Solarino; 11.
Dorige, Shylock, Wache. (Die Scenen 10 u. 11, Gefangennahme Antonios
sind Zuthat, die Worte Shylocks III, 1 „Fische mit zu angeln" ꝛc. sind an den
Schluß dieses Aktes gesetzt.)

III. Akt. Belmont: 1. Porzia, Nerissa. (Ist Zuthat); 2. Dorige,
Bassanio III, 2. (Graziano fehlt); 3. Dorige, Jessika, Lorenzo, Lanzello
= III, 2 mit schwacher Benutznng von V, 1; 4. Stefano meldet Solarino;
5. Dorige, Solarino III, 2 Schluß u. III, 5.

IV. Akt. Rathaus in Venedig. Entspricht in der Hauptsache dem 4.
Shakespeareschen Akt. Gegen Schluß mehrfache Änderungen: Jessika u. Lorenzo
kommen, Shylock unterschreibt auf der Bühne u. a. Die Ringepisode ist vereinfacht und verändert. Schließlich Erkennungs- und Rührscene.

V. Akt ist ganz weggefallen.

Die auftretenden Personen sind (mit Hinzufügung der ersten Darsteller
nach dem Zettel vom 7. Dez. 1785):

Antonio, Kaufmann—Boeck; Bassanio, Offizier, sein Freund—Beck;
Lorenzo—Epp; Salanio—Kirchhöfer; Solarino—Gern; Graziano—Beil;
Shylock, ein Jude—Iffland; Jessika, dessen Tochter—Mlle. Baumann; Tubal,
ein Jude—Frank; Lanzello, Shylocks Diener—Pöschel; Porzia, reiche Witwe—
Md. Rennschüb; Nerissa, ihre Freundin—Md. Wallenstein; Don Rodrigo, ein
Spanier—Toscani; Vicomte de Querchy—Herter; Doge von Venedig—Rennschüb; Stephano, Porzias Diener—Backhaus. Ratsherrn, Gerichtsdiener, Wache.

Nach der Schlegelschen Übersetzung wurde das Stück erstmals am 24.
Okt. 1824 gegeben. — M 1182 ist eine Abschrift der Schlegelschen Übersetzung
aus neuerer Zeit.

König Lear, Tr. 5 von Shakespeare (Bearb. von West.) (M 1168).

König Lear wurde nach Schröders Bearbeitung zum 1. Mal am
28. Juni 1780 u. bis 1839 24 Mal aufgeführt. Als Soufflierbuch diente der
Druck: Hamburgisches Theater IV. Bd. Hamburg, Herold 1781. Zahlreiche
hdschr. Änderungen (Meyer, Rennschüb, Karl Beil u. a.) Die bei Schröder
fehlenden Expositionsscenen sind hdschr. (Trinkle) ergänzt. Über die Schrödersche
Bearbeitung vgl. Genée 255 ff. M 1168 ist ein geschriebenes Soufflierbuch
der West- (Schreyvogel-)schen Bearbeitung (vgl. Genée 325), die sich der
Übersetzung von J. H. Voß bedient; danach wurde König Lear aufgeführt
von 1844—1869.

Macbeth, Tr. 5 von Shakespeare (M 15).

Dies Manuskript trägt den Titel: Macbeth, ein Trauerspiel in fünf Aufzügen nach Shakespear und umfaßt 80 beschr. Quartseiten. (Wasserzeichen: in gekröntem Schild ein Posthorn, darunter I. B D V. Wasserlinien: 25 mm). Ist die Bühnenbearbeitung (in Mh. nicht zur Aufführung verwendet) eines unbekannten Autors, geschrieben von einer unbekannten Hand (saubere, kleine Schrift; keine Kopistenhand). Mit Ausnahme der Hexenscenen ist die Übersetzung in Prosa gehalten; die Bearbeitung beschränkt sich auf Zusammenziehung, Streichung oder Umgestaltung einiger Scenen.

Bei den Hexenscenen fällt sofort die Ähnlichkeit mit der Bürgerschen Übersetzung[1]) auf. Der Wortlaut stimmt oft vollständig überein und weicht dann wieder wesentlich ab. Zur Vergleichung sei die erste Scene hier in der Bürgerschen Fassung und in der Fassung des Mannheimer Manuskripts hier wiedergegeben:

B.	M.
1. Hexe: Nal sagt, wo man sich wiederfind't In Donner, Bliz, o'r Schlackerwind?	1. Hexe: Na! sagt wo man sich wiederfindt! In Donner, Bliz, o'er Schlackerwind?
2. Hexe: Wann sich's ausgetummelt hat, Wann die Krah am Aase kraht.	2. Hexe: Wenn die Schlacht gemezelt hat, Wenn die Krah' beym Amse (sic!) kraht;
3. Hexe: Daumenbreit vor Eulenflug, Treffen wir uns früh genug.	3. Hexe: Daumenbreit vor Eulenflug Trefen wir uns früh genug.
1. Hexe: Und wo wandern wir zu Chor?	1. Hexe: Wo der Tummelplaz?
2. Hexe: Auf der Haid', am faulen Moor.	2. Hexe: Auf dieser Heyde, Schaz!
3. Hexe: Eia! Da nick' ich Macbeth ein Grüßchen. (wird drinnen gerufen)	3. Hexe: Erst nicken wir Macbeth Hier ein Grüschen.
1. Hexe: Ich komm', ich komme flugs, Grauslieschen! (wieder gerufen)	1. Hexe: Ich komm, ich kome flugs Grauslieschen, (man hört trommeln.)
	[M. fährt hier weiter mit dem Schluß von I, 3]:

[1]) Gottfr. Aug. Bürger übersetzte bereits 1777, von Boie aufgefordert, die Hexenscenen im Macbeth, den Schröder damals in Hannover aufführen wollte. Eine vollständige Bearbeitung des Macbeth, die Schröder von ihm wünschte, traute er sich damals nicht zu. „Er ging mir daher nicht nur mit einer neuen Anordnung der Scenen, sondern auch beinahe vollständigen Verarbeitung des Stücks vor, wobei er größten Teils die Wielandisch-Eschenburgische Übersetzung zum Grunde gelegt hatte, und stellte es nun in meine freie Willkür, vollends daraus zu machen, was ich wollte und könnte. Ich bin ihm hierauf oft, aber doch nicht überall gefolgt. In dem ungebundenen Teile, worin kein anderer als Shakespeare selbst, Wort für Wort reden durfte, habe ich jene Übersetzung nur da angenommen, wo nicht anders verstandener Sinn, anders gefühlte Kraft des Originals oder meine eigne Weise, Sprache und Ausdruck zu handhaben, mich nötigten, davon abzuweichen...." (Bürger in der Vorrede zu seinem Macbeth; Vermischte Schriften hg. von Karl Reinhard, Göttingen 1798 II, 238, ebenso in der ersten Ausgabe, Joh. Christian Dieterich 1783. Über die Bürgersche Bearbeitung vgl. Genée 272 ff.

2. Hexe: Unke ruft! — Geduldchen!
flugs! —
Alle: Weiß in schwarz und
schwarz in weiß;
Heiß in kalt und kalt in
heiß!
Das kan wips! ein winzig
Wort.
Husch! durch Schlickerschlacker
fort!

(ab)

[Bei B. lautet der Schluß von I, 3]:

3. Hexe: Horch! Es trommelt, trom-
trom- trommelt!
Der Tumult hat ausge-
tummelt! —
Macbeth kommt! —
Alle: Hui! Wir Schwestern, Hand
in Hand,
Huschen über See und Land;
Walzen, walzen um und um,
Runde, runde, rund herum!
Eins und zwei und drei für
dich;
Eins und zwei und drei für
mich;
Eins, zwei, drei zum dritten
Reihn;
Dreimal drei rund um
macht neun!
Halt! — Der Spuk wird
fertig sein.

[vgl. oben Schluß von I, 1]

Horch! es trummelt, Trum-
— Trum — trumelt,
Der Tumult hat ausge-
tummelt —
Macbeth kommt, — Macbeth
kommt.
Alle: Hui, wir Schwestern; Hand
in Hand,
Huschen über See und Land;
Walzen, Walzen um und
um
Wirlen, Wirlen, rund
herum,
Eins und zwey und drey
für dich!
Eins und zwey und drey
für mich!
Eins, zwey, drey zum
dritten Reihn!
Dreymahl drey rund um
macht neun,
Halt! — Der Spuck wird
fertig seyn.

[Dagegen schließt in M. die B. I, 5
entsprechende Scene I, 5]:

1. Hexe: Unke ruft — Geduld doch
— flugs.
Alle: Gold ist Quarck und Quarck
ist Gold;
Hold ist garstig, garstig hold.
Das kann Wips, ein wizig
Wort,
Husch! durch Schlicker
Schlacker fort!

Die Hexenscene am Schluß des 2. Akts ist in B. u. M. völlig ver-
schieden. M. benutzt den Schluß der Scene III, 5 des Originals, die B. III, 8
entspricht.

Gewisse Abänderungen haben B. u. M. gemeinschaftlich. Vgl. z. B.
M. I, 6 — B. II, 1; entspricht im Original der Scene I, 5. Im Original
erfährt Lady Macbeth durch einen Brief, den sie verliest, von der Begegnung
ihres Gatten mit den Hexen. In B. und M. erzählt Macbeth ihr selbst
davon, und zwar schließt sich M. genauer dem Original an, indem die Worte
des Briefs Macbeth in den Mund gelegt sind.

Auch die Prosa zeigt in M. u. B. oft auffallende, wenigstens annähernde
Übereinstimmung. Dergleichsweise sei hier der Monolog der Lady M. II, 2
B. II, 6 (im Original Teil von II, 1) wiedergegeben:

B.	M.
Lady Macbeth, kommend von der andern Seite.	Lady Macbeth (allein) (nach einer Pause):
Lady M.: Was sie trunken machte, gab mir Mut. Was ihr Feuer ausblies, fachte das Meinige an. — Horch! Still! — Ein Schrei des Uhu, des traurigen Nachtwächters, der das gräßlichste, Gute Nacht! rief! — Jezt ist er bei der Arbeit. — Die Thüren sind offen; und die überfüllten Kämmerer höhnen ihr Amt durch Schnarchen. Ich rührt' ihnen ein so kräftiges Schlaftrünkchen ein, daß Tod und Leben nun sich ihretwegen zanken, wem sie angehören.	Das was sie truncken machte, hat mich kühn gemacht; was ihr Feuer auslöschte, fachte das meinige an. Horch! Stille! — es war eine schreyende Eule, der traurige Nachtwächter, der uns die gräßlichste gute Nacht sagt! er ist bey der Arbeit — die Thüren sind offen, und die überfüllten Kämmerer spotten ihres Amts mit Schnarchen. Ich hab' Ihnen einen so kräftigen Schlaftrunk beygebracht, daß Todt und Natur sich über sie zanken, ob sie lebendig oder todt sind.

Macbeth wurde in der Dalbergschen Zeit nur dreimal aufgeführt: 1. Juni 1788, 22. Juni 1788, 17. Mai 1789 und zwar nach Martersteigs Angabe (Protokolle S. 458, wohl nach Shakespearejahrbuch IX, 9 und nach Genée 284) in der Wagnerschen Übersetzung,[1]) von Dalberg eingerichtet. Das Soufflierbuch dieser Aufführungen war nicht mehr aufzufinden.[2]) Die Besetzung war folgende:

Duncan, König von Schottland—Iffland; Malcolm—Leonhard; Donalban—Frank; Macbeth—Boeck; Banquo—Beil; Lenox—Müller; Macduff—Beck; Rosse—Gern; Siward, ein engl. General—Richter; Siwards Sohn—Rennschüb; Seyton, Vertranter des Macbeth—Demmer; Macduffs Sohn—Mlle. Very; Ein Arzt—Withöft; Ein Greis—Kirchhöfer; Lady Macbeth—Mad. Rennschüb; Lady Macduff—Mlle. Beck; Kammerfrau der Lady Macbeth—Mlle. Boudet.

Am 7. April 1806 wurde Macbeth in Mh. zum erstenmal in der Schillerschen Bearbeitung aufgeführt. (Als Soufflierbuch diente die erste Ausgabe: Cotta, Tübingen 1801.)

Maria Stuart, Tr. 5 von Schiller. (M 730.)

Das Manuskript von Schillers Maria Stuart trägt den Titel: Maria Stuart, Trauerspiel in fünf Aufzügen von Schiller und umfaßt 253 beschriebene Quartseiten. Es ist in der Cottaschen Ausgabe (Bd. 12) nicht benutzt, zeigt am

---

[1]) Die Heinr. Leop. Wagnersche Übersetzung erschien 1779 in Frkft. anonym. Über sie handelt Genée 262 f. — Schiller, der nicht sehr günstig über sie urteilt (15. Juli 1782 an Dalberg, Jonas I, 64), beabsichtigte bereits 1784 in Mannheim, den Macbeth und außerdem den Timon zu bearbeiten.

[2]) Martersteig sagt: Nach Wagners Übersetzung von Dalberg eingerichtet. — Der Zettel giebt keine Auskunft. Aus den Theaterrechnungen war nur festzustellen: Sept. 1787 Macbeth, Rollen ausgeschrieben; Mai 1788, Macbeth Abänderung 167 Seiten. Bei der Aufzählung der Rollen, die im Sept. 1787 von Trinkle ausgeschrieben worden, begegnen uns noch: Angus, Fleance, Duff (sic!), Pförtner u. Hauptmann, die auf dem Zettel von 1788 fehlen.

meisten mit dem daselbst kollationierten Leipzig-Dresdener Theatermanuskript (a) Verwandtschaft, hat aber noch mehr Striche wie dieses.

Ebenso wie in a fehlen z. B. im ersten Akt folgende Stellen, die hier nur beispielshalber, nicht vollzählig namhaft gemacht werden: Vers 97—141, 293—322, 440—450, 464—468, 750—753, 847—866, 1001—1027, 1042—1048, der ganze erste Auftritt des zweiten Akts u. s. w. Striche, die nicht in a vorkommen, sind z. B. 212—229, 329—356, 358—369, 411, 420, 438, 603—617, 766—798 u. s. w.

Das Mannheimer Manuskript scheint nicht als Souflierbuch benutzt worden zu sein, denn es zeigt nicht die geringsten Spuren der Einrichtung. Dem Personenverzeichnis sind durch Anfangsbuchstaben die Namen von Darstellern beigegeben, die aber erst der Mitte dieses Jahrhunderts angehören.

Schillers Maria Stuart wird in der Korrespondenz Becks und Dalbergs zuerst am 30. Juni 1801 erwähnt und ist jedenfalls bald darauf zur Aufführung angenommen worden (vgl. Bd. I, S. 249). Ministerialsekretär Römer wurde mit der Vornahme von Kürzungen beauftragt, wie aus Becks Bericht vom 10. Nov. 1801 hervorgeht (I, 253).

Aus den Theaterrechnungen war folgendes festzustellen: nach den Briefportoauslagen kam im März 1802 ein Maria-Stuart-Manuskript aus Dresden; im Juli 1802 wurde ein Maria-Stuart-Manuskript an Opitz geschickt. Um dieselbe Zeit (Juni 1802) findet sich unter den Kopiegebühren Trinkles folgender Posten: 254 Seiten Maria Stuart Tr. 5 4 fl. 14 Kr.; im August 1802 wurden die Rollen ausgeschrieben. Übrigens findet sich bereits im Sept. 1801 folgender Rechnungsposten Trinkles: 150 Seiten Abänderung Maria Stuart.

Irgend welches Honorar zahlte das Mh. Th. für das Stück, das bereits 1801 im Druck erschienen war, nicht an Schiller. Unter Dalberg kam die Maria Stuart in Mh. nicht mehr zur Aufführung; erst am 22. April 1804 fand die Premiere statt.

Nathan der Weise von Lessing.

Das im alten Katalog unter Nr. 351 aufgeführte Manuskript: Nathan der Weise von Lessing, bearbeitet von Schiller, fehlt[1]) (statt dessen ist schon im Beilschen Katalog ein anderes Stück: die Oper Ludovico eingesetzt). Der Nathan wurde in Mh. am 5. Mai 1805 zum erstenmal gegeben. Der Zettel dieser Aufführung trägt ausdrücklich den Vermerk: „für die Bühne bearbeitet von Schiller." Ein Vergleich mit dem Scenarium dieser ersten Aufführung ergiebt keine nennenswerte Abweichung von der Scenenanordnung des Originals.

---

[1]) Dies Manuskript wurde von Trinkle geschrieben, der im März 1806 hierfür (488 Seiten) und für das Rollenausschreiben seine Kopiegebühren in Rechnung stellt. Aus den Bibliothekakten geht hervor, daß der Buchhändler Friedrich Götz am 7. Juni 1856 um die Erlaubnis nachsuchte, das Manuskript des Lessingschen Nathan, „welches sich mit Schillers eigenhändigen [?] Emendationen zur Bühneneinrichtung dort befinden soll", einsehen zu dürfen.

Die Schillersche Bearbeitung des Nathan (über die Erich Schmidt Lessing II 1,579 handelt) wurde 1801 für das Weimarer Theater verfaßt. Es handelte sich dabei nach E. Schmidt hauptsächlich um Kürzungen des Dialogs, da der Nathan für einen normalen Theaterabend viel zu lang ist, und um Beseitigung einiger entbehrlicher Scenen, wie der zwischen Saladin und Sittah im 4. Akt und der des Emir und der Mameluken im 5. Akt. Dazu aber kamen noch Änderungen innerer Art, über die E. Schmidt folgendermaßen urteilt:

„Schiller beschneidet, natürlich nicht aus religiöser Scheu, einzelne antichristliche Erörterungen, er opfert rücksichtslos bedeutsame Partien der Reden über das Wunder, über Mensch und Engel, er will des Klosterbruders fromme Einfalt nicht mit dem ironischen Ausfall auf die orthodoxe Sündenlehre belasten, streicht aber auch jenes gemütliche Wort über das Judentum Christi, modelt — seine schlimmste Änderung — die sprudelnde Dialektik Al Hafis um und legt ihm eine Reihe neuer nüchterner Verse in den Mund, die uns ohne nervöse Seitensprünge unterrichten sollen, so wie er, um Saladin zu heben, die Sittah in einem fast plumpen Einschub das Thema der von ihm nicht angetasteten Parabelscene ganz geradezu stellen läßt. Er ist vor allem bemüht, Recha von ihrem altklugen Philosophieren, dessen bewußte Ruhe den Schöpfer Theklas und Johannas verdroß, zu heilen, nachdem er Nathans „Arznei" gegen ihr Schwärmen ein wenig verdünnt hat. Durch Schiller sind also die Mißverständnisse über die „Liebenden" befördert worden. Seine Recha faßt sich im Religionsgespräch mit Daja erheblich kürzer, fragt Curd nicht über den Sinai aus — was doch bei Lessing ihre von aller Erotik freie Unbefangenheit bekunden soll, unterhält sich mit Sittah nicht über den Schaden der Buchgelehrsamkeit und überspringt die allgemeineren Betrachtungen über Bekehrungseifer, um sogleich die aufregende Scene unter den Ruinen dramatisch zu erzählen u. s. w."

A. Schloenbach in seinem Dresdener Schillerbuch 1860, S. 132 f. erwähnt das Mannheimer Nathanmanuskript nicht, sagt dagegen:

„Schillers Bearbeitung des Nathan lag mir im Souffler- und Regiebuch vor. Die Exemplare sind aus dem Jahre des ersten Erscheinens des Dramas 1779, und danach (sowie nach dem Wasserzeichen des Papiers, womit die Exemplare durchschossen sind) glaube ich annehmen zu können, daß Schiller diese Bearbeitung noch in Mannheim gemacht hat, denn schon zu Ende des vorigen und zu Anfang dieses Jahrhunderts waren die ersten Ausgaben des Nathan selten geworden. Auch ist ein größerer Zusatz Schillers zum Derwisch unter freimaurerischem Einfluß gemacht, und Schiller war demselben weit eher hier als in Weimar zugänglich."

Diese Notiz ist charakteristisch für die bekannte Ungenauigkeit und Unzuverlässigkeit Schloenbachs. Es handelt sich um zwei gedruckte Bücher (G 623 a u. b) der Ausgabe 1779 (zwei verschiedene Drucke: 235 S. u. 276 S.), die weder durchschossen sind, noch durchschossen waren und nicht die geringste Spur von Schillers Hand zeigen. Da diese Bücher, von denen das eine als Regiebuch, das andere als Soufflierbuch bezeichnet ist, noch bis vor 15—20 Jahren zu den Nathanaufführungen verwendet wurden, so befinden sie sich begreiflicherweise in einem stark strapazierten Zustande. Es läßt sich daher bei den einzelnen Strichen und Veränderungen nicht genau entscheiden, aus welcher Zeit sie stammen. Die ursprünglichen Striche scheinen nach der Schillerschen Bearbeitung gemacht worden zu sein. Unter dem „Zusatz Schillers zum Derwisch" kann nur ein Zettel gemeint sein, der von Karl Beils Hand geschrieben sund auf S. 104 des Regiebuchs eingelegt ist. Das oben (von E. Schmidt) erwähnte Einschiebsel für Sittah ist von Beils Hand auf der letzten Seite eingetragen nnd bei III, 4 nach Saladins ersten Worten eingeschoben zu denken. Es lautet:

    Nimm nur nicht zu hastig,
    Nimm diese Sache lustig, wie sie ist,
    Der Jude will ein Weiser heißen, diesmal
    Soll er doch in die Klemme. Frag' ihn ernstlich,
    Welch einen Glauben er den besten preist,
    Des Juden, Christen oder Muselmannes.
    Antwort' er, wie er will, er wird gestraft.
    Sagt er, des Juden, das muß dich beleid'gen,
    Des Muselmanns, warum ist er ein Jude?
    Des Christen wird er ohnehin nicht loben.
    Spricht er aufrichtig, straf' ihn tüchtig ab,
    Und schmeichelt er, so straf' ihn doppelt. Sieh!
    Wofür hat er sein Geld, als daß ers zolle.
    Nur zu!
Saladin: O Schwester! Schwester!

Othello, Tr. s von Shakespeare (M 397 u. 974).

Die Bibliothek besitzt folgende Manuskripte des Othello: M 397, das betitelt ist: Schakspear's Othello. Trauerspiel in 4 Acten. Aus dem Englischen von Ludwig Schubart. 249 beschr. Quartseiten. (Auch gedruckt: Lpzg., Breitkopf u. Härtel 1802.) Das Mskr. diente als Soufflierbuch bei den Aufführungen 1809, 26. Febr. u. 26. Nov. Über die Schubartsche Bearbeitung vgl. Genée 299.

Ferner M 974: Othello. Trauerspiel in fünf Akten von Shakespeare. Für das Hoftheater in Stuttgart zur Darstellung eingerichtet von Carl Seidelmann [nach der Übersetzung von J. H. Voß]. 470 beschr. Quartseiten. Danach wurde der Othello in Mannheim viermal aufgeführt, 1845—1847.

Die Piccolomini, S. 5 von Schiller (M 657).

Der Titel lautet: Die Piccolomini. Schauspiel in fünf Aufzügen. Das Mskr. enthält 318 beschr. Quartseiten. Die Deckelaufschrift lautet: Dir.-Buch von Piccolomini. Dies Piccolomini-Manuskript ist wahrscheinlich das alte

Berliner Dirigierbuch, welches einer Notiz Vollmers zufolge von Iffland nach Mannheim geschickt wurde.[1]

Über die Anordnung desselben genügen folgende Bemerkungen. Akt 1 u. 2 sind vereinigt, ebenso 3 u. 4, so daß also das Banket in diesem Buch noch in den zweiten Akt fällt. Der dritte Akt entspricht dem 5. Piccolomini-Akt, der 4. dem 1. Akt von Wallensteins Tod, der 5. dem 2. Akt von Wallensteins Tod. Vgl. Malzahn: Wallenstein, Stuttgart 1861. Das Mannheimer Manuskript folgt hauptsächlich den Handschriften k und t (Bezeichnung nach der kritischen Ausgabe bei Cotta). Mehrere gestrichene Stellen sind nicht mit kopiert z. B. 204—257, 424—458, sind also schon vor der Abschrift gestrichen worden, viele andere sind erst in der Abschrift gestrichen worden und zwar, wie aus einer kleinen Korrektur auf S. 232 hervorzugehen scheint, von Ifflands Hand. Verwendung als Soufflierbuch hat dieses Mskr. nicht gefunden.

Die Räuber, Tr. 7 von Schiller. (M 42.)

Das geschriebene Soufflierbuch der „Räuber" umfaßt 384 beschriebene Quartseiten. Es ist von Kopistenhand geschrieben und mit Korrekturen verschiedenster Art aus verschiedenen Zeiten angefüllt. Das Titelblatt lautet: Die Räuber. Ein Trauerspiel in 7 Handlungen für die Manheimer National-Bühne vom Verfaßer Hrn. Schiller bearbeitet 1781.

Aus den Theaterrechnungen ergiebt sich folgendes: Der Souffleur und Rollenschreiber Trinkle verrechnet am 24. Okt. 1781: 5 fl. 50 Kr. die Räuber cop. 330 Seiten. Ferner 17. Dez. 1781: 78 Seiten Abänderung der Räuber; unter demselben Datum eine Zusammenstellung der für die Räuberaufführung ausgeschriebenen Rollen unter dem Titel: „Der verlohrne Sohn"[2] (Karl 88, Franz 72, Moor 32, Amalia 39, Herrmann 28, Daniel 14, Kommissar 10, Spiegelberg 28, Roller 20, Schufterle 8, Schweizer 32, Kosinsky 20, Razmann 10, Volk 8, Grimm 20, Bedienter 6; zusammen 741 Seiten, Betrag 7 fl. 21 Kr.)[3] Hieraus geht also hervor, daß die Mannheimer Bearbeitung ursprünglich auf 330 Seiten beschränkt war (Abschrift fertig Okt. 1781), daß hierzu im Dezember noch Abänderungen und Zusätze traten (der Kopist berechnete 78 Seiten), so daß das Manuskript den jetzigen Umfang annahm. Im September 1783 verrechnet Trinkle für eine abermalige Abänderung der

---

[1] Auf dem Berliner Dirigierbuch von 1806 steht die Bemerkung: „Das alte ist fortgeschickt von der Direktion nach Mannheim." Vgl. Becks Regiebericht vom 26. Jan. 1799.

[2] Am 6. Okt. 1781 schickt Schiller Dalberg die umgearbeiteten Räuber: „Hier erscheint endlich der verlorene Sohn oder die umgeschmolzenen Räuber..." und er bespricht die Abänderungen dieser Mannheimer Bearbeitung. Dalberg beanstandete den Tod Amaliens. Er wollte sie lieber erschießen, als erstechen lassen (Jonas 1,45), Schiller war damit einverstanden, mußte sich aber dann doch die Änderung gefallen lassen, daß Amalia sich selbst mit dem Dolch eines Räubers ersticht. Zu den weiteren Änderungen Dalbergs, von denen Schiller in seinem Briefe vom 12. Dez. 1781 redet, gehört die Verlegung der Handlung in die Zeit Maximilians, die trotz berechtigter Bedenken des Dichters erfolgte.

[3] Diese alten Rollen sind nicht mehr vorhanden.

Räuber Kopiegebühr für 36 Seiten. Im Mai 1787 verrechnet Trinkle Kopiegebühr für ein weiteres Soufflierbuch der Räuber Tr. 7 (auf 394 Seiten).

Von den Räubern existieren zwei Hauptfassungen, von denen man die eine das „Schauspiel", die andere das „Trauerspiel" zu nennen pflegt. Die erstere Fassung folgt der ersten Ausgabe des Stücks, Frankfurt u. Leipzig 1781, sie ist in die meisten Schillerausgaben übergegangen, die letztere ist die von Dalberg für das Mh. Th. veranlaßte Bühnenbearbeitung, worin mehrere Scenen des Schauspiels gestrichen oder zusammengezogen sind. Die wichtigste Abweichung des „Trauerspiels" vom „Schauspiel" betrifft den Schluß. Im Schauspiel erdrosselt sich bekanntlich Franz beim Herannahen der Räuber mit seiner Hutschnur und Schweizer erschießt sich daraufhin, weil er den Befehl seines Hauptmanns nicht erfüllen und ihm Franz nicht lebendig überbringen kann.

In der Mannh. siebenaktigen Bühnenbearbeitung tritt die Katastrophe in anderer Weise ein. Hermanns späteres Verhalten gegen Franz, die heimliche Ernährung des im Turm gefangen gehaltenen alten Moor ist darin durch eine neue Scene zwischen Hermann und Franz motiviert; Franz findet die Strafe für seine Schandthaten, indem er von Schweizers „Würgengeln" aufgegriffen, in den Wald vor Karl geschleppt und dann in den Turm hinabgestoßen wird. Karl opfert Amalia der Bande, indem er sie ersticht. Das vorliegende Manuskript enthält übrigens die von Dalberg verlangte Variante, daß Amalia sich selbst ersticht. (Vgl. S. 148 A. 2.)

In der ältesten Fassung, dem „Schauspiel", ist es namentlich die Gestalt des Hermann, welche uns hier noch einen sehr unfertigen Eindruck macht. „In seinen Charakter kann ich mich nicht finden", schrieb ein Kritiker gleich nach dem Erscheinen des Werkes in der „Erfurter gelehrten Zeitung". „Er ist boshaft und rachgierig genug, um sich von Franzen zum Werkzeug der abscheulichsten Schandthaten gebrauchen zu lassen, und unmittelbar darauf, ohne weitere Veranlassung, der gutherzige Retter der Leidenden. Zum ersten ist hinlänglich Grund da, zum letzten nicht." Schiller ist durch diese Kritik zu den bedeutsamen Umänderungen der Mannheimer Fassung veranlaßt worden. „Die Verbesserungen sind wichtig", schrieb er an Dalberg, als er ihm das umgestaltete Werk überschickte, „verschiedene Scenen ganz neu, und meiner Meinung nach, das ganze Stück wert. Dahin gehören Hermanns Gegenintrigen, die Franzens Plan untergraben, seine Scene mit diesem, die in der ersten Ausarbeitung (nach dem vollkommenen Sinn meines Erfurter Rezensenten) gänzlich und sehr unglücklich vergessen worden. Doch hat mein Rezensent den Ausgang dieser Unterhandlung anders erwartet, aber ich bin überzeugt, mit weniger Gründen, als ich ihn, so wie er jetzt ist, für recht hielt. Seine Scene mit Amalien im Garten ist um einen Akt zurückgesetzt worden, und meine guten Freunde sagen, daß ich im ganzen Stück keinen besseren Akt dazu hätte wählen können, als diesen, keine bessere Zeit, als einige Augenblicke vor Moors Scene mit Amalien. Franz ist der Menschheit etwas näher gebracht, aber der Weg dazu ist etwas seltsam. Eine Scene, wie seine Verurteilung im fünften Akt, ist meines Wissens auf keinem Schauplatz erlebt, ebenso wenig als Amaliens Aufopferung durch ihren Geliebten. Die Katastrophe des Stückes dünkt mich nun die Krone desselben zu sein. Moor spielt seine Rolle ganz aus, und ich wette, daß man ihn nicht in dem Augenblick vergessen wird, als der Vorhang der Bühne gefallen ist."

Das Mannheimer Räubermanuskript ist die älteste Fassung des „Trauerspiels" und enthält seinerseits wieder schwerwiegende Abweichungen von den bei Schwan 1782 hergestellten Drucken der Mannheimer Bühnenbearbeitung auf. In der großen, von Gödeke herausgegebenen Cottaschen Schillerausgabe, die das Schauspiel und das Trauerspiel (dieses mit Zugrundelegung des Schwanschen Druckes von 1782) enthält, sind die Varianten der mit M bezeichneten Mannheimer Handschrift unter dem Texte mit größter Genauigkeit mitgeteilt. Der Bearbeiter, Dr. Wilhelm Vollmer, hatte, wie die Theaterakten (P VII, 2) ausweisen, die Handschrift im Mai 1867 zur Kollation vom Mannheimer Hoftheatercomité erhalten. Wie aus Vollmers Schreiben ersichtlich ist, befanden sich damals bereits im Besitz der Cottaschen Verlagshandlung zwei Abschriften des Mannheimer Manuskripts: die eine völlig seitengleich für Prof. Joachim Meyer in Nürnberg angefertigt, die andere von Arnold Schlönbachs durchaus unzuverlässiger Hand.[1]

Die Mannheimer Bühnenbearbeitung verfolgte den doppelten Zweck, das Stück bühnengerechter umzugestalten und den revolutionären Grundcharakter zu mildern. Das letztere wurde, wie bekannt, durch Dalbergs Initiative auch dadurch zu erreichen gesucht, daß die Handlung ins Zeitalter Maximilians verlegt wurde.[2] Das Mannheimer Manuskript ist nun sichtlich bestrebt, mehr noch als die Druckausgabe, den Sturm und Drang in den Räuberscenen durch häufige Anspielungen auf die Zeit Maximilians und des ewigen Landfriedens zu mildern und den Zeitcharakter des Ganzen zu maskieren. Hierfür nur zwei Beispiele aus der in M von dem vulgären Text stark abweichenden ersten Scene zwischen Karl Moor und Spiegelberg.

Spiegelberg: Weißt du was Neues? Unser Kaiser hat soeben durch den Reichstag zu Worms, wo das Fürstengesindel versammelt ist,[3] einen ewigen Landfrieden für Deutschland verkünden lassen; das Faustrecht ist abgeschafft, alle Fehden sind bei Todesstrafe verboten worden. Karl: Und das hätte der tapfere Kaiser Maximilian gethan? — Nein, das haben Pfaffen und Memmen erfunden! — Maximilian, der von seiner ersten Jugend an gewohnt ist, die steilesten Felsen bei seinen Gemsen-Jagden mit Leib- und Lebensgefahr hinan zu klettern, — er, der gewohnt ist, mit dem Schwert in der Faust, selbst zu fechten? — er — — nein, so was kömmt nicht von ihm? Spiegelberg: Und dabei sollen künftig alle Streithändel zwischen Männern am Kammergericht eingeklagt, abgethan — auch mehrere hohe Schulen errichtet werden.

---

[1] Über diese beiden Benutzer war in den Theater-Akten nichts zu finden.

[2] Diese in mannigfacher Beziehung gegenüber der ersten Fassung abgeschwächte, allerdings auch manche Verbesserungen bietende Mannheimer Bearbeitung ist bis heute auf den deutschen Bühnen die gebräuchlichste. Nur vereinzelt wird auf die erste Niederschrift Schillers und auf das Kostüm des 18. Jahrhunderts, das allein dem Geist des Ganzen angemessen ist, zurückgegriffen. In Mh. wurde die ursprüngliche Fassung mit der Zeitangabe: Mitte des 18. Jhdts. zum ersten Mal am 10. Nov. 1861 aufgeführt, doch wurde die Schillersche Bühneneinrichtung anläßlich des 100 jährigen Jubiläums der Mannheimer Bühne am 10. Okt. 1879 endgültig wieder aufgenommen.

[3] Dieser Zwischensatz wurde natürlich vom Rotstift beseitigt. Ebenso hat der Rotstift den nur in M enthaltenen Hieb Spiegelbergs auf die Fürsten (I, 6 Gödeke S. 230²) getilgt, wo von den Fürsten die Rede ist, „die da zu Worms sitzen und am ewigen Landfrieden pfuschen."

Etwas später sagt Moor zu Spiegelberg:

„Sagt ich dir's nicht, Spiegelberg, als du dich so weislich über die Erfindungen des Schießpulvers, der Druckerei, und der Entdeckung von Amerika freuteſt, ſagt ich dir's da nicht ſchon, daß es nun um den Mut und um alle Stärke braver Kerls in Deutſchland gethan ſei . . ."

Dieſe beiden angeführten Stellen mit ihren oſtentativen Zeitanſpielungen ſind nur in M enthalten. Derartige nur in M vorkommende Stellen laſſen ſich nach dem kritiſchen Apparat in der Cottaſchen Ausgabe leicht in Fülle nachweiſen, z. B. auf Seite 210, 220, 222, 223, 224, 228, 247, 253, 284, 309 u. a. Andererſeits hat M auch mancherlei Kürzungen gegenüber den Schwandrucken aufzuweiſen, die ſich auf dieſelbe Weiſe leicht feſtſtellen laſſen. In M fehlt z. B. Seite 211^{16}—213^{11} (I, 1) 218^{30}—219^{5} (I, 2) u. ſ. w. Vom erſten Monolog des Franz Moor iſt die letzte Hälfte weggeblieben, in der Traumerzählung desſelben ſind weſentliche Kürzungen eingetreten. Am meiſten weicht M in den letzten Scenen vom vulgären Text ab. Hier erſticht ſich übrigens Amalia, wie bereits erwähnt, mit eigener Hand.

Hierzu kommen noch Striche und Änderungen im Text von M ſelbſt. Die wichtigſten davon ſind bei Gödeke unter der Bezeichnung m wiedergegeben. Da das Mannheimer Manuſkript viele Jahre hindurch als Soufflierbuch diente, ſind dieſe Striche natürlich von verſchiedenen Händen und aus verſchiedenen Zeiten. Vollmer ſagt in der Vorrede: Von Schillers eigener Hand finden ſich in M keine als ſolche ſicher nachweisbaren Zuſätze und Änderungen. Möglicherweiſe könnten zwei mit hellerer Tinte eingeſchriebene Änderungen auf Seite 47 und 293 des Manuſkripts von Schillers Hand herrühren. Dalbergs charakteriſtiſche Handſchrift iſt in dem Manuſkript nirgends zu finden. Doch iſt nicht ausgeſchloſſen, daß von ihm die Rotſtiftkürzungen herſtammen, zumal wir wiſſen, daß er ſehr viele andere Soufflierbücher eigenhändig bearbeitet hat. Unter den Korrekturen, die teils mit Tinte, teils mit Rot-, Blau- oder Bleiſtift ausgeführt ſind, war mit völliger Sicherheit nur die Hand Ferd. Eßlairs nachzuweiſen, der von 1807 bis 1812 in Mh. engagiert war und am 22. Mai 1807 zum erſtenmal den Karl ſpielte. Seine Textänderungen gehören in die Klaſſe derer, die M dem vulgären Text anzupaſſen ſuchen. Der ganze Monolog Karls (IV, 15) iſt auf S. 292 von Eßlair auf einem beſonderen Zettel hinzugefügt worden; ſeine Handſchrift begegnet z. B. auf S. 99, 173, 177, 224, 292, 338, 351, 375, 376 (Zettel), 378, 382, 383 u. a.

Zum Beweiſe dafür, daß die Rotſtiftkorrekturen aus früheſter Zeit ſind, ſei angeführt, daß Schreibfehler wie „recht ſchnell auf" (ſtatt „horcht ſchnell auf" S. 229) oder „behend" (ſtatt „bebend" S. 328) mit Rotſtift verbeſſert ſind. Verſchiedene Schreibfehler ſind auch mit Tinte verbeſſert z. B. S. 259 „Schlave" in „Sklave", S. 283 „Milchſuppen" in „Milzſuchten".

Die Beſetzung der Räuber war bei der erſten Aufführung am 13. Jan. 1782 folgende: Der alte Moor—Kirchhöfer, Karl—Boek, Franz—Iffland, Amalia—Mad. Toskani, Spiegelberg—Pöſchel, Schweizer—Beil, Grimm—Rennſchüb, Schufterle—Frank, Roller—Toskani, Razmann—Herter, Kosinsky—Beck, Hermann—Meyer, Magiſtratsperſon—Gern, Daniel—Backhaus, Diener—Epp.

Richard II., Tr. 5 von Shakespeare.

Eine Aufführung des Richard II. von Shakespeare war 1782 geplant. (Im Januar 1782 schrieb Trinkle die Rollen aus.) Es handelte sich wohl um die Bearbeitung Gemmingens: Richard der Zweite, ein Trauerspiel für die deutsche Schaubühne von Otto von Gemmingen, Reichsfreiherrn Mannheim 1782. Dieser Druck sollte als Soufflierbuch dienen, wie die Einrichtung des Exemplars der Theaterbibliothek beweist. (Genée 270 f. rühmt diese Bearbeitung als eine relativ sehr gute.) Eine ungedruckte Schrödersche Bearbeitung wurde am 17. Nov. 1778 in Hamburg aufgeführt; sie machte einen matten Eindruck (Genée 257). Gemmingen benutzt teilweise eine Bearbeitung von F. J. Fischer, die 1778 fürs Prager Theater erschien.

Richard III., Tr. 5 von Shakespeare (M 1153).

Dieses in zwei Exemplaren vorliegende Manuskript führt den Titel: Richard III. Trauerspiel in 5 Aufzügen von Shakespeare, für die deutsche Bühne bearbeitet von Friedr. Förster. Es diente als Regie- und Soufflierbuch und enthält kleine hdschr. Änderungen des Regisseurs Jerrmann. Die Förstersche Bearbeitung folgt der Schlegelschen Übersetzung. In dieser Form wurde das Stück vom Berliner Schauspielhause seit 1828 46mal gegeben; 1873 trat die Öchelhäusersche Bearbeitung an Stelle der Försterschen. In Mannheim ist die Förstersche Bearbeitung niemals gegeben worden. Richard III. wurde nach Chr. F. Weißes Bearbeitung 1779—1786 4 mal gegeben. (Gedr. Soufflierbuch.) Das Original in der Schlegelschen Übersetzung wurde in Mannheim erst 1861 gegeben.

Dem Stück ist in der Försterschen Bearbeitung ein Prolog vorangestellt, den Britannia vor den Särgen des Herzogs Richard von York, Heinrichs VI. und des Prinzen Eduard spricht, um die Zuschauer mit den nötigen historischen Vorkenntnissen zu versehen. Sie schließt:

> „Der Fluch ereilt das schuldbelad'ne Haupt,
> Da wird es nach den Stürmen wieder heiter,
> Und als mit scharfen Dornen diese Rosen
> So tiefe Wunden sich geschlagen, daß
> Die weißen von dem eig'nen Blut sich rot
> Gefärbt und daß die roten Rosen sich
> An ihren Wunden also sehr verblutet,
> Daß sie zu weißen Rosen sich entfärbten,
> Da schwand der roten Rose blut'ger Zorn,
> Da schwand der weißen Rose blasser Neid,
> Sie beide einen sich zum Hochzeitskranze,
> Um die getrennten Häuser zu verbinden.
> Wie dies gescheh'n durch Schrecken, Mord und Grauen,
> Läßt Euch mit heil'ger Scheu die Muse schauen."

Die Förstersche Bearbeitung giebt das Original mit einigen Verkürzungen und Zusammenziehungen wieder, ohne es vollständig bühnengerecht gemacht zu haben. Hie und da finden sich kleine Veränderungen des Schlegelschen Wortlauts und kleine Einschiebungen, die Förster aus Gründen der Deutlichkeit für nötig hielt.

Der erste Akt schließt nach I, 4 des Originals, der zweite mit II, 4, der dritte und vierte Aktschluß stimmen mit dem Original überein, nur ist hier der Wortlaut etwas geändert. Der 4. Akt schließt bei Förster folgendermaßen:

    Ein Bote (tritt ein): Mein Fürst, das Heer des großen Buckingham . . .
    Richard (schlägt den Boten): Da nimm das, bis Du beßre Zeitung bringst.
        Fort mit Euch, Uhus! Nichts als Todeslieder!
    Bote: Was ich Euer Majestät zu melden habe,
        Ist, daß durch jähe Fluth und Wolkenbrüche
        Buckinghams Heer, der zum Rebell euch ward,
        Zerstreut ist und versprengt,
        Und daß er selbst gefangen fortgeführt
        Nach Salisbury —
    Richard: Schlagt ihm den Kopf herunter!
        Da nimm dies Geld, verbinde Deine Wunde.
        Ins Feld! ins Feld! weil wir in Waffen sind:
        Wo nicht zu fechten mit auswärt'ger Bande,
        Zu Dämpfung der Rebellen hier zu Lande."

Romeo und Julia, Tr. 5 von Shakespeare. (M 584 u. 1000.)

M 584 ist betitelt: Romeo und Julia. Ein Trauerspiel in 5 Aufzügen von Shakespeare. Nach A. W. Schlegels Übersetzung für die Bühne eingerichtet von C. A. West.[1] Es enthält 112 beschriebene Quartseiten, von mehreren Schreibern (darunter auch Karl Beil). Wurde in dieser Bearbeitung nur einmal in Mh. aufgeführt, 25. Nov. 1821, und 1837 durch die Schlegelsche Einrichtung ersetzt.

Die Westsche Bearbeitung, die für das Wiener Burgtheater bestimmt war (vgl. Genée 324), bemüht sich, durch Streichungen und Zusammenziehungen das Werk den damaligen Bühnenverhältnissen anzupassen, vermeidet aber auch Änderungen und Zusätze nicht. Vgl. z. B. die IV, 1 entsprechende, bei West beträchtlich verlängerte Scene zwischen Julia und Paris. Der Schlegelsche Dialog ist bei West häufig geändert.

Das andere Manuskript (M 1000): Romeo und Julia, Trauerspiel in fünf Acten von Shakespeare, enthält 301 Quartseiten. Zugrunde liegt die Westsche Bearbeitung nach der Schlegelschen Übersetzung. Häufige Korrekturen von späterer Hand, Einfügungen u. s. w. nach dem Original. Eine zweite Abschrift neueren Datums umfaßt 405 beschriebene Quartseiten.

---

[1] Pseudonym für Jos. Schreyvogel 1768—1832, Schriftsteller und Dramaturg. Seine Bearbeitungen spanischer Dramen sind musterhaft (am bekanntesten „Don Gutierre", „Das Leben Traum" u. „Donna Diana" nach Moreto. West bearbeitete auch den König Lear nach Calderon den Kaufmann von Venedig u. Othello für Wien.

Timon von Athen, Tr. 5 von Shakespeare. (Mh. Bearb. M 141.)

Das Mskr. ist betitelt: Timon von Athen, der Menschenfeind, ein Trauerspiel von Shakespeare in 5 Aufzügen, und enthält 233 beschriebene Quartseiten.¹) Es ist die für die Mh. Bühne angefertigte Dalbergsche Bühnenbearbeitung. Nach diesem Soufflierbuch wurde der Timon aufgeführt am 22. März u. 2. April 1789 (vgl. Martersteig S. 388 ff.) Daß Dalberg der Bearbeiter war, ist u. a. bewiesen durch die Aufschrift auf der von Boek eigenh. copierten Titelrolle. Dalberg hat das Shakespearesche Stück in eingreifender Weise umgestaltet, was den Gang der Handlung und die Charakteristik der Personen betrifft. Mannigfache neue Motive finden sich unter seinen Zuthaten. Die Bearbeitung ist wirkungsvoll und verrät Bühnengeschick. Scenenwechsel innerhalb der einzelnen Akte ist bis auf eine Verwandlung im dritten Akte glücklich vermieden.

Akt I u. II bei Dalberg entsprechen Akt I u. II bei Shakespeare; Akt III u. IV III, 1—IV, 2; Akt V den übrigen Scenen des Originals. Vgl. darüber Dr. Eugen Kilian im Shakespearejahrbuch XXV, S. 24 ff., wo die Dalbergsche Bühnenbearbeitung vollständig (unter Verzicht auf die orthographischen Eigentümlichkeiten) nach dem Mannheimer Soufflierbuch abgedruckt ist.²) Dalbergs Hand ist in diesem Soufflierbuch nur einmal bei einer kleinen Korrektur auf S. 138 nachzuweisen, Becks Hand auf einem eingeklebten Zettel S. 231 (in den letzten Worten des Alcibiades, den Beck spielte), Beils Hand auf einem eingeklebten Zettel S. 115 (Worte des Flavius, den Beil spielte). —

Auch Schiller plante in Mannheim eine Bearbeitung des Timon. In der 1784 verfaßten Abhandlung „Die Schaubühne als eine moralische Anstalt betrachtet", die er am 26. Juni 1784 in der kurpfälzischen deutschen Gesellschaft zu Mannheim vorlas, sagte er: „Unsere Schaubühne hat noch eine große Eroberung auszustehen, von deren Wichtigkeit erst der Erfolg sprechen wird. Shakespeares Timon von Athen ist, soweit ich mich besinnen kann, noch auf keiner deutschen Bühne erschienen, und so gewiß ich den Menschen vor allem andern zuerst in Shakespeare aufsuche, so gewiß weiß ich im ganzen Shakespeare kein Stück, wo er wahrhaftiger vor mir stünde, wo er lauter und beredter zu meinem Herzen spräche, als im Timon von Athen. Es ist wahres Verdienst um die Kunst, dieser Goldader nachzugraben." Und zwei Monate später am 24. Aug. 1784 schreibt er an Dalberg (Jonas 1,208): „Durch mich allein wird und muß unser Theater einen Zuwachs an vielen vortrefflichen neuen Stücken bekommen, worunter Macbeth und Timon und einige französische sind."

In einige der alten Mannheimer Timon-Rollen hat Dalberg mit eigener Hand Bemerkungen über die richtige Auffassung des betr. Charakters eingeschrieben. Zu Alcibiades (Beck): „Dieser Charakter erfordert Würde, doch ohne Stolz, sonst wird Alcibiades Handlung im Senate sträflicher Frevel. Alcibiades

---

¹) Von Trinkle geschrieben, der im Januar 1789 für das Soufflierbuch u. Abänderungen (zusammen 382 S.) 6 fl. 22 Kr. erhält. Im Febr. 1789 wurden die Rollen ausgeschrieben. Übrigens copierte Trinkle nach den Theaterrechnungen noch zweimal den Timon (259 S. a. 262 S. April 1789).

²) Nachträglich sei hier noch auf Kilians Veröffentlichung der Mh. Bearbeitungen des Kaufmanns von Venedig und des Coriolan im Shakespearejahrbuch XXVI, S. 4 ff. hingewiesen.

Größe bestehet im Gefühle edler Freyheit und geselliger Tugenden." Zu Lucullus (Rennschüb): „Dieser Charakter des feinsten Weltmannes, des aufrichtig scheinenden Freundes, des geschliffensten Wohllüstlings darf durchaus in keiner Stelle komisch genommen werden, er erfordert Fleiß und Studium. Macht Lucullus einmahl lachen, so ist dem Stück seine Wirkung genommen." Zu Lucins (Müller): „Bei Darstellung dieser Rolle des feinsten Weltmannes ist der Schein von komischem Spiele wohl zu vermeiden; dieser falsche Freund ist ein feiner Schmeichler, ohne es scheinen zu wollen." Zu Sempronius (Richter): „Die Darstellung dieser Rolle erfordert Deutlichkeit, feinste Schmeicheley im ernsthaften Tone fern vom Komischen beym Spiele und Vortrag." Diener des Timon (Demmer): „Auf diese Rolle, so klein sie ist, muß Fleiß verwendet werden, weil sie zum Ganzen vieles beyträgt."

Wallenstein, Tr. 6 von Schiller. (Bearb. von Vogel. M 723.)

Der Titel dieses Mskr. lautet: Wallenstein, Trauerspiel in sechs Aufzügen von Friedrich Schiller. Zur Aufführung eines Abends für die Bühne bearbeitet 1802. Es umfaßt 252 beschr. Quartseiten. Wurde nicht zur Aufführung verwendet.[1]) Diese Bearbeitung ist eine Vereinigung von „Piccolomini" und „Wallensteins Tod" zu einem sechsaktigen Stück und rührt her vom Mannheimer Schauspieler Wilhelm Vogel, der im Mskr. nicht als Autor genannt ist, wohl aber in der bei Tob. Löffler in Mh. 1802 erschienenen Druckausgabe dieser Bearbeitung.

Im 1. Akt der Vogelschen Bearbeitung sind vereinigt die beiden ersten Akte der Piccolomini. Die charakteristischen Eingangsscenen zwischen den Generälen und Questenberg fehlen. Die erste Scene beginnt gleich I, 3 Octavio, Questenberg: „Was hab ich hören müssen, Gen'ral-Leutnant!" Striche: 289—294, 299—303, 305—312, 321—330, 332—338, 340—373 (nach der Gödekeschen Ausgabe citiert). Vor 375 ist mit Benutzung von 51 f., weil diese Verse und 270 f., weggefallen sind, eingeschaltet:

Questenberg: Und Jhr verehrter Sohn, der wackre Max —
Octavio: Bald werden Sie ihn sehn. Aus Kärnthen führte er
    Die Fürstin Friedland diesen Mittag hier schon ein."

2. Scene: Gestrichen 407—416, 423—449, 485—499, 505—533, 540—545, 562—564, 569—571, 573—577. 3. Scene: 590—597. Verwandlung: Die Scene II, 1 (Seni u. die Bedienten) fehlt. 4. Scene II, 2, beginnend 485. Ferner gestrichen 691—695, 708—713. 5. Scene II, 3, gestrichen 722—735. 6. Scene II, 4, gestrichen 755—759. 7. Scene II, 4, gestrichen 785—789. 8. Scene II, 5 u. 6, gestrichen 798—804, 809—877 (!), 880—892,

---

[1]) Nicht von Trinkle geschrieben. Von diesem fanden sich in den Theaterrechnungen nur folgende Posten: Dezember 1803: 96 Seiten Abänderung Wallensteins. März 1804: Rollenausschreiben Wallensteins 2 fl. 30 Kr. — Bei den ersten Aufführungen 1807 u. 1808 wurden gedruckte Soufflierbücher der Ausgabe Frkft. u. Lpzg. 1800 verwendet. Darin viele und starke Striche. Der erste Akt von Wallensteins Tod ist zu den Piccolomini als Schluß herübergezogen. (Vgl. S. 148.)

910—1002 (!). 4. Scene   II, 7, gestrichen 1021—1185 (!), 1191—1195, 1245—1258, 1261—1271, 1278—80. Diese Angabe der Striche des 1. Akts wird genügen, um das rücksichtslose Zuschneiden des Amputators Vogel zu kennzeichnen.

II. Akt: 1. Scene   III, 1.   2. Scene   III, 2.   3 Scene: Ein Monolog der Gräfin, bestehend aus 1391—1401.   4. Scene   III, 3.   5. Scene   III, 4.   6. Scene   III, 5.   7. Scene   III, 6.   8. Scene III, 7.   9. Scene   III, 8.   10. Scene   III, 9.
Der ganze Banketakt ist gestrichen!

III. Akt: (Vereinigung von Piccolomini V u. Wallensteins Tod I). 1. Scene   V, 1 beginnend 2267.   2. Scene   V, 2.   3. Scene   V, 3. Verwandlung (von hier an Wallensteins Tod):   4. Scene   I, 2 u. 3.   5. Scene   I, 4.   6. Scene   I, 5.   7. Scene   I, 6.   8. Scene   I, 7.

IV. Akt: 1. Scene — II, 1.   2. Scene   II, 2.   3. Scene   II, 3. Verwandlung: 4. Scene   II, 4 u. 5.   5. Scene   II, 6.   6. Scene   II, 7.

V. Akt: 1. Scene   III, 2 beginnend 1345.   2. Scene   III, 3. 3. u. 4. Scene   III, 4.   5. Scene   III, 5.   6. Scene   III, 6.   7. Scene III, 7.   8. Scene   III, 8 u. 9.   9. Scene   III, 10.   10. Scene III, 17 (statt III, 11 u. 12; diese, der Monolog Wallensteins und die Pappenheimerscene gestrichen!)   11. Scene — III, 18 u. f. w. bis zum Aktschluß.

VI. Akt: (Vereinigung von Wallensteins Tod IV u. V.)   1. Scene IV, 2.   2. Scene   IV, 3.   3. Scene   IV, 4.   4. u. 5. Scene   IV, 5. 6. Scene   IV, 6. (schließt mit den beiden Schlußzeilen von IV, 8.)   IV, 7 u. 8 gestrichen. Keine Verwandlung.   7. Scene   IV, 9.   8. Scene IV, 10.   9. Scene   IV, 11.   10. Scene   IV, 12.   Gestrichen: IV, 13 u. 14, V, 1 u. 2.   11. u. 12. Scene   V, 3.   13. Scene   V, 4.   14. Scene V, 5 (Scen ganz gestrichen).   15. Scene   V, 6.   16. u. 17. Scene V, 7 (Deveroux u. Macdonald sind stumme Personen).   18. Scene   V, 8. 19. Scene   V, 9.   20. Scene   V, 10.   21. Scene   V, 11.   22. Scene V, 12.

Wilhelm Tell, S. 5 von Schiller. (M 339 u. 664.)

Von den beiden in der Mannheimer Theaterbibliothek befindlichen Tellmanuskripten betitelt sich das erste, M 339 = M 1: Wilhelm Tell, Schauspiel in fünf Aufzügen von Friedrich Schiller und umfaßt 398 beschr. Quartseiten. Es ist von Trinkle geschrieben und wurde als ältestes Soufflierbuch benutzt.

Das zweite, M 664 = M 2: Wilhelm Tell, Schauspiel in fünf Aufzügen. 203 beschr. Quartseiten, von fremder Kopistenhand geschrieben.

Am 28. Mai 1804 stellt Schiller folgende Quittung aus, die sich unter den Theaterrechnungsbeilagen findet:

„Hundert und fünf und dreißig Gulden rh. sind mir für das Manuscript des Wilhelm Tell richtig bezahlt worden, welches ich hiedurch bescheinige. Weimar, 28. May 1804. Friedrich von Schiller, Hofrath."

Diese Quittung kann sich nur auf M 2 beziehen.¹) In den Theaterrechnungen findet sich folgender Posten des Kopisten Trinkle: Für Kopie des Schauspiels Wilhelm Tell auf 422 Seiten: 7 fl. 2 Kr. Mai 1804 (gleichzeitig auch die Rollenkopie berechnet). Hiermit könnte M 1 gemeint sein, doch stimmt die Seitenzahl nicht. Ein weiteres Tellmanuskript findet sich in der Theaterbibliothek nicht mehr vor.

M 1 u. M 2 sind am meisten verwandt mit dem auf der kgl. Bibliothek zu Aschaffenburg befindlichen Mskr., das seinerseits wieder in vielen Fällen mit dem Hamburger Theatermskr. zusammengeht, in der Cottaschen Ausgabe Bd. 14 mit D bezw. E bezeichnet. Dr. Vollmer benutzte M 1 zur Kollationierung und nannte es in dem Briefe, der die Zurücksendung begleitete, „hochwichtig", jedoch hat es in der Cottaschen Ausgabe keine Berücksichtigung gefunden.

M 1 kam als Soufflierbuch zur Verwendung, M 2 dagegen nicht. M 1 ist nach einer geschriebenen Vorlage kopiert worden, wie man aus verschiedenen Schreibfehlern, die auf mißverständlicher Lesung beruhen, schließen kann. Die Übereinstimmung mit dem Aschaffenburger Mskr. D, die sich Scene für Scene verfolgen läßt, ergiebt sich z. B. auch in der Beschränkung der kleinen Sprechrollen: der Bericht des Konrad Hunn (II, 2) ist Stauffacher zugeteilt, die Worte des Kunz von Gersau sind dem Fischerknaben übertragen, die Zahl der in der Rütliscene Sprechenden ist vermindert u. s. w. In M 1 wie in D findet sich vor der Attinghausenscene des vierten Akts noch eine kleine Zwischenscene im Vorzimmer (vgl. Gödekes Ausgabe S. 377 f. Note). In der Rütliscene fehlt Vers 1085—1096 u. s. w. Doch finden sich auch fortwährende Abweichungen von D, teils Varianten leichter Art, die nur einige Worte betreffen, teils aber solche, bei denen ganze Stellen anders erscheinen. Die letzteren betr. sei folgendes angeführt: In der Rütliscene haben die bekannten Worte Stauffachers „Nein, eine Grenze hat Tyrannenmacht ꝛc." folgende Fassung:

   Nein, eine Grenze hat Tyrannenmacht,
   Wenns zum letzten äußersten gekommen,
   Wenn rohe Willkühr alles Recht zertritt,
   Wenn kein Gesetz mehr hilft, dann hilft Natur.
   Das Alt-Ererbte dürfen wir vertheid'gen
   Gegen Gewalt. Wir stehn für unser Land,
   Wir stehn für unsre Weiber, unsre Kinder!

Diesen Versen ist der vulgäre Text von späterer Hand übergeschrieben. Ein eingeklebtes Blatt kombiniert beide Fassungen, indem es die ersten vier der obigen Verse wiedergiebt und sodann weiterführt: „Wenn der Gedrückte nirgends Recht kann finden ꝛc."

Ebenso enthält M 1 in den letzten Worten Attinghausens einen minder guten Text (Vers 2434 fehlt; von Vers 2438 an heißt es):

   Die Ritter seh ich angezogen kommen
   In schwer geharnischt — dicht gedrängter Schaar,
   Ein harmlos Volk der Hirten zu bekriegen.
   Auf Tod und Leben wird gekämpft und herrlich ꝛc.

---

¹) Vgl. Schillers Kalender 28. 30. März, 12. April u. 28. Mai 1804. Der Tell war erst am 20. Febr. 1804 vollendet, Mannheim erhielt ihn also sehr bald nach der Vollendung.

Sodann Vers 2445:

> Er bricht sie und errungen ist der Sieg,
> Hoch triumphirend schwebt des Landes Fahne.

Unter den zahlreichen Korrekturen des Textes in M 1 mögen einige vielleicht vom Dichter selbst herrühren, andere stammen von Regisseuren und Souffleuren. Schlechte Tintekorrekturen sind z. B. S. 193, 195, 198, 199 oder 266, wo das unverstandene Wort „Fluh" (Vers 2193) in „Flucht" verwandelt ist. Von des Souffleur Karl Beil Hand ist am Schluß des Stücks noch einmal der Rütlischwur beigefügt. Das Wort Österreich ist durch häufige Veränderungen in seinem Gebrauch von verschiedenen Regisseuren beschränkt worden, die schönen Schlußworte Attinghausens II, 1 sind dem Rotstift zum Opfer gefallen u. s. w. Mit Bleistift ist häufig der vulgäre Text hergestellt.

Auch M 2 schließt sich am nächsten D an, geht also in der Hauptsache auch mit M 1 zusammen, jedoch sind einige auffallende Abweichungen zu konstatieren. Die oben angeführten Worte Stauffachers sind hier in die ursprünglich vulgäre Fassung hineinkorrigiert, dasselbe ist der Fall mit Attinghausens letzten Worten. Die im vulgären Text nicht enthaltene, kurze Vorzimmerscene IV, 1 fehlte ursprünglich in M 2, ist dann aber auf einem eingeklebten Zettel beigeschrieben. Das Liedchen Walther Tells III, 1 ist in M 2 erst nachträglich eingefügt. Die Zusatzbemerkung auf S. 90: Walther Tell singt ein Liedchen, rührt wohl von Schillers Hand her. Die Scene der barmherzigen Brüder,[1]) die in M 1 fehlt, steht in M 2, ist aber gestrichen. Ebenso ist in M 2 eine Stelle am Schluß von V, 1 gestrichen, die nicht in M 1 steht. Die Sceneneinteilung ist die vulgäre, erst nachträglich ist von anderer Hand die M 1 entsprechende Einteilung in Auftritte hinzugefügt. M 2 könnte teilweise als Vorlage von M 1 gedient haben, doch sind dann noch selbständige Änderungen in M 1 vorgenommen worden, die teilweise auf den Dichter selbst zurückgehen können.

Die Zauberflöte, O. 2 von Mozart.
(Bearb. des Schikanederschen Textes von Vulpius.) (M 698.)

Der Titel lautet: Die Zauberflöte. Eine große Oper. Neu bearbeitet in zwey Aufzügen von C. A. Vulpius. Die Musik ist von Herrn Wolffgang Amade Mozard, Kapellmeister und wirklichen k. k. Kammer-Compositeur. Das Mskr. enthält 199 beschr. Quartseiten und ist mit leerem Papier durchschossen. Wohl Abschrift des nicht mehr vorhandenen Manuskripts No. 215. Das von Trinkle geschriebene Personenverzeichnis mit Angabe der Darsteller weist darauf hin, daß das Manuskript aus den Jahren 1794/95 stammt. Die Zauberflöte wurde am 29. März 1794 zum erstenmal in Mannheim gegeben, also drei Jahre nach ihrer Entstehung. Die Zauberflöte scheint damals in Mannh. nicht nach dem Schikanederschen Original, sondern in der Umdichtung,

---
[1]) Sie heißen in M 2 einmal „die sechs grauen Brüder".

die Vulpius, Goethes Schwager, vornahm, aufgeführt worden zu sein. Nicht nur der Dialog, auch die gesungenen Stellen sind verändert, doch ist hie und da auch der Originaltext stehen geblieben. Das Manuskript enthält auch die von Mozart nicht komponierten, in der Ausgabe von 1792 ebenfalls enthaltenen Verse des zweiten Finales:

Die drei Knaben: Komm nur, du holdes, liebes Weibchen!
Du sollst des Mannes Gattin sein.
Er wird dich lieben, sanftes Täubchen!
Sich dir und deiner Liebe weihn.
Sei Papagenos Eigentum!

Papagenos Vogelfängerlied beginnt in Vulpius' Umarbeitung:

Seht Papageno ist schon da
Ist immer lustig, hopsasa u. s. w.

Die Rachearie der Königin der Nacht beginnt nicht: „Der Hölle Rache kocht in meinem Herzen" sondern:

„Es sterbe der Tyrann von deinen Händen u. s. w.

Sarastros Arie lautet bei Vulpius:

In diesen heil'gen Mauern
Kennt man die Rache nicht.
Nicht strafen, nur bedauern
Ist der Geweihten Pflicht
Dem Mädchen reichen wir den Stab,
Den Weisheit uns zur Stütze gab.

In diesen heil'gen Hallen,
Wo man die Menschen liebt,
Darf nie die Klag erschallen,
Daß man sich nie vergiebt.
Man reicht sich traulich hier die Hand
Und hat die Rachsucht nie gekannt.

In II, 1 ist die Anrede Sarastros an die Priester klarer und ausführlicher gehalten. Sarastro beginnt:

Euch, ihr mit Weisheit begabten, eingeweihten Diener der heiligen Mysterien im Tempel des großen Osiris und der erhabenen Isis, habe ich hieher beschieden, zu hören, was ich euch vorzutragen habe.

Die Priester: Redet! Wir hören!

Sarastro: Als mein Bruder von dieser Welt schied, und mir seine Krone hinterließ, nahm ich dieselbe den Gebräuchen der Völker und des Landes gemäs an, aber meine Seele fand keine Weide an all der Pracht und Herrlichkeit, welche die Throne der Sterblichen umgiebt. Denn, eingeweiht in die heiligen, euch bekannten Mysterien hieng mein Herz an dem Ziele der Erforschung himmlischer Weisheit. Ich beschloß also, dem Reiche meines Bruders einen frommen, tugendhaften Beherrscher zu geben und mich in meine stille Einsamkeit zurück zu ziehen — der Jüngling ist gefunden.

Die Priester: Heil ihm!

Saraſtro: Die Wittwe meines Bruders, die ſtolze Königinn der Nacht ſtreckte ſchon mehr als einmal ihre Hände nach meiner Krone aus. Ja, um dieſes blendende Diadem zu erhaſchen, würde ihr ſelbſt ein Mord verzeihlich erſcheinen, aber bißher vernichtete ich durch meine Wiſſenſchaft immer frühzeitig genug ihre heilloſen Plane. — Schön wie eine Frühlings-Roſe blühte meines Lebens holder Traum in ihrer Tochter Pamina auf. Ich entriß ſie ihrer Mutter, damit ihr Herz rein blieb, erkohren für meinen Plan. Sie ſoll die Krone ihres Vaters ihrem Gemal mit Herz und Hand ſchenken — und dieſer ſey Prinz Tamino, der Jüngling, den auch ich erkohren habe.

Die Prieſter: Heil ihm!

Saraſtro: Jezt iſt er hier. Er wandelt vor der nördlichen Pforte u. ſ. w. (wie bei Schikaneder).

Auf die Frage des erſten Prieſters: Iſt er tugendhaft! antwortet Saraſtro:

Auch die Königinn der Nacht hat ihn, ohne meinen Plan mit ihm zu ahnden, zu dem Vertheidiger ihrer vermeinten Rechte erwählt. Sie hat ihm die Hand ihrer Tochter verſprochen, wenn er das Abentheuer beſtehen will, mir Leben und Krone zu rauben — Tamino wird den leeren Verſprechungen eines Weibes nicht mehr Glauben beimeſſen als meinen väterlichen Bemühungen für ſein Wohl. Er iſt tugendhaft.

Zu dem 20. Auftritt des 2. Akts (Iſischor) finden wir bei Vulpius folgende ſceniſche Vorſchrift: „Ein Gewölbe von Pyramiden. Saraſtro, der Sprecher, Prieſter. Zwey Prieſter tragen eine beleuchtete Pyramide auf den Schultern. Jeder Prieſter hat eine kleine transparente Pyramide in Geſtalt einer Laterne in der Hand."

B.
Die Musikbibliothek.

Die Musikaliensammlung des Mannheimer Theaters wird getrennt von der Bibliothek der Regie- und Soufflierbücher aufbewahrt und verwaltet. Die vom Bearbeiter des vorliegenden Katalogs vorgenommene Ausscheidung der älteren, für den heutigen Theaterbetrieb teils wertlosen, teils entbehrlichen älteren Bestände der Musikbibliothek empfahl sich schon aus äußeren Gründen, um bei den sehr beschränkten Raumverhältnissen für die stark anwachsende neuere Musikaliensammlung Platz zu schaffen. Für die im Folgenden alphabetisch nach den Titeln bzw. Autoren verzeichneten Musikalien ist die alte, von Grua herrührende Gruppeneinteilung beibehalten worden: I. u. II. Opern, Operetten, Ballets, Pantomimen und Schauspiele mit Musik. III. Arien, Lieder, Duette u. f. w. IV. Kirchenmusik. V. Entreaktmusik. VI. Märsche u. dgl. VII. Tanzmusik. VIII. Symphonien. IX. Ouvertüren. In Abteilung I. u. II. wurde vom Herausgeber eine neue Nummerierung durchgeführt, in den übrigen Abteilungen gelten die alten Gruaschen Nummern.

Die meisten Opernwerke des älteren Repertoires bis zurück zu den ersten Jahren des Nationaltheaters sind noch in der Musikbibliothek vorhanden, doch finden sich in diesen älteren Beständen auch manche Lücken. Von den Opern und Oratorien sind die meisten in geschriebenen oder gestochenen Partituren vorhanden, die zugehörigen Vokal- und Instrumentalstimmen liegen häufig dabei, Klavierauszüge nur in sehr seltenen Fällen. Die Symphonien, Ouvertüren u. s. w. liegen nur in den Stimmen vor. Die Angabe: Part. ohne weiteren Zusatz bedeutet im Katalog: geschriebene Partitur in 1 Band. Wo es sich um gestochene Partituren und Stimmen (Sing- und Orchesterstimmen) handelt, ist dies jeweils ausdrücklich vermerkt.

Die überaus reichhaltige Musikaliensammlung der 1778 beim Wegzug des Hofes nach München verlegten kurfürstlichen Hofoper ist nicht in die Bibliothek des Mannheimer Theaters übergegangen. Da ihre Existenz ebenso wie die des Archivs der Hofoper bisher nirgends, weder in Mannheim, noch in München nachgewiesen werden konnte,[1]) so ist anzunehmen, daß diese große und wertvolle Sammlung italienischer Opern, Ballets und kirchenmusikalischer Werke 1795 bei dem Mannheimer Opernhausbrande zerstört, oder in alle Winde verstreut worden ist. Einige wenige Partituren aus der Glanzzeit der Mannheimer Hofoper sind durch Zufall in die Bibliothek des Mannheimer Theaters gelangt: so die sicher aus jener Zeit stammende Partitur des Majoschen Alessandro, des Galuppischen Ezio[2]) und der Holzbauerschen Oratorien Giefte und Betulia. Verschiedene der älteren musikalischen Werke sind durch Schenkung in die Bibliothek gelangt. So hat z. B. der Intendant v. Venningen seine Sammlung fremder und eigener Kompositionen (besonders Arien und Ouvertüren) dem Mannheimer Theater überlassen.

Der älteste Katalog der Musikbibliothek scheint vom Souffleur Trinkle verfertigt worden zu sein; er ist nicht mehr vorhanden, sondern läßt sich nur aus den Rechnungsbelegen nachweisen. Im Juli 1780 erhält Trinkle nämlich 1 fl. 48 Kr. Schreibgebühr für einen „Catalogus der sämtlichen Musikalien, sowohl deutsch als französischer nach dem Alphabet". Den Grundstock der Musikaliensammlung in der ersten Zeit des Bestehens der Mannheimer Bühne bildete der Fundus der früheren Seylerschen Truppe. Im Januar 1780 erwarb Dalberg durch Vermittlung des französischen Residenten in Frankfurt und unter Mitwirkung des Schriftstellers Salomo Friedrich Schletter aus der Konkursmasse des Direktors Abel Seyler vom Frankfurter Magi-

---

[1]) Vgl. Walter, Geschichte des Theaters und der Musik am kurpfälzischen Hofe (Einleitung).

[2]) Eine dieser alten Partituren, die des Traettaschen Siroe trägt den Vermerk: „De Rumling ex dono comitis de Seeau. 20. X. 1786."

strat die von diesem beschlagnahmten Musikalien des Seylerschen Unternehmens zum Preis von 350 Gulden (gleichzeitig auch Rollen zu 260 Stücken für 75 Gulden).

In Fascikel B I, 2 des Archivs befindet sich (Nr. 21) ein „Verzeichnis der Seilerischen Theater Musikalien", die vom Mannheimer Theater erworben wurden. Dasselbe lautet: I. Operetten, bei welchen die Partitur befindlich ist (51 Stück): Das Blendwerk, Der Schiffbruch, Le mariage des Samnites, Das Gespenst, Sancho Pansa, Der Baron vom festen Turm, Der Alchymist, Das gute Mädchen, Zemire und Azor (französisch), Die Jagd, Robert und Calliste, Der zaubernde Soldat, Die Nacht, Die Schnitter, Der Dorfjahrmarkt, Tom Jonas, Silvain, Die Geizigen, Walter, Romeo und Julie, Zemire und Azor (deutsch von Neefe), Lisouart und Dariolette, Amors Guckkasten, Lottchen am Hof, Der Erntekranz, la belle Arsène, le sorcier, Freundschaft auf der Probe, le déserteur, Die drei Pachter, Jochem Tröbs. — II. Unvollständige Operetten u. dgl. (33 Stück): Die Kolonie, Das redende Gemälde, Fremore et Meline, Die Wahl der Herkules, Das Milchmädchen, Der bürgerliche Edelmann, Pyramus und Thisbe, Inkle und Jariko, Lottchen am Hof, Elysium, Der Töpfer, Alceste, Sinfonie zu Zemire und Azor von Neefe, Die Liebe auf dem Lande, Die Einsprüche, Der lustige Schuster, Der Teufel ist los, Die Dorfdeputierten, Das große Loos, Die Dorfgala, Die treuen Köhler, Der Barbier von Sevilla von Neefe (verbessert von Benda), Apollo unter den Hirten, Der Faßbinder, Der Abend im Walde, Melide, Rose und Colas, Pygmalion, Musik zu Soliman, zum Kranken und Lügner, zu Philemon und Baucis, zum menschlichen Alter, zum Abenteuer an der Wiege. — III. Zwei große Packets Singrollen zu vorbenannten Operetten gehörig.

Eine Reihe von Opern bezog Dalberg von Simrock in Bonn, dann in den Jahren 1791—1796 von dem Tenoristen Joh. Haibel in Wien (vgl. Bd. I, S. 460 f); in späteren Jahren deckte das Mannheimer Theater seinen Bedarf durch Vermittlung der Wiener Thadé Weigl (1803—1806) und Mathäus Stegmayer (1804—1808) sowie des Mainzer Agenten Karl Zulehner, des Vorgängers der Schottschen Musikalienhandlung, der bis in die Mitte des Jahrhunderts der Mannheimer Bühne die meisten neuen französischen und italienischen Opern verschaffte.

Wie sich schon aus obiger Liste ergiebt und auch aus dem Repertoire der Mannheimer Bühne in den ersten Jahrzehnten ihres Bestehens ersichtlich ist, lag der Schwerpunkt der älteren Opernvorstellungen des Mannheimer Theaters, die in ihrer Einfachheit nicht im entferntesten wetteifern konnten mit den prachtvoll ausgestatteten und von einem großen Personal glanzvoll aufgeführten italienischen Opern, für welche Kurfürst Karl Theodor früher Millionen ausgegeben hatte, im Gegensatz hierzu in der Wiedergabe kleiner, ohne große musikalische und scenische Schwierigkeiten aufzuführender Singspiele hauptsächlich französischer und italienischer, aber auch deutscher Komponisten. Dementsprechend wiegen die Werke dieser Art in der älteren Musikbibliothek vor. Erst allmählich wagte man sich, als es die Zusammensetzung des Personals und die Geldmittel erlaubten, auch an größere Opern heran. Nachdem die Leistungsfähigkeit des Mannheimer Opernensembles in der letzten Zeit Dalbergs sehr stark gesunken war, wurde unter Denningen den Opernaufführungen wieder erhöhte Sorgfalt zugewendet.

Denningen sorgte auch für eine Neuordnung der Musikbibliothek, die sich bei seinem Amtsantritt in größter Verwahrlosung befand, und beauftragte mit diesem schwierigen Geschäft den sehr gewissenhaften Theateraktuar Brüder (Dez. 1803). In seinem Befundbericht an die Intendanz erklärt Brüder (4. Jan. 1804, Theaterarchiv F V, 15):

Er habe „zwar mehrere der gangbarsten Opernmusikalien einigermaßen geordnet, auch einige davon neu eingebunden und von H. Kapellm. Ritter mit ihren Titeln überschrieben gefunden, gleichwohl aber den größten Teil der Partituren sowohl als besonders die ausgeschriebenen Instrumental- und Singstimmen von den Opern und andern Theatermusikalien in einem wirklich chaotischen und äußerst verwahrlosten Zustande angetroffen, bei deren Auffindung Zeit und Mühe mittelst Durchsuchung des ganzen Vorraths unvermeidlich gewesen, wobei selbst ein Theil der zerstreut durcheinander gelegenen Stimmen ohne Benennung des Stückes, zu welchem sie gehören, sich befindet, so daß die durchgängige Ordnung bei diesem Verhalt den größten Schwierigkeiten unterworfen ist, daß endlich bei Aufnahme der Partituren mittelst Vergleichung gegen das ältere Repertorium sich einige davon als fehlend befunden, über die weitern bisher nicht verzeichnet gewesenen Musikalien hingegen eine gleichmäßig bestimmte Angabe des allenfallsigen Abgangs unter diesen Umständen darzulegen nicht möglich ist."

Am 24. Juli 1804 erstattet Brüder Bericht über die Neuordnung (F XII, 1) und beantragt die Ausscheidung der älteren nicht mehr gebrauchten Bestände. Von ihm stammt der älteste, noch vorhandene Katalog der Musikbibliothek. Er ist betitelt: „Repertorium der sämtlichen Opern-Musikalien, Simphonien, Entr'actes und Musik zu bestimmten Stücken, dann Oratorien, Cantaten und Arien, auch Inventarium über die musikalischen Instrumenten und Geräthschaften des Kurfürstlichen Hoftheater-Orchesters in Mannheim 1804, vermög hohen Auftrags gefertiget durch Theater-Actuarium Brüder." (Folioband)

Etwa um die Mitte des Jahrhunderts wurde eine abermalige Neuordnung der Musikbibliothek vorgenommen und zwar von dem als Sänger und Schauspieler, Orchestermusiker und Solorepetitor verwendeten Stefan Grua, dessen peinliche Sorgfalt bei diesem Geschäft ein weites Feld zur Bethätigung fand. Diese Neuordnung war die letzte; die noch vorhandenen Titelaufschriften, Mappen u. s. w. rühren meist von Grua her.

Im Anhang zum Katalog der älteren Musikalien ist eine wertvolle Sammlung hauptsächlich italienischer Operntexte verzeichnet, die dem Mannheimer Theater im Jahre 1813 vom Frh. von Hacke geschenkt wurden, aber niemals in praktischen Gebrauch genommen, sondern nur durch einen günstigen Zufall so lange aufbewahrt worden sind.

I. u. II.
Opern, Operetten, Ballets u. Schauspielmusik.

Adelheid von Guesclin. Gr. heroische O. 2 von Simon Mayr. Part. in
3 Bden.   62

Adelheid von Veltheim. O. 4 [von Neefe?] Part. ungeb.   189
   Die Introduktion: Andante ⁶⁄₈ G-dur beginnt „Es ist unsres Baffa
   gnädigster Wille, mit Kränzen den Garten zu schmücken."

Der adelsüchtige Bürger (il fanatico burlato). O. 3. Musik von Cimarosa.
   In Napoli presso Luigi Marescalchi. Deutscher und ital. Text. Mit den
   Seccorecitativen (diese nicht übersetzt). 1791. Part. in 4 Bden.   57

Adrast und Isidore oder Die Serenade. Kom. O. 2 von Friedrich Preu.
   Part. in 2 Bden.   60

Agnes Sorel. O. 3 von Adalbert Gyrowetz, Text nach d. Frz. von Sonnleithner.
   Part. in 3 Bden., Sing. u. Orch.-St.   100

Der Alchymist. Kom. O. 1 von Joseph Schuster, kgl. neapol.-sicil. Kapellmeister und kurf. sächs. Kammermusiko in Dresden. Trovano da Christiano
   Godofredo Thomasio candidato di Leggi è Musico in Lipsia. Part.
   in 1 Bd.   113

Alessandro nell' Indie. O. 3 [von Fr. Majo]. Part. in 2 Bden. (Der den
   dritten Akt enthaltende 3. Bd. fehlt.)   107
   Die Seccorecitative von anderer Hand geschrieben. Italienischer Text.
   Bei den Arien steht der Name des Sängers bezw. der Sängerin:
   Alessandro: Fonca, Poro: Giorgetti, Cleofide: Mad. Wendling, Erissena:
   Mad. Sarselli, Timagene: Caselli, Gandarte: Benedetti. Daraus geht
   mit Sicherheit hervor, daß die Partitur bei der Aufführung in der
   kurf. Hofoper zu Mh. 1766 benutzt wurde.

Alexis und Justine. O. 2 von Desaides (1785). Text v. Monvel, in deutscher
   Übersetzung. Part. in 1 Bd.   175

Alfred. O. 3 von Peter Ritter. Singstimmen.   89

Aline von Feudenheim. Zauberoper 3 von Wenzel Müller. Part. in 3 Bden.
   mit Sing. u. Orch.-St.   32

Der Alte überall und nirgends. S. 4 mit Gesang, Musik von F. Spindler.
   Part. in 3 Bden.   40
   Der Text ist von Hensler und wurde auch von W. Müller komponiert.

L'amant et le mari. Op. com. 2 von Fétis. Paris 1820. Gest. Part. ungeb. 83

L'amant jaloux. O. 3 von Gretry. Gest. Part. in 1 Bd. mit frz. Text. 110
Vgl. Der eifersüchtige Liebhaber. Part. der Singst. mit deutschem Text.

L'amitié à l'épreuve. (Die Freundschaft auf der Probe.) Opt. 2 von Gretry. Gest. Part. Paris. 169

Amor und Psyche. O. 2 von P. Winter. Nur Orch.- u. Sing-Stimmen. 183

Ariadne auf Naxos. Duodram 1 von Brandes, Musik von Benda. Part. in 1 Bd., Orch.-St. 130

Arlequin im Schutz der Zauberei. Pantom. Ballet von P. Violin-Direktionsstimme. 156

Armida. O. 3 von Antonio Salieri. Part. ungeb. 76

Athalia. O. 3 von Frh. v. Poißl. Part. ungeb. 91

Aucassin et Nicolette ou les moeurs du bon vieux temps. O. 3 von Gretry. Gest. Part. Paris; ungeb. 141
Erstaufführung: Versailles 30. Dez. 1779. Dem frz. Text (Verf.: Sedaine) ist eine deutsche Übersetzung beigeschr.

Les Aubergistes de qualité. (Die vornehmen Wirte.) Kom. O. 3 von Catel, Text von Jouy. Gest. Part. in 2 Bden. (Paris), u. Singstimmen. 11

Der Aufbrausende. (L'irato, l'emporté.) Sg. 1 v. Méhul. Part. in 2 Bden. 1
Text von Marsollier; geht auch unter dem Titel: „Der Tollkopf" und „Die Temperamente".

Der Aufschluß. O. 2 von Salieri siehe unter: La cifra.

L'avaro deluso. O. 3 von Paesiello siehe: Der betrogene Geizhals.

Baals Sturz. O. 3 von Joseph Weigl. Part. in 3 Bden. mit einigen Singstimmen. 2

Der Baron vom festen Turme. Sg. 2 von Joseph Michel, kurbair. Kammer-Kompositeur. Part. in 2 Bden. (Aufgef. München 1776.) 53

Das Bauernmädchen am Hofe (La contadina alla corte). Sg. 2 von Sacchini. Part. ungeb. (Deutsche Übersetzung, die Recitative fehlen.) 135

Die beiden Geizigen. Sg. 1 von Gretry. Geschr. Part. in 1 Bd. 220
Der Text der „Deux avares" (aufgef. Paris 1770) ist gearbeitet nach einem Lustspiel von Fenouillot de Falbaire.

Die beiden Nachtwandler. P. 2 mit Gesang von A. Müller. Singstimmen. 153

La bella pescatrice. O. 3 von Pietro Guglielmi. Part. ungeb. 95
Die Piccinische Oper La bella pescatrice siehe unter: Das Fischermädchen.

La belle Arsène. Zauberoper 4 von [Monsigny]. Gest. Part. Paris. 203
Enthält nur die erste Violine, den Baß und die Singstimmen. Dem frz. Text [von Favart] ist die deutsche Übersetzung übergeschrieben. Erstaufführung: Fontainebleau 6. Nov. 1773.

Bellerofon. O. 3 von P. Winter. Part. in 3 Bden. 99

Benjowsky. O. 3 von Boieldieu, Text von Duval. Gest. Part. in 1 Bd. (frz. Text u. beigeschr. deutsche Übers.) mit den Sing- u. Orch.-Stimmen. 6

Die bestrafte Eifersucht. O. 2 von Cimarosa. Part. ungeb. 42
Der Besuch im Irrenhaus. O. 1 von Jaques Rosenhain. Part. in 1 Bd. und Stimmen. 201
Der betrogene Ehemann oder Der Maskenhändler. Pantomime 1 von Menger, Musik von Hofmusikus Dickhut. Nur die Orchesterstimmen. 198
Der betrogene Geizhals (l'avaro deluso). O. 3 von Paesiello. Part. in 2 Bden. 65
Der Betrug durch Aberglauben. Sg. 2 von Dittersdorf. Part. in 3 Bden. 58
Der Bettelstudent oder Das Donnerwetter. O. 2 von Winter. Part. der Singstimmen (Klavierauszug), Sing- und Orch.-Stimmen. 38
Bianca. O. 2 von Peter Ritter, Orch.-Stimmen. 67
Der Blaubart. O. 3 von Gretry siehe: Raoul Barbe Bleue.
Die böse Frau, kom. Original-Sg. 2 von Herklots, Musik von Ignaz Walter. Part. ungeb. 171
Le boucheron ou les trois souhaits. Sg. 1 von Philidor. Gest. Part. in 1 Bd. Paris. 179
La buona figliuola. O. 3 von Piccini. Part. in 3 Bden. 132
    Italienischer Text. Das Titelblatt trägt die Widmung: Alle dame 1760. Bei der Arie der Gräfin „So che sedel m'adora" (2. Akt) ist eine zweite, einfacher gehaltene Komposition derselben (F-dur) eingelegt. Siehe die deutsche Partitur unter „Das gute Mädchen".

Il capriccio corretto. O. 2 von Seydelmann. Part. in 2 Bden. Aufgef.: Dresden 1774. 170
Carlo fioras oder Der Stumme in der Sierra Morena. O. 3 von Vogel a. d. Frz., Musik von Ferd. Fränzl. Part. in 3 Bden. (mit Einlagen) Sing- u. Orch.-St. 134
La cifra (Die Geheimschrift.) O. 2 von Salieri, rappresentata nel teatro di corte a Vienna 11. Decembre 1789. Part. in 4 Bden. mit deutschem Text unter dem Titel: Der Aufschluß. Mit den Singst. 27
Claudine von Villa Bella. Sg. 3 von Joh. Friedr. Reichardt 1789. Dichtung von Goethe. Part. ungeb. 85
La contadina alla corte. O. 2 von Sacchini siehe unter: Das Bauernmädchen am Hofe.
Cora und Alonzo. Melodr. 2 von Peter Winter. Part. in 1 Bd. 200
La cosa rara. O. 2 von Martin siehe: Lilla.

Dämona, das kleine Höckerweibchen. Kom. Feenmärchen 3 von Joseph Bullinger, Musik von Tuczek. Part. in 2 Bden., Sing- u. Orch.-St. 22
Democrito corretto. (Der eingebildete Demokrit.) O. 2 von Dittersdorf (1787). Part. in 4 Bden. (von Simrock in Bonn). 52
Demofoonte. O. 3, Musik von Verschiedenen (aufgef.: nel nobilissimo teatro in San Benedetto il Carnevale 1791). Part. ungeb. 92
Deodata. O. 4 von Bernhard Anselm Weber, Text von Kotzebue. Part. in 3 Bden.; Klavierauszug (gedruckt, Berlin A. M. Schlesinger), Sing- u. Orch.-Stimmen. 26

Der Deserteur. O. 3 von Monsigny, Text v. Sedaine. Part. in 3 Bden. **188**

Der Deserteur. O. 2 von F. Ripfel. Orch.- u. Singstimmen. **146**

Les deux chasseurs et la laitière. (Das Milchmädchen und die beiden Jäger.) O. 1 von Duny, Text von Anseaume. Gest. Part. in 1 Bd. Paris. Geschr. Orch.-Stimmen. (Frz. Text, deutsche Übersetzung beigeschrieben.) **185**

Der Direktor in der Klemme (l'impresario in angustie). O. 2 von Cimarosa. Part. in 1 Bd., trägt den Vermerk: à Bonn chez Simrock, musicien de S. A. S. E. de Cologne. **71**

Doktor Murner oder Die Einwilligung aus Trotz. Sg. 2 von Schuster. Part. ungeb. Aufgeführt: Wien 1778. **81**

Don Juan. O. 2 von Mozart. Part. in 4 Bden. + Part. von Blasinstr. in 1 Bd. **117**

    Das Titelblatt lautet: Il Dissoluto Punito osia Il D: Giovanni in Due Atti Rappresentato nel Theatro di Praga L'Anno 1788. La Musica è del Sig.: Wolfgang Mozart (die Prager Erstaufführung fand bereits am 29. Okt. 1787 statt). Der Text entspricht dem des alten Mh. Souffliermannskripts und weicht bedeutend von dem allgemein gebräuchlichen ab. Zur Charakteristik dieses Textes eine Probe: in der Introduktion singt Ottavio: „Auf, laufet und bringt mir etwas zu riechen, einen Spiritus, nur nicht gezaudert, Mariannchen, Freundin, Geliebte! Der überspannte Schmerz tötet mir die Arme." Don Juan heißt Hans von Schwenkereich, Leporello Fickfack, Donna Anna Marianne, Donna Elvira Elvira, Zerline Röschen, Masetto Jürge, Ottavio Fischblut. — Die Seccorecitative fehlen in dieser Partitur. Vom Schluß des Quartetts Nr. 8 und dem Anfang des Duetts Nr. 9 fehlen durch Ausfall 2 Blätter. Die bei Köchel unter Nr. 27 verzeichnete nachkomponierte Arie des Ottavio (G-dur, „Ein Band der Freundschaft", gewöhnlich nach Nr. 10 eingereiht) ist als lose Einlage zu Band 1 vorhanden. Die drei übrigen nachkomponierten Nummern: Rec. u. Arie der Elvira „In welchem Dunkel der Sorgen", Arie des Masetto „Hab's verstanden ja mein Herr", Duett zwischen Zerline und Leporello „Ach Schätzchen laß mich laufen" fehlen. Die Arie der Donna Anna Nr. 23 trägt die Bezeichnung Rondo und die Tempoangaben Larghetto und Allegro (vgl. die Bemerkungen Köchel S. 422). Ein besonderer Band enthält die Bläserstimmen des 1. Finales, des Sextetts und des 2. Finales.

Die Dorfdeputierten. Sg. 3 von Schubauer. Part. in 3 Bden. **142**

    Auf der Innenseite des Einbandes ist das Datum der ersten Aufführung: 19. Nov. 1783 bemerkt, daneben ist die Besetzung eingetragen.

Die Dorfgala. Opt. 1 von Schweitzer, Text von Gotter. Part. in 1 Bd. **199**

Der Dorfjahrmarkt. Sg. 1 von G. Benda, Text von Gotter (anderer Titel: Lukas und Bärbchen). Part. in 1 Bd. „per il canto e cembalo". (Sgst. Viol. u. Baß.) **212**

Drei Freier auf einmal. O. 1 von Lemoyne. Part. in 2 Bden. (Text von Schmieder nach dem Frz.) **63**

Die drei Pächter. O. 2 von Desaides siehe unter: Les trois fermiers; vgl. auch: Töffel und Dortchen.

Drei Väter und zwei Kinder. O. 2, Musik von Verschiedenen (dabei auch
Mozartsche Arien), zusammengestellt von F. A. Hofmeister (von dem auch
die Ouverture herstammt). Part. in 2 Bden. **145**

Le droit du Seigneur. O. 3 von E. Martini (Text von Desfontaines). Gest.
Part. Paris; ungeb. **144**

Le duel comique. (Der drollige Zweikampf.) O. 2 von Paesiello. Gest.
Part. in 1 Bd. Paris. **9**
    Dem frz. Text (von Moline) ist die deutsche Übersetzung beigeschr.

Edmond et Caroline ou la lettre et la réponse. O. 1 von Fr. Kreubé.
Text von Marsollier. Gest. Part. ungeb. **216**

Egmont. Musik zu Goethes Egmont von Beethoven. Part. in 1 Bd. **124**
    Stichworte erst später zugefügt. Beiliegend Partitur der Bläserstimmen:
    Trombone alto, tenore u. basso für die Ouverture.

Eifersucht auf der Probe (geloso in cimento). O. 3 von Anfossi. Part. in
1 Bd. (Aufgef.: Rom 1775, Mh. 1785.) **151**

Der eifersüchtige Liebhaber. O. 3 von Gretry, eingerichtet von C. G. Neefe,
1782. Part. der Singstimmen mit Baß in 2 Bden. **109**
    frz. Part. siehe unter: L'amant jaloux.

Elektra. Melodram, in Musik gesetzt von Christian Cannabich. Part. in
1 Bd. **131**

Eliza ou le voyage aux glaciers du Mont St. Bernard. O. 2 par Saint Cyr,
mis en musique par Cherubini. Gest. Part. in 2 Bden. Paris (1795) +
2 Bden. geschr. Part.: eingelegte Arien. Orch.- u. Sing-Stimmen. **24**

Die Entführung aus dem Serail. O. 3 von Mozart. Part. in 3 Bden. **115**
    Die Tempobezeichnungen mehrfach abweichend z. B. Nr. 1 Andante
    poco lento, Nr. 2 Andante, Nr. 5 Allegro, Nr. 8 Andantino, Nr. 12
    Allegro scherzando, Nr. 17 Mezzo Allegro.

Erast und Lucinde. Opt. 1 von — ? — Part. ungeb. **202**

Er requiriert. Liederspiel 1 von L. Schneider. Orch.-Stimmen. **88**

L'esclave ou le marin généreux (frz. Bearbeitung von Gli stravaganti).
Intermède 1 von Piccini. Gest. Part. Mannheim, Götz 1775. **128**

Euryanthe. O. 3 von C. M. von Weber. Text von Helmine von Chezy
geb. Freiin Klencke. Part. in 3 Bden. **123**
    Schön geschrieben, aber nicht ganz fehlerlos. Mit einigen Auslassungen,
    die teilweise mit den im Wittmannschen Regiebuch (Universalbibl.)
    vorgenommenen Strichen übereinstimmen, z. B. im Recitativ Nr. 5b
    und im Recitativ u. Duett Nr. 15.

L'Ezio (Aëtius). O. 3 von Baldassare Galuppi. Part. in 3 Bden. (ital.
Text). Dem 1. Bd. ist vorne beigeheftet das gedruckte italienische Textbuch
der Mailänder Aufführung von 1757. **106**

Die falsche Catalani. P. 4 von Bäuerle, Musik von Schuster. Part. u.
Stimmen. Der Part. (ungeb.) ist beigelegt: eine Ouverture in C-dur von
Wenzel Müller. **160**

Der falsche Paganini. P. 2 von Karl Meisl, Musik von Fr. Gläser. Part. ungeb., Sing- u. Orch.-St.   **29**

Der Faßbinder (Le tonnelier). Sg. 1 [von Audinot 1761, neu bearb. von Quétant und Gossec 1765.] Gest. Part. in 1 Bd. Paris.   **211**
    Part. an einigen Stellen hdschr. mit deutscher Übersetzung versehen.

Der Faßbinder. Sg. 1 von Ferd. Fränzl. Part. ungeb. mit Sing- u. Orch.-Stimmen.   **186**

La fausse magie. Kom. O. 1 von Gretry. Gest. Part. ungeb. Paris.   **14**

Die Fee aus Frankreich oder Liebesqualen eines Hagestolzen. Zauberspiel mit Gesang 2 von Karl Meisl, Musik v. Wenzel Müller. Part. ungeb.   **51**

Félicie ou la jeune fille romanesque. Op. com. 3 von J. Catrufo. Text von Dupaty. Gest. Part. ungeb. Paris.   **215**

Fernando und Jariko. O. 3 von — ? — Part. ungeb. (Autogr.?)   **31**

Das Fest der Flora oder Er heiratet drei Schwestern. O. 2, Musik von Paul A. Wineberger. Part. (Autogr.?) in 2 Bden.   **7**

Fidelio. O. 2 von Beethoven. Part. in 3 Bden. (Akt I in 2.)   **121**
    Die Bläserstimmen zur Ouvertüre (E-dur): due clarini, due trombone sind dem 2. Bd. nachträglich beigefügt, ebenso die Bläserstimmen zum 2. Finale: Corno 3^{zo} u. 4to, Clarino 1mo u. 2do, sowie Timpani dem 3. Bde.

Das Fischermädchen. Sg. 2 von Piccini (= la pescatrice ossia l'herede riconosciuta). Part. in 2 Bden. 1784.   **217**

Der Freischütz. O. 3 von C. M. v. Weber. Part. in 3 Bden.   **122**
    Das Titelblatt lautet: Der Freyschütze. Romantische Oper in drey Aufzügen, Gedicht von Fried. Kind, Music von Carl Maria von Weber. Darunter steht von Webers Hand: Zur Darstellung auf dem Großherzoglichen Hoftheater zu Mannheim. Carl Maria von Weber. — Die später hinzugefügte Bemerkung in der Wolfsschluchtscene: „Der Geist von Maxens Mutter erscheint im Felsen" scheint ebenfalls von Webers Hand zu stammen. Beim Auftreten des Eremiten ist eine spätere Einschaltung gemacht. Der Eremit singt ursprünglich nach Ottokars Worten: „Dein harrt der Kerker, kehrst du je zurück": „Wer legt auf ihn so strengen Bann, ein Fehltritt, ist er solcher Büßung wert?" worauf Ottokar weiterfährt. Eine Einlage giebt die ausführlichere Fassung dieser Stelle, beginnend: „Leicht kann des Frommen Herz auch wanken".

Die Freundschaft auf der Probe. O. 2 von Gretry siehe: L'amitié à l'épreuve.

Der fürstliche Wildfang. L. 2 von A. v. Kotzebue, mit Musik von C. Dickhut. Orch.-Stimmen.   **182**

Die Galeerensklaven (les deux forçats). S. 3 a. d. Frz. metrisch übers. von O. Frh. v. Budberg, Musik v. Piccini. Part. in 1 Bd., Orch.-Stimmen. **25**

Le gare generose. Com. per musica 2 von Giov. Paesiello, rappresentata nel teatro di corte a Vienna l'anno 1786. Part. ungeb. Ital. und deutscher Text.   **84**

Die Gefahr. Sg. 1 von ?. Part. ungeb. 54
  Die Arietta No. 7 (Andantino C-dur ? „Auf Männer rechne man nicht viel") ist als Einlage von J. Fränzl bezeichnet. Der Komponist der bei Riemann nicht vorkommenden Oper ist nicht zu ermitteln gewesen.
Der gefoppte Astrolog. Kom. Opt. 1 (nach „Die Zigeunerin" in einem Akt neu bearb. u. abgekürzt). Musik von Paesiello. Part. in 2 Bden. 1791. 55
Der gefoppte Bräutigam (lo sposo burlato). O. 2 von Dittersdorf. Part. in 2 Bden. 219
Die Geisterinsel. O. 3 [von Fleischmann]. Part. in 3 Bden. (in einer Art von hektograph. Abzug). Dichtung v. Gotter nach Shakespeares „Sturm". 10
Die Geisterinsel. O. 3 v. Zumsteeg (Dichtung von Gotter nach Shakespeares „Sturm"). Part. in 3 Bden. Sing- u. Orch.-St. 221
Georg von Osten. Kom. O. 2 n. d. Frz. bearb. von Karl Ludwig-Gisecke, Schauspieler. Musik von Dalayrac. Part. ungeb. 56
Geplagte Ehemänner. O. 2. Zweiter Teil von Una cosa rara (Lilla) von Martini (Martin y Solar). Part. ungeb. 82
Graf Albert. Opt. 3 von Gretry. Part. in 1 Bd. 162
Le grand deuil (die tiefe Trauer). O. 1 von Berton, Text von Vial und Etienne. Gest. Part. in 1 Bd., Paris u. gest. Klavierauszug, Leipzig, Breitkopf u. Härtel. Part. nur mit frz. Text, Klavierauszug mit frz. u. deutschem Text. 112
Griselda. O. 2 von Paer, a. d. Ital. übers. von J. P. Ihlée. Part. in 4 Bden., Sing- u. Orch.-St. 204
Das Grubenlicht. O. 2 von Peter Ritter. Orch.-St. (nur Streichquartett). 3
  „Die Partitur hat Herr Kapellmeister Ritter als Komponist zurückgenommen."
Die Guerillas. O. 2 von J. D. Anton zur gänzlich beibehaltenen Musik der Oper Cosi fan tutte von Mozart. Part. in 4 Bden. 118
  Wurde in dieser Form 1845 zweimal in Mh. gegeben. Der Titel ist ungefähr mit „Liebespläukeleien" zu übersetzen. Benutzt ist eine alte Partitur, deren Titelblatt lautet: Cosi fan tutte osia La scuola degl' Amanti par Mr. Wolffg. Amad. Mozart, die mit den geänderten und neugeschriebenen Bestandteilen (namentlich die Seccorecitative betr.) neu gebunden wurde. Der unter den Singstimmen (die Recitative ausgenommen) auf Streifen eingeklebte Text (es sind drei Textfassungen vorhanden, der mit roter Tinte eingetragene Text ist der Antonsche) kommt der neuen Münchener Fassung nahe. Die Handlung ist in 4 Akte eingeteilt, die mittleren Aktschlüsse sind nach No. 10, 18 u. 25. Akt II beginnt gleich mit Recitativ und Arie der Fiordiligi (Flora, Leonore) No. 11, diese Arie scheint aber bei der Aufführung weggeblieben zu sein. Dann folgt in neuer Abschrift das Rondo Fiordiligis in E-dur No. 25, das in seiner ursprünglichen Abschrift auch an seinem Platze nach No. 24 steht. Am Ende des 1. Bds. sind nachgetragen: Bläserstimmen zu No. 8, 13 u. 18, am Ende des 4. Bds. Bläserstimmen zum Finale No. 31.

Gülnare oder die persianische Sklavin. Sg. 1 v. Dalayrac. Part. in 1 Bd. 189

Das gute Mädchen — Das Kind des Herkules.

Das gute Mädchen (La buona figliuola.) O. 3 von Piccini. Part. in 2 Bdn. 133
    Deutscher Text (der Druckausgabe Lpzg., Schneider 1778 entsprechend). Die Seccorecitative fehlen. Die Arie des Marchese „Vedere te una figliuola" ist weggeblieben. Siehe die ital. Part. unter „La buona figliuola".

Das Heiratsgesuch. Lokalposse (von Holtei, Musik von — ? — Part. ungeb. Orch.- u. Singstimmen. 155
Herr van der Schalmey [Monsieur Deschalumeaux]. Kom. O. 3 von Gaveaux, frz. Text von Auguste (Creuzé de Lesser). Part. in 2 Bdn. Sg.- u. Orch.-St. (unvollst.) 4
    Abschrift nach der Frankfurter Partitur; das Ausschreiben der Stimmen wurde nicht vollendet, da die Oper liegen blieb.
Die Hochzeit des Figaro. O. 4 von Mozart. Part. in 4 Bdn. (In Mh. 3. 1. Mal aufgef. 24./10. 1790 unter Mozarts persönlicher Leitung). 116
    In die alte Partitur sind nachträglich von späterer Hand die Seccorecitative (erst zur Aufführung (1854) eingefügt worden. Einzelnes ist von derselben Hand neu geschrieben z. B. das Duett Nr. 14 (16). Die Partitur ist vollständig, doch weicht die Numerierung der einzelnen Gesangsstücke durch mehrfache Verzählung von der gewöhnlichen ab. Die deutsche Übersetzung entspricht nicht der heute allgemein gebräuchlichen von Knigge und Dulcius.
Der Holzhauer. Kom. Opt. (v. Benda. Text v. Gotter. Part. in 1 Bd. 180
Der Hufschmied (le maréchal-ferrant). O. 2 von Philidor (Text von Quétant und Anseaume). Part. der Singstimmen mit Baß. 209

Ida. S. 4 mit Gesang, von Franz v. Holbein, Musik von Adalbert Gyrowetz. Part. in 3 Bdn. 147
Im Trüben ist gut fischen oder Wer das Glück hat, führt die Braut heim. O. 3 von Sarti (= „Fra i due litiganti il terzo gode", Wo zwei sich streiten, freut sich der dritte). Part. in 2 Bdn., Sing- u. Orch.-St. 126
    Die Galuppische Komposition dieses Textes siehe unter: „Le nozze".
Die Insel der Liebe oder Die Entdeckungsfahrer. Kom. O. 2 von Martini. Geschr. Part. in 3 Bdn. (In Verlag bei Wolfg. Mandl im Kärntnerthortheater in Wien.) 59
L'irato. O. 1 von Méhul siehe: Der Aufbrausende.
Das Irrlicht oder Endlich fand er sie. Sg. 3 von Ignaz Umlauf, (1780). Part. in 3 Bdn. 148
Die Italienerin in London. O. 2 von Cimarosa. Part. in 2 Bdn. 64
Der junge Werther oder die Macht der Liebe. P. 1 mit Gesang von Mühling nach dem frz. Sing- u. Orch.-Stimmen. 150

Der Kaufmann von Smyrna. Sg. 1 von Fr. Dan. Stegmann. Part. ungeb. Aufgef. Königsberg 1773. 97
Das Kind des Herkules. Pantomime (von Menges, Musik von P. Ritter. 154

Das Kleeblatt oder Das Hausgesinde. Kom. O. 1 von A. Fischer, Kapellmeister. Part. in 1 Bd. mit Sing- und Orch.-St. **80**

Der kleine Matrose. O. 1 von Gaveaur. Part. in 1 Bd., Sing- u. Orch.-Stimmen. **149**

Die kleinen Wilddiebe oder Schülerschwänke. Vaudeville 1 von L. Angely. Part. in 1 Bd., Sing- u. Orch.-St. **30**

Die Kosackenjagd. Ballettpantomime, Musik von K. A. Ritter. Part. ungeb. (teilweise wohl Autogr.) **158**

Der Kosackenoffizier. Kom. O. 1 a. d. frz., Musik von Dumoncheau und Gianella. Part. in 1 Bd. u. Stimmen. **161**

Das Labyrinth oder Der Kampf mit den Elementen. (Der Zauberflöte zweiter Teil.) Heroisch-kom. O. 2 von E. Schikaneder und Peter Winter. Gest. Klavierauszug in 2 Bden. von Joh. Henneberg, Kapellmeister des k. k. priv. Wiener Theaters. Gewidmet der Kurfürstin Maria Anna von Pfalz-Baiern von Emanuel Schikaneder. **140**
Wurde 1791 in Wien aufgef. Die dortige Besetzung ist dem Klavierauszug beigedruckt.

Lehmann oder Der Turm von Neustadt. Kom. O. 3 a. d. frz. des Marsollier, Musik von Dalayrac. Part. in 3 Bden., Sing- u. Orch.-St. **206**

Leonardo und Blandine. Melodram 1 von Peter Winter. Part. ungeb. **191**

Der Liebhaber als Automat oder Die redende Maschine. Opt. 1 von Joh. André. Part. in 1 Bd. **114**

Das Liebhaberkonzert. Sg. 1 von Karl Eberwein. Part. in 1 Bd., Sing- u. Orch.-St. **17**

Der Liebhaber von fünfzehn Jahren oder Das doppelte Fest. Kom. Opt. 3 von Jean Paul Egide Martini (eigentl. Schwartzendorf) Part. ungeb. (bei Hofmusikus Simrock in Bonn). **181**

Lieschen und ihr Bild. Ballettdivertissement 1 von Beauval. Orch.-Stimmen mit Repetitionsstimme. **194**

Lilla oder Schönheit u. Tugend (Una cosa rara). O. 2 von Vinc. Martin y Solar, Text von Da Ponte. Part. in 2 Bden., Sing- u. Orch.-St. **125**

Lisuart und Dariolette. Sg. 3 von Joh. Ad. Hiller, Text von Schiebler, (eines der ersten deutschen Singspiele, aufg. Leipzig 1767). Part. in 1 Bd. **96**

Lukas und Bärbchen. O. 1 von Benda siehe unter: Der Dorfjahrmarkt.

Das lustige Beilager. O. 2 von Wenzel Müller. Nur Singstimmen. **166**

Le magnifique. Sg. 3 von Gretry [Text von Sedaine]. Gest. Part. in 1 Bd. Paris. **164**

Major (Hauptmann) Palmer. O. 3 von A. B. Bruni. Text von Pigault-Lebrun, übers. von C. Herklots. Part. in 2 Bden., Sing- u. Orch.-St. **102**

Maison à vendre. (Dies Haus ist zu verkaufen.) O. 1 von Dalayrac, Text von Alexandre Duval. Gest. Part. in 1 Bd. (Paris). Sing- u. Orch.-Stimmen (letztere teilweise gestochen). Dem frz. Text der Part. ist die deutsche Übersetzung beigeschrieben. **16**

Männertreue. O. 3 von J. Triebensee, Text von Josef v. Seyfried. 1815. Part. in 1 Bd., Sing. u. Orch.-St. **33**

Les mariages Samnites (samnitische Vermählungsfeier). O. 3 von Gretry. Gest. Part. in 1 Bd. Paris. Nur mit frz. Text. **210**

Das marokkanische Reich oder Die unterirdischen Schätze. Sg. 2 von Paul Wranitzky, Text v. Karl Ludwig Giesecke. Part. ungeb. Aufg.: Wien 1794. **73**

Der Mechanikus. Pantomime 1 von Dickhut. Orch.-Stimmen. **197**

Medea. Duodr. 1 von Gotter u. Benda. 2 Partituren, 1 Klavierauszug, Orch.-Stimmen. **129**

Die Melomanie oder Die Singsucht. O. 1 a. d. frz. von Dr. Schmieder, Musik von Champein. Part. in 2 Bden. **86**

Das Milchmädchen und die beiden Jäger. O. 1 von Duny siehe unter: Les deux chasseurs et la laitière.

Die Mitternachtsstunde. O. 3 von Franz Danzi. Part. in 3 Bden. (Text nach dem frz.: La guerre ouverte.) **178**

Montano und Stephanie. O. 3 von Berton (Text von Dejaure). Gest. Part. in 3 Bden. Paris. **187**

Moses oder Der Auszug nach Ägypten. O. 2 von Franz Xaver Süßmayer. Part. ungeb. **20**

Die Müllerin oder Das Gespenst. O. 1 von ? Part. in 1 Bd. **207**

Der Müller und sein Kind. Volksdrama 3 von Raupach, Musik von Heinr. Proch. Part. in 1 Bd. u. Stimmen. **143**

Die Nacht. O. 3 von ? Part. in 3 Bden. **13**
Über den Komponisten giebt die Partitur keinerlei Auskunft.

Die nächtliche Erscheinung. Kom. O. 2 v. Joh. Fr. Schubert. Part. in 2 Bden. **93**

Der neue Paris oder Die Testamentsklauseln. Vaudeville 1, Musik von verschiedenen Komponisten. Part. in 1 Bd., Sing. u. Orch.-Stimmen. **23**

Das Neusonntagskind. Sg. 2 nach dem Furchtsamen von Haffner neu bearb. von J. Perinet, Musik von Wenzel Müller. Part. in 4 Bden., Sing. u. Orch.-St. **104**

Nina oder Wahnsinn aus Liebe. O. 2 von Paesiello. Nur Orch.- u. Sgst. **46**

Le nozze. Dramma giocoso per musica von Bald. Galuppi, Text von Polisseno Fegeio. (Aufg.: Mh. 1757.) Part. in 3 Bden. **127**
Drei Arien des Titta (Quel che mi bolle I. Akt, Lo sposero II. Akt, Ever no non sono III. Akt) stehen doppelt in der Partitur, indem nachträgliche höher transponierte Abschriften beigeheftet sind. — Die Sartische Komposition dieses Textes siehe unter: „Im Trüben ist gut fischen".

Oberon, König der Elfen. O. 3 von Paul Wranitzky. Part. in 3 Bden., Sing. u. Orch.-St. **44**

Die Olympischen Spiele. O. 3 von Sacchini. Gest. Part. in 3 Bden. (Titelbl. fehlt.) 1784. **98**
Frz. Text mit beigeschr. deutscher Übersetzung. Ohne Seccorecitative. In Mh. zweimal aufgeführt 1784/85.

Der Pastetenbäcker. Sg. 5 von F. E. Rhode, Musik von Karl Östreicher. Orch.-Stimmen und Rollen. 193

Die Patrioten oder Der Landsturm zu Dortelweil. Opt. 1 von Aloys Schmitt. Part. ungeb. 188

Paul und Virginie. O. 3 von R. Kreutzer (1797 aufg.). Gest. Part. in 3 Bden. Paris. 176
  Die deutsche Übersetzung ist dem frz. Text beigeschr. Text v. Favières.

Die Perle von Chamounix oder Die neue Fauchon. S. 3 mit Gesang n. d. frz. des G. Lemoine von Joh. Kupelwieser, Originalmusik von Heinrich Proch. Part. ungeb. Textbuch beiliegend. 28

Polyxena. Lyr. Monodr. 1 von F. J. Bertuch und A. Schweizer. Gest. Part. Weimar, Verlag des Industrie-Comptoirs. 1793. 208

Pygmalion. Monodram von J. J. Rousseau, Musik von Benda. (Melodram; deutscher Text.) Part. in 1 Bd. u. Orchesterstimmen, Text beiliegend. 184

Die Pyramiden von Babylon. O. 2 von Joh. Mederitsch (Gallus) und Peter Winter [Text v. Schikaneder]. Part. ungeb. Aufgef. Wien 1795. 74

Raoul Barbe-Bleue (Rudolf der Blaubart). O. 3 von Gretry, Text von Sedaine. Part. in 2 Bden., Sing- und Orchester-Stimmen. 79

Raphael oder Das Kloster San Jago. O. 3 von Kapellmeister Telle. Einige Singstimmen. 192

Rataplans Namenstag. Liederspiel 1 von Ferd. Pillwitz. Part. in 1 Bd., Sing- und Orch.-Stimmen. 47

Die Rätsel. Original-Sg. 3 von Schmieder, in Musik gesetzt vom Frh. von Kerpen. Part. ungeb. 5
  Auf dem Titelblatt ist vermerkt: Bey Hofmusikus Simrock in Bonn. Zum Text: vgl. Turandot von Schiller.

Die Räuberhöhle. Kom. O. 2 v. Ferd. Paer. Part. in 2 Bden. mit den Sgst. 50

Der Rauchfangkehrer. Opt. 3 v. Salieri. 1785. Part. der Singst. m. Baß. 173

Reinald. O. 2 von Dalayrac. (Deutsche Bearb. der frz. kom. Oper Renaud d'Ast, Text von Radé und Barré.) Part. in 1 Bd. 68

Der reisende Student oder Das Donnerwetter. Musik-Quodlibet 2 von Schneider, Musik von Verschiedenen. Part. in 1 Bd., Sing- und Orch.-Stimmen. 18

Richard und Zoraide. O. 2 von Rossini. Deutscher Text nach dem ital. des Marchese Berio. Part. ungeb. 167

Rosamunde. O. 4 von Anton Schweitzer, Text von M. Wieland. Part. in 4 Bden. (Sollte 1777/78 an der Mh. Hofoper zur Aufführung kommen, wurde aber wegen der Trauer und der Übersiedelung des Hofes nach München nicht gegeben.) 103

Rudolf von Habsburg. O. 3 von ? Part. in 3 Bden. 45
  Stimmt stofflich überein mit den gleichnamigen Trauerspielen von Kotzebue und A. v. Klein.

Sancho Pansa. Opt. 2 von Philidor. Part. in 2 Bden. 94
  „Die Musik dieser Operette ist von Herrn Philidor, man hat aber dieselbe, um sie dem Text anpassender zu machen, verschiedentlich ab-

Der Sänger und der Schneider. Sg. 1 von Friedrich Drieberg. Part. in 1 Bd., Sing- u. Orch.-Stimmen. 78

Sargines oder Der Zögling der Liebe. O. 4 von Dalayrac. Part. in 2 Bden. 87

Der Scheintote. Kom. O. 2 von Ferd. Paer, a. d. Jtal. übersetzt von J. J. Ihlée. Part. in 4 Bden. 61

Der Schiffbruch. O. 4 von — ? — Part. in 4 Bden. 213

Der Schloßgärtner und der Windmüller. Kom. O. 1 von Müller. Part. in 1 Bd. mit Singstimmen. 19

Die Schneidermamsells. Vaudeville 1 von L. Angely. Part. in 1 Bd., Sing- und Orch.-Stimmen. 77

Der Schornsteinfeger. Pantom. Ballet von Beauval, Musik von P. Ritter. Orch.-Stimmen. 157

Der Schreiner. Kom. O. 1 von A. v. Kotzebue, Musik von Paul Wranitzky, Musikdirektor der k. k. Hoftheater. Part. in 2 Bden. 177

Die Schule der Eifersucht (La scuola dei gelosi). O. 2 von A. Salieri. Part. in 2 Bden. 87

Siroe. O. 3 von Traetta. Part. in 3 Bden. (ital. Text v. Metastasio). 105
Die Part. trägt den Vermerk: de Rumling ex dono Comitis de Seeau 20. X. bris 1786.

Le sorcier. Com. lyrique 2 von Poinsinet, Musik von Philidor. Gest. Part. in 1 Bd. Paris (1764). 163
Der frz. Text der Partitur ist teilweise hdschr. verdeutscht.

Der Spiegel des Taufendschön. Burleske 1 von C. Blum. Part. ungeb. u. Orch.-St. 165

Die Spiegelritter. Sg. 3 von Ignaz Walter, Text von Kotzebue. Part. in 3 Bden. Aufgef.: Mh. 10. Febr. 1793. 218

Staberls Reiseabenteuer. P. 2 mit Musik. Orch.-Stimmen. 70

Taddädl, der dreißigjährige Abcschütz. P. mit Gesang von Wenzel Müller. Singstimmen. 86

Ein Tag in Paris. Kom. O. 3 von Nicolo Jsouard. Part. in 3 Bden., Orch.-Stimmen. 15

Das tartarische Gesetz. Opt. 2, Musik v. Joh. André 1779. Part. in 2 Bden. 111

Telemach. O. 2 von Hofmeister. Part. ungeb. 48

Die Temperamente. O. 1 von Méhul siehe: Der Aufbrausende.

Der Teufelstein in Mödling. Volksmärchen 3 von Hensler, Musik von Wenzel Müller. Part. in 2 Bden., Sing- u. Orch.-Stimmen. 85

Titus (La clemenza di Tito). O. 2 von Mozart. Part. in 3 Bden. ÷ 1 Bd. Einlagen. 120
Deutscher Text. Partitur ohne Seccorecitative (vgl. Köchel S. 488). Am Ende des 1. Bds. Bläserstimmen zum Quintett Nr. 12, am Ende

des 2. Bds. zum finale. Aus einigen Bemerkungen geht hervor, daß Arien von Cimarosa und Weigl bei der Aufführung eingelegt wurden. In einem besonderen Band „Zum Titus eingelegte Musik" findet sich eine große zum Titus eingerichtete Ensembleintroduktion aus dem Schlangenfest von Winter. Eine weitere Einlage (als Nr. 5 bezeichnet) fehlt; sie ist herausgenommen. Als dritte Nummer enthält dieser Band das Recitativ der Vitellia „Ha! sie schlägt schon" (Nr. 22) nach der Mozartschen Komposition und die darauf folgende Arie (Nr. 23) Larghetto F-dur „Duftende Rosen" von einem anderen Komponisten (der Text entspricht dem in der Mozartschen Partitur stehenden). Lose liegt diesem Band bei: ein Recitativ für Annius und Sextus, vor Nr. 11 einzureihen „Wohin treibt dich der Schmerz, willst du mich schon verlassen?"

Der Tod der Dido. S. 1 nach Metastasio (deutscher Text), in Musik gesetzt von Ignaz Holzbauer 1779. Part. in 1 Bd. **214**

Töffel und Dortchen (Blaise et Babet). Fortsetzung der 3 Pächter. O. 2 von Desaides, a. d. frz. des Monvel übersetzt von H. v. Mayer 1787. Part. in 1 Bd. **174**

Tom Jones. O. 3 v. Philidor, Text v. Poinsinet. Gest. Part. in 1 Bd. Paris. 8

Le tonnelier. O. 1 siehe: Der Faßbinder.

Die treuen Köhler. O. 2 von Schubauer. Part. in 1 Bd. **168**

Les trois fermiers. (Die drei Pächter.) Opt. 2 [von Desaides], Text von Monvel. Gest. Part. in 1 Bd. Paris. **159**

Erstaufführung: Choisy 16. Mai 1777. Dem frz. Text ist die deutsche Übersetzung beigeschrieben.

Il Turco in Italia. (Der Türke in Italien.) O. 3 von Rossini (Text von Romani). Part. in 3 Bden. u. die Singstimmen. **34**

Ital. u. deutscher Text. Unter der Ouvertüre steht folgende Bemerkung: „NB. Diese Introduktion wurde von Unterzeichnetem in München komponiert, weil im Original dieselbe Introduktion aus Otello (!) stand. Lindpaintner, Kapellmeister (eheu jam satis!)."

Die unruhige Nachbarschaft. Kom. O. 2 von Karl Friedr. Hensler, Musik von Wenzel Müller. Part. in 3 Bden., Sing- und Orch.-Stimmen. **205**

Der Unsichtbare. O. 1 von Eule. Part. in 1 Bd., Sing- und Orch.-Stimmen. **39**

Unverhofft kommt oft (Les événements imprévus). Kom. O. 3 von Gretry. Übersetzt von J. André. Part. in 3 Bden. **172**

Die vereitelten Ränke (le trame deluse). O. 2 von Cimarosa. Part. in 4 Bden. **21**

Die verstellte Liebhaberin (La finta amante). O. 1 von Paesiello. Part. in 2 Bden. **66**

Der verstellte Lord (le faux lord). O. 2 von Piccini, a. d. frz. übersetzt von Joh. André. Part. in 1 Bd. **69**

Vestas Feuer. O. 2 von Em. Schikaneder, Musik von Joseph Weigl. Part. in 4 Bden., Sing- und Orch.-Stimmen. **101**

Die vier Haimonskinder. Kom. O. 3 von Balfe (Text von Brunswick und de Leuven, deutsch von Kupelwieser). Einige Sing= und Orch.=Stimmen (unvollst.). 195

Die Waise und der Mörder. Dr. 3 n. d. Frz. von J. F. Castelli, Musik von Ignaz von Seyfried. Part. in 1 Bd., Orch.=Stimmen. 12

Die Waldmänner. O. 3 [von Joh. Bapt. Henneberg, Text von Schikaneder]. Nur die Singst. 190

Der Weltuntergang. 2. Teil von Lumpazivagabundus, Zauberposse v. Nestroy. Musik von Adolf Müller. Orch.=Stimmen. 90

Die Wette. O. 1 von Bernhard Anselm Weber (nach Un quart d'heure de silence). Part. in 1 Bd., Orch.= u. Sing.=Stimmen. 43

Das Wiedersehen. Sg. 1 von Wallner, Musik von Konradin Kreutzer. Part. ungeb. u. Ariette der Christl mit Klavierbegl. 152

Die Wilden (Azémia ou les sauvages). O. 3 von Dalayrac. Gest. Part. in 1 Bd. (Paris). mit Sing.= u. Orch.=St. 108

Die Zauberflöte. O. 2 von Mozart. Part. in 4 Bden. 119
Auf dem Titelblatt ist bemerkt: In Musik gesezt von Wolfgang Amande Mozart. — Originaltext, der Text der Vulpiusschen Bearbeitung ist an vielen Stellen übergeschrieben. In der D-mollarie der Königin der Nacht sind die bekannten heiklen Coloraturstellen gestrichen. Bei der Partie der zwei Geharnischten im letzten Finale findet sich die Bemerkung: Dieses können auch die zwei Priester singen, welche im zweiten Akt das Duett zu singen haben. Am Ende des dritten Bandes sind einige Bläserstimmen nachgetragen zu Nr. 10, Ouvertüre, Nr. 2, Nr. 9 u. Nr. 13.

Die Zauberhöhle des Trophonio (la grotta di Trofonio). O. 3 von Salieri (ital. Text von Casti). Gest. Part. in 2 Bden. 41
Das Titelblatt der Partitur ist weggerissen. Die deutsche Übersetzung ist beigeschrieben. Aufgeführt: Wien 1785, Mannheim 1786.

Die Zaubertrommel. O. 4 von [Franz Gerl und Benedikt Schack?] Orch.= Stimmen. 196

Zemire et Azor. O. 4 von Gretry. Gest. Part. in 1 Bd. Paris. 136

Die zwei Gräfinnen. O. 2 von Paesiello. Part. der Singstimmen mit Baß, in 1 Bd. 187

Zwei Posten. Sg. 3 von Tarchi. Part. ungeb. 75

Das zweite Kapitel. Sg. 1 von Solié. Part. ungeb. 72

Zwei Worte oder Die Nacht im Walde. L. 1 mit Gesang, Musik von Dalayrac. Part. in 1 Bd., Sing= und Orch.=Stimmen. 49

III.
Arien, Lieder, Duette u. ä.

Arien, Duette u. ä. meist italienischer Komponisten, abschriftl. in Partitur, teilweise auch mit den Orchesterstimmen. Reichhaltige Sammlung. Von den Sammelbänden, die aus dem ehemaligen Besitz des Intendanten von Denningen zu stammen scheinen, fehlt Band 1—3 und Band 6—9. (III, 4 u. 6 der Gruaschen Bezeichnung.)

Arien (ungebunden). **2**
1. Baßarie von Mozart „Non sò, donde viene" mit Recitativ „Alcandro le confesso" F-dur 4/4 Andante. Part. u. Stimmen. Köchel Nr. 512. — 2. Baßarie von Sacchini „Scoglio in mezzo" C-dur 4/4 Allegro maestoso. Stimmen. — 3. Sopranarie von Seb. Nasolini. Recitativ „Traditi ambo" und Rondo „Per quest' amare lagrime" C-dur 4/4 Andante affettuoso. Stimmen. — 4. Sopranarie von Guglielmi. Recitativ „Ah dove mai, dove son io" und Arie „Che farò fra tanti affanni" B-dur 4/4 Andante sostenuto. Stimmen. — 5. Arie von Mercadante. Nur Orch.-Stimmen. — 6. Tenorarie von Bellini. Partitur u. Orch.-Stimmen. Singstimme fehlt (auch in der Part.).

Arien (ungebunden). **3**
1. Sopranarie von Cimarosa. Recitativ „Senza sposa" und Rondo „Il mio cor gli affetti miei" F-dur Allabreve Largo. — 2. Baßarie von Sacchini „Leon piagato a morte" D-dur Allabreve. — 3. Sopranarie von Sacchini. Recitativ „Addio mia vita" und Arie „Se cerca, se dice" (Arie des Megacle in Olimpiade) Es-dur 4/4 Largo. — 4. Sopranarie von Sarti. Recitativ „Forza e chio parto" und Rondo „Idol mio, serena irai" B-dur 4/4 Largo. — 5. Sopranarie von Tarchi per il Sig. Rubinelli „Ah se in vita, oh mio tesoro" A-dur Allabreve Largo. — 6. Sopranarie von Galuppi „Se cerca, se dice" (vgl. Nr. 3) Es-dur 2/4 Andante. — 7. Baßarie von Jomelli „Alma grande e nata al regno" Es-dur Allabreve Allegro moderato.

Arienſammlung IV. Bd.   5,1

1. Baßarie von Sacchini (in Firenze nel teatro regio degli intrepidi) Calandrino: „Lei comandi, Signorina" Es-dur $\frac{2}{4}$ Allegro maestoso aus der Oper „Calandrino" (London 1778). — 2. Sopranarie von Pergoleſe „Se cerca, se dice" C-moll $\frac{3}{4}$ Larghetto. Arie des Megacle in Olimpiade. — 3. Duett für Sopran und Baß von Mozart „Per questa tua manina" C-dur $\frac{2}{4}$ Allegro moderato. Iſt ein nachkomponiertes Duett für Zerline und Leporello in Don Juan. Köchel 527 (28). — 4. Sopranarie von Gasmann „Mentre agl' indegni appresso" B-dur Allabreve Allegretto. — 5. Scene für Sopran von Franzesco Majo. Recitativ „Berenice che fai" und Arie „Perchè se tanti siete" Es-dur $\frac{2}{4}$ Allegro. — 6. Quartett für Sopran, Alt, Tenor und Baß von Joh. Chriſt. Bach „Suscipe deprecationem nostram" B-dur $\frac{2}{4}$ Allegro moderato. — 7. Sopranarie von Giuseppe Schuſter „Jo vi lascio e questo addio", Arie des Aeneas aus der „Dido" (Neapel S. Carlo 1776) A-dur $\frac{3}{4}$ Andante; mit Recitativ. — 8. Sopranarie von Mozart „Una voce sento al core" A-dur $\frac{3}{4}$ Grazioso. Arie der Sandrina aus „La finta giardiniera". Köchel 196 (16). — 9. Sopranarie von A. Tozzi „Dirai ch'hò in seno Achille" C-dur $\frac{4}{4}$ Maestoso.

Arienſammlung V. Bd.   5,2

1. Sopranarie von Mozart „Mi tradì quell'alma ingrata" Es-dur $\frac{4}{4}$ Allegretto, mit Recitativ „In quali eccessi o numi", ital. und deutſcher Text. Nachkomponierte Arie der Elvira im Don Juan, Köchel 527 (25). — 2. Sopranarie von Giuseppe Schuſter „Se non mostrano gli dei" A-dur $\frac{2}{4}$ Andante sostenuto. — 3. Sopranarie von —?— „Suſanne allein": „Wie viel Gefahr wir uns durch Leichtſinn ſelbſt bereiten; ach umſonſt mag Unſchuld uns begleiten, wir ſind zu leicht und unbedacht, wir flattern hin und gleiten u. ſ. w." F-dur $\frac{4}{4}$ Allegro maestoso. — 4. Sopranarie von Guglielmi „O placido il mare lusinghi la sponda" A-dur $\frac{3}{4}$ Andante con moto. — 5. Duett für zwei Soprane „Ombra temuta e cara" von Battiſta Borghi. Es-dur $\frac{2}{4}$ Largo. — 6. Sopranarie von A. Boroni „Gelosia tiranno affetto" B-dur $\frac{2}{4}$ Larghetto. — 7. Tenorarie v. Mozart „Ove rivolgo il passo, ove rivolgo il ciglio, figuro il mio periglio, la mia fatalità" B-dur $\frac{2}{4}$ Allegro. — 8. Sopranarie von Farinelli „Legiadre femine, da me imparate" A-dur $\frac{2}{4}$ Allegretto, aus dem erſten Akt der Oper L'incognita. — 9. Duett für Sopran und Baß von Guglielmi „La mia, pastor" B-dur $\frac{2}{8}$ Allegretto. — 10. Sopranarie von Mozart „La pastorella al prato" („Aria pastorella") G-dur $\frac{6}{8}$ Andante. — 11. Sopranarie von Mozart „Sento dubioso il core" Es-dur $\frac{3}{4}$ Andantino. Als Arie des Maſſiniſſa bezeichnet. — 12. Tenorarie von Traetta „per il Sig. Antonio Raff" (berühmter Tenoriſt an der kurf. Oper in Mannheim) „Cari sposi, amor costante" C-dur $\frac{4}{4}$ Allegro moderato.

Arinsammlung VI. Bd. 5,₂

1. Terzett für zwei Soprane und Tenor von P. Winter „Fermati, ingrato e dove vai a pugnar" mit vorausgehendem Recitativ „Grati e di qual colpa" A-dur ⁶⁄₈ Moderato. Scene der Arianna, Alceste und des Teseo, wohl aus der Oper Arianna. — 2. Duett für Sopran und Baß von Mozart aus Le nozze di Figaro. Graf und Susanna „Crudel, perchè finora" A-moll ⁶⁄₈ Andante. Köchel 492 (16). — 3. Sopranarie von Traetta mit Recitativ („Berenice che fai") „Perchè, se tanti siete" Es-dur ⁴⁄₄ Allegro agitato. — 4. Sopranarie von Mozart mit Recitativ „Zeffiretti lusinghieri" E-dur ²⁄₄ Gracioso. Arie der Jlia aus Jdomeneo. Köchel 366 (19). — 5. Sopranarie von Joseph Haydn. „Son pietosa, son bonina" E-dur ² Andante. Arie der Lindora aus der Oper Circe. — 6. Sopranarie von Majo. „Son confusa pastorella" G-dur ²⁄₄ Andante.

Arinsammlung X. Bd. 7,₁

1. Sopranarie von Giuseppe Colla (per la Sig.ra Lucrezia Agujari detta la Bastardella in Turino 1773). „Son regina e sono amante" B-dur ⁴⁄₄ Allegro. — 2. Sopranarie von Paesiello „Non temer bell' idol mio". A-dur ³⁄₈ Andantino espressivo. — 3. Sopranarie von Anfossi „Du Himmel kennst die Triebe". B-dur ⁶⁄₈ Larghetto cantabile (mit obl. Solo-violine). — 4. Sopranarie von Guglielmi mit Recitativ „Che farò fra tanti affanni" B-dur ² Andante sostenuto. Bemerkung auf dem Titel-blatt: „Diese Aria ist auf Befehl der Großh. Hof- und Nationaltheater-intendanz ausgeschrieben worden. Mannheim den 10. Dez. 1807." — 5. Sopranarie von Jomelli „Perder l'amato bene" G-dur ⁴⁄₄ Andante moderato. — 6. Duett für zwei Soprane von Guglielmi „Frena quel dolce incanto" B-dur ⁶⁄₈ Andante.

Arinsammlung XI. Bd. 7,₂

1. Sopranarie von Piccini „Cara, se ver chio v'ami, la mia costanza". G-dur ⁴⁄₄. — 2. Sopranarie von Piccini „Vieni, il mio seno di duol ripieno". Es-dur ⁴⁄₄. — 3. Sopranarie von Schweitzer „So leise schlug mit ihrem Flügel die Nachtigall". G-dur ⁶⁄₈ Andante mit obligater Flöte; Nach-tigallarie aus der Oper Elysium (aufgef. Königsberg 1774). — 4. Sopran-arie von Viotti „Se agli occhi tuoi". D-dur ⁶⁄₈ Allegro moderato. — 5. Sopranarie von Majo „Tu di saper procura". A-dur ⁴⁄₄. — 6. Sopran-arie von Galuppi „Gemo in punto è fremo". G-dur ⁶⁄₈ Allegro. — 7. So-pranarie von Galuppi „Vorrei spiegar l'affano". E-dur Allabreve Andante. 8. Sopranarie von Perez „Parto ma vedi o cara". D-dur Allabreve Cantabile.

Arinsammlung XII. Bd. 7,₃

1. Sopranarie von Sacchini „Finchè vivrà quest'alma". F-dur ⁶⁄₈ Maestoso. 2. Sopranarie von Jomelli „Se amor volete, miseri amanti" C-dur ⁶⁄₈ Andante. — 3. Sopranarie von Traetta „Di queste cose le pene" B-dur

Allabreve Largo. — 4. Sopranarie von Sacchini „Ovunque m'aggiri sol, veggio perigli" G-dur ⁸⁄₄ Andante con moto. — 5. Sopranarie von Sacchini „Se per tutti ordisse" B-dur ³⁄₄ Andantino. — 6. Duett für zwei Soprane von Naumann „Ah se dite, dite mi" B-dur ³⁄₄ Larghetto. — 7. Sopranarie von Traetta „Quando saprai chi sono" G-dur ³⁄₄ Allegro commodo. Nur mit beziffertem Baß. — 8. Baßarie von Mozart (?) „Jo ti lascio, o cara, addio" (Lassen muß ich dich Geliebte). Es-dur ³⁄₄ Adagio. Über die Unechtheit dieser Mozart zugeschriebenen und von Gottfr. v. Jaquin komponierten Arie vgl. Köchel Anhang Nr. 245. — 9. Sopranarie von Jomelli „Bastan gl'affanni mei" B-dur ³⁄₄ Andantino. — 10. Sopranarie von Traetta „Se vedi il mio tesoro" A-dur ³⁄₄ Andante grazioso. — 11. Duett für zwei Soprane von Sacchini „Lodi agli dei" G-dur ³⁄₄ Andante, und „Se mai turbo il tuo riposo" A-dur ³⁄₄ Andante sostenuto. Cleofide und Poro in der Oper Alessandro.

Arienſammlung XIII. Bd.   8,₁

1. Sopranarie von Schweitzer „Welche Fluren, welche Tänze" E-dur ³⁄₄ Allegro moderato. — 2. Sopranarie von Majo „Vedrai con tuo periglio" G-dur ³⁄₄ Allegro con brio. — 3. Duett für zwei Soprane von Majo „Se mai turbo il tuo riposo" G-dur ³⁄₄ Larghetto. Cleofide und Poro in der Oper Alessandro. — 4. Sopranarie von Majo „Sono in mar, non veggo sponde" F-dur ³⁄₄ Allegro. — 5. Beatrice an italian cantata written by Dante Alighieri composed and dedicated to M. Richard Johnson by Baron Dalberg. Rec. u. Arie für Sopran „Gli occhi dolenti" und „Ita n'e Beatrice in alto cielo" (Arioso). — Ferner beigebunden: 6. Sechs Polonaisen für Klavier von — ? —

Arienſammlung XIV. Bd.   8,₂

1. Altarie v. Jomelli „Dammi, o sposa, un solo amplesso" D-dur ³⁄₄ Andante. — 2. Sopranarie von Jomelli „Dar la morte al caro bene" G-dur ³⁄₄. — 3. Sopranarie von Jomelli mit Recitativ: „Infelice, ove sono?" Arie: „Ombra che pallida fai qui soggiorno" Es-dur Allabreve Allegro moderato. — 4. Sopranarie von Dav. Perez „Per quel paterno amplesso" Es-dur ³⁄₄ Andante maestoso. — 5. Baßarie von Righini „Però quest'alma infida" Es-dur ⁴⁄₄ Adagio-Allegro. — 6. Baßarie von Righini „Pensa ch'un core indegno" B-dur ³⁄₄ Maestoso è ben marcato. Arie des Simardio aus der Oper „Il trionfo d'Arianna". — 7. Baßarie von Righini „Solo imparai da forte" D-dur ³⁄₄ Allegro.

Arienſammlung XV. Bd.   8,₃

1. Sopranarie von Paesiello „Se tutti i mali" G-dur ³⁄₄ Andantino repressivo. Trägt die Bezeichnung: 1775 opra 2da S: Benedetto. — 2. Sopranarie von G. Kraus „La primavera" cantata di Metastasio per la Sigra Augusti 1789. C-dur ³⁄₄ Largo. — 3. Sopranarie v. Gaetano Andreozzi „Nel lasciarla in tal momento". (Rondo, cantato dal Sig. Andrea Martini

detto il Senesino in Genova la Primavera 1790 nel Disertore.) A-dur ¦ Larghetto espressivo. — 4. Sopranarie von Sebast. Nasolini. Recitativ: „Traditi ambo" und Rondo: „Per queste amare lagrime" C-dur ¦ Andante affetuoso. Arie des Zifare mit Chor. — 5. Sopranarie von —?— (der Name Andreozzi ist ausgestrichen). Recitativ: „Al fin forza" und Arie: „Frena le belle lagrime, idolo del mio cor" A-dur ¦ Larghetto. — 6. Sopranarie von Piccini „Misero pargoletto" Es-dur Allabreve Grave. — 7. Großes Finale von Salieri, C-dur ¦ (aus „Cäsar in Famagosta" I. Akt.)

Arien ungenannter Komponisten (Orchesterstimmen). **9**

1. Baßarie mit Recitativ: „O bianca Galatea". Die Arie in D-dur ¦ Andante (10 Stimmen). — 2. Sopranarie [aus der Oper Griselda von Paer Nr. 17] mit Recitativ: „Su, Griselda, corraggio". Die Arie in Es-dur ¦ Adagio non tanto (12 Stimmen). — 3. Sopranarie mit Recitativ: „Ich fühl in meinem Busen". Die Arie in Es-dur ¦ Adagio (13 Stimmen). — 4. Sopranarie [von Sutor?] mit Recitativ: „Siegui a fidarti" Es-dur ¦ Adagio (11 Stimmen).

Arien ungenannter Komponisten. **10**

1. Sopranarie „Heilig sind mir diese Fluren" mit Recitativ: „Ha scheiden soll ich von euch allen". Die Arie in C-dur ¦ Adagio (Part. u. 6 Stimmen). — 2. Sopranarie „Cimentando venti" E-dur ¦ Andante maestoso (Part. u. 12 Stimmen). — 3. Tenorarie „Kennst du der Liebe Sehnen" G-dur ¦ Adagio (Part. autogr.). — 4. Altarie „Se spiegar potessi" („Kenntest du, o mein Geliebter") A-dur ¦ Adagio (Klavierauszug mit Soloklarinette). 5. Sopranarie der Semiramis „Non sò se piu l'avendi B-dur ¦ (Part.).

Duette u. s. w. **12**

1. Duett für zwei Soprane aus der Oper „Coriolan" von Niccolini. F-dur ¦ Andante (8 Stimmen). — 2. Duett für zwei Soprane von Galuppi „Te lo dico in confidenza" B-dur Allabreve Andantino. — 3. Duett für Sopran und Tenor aus der Oper Gli Arabi nelle Galle von Paccini (Agobar und Ezilda) „Credei finor di piangere" As-dur ¦ Andante (Klavierauszug). — 4. Terzett für Sopran, Tenor und Baß von Righini. Mit dem unterlegten Freimaurertext „Schwört Brüder Treue" As-dur ¦ Largo (Part.). — 5. Quartett für Sopran, Tenor und 2 Bässe von Cimarosa (Dori, Conte, Lindoro u. Fabrizio) „Dove son" C-dur Allabreve Larghetto sostenuto (4 Sing. u. 11 Orchesterstimmen).

Lieder mit Klavierbegleitung. **14**

1. Zwölf deutsche Lieder von Sterkel, dritte Sammlung. Bei Hofmusikstecher B. Schott in Mainz. — 2. Sechs deutsche Lieder von Michael

Bohdanowicz op. 2. In Wien bey Herrn Eder u. Comp. am Graben. — 3. Iglou's der Mohrin Klaggesang (aus Quinctius Heymeran von Flaming) von Zumsteg. Bei Breitkopf u. Härtel in Leipzig. — 4. Aria und Recitativ („Chloe siehst du nicht") mit Begleitung des Claviers von L. Kozeluch. Fräulein Josepha von Maubuisson gewidmet von J. M. Götz, Mannheim und München im Musikverlag von J. M. Götz.

Lieder ungenannter Komponisten. 15

1. Vier Arien in Partitur: „Das Heurathen ist eine kitzliche Sach", Baßarie; „In Dörfer und Städtchen", Sopranpolonaise; „Wenn aus Berthas holden Blicken", Tenorarie; „Du schwangst Dich im Feuer der Triebe", Tenorarie. — 2. Lied: „Ich will ins Feld" (Klavierauszug). — 3. Lied: „Holde Liebe, sanfte Freuden" (Part.). — 4. Lied (Text fehlt. Part. mit 9 Stimmen). — 5. Lied (Text fehlt. 15 Stimmen).

Männerquartette von C. Kreutzer „O lächle stets", „Die Märznacht", „Der Schmied" (4 Singstimmen). 13

Quodlibets. 11

1. Komisches Quodlibet [von Peter Ritter] „Vergönnen Sie mir" (Autogr. Part. u. 11 Stimmen. — 2. Komisches Quodlibet von Ungenannt „Marsch fort" (Part.).

Solfèges d'Italie avec la basse chiffrée composés par Leo, Durante, Scarlatti, Hasse, Porpora, Mazzoni, Caffaro, David Perez etc. dédiés aux jeunes élèves et receuillis par Levesque et Bêche. 4 Teile in 1 Bd. Paris, Verlag von Cousineau. 1

IV.
Kirchenmusik.

An die Harmonie, Trichordium von Vogler. Part. u. Stimmen.   14

Die Auferstehung Jesu, ein deutsches Singstück von Zachariä, mit Musik von Vogler. Part. in 1 Bd. Sing. u. Orch.-St.   2

Die Auferstehung und Himmelfahrt Jesu, Oratorium v. Karl Phil. Em. Bach. Gedr. Part in 1 Bd. (im Breitkopfischen Verlage 1787). Sing. u. Orch.-St.   5

Betulia liberata, Oratorio. Musica d' Ig. Holzbauer, l'anno 1760. Part. in 2 Bden. (aus Denningens Besitz).   10

Cantus lugubris in obitum Friderici Magni Borussorum regis von Joh. Friedr. Reichardt. Gest. Part. Berlin 1787.   58

Davide penitente, Oratorium für Soli, Chor u. Orch. von Mozart. Part. in 1 Bd., Sing. u. Orch.-St.   8

De profundis in D-moll von Chr. Gluck. Gest. Part. u. Orch.-Stimmen. Paris, Porro.   46

The Dying Christian to his Soul. An Ode by Pope. Set to Music and dedicated to Mrs. Hastings by Baron Dalberg. Performed and sung by Mr. Braham at Mr. Salomon's Concert, Hanover Square. Published in Score, with an adapted Accompagnement for the Pianoforte. Together with a german translation written by Mr. Herder. Op. XIV. London printed for the Author and sold by Ms. Corri, Dussek & Co. Music-Sellers Abschriftl. Part. in 1 Bd.   40

Das Gebet des Herrn, ein Psalm von Klopstock, in Musik gesetzt von Musik-direktor Schwenke. Part. in 1 Bd.   30

Giesse. Oratorium von Holzbauer. Part. in 2 Bden. Ein Titelblatt ist nicht vorhanden. Holzbauer als Autor dieses Oratoriums ist nur auf dem Deckelschild des Einbands genannt.   12

Hymne an die Gottheit von Mozart. Part. u. Stimmen. (Köchel 345,3. Aus dem heroischen Drama Thamos von Gebler. Drei Gesangstexte beigeschrieben: „Töne, töne laut durch alle Sphären", „Gottheit, Gottheit über alle mächtig", „Jubelt, jubelt laut ihr Lieder".)   18

Die Jahreszeiten von J. Haydn. Part. in 2 Bden. (Breitkopf u. Härtel, Lpzg.) Sing. u. Orch.-St.   13

Jesus auf Golgatha (aus Klopstocks Messias). Melodram von Friedrich von
    Dalberg. Part. mit Deklamation und Stimmen.   22
Die Israeliten in der Wüste. Oratorium von Karl Phil. Emanuel Bach.
    Part. Hamburg, im Verlag des Autors 1775.   7
Judas Maccabäus. Oratorium von Händel. Part. in 3 Bden.   19
Laudate pueri von Joh. Christ. Bach für Sopran und Tenor mit Orchester-
    begleitung. Part. in 1 Bd.   24
Lob der Musik. Kantate von Meißner und Schuster. Part. in 2 Bden.   15
Lobgesang an die Gottheit. op. 4 von J. H. Stuntz. Gest. Part. München.   37
Die Macht der Töne. Kantate von Vogler. Orch.- u. Singstimmen.   4
Die Maurerfreude. Kantate für Tenorsolo mit Chor und Orchester von
    Mozart. Köchel 471. Gest. Part. in 1 Bd. (Titelblatt fehlt) mit geschr.
    Stimmen.   88
Montis oppressae. Chor von Sacchini mit Orchesterbegleitung. Part. in
    1 Bd.   23

Messen.

Messe in C-dur von Brandl. Gest. Stimmen.   61
Messe in B-dur von Brandl. Stimmen.   63
Messe in D-dur von Brandl. Stimmen.   62
Messe in F-dur von Cherubini für 3 Solostimmen, Chor u. Orch. Gest.
    Part. Paris.   47
Messe in G-dur von Franz Danzi. Part. u. Stimmen; aus dem Besitz Gott-
    fried Webers, dessen Namenszug auf der ersten Seite steht.   57
Messe in C-moll von Fils [Hofmusikus Anton Filz]. Stimmen.   59
Messe in D-moll (vierstimmig mit Orgelbegleitung) von Honorio Freytag.
    Part. in 1 Bd.   43
Messe in Es-dur von J. Graez. Chor- u. Orch.-Stimmen.   55
Messe in C-dur (große Marienzeller Messe) von Joseph Haydn. Part. in
    1 Bd.   42
Messe in Es-dur von Joseph Haydn. Part. in 1 Bd.   41
Messe in G-dur von J. Haydn. Gest. Part. Bonn, Simrock.   56
Messe in D-dur von Jomelli. Gest. Part. u. Orch.-St. Paris, Porro.   45
Missa pro defunctis in Es-dur von Jomelli. Part.   44
Messe in D-moll von Schreck. Solo-, Chor- u. Orch.-Stimmen.   54
Messe in C-moll von L. Spohr (op. 54) für fünf Solostimmen und zwei
    fünfstimmige Chöre a capella. Gest. Part. Mainz, Schott Söhne. Mit gest.
    Stimmen.   51
Missa de Quadragesima in F-dur von Vogler (vierst. mit Orgelbegleitung).
    Chorstimmen.   49

Miserere in Es-dur, vierstimmig mit Orchesterbegleitung von Joh. Ritschel.
    Anno 1764. Part. in 1 Bd.   29
Miserere in G-dur, vierstimmig mit Orchesterbegleitung von Johann Ritschel.
    Anno 1766. Part. in 1 Bd.   28
Zwei Motetten von Joh. Seb. Bach „Jesu meine Freude" und „Der Geist
    hilft unsrer Schwachheit auf" (Motetto 5 u. 6). Part.   65

Vier Motetten und vier Arien für Singechöre besonders bei Sterbefällen zu gebrauchen, von A. G. Fischer. Part. geft. Breitkopf u. Härtel, Lpzg. 64
I Pellegrini al sepolcro di N. S. Oratorium v. Adolf Hasse. Part. in 1 Bd. 20
Preis Gottes, Kantate von F. Danzi für Sopransolo, Chor u. Orch. Sing-
u. Orch.-St. 36
Responsorien von Valotti. Part. In je 2 geschr. Heften, doppelt. 66

Requiems.
Requiem in As-dur von Frey. Chorstimmen. 53
Requiem in C-dur für Soli, Chor und Orch. von Joh. Adolf Hasse. Part. ungeb. 52
Requiem von Mozart. Gedr. Part. in 1 Bd. (lat. u. dtsch. Text, Breitkopf u. Härtel, Leipzig). Sing- u. Orch.-St. 11
    Der Part. vorgebunden ist eine Abschrift aus der Lpz. Muf.-Ztg. v. 25. Febr. 1826: Verteidigung der Echtheit des Mozartschen Requiems, allen Verehrern Mozarts gewidmet von Abbé Stadler.
Requiem in C-moll von Sigism. Neukomm für zwei Chöre a capella. Gest. Part. Lpzg. bei C. F. Peters nebst Part. der Vor- u. Zwischenspiele. Auf-
geführt in Wien am 21. Jan. 1815 zur Gedächtnisfeier Ludwigs XVI. 50
Requiem in Es-dur von Vogler. Gest. Part. Mainz, B. Schott Söhne 1822. 48
Requiem von Gottfried Weber op. 24. Den Manen der Sieger bei Leipzig
u. Belle-Alliance. Gest. Part. mit beigefügtem Klavierauszug, deutschem und lat. Text. Offenbach, André. 60

Salve regina für 4 Soli (Sopran, Alt, Tenor u. Baß) u. Chor von Joseph Haydn. G-moll : Adagio. Part. in 1 Bd. u. Chorstimmen. 26
Salve regina von Gazzaniga für Sopran-Solo mit Orchester. B-dur Allabreve Sostenuto. Part. u. Stimmen. 25
Salve regina vierstimmig mit Orchesterbegl. von Georg Likl (Chorregens in Fünfkirchen). Gest. Chor- u. Orch.-Stimmen. 27
Saul oder die Gewalt der Musik, dramat. Kantate von Joh. Heinr. Rolle [ca. 1780]. Part. in 1 Bd. 16
Die Schöpfung von J. Haydn. Gest. Part. (Wien 1800) in 3 Bden. Sing-
u. Orch.-Stimmen. 6
Seliges Erwägen, Passionsoratorium von G. Ph. Telemann (1681—1767). Geschr. Part. in 1 Bd. 21
    Eingeteilt in Betrachtungen. Erste Betrachtung: Vom Abendmahl; zweite Betrachtung: Petri Vermessenheit; dritte Betrachtung: Der betende und blutschwitzende Jesus; vierte Betrachtung: Der verklagte und verspeiete Jesus; fünfte Betrachtung: Petri Buße; sechste Be-
trachtung: Der blutige Jesus; siebente Betrachtung: Der gekreuzigte Jesus; achte Betrachtung: Der sterbende Jesus; neunte Betrachtung: Der ins Grab gelegte Jesus.
Die sieben Worte des Erlösers am Kreuz, in Musik gesetzt von J. Haydn. Gest. Part. in 1 Bd. (Breitkopf u. Härtel.) Sing- u. Orch.-St. 1
Stabat mater von Joseph Haydn. Part. u. Stimmen. 17

Tedeums.

Tedeum laudamus von Carl Heinr. Graun. Gest. Part. Leipzig, Joh.
Gottl. Immanuel Breitkopf 1757.   **9**

Tedeum zur Utrechter Friedensfeier (1713) in D-dur von G. F. Händel,
ehemals in engländischer Sprache komponiert und nur mit dem bekannten
lateinischen Texte herausg. von Joh. Adam Hiller. Gedr. Part. Leipzig,
Schwickert 1780. (Interessante Vorrede von Hiller.)   **34**

Tedeum in C-dur v. J. Haydn für Soli, Chor u. Orch. Sing. u. Orch.-St.   **33**

Tedeum in D-dur von J. Haydn, vierst. mit Orchesterbegl. Chor- u. Orch.-
Stimmen.   **82**

Tedeum in D-dur von Justinus Heinrich Knecht (Musikdirektor in Biberach)
für zwei Chöre und Orchester. Chor- u. Orch.-St. (dabei eine Direktions-
stimme f. d. Orch.) teils gestochen (Offenbach, André), teils geschrieben.
Gewidmet Kaiser Franz II. und Bonaparte 1801.   **35**

La Tempesta, für Chor und Orchester von Joseph Haydn. Part. Sing. u.
Orch.-St.   **3**

Der Tiroler Landsturm. Kantate von Salieri. Die Worte sind von Herrn
v. Ratschky k. k. Hofsekretär. Part. in 1 Bd.   **89**

„Vater unser" von Vogler. Chor- u. Orch.-Stimmen.   **31**

V.
Entreaktmusik.

Ahl, sen., 6 Entreaktes. 19 Stimmen.	5
Bach, J. D., Entreaktes. 20 gest. St. (Offenbach, André).	6
Boccherini, Entreakte. 19 St.	7
Brandt, 2 Entreaktes. 18 St.	18
Cannabich, 6 Entreaktes. 19 St.	8
—, 7 Entreaktes. 19 St.	7
Cherubini, 10 Entreaktes. 19 St.	8
Davans, Entreakte. 15 St.	18
Dickhut, 6 Entreaktes. 22 St.	11
Elsner, 2 Entreaktes, 22 St.	11
Esser, Polacca D-dur. Part. Autogr. u. 18 St.; Allegro E-dur. 14 St.; Scherzo D-moll. Part. Autogr. u. 23 St.; Maestoso Es-dur. 18 St.	9
Fränzl, Ferd., 8 Entreaktes. 19 St.	8
—, 3 Entreaktes. 19 St.	7
Grua, Marie, Potpourri. 22 St.	2
Hild, Jacob, Potpourri. 18 St.	1
Jomelli, Entreakte. 19 St.	7
Lachner, Vinc., Andante u. Scherzo aus einer vierhänd. Klaviersonate, für Orchester arrangiert von St. Grua. Part. Autogr. u. 14 St.	3
Müller, Adolf, Quodlibet. 26 St.	4
Piccini, Entreakte. 19 St.	7
Pixis, Entreakte. 18 St.	13
Pleyel, 2 Entreaktes. 19 St.	5
—, 4 Entreaktes. 19 St.	8
—, Entreakte. 19 St.	7
Reissiger, Capriccio als Entreakte. 16 St.	14
Ritter, P., Entreakte. 15 St.	18
v. Roggenbach, Entreakte (steir. Walzer). Part. u. 16 St.	15

Schmidt, Polonaise D-dur. 14 St.; Allegro D-dur. 13 St.; Allegretto D-dur. 18 St.	10
Stumpf, 3 Entreaktes. 19 St.	5
—, Entreakte. 20 St. Gest. (Paris, Sieber).	6
—, 12 Entreaktes. 19 St.	8
—, 12 Entreaktes. 22 St.	22
—, 36 Entreaktes. 20 St.	23
Ungenannt, 4 Entreaktes.	19
—, 4 Entreaktes.	20
—, 4 Entreaktes.	21
Vogler, Entreakte. 19 St.	7
Winter, 3 Entreaktes. 19 St.	5
—, 3 Entreaktes. 22 St.	11
—, 3 Entreaktes. 15 St.	12
Wörner, Polonaise als Entreakte. Part. u. 16 St.	16

VI.
Märsche.

5 Nummern, meist von ungenannten Komponisten.

VII.
Tanzmusik.

22 Nummern, meist von ungenannten Komponisten.

VIII.
Symphonien.

Amon, J., Symphonie C-dur op. 25. 22 St., teilweise gestochen. 1803. 9,₃
—, Dieselbe Symphonie. 17 St., gestochen. 1803. 11,₂
André, Joh. Anton, Symphonie C-dur op. 4. 17 St., gestochen (Offenbach, André). 11,₂
—, Es-dur op. 25. 25 St., teilweise gestochen (Offenbach, André). 24,₂
—, G-dur op. 13. 25 St., teilweise gestochen (Offenbach, André). 24,₃
—, Ouverture militaire C-dur op. 24. 25 St., gestochen (Offenbach, André). 25,₃
—, F-dur op. 5. 16 St., gestochen (Offenbach, André). 32,₁
Benda, Georg, D-dur. 21 St. 3
Blyma, Franz, D-dur op. 2. 29 St., teilweise gestochen. Bonn, Simrock. 6,₁
Brandl, D-dur op. 25. 17 St., gestochen (Karlsruhe, Schütt). 11,₁
Cannabich, Christian, E-dur. 12 St. 32,₂
Dittersdorf, C-dur. 15 St. 19,₇
Eberl, Anton, Es-dur op. 33. 30 St., teilweise gestochen (Leipzig, A. Kühnel). 30
Eichner, Ernst, Sechs Symphonien op. 11 C-dur, G-dur, D-dur, F-dur, B-dur, Es-dur. 17 St., gestochen (Paris, Bernault). 21,₇₋₁₂
Fleischmann, D-dur op. 6. 27 St., gestochen. Offenbach, André. 7,₃
Gossec, Fr. J., Symphonie F-dur (Ouvertüre). 27 St. 12,₁
—, D-dur. 26 St., gestochen (Mannheim, Joh. Mich. Götz). 12,₂
—, C-dur. 26 St., gestochen (Mannheim, Joh. Mich. Götz). 12,₃
—, Es-dur. 15 St., teilweise gestochen (Paris, Sieber). 19,₅
—, Sinfonie de chasse D-dur. 33 St., teilweise gest. (Paris, Sieber). 32,₃
Gyrowetz, A., Drei Symphonien D-dur, F-dur, C-dur. 18 St., teilweise gestochen (Paris, Imbault). 17,₄₋₆
—, Es-dur op. 23. 22 St., gestochen (Offenbach, André). 23,₂
—, Serenade D-dur op. 2. 22 St., teilweise gestochen (Offenbach, André). 23,₃
—, Es-dur op. 18. 22 St., teilweise gestochen. 28,₁
Haydn, Jos., Jagdsymphonie D-dur op. 34. 17 St., teilweise gestochen (Wien, Toricella). 1,₁

Haydn, Jos., B-dur. (4 St., teilweise gest. (Paris, Le Menu et Boyer). 14,₂
—, Drei Symphonien (dem Fürsten Nicolaus Esterhazy gewidmet) Es-dur, B-dur, C-moll. 15 St., teilweise gestochen (Wien, Toricella). 16,₁₋₃
—, C-dur. 15 St. 19,₄
—, Drei Symphonien D-moll, F-dur, G-dur op. 38, 39, 40. 14 St., teilweise gestochen (Wien, Artaria). 20,₄₋₆
—, Sechs Symphonien Es-dur, D-dur, G-dur, B-dur, C-dur, C-moll op. 35. 15 St., teilweise gestochen (Wien, Artaria). 29,₁₋₆
—, Abschiedssymphonie A-dur. 11 St. 36,₄

Haydn, Michael, Drei Symphonien B-dur, D-moll, C-dur. 14 St., teilweise gestochen (Wien, Artaria). 20,₁₋₃

Holzbauer, Ignaz, G-dur. 14 St., teilweise gestochen. (Paris, Le Menu et Boyer.) 14,₃

Jomelli, D-dur (Ouvertüre zur Oper Fetonte). 22 St. 1,₄

Kunz, Eduard, F-dur. Part. u. 33 St. 2

Lachnith, Drei Symphonien D-dur, C-dur, D-moll op. 1. 15 St., teilweise gestochen (Amsterdam, Schmitt.) 16,₄₋₆
—, D-dur Nr. 5. 19 St., teilweise gestochen (Amsterdam, J. Schmitt). 50,₅

Le Duc, I. Symphonie D-dur (Ouvertüre zu Julius Cäsar). 19 St., teilweise gestochen. 1,₃

Mozart, W. A., C-dur op. 24. Köchel Nr. 425. 18 St., teilweise gestochen (Amsterdam, Schmitt). 24,₁
—, D-dur op. 88ᵉ. Köchel Nr. 297 (Pariser). 19 St., teilweise gestochen (Offenbach, André). 36,₁

Neubauer, F., La bataille, sinfonie à grand orchestre, op. 11 D-dur.[1]) 25 St., teilweise gestochen (Offenbach, André). 25,₂

Pleyel, Ignaz, B-dur (Violine und Viola concertante). 18 St., gestochen. Paris, Sieber. 5,₂
—, C-dur op. 66. 27 St. 7,₁
—, G-dur op. 68. 27 St., teilweise gestochen. Offenbach, André. 7,₂
—, Nr. 7 D-dur, Nr. 8 Es-dur, Nr. 9 B-dur, Nr. 10 F-dur, Nr. 6 G-dur, Nr. 2 A-dur, Nr. 12 F-moll. 13 St., teilweise gestochen (Paris, Imbault). 18,₁₋₇
—, Nr. 3 C-moll, Nr. 4 B-dur, Nr. 1 D-dur. 15 St., teilweise gestochen (Paris, Imbault). 19,₁₋₃
—, C-dur. 15 St. 19,₄
—, Nr. 20 D-moll. 24 St., teilweise gestochen. 23,₁
—, B-dur op. 5. 19 St., teilweise gestochen (Mannheim u. München, Götz). 50,₄

Reitha, J., Es-dur op. 5,₂. 13 St., teilweise gestochen. Bonn, Simrock. 9,₁ u.₂
—, D-dur op. 5,₃. 25 St., teilweise gestochen. Bonn, Simrock.

Rigel, D-dur. 26 St., gestochen (Mannheim, Joh. Mich. Götz). 12,₄

Romberg, Andreas, Symphonie alla Turca C-dur. op. 51. 27 St. 45,₁

---

[1]) Adagio: Le matin; Allegro: allarme au camp; Andante: harangue aux guerriers; Allegretto: Les deux armées se rangent en ordre de bataille; Allegro: La bataille; Andante: Retour au camp; Allegro: Célébration de la victoire.

Rosetti, A., 3 Symphonien C-dur, Es-dur, F-dur op. 1. 14 St., teilweise gestochen (Paris, Le Menu et Boyer). 8
—, C-dur. 14 St., teilweise gestochen (Paris, Le Menu et Boyer). 10,1
—, 3 Symphonien C-dur, G-dur, Es-dur op. 5. 14 St., teilweise gestochen (Wien, Artaria). 20,1—3
Rösler, J., Es-dur op. 12. 27 St., gestochen (Offenbach, André). 26,4
—, C-dur op. 13. 27 St., gestochen (Offenbach, André). 26,5
—, D-dur op. 14. 17 St., gestochen (Offenbach, André). 36,2
Stamitz, Anton, Drei Symphonien Es-dur, D-dur, C-dur op. 1. 19 St., teilweise gestochen (Paris, Bouin u. Castagnery). 50,1—3
Stamitz, Karl, Sechs Symphonien D-dur, G-dur, C-dur, F-dur, B-dur, Es-dur op. 9. 9 St., gestochen (Amsterdam, Siegfried Markordt). 15
—, Sechs Symphonien Es-dur, B-dur, D-dur, G-dur, C-dur, F-dur op. 10. 17 St., gestochen (Paris, Sieber). 21,1—6
Sterkel, Nr. 6 B-dur. 29 St., teilweise gestochen. Leipzig, Breitkopf u. Härtel. 6,2
—, Vier Symphonien D-dur, F-dur, C-dur, D-dur. Je 13 St. 13
—, Vier Symphonien D-dur, C-dur, Es-dur, C-dur. Je 18 St. 14
—, B-dur. 18 St. 17,3
—, D-dur. 22 St., teilweise gestochen (Mainz, Schott). 28,3
Tomaschek, W. J., Es-dur. 22 St., teilweise gestochen (Leipzig, Breitkopf u. Härtel). 36,3
Traetta, T. D-dur („Feuerlärm" oder „Sturm"-S.). 17. St. 1,2
Winter, Peter, F-dur. 27 St. 5,1
Wranitzky, Paul, B-dur. 20 St. 4
—, C-dur op. 19 (bei Gelegenheit der Erhebung Franzens zum deutschen Kaiser). 18 St., teilweise gestochen (Offenbach, André). 17,2
—, la chasse D-dur op. 25. 18 St., teilweise gestochen (Offenbach, André). 16,3
—, caracteristique pour la paix avec la république française C-moll[1]) op. 31. 25 St., teilweise gestochen (Augsburg, Gombart u. Cie.). 25,1
—, G-dur op. 50. 27 St., gestochen (Offenbach, André). 26,1
—, A-dur op. 51. 27 St., gestochen (Offenbach, André). 26,2
—, D-dur op. 52. 27 St., gestochen (Offenbach, André). 26,3
—, F-dur op. 53. 22 St., teilweise gestochen (Offenbach, André). 28,2

---

[1]) Nr. 1. Andante maestoso u. Allegro molto: Die Revolution. Englischer Marsch. Tempo di marcia più maestoso, più Allegro. Österreichischer u. preußischer Marsch. — Nr. 2. Adagio affettuoso: Das Schicksal u. der Tod Ludwigs. Trauermarsch. — Nr. 3. Tempo di marcia, Allegro: Der englische Marsch, Marsch der Alliierten. Getümmel einer Schlacht. — Nr. 4. Andante grazioso: Die Friedensunterhandlungen; Allegro vivace: Der Jubel über die Herstellung des Friedens.

IX.

Ouvertüren.

Sehr unvollständig. Viele Nummern fehlen.

Gluck, Ouvertüre zur „Iphigenie". Angehängt ein Andante und ein Prestissimo von Haydn. 28 St.   14

Grosheim, Ch. C., Ouvertüre zur Oper „Titania". 38 St., gestochen (Kassel, Wöhler u. Grosheim).   13,2

Gyrowetz, A., Ouvertüre zur Oper „Selico". 38 St., gestochen (Augsburg, Gombart u. Comp.).   13,1

Schneider, Friedr., Ouvertüre zu Schillers „Braut von Messina" op. 42. 32 St., teilweise gestochen (Leipzig, Peters).   12,2

—, Ouvertüre über „God save the king" op. 43. 32 St., teilweise gestochen (Leipzig, Peters).   12,4

v. Denningen, Friedr., Ouvertüre C-moll. 29 St.   4

—, Es-dur. 32 St.   5

—, Es-dur. 32 St.   6

—, D-moll. 26 St.   7

—, C-moll. 25 St.   8

—, C-moll. 27 St.   9

Vogel, G. J., Ouvertüre zu „Demophoon". 38 St., gest. (Paris, Sieber). 13,3

Wagner, C., Ouvertüre zur „Jungfrau von Orleans" op. 31. 32 St., teilweise gestochen (Offenbach, André).   12,1

—, Ouvertüre zu „Götz von Berlichingen" op. 32. 32 St., teilweise gestochen (Offenbach, André).   12,3

Winter, P., Ouvertüre zu „Calypso". 38 St., gestochen (Leipzig, Breitkopf u. Härtel).   13,4

Anhang.

Textbücher von alten Opern, Oratorien und Ballets.

Alphabetisch geordnet nach den Städten, wo die Aufführung stattfand, bezw. der Druck des betr. Textbuchs erfolgte, sowie chronologisch innerhalb der einzelnen Städte.[1]

Amsterdam.
Il finto Cavagliere, opera comica. Amsterdam 1754. Ital. u. frz.[2] 1

Ansbach.
Il Narciso, pastorale per musica von Francesco Antonio Pistocchi, mastro di Capella. Ansbach [1697]. 2
Le pazzie d'amore e dell' interesse, Idea dramatica per musica von Francesco Antonio Pistocchi. Ansbach 1699. 3

Berlin (Potsdam).
Catone in Utica von Graun u. Metastasio. Berlin 1743. Ital. u. dtsch. 4
Alessandro e Poro von Graun u. Metastasio. Berl. 1744. Ital. u. dtsch. 5
Adriano in Siria von Graun u. Metastasio. Berl. 1745. Ital. u. dtsch. 6
  Die deutsche Übersetzung ist von Francesson Grugnanelli, einem früheren Riesengardisten, der in Potsdam lebte u. sämtliche Opern übersetzte. Schneider, Gesch. der Oper in Berlin S. 28a Anm. 1.
Cajo Fabricio von Graun [u. Apostolo Zeno]. Berl. 1746. Ital. u. dtsch. 7
Arminio [von Hasse u. Pasquini]. Berl. 1746. Ital. u. dtsch. 8

---

[1] Diese Anordnung der hier verzeichneten, bisher ungeordnet in einem Winkel des Archivs aufbewahrten italienischen Textbücher (Schenkung des Frh. v. Hacke an das Mannheimer Theater 1813) empfahl sich deshalb, weil an den Hofbühnen im XVIII. Jahrhundert die Sitte herrschte, bei der Erstaufführung oder Neueinstudierung einer Oper oder eines Oratoriums eigens hierfür bestimmte Textdrucke herauszugeben und unter die Besucher zu vertheilen. Diese Textbücher enthalten meist die Angabe des Tags und der festlichen Veranlassung der ersten Aufführung, sowie ein Verzeichnis der Mitwirkenden, hierdurch zugleich den Theaterzettel ersetzend. Vgl. Walter, Gesch. des Theaters u. der Musik am kurpfälz. Hofe S. 115, wo auf die Wichtigkeit dieser Textdrucke speziell der erhaltenen Mannheimer Drucke für die Reconstruktion des Repertoires der Mannheimer Hofoper hingewiesen ist. Bei dem Mangel an Akten u. dgl. war diese Reconstruktion für Mannheim nur mit Hülfe der Textdrucke möglich.

[2] Wo kein Format angegeben ist, hat man 8° anzunehmen; 4° ist immer besonders vermerkt.

Cinna von Graun u. Leop. Villati. Berl. 1747. Ital. u. dtſch. 9
Europa galante [von Graun u. Leop. Villati nach La Motte]. Berl. 1748.
    Ital. u. dtſch. 10
La serva padrona, Intermezzo per musica [von Pergoleſe]. Potsdam 1748.
    Ital. u. dtſch. 11
Fetonte (Phaeton) von Graun und Villati nach dem frz. [des Quinault].
    Berlin 1750. Ital. u. dtſch. 12
Mithridate von Graun u. Villati. Berlin 1750. Ital. u. dtſch. 13
Armida von Graun u. Villati [a. d. frz. u. nach Taſſo]. Berlin 1751.
    Ital. u. dtſch. 14
Orfeo von Graun u. Villati [nach Bonlaio]. Berl. 1752. Ital. u. dtſch. 15
Didone abbandonata von Haſſe u. Metaſtaſio. Berl. [1753]. Ital. u. dtſch. 16
Ezio (Aëtius) von Graun [u. Tagliazucchi]. Berl. 1755. Ital. u. dtſch. 17
Andromeda von Joh. Friedr. Reichardt u. Anton Filiſtri de' Caramondani.
    Berlin 1788. Ital. u. dtſch. 18
L'incontro inaspettato (Die unvermutete Zuſammenkunft), Dramma giocoso
    von Vincenzo Righini u. Nunziato Porta. Berl. 1794. Ital. u. dtſch. 19
Il Demogorgone ovvero il filosofo confuso, Dramma giocoso von Righini
    u. da Ponte. Berlin 1795. Ital. u. dtſch. (Aufg. auf dem Theater des
    neuen Palais bei Potsdam.) 20
Armida von Righini u. Coltellini. Berl. 1797. Ital. u. dtſch. 21
Atalanta e Meleagro, festa teatrale von Righini u. Antonio de' Filiſtri
    Berlin 1799. Ital. u. dtſch. 22
Semiramide von Fr. Heinr. Himmel. Berl. 1800. Ital. u. dtſch. 23
Tigrane von Righini u. Antonio de' Filiſtri. Berl. 1800. Ital. u. dtſch. 24
Epponina von Sarti. Berl. 1803. Ital. u. dtſch. 25
La selva incantata (Zauberwald) v. Vincenzo Righini u. Antonio de' Filiſtri.
    Berlin 1803. Ital. u. dtſch. 26

Bologna.

Il fratricida innocente, Dr. eroico. Bologna 1708. (Teatro Malvezzi.) 27
Il mondo alla roversa ossia Le donne che comandano, Dr. gioc. von Bald.
    Galuppi u. Poliſſeno Fegejo. Bologna 1756. (Teatro formigliari.) 28
Zenobia di Palmira von Pasquale Anfoſſi [u. Gaet. Serta]. Bologna 1792
    (nuovo publico teatro). 29

Bonn.

Il riso d'Apolline, serenata teatrale von Gio. Christoforo Petz, Mastro di
    capella. Bonn 1701. 4° 30
Das Glück im Unglück, Hirtengedicht. Aufg. auf öffentl. Schaubühne in dem
    Garten zu Poppelsdorf [bei Bonn] den 3ten Heumonats (1746. 4° Die
    Dialogſtellen nur deutſch, die Arien ꝛc. ital. u. deutſch. 31
Diana nelle Selve, componimento drammatico. (Aufgef. im Theater zu
    Poppelsdorf.) Bonn 1747. Ital. u. dtſch. 4° 32
Il riso d'Apolline, intreccio theatrale. Bonn 1769. 33
    Unter den Perſonen: Mercurio: Il Signor van Beethoven, virt. della
    capella di S. A. E. E. di Colonia.

Il trionfo della fedelta, Dramma pastorale. Bonn 1769. 84
> Unter den Personen: Tirsi: Il Sign. Giuseppe van Beethoven, virtuoso di Capella di S. A. E. Elettorale.

La moda, Dramma giocoso per musica. Bonn 1774. 35

Braunschweig.
Lucio Vero, Dramma per musica. Braunschweig 1756. Ital. u. dtsch. 36

Brüssel.
Orlando furioso, Dramma per musica. Brüssel 1727. Ital. u. frz. 4° 37

Coblenz.
Alcide al bivio, Cantata a quatro voci con cori von Righini u. Metastasio. Coblenz [1789]. 88

Dresden.
Numa von Joh. Ad. Hasse [u. Pallavicini]. Dresden (Hubertusburg) 1741. Ital. u. dtsch. Am Schluß beigedruckt: Indermedio zwischen l'impernelle und Marcantonius. 89

Il pazzo per forza (Er soll und muß ein Narr seyn) von Schuster u. Mazzola. Dresden 1783. Ital. u. dtsch. 40

Li castellani burlati (Die betrogenen Kastellane) von Vinzent Fabrizi. Dresden 1788. Ital. u. dtsch. 41

Axur rè d'Ormus (Axur König von Ormus), Dramma tragicomico von Salieri. Dresden 1789. Ital. u. dtsch. 42

Gli Avventurieri (Die Abenteurer) von Paesiello u. Mazzola. Dresden 1791. Ital. u. dtsch. 43

La dama soldato (Die Dame als Soldat) v. Naumann u. Mazzola. Dresden 1791. Ital. u. dtsch. 44

Il matrimonio segreto (Die heimlich geschlossene Ehe) v. Cimarosa [u. Bertati?]. Dresden 1792. Ital. u. dtsch. 45

Pirro von Paesiello [u. Guardasoni]. Dresden 1793. 46

I fratelli rivali (Die Brüder als Nebenbuhler) von Peter Winter. Dresden 1795. Ital. u. dtsch. 47

Il sacrifizio interrotto (Das unterbrochene Opferfest) von Peter Winter [u. J. Huber]. Dresden 1798. Ital. u. dtsch. 48

L'intrigo amoroso (Die Liebesintrigue) von Paer. Dresden 1799. Ital. u. dtsch. 49

Griselda ossia La virtù al cimento (Griselda oder Die Tugend auf der Probe) von Paer. Dresden 1800. Ital. u. dtsch. 50

Osmano, Dey d'Algeri (Osmann, Dey von Algier) von Schuster. Dresden 1800. Ital. u. dtsch. 51

Aci e Galatea ossia I Cyclopi amanti (Acis u. Galatea oder Die verliebten Cyclopen) von Naumann. Dresden 1801. Ital. u. dtsch. 52

La Belisa ossia la fedeltà riconosciuta (Belisa oder Die erkannte Treue) von Peter Winter. Dresden 1801. Ital. u. dtsch. 53

Cesare in Farmacusa (Cäsar in Pharmakusa) von Salieri. Dresden 1801.
Ital. u. dtsch.   54

Düsseldorf.

La forza del giusto festa teatrale von Wilderer. Düsseldorf 1700. 4°   55
Tiberio imperatore d'Oriente, Dr. p. mus. von — ? — [1]) Düsseldorf 1703. 4°   56
La monarchia stabilita, Dr. p. mus. von Hugo Wilderer. Aufg. in Düsseldorf
    zur Feier des Besuchs des Königs Karl III. v. Spanien. Nach einer hdschr.
    Notiz im zweiten Exemplar wiederholt: il Carnevale del anno 1705.
    Düsseldorf 1703. 4°   57
Faustolo, favola pastorale p. mus. v. Hugo Wilderer. Düsseldorf 1706. 4° 58
Tassilone, Tragedia p. mus. von — ? —. [Düsseldorf] 1709. 4°   59
Amor vien dal destino, Dr. da recitarsi von — ? —. Düsseldorf 1719. 4° 60

Florenz.

Ginevra, principessa di Scozia, rappresentato nella villa di Pratolino.
    Florenz 1708.   61
      Auf dem Titelblatt steht der Name des früheren Besitzers: „Baron de
      Dalberg" (Bruder des Intendanten).
Armida abbandonata von Niccola Jomelli u. de Matteis.   Florenz 1775,
    (teatro di via della Pergola).   62
Mitridate a Sinope von Giuseppe Sarti [u. Apostolo Zeno]. Florenz 1779,
    (regio teatro).   63
L'Epponnina von Giuseppe Giordano, detto Giordaniello. Florenz 1779,
    (regio teatro).   64
Temistocle, La musica è di diversi celebri autori [Text von Metastasio].
    Florenz 1793, (teatro di via della Pergola).   65
Il trionfo di Claudia, Dramma serio von Gaetano Andreozzi. Florenz 1803,
    (teatro di via della Pergola).   66

Heidelberg siehe unter Mannheim.

Leipzig.

Zenobia di Palmira, Dramma serio per musica von Pasquale Anfossi [u.
    Gaet. Serta]. Leipzig 1792.   67

Lissabon.

L'Italiana in Londra, Dramma giocoso per musica von Cimarosa. Lissabon
    1791. Ital. u. portug.   68

London.

Le acque di Spa, Dramma giocoso per musica von Giuseppe Cabella Mila-
    nese. London 1791.   69

---

[1]) Bei Riemann nur eine Oper gleichen Titels von Franc. Gasparini. Venedig 1703, Text von Marino Rosetti. — Vgl. Walter, Gesch. d. Th. u. d. Mus. am kurpfälz. Hofe S. 363.

Mailand.[1])

Il maestro di musica geloso. Mailand 1745.	70
Lo sposo di tre e marito di nessuna, Dr. gioc. von Franc. Gnecco [u. Palomba]. Mailand 1793.	71
Le finte rivali, Melodr. gioc. von Simone Mayr und Luigi Romanelli. Mailand 1805.	72
Griselda ossia la virtù al cimento, Melodr. per musica von Ferdinando Paër u. Angelo Anelli. Mailand 1805.	73
Carlo magno in Pavia, Dr. eroico v. Giuseppe Lattanzi. Mailand 1805. 4°	74
L'incognito [del bosco], Dr. gioc. v. Stefano Pavesi [u. Foppa]. Mail. 1805.	75
Abenamet e Zoraide, Melodr. serio von Giuseppe Nicolini u. Luigi Romanelli. Mailand 1806.	76
Idomeneo, Melodr. serio v. Vinc. Federici u. Luigi Romanelli. Mail. 1806.	77
Gli Orazi e i Curiazi, Tragedia per musica von Domenico Cimarosa [u. Sografi]. Mailand 1806.	78
I raggiri amorosi, Dr. gioc. von Ferdinando Orlandi. Mailand 1806.	79
Le nozze campestri, Melodramma comico von Giuf. Nicolini [u. Marconi]. Mailand 1806.	80
Gli ultimi due giorni di Carnevale, Melodr. gioc. von Francesco Gnecco. Mailand 1806.	81
I saccenti alla moda, Dr. gioc. v. Benedetto Neri u. A. Anelli. Mail. 1806.	82
La feudataria, Dr. gioc. von Francesco Duffek Cormundi.[2]) Mail. 1806.	83
La cappricciosa pentita, Melodr. gioc. v. Valentino Fioravanti. Mail. 1806.	84
I misterii Eleusini, Dr. p. mus. von Giov. Simone Mayr [u. Bernardoni]. Mailand 1807.	85
I puntigli per equivoco, Melodr. gioc. von Valentino Fioravanti. Mailand 1807 (teatro regio alla Canobiana).	86
La scuola degli amanti [= Cosi fan tutte], Dr. gioc. La musica è del fu Sig. Maestro Wolfgango Mozzart. [Text von Da Ponte.] Mail. 1807.	87
Nè l'un, nè l'altro, Dr. gioc. von Giov. Simone Mayr. Mailand 1807.	88
Il sotterraneo, Dr. serio-gioc. von Fernando Paër. Mailand 1807.	89
La scelta dello sposo. Mailand 1807.	90
Cleopatra von Giuseppe Weigl u. Luigi Romanelli. Mailand 1808.	91
La conquista di Messico. Melodr. serio von Ercole Paganini u. Luigi Romanelli. Mailand 1808.	92
La locandiera, Melodr. buffo von Giuseppe Farinelli [Text nach Goldoni]. Mailand 1808.	93
L'amor conjugale, farsa von Simeone Mayr. Mailand 1808.	94
Il rivale di se stesso, Melodr. gioc. von Giuf. Weigl u. Luigi Romanelli. Mailand 1808. (Vgl. 106.)	95
La scuffiara,[2]) Melodr. gioc. von Giov. Paesiello. Mailand 1808.	96
Di posta in posta, Melodr. gioc. von Vincenzo Lavigna u. Luigi Romanelli. Mailand 1808.	97
L'Italiana in Algeri, Dr. gioc. v. Luigi Mosca [u. Ant. Anelli]. Mail. 1808.	98

[1]) Wo kein anderes Theater genannt ist, ist immer das Scalatheater gemeint.   [2]) sic! nach Riemann: von Fr. S. J. Duffek, neu bearb. v. Cormundi.   [3]) Als La modista raggiratrice in Mailand 7. Juni 1790 aufg.

La dama soldato, Dr. gioc. von Ferdinando Orlandi. Mailand 1808. **99**

L'oro non compra amore, Dr. gioc. von Marco Portogallo [u. Anelli]. Mailand 1808. **100**

Ifigenia in Aulide, Melodr. serio von Vincenzo Federici u. Luigi Romanelli. Mailand 1809. **101**

L'amante prigioniero, Melodr. gioc. von Carlo Bigatti u. Luigi Romanelli. Mailand 1809. **102**

L'uniforme, Melodr. gioc. von Guiseppe Weigl [u. Carpani]. Mail. 1809. **103**

Le rivali generose, Melodr. gioc. von Ercole Paganini u. Luigi Romanelli. Mailand 1809. **104**

La prova di un' opera seria, Melodr. gioc. von Francesco Gnecco [Text vom Komponisten]. Mailand 1809. (Teatro alla Canobbiana.) **105**

Il rivale di se stesso, Melodr. gioc. von Giuseppe Weigl u. Luigi Romanelli. Mailand 1809. **106**

I falsi galantuomi, Melodr. gioc. ridotto dalla commedia di simil titolo da Michelangelo Prunetti. Musik von Francesco Gnecco. Mail. 1809. **107**

Le avventure d'una giornata, Melodr. buffo von Francesco Morlacchi und Luigi Romanelli. Mailand 1809. **108**

Arminia, Dr. p. mus. von Stefano Pavesi u. Marco Landi. Mail. 1810. **109**

Raúl di Crequi, Melodr. serio von Gio. Simone Mayr u. Luigi Romanelli. Mailand 1810. **110**

I riti d'Efeso, Dr. eroico von Ginf. Farinelli u. Gaetano Rossi. Mailand 1810. (Teatro Carcano.) **111**

Camilla, Dr. p. mus. von Valentino Fioravanti. Mailand 1810. **112**

La contadina bizzara, Melodr. gioc. v. Ginf. Farinelli. Mail. 1810. **113 a u. b**

Ser Marcantonio, Dr. gioc. von Stefano Pavesi. Mailand 1810. **114 a u. b**

Abradete e Dircea, Melodr. serio von Giuseppe Niccolini u. Luigi Romanelli. Mailand 1811. **115**

Annibale in Capua, Melodr. serio von Giuseppe Farinelli u. Luigi Romanelli. Mailand 1811. **116**

Il trionfo di Davide, Azione sacra p. mus. v. Niccola Zingarelli. Mail. 1811. **117**

Con amore non si scherza, Azione comica per musica von Giuseppe Mosca u. Luigi Romanelli. Mailand 1811. **118**

Chi non risica, non rosica, Melodr. gioc. von Pietro Generali u. Timolao Crestofilo. Mailand 1811. **119**

La casa dell' Astrologo, Melodr. gioc. von Giuseppe Niccolini u. Luigi Romanelli. Beigedr.: Ippolito ed Aricia, Ballet von Pietro Angiolini. Mailand 1811. **120 a u. b**

Il barbiere di Siviglia ovvero la precauzione inutile, Dr. gioc. p. mus. von Paesiello [Text von Sterbini nach Beaumarchais]. Mailand 1811. **121**

Virginia, Melodr. serio von Pietro Caselli u. Luigi Romanelli. Mail. 1812. **122**

Tancredi, Melodr. serio v. Stefano Pavesi u. Luigi Romanelli. Mail. 1812. **123**

La distruzione di Gerusalemme, Dr. sacro v. Niccola Zingarelli [u. Sografi]. Mailand 1812. **124**

La vedova stravagante, Melodr. gioc. von Pietro Generali u. Luigi Romanelli. Mailand 1812. **125**

Il cicisbeo burlato, Dr. gioc. p. mus. v. Ferdin. Orlandi. Mail. 1812. **126**

L'imprudente fortunato, Dr. gioc. von Domenico Cimarosa. Mail. 1812. 127
La pietra del paragone, Melodr. gioc. von Gioacchino Rossini, Maestro di capella Pesarese, u. Luigi Romanelli. Mailand 1812. 128
Ser Marcantonio, Dr. gioc. von Stefano Pavesi. Mail. 1812 (vgl. 114). 129
Tamerlano, Melodr. serio v. Simone Mayr u. Luigi Romanelli. Mail. 1813. 130

Mainz.

Orfeo, Tragedia per musica von Graun u. Villati. „Auf Verlangen einer hohen Noblesse in dem grossen Redouten-Saal abgesungen." Mainz 1757. Ital. u. dtsch. 131
L'Ester, la Liberatrice del popolo giudaico, Un Oratorio von Ditters von Dittersdorf u. Pintus. Mainz 1785. Ital. u. dtsch. 132
Le feste galanti (Die galanten Feste), festa per musica von Graun u. Villati. Mainz o. J.¹) Ital. u. dtsch. 133
Il ritorno di Tobia oder Tobias' Zurückkunft, ein Oratorium von J. Haydn [Text von Boccherini]. Mainz o. J.²) Ital. u. dtsch. 134

Mannheim (auch Heidelberg u. Schwetzingen)³)

I pregi della rosa, serenata teatrale. Dichtung v. Giorgio Maria Rapparini. Aufg. unter freiem Himmel in Heidelberg zur Feier der Eroberung Landaus durch die kaiserlichen Waffen. In Gegenwart des röm. Königspaares. Heidelberg 1702. 4° 135 (25)
Il Marte Romano servizio di camera (Allegorisches Festspiel), alla augustissima casa d'Austria composto sul comminciamento della presente campagna et alla Maestà del Rè consecrato. [Heidelberg 1702.] 4° 136 beigeb. (26)
Crudeltà consuma amore, Dr. boschereccio. Musik: (1. u. 3. Akt von Giacomo Greber, 2. Akt von Agostino Stricker, Sinfonia preliminare von Goffredo Finger, Text von Giorgio Maria Rapparini. Neuburg [1717]. 4° 137 (32)
Il cuore umano, Orat. von Fortunato Chelleri. Heidelberg o. J. [ca. 1718 bis 1720]. 4° 138 (36)
Serenata von Giacomo Greber zur Feier des Geburtstags der Prinzessin Elisabeth. Heidelberg 1719. 4° 139 (38)
Serenata von Giacomo Greber zur Feier der Ankunft des Herzogs Eberhard Ludwig von Würtemberg. Heidelberg 1719. 4° 140 (39)
Il ritratto della Serenissima Principessa Elisabetha Augusta etc., Cantata a quatro voci von Giacomo Greber. Heidelberg⁴) 1721. 4° 141 (40)
[Festspiel] aufg. am Vorabend des Geburtstages des Kurfürsten u. zugleich als Schlussfest der Herbstjagden. Componimento per musica von Lorenzo Santorini. Heidelberg 1721. 4° 142 (41)
Il concilio de' pianeti, componimento per musica v. Lorenzo Santorini. Aufg. zur Feier d. Namenstages der Prinz. Elisabeth Augusta. Hdlbg. 1721. 4° 143 (42)

---

¹) Erste Berliner Aufführung 1747.
²) Erste Aufführung in Wien: 2. April 1775.
³) Vgl. das Verzeichnis der in Heidelberg, Mannheim u. Schwetzingen aufgeführten Opern, Oratorien, Ballets u. s. w. in des Herausgebers Gesch. des Theaters u. der Musik am kurpfälz. Hofe, S. 362 ff. Die eingeklammerten Ziffern sind die Nummern dieses Verzeichnisses.
⁴) Heidelberg bezeichnet bei den folgenden nur den Druckort, da die kurf. Residenz 1720 nach Mannheim verlegt worden war.

Il trionfo di Placido, Oratorio von Ugo Wilderer. Hdlbg. 1722. 4° 144 (43)

I folici inganni d'amor' in Etolia, favola boschereccia von — ? —. Hdlbg. 1722. 4° 145 a u. b (44)

[Festspiel] zur Feier der Anwesenheit des Coadjutors von Köln, componimento per mus. a sei voci von Ugo Wilderer. Heidelberg 1722. 4° 146 (45)

Coronide, pastorale eroica von — ? — [vielleicht von Ugo Wilderer], zur Feier der Anwesenheit des Kurfürsten von Köln. Hdlbg. 1722. 4° 147 (46)

[Festspiel] zur Feier der Anwesenheit des Kurfürsten von Köln, componimento per musica a quattro voci von Ugo Wilderer. Hdlbg. 1722. 4° 148 (47)

Amor sul monte ovvero Diana amante di Endimione, pastorale von — ? —. Heidelberg 1722. 4° 149 (48)

[Festspiel] zur Feier des Namenstags des Kurfürsten, breve componimento drammatico, Musik von Jacob Greber. Heidelberg 1723. 4° 150 (49)

Esther, Dr. sacro p. mus. von Ugo Wilderer. Aufg. am Geburtstag der Prinzessin Elisabeth. Mannheim 1724. 4°. Ein weiteres Exemplar ist in Heidelberg gedruckt, o. J. 4° 151 a u. b (50)

Le pazzie di Pantalone colla costanza di Diana in amore e Arlichino giudice sciocco, ma giusto, Commedia (extemp.), aufg. von Herren des Hofs am Carneval. Mannheim 1726. 4°. Als Prolog u. Epilog: Intermezzo zwischen der Cortesia und der Invidia. 152 a (52)

Pantalons Thorheiten, Dianae Beständigkeit im Lieben und Arlequin der lächerliche, doch gerechte Richter. Freie Übers. der vorigen ital. Komödie (ohne die Intermezzi). Mannheim 1726. 4° 152 b (52)

Li quattro Arlichini, Commedia (extemp.), aufg. von Herren des Hofes Carneval 1726. Mannheim 1726. 4°. Die einzelnen Szenen sind skizziert (ital.). Zwischen den Akten drei Intermedii: „L'ammalato imaginario" (2 Personen: Erighetta u. D. Chilone). Dies musik. Intermezzo ist „Componimento di un gentile ingegno italiano". Verf. nicht genannt. 153 (53)

Cristo pendente dalla croce, Oratorio von — ? —, da cantarsi nella sontuosa cappella eretta in Mannemia ... la sera del venerdi santo. Mannheim 1732. 154 (56)

Meride, Dr. p. mus. von Carlo Pietro Grua, Maestro di Capella di S. A. S. E. u. Giovan Claudio Pasquini, Poeta Cesareo e Regio. Mannheim [1742] 4°. Aufg. am Hochzeitstage (17. Jan. 1742) Karl Theodors mit Maria Elisabeth Augusta u. des Herzogs Clemens v. Baiern mit Maria Anna Josepha von Sulzbach. Eröffnung des neuen von Alessandro Galli Bibiena erbauten Schloßtheaters. 155 (60)

L'injustice vangée ou les nôces d'Arlequin avec Colombine, le tout pour magie, Pantomime, aufg. von Herren des Hofes; zum Schluß Ballet mit Musik von Basconi. Mannheim 1747. 4° 156 a u. b (62)

La clemenza di Tito von Carl Grua u. Metastasio. Mannheim 1748. Ital. u. dtsch. 4° in hellblauem Plüscheinband. 157 (63)

Arlequin assassin ou Polichinelle disgracé. Comédie pantomime. Mannheim 1748. 4° 158 (64)

L'amour ennemi de la vieillesse ou le docteur magicien, Comédie pantomime, Musik von Basconi. Mannheim 1748. 4° 159 (65)

La naissance d'Arlequin, Comédie pantomime, aufg. von Herren des Hofes, Musik von Basconi. Mannheim 1748. 4°   160 (66)

La deposizione dalla croce di Gesù Cristo, Orat. von Franz Xaver Richter (Hofmusikus) u. Claudio Pasquini, deutsche Übersetzung von Carl Zuccarini, Regierungskanzlist. Aufg. in der Schloßkirche Karfreitag 1748. Mannheim 1748. 4°. Jtal. u. dtsch.   161 (67)

L'Olimpiade, Dr. p. mus. [von Galuppi u. Metastasio]. Mannheim 1749. Jtal. Mskr. in 4°   162 a (68)

L'Olimpiade, Tragédie en musique von [Galuppi]. Aufg. 17. Jan. 1749. Übers. aus dem Jtal. des Metastasio von Mr. de Vermale, conseiller et premier chirurgien de S. A. S. l'Electeur. Mskr. in 4°   162 b (68)

Il figliuol' prodigo, Azione sacra p. mus. von Carl Peter Grua u. Giovan Claudio Pasquini. Aufg. am Karfreitag. Mannheim 1749.   163 (69)

Arlequin, Paon, Pendule, Statue, Enfant et Ramoneur, Comédie pantomime, aufg. von Kindern im Schloß auf der Bühne der frz. Komödie, Musik von Heymann, Hofmusikus. La Pantomime est tirée d'un sujet italien, refondu, augmenté par M. le Breun [= Lebrun] Musicien de S. A. S. Electorale, qui a dressé les acteurs. Mannheim 1749.   164 a u. b (70)

Demofoonte, Dr. p. mus. v. [Hasse? u. Metastasio]. Mannheim 1750. 165 (71)

Artaserse, Dr. p. mus. von Jomelli u. Metastasio. Mannh. 1751. 166 (72)

l'Ifigenia [Jphigenie in Aulis] Dr. p. mus. von Jomelli u. Verazi. Mannheim 1751 (die Jahreszahl in dem einen Exemplar hdschr. verbessert in 1753).   167 a u. b (74)

Porsognacco, Intermezzo in mus. v. [Pereni?] „da rappresentarsi nel nuovo teatro fatto aprire dal Serenissimo Elettore Palatino nel suo castello di Schwetzingen". Mannheim 1752.   168 (75)

La serva padrona, Intermezzo per musica [von Pergolese u. Angiolo Nelli?] Aufg. zur Feier der Ankunft des Kurf. v. Baiern (nach hdschr. Notiz in Schwetzingen 1752]. Mskr. Schwetzingen 1752.   169 (76)

Antigona, Dr. p. mus. von Bald. Galuppi u. Gaetano Roccaforte. Mannheim 1753.   170 (81)

La conversione di Sant'Agostino, Oratorium von Joh. Adolf Hasse. Aufg. am Karfreitag. Mannheim 1753.   171 (82)

Demetrio, Dr. p. mus. v. Niccolo Jomelli u. Metastasio. Mannh. 1753. 172 (83)

La passione di Gesù Cristo, Orat. v. Ignaz Holzbauer. Mannh. 1754. 173 (86)

Le jaloux corrigé, Opera buffon von P. Darin parodiert (0 Arien aus La serva padrona, giocatore, maestro di musica. Mannh. 1754. 4° 174 (87)

Intermezzo del Tracollo. [Schwetzingen] 1754.   175 (88)

L'isola disabitata, Azione per mus. von J. Holzbauer. Mannh. 1754. 176 (89)

L'Issipile, Dr. p. mus. von Holzbauer u. Metastasio. Mannh. 1754. 177 (90)

Il Don Chisciotte, opera serioridicola p. mus. von Holzbauer (nach hdschr. Notiz aufg. in Schwetzingen). Mannheim 1754.   178 (92)

L'allégresse du jour, pantomime allégorique au sujet de la convalescence de S. A. S. Elect. Pal. Aufg. 16. Dez. 1754. Musik von Holzbauer, Sujet von Lauchery. Mannheim 1754. 4°   179 (91)

Le nozze d'Ariana, festa teatrale p. mus. von Holzbauer u. Verazi. Mannheim 1756.   180 (93)

I Cinesi, Componimento p. mus. von Holzbauer [u. Metastasio]. Mannh. 1756. 181 (94)

Il filosofo di campagna, Dr. gioc. per mus. [v. Galuppi]. Mh. 1756. 182 (95)

Olimpiade, Dr. p. mus. [von Galuppi u. Metastasio]. Mannh. 1756. 183 (96)

Bellerofonte, Dr. p. mus. [Text] v. Ant. Marescotti. Mannh. 1756. 184 (97)

Isacco, figura de Redentore, Orat. von Holzbauer. Mannh. 1757. 185 (98)

Leucippo, favola pastorale p. mus. [von Hasse]. Mannheim 1757. 186 (99)

Le nozze, Dr. gioc. [v. Bald. Galuppi u. Polizeno Fegeio]. Mh. 1757. 187 (100)

La clemenza di Tito, Dr. p. mus. v. Holzbauer u. — ? —. Mh. 1757. 188 (101)

La pupilla farsetta, in musica a tre voci von Franzesco Saverio Garzia. Mannheim 1758. 189 (102)

Nitteti, Dr. p. mus. von Holzbauer [u. Metastasio]. Mannh. 1758. 190 (103)

Nova burlesca in pantomima intitolata Arlichino fortunato nell'amore. Komponisten: Akt 1: Ignaz Fränzel, Akt 2: Giov. Toeschi, Ballets: Christ. Cannabich. Mskr. 4° [Mannheim ca. 1758/59.] 191 (104)

Cythère assiégé, Opéra comique mêlé d'ariettes dont la musique est de Mr. le Chev. Gluck. (Hdschr. Notiz: Schwetzingen.) Mh. 1759. 192 a u. b (105)

Ippolito ed Aricia, Dr. p. mus. von Holzbauer mit Ballets von Cannabich u. Bouqueton. Mannheim 1759. 193 (106)

Cajo Fabrizio, Dr. p. mus. von Jomelli u. Verazi, mit mehreren neuen Arien von Giuseppe Colla. Ballets von Bouqueton: 1. Hochzeit des Admet u. der Alceste, 2. Der verliebte Faun. 194 a u. b (108)

Giefte (Jephta), Azione sacra p. mus. von Pompeo Sales u. Math. Verazi. Aufg. am Karfreitag in der Schloßkirche. Mannh. 1762. 4° 195 (110)

Sofonisba, Dr. p. mus. von Tomaso Traetta u. Math. Verazi. Mannh. 1763. Nach dem ersten Akt: Ballet Telemach von Toeschi, nach dem zweiten Akt: Ballet Ceyx u. Alcyone. 196 (111)

Ifigenia in Tauride, Dr. p. mus. von Giov. Franz. Majo u. Mattia Verazi. Mannheim 1764. 197 (112)

Il giudizio di Salomone, figura della chiesa trionfante, Oratorio von Ignaz Holzbauer. Aufg. am Karfreitag in der Schloßkirche. Mh. 1766. 4° 198 (113)

Alessandro [nell'Indie] von Franz. Majo u. Metastasio. Mh. 1766. 199 (114)

Die frohlockenden Schäfer. Ein musik. Vorspiel, aufg. von der kurf. deutschen Hofschauspieler-Gesellschaft den 3. Nov. 1768 auf dem deutschen Hoftheater aus demutsvoller Pflicht. Mannheim 1768. 4° 200

Adriano in Siria, Dr. p. mus. von Ignaz Holzbauer u. Metastasio. Aufg. bei der Hochzeit des Kurfürsten Friedrich August v. Sachsen mit der Prinzessin Amalia Augusta v. Zweibrücken. Mannh. 1769. 201 (117)

I pellegrini al santo sepolero, Oratorium von Adolf Hasse. Aufg. am Karfreitag in der Schloßkirche. Mannh. 1769. 202 (118)

L'isola d'amore, Azione comica per musica von Antonio Sacchini. Aufgef. nach hdschr. Notiz: Schwetzingen, Juni 1772, vorher Oggersheim 1769. Mannheim [1769]. 203 (119)

L'amante di tutte [von Galuppi]. Mannh. 1770. Zum Schluß Ballet: Amor et Psyche. 204 a u. b (120)

La buona figliuola zitella. Dr. gioc. p. mus. von Niccolo Piccini u. Polisseno Fegejo. Mannheim 1769. 205 (121)

Catone in Utica, Dr. p. mus. von Niccolo Piccini u. Pietro Metastasio. Mannh. [1770]. Nach dem 1. Akt: Ariadne et Thésée, Ballet héroique Pantomime, nach dem 2. Akt: l'Amour et Psiche, Ballet héroique, beide vom Balletmeister Fabiani. **206 (122)**

Il filosofo convinto in amore, Intermezzi per musica. Mannh. [1771]. Nach hdschr. Notiz aufgef.: Schwetzingen Mai 1771. **207 (123)**

Il filosofo di campagna, Dr. gioc. von Galuppi. Mannh. [1771]. Nach hdschr. Notiz: die erste Oper zu Schwetzingen im März 1771 nach verabschiedeter franz. Comödie. (Schon 1756 aufgef.) **208 (124)**

Gli stravaganti, Azione comica per mus. von Niccolo Piccini. Mannh. 1771. Nach dem 1. u. 2. Akt große Ballets, Mus. von Toeschi, Erfindg. v. Verazi: Enée et Turnus, Orphée et Euridice. **209 (125)**

L'amore artigiano, Dr. gioc. von Florian Gaßmann u. Goldoni. Mannheim [1772]. Nach hdschr. Notiz aufgef.: Schwetzingen 1772. Im Textbuch sind die gestrichenen Stellen überklebt, teilweise mit hdschr. Zusätzen versehen. **210 a u. b (126)**

La contadina in corte, Operetta giocosa per musica von Antonio Sacchini. Mh. [1772]. Nach hdschr. Notiz aufg.: Schwetzingen Juni 1772. **211 (127)**

La foire de village hessoise, Ballet-Pantomime von Cannabich u. Lauchery. nach hdschr. Notiz aufg.: Schwetzingen avec l'opéra contadina in corte 1772. Mannheim 1773. 4° **212 (128)**

Temistocle, Dr. p. mus. v. Joh. Christ. Bach u. Metastasio. Mh. 1772. **213 (129)**

Ballets exécutés à l'opéra de Temistocle. (Aufg. am 5. Nov. 1772.) Musik von Toeschi d. ä. u. Cannabich. 1. Roger dans l'isle d'Alcine; 2. Médée et Jason. Mannheim [1772]. 4° **214 (130)**

Le finte gemelle, operetta giocosa per mus. von Niccolo Piccini. Mannh. [1772]. Nach hdschr. Notiz aufgef.: 7. Nov. 1772. **215 (131)**

La fête printannière, ou les amours de Daphnis et de Philis, Ballet von Toeschi, Sujet von Lauchery nach Geßner. Mh. [1772]. 4° Nach hdschr. Notiz: dansé avec l'opéra „finte gemelle"; also 7. Nov. 1772. **216 (132)**

La fiera di Venezia, Dr. gioc. von Antonio Sacchini [u. Giov. Gastone Boccherini.] Mannh. [1772]. Nach hdschr. Notiz aufgef.: Mannh. 1772 am 22. Nov. **217 (133)**

La mort d'Hercule, Ballet héroi-tragique von Lauchery. Musik von verschiedenen. Mannh. [1772]. 4° Hdschr. Notiz: „avec l'opéra fiera di Venezia", also 1772. **218 (134)**

L'isola d'Alcina, Dr. gioc. von Giuf. Gazzaniga. Mannh. [1773]. Nach hdschr. Notiz aufgef.: Schwetzingen 1773. **219 (135)**

L'assemblée, operetta comica von Guglielmi. Mannh. [1773]. Nach hdschr. Notiz aufgef.: Schwetzingen August 1773. **220 (137)**

L'incognita perseguitata, Dr. gioc. p. mus. von Pasquale Anfossi. Mannheim [1773]. Aufg. nach hdschr. Notiz am 21. Nov. 1773. **221 (138)**

L'Endimione, Azione drammatica teatrale p. mus. v. Joh. Christ. Bach. Mh. [1774]. Nach hdschr. Notiz aufg.: Febr. 1774, vorher Oggersh. (1770. **222 (139)**

Achille reconnu par Ulisse dans l'isle de Scyros, Ballet héroi-pantomime von Cannabich u. Lauchery. Mannheim [1774]. 4°. Hdschr. Notiz: avec l'opéra Endimione. **223 (140)**

Amor vincitore, Azione teatrale p. mus. von Joh. Christian Bach. Mannheim [1774]. Nach hdschr. Notiz aufg.: Schwetzingen August 1774. **224 (142)**

La secchia rapita, Dr. eroicomico von Antonio Salieri [u. Boccherini]. Mannheim [1774]. Anfg. nach hdschr. Notiz: „Mannheim 5. Nov. 1774 zwey Tag vor der Abreise nach Italien." **225 (143)**

Les amans protégés par l'amour, Ballet pastoral-héroique von Cannabich u. Lauchery. Mannheim 1774. Nach hdschr. Notiz: Ballet zur Oper La secchia rapita. **226 (144)**

Le rival imaginaire ou le dépit amoureux, Balletpantomime von Deller (ci-devant musicien am württemb. Hof) u. Lauchery. Mannheim 1775. Nach hdschr. Notiz aufgef. mit Amor vincitore. **227 (145)**

L'embarquement pour Cythère ou le triomphe de Venus, Ballet pastoral-héroique von Cannabich u. Lauchery. Mannheim 1775. **228 a u. b (146)**

L'amant jardinier, Balletpantomime von Lauchery, Musik von versch. Mannheim 1775. Nach hdschr. Notiz zu „fiera di Venezia". **229 (147)**

L'Arcadia conservata, Azione teatrale p. mus. da rappresentarsi .. sul teatro di verdura naturale in prospetto del tempio d'Apollo nel giardino elettorale di Schwetzingen. Mannheim [1775]. **230 (148)**

L'amour vainqueur des Amazones, Ballet héroi-pantomime von Cannabich u. Lauchery. Mannheim 1775. Nach hdschr. Notiz zu L'isola d'amore. **231 (149)**

Zemira e Azor, Azione teatrale p. mus. von Gretry u. Derazi (nach Marmontel). Mannheim [1776]. Hdschr. Notiz: aufg. Januar 1776. **232 (151)**

La festa della rosa, versione libera della rosiera de Salenci, pastorale per mus. von Gretry, bearb. von Math. Derazi. Mannheim [1776]. Hdschr. Notiz: Schwetzingen Juli 1776. **233 (152)**

Lucio Silla, Dr. p. mus. von Joh. Christ. Bach, Text nach de Gamera von Derazi. Mannheim [1776]. **234 (153)**

Il finto spettro, Azione comica per mus. von Paesiello u. Derazi. Mannh. [1776]. Hdschr. Notiz: „26. Nov. 1776 ein einzigmal und die allerletzte Vorstellung auf dem großen opertheatre, welches in der Belagerung Nov. 1795 in Asche gelegt wurde, von denen italienischen Opern. Im Carneval von 1777 wurde Günther v. Schwarzburg aufgeführt, und die allerletzte Vorstellung war Günther mit dem Ballet ... den 20. Nov. 1777." **235 (154)**

Les incidents favorables de l'amour ou le diable mariage, Ballet pantomime espagnol von Cannabich u. Lauchéry. [Mannheim] 1776. Hdschr. Notiz: zu „finto spettro". **236 (155)**

Palmerin d'Olive, Ballet heroi-pantomime von Cannabich u. Lauchéry. Mannheim 1776. **237 (156)**

Rosamund, Singspiel in 3 Aufzügen für die Churpfälzische Hof-Singbühne [von Schweitzer u. Wieland]. Mannheim, Schwan 1778. Mit Ballet, welches die Höllenfahrt des Herkules, um Alcesten zurückzuholen, darstellt, v. Cannabich u. Lauchery. **238 (158)**

Il giubilo della Tessaglia, per la riapparizione del sola tutelar divinità della medesima (Rückkehr der Kurfürstin) von Derazi jun. Frankenthal 1779. **239**

Laodamia, Azione teatrale p. mus. von Derazi jun. u. M. Derazi. Mannh. [1780]. Nach hdschr. Notiz aufg. am Namenstag der Kurfürstin Elisabeth Augusta in Oggersheim 5. Aug. 1780. **240**

München.

L'Ermione von Giuf. Ant. Bernabei u. Ventura Terzago. München 1680. 241
La Dori von Giuf. Ant. Bernabei u. Ventura Terzago. München 1680. 242
Marco Aurelio v. Augostino Steffani u. Ventura Terzago. München 1681. 243
L'Ascanio von Giuf. Ant. Bernabei u. Ventura Terzago. München 1686. 244
La feste de Délos, Comédie par M. Dauvilliers, Comédien de S. A. E. de Bavière ornée de danses et de musique de la Composition de M. Grandual, Comédien de S. A. E. de Bavière. Representée a Munich le 30 Aoust 1716. 245
I veri amici [von Tomm. Albinoni]. München 1722 (Hochzeit Karl Alberts mit Maria Amalia). 246
L'Ippolito [von P. Torri]. München 1731. 247
Adriano in Siria (Adrien) von Andr. Bernasconi und Metastasio. München [1755]. 4° Ital. u. frz. 248
Li tre gobbi rivali, farsetta in musica von Ciampi. München 1758. 249
La Didone abbandonata von Andr. Bernasconi u. Pietro Metastasio. München 1760. Dabei das Ballet le Prie de l'oiseau ou du Papegai. 250
Il trionfo della fedeltà, Dramma pastorale per musica di E. T. P. A. [Gedichtet u. komp. von Maria Antonia Walpurga Kurfürstin von Sachsen geb. Prinzessin von Bayern; Pseud: Ermelinda Talea.] München 1761. 251
L'Eroe cinese (Der chinesische Held) von Sacchini u. Metastasio. München 1771. Ital. u. dtsch. 252
Il finto pazzo per amore, opera buffa per musica a 4 voci von Antonio Sacchini. München 1771. 253
Telemaco (Telemach) von Paul Grua u. Graf Serimann. Aus dem Ital. übersetzt von A. G. v. T. z. S. [= Aug. Graf v. Törring zu Seefeld?. München 1780. Ital. u. dtsch. 254
Semiramide (Semiramis) von Salieri und Metastasio. Überf. von Abbé Lorenz Hübner. München 1782. Ital. u. dtsch. 255
Armida abandonaata (Der verlassene Armide) von Prati. Überf. von Hey. [München] 1785. Ital. u. dtsch. 256
Kastor und Pollux von Abt Vogler. München 1806. 257
Antigonus von Frh. v. Poißl u. Metastasio. München 1808. 258

Neapel.

Siface, Dr. p. mus. von Gioacchino Cocchi. Neapel 1748. 259
Il Farnace, Dr. p. mus. von Giov. Francesco Sterkel al Servizio di S. A. Elettorale di Mogonza. Neapel 1782. 260
Lo sposo a forza, Commedia p. mus. von Gaetano Marinelli u. Giuf. Palomba. Neapel 1792 (teatro de'Fiorentini). 261
Obeide ed Atamare, Dr. p. mus. von Luigi Capotorti u. Andrea Leone Tottola. Neapel 1803. 262
Andromaca, Dr. p. mus. von Giov. Paesiello. Neapel 1804. 263
Socrate immaginario, Commedia p. mus. von Giov. Paesiello [u. Gallani]. Neapel 1804 (nuovo teatro sopra Toledo). 264
Il geloso sincerato, Commedia p. mus. von Giuseppe Nicolini. Neapel 1804 (Teatro nuovo sopra Toledo). 265

La ballerina amante, Commedia p. mus. von Domenico Cimarosa u. Giuf. Palomba. Neapel 1804 (teatro de'Fiorentini). 266
Peribea e Telamone, Dr. p. mus. von Giuseppe Nicolini. Neapel 1804. 267
L'infermo ad arte, Commedia p. mus. von Raffaele Orgitano u. Giuf. Palomba. Neapel 1804 (Teatro de'Fiorentini). 268

Neuburg siehe Mannheim 137.

Padua.
Semiramide, Dr. p. mus. von Domenico Fischietti. Padua 1759. 269
Le trame deluse, Dr. gioc. p. mus. [v. Domenico Cimarosa]. Padua 1792. 270
I pastori generosi, ovvero il trionfo dell'amicizia, Dramma pastorale von Homobono Nicolini u. N. N. P. A. Padua o. J. 271

Paris.
Les prétendus, Comédie lyrique en 2 actes von C. Lemoine u. Rochon de Chabannes. Paris 1789. (Aufg. 2. Juni 1789.) 272
La villanella rapita (la paysanne enlevée) v. Francesco Bianchi [u. Ferrari]. Aufg. Juni 1789 Théatre de Monsieur. Paris 1789. Jtal. u. frz. 273
Armide, Drame héroique en 5 actes von Gluck u. Quinault. Aufg. Th. de l'Académie de musique 23. Sept. 1777. Paris 1802. 274
Psyche, Ballet pantomime en 3 actes von Gardel. Aufg. Th. des Arts 14. Dez. 1790. Paris 1804. 275
La locandiera scaltra (l'hôtesse rusée) von Giuseppe Farinelli. Aufg. Th. de l'Impératrice thermidor an XIII. Paris 1805. Jtal. u. frz. 276
La prova d'un opera seria (la répétition d'un opéra serieux) von Francesco Gnecco [Text vom Komponisten]. Aufg. Th. de l'Impératrice 3. Sept. 1806. Paris 1806. Jtal. u. frz. 277
Il podesta di Chioggia (le gouverneur de Chioggia) von Ferdinando Orlandi [u. Anelli]. Aufg. 3. Dez. 1806. Paris 1806. Jtal. u. frz. 278
I nemici generosi (les ennemis généreux) von Dominique Cimarosa. Aufg. 31. März 1808 Th. de l'Impératrice. Paris 1808. Jtal. u. frz. 279
Le nozze di Dorina ovvero i tre pretendenti (les nôces de Dorine) von Sarti. Aufg. 2. Aug. 1809 Th. de l'Impératrice. Paris 1809. Jtal. u. frz. 280
Le triomphe de Trajan, tragédie lyrique en 3 actes v. Persuis u. Esménard. Aufg. Th. de l'acad. imp. de mus. 23. Okt. 1807. Paris 1810. 281
I Zingari in fiera (les bohémiens à la foire) von Paesiello [u. Palomba]. Aufg. Th. de l'Impératrice 30. Dez. 1809. Paris 1810. 282
Le triomphe du mois de Mars ou le berceau d'Achille, Opéra-ballet von M. Kreutzer u. Em. Dupaty. Aufg. Th. de l'acad. imp. de mus. 27. März 1811. Paris 1811. 283
Didone abbandonata von Paer u. Stefano Vestris. Aufg. Tuilerien 9. Juni 1811. Paris 1811. Jtal. u. frz. 284
L'enfant prodique, Ballet-pantomime v. Gardel u. Berton. Paris 1812. 285
Oenone von Kalkbrenner u. Le Bailly. Paris 1812. 286
Adelina von Generali. Paris 1812. Jtal. u. frz. 287

La cosa rara ossia bellezza ed onestà von Martini [u. da Ponte]. Paris 1812. Ital. u. frz.	288
Jerusalem délivrée von Persuis u. Baour-Lormian. Paris 1812.	289
Giannina e Bernardone von Cimarosa. Paris 1812. Ital. u. frz.	290
Giulietta e Romeo von Zingarelli. Paris 1812. Ital. u. frz.	291
Aladin ou la Lampe merveilleuse von Nicolo u. Beniucori, Text v. Etienne. Aufg.: Acad. royale de musique 6. Febr. 1822. Paris 1825. 5mo édition.	292

Potsdam siehe unter Berlin.

Prag.

Il Talismano, Commedia per musica von Salieri u. da Ponte [nach Goldoni]. Prag 1788.	293
Cosi fan tutte osia la scuola degli amanti, Dramma giocoso in due atti da rappresentarsi nel teatro nazionale di Praga sotto l'impresa e direzione di Domenico Guardasoni l'anno 1791. Praga, inprimato nella Stamparia Elsenwanger. La poesia è dell' Abbate Da Ponte, poeta del Teatro Imperiale, la musica è del Signor Wolfgango Mozzart maestro di Capella in attual servizio di S. Maestà Cesarea. Erste Aufführung: Wien 26. Jan. 1790.	294
La molinara osia l'amor contrastato [Die schöne Müllerin], Dramma giocoso von Paesiello. Prag 1791.	295
Il matrimonio segreto, Dramma giocoso von Cimarosa u. Bertati. Prag 1792.	296
La Pastorella nobile, Dramma giocoso v. Pietro Guglielmi. Prag 1792.	297
Camilla ossia il sotterraneo, Dramma serio-giocoso von Paer. Prag 1799. Ital. u. dtsch.	298
Il trionfo del bell sesso osia Il tartaro convinto in amore, Dramma giocoso von P. Winter. Prag 1795.	299
Gli Orazi e i Curiazi, Tragedia per musica von Gaetano Cimarosa. Prag 1799.	300
Adelaide di Gueselino, Dramma di sentimento per musica von Simon Mayer. Prag 1802.	301

Rom.

Il Lisimaco, Dr. p. mus. von — ? — u. Comagio Baldosini [= Giacomo Sinibaldo]. Rom 1681.	302
Pompeo Magno in Armenio, Dr. p. mus. von Francesco Saverio Garzia u. Anastasio Guidi. Rom 1755 (Teatro delle Dame).	303
Livia Claudia Vestale, Dr. p. mus. von Niccolo Conforto u. Anastasio Guidi. Rom 1755 (Teatro delle Dame).	304
Idomeneo, Dr. p. mus. von Baldassare Galuppi. Rom 1756 (Teatro di Torre Argentina).	305
La fiera di Sinigaglia, Dr. gioc. p. mus. von Domenico Fischietti u. Polisseno Fegejo, Pastore Arcade. Rom 1760 (Teatro delle Dame).	306
Il Cidde [auch unter dem Titel: Chimena], Dr. p. mus. von Antonio Sacchini. Rom 1769 (Teatro a Torre Argentina).	307

Il Vologeso, Dr. p. mus. von Giovanni Masi. Rom 1776 (teatro di Torre Argentina). 308

Schwetzingen siehe unter Mannheim.

Straßburg.
Clotilde, Dramma per musica von Galuppi. Straßburg 1750 (nel teatro nuovo). 309
Ambleto [Hamlet], Dramma per musica von Giuf. Carcani. Straßburg 1750 (nel teatro nuovo). 310
La pravità castigata, Dramma per musica. Straßburg 1750 (nel teatro nuovo). 311

Stuttgart (Ludwigsburg).
Fetonte (Phaeton) von Nic. Jomelli (la Poesia è tirato dal Francese). Stuttgart 1753. 4° Ital. u. dtsch. (anderer Text wie 1768). 312
Enea nel Lazio (Eneas im Lateiner Lande) von Nic. Jomelli u. Math. Veraji. Stuttgart 1755. 4° Ital. u. dtsch. 313
L'Olimpiade von Nic. Jomelli u. Metastasio. Stuttgart 1761. 4° Ital. u. frz. Nach dem ersten Akt: I capricci di Galatea, ballo pastorale; nach dem zweiten Akt: Rinaldo e Armida, ballo eroico-pantomimo. 314
Semiramide (Semiramis) von Nic. Jomelli u. Metastasio. Stuttgart 1762. 4° Ital. u. dtsch. 315
Il trionfo d'amore (le triomphe de l'amour), azione pastorale in un solo atto von Nic. Jomelli u. Tagliazucchi. Stuttgart (Ludwigsburg) 1763. 4° Ital. u. frz. 316
Fetonte von Nic. Jomelli u. Mattia Veraji. Stuttgart (Ludwigsburg) 1768. Dasselbe ital. u. frz. 1768 (vgl. 312; anderer Text wie 1753). 317
L'Amore in Musica (l'amour en musique) von Ant. Boroni. Stuttgart (Solitude) 1770. Ital. u. frz. 318
Calliroe von Sacchini. Stuttgart (Ludwigsburg). 4° 319
Minerva, festa allegorica von — ? — Stuttgart 1781. 4° 320
Le feste della Tessaglia (les fêtes thessaliennes), opera allegorica (opéra-ballet allegorique) von Agostino Poli u. Veraji (nach Uriot). Stuttgart 1782. 4° Ital. u. frz. 321
Calliroe [von Sacchini? vgl. 1771]. Stuttgart 1782. 4° Ital. u. frz. Nach dem ersten Akt: La Morte di Licomede, ballet tragique; nach dem zweiten Akt: Rinaldo e Armida, ballo eroico-pantomimo. 322
Le delizie campestri o Ippolito e Aricia (les délices champêtres ou Hippolyte et Aricie) von Rudolf Zumsteg. Stuttgart 1782. 4° Ital. u. frz. 323
La Didone abbandonata (Didon abandonnée) [von — ? — u. Metastasio]. Stuttgart 1782. 4° Ital. u. frz. Nach dem ersten Akt: La Morte d'Ercole, ballo eroico; nach dem zweiten Akt: Orfeo ed Euridice, ballo eroico. 324
Alimon und Zaide, O. 3 frey nach dem Frz., Musik von Kapellm. Kreuzer [Konradin Kreutzer]. Stuttgart 1814. 325

Treviso.
La conversazione, Dr. gioc. von Giuseppe Scolari u. Pol. Fegejo. Treviso 1771 (teatro nuovo). 326

Trient.
I rivali placati, Dr. gioc. [von Pietro Guglielmi?]. Trient 1768. 327

Turin.
La maestra, Dr. gioc. von Gioachino Cocchi. Turin 1748. 328
L'impresario, Dr. gioc. von Pietro Auletta. Turin 1748. 329
Arsinoe, Dr. p. mus. von Vincenzo Ciampi. Turin 1758. 330
Siotencal, Dr. p. mus. v. Gio. Marco Rutini u. Cesare Oliveri. Turin 1776. 331
Gengis-Kan, Dr. p. mus. von Pasquale Anfossi. Turin 1776. Beigedr.: Descrizione de'balli. 332
Medonte, Dr. p. mus. von Ferdinando Bertoni. Turin 1778. Beigedr.: Descrizione de'balli. 333
Arminio, Dr. p. mus. von Bernardino Ottani. Turin 1781. 334
Monsieur de Montanciel ossia l'albergo magico, Melodr. gioc. p. mus. von Giuseppe Mosca u. Francesco Marconi. Turin 1810. 335

Venedig.
Furio Camillo, Dr. p. mus. von — ? — u. Matteo Noris. Venedig 1692. 336
L'Almansore in Alimena, Dr. p. mus. [v. Carlo Pollarolo]. Venedig 1703. 337
Venceslao, Dr. p. mus. v. Carlo Polaroli [u. Apostolo Zeno]. Venedig 1703. 338
L'odio e l'amor, Dr. p. mus. [von C. Franc. Pollarolo] u. Matteo Noris. Venedig 1703. 339
Le pescatrici, Dr. gioc. [von Ferd. Giuf. Bertoni]. Venedig 1752. 340
Ginevra, Dr. p. mus. von Ferd. Bertoni. Venedig 1753. 341
Tamerlano, Dr. p. mus. Musik von Gioacchino Cocchi u. Giambatista Pescetti (von jenem der 1. Akt, von diesem der 2. Akt; der dritte Akt von beiden). Venedig 1754. 342
Il povero superbo, Dr. gioc. von Bald. Galuppi. Venedig 1755. 343
La diavolessa, Dr. gioc. v. Bald. Galuppi u. Polisseno Fegejo. Venedig 1755. 344
L'erede riconosciuta, Dr. gioc. von Niccolo Piccini. Venedig 1771. 345
Montezuma, Dr. p. mus. von Bald. Galuppi. Venedig 1772. 346
Ezio, Dr. p. mus. von Giuf. Gazzaniga. Venedig 1772. 347
Solimano, Dr. p. mus. von Gio. Amadeo Naumann. Venedig 1773. 348
L'Olimpiade, Dr. p. mus. v. Pasquale Anfossi [u. Metastasio]. Venedig 1774. 349
Il geloso in cimento, Dr. gioc. von Pasquale Anfossi u. Giov. Bertati. Venedig 1774. 350
Cajo Mario, Dr. p. mus. Musik von verschiedenen Autoren. Venedig 1774. 351
La contadina incivilita, Dr. gioc. von Pasquale Anfossi. Venedig 1755. 352
La novità, Dr. gioc. von Felice Alessandri u. Giov. Bertati. Venedig 1755. 353
La dama soldato, Dr. gioc. von Giuseppe Gazzaniga. Venedig 1792. 354
Aci e Galatea, Dr. p. mus. von Francesco Bianchi u. Giuseppe Foppa. Venedig 1792. 355

Verona.
L'isola di Calipso von Giuseppe Gazzaniga u. Eschilo Acanzio. Verona 1775
(teatro filarmonico). **356**

Warschau.
Una cosa rara ossia bellezza ed onestà, Dramma giocoso v. Vinc. Martini
u. da Ponte. Warschau 1789. **357**

Wien.
I varii effetti d'amore, Scherzo musicale von Gio. Bononcini u. Donato
Cupeda (mit Ballet von Gioseffo Hoffer). Wien 1685 4° (wiederholt Neustatt 1700. Die Angaben bei Riemann sind irrtümlich.) **358**
Cajo Marzio Coriolano von Antonio Caldara und Pietro Pariati. Wien
1717. **359**
La verità nell' inganno von Antonio Caldara (Ballets von Nicola Matteis).
Wien 1717. **360**
Ormisda von Antonio Caldara u. Apostolo Zeno. Wien 1721. **361**
Costanza e fortezza, festa teatrale per musica von Gioseffo Fux u. Pietro
Pariati (mit Ballets von Nicolo Matheis). Wien 1723. 4° **362**
L'asilo d'amore, festa teatrale per musica [von Caldara und Metastasio].
In das Teutsche übersetzt von Johann Leopold v. Ghelen. Wien 1743.
Ital. u. dtsch. **363**
Archelao rè in Cappadocia, Tragicommedia per musica (mit Ballets von
Franz Hilferding). Wien 1744 (bei Riemann nur: Archelao von Conti,
Wien 1722). **364**
Il trono vendicato. Wien 1745. **365**
La generosità trionfante (mit Ballets von Franz Hilferding). Wien 1745. **366**
L'Aralinda (mit Ballets von Antonio Philbua). Wien 1746. **367**
La Zannina, maga per amore, Dramma giocoso. Wien 1747. Beigeb. ist
die besonders gedruckte deutsche Übersetzung von J. L. v. G. [Joh. Leop.
von Ghelen]: Zannina, eine Zauberin aus Liebe. **368 a u. b**
Orazio, Dramma giocoso. Wien 1748. **369**
Alcibiade von Giuseppe Carcani. Wien 1748. **370**
La finta pazzia di Diana, Pastorale giocoso. Wien 1748. Beigedruckt:
Il Tracollo, intermezzo per musica. **371**
Il protettore alla moda, Dramma giocoso. Wien 1748. **372 a u. b**
La nobiltà immaginaria, Dramma giocoso. Wien 1748. **373**
La commedia in commedia, Dramma giocoso. Wien 1748. **374**
Catone in Utica [von Jomelli u. Metastasio]. Wien 1749. **375**
Merope [von Jomelli u. Apostolo Zeno]. Wien 1749. **376**
Andromaca von David Perez. Wien 1750. **377**
Andromeda liberata. Wien 1750. **378**
L'innocenza giustificata, festa teatrale per musica von Gluck [u. Metastasio].
Wien 1755. 4° **379**
Armida, Azione teatrale per musica [von Traetta u.] Gian Ambrogio
Migliavacca. Wien 1760. 4° **380**
Arianna, festa teatrale. Wien 1762. **381 a u. b**

La conversazione, Dramma giocoso von Giuseppe Scolari. Wien 1763. 382
La pupilla, Intermezzo in musica a tre voci von Franz Xaver Garzia. Wien 1763. 383
L'amore in musica. Wien 1764. 384
L'Olimpiade von Florian Leopold Gaßmann [u. Metastasio]. Wien 1764. 385
La buona figlinola, Dramma giocoso von Nicolo Piccini. Wien 1764. 386
La buona figliuola maritata, Dramma giocoso von Nicolo Piccini. Wien 1764. 387
Le nozze, Dramma giocoso von Baldassare Galuppi [u. Polisseno Feguio]. Wien 1764. 388
La schiava, Azione comica per musica von Nicolo Piccini. Wien 1765. 389
Il marchese villano, Dramma giocoso v. Baldassare Galuppi. Wien 1767. 390
L'amore artigiano, Dramma giocoso v. Florian Gaßmann. Wien 1767. 391
La contadina in corte, operetta giocosa von Antonio Sacchini. Wien 1767. 392 a u. b
Alceste, Tragedia per musica da rappresentarsi nel teatro privilegiato presso alla corte nel carnevale del 1768. La musica è del Sig. Cavaliere Gluk, fragli Arcadi Armonide Terpsicoreo. [Text von Calzabigi.] Wien 1768. [Textbuch der ersten Aufführung.] 393
La cascina [Die Milchwirtschaft], Dramma giocoso, la poesia è del Sig. Dottore Carlo Goldoni. La musica è di diversi autori. Wien 1768. 394
Lo sposo di tre e marito di nessuna, Dramma giocoso, Musik von Pasquale Anfossi („a riserva dell' introduzione e de' tre finali, che sono del Sig. Guglielmi, e dell' arie segnate coll' asterisco, che sono del Sig. Floriano Gasman"). Wien 1768. 395
L'incognita perseguitata, Dramma giocoso v. Nicolo Piccini. Wien 1771. 396
La fiera di Venezia, Commedia per musica v. Anton Salieri u. Gio. Gastone Boccherini Lucchese, poeta arcade. Wien 1772. 397
I rovinati, Commedia per musica von Florian Gasman u. Gio. Gastone Boccherini. Wien 1772. 398
L'isola disabitata, Dramma giocoso von Giuseppe Scarlatti u. Carlo Goldoni. Wien 1773. 399
L'amore soldato, Dramma giocoso [von Sacchini? u. Caffis]. Wien 1773. 400
La calamità de cuori, Dramma giocoso von Antonio Salieri. Wien 1774. 401
Neben dem Titelblatt hdschr. Notiz, worin der Übersender dieses Textbuchs über die Besetzung der Oper und ihre vorzügliche Wirkung Mitteilungen macht.
Il geloso in cimento, Dramma giocoso von Pasquale Anfossi u. Giovanni Bertati. Wien 1775. 402
La finta giardiniera, Dramma giocoso von Pasquale Anfossi [u. Calzabigi]. Wien 1775. 403
Don Anchise Campanone, Dr. gioc. von Giovanni Paesiello. Wien 1775. 404
Le due contesse, Intermezzo per musica. (Die zwey Gräfinnen, ein komisches Intermezzo) von Giovanni Paesiello, aufg. auf den k. k. privil. Schaubühnen in Wien. Wien 1776. Ital. u. dtsch. 405
Daliso e Delmita, Azione pastorale von Ant. Salieri u. Gamerra. Wien 1776. Ital. u. frz. 406

Piramo e Tisbe, Azione tragica von Venanzio Rauzzini u. Marco Coltellini. Wien 1777. 407

Armida, Dramma per musica von Gio. Amadeo Naumann. Wien 1777. 408

Isabella e Rodrigo, Dramma giocoso von Pasquale Anfossi u. Giov. Bertati. Wien 1777. 409

La vera costanza [auch unter dem Titel „la pescatrice fedele"], Dramma giocoso per musica von Pasquale Anfossi. Wien 1777. 410

Il rè alla caccia, Dramma giocoso von Giuseppe Ponso u. Polisseno Fegeio. Wien 1777. 411

Orlando paladino, Dramma eroicomico [v. Pasquale Anfossi?]. Wien 1777. 412

La vedova scaltra, Comedia per musica v. Vincenzo Righini. Wien 1778. 413

La vendemmia, Dramma giocoso von Giuseppe Gazzaniga. Wien 1779. 414

Fra i due litiganti (Unter zwey Streitenden zieht ein Dritter den Nutzen) von Giuseppe Sarti [u. Lorenzi]. Wien 1783. Ital. u. dtsch. 415

Il barbiere di Siviglia, Dramma giocoso von Giov. Paesiello [n. Sterbini nach Beaumarchais]. Wien 1783. 416

Le gelosie villane (Die Eifersucht auf dem Lande), Dramma giocoso von Giuseppe Sarti [u. Grandi]. Wien 1783. Ital. u. dtsch. 417

La Frascatana, Dramma giocoso von Giov. Paesiello u. Filippo Livigni. Wien 1783. 418

I visionarj, Dramma giocoso von Giov. Paesiello. Wien 1783. 419

Il curioso indiscreto (Der unbescheidene Vorwitz), Dramma giocoso von Pasquale Anfossi. Wien 1783. Ital. u. dtsch. 420

La finta principessa (Die verstellte Prinzessin), Dramma giocoso von Felice Alessandri. Wien 1783. Ital. u. dtsch. 421

Il falegname (Der Zimmermann) von Domenico Cimarosa [u. Palomba]. Wien 1783. Ital. u. dtsch. 422

Il rè Teodoro in Venezia, Dramma eroicomico von Giov. Paesiello [u. Casti]. Wien 1784 [Textbuch der ersten Aufführung]. 423

Il mercato di Malmantile, Dr. gioc. von Ginf. Barta. Wien 1784. 424a u. b

Il ricco d'un giorno (Der Reiche eines Tages), Dramma giocoso von Antonio Salieri u. da Ponte. Wien 1784. Ital. u. dtsch. 425

Il marito indolente (Der gleichgültige Ehemann), Dramma giocoso von Giacomo Rust. Wien 1784. Ital. u. dtsch. 426

La dama incognita, Dramma giocoso von Ginf. Gazzaniga u. Pietro Salini. [Wien] 1784. 427

La finta amante, opera buffa [von Paesiello]. Wien 1784. 428

Il vecchio geloso, Dramma giocoso von Felice Alessandri. Wien 1784. 429

Le vicende d'amore, Dramma in musica a cinque voci von Pietro Guglielmi [u. Pallavicino]. Wien 1784. 430

Dem Text voraus geht ein Gedicht: capitolo burlesco sopra lo studio.

I viaggiatori felici (Die glücklichen Reisenden), Dramma giocoso von Pasquale Anfossi. Wien 1784. Ital. u. dtsch. 431

I contrattempi, opera buffa von Ginf. Sarti. Wien 1784. 432

La fiera di Venezia, Comedia per musica [von Salieri u. Boccherini]. Wien 1785. 433

Gli sposi malcontenti, opera comica v. Stefano Storace, Inglese. Wien 1785. **434**
L'incontro inaspettato (Die unvermutete Zusammenkunft), Com. per musica von Vincenzo Righini u. Nunziato Porta. Wien 1785. (Ein Teil der szenischen Bemerkungen ist deutsch.) **435**
La contadina di spirito, Dramma ridicolo von Paesiello. Wien 1785. **436**
La grotta di Trofonio, opera comica. Wien 1785 (aufg. in Lagemburg) von Antonio Salieri [u. Casti]. **437**
La villanella rapita (Das entführte Bauernmädchen), Dramma giocoso von Franz Bianchi [u. Ferrari]. Wien 1785. Ital. u. dtsch. **438**
La discordia fortunata, Dramma giocoso v. Giov. Paesiello. Wien 1785. **439**
Giulio Sabino (Julius Sabinus), Dramma per musica von Giuf. Sarti [u. Metastasio]. Wien 1785 (Kärnthnerthortheater). Ital. u. dtsch. **440**
I finti eredi, Dramma giocoso von Ginf. Sarti. Wien 1786. **441**
Il burbero di buon cuore, Dramma giocoso von Vincenzo Martini u. da Ponte. Wien 1786. **442**
Il mondo della luna, Commedia per musica v. Giov. Paesiello [u. Goldoni]. Wien 1786. **443**
L'Olimpiade, Dramma per musica von Luigi Gatti [u. Metastasio]. Wien 1786. **444**
L'Italiana in Londra, Dramma giocoso von Domenico Cimarosa. Wien 1786. **445**
Una cosa rara ossia bellezza ed onestà, Dramma giocoso von Vincenzo Martini u. N. N. P[oeta] Ar[cade] = Da Ponte. Wien 1786. **446**
Il trionfo delle donne, Dramma giocoso von Pasquale Anfossi. Wien 1786. **447**
Prima la musica e poi le parole, Divertimento teatrale von Antonio Salieri [u. Casti]. (Aufg. in Schönbrunn.) Wien 1786. **448**
L'inganno amoroso, opera buffa v. Pietro Guglielmi. Wien 1787. **449** a u. b
Gli equivoci, Dramma buffo ad imitazione della Comedia inglese di Shakespeare, che ha per titolo: Les méprises [Die Komödie der Irrungen] von Stefano Storace u. Da Ponte. Wien 1787. **450**
Il Bertoldo, Dramma giocoso von Piticchio u. Da Ponte. Wien 1787. **451**
L'amor costante, Dramma giocoso [von Cimarosa]. Wien 1787. **452**
Lo stravagante inglese, Dramma giocoso von Fr. Bianchi. Wien 1787. **453**
Le gelosie fortunate, Dramma giocoso von Pasquale Anfossi. Wien 1788. **454**
Il talismanno, Com. p. mus. v. Antonio Salieri u. Goldoni. Wien 1788. **455**
La modista raggiratrice, Dramma giocoso von Giov. Paesiello. Wien 1788. (Später unter dem Titel La scufflara.) **456**
Il convito di Baldassarre (Das Gastmahl Balthasars), Oratorio, Musik von verschiedenen Meistern. Wien 1788. Ital. u. dtsch. **457**
Axur rè d'Ormus, Dramma tragicomico von Antonio Salieri u. Da Ponte. Wien 1788. **458**
Il Turco in Italia, Dramma buffo von Ginf. Seidelmann [u. Romani]. Wien 1789. **459**
I due supposti conti, Dramma buffo von Domenico Cimarosa. Wien 1789. **460**
La cifra, Dramma giocoso von Antonio Salieri u. Da Ponte. Wien 1789. **461**

pastor fido, Dramma tragicomico von Antonio Salieri u. Da Ponte. Wien 1789. **462**

La quacquera spiritosa, Com. p. mus. v. Pietro Guglielmi. Wien 1790. **463**
La pastorella nobile, Dramma giocoso v. Pietro Guglielmi. Wien 1790. **464**
La caffettiera bizzarra, Dramma giocoso von Giuseppe Weigl und da Ponte. Wien 1790. **465**
La molinara ossia l'amor contrastato [„Die schöne Müllerin"] Dramma giocoso von Gio. Paesiello. Wien 1790. **466**
Nina ossia la pazza per amore, Dramma giocoso, tratto dal francese[1]) e messo in versi e ridotto dall' Ab. Da Ponte. Musik von Giov. Paesiello mit Zusätzen von Weigl. Wien 1790. **467**
Le astuzie in amore, Com. p. mus. von Giacomo Tritto. Wien 1791. **468**
I zingari in fiera, Commedia per musica von Giov. Paesiello [u. Palomba]. Wien 1791. **469**
La giardiniera innamorata, Commedia per musica von Pietro Guglielmi. Wien 1791. **470**
Le trame deluse, Dramma giocoso von Cimarosa. Wien 1791. **471**
Teseo a Stige, Dramma tragico von Sebastiano Nasolini. Wien 1791. **472**
La vendetta di Nino, Melodramma tragico von Alessio Prati. [Text nach Voltaire's Semiramis.] Wien 1792. **473**
La locanda, Commedia per musica von Giov. Paesiello. Wien 1792. **474**
Il pittore parigino, Dramma per musica von [Cimarosa]. Wien 1792. **475**
Nannerina e Pandolfino ossiano Gli sposi in cimento, Dramma giocoso von Pietro Dutillieu u. Giov. Bertati. Wien 1792. **476**
Il disertore, Dramma per musica von Francesco Bianchi. Wien 1792. **477**
La moglie capricciosa, Dramma giocoso von Gius. Gazzaniga. Wien 1792. **478**
L'incanto superato, Favola romanesca von Francesco Sießmayr (discepolo del Sig. Ant. Salieri) u. Bertati. Wien 1793. **479**
Amore rende sagace, Dramma giocoso von Domenico Cimarosa und Giov. Bertati. Wien 1793. **480**
Il poeta di campagna, Com. p. mus. v. Pietro Guglielmi. Wien 1793. **481**
Il mercato di Monfregoso, Dr. gioc. v. Nicola Zingarelli. Wien 1793. **482**
L'impresario in angustie, Dr. gioc. v. Domenico Cimarosa. Wien 1793. **483**
Zaira, Azione eroica. Wien 1805. **484**
Ines de Castro, Dramma per musica von Nicolo Zingarelli. Wien 1807. **485**
Adelasia ed Aleramo, Melodramma serio von Giov. Sim. Mayr u. Luigi Romanelli. Wien 1808. **486**
Ginevra di Scozia, Dramma eroico von Giov. Sim. Mayr und Gaetano Rossi. Wien 1810. **487**
Trajano in Dacia, Dramma per musica von Giuf. Nicolini. Wien 1810. **488**
Coriolano, Melodrama serio von Gius. Niccolini u. Luigi Romanelli. Wien 1810. **489**
Achille (Achilles), Dramma eroico von Paer. Wien 1811. Ital. u. dtsch. **490**
Quinto Fabio Rutiliano, Dramma serio von Giuf. Nicolini und Giuf. Rossi. Wien 1811. **491**

---

[1]) Nina, la folle par amour von Marsollier

Federica ed Adolfo von Adalb. Gyrowetz u. Giuf. Rossi. Wien 1812 (Kärnthnerthorth.) 492

Il Davide, Oratorio sacro. Aufg.: nel teatro di corte la quadragesima dell' anno 1791 per conto di Madama Ferrarese. o. O. 1791. 493
Il flauto magico [Zauberflöte], Dramma eroicomico per musica in due atti, tradotto dall' idioma tedesco nell' italiano. o. O. 1794. La musica è del Signor Maestro Mozart. 494
Operetta burlesca à tre voci, detta La schiava finta (Die verstellte Sklavin) von Francesco Garzia. 495

C.
Verschiedenes.

Repertorien, Scenarien, Tagebücher, Zettelbände, Inventarien und Kataloge. Rollenbibliothek.

a. Repertorien.

1. Repertorium der auf dem Mannheimer Theater aufgeführten Stücke,

in 2 Bänden Folio, von Stefan Grua angelegt 1779—1866, eigentlich Bestandteil der grünen Zettelbandreihe, wie schon der Einband beweist. Sehr sauber und zuverlässig geführt.[1]) Chronologisch nach den Daten der Premieren geordnet. Giebt an den Titel des Stücks, den Verfasser oder Bearbeiter (sofern derselbe aus dem Zettel ersichtlich ist), und dann mit Ordnungsziffern versehen die Aufführungstage. Jedes Stück trägt eine Ordnungsziffer, für besonders oft gespielte Stücke war zuweilen eine spätere Ergänzungskolumne unter besonderer Ziffer nötig.

Band 1 geht bis Nr. 998 (Die falsche Primadonna, 3. 1. Mai 7. April 1820). Band 2 bis Nr. 2126 (Festvorstellung zur Gedächtnisfeier Dalbergs 1. Sept. 1866). Bis 2038 (Celinda 28. Jan. 1863) geht Gruas Handschrift, von da an ist das Repertorium von anderer Hand bis 1866 weitergeführt.

Dem ersten Band gehen zwei Inhaltsverzeichnisse voraus: 1. ein alphabetisches Verzeichnis der Stücke mit Hinweis auf ihre Nummern. 2. ein Verzeichnis der Stücke nach der Reihenfolge ihrer Ordnungsnummern. Das letztere geht bis Nr. 2278 „Enttäuschungen" Schauspiel von Werther (5. 11. 1880) also weiter als der zweite Band des Repertoriums selbst.

---

[1]) Diese beiden Bände, welche als Ergänzung der Zettelsammlung (vgl. S. 239) dienen, mußten im Theater verbleiben, da sie noch fortgeführt werden.

2. Repertoir-Buch für das Mannheimer Hoftheater.

3 umfangreiche Quartbände, zum Gebrauch des Intendanten bestimmt. Band 1 u. 2 angelegt 1822/23 und bis Mitte der dreißiger Jahre nachgetragen. Am Schluß von Band 2 ein alphabetisches Register der Stücke. Auf jeder Seite ein Stück, darunter die Besetzung mit den jeweiligen Veränderungen, Angabe der Aufführungstage, dieselbe namentlich für die älteren Stücke (von 1779 an) nicht vollständig. Band 1 enthält: Nr. 1—600, Bd. 2: Nr. 601—1019. Bd. 3 beginnt am 24. April 1825 (Nr. 1020) und ist bis 1. März 1836 (Nr. 1277) weitergeführt. —

Dieses Repertoir-Buch ist nach dem folgenden Repertorium gearbeitet, die Ziffern stimmen bis Nr. 345 überein, wo durch die Auslassung von Figaros Hochzeit eine Abweichung von einer Nr. entsteht. Eine weitere Verschiebung entsteht durch den Ausfall von Nr. 353 der Vorlage, ferner durch das Wegbleiben von Nr. 429 u. s. w.

3. Rollenrepertorium

in Großfolio, geht bis 1826. Vom Souffleur Trinkle 1804 begonnen und bis 1779 zurück ergänzt. Auch Walther und Grua haben daran geschrieben. Eingeteilt in zwei Bände (in 1 zusammengebunden) mit 282 und 215 beschr. Seiten. Der erste geht bis Nr. 575 Wilhelm Tell (z. 1. Mal 15. Juli 1804); der zweite von 576 an (die Stücke nach Nr. 936 sind nicht mehr nummeriert, bei den letzten sieben Stücken sind auch keine Daten mehr beigeschrieben). Das letzte verzeichnete Stück ist: Das Schlüsselloch, Lustspiel 3 von Budberg (ebenso wie die zuletzt vorausgehenden nicht zur Aufführung gekommen).

Anfangs nicht genau chronologisch nach den Daten der Premiere. Das erste Stück ist Hamlet (z. 1. Mal 10. Okt. 1779). Die Eröffnungsvorstellung „Geschwind ehe es jemand erfährt" 7. Okt. 1779 folgt erst unter Nr. 7.

Auf jeder Seite sind zwei bis drei Stücke verzeichnet. Unter dem Namen des Stücks (Autorenangaben fehlen) steht die Rollenverteilung, die späteren Inhaber einer Rolle sind neben die durchgestrichenen Namen der früheren gesetzt z. B. Hamlet: Herr Böck, Beck, Stentzsch, Gley, Hochkirch, Zimmermann, Kupfer, Eßlair, Löwe. Dann folgt das Verzeichnis der Aufführungstage.

4. Das Hauptbuch der Mannheimer Schaubühne.

Der ausführliche Titel in Bd. 1 lautet: Hauptbuch derjenigen Vorstellungen, welche auf dem Churfürstlichen National Theater zu Mannheim gegeben werden. Verfertigt von J. D. Trinkle Souffleur und Kopist. 1798. Nach dessen Ableben aber ergänzt durch J. L. 1815.

9 Bände in Folio, ein weiterer 10. Bd. ist nicht mehr vorhanden.

Dieses wichtige und interessante Werk, das infolge einer Bestimmung der Theatergesetze von 1797 angelegt wurde, ist leider nur bis 1816/17 weitergeführt und außerdem in seinen letzten Bänden unvollständig. Die Reihenfolge der einzelnen Stücke, die durchnummeriert sind, ist ganz willkürlich. Ein Registerband ermöglicht die sofortige Auffindung. Für jedes Stück ist ein Bogen reserviert; die Einträge beziehen sich auf folgende neun Punkte:

1. Titel des Stücks. 2. Nummer des Soufflierbuchs. 3. Besetzung und Abänderung derselben. 5. Anzug und Abänderung desselben. 6. Komparsen-Anzug und -Requisiten. 7. Dekorationen, Ameublement und erforderliche Theaterrequisiten (akt- und szenenweise angegeben, bei komplizierter Dekorationsstellungen sind Skizzen beigegeben). 8. Wieviel Arbeiter bezw. Nachtwache? 9. Wann und wie oft das Stück ist gegeben worden?

Dieses Hauptbuch vereinigt also: Repertorium, Garderobebuch, Scenarium, Inspizientenbuch u. s. w. und ist für die Kenntnis des früheren Bühnenbetriebs von großem Wert. Leider sind in den letzten Bänden (von Band IV Nr. 312 an) nur die Rubriken 1, 4 und 9 ausgefüllt; Dekorationspläne fehlen in diesen Bänden gänzlich.

Band I enthält die Nummern 1—80; II: Nr. 81—160; III: Nr. 161 bis 240; IV: Nr. 241—331; bis 312 von Trinkle geführt, von da an von J. E. 1815 ergänzt. Derselbe J. E. hat auch die folgenden Bände geschrieben; V: 332—429; VI: 430—527; VII: 528—625; VIII: 626—724; IX: 725 bis 822; X: fehlt.

Entstehung und Zweck des ganzen Werkes erläutert folgender Bericht Trinkles an die Intendanz vom 15. Okt. 1804:

„Ich überreiche hiermit die bereits auf 2 Bände aufgewachsenen Tabellen. Die Entstehung derselben veranlaßte der XVI. Art. § 3 der Gesetze unseres Theaters, worin mir aufgetragen wurde: Ein Hauptbuch der Vorstellungen, welche auf hiesiger Bühne gegeben werden, zu verfertigen und in Ordnung zu halten. In demselben müssen nach einer allgemeinen Übersicht 1. der Tag der Aufführung, 2. die Länge der Zeit, binnen welcher ein Stück spielt, 3. die Rollenbesetzung und deren Abänderung, 4. die Nummern der Kleider, 5. die Zahl der Statisten und ihre Kostüme, 6. die Dekorationen und 7. endlich die Requisiten mit gehöriger Deutlichkeit angezeigt sein.

Ich sah wohl ein, daß dieses Buch unangenehm zur Übersicht und langweilig würde, weil zu einem einzigen Stück mehrere Bögen erforderlich wären; verfiel auf die Idee, ob ich nicht durch Errichtung einer Tabelle dem verehrlichen Auftrag Genüge leisten könnte. Der erste Versuch glückte zum größten Wohlgefallen der mir unvergeßlichen preiswürdigen hohen Intendance und erhielte den Auftrag, damit fortzufahren. 80 Stücke machen jederzeit einen Band. Außer den durch neben angeführten [Artikel] bestimmten Rubriken brachte ich noch 2 mehr an, nämlich die Nummern des Souffl. Buchs in der Theaterbibliothek und die Zahl der Theater Arbeiter und Nachtwache. Im Registerband[1]) macht eine Übersicht der Ab- und Zugänge, Debüts und Gastrollen ꝛc. den Eingang. Von den einzelnen Tabellen ist Nr. 176 Richard Löwenherz noch bei Beck abhanden gekommen. Iffland und Brandt versichern, daß kein Theater ein so vortheilhaft eingerichtetes Werk besäße. Ersterem hab ich vor zwei Jahren schon eine Muster Tabelle mitgeben müssen . . ." Resolutum Venningens: „Ist dem

---

[1]) Dem alphabetischen Register ist vorangesetzt ein chronologisches Verzeichnis (nach Jahren und Tagen von 1778—9. April 1813) der wichtigsten Gastspiele, Debüts, Todesfälle u. d., Schließungen, Wiedereröffnungen der Bühne u. anderer für das Theater wichtiger Ereignisse.

Souffleur Trinkle mündlich befohlen worden, gedachtes Hauptbuch der Mannheimer Schaubühne sogleich genau und fleißig fortzusetzen. 15. Okt. 1804."

Aus weiteren das Hauptbuch betreffenden Papieren ergiebt sich: Im Oktober 1807 liefert Trinkle Nr. 161—185 an die Intendanz ab und stellt auf deren Verlangen eine Liste der rückständigen Stücke auf. Es sind 132 Stücke (mit 24 Kr. bis 1 fl. 48 Kr. berechnet), wofür in Summa 118 fl. 30 Kr. Schreibgebühr in Anschlag gebracht sind. Der Intendanz erschien diese Summe sehr hoch, daher bemerkt Trinkle: „Hätte man mich fortfahren lassen, alle Monat zu verfertigen, wie neue oder alte Stücke aufs Repert. kamen, so wäre der Ertrag nicht merklich gewesen, denn der Tabellenaufwand war höchstens monatlich 6 fl."

Wir geben im folgenden auszugsweise einige Nummern dieses Hauptbuches wieder, woraus dessen Wichtigkeit sofort erkenntlich ist. Und zwar wählen wir hierfür folgende Stücke: Die Räuber, Wilhelm Tell, und Don Juan. Die eingefügten Clichés sind in etwas verkleinertem Maßstab genaue Nachbildungen der von Trinkle gezeichneten Dekorationsskizzen, die für die Kenntnis der damaligen Bühnentechnik von ganz besonderem Interesse sind. Sie stellen den Grundriß der Dekorationsaufstellung dar mit Bezeichnung des verwendeten Prospekts, der Koulissen (auch Flügel genannt), Soffiten und Setzstücke. Unter Tafeln und Brücken sind gemeint Erhöhungen des Bühnenbodens durch Bretter, welche auf Böcken oder ähnlichen Untersätzen hinter Koulissen oder Setzstücken aufgelegt wurden.

* * *

Die Räuber (Band 3 Nr. 181).

Trauerspiel in 7 Handlungen für die Mannheimer Bühne vom Verfasser Herrn Schiller bearbeitet.

Nummer des Souffl.-Buchs in der Th.-Bibl.: 42 Mskr.

Anfang 5, Ende ¼ nach 9 Uhr.

Maximilian, reg. Graf v. Moor	Herr Lay, Kirchhöffer, Gerl	Müller	Schwarz Atl. Weste u. Hosen, Sammetkappe, Binde, schwarz Tamis, grüne Blumen u. ☉ Schlafrock, aschgrau Leinen do.
Karl } seine Söhne	Beck, Lübenau, Eßlair	Mayer	1: gelb Collet mit gelb u. schw. Puffen. 2: blau Etaminweste und Hosen, roth lederner Gürtel u. Bandelier. 3: Ponso Sammetkl. mit reichen Riemen, blau Atl. Mantel, weiße do. Binde.
Franz }	Müller, Brandt	Kaibel, Thürnagel	1: bl. Atl. Weste u. Hosen, eigene weiße Hosen u. gestickte Riemen, weißen Mantel u. Binde. 2: schw. Etamin Weste u. Hosen, Mantel und Binde.

Amalie, seine Nichte	Md. Ritter, Eßlair	Demmer, Hahn	1: Eigen gestickt. Rock u. ponso Leibchen. 2: schw. Atlasrock u. Leibchen.
Spiegelberg	Grüner, Lell	Thürnagel, Kaibel	1: Blau u. chamois Weste u. Hosen. 2: dunkelgrane Weste u. Hosen, ledern Gürtel, 2 Riemen, Hut.
Schweitzer	Heck	Sonntag	1: grün Etamin Weste und Oberhosen, ½ Harnisch. 2: braun Etamin Weste und Hosen, ledern Gürtel, 2 Riemen, Hut.
Grimm	Backhaus, Gerl, Heck, Singer	Weygand	1: Gelb Collet mit rosa Binde, ½ Harnisch, 2: hellgrau Etaminweste u. Hosen, ledern Gürtel, 2 Riemen, Hut.
Schufterle	Fischer, Dölle	Frank, Spindler, Werner	1: gelb Collet mit blau u. weiß, ½ Harnisch, 2: ordinär Räuberkleid, ledern G. 2 R.
Roller	Leonhard, Prandt	Hofmann, Gerl, Sonntag Richter	1: gelb u. grün Etamin Weste und Hosen, gelbe lange Hosen, ½ Harnisch. 2: Rollerskl. Strelitzenhosen, G. 2 R.

u. s. w.

Comparsen-Anzug und derselben Requisiten.

Räuber	Klostern. Sut. Giron. Comp.		Ordin. Räuberkl., leinene Gürtel u. Riemen.
Bediente	Frank u. ⸗ Comp.		Gran Raschwesten u. Hosen, Oberhosen.

18 altd. Räuberkl., Hüte, 6 Türkenwesten, Hosen, Hüte, 6 Strelitzen mit Mützen, 6 altd. versch. Soldatenkl., Hüte, Alle leinene Gürtel u. Riemen — weiß griechisch Kl. u. schw. Flor als Requis. auf den Tisch.

Dekorationen, Ameublement und erforderliche Theaterrequisiten.

Actus I. 1. Saal im Moorischen Hause, Porzelain-Zimmer, ein reicher Lehnstuhl rechts. Ein Br. geschr. ... Franz. Den Stuhl ab.

2. Im Gasthof. Bierstube mit Thüren. 2 Tische, 6 Stühle, 6 Gläser, 2 But. Wein, Aufwärter. Ein Brief geschr. ... Roller.

Actus II. 3. wie Nr. 1. Einen Beutel, 1 Packet Papiere ... Franz. Ein Portrait ... D. a. Moor. Ein Schwert, ein Portrait ... Herrm. in d. 6. Sc. Stuhl ab.

4. Die böhmischen Wälder. In der 8. Sc. 3 mal inwendig schießen. Eine Feldflasche mit Brandw. ... Räuber. Ringe ... Karl. General-Pardon ... Commissar. Inwendig Trompeten. Dolche, Flinten ꝛc. ... Die Räuber.

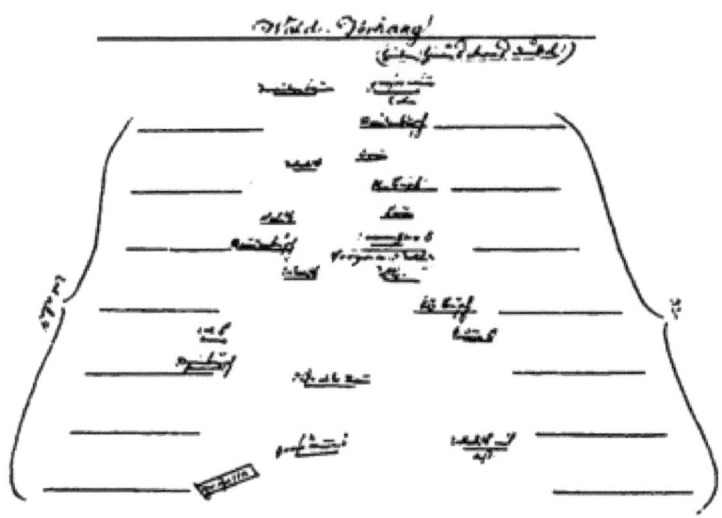

Actus III. 5. Garten. Satyr-Garten mit 1 fl.
6. Gegend an der Donau.

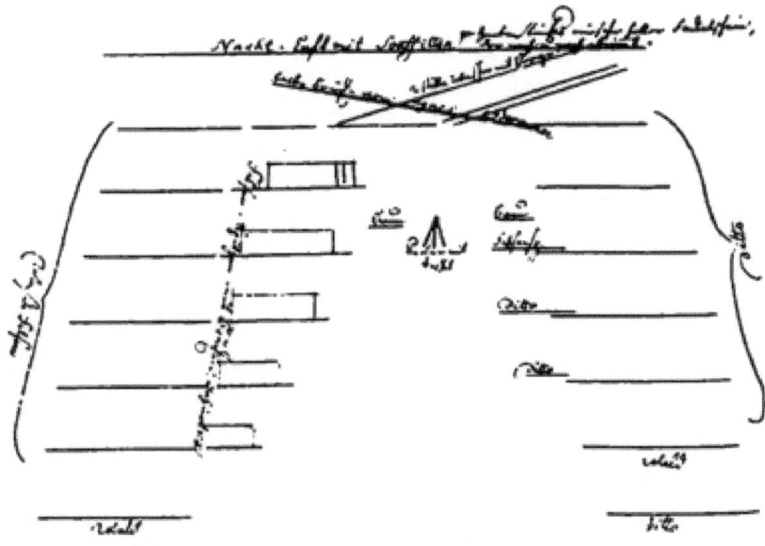

Gepäck der Räuber. Waſſer im Hut .. Schweizer.

Actus IV. 7. Gallerie im Mooriſchen Schloß. Des alten Moor (Nr. 34, Karls (L. Nr. 2), Franzens (R. Nr. 2) u. der Mutter Bildniß (L. Nr. 3) an den Couliſſen. Ein Nonnenkl. auf dem Tiſch. Ein Seſſel. Klingel. Ein Becher Wein ... Daniel. Eine Börſe u. Dolch ... Franz. Ein Terzerol ... Herrm. In der 7. Sc. abr.

8. Garten. Blumengarten mit 5 Coul.; links an Nr. 1 Laube mit Rasenbank. 2 Ringe ... Karl u. Amalia.

Actus V. 9. Wald.

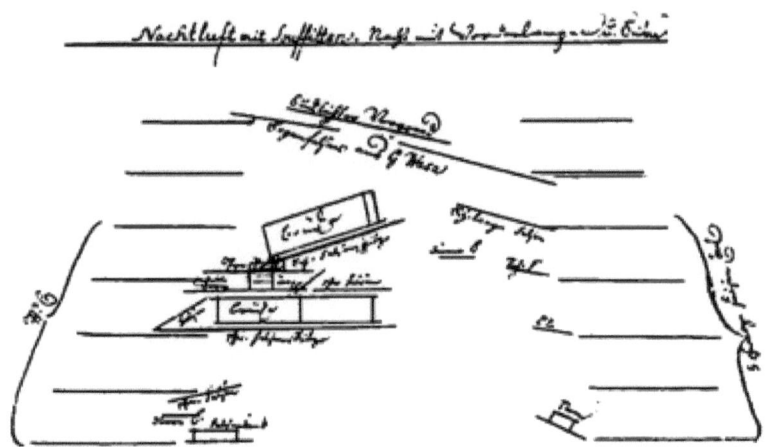

inwendig 3 Pistolenschüsse, Blasen mit Hörner. Es wird immer finsterer. 1 Krug mit Wasser ... Herm. Es schlägt 12 Uhr.

Actus VI. 10. Zimmer in Moors Hause. Das schwarze Zimmer mit Brand, in der Mitte ein Kronleuchter, 1 Tisch, 1 Stuhl, Spiritus-Lampe. Feuerbrände, Sturmläuten, Schießen ıc.

Actus VII. 11 wie Nr. 9. An den Seiten ganz Nacht und Vorderlampen. NB. im Thurm statt der Treppe der kleine Strohsack, Getöse, Fackelschein, Schüsse, Musik der Kommenden, Vorderlampen herunter. Ketten ... Franz.

Arbeiter: 20 Mann, Nachtwache: 3 Mann.

Wann und wie oft das Stück ist gegeben worden. (Aufzählung der Aufführungstage von 1782—1817.)

* * *

Wilhelm Tell (Bd. 3 Nr. 196) Schauspiel in 5 Aufzügen von Schiller.

Nummer des Souffl.-Buchs in der Th.-Bibl.: 339 Mspt. Anfang 5, Ende 5 Min. nach 9 Uhr.

— — —

Dekorationen, Ameublement und erforderliche Theaterrequisiten. (Arbeiter: 19 Mann, Nachtwache: 2 Mann.)

Actus I. Nr. 1. Hohes Felsenufer des Vierwaldstätter Sees ꝛc. Waffen für 5 Reiter, Armbrust u. Köcher mit Pfeil ... Tell.

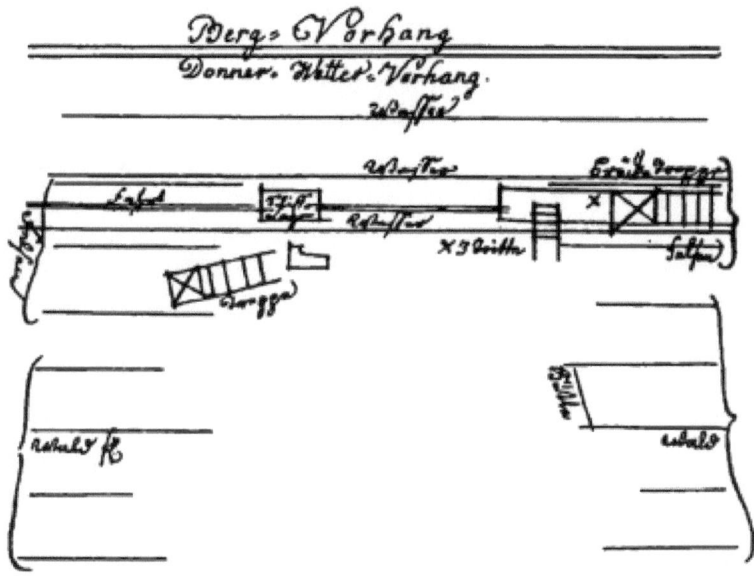

Nr. 2. Zu Steinen in der Schweitz. Eine Linde mit einer Bank vor Stauffachers Haus.

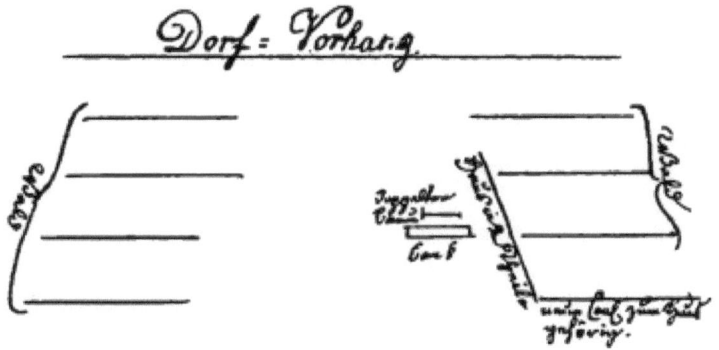

Nr. 3. Öffentlicher Platz bey Altdorf. Man sieht eine Veste bauen. 7 Mann als Handlanger tragen Materialien zum Bau. Ein Stock mit gelbem Knopf ... Frohnvogt. Eine große Stange mit dem Hut ... Compars.

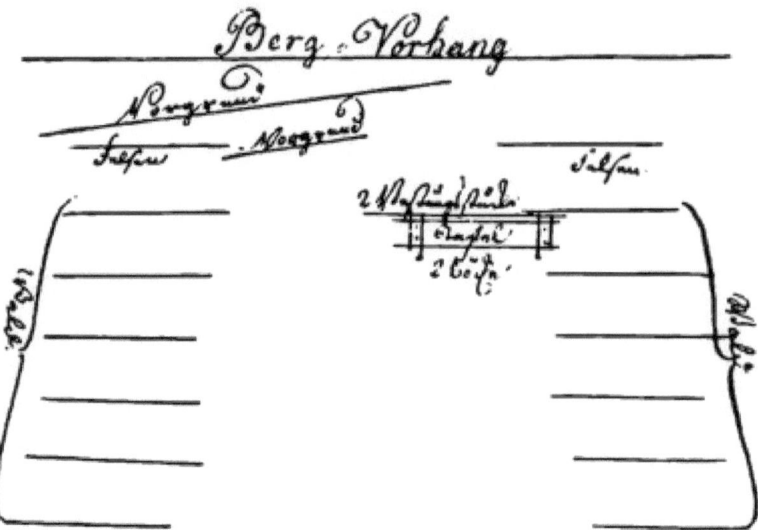

Nr. 4. Walther Fürsts Wohnung. Die Bierstube in 3 Fl., 3 Suffiten, Thüren im Prospekt, rechts ein Tisch, 2 hölzerne Stühle — herausräumen.

Actus II. Nr. 5. Saal des Hrn. von Attinghausen. Das gothische Zimmer in 3 Fl. im Prospekt Sammet-Vorhänge, grüne Suffiten, rechts ein Tisch, 4 lederne Stühle. Ein Becher aus d. Gr. v. Burg, auf dem Tisch. Ein Stock mit Gemshorn ... Attingh. — abräumen.

Nr. 6. Eine Wiese mit Felsen und hohem Wald umgeben, im Hintergrund ein See (Rütli).

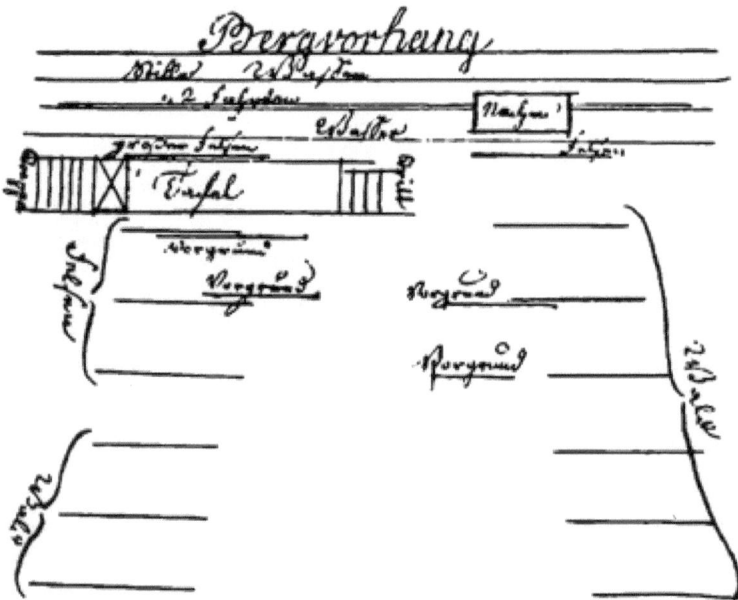

Ein Horn zum blasen ... Fleischer [= Theaterdiener]. 2 Schwerter ... Fleischer. 2 Fackeln ... Compars. Schwerter für alle Schausp. u. Comparsen. Man hört läuten.

Actus III. Nr. 7. Hof vor Tells Hause. Scheuer-Vorhang aus den neuen Arkadiern in 3 fl.; rechts 3 Wald, links 1 u. 2 Wald, 3 Dorf; an 1 u. 2 Bauernhaus mit Bank. Im Prospekt ein Thor. Luft-Suffiten. Eine Axt ... Tell, 1 Bogen mit Pfeil ... Walter, Eine Armbrust u. Köcher u. Hut ... links an der Wand. Ein Fischgarn zum stricken ... Hedwig.

Nr. 8. Eine eingeschlossene Waldgegend. Felsenvorhang in 4 schwarzen Felsen fl. Rechts Jagdhörner.

Nr. 9. Wiese bei Altdorf. Der Prospekt wird begränzt durch den Bannberg. [Apfelschußscene.]

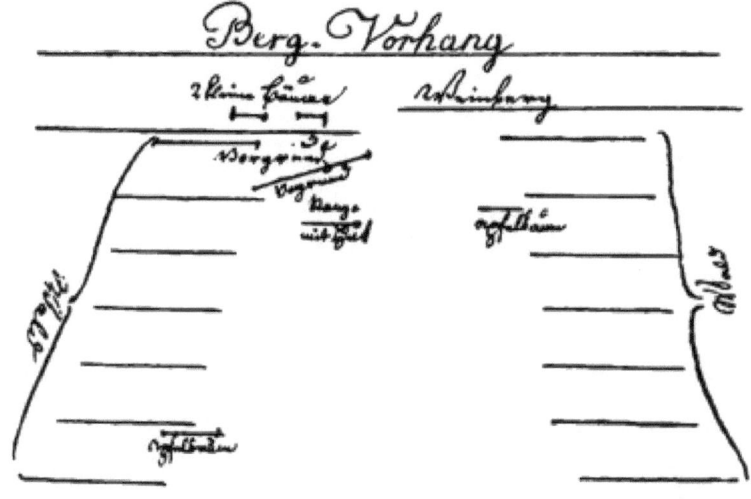

In der Mitte die aufgerichtete Stange mit dem Hut. 6 Äpfel rechts an einem Flügel. Armbrust, Köcher mit 3 Pfeilen ... Tell. 2 gelbe Helleparten ... Friesh. Leuth. 20 Lanzen ... Comparsen. Jagdhörner. Ein Strick ... Frieshard. Apfel mit Pfeil durchsteckt ... links an Nr. 6.

Actus IV. Nr. 10. Ufer des Vierwaldstätter Sees. Der See ist bewegt. Blitze und Donner. Läuten in der Ferne. Wie Nr. 1.

Nr. 11. Vorzimmer bei Attinghausen. Spitzbogen-Zimmer in 1 fl., grüne Suffiten. Sammetvorhang im Prospekt.

Nr. 12. Saal wie Nr. 5. Stuhl aus Figaro. Glocken läuten in der Ferne. 4 Knechte, den Stuhl mit dem Todten abzutragen.

Nr. 13. Die hohle Gasse bei Küßnacht. Felsen umschließen die ganze Scene; links vornen ist ein Vorsprung mit Gesträuch bewachsen, darunter eine Rasenbank. Musik in der Ferne.

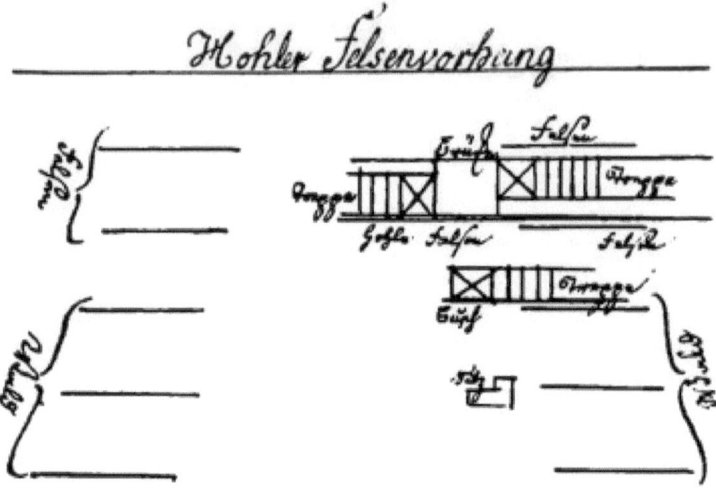

Actus V. Nr. 14. Öffentlicher Platz bei Altdorf. Wachtfeuer auf den Bergen, man hört Glocken läuten, man hört Gebälk und Steine einstürzen, man bringt den Hut auf der Stange.

Waffen für alle Männer. Geschr. Brief ... Siegrist.

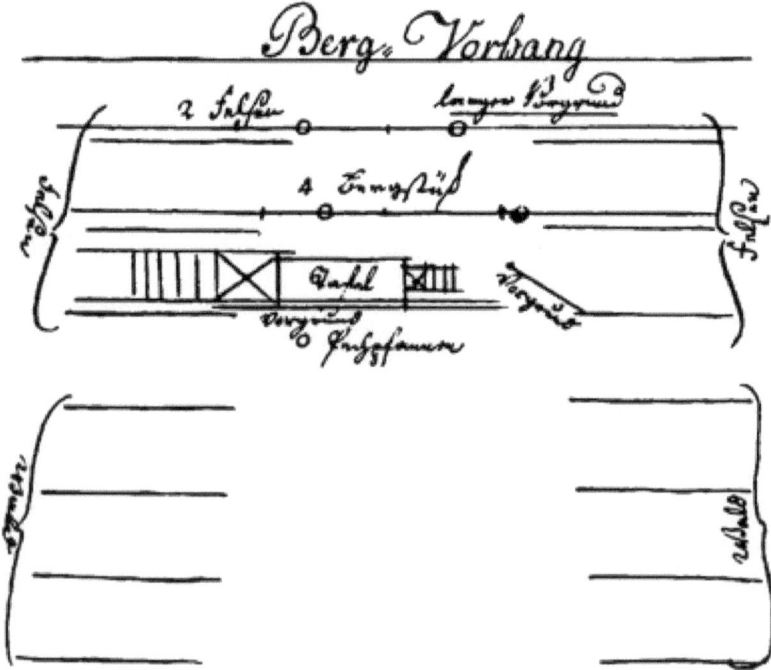

Nr. 15. Tells Hausflur. Die Bauernstube, in der Mitte Thüren — dahinter grüner Prospekt. Soffiten. Rechts an 1 u. 2: der Kamin aus den Jägern mit überhängendem Kessel über dem Feuer. Strick um den Leib ... Parricida. Zinnern Becher, Teller mit Brod ... Hedwig.

Nr. 16. Thal-Grund vor Tells Hause.

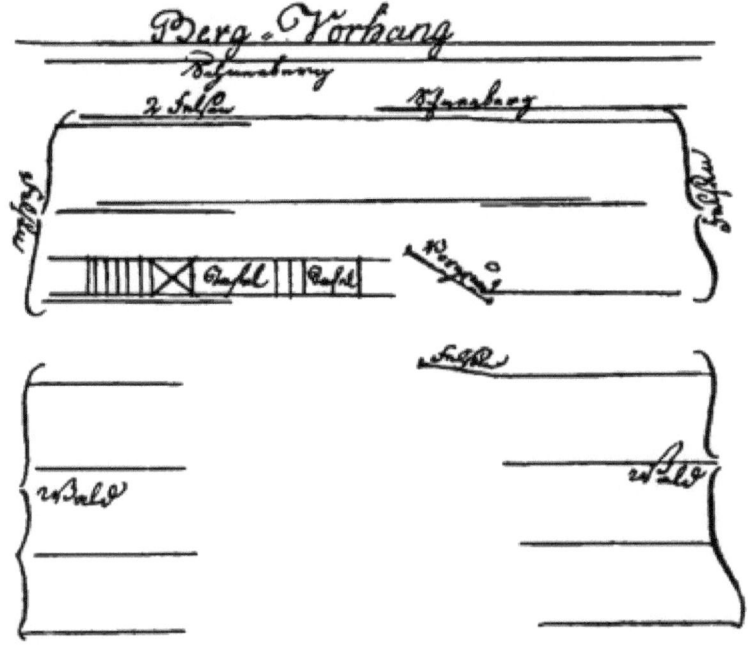

Don Juan (Bd. 1 Nr. 96).

Eine Operette nach dem Italienischen in 2 Aufzügen. Die Musik ist von Mozart.

Nummer des Souffl.-Buchs in der Th.-Bibl.: 145 Mskpt. Anfang 35 Minuten nach 5, Ende 25 Min. nach 8 Uhr.

— — —
— — —

Dekorationen, Ameublement und Requisiten.

Actus I. 1. Garten. An der Seite D. Pedros Haus. Nacht mit Vorderlampen. Satyrgarten mit 3 fl. vom Komödiengarten. Links an 1 u. 2 das große Haus aus der Entführung. Fackel ... 1 Bedienter.

2. Straße. An der Seite ein Wirthshaus. Morgendämmerung. Etwas dunkel u. allmählich Tag.

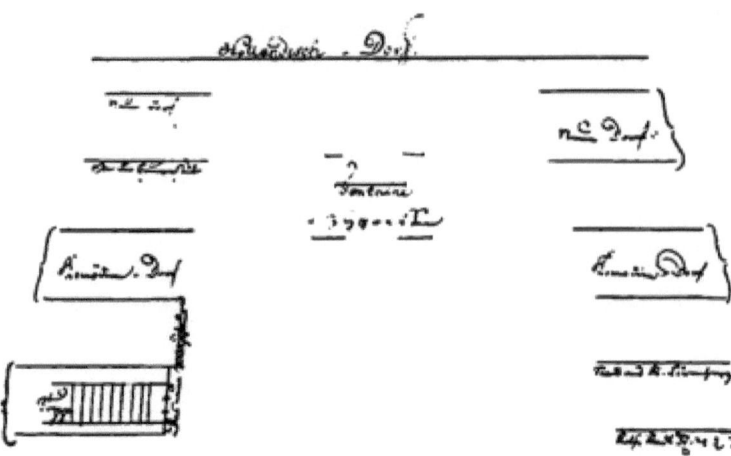

Ein geschr. Buch, schmal folio — die Silhouetten Rolle ... Leporello. Einige Coffers ... Bediente. Eine Börse ... Don Juan.

3. Ein Zimmer im Wirtshaus. Das französische Zimmer, hinten der kleine Gallerie-Prospekt. Spieße ... etliche Bauern.

4. Garten mit 2 Thüren und einer verschlossenen Laube, Gartenbänke. In der 18. Scene hört man inwendig Tanzmusik.

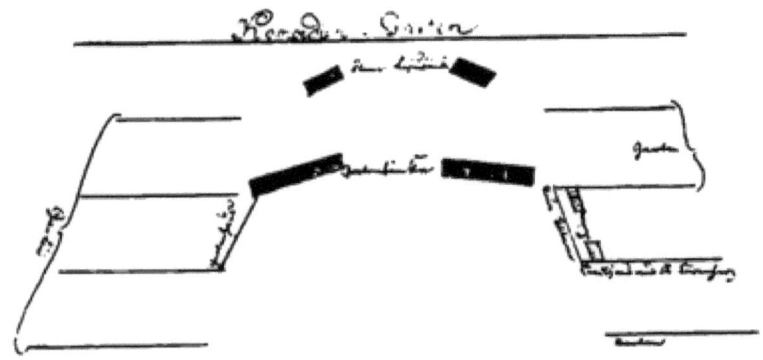

5. Ein großer erleuchteter Ball-Saal mit Seitenthüre. Viele Stühle. Erfrischungen, Kaffee, Limonade, Backwerk auf einer Tafel. Im Grund des Theaters Musikanten. Bediente, welche aufwarten. Eine Pistole ... Don Gusman [= Don Octavio]. NB. Hier muß die 2. Fahrt herausgenommen werden.

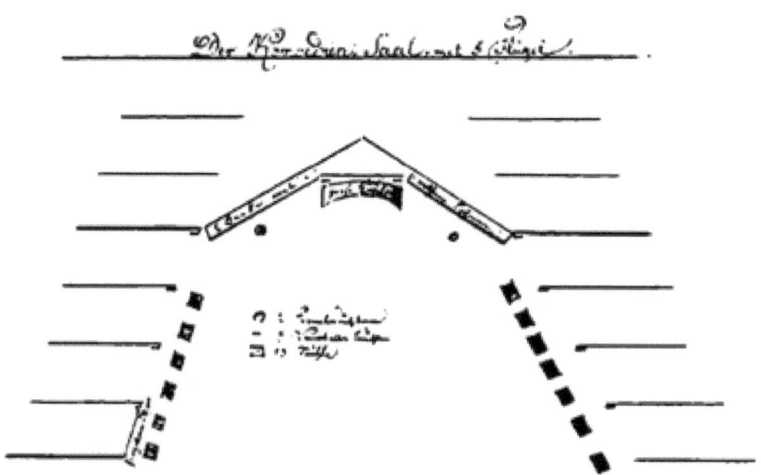

Actus II. 6. Ein Zimmer. Das französische. Ein Stuhl. Eine Börse ... D. Juan. Eine Fackel ... Bedienter.

7. wie Nr. 2. Nacht mit Vorder-Lampen. Eine Flinte u. Pistole ... Masetto. Flinten u. Säbel ... Bauern. Eine kleine Laterne ... Zerline. Es bleibt Nacht.

8. Ein dunkler Saal. Das gelbe Zimmer mit 1 Fl. vom neuen Kabinet. Der Vorhang in der Mitte muß zubleiben. 2 Fackeln ... Bediente.

9. Gruft. Verschiedene Monumente und Bildsäulen, unter denselben die Bildsäule Don Pedros zu Pferd. Mondschein, Nacht ohne Vorderlampen.

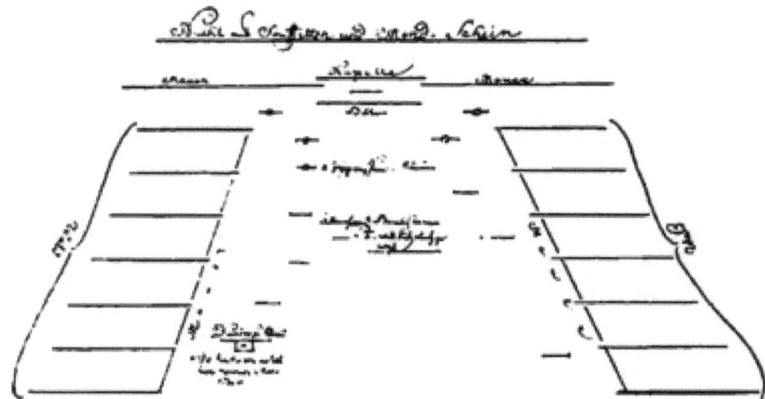

10. Ein düsteres Zimmer wie Nr. 8. Nacht mit Vorderlampen.

11. Saal bei Don Juan mit Seitenthüre. Eine gedeckte Tafel. Musikanten im Nebenzimmer. Die Bedienten tragen Fasan und Wein auf. Auf

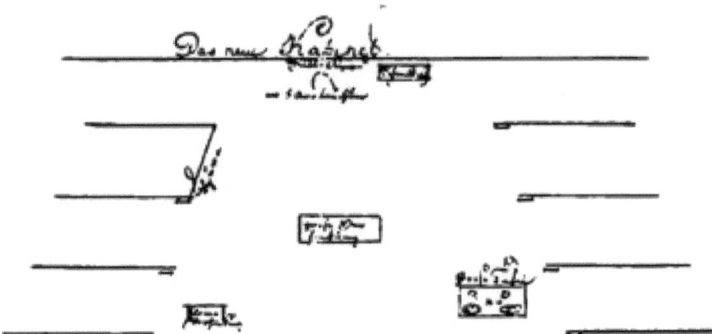

der großen Tafel sind 2 Aufsätze. — Auf das erste Zeichen wird die kleine Versenkung los gemacht, auf das zweite geht sie mit dem Geist hinab. Zugleich geht die große Versenkung 1 Schuh tief herunter, das Feuer geht an und es währet, bis die Versf. wieder zu ist. Durch die erste Fahrt [Kulissengasse] wird mit 6 Blitzröhren Feuer gemacht. Wenn die Furien erscheinen, vermehren sich die Flammen, D. J. stürzt sich in den Abgrund. Donnerwetter oder nur Erschütterung und 4 Blitzröhren an den Seiten, bis D. Juan hinunter ist, worauf der Vorhang zugelassen wird.

Als Beispiel dafür, daß man damals auch schon recht komplizierte Dekorationsstellungen zustande brachte, fügen wir noch umstehende interessante Skizze in Facsimiledruck hier an, die zum zweiten Teil des vierten Akts von Kotzebues Schauspiel „Johanna von Montfaucon" (z. 1. Mal 5. Okt. 1800) gehört. Der Verfasser schreibt vor: „Eine wilde waldigte Gegend. Linker Hand eine weite Höhle. Ein Strahl des Mondes fällt durch eine Öffnung von oben hinein und erleuchtet sie schwach. Über der Höhle erblickt man einen Fußpfad, der höher hinauf auf die Gebirge führt, welche den Hintergrund begrenzen. Auf der andern Seite ist ein dick verwachsenes Gesträuch."

Das ist der Schauplatz, auf dem sich nun eine Reihe von Befreiungs-, Errettungs-, Wiedererkennungs- und anderen Rührscenen abspielt, wozu der Dekorateur, wie sich nach untenstehender Skizze wohl vermuten läßt, einen wirkungsvollen Hintergrund geschaffen hat. Der Felsenpfad läuft viermal immer höher hinaufsteigend über die ganze Breite der Bühne.

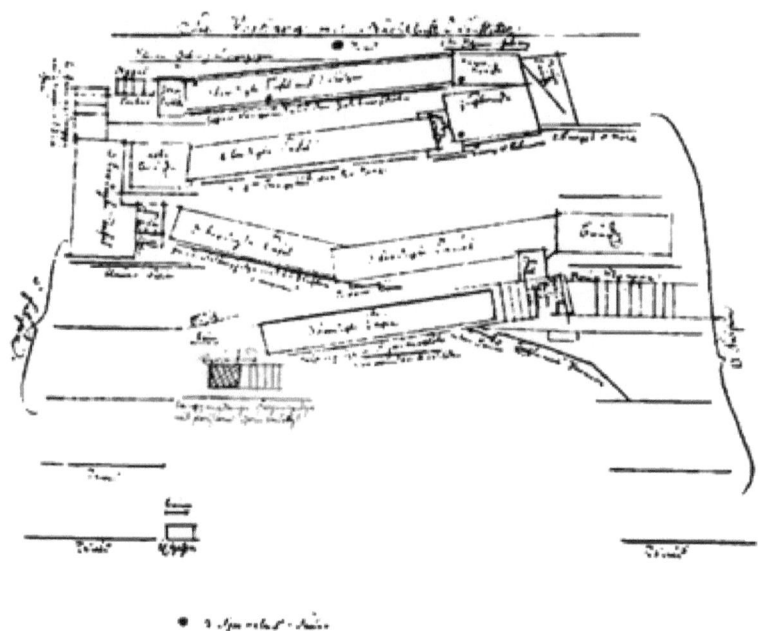

NB. Die Versenkung Nr. 2 wird hinunter gelassen und die kleine Amphitheater-Treppe angesetzt. Sobald Adalbert und Philipp heraufgekommen sind, wird sie wieder zugemacht. — An den Seiten Nacht.

Das Arrangement von Zimmern war ziemlich primitiv. Wenn die Handlung des Stückes keine besonderen Möbel-Requisiten verlangte, war ein Tisch mit ein paar Stühlen die einzige Ausstattung. Häufig blieb auch die Möbelgarnitur stehen, wenn die Dekoration in ein anderes Zimmer verwandelt wurde. Das Abräumen der Möbel nach Beendigung eines Akts oder einer Scene war nicht selbstverständlich, sondern ist, wenn es stattfand, jeweils im Hauptbuch vermerkt. So konnte es vorkommen, daß im Salon des Präsidenten A. dieselben roten Möbel an derselben Stelle standen, wie im Boudoir der Geheimrätin B. u. s. w. Daran nahm jene in Bezug auf Bühnenausstattung anspruchslosere Zeit keinen Anstoß. Denn das reichere und geschmackvollere Zimmerarrangement ist ja erst eine Errungenschaft der letzten Jahrzehnte unseres Jahrhunderts. Die fast ausschließliche Verwendung von geschlossenen Zimmern d. h. Zimmern mit seitwärts geschlossenen Wänden, also ohne Koulissen (die ja unsere moderne Dekorationstechnik zu Gunsten einer mannigfaltigeren Belebung des Bühnenbilds immer mehr beseitigt) ist ebenfalls noch eine verhältnismäßig junge Errungenschaft. Auf den Planskizzen des Mh. Hauptbuchs finden sich selbstverständlich nur Zimmer mit Koulissen, und wenn das Stück Seitenthüren oder Fenster vorschrieb, so waren dieselben, wie man es heute noch zuweilen sieht, zwischen zwei Koulissen gestellt, alle perspektivische Wirkung natürlich vernichtend.

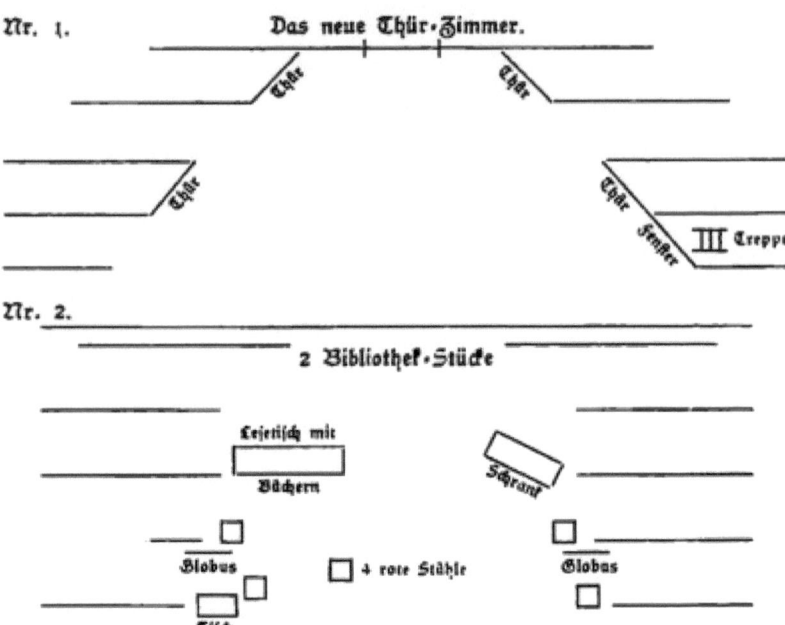

Vorstehende Skizzen aus Band 3 mögen das Gesagte erläutern. Nr. 1 ist das Zimmer aus Kotzebues Posse „Der Wirrwarr", ein Zimmer mit Mittelthür und 4 Seitenthüren. Die erforderlichen Möbel sind nicht eingezeichnet; es sind: 1 Tisch, 6 weiße Stühle und eine Toilette mit einem Lehnstuhl. Nr. 2 ist das Bibliothekzimmer des Grafen von Schaalheim in Becks Lustspiel „Das Chamäleon". Verlangt ist für dieses Zimmer: Ein großer Schrank an der Seite, Globen und Landkarten. Das Zimmer darf nur eine Thüre haben, welche inwendig mit einem Riegel versehen sein muß. (Die offenen Koulissengassen störten, wie es scheint, dabei nicht.)

b. Alte Scenarien.

1. Scenarien-Sammlung

in 10 Bänden (der 10. fehlt), im Anfang des Jahrhunderts begonnen und bis Ende der 20 er Jahre fortgeführt. Alphabetisch gebunden. Jeder Band mit Register. Noch in den 60 er und 70 er Jahren benutzt. Geschrieben von Trinkle, K. Beil u. a. Auch Requisiten und Dekorationen sind verzeichnet.

I: A, II: B u. C, III: D, E u. F, IV: G u. H, V: J u. K, VI: L u. M, VII: N, O, P, Q u. R, VIII: R u. S, IX: S, T. V, X: fehlt.

2. Scenarien-Sammlung

in 1 Bd. 1829 begonnen. A—Z mit alphabetischem Register.

c. Tagebücher.

1. Tagebuch des Mannheimer Theaters von Backhaus-Grua,

24 Bände in 4°, als Supplement zu den grünen Zettelbänden angefertigt. Der Titel des ersten Bandes lautet: „Tagebuch von allen Stücken, als ich zum Theater gieng, bei dem Herzoglichen Sachsen Gothaischen Hoftheater und bis zum abgang, wo ich zum churfürstl. Pfälzischen Hoftheater engagirt wurden. J. W. Backhaus den 30. Sept. 1776."

Der erste Band beginnt: Gotha 30. Sept. 1776. Grua hat öfters Korrekturen angebracht und unrichtige Angaben von Backhaus beseitigt. Von Stefan Grua rührt folgende dem ersten Band beigeklebte Vorbemerkung her: „Dies Tagebuch der Mannheimer Schaubühne ist von Backhaus und besteht aus 4 Bänden, worin das laufende Repertoire mit Bemerkungen von ihm eigenhändig von ihm niedergeschrieben sind. Auch Beck führte ein Tagebuch,[1]) in welches Backhaus Bemerkungen schrieb, bestehend aus 2 Bänden, und auch diese sind aus Becks Tagebuch in dieses von Backhaus von einer anderen Hand[2]) mit roter Tinte eingeschrieben. Als Backhaus starb, vermachte er dieß Buch dem damals ältesten Mitglied der hiesigen Bühne, Thürnagel. Nach Thürnagels Tod erhielt es Grua, der es von 1834 an fortsetzte."

Daneben sind zwei Zettel eingeklebt. Der eine ist von Backhaus' Hand: „Alle Tagebücher von Theater und Theaterschriften erhält Herr Thürnagel nach meinem Tode. Backhaus." Der andere von Thürnagels Hand: „Meinem Freund Grua zum Andenken von E. Thürnagel."

Die Backhausschen Aufzeichnungen enden im 4. Bd. beim 8. April 1834; wenige Tage später, am 27. April 1834 starb Backhaus. Stefan Grua[3]) führte das Tagebuch in etwas erweiterter Form bis Ende des Jahres 1859.

2. Historisches Tagebuch der Mannheimer Schaubühne,

4 Bände in 4°, begonnen von dem Souffleur Trinkle, vom Januar 1814 an von Karl Beil geführt, dann von Berberich vom Juni 1840 an und von Verschiedenen bis Ende 1843. Enthält wie das vorige Tagebuch eine chronologische Aufzählung der Tag für Tag gegebenen Stücke mit allerhand Bemerkungen. Ist als offizielles Tagebuch authentischer als das private Backhaus-Gruasche.

---

[1]) Das Becksche Tagebuch, das Grua in seinen Zettelbänden und Pichler in seiner Chronik öfters citiert, befindet sich nicht im Theaterarchiv, sondern ist durch Pichler in Josef Kürschners Besitz gekommen.

[2]) Grua irrt, es ist Backhaus' Hand, die diese rote Tintebemerkungen schrieb.

[3]) Das Theater kaufte im Febr. 1863 von Stefan Grua, der am 1. Jan. 1864 in den Ruhestand trat, außer obigem Tagebuch dessen wohlgeordnete Zettelsammlung (siehe dort) für 80 Gulden. Grua war am 2. Febr. 1812 zum ersten Mal aufgetreten, er sang damals den zweiten Knaben in der Zauberflöte, kam bald darauf ins Orchester als Vertreter eines erkrankten Violaspielers. Am 16. April 1815 wurde er als Chorist und Orchestermeister angestellt, am 1. Juni 1817 als Sänger und Schauspieler, am 1. April 1837 als Chordirektor, am 11. Okt. als Paukenschläger und Musikarchivar.

3. Verzeichnis der vom 7. Oktober 1779 auf der Nationalbühne in Mannheim aufgeführten Schauspiele und Opern.

1 Bd. in 4º (in losen Lagen).

  Von unbekannter Hand begonnen, teilweise unzuverlässig geführt (vgl. z. B. 1780), im April 1798 von Trinkle übernommen. Bricht ab am 23. Februar 1812.

d. Zettelbände.

  Das Theater besitzt zwei Zettelsammlungen[1]: die sog. braune und die sog. grüne Reihe (von der Farbe des Einbands bezw. des Rückens). Die erstere ist die offizielle, sie enthält für die ersten Jahrzehnte nicht die Originalzettel, sondern Abschriften derselben, die vom Souffleur Trinkle im Auftrag der Intendanz und im Zusammenhang mit seinen übrigen Repertorien-Arbeiten angefertigt wurden (für die älteste Zeit nicht immer fehlerfrei). Aus dem Intendanzprotokoll vom 10. März 1807 geht hervor, daß unter den Kommissären Haub und Friedrich, die damals für Herstellung, Fortsetzung und Einbinden der Hauptrepertoires die Summe von 121 Gulden anwiesen, diese braune Zettelbandreihe wieder in Ordnung gebracht wurde. Dieselbe wird noch heute offiziell weitergeführt durch Zusammenbinden der Zettel eines Theaterjahrs (früher 1. Okt.—31. Sept., jetzt 1. Sept.—Ferienanfang). Mit Ausnahme weniger früherer Jahrgänge sind diese Zettel in Folio gebunden. Diese Zettelsammlung ist zum Gebrauch der Kanzlei im Theater verblieben.

  Die zweite, mit den ausgeschiedenen älteren Beständen des Archivs und der Bibliothek vereinigte Zettelsammlung, die grüne Zettelbandreihe, ist privaten Ursprungs. Sie wurde angelegt von Stefan Grua und 1861 vom Theater angekauft (vgl. S. 238). Sie enthält die Jahrgänge 1779—1866, nach Kalenderjahren. (Es fehlen die Jahre 1795, 1796, 1797.) Zu den 84 Zettelbänden dieser Sammlung kommen noch 20 Bände Zeitungsausschnitte aus den Jahren 1848—1862, auf Theater, Politik und lokale Ereignisse bezüglich, alles Foliobände in einheitlichem Einband. Für die ältere Zeit enthalten die grünen Zettelbände nur Zettelabschriften von Gruas Hand, nur hie und da sind die Originalzettel beigelegt.[2] Häufig sind spätere Zettel benutzt und bezüglich der Darstellernamen, des Datums u. s. w. handschriftlich korrigiert. Für jeden Vorstellungstag ist eine Folioseite verwendet, links oben ist die Nummer des Gruaschen Stückeverzeichnisses (S. 221) beigeschrieben, rechts oben giebt eine Ziffer an, die wievielte Aufführung des Stückes an

---

[1] Die Faszikel Q IV, 4 u. 6 des Archivs handeln vom Zetteldruck. Bis 1845 bezahlte das Theater den Druck der Zettel und die Zettelträger und ließ die Zettel gratis austeilen. Seit 1845 druckt eine mit der Herstellung der Zettel beauftragte Firma die Zettel und entschädigt sich durch den Verkauf der Zettel ans Publikum. In neuerer Zeit erfolgt der Zetteldruck wieder auf Kosten des Theaters. In den 70 er Jahren befanden sich unter dem Titel „Zwischenakt" auf der Rückseite der Theaterzettel allerhand Theater- und Kunstnotizen.

[2] Über die bei den Kassenbelegbänden befindlichen Originalzettel vgl. Bd. I, S. 280.

dem betr. Tag stattfand. Diese Gruasche Zettelsammlung ist für die ältere Zeit wertvoller und auch korrekter als die offizielle braune Reihe, die erst nachträglich in Dalbergs letzter Zeit oder unter Venningen begonnen worden zu sein scheint. Ihr Wert wächst noch dadurch, daß allerhand Tagebuchnotizen aus den Tagebüchern von Backhaus und Beck, zuweilen auch von Crinkle beigeschrieben sind, sowie ferner, daß den einzelnen Jahrgängen allerlei mehr oder minder interessante Dinge: Konzertprogramme, Zettel auswärtiger Bühnen, Notizen verschiedenster Art, auch Briefe u. dgl. beigebunden sind.

Einige Bemerkungen über die älteren Jahrgänge, sowie Auszüge daraus werden das Gesagte näher erläutern.

Bd. 1 1779/80 (von Eröffnung des Theaters bis 31. Dez. 1780) enthält die Bemerkung: „Gesammelt aus dem Tagebuch von J. W. Backhaus, anfangend den 30. September 1776". Auf der nächsten Seite ist der Originalzettel eingeklebt zur Vorstellung des Gothaischen Hoftheaters: Der Deserteur, Operette nach dem Französischen des Sedaine, in drei Akten, Montags, den 30. Sept. 1776. Die Besetzung war folgende:

Alexis, ein Soldat	Herr Neuhaus.
Johann Ludwig, ein Invalid, Vater der Louise	„ Frischmuth.
Margaretha, Muhme des Alexis	Mad. Böck.
Louise, Tochter des Johann Ludwig und Geliebte des Alexis	„ Neuhaus.
Hannchen, ein junges Bauernmädchen . . .	Madm. Preyßing.
Rudolf Himmelsturm, ein Dragoner	Herr Böck.
Bertram, Vetter des Alexis	„ Müller.
Courchemin, Brigadier	„ Backhaus.
Crick, ein Kerkermeister	„ Meyer.

Das Haus wurde um 4 geöffnet, die Vorstellung begann um 5 Uhr. Es war das Debut von Backhaus, der mit 1 Thaler 2 Groschen wöchentlich engagirt wurde.

Dann folgt eine Aufzählung wichtiger Aufführungen mit kurzen Bemerkungen, eine Copie der Trauerrede auf den † Ekhof und des Trauergedichtes von Gotter.

Den 2. Oktober. „Heute kamen oben genannte Mitglieder der Gothaschen Bühne in Mannheim an und stiegen sämtlich im goldenen Bock ab."

Weiterhin: Originalzettel zur Aufführung der „Rodogüne" von Corneille durch die Seylersche Gesellschaft in Mannheim, 11. Juli 1779. Auf das Trauerspiel folgte ein komisches Ballet des Balletmeisters Schulz „Die Bauernhochzeit". Die Besetzung der „Rodogüne" war folgende:

Cleopatra	Mad. Seyler
Seleucus	Herr Opitz
Antiochus	„ Zuccarini
Rodogüne	Mad. Borchers
Timagen	Herr Pöschel
Oront	„ Hensel
Laonice	Mad. Pöschel

Anfang ½ 6 Uhr.

Ein „Vorbericht" erwähnt kurz die Veranlassung zur Gründung des Mannheimer Theaters und die Engagements. Dann folgt Blatt für Blatt die Reihe der abgeschriebenen Theaterzettel vom 7. Okt. 1779 an. Ein Originalzettel ist beigeklebt von „Orest und Elektra" nach Voltaire von Gotter, Sonntag 4. Juni 1780; ein zweiter von Hamlet (Gastspiel Schröders) Sonntag 2. Juli 1780. — Die den Stücken beigefügten Tagebuchbemerkungen sind sehr spärlich und sehr knapp.

In Bd. 2 1781 befindet sich ein Originalzettel der Vorstellung: Der Hofmeister von Lenz. 28. Januar 1781.

Bd. 3 1782. Statt des fehlenden Original-Räuberzettels, 13. Januar 1782 ist ein späterer Nachdruck desselben eingeklebt. Ueber das Stück und die Aufführung bemerkt das Tagebuch nichts.

Bd. 4 1783. Die Tagebuchnotizen treten fast ganz zurück.

In Bd. 5 1784 sind wieder ausführlichere Notizen, z. B. 9. März über Ifflands Erfolg in „Verbrechen aus Ehrsucht", 3. Oktober über den Streit Rennschüb-Wallenstein.

Aus Bd. 6 1785 sei erwähnt: Am 21. Juli wurde in Schwetzingen noch vor der Mannh. Premiere die Oper: „König Theodor in Venedig" von Paesiello aufgeführt. Originalzettel: Der flatterhafte Ehemann, 27. 9. 1785. Am 2. 10. 1785 ist ein Zettel vom 8. 12. 1800 eingeklebt, Sturm v. Bozberg. die alte Besetzung ist handschriftlich hinein korrigiert. Als Zettel zu den Aufführungen von „Mozarts Entführung aus dem Serail" am 7. 10. 1785 und 23. 10. 1785 ist ein korrigierter Druckzettel vom 17. 9. 1820 eingeklebt. Bei „Verbrechen aus Ehrsucht" 18. 10. 1785 der vom 16. 3. 1830. Die korrigierten Druckzettel werden in diesem Bande sehr häufig, sie entstammen darin den Jahren 1814, 1812, 1822, 1813, 1817, 1820 u. 1830.

Bd. 7. 1786. Enthält viele korrigierte Zettel wie Bd. 6 aus den Jahren 1810—1832. Ein Originalzettel ist: 4. 7. 1786 „Der Deserteur aus Kindesliebe" von Stephanie dem Jüngeren.

Bd. 8. 1787. Originalzettel: 7. 10. 1787: „Die Ungetreuen" und „Alexis und Justine". Keine korrigierten Zettel. Hinten angeklebt: Notizen aus den Mannheimer Tageblättern 1787 (nicht auf das Theater bezüglich).

Bd. 9. 1788. Ohne jeden gedruckten Zettel.

Bd. 10. 1789. Halber Originalzettel zu: „Der Diamant" 1. 8. 1789.

Bd. 11. 1790. [Frankfurter] Originalzettel: Richard Löwenherz von Gretry, 14. 2. 1790. Ebenso am 12. 4.: Die beiden kleinen Savoyarden v. D'Alayrac. Zum 21. 3.: Ein Citat aus Abraham a Santa Clara nach Ifflands Tagebuch 25. März 1790. Zum 21. und 24. Okt.: Bemerkungen über Mozarts Anwesenheit bei der Figaro-Premiere.

Bd. 12. 1791 und Bd. 13. 1792. In beiden zahlreiche gedruckte Zettel aus späteren Jahren mit Beischrift der früheren Besetzung. Im Anhang zu 1791 ein Auszug aus dem Mannh. Tageblatt, den Hosenbandorden betr., an 1792 ist hinten beigeklebt der Kassenrapport zu „Die Wilden", 5. 2. 1792.

Bd. 14. 1793. Viele korrigierte Zettel aus späterer Zeit. Originalzettel 10. 4. 1793: „Entführung" und „Eheliche Probe."

Bd. 15. 1794. Notizen die Kriegsgefahr und die Schließung des Theaters betr.; zum Teil Auszüge aus Trinkle's Tagebuch. Zum 2. 3. 1794 ist beigeklebt: Die Antrittsrede bei der Wiedereröffnung. Originalzettel zu: „Das Mädchen von Marienburg" (17. 3.); „Das große Loos" und „Alexis und Justine" (19. 3.); „Das Kind der Liebe" (20. 3.); „Der König auf Reisen" (23. 3.); „Das Blatt hat sich gewendet" (24. 3.); „Das Mädchen von Marienburg" (1. 4.); „Die Kriegskameraden" (3. 4.); „Don Juan" 27. 4.); „Der Gläubiger" und „Töffel und Dorchen" (1. 5.) u. s. w. noch viele weitere. Hinten beigeschrieben: 1. Bemerkungen über den Bestand der Bühne im Sept. 1794; 2. Beschreibung des hiesigen Schauspielhauses (= Pichler 317, Mh. Theaterkalender von 1795); 3. Die Mitglieder der Bühne mit Bemerkungen über ihre Rollenfächer und Leistungen.

Die Jahrgänge 1795, 1796 und 1797 fehlen.

Der Jahrgang 1798 enthält fast lauter Originalzettel. Am 25. Januar heißt es: „Medea (von Gotter - Benda) konnte nicht gegeben werden, die Franzosen forderten die Rheinschanze auf und gaben nur 2 Stunden Bedenkzeit. Nach 7 Uhr begann der Angriff. Mehrere Haubitz-Granaten trieben die Zuschauer aus dem Schauspielhause. Endlich eroberten die Franzosen die Rheinschanze." Auf dem letzten Blatt ist eingeklebt der Zettel eines von Herrn Fladt „auf dem Nationaltheater" veranstalteten Vocal- und Instrumentalkonzertes.

1799. Am 16. Febr. starb Kurfürst Karl Theodor, was die Schließung der Bühne veranlaßte. Den 2. März rückten die Franzosen ein und verlangten — wie eine Tagebuchnotiz besagt — die Aufhebung der Trauer und die Wiedereröffnung des Theaters, die am 10. März bereits erfolgte. Von da an ist bis Schluß des Jahres auf der Rückseite der Theaterzettel die französische Uebersetzung beigedruckt. Am 9. Mai heißt es: „Auf Befehl des General Collauds zum 1. Mal der Marseille-Marsch im Theater."

Bemerkung zum 18. Sept.: „Den 18. trieben die Kayserlichen die Franzosen zur Stadt hinaus." Zum 29. Okt.: „Der Schreibpult. Die Einnahme von 134 fl. wurde, ohne die Bestimmung auf dem Zettel anzukündigen, der Contributions-Commission eingesandt. — H. v. Perglas (Hofkammerpräsident) ließ Tags vorher den Cassier kommen und meinte, 20 000 fl in Baarem aus der Theaterkasse nehmen zu können!!!" „Den 9. Dezember rückten die Franzosen wieder hier ein."

1800. Notiz zum 23. Januar 1800: „Kindtaufe des Nationaltheaters zum Hoftheater", auf dem Zettel heißt es nämlich zum erstenmal:[1])

Donnerstag den 23. Januar 1800
wird
auf dem hiesigen Hoftheater
aufgeführt:

---

[1]) Die Überschrift der Theaterzettel lautete von Oktober 1779 — September 1788:
. . . . (Datum)
wird
auf der hiesigen Nationalbühne
aufgeführt,
Dann ohne Überschrift bis 23. Januar 1800 blos: „. . . (Datum) wird aufgeführt." Seit 9. Juli 1801 wie heute noch: Hof- und Nationaltheater.

Bemerkung zum 14. Mai: „Den 14. kam der französische General Thiering herein mit ein paar blau und rothen Reitern. Die Infanterie blieb auf dem Neckar auf einem Floß gelagert, mit Raub von Käferthal und Ziegelhütte, seine Truppen besetzten nur die Thore; den 17. zogen sie wieder ab. Seitdem ist die Stadt ohne Garnison und die Bürger geben die Wache." Zum 18. Mai: „Von gestern Abend an war die merkwürdigste Epoche für Mannheim — ganz ohne Garnison zu seyn. Die Einquartierungs=Commission bewies, daß die Stadt, solange der Krieg dauerte, 275000 Mann Einquartierung von Truppen aller Art zu verpflegen hatte. — Ein großes Glück, daß es nur Soldaten waren, wenn es erst Sänger gewesen wären!!!" 26. August: „Heute zogen die Franzosen ein." 23. Nov.: „Der Feuerregen (in der Oper „Die Danaiden" von Salieri) ging heute nicht los. Das Publikum, welches doch hauptsächlich deswegen kam, schimpfte gewaltig und viele wollten an der Kasse ihr Geld wiederhaben." — Hinten beigeklebt: Zettel zum Liebhaber-Konzert am 25. Dezember im Theatersaale: Die Schöpfung von Haydn.

1801. Am 15. Februar fand die erste Aufführung von Wenzel Müllers Gesangsposse „Die Schwestern von Prag oder Irrtum in allen Ecken" statt. Dazu bemerkt das Tagebuch: „Ja wohl, Irrtum in allen Ecken, nur in jener nicht, aus welcher gepfiffen wurde." 12. Mai: „Heute verließen die Franzosen vermöge dem Friedensschluß zu Luneville die Stadt, nachdem sie seit dem 26. Juli 1800 ihr Unwesen hier getrieben hatten. Herr und Mad. Beck kommen zum hiesigen Theater wieder von München an."

1802. 17. August: „Dienstag den 17. August nichts wegen zu großer Hitze, ebenso am 24. August." 23. August: „Wegen Civilbesitznahme der Rheinpfalz krönte Herr Direktor Beck unter einer passenden Rede die Büste Seiner Hochfürstl. Durchlaucht, des Herrn Markgrafen von Baden. Frei Entrée."

1803. Zum 3. Juni ist beigeheftet: Der Text der „Huldigung" (Melpomene Mad. Ritter) vor dem Kurfürsten Karl Friedrich v. Baden. 20. Juni: Dalberg legt die Intendanz nieder; die längere Notiz darüber ist von Pichler S. 184 benutzt. Am 21. August wurde die Bühne geschlossen wegen der Vorbereitungen und Proben zur Oper: „Marie von Montalban". Das Tagebuch bemerkt hierzu: „Hier wurde wieder geschlossen, weil H. Regisseur Prandt so viele Umstände macht wegen der Oper Marie von Montalban, die auf die Ankunft des Königs von Schweden gegeben werden soll. Es hätte aber doch fortgespielt werden können, allein man wollte der Kasse eher ab- als aufhelfen. Der erbärmliche Wicht!" Die Aufführung erfolgte am 7. September in Gegenwart des Königs von Schweden und des ganzen kurfürstlichen Hofes. — „Wegen Ankunft des Königs von Schweden war kein Theater bis zum 12. Dafür am 9. in Schwetzingen am Apollotempel großes Konzert vom hiesigen Orchester und ein kleiner musikalischer Prolog nebst Chor von allen hiesigen Sängern. Illumination im ganzen Garten." (Vgl. I, 279.) Am Ende des Bandes ist beigeklebt: Ausschnitt aus einer Berliner Zeitung, Iffland und Fleck betr., Auszug aus den Mannheimer Tageblättern, Kriegsereignisse betr.

1804. Hinten beigeschrieben: Auszüge aus Zeitungen, den Regisseur Prandt betr.

1805. Zur Erstaufführung der „Teufelsmühle" v. Wenzel Müller am 6. Januar bemerkt Backhaus: „Ein elender Dreck!" 14. März: „Gestern versammelte sich unter Vorsitz der churfürstlichen Hoftheaterintendance, dann des zeitlichen Regisseurs und Kapellmeisters der neu ernannte Ausschuß zum erstenmal. Die Mitglieder desselben sind: Backhaus, Müller, Heck." 20. März: „Großer Wirrwarr beim Theater. Ein französischer Kerl kam hier an, zu dessen Ehren man Die beiden Donauweibchen (d. h. beide Teile) gab. Alles hat die Köpfe verloren. Es werden 3 Zettel auf einmal ausgegeben: Die zwei Donauweibchen und Der Wirrwarr" (Posse von Kotzebue). Hinten beigeklebt ein Original-Brief des Theaterkommissärs Wöstenradt an ? (Mad. Ritter). 17. Januar 1805: Die Neubesetzung des Fiesko betr.

1806. 19. Juli: Ankunft des Erbgroßherzogs von Baden und seiner Gemahlin Stephanie. Sie gingen ins Theater („Fest am Rheine" und „Palmira"), das um 8 Uhr anfing und um halb 1 Uhr endigte. — 27. Sept.: Intendant von Dalberg †. — Am 2. Dez. beginnt ein besserer Zetteldruck mit kleineren Buchstaben und hellerem Papier — gedruckt bei Kauffmann und Friedrich. Beigeklebt: 2 Briefe an Madame Ritter. Der erste: Straßburg 29. April 1806 von Louise Frank; der zweite: Freiburg i./Br. 29. Okt. 1806 von W. Dencke, beides Schülerinnen der Mad. Ritter.

1807. 24. Januar: Jubiläumsfest der Stadt Mannheim. Festvorstellung zum Besten der Armen: Der Hausvater von Gemmingen.

1808 u. 1809. Beigeklebt sind: Zeitungsausschnitte, Anzeigen und kleine Brochüren: zu 1808 Festungsdemolition und Gründung des Museums betr., zu 1809 Lehrplan des „Großh. vereinigten Lyceums" 1809.

1810. 10. Febr.: Dramatische Akademie zum Vorteil des Schauspielers Eßlair. Zum Schluß wurde dabei gegeben eine Travestie: Kleopatra, eine Tragödie von Kotzebue. Backhaus bemerkt dazu: „Diese Akademie des H. Eßlair war ein wahrer Skandal des Theaters. Die travestierte Kleopatra, wo die Herren Eßlair (als Kleopatra) und Mayer (als Octavia) so unsittlich angezogen waren, daß kein honnettes Frauenzimmer es sehen konnte. Mir that nur die verdienstvolle Mad. Nicola (Antonius!) leid, daß sie sich zu dem Skandal hergab, indem man ihr einen großen Haarbeutel angehängt hat."

16. Sept.: Die Räuber mit einem Prolog zu Ehren der Anwesenheit von Schillers Gattin u. Söhnen. Der Zettel trägt nicht den von Pichler 205 angeführten Vermerk. — „Den 21. Sept. reiste Eßlair wieder in Urlaub, so geht es mit dieser Familie immer fort, nichts als Schuldenmacher ist dieser Mensch." (Backhaus, vgl. Pichler 205.) Beigeklebt: Zettel des Marionettentheaters der Witwe Grua, Anzeigen wie 1808 u. 1809.

1811. 10. Juni: „Schluß der Bühne wegen des am 10. Juni erfolgten Absterben S. Kgl. Hoheit des Großherzogs Karl Friedrich. 4 Wochen war das Theater geschlossen. Es wurde alle Tage dreimal mit allen Glocken geläutet, nämlich von früh morgens von 6—7, Mittags von 11—12, und Abends von 6—7. Dann auf 3 Monate aller Tanz und Saitenspiel untersagt."

25.—27. Sept.: Drei Gastspiele Jfflands: „Jffland brachte 2108 fl. ein und erhielt 800 fl. Das Orchester war zweimal ausgeräumt." Beilagen wie oben.

1812. 24. Mai: Achilles, Oper von Paer in ital. Sprache, ital.-deutscher Zettel. Der kgl. bayr. Kammersänger Brizzi in der Titelrolle als Gast. 8. Nov. Gastspiel Jfflands. Jfflands Bild ist beigeklebt. Beilagen wie oben.

1813. Beilagen wie oben.

1814. 17. April: Hermann oder die Befreiung Deutschlands von Johanna Weißenthurn. Das Backhaus'sche Tagebuch bemerkt hierzu: „Ein erbärmliches Stück. Der Schluß wurde von der weisen Anordnung des Herrn Friedrich mit einem Schattenspiel verherrlicht. Die drei Monarchen Rußland, Oesterreich und Preußen erschienen und schlugen Napoleon tot!" 14. Juni: Maria Stuart von Schiller: „Bis halb 11 Uhr dauerte die Comödie! [statt von 6—9] Gott bewahre alle Christenmenschen dafür!" 22. Sept. „Den 22. starb mein einziger noch übrig gebliebener Freund Jffland ¾ auf 7 Uhr in Berlin, jetzt steh ich allein, da alles von meinen Freunden ist tot. Die Kunst verliert Alles. Seine letzte Rolle war in Berlin den 5. Dezember 1813: Luther in der Weihe der Kraft." Dienstag 8. Nov. Jfflands Totenfeier. „Vor Aufgang des Vorhangs spielte das Orchester eine Trauermusik. Das Theater stellte einen düstern Hain vor, in dessen Hintergrunde war eine Büste des Verlebten auf einem Moosalter, über welche sich eine Gruppe Trauerweiden neigten. Auf den Stufen lag Mlle. Demmer als Genius der Schauspielkunst mit seinen Attributen, dem Dolch und der Maske, neben ihr stand der Genius des Todes mit ausgelöschter Fackel. Rechts am Monument lehnte Mad. Beck, links Herr Backhaus, die ältesten Freunde Jfflands, rechts und links reihte sich das männliche und weibliche Personal. Hinter dem letzten Vorhange des Theaters tönte eine dumpfe Trauermusik. Mlle. Demmer trat vor und preiste des Verewigten Lob; gleiches geschah von Mad. Ritter, dann von H. Müller, Mad. Nicola und H. Mayer. Das Schicksal schloß. Der Chor fiel ein, und der Vorhang senkte sich herab. Ich sage für mich und Jfflands Freunde: Einen großen Mann hat die Kunst verloren, doch uns war er mehr." (Aus Trinkles Tagebuch). — Beilagen, namentlich Jffland betr., Anekdote Kaibel betr. u. s. w. Vom 16. August 1814 an war das mündliche Annoncieren der nächsten Vorstellung von der Bühne aus aufgehoben. Statt dessen wurde die Ankündigung der nächsten Vorstellung auf dem Zettel angebracht. (vergl. DII, 2)

1815 enthält nichts Bemerkenswertes.

1-16. Von diesem Band an sind die Zettel nicht mehr aufgeklebt, sondern blos eingeheftet.

1817. Im Anhang sind kopiert: Auszüge aus Westenraths theatral. Schriften.

1818. Statt der Original-Zettel häufig korrigierte spätere. — Zum 30. April bemerkt Backhaus: „Herr v. Kotzebue war mit seiner Gemahlin hier, und sah den Corregio. Er fand die Aufführung sehr gut; ich spielte den Räuber Bruno und war heute über eine Stunde bei ihm. Er freute sich sehr, einen alten Veteranen aus den Zeiten Jfflands zu sehen."

Im Anhang Abschriften der Liebhaberkonzertprogramme und abschriftliche Auszüge aus Backhaus' Tagebuch.

1819. Enthält durchweg Originalzettel. Zum 20. Febr. 1819: Vestalin, ist bebemerkt: „Das Haus war illuminirt und mit roten Tüchern dekoriert, wegen Anwesenheit des Großherzogs, der den 19. ankam, wo die Stadt illuminiert war und die Bürgerkavallerie ihn begleitete, ebenso den 21., wo er wieder abfuhr. Durch seine Leutseligkeit eroberte er aller Herzen. Der Jubel in der Stadt und im Theater bei seinem Erscheinen war sehr groß." Am 23. März sollte Jfflands Dienstpflicht gegeben werden, jedoch „wegen der grauenvollen Ermordung des Herrn v. Kotzebue waren alle bei dem Stück beschäftigten Mitglieder so außer Fassung, daß keines derselben zu spielen vermochte und man um halb 6 Uhr das Schauspiel absagte" (folgt ein Bericht über die Ermordung).

1820. Die Backhausschen Tagebuchbemerkungen werden immer gehässiger und aggressiver gegen die Theaterleitung. Backhaus, der sich stets zusammen mit Jffland, Beil, Beck und Boek nennt, läßt nur die große alte Zeit gelten.

Unter den Beilagen dieses Jahrgangs befindet sich ein eigenh. Brief des Kapellmeisters Franz Danzi, Karlsruhe 19. Mai 1820.

1821. „Vom 16. Juli bis 23. August wurde die Bühne geschlossen, weil der Hörsaal neu hergestellt werden soll. Wahrscheinlich ist viel Geld in der Kasse: das wäre einmal ein Wunder."

Backhaus' Tagebuch endet im April 1834. Es ist seinem ganzen Inhalt nach von Grua für die grünen Zettelbände excerpiert worden. Die Auszüge aus den bisher besprochenen Bänden müssen genügen; sie werden einen hinreichenden Einblick in den eigenartigen und wertvollen Charakter dieser von Grua mit erstaunlichem Fleiße angelegten Zettel- und Notizensammlung geben.

e. Kataloge und Inventarien.

1. Das Aktenrepertorium

von Berberich (vgl. Bd. I, S. 23).

2. Bibliothekskataloge

von Karl Beil (vgl. S. 3 f).

3. Der Katalog der Musikalienbibliothek

von Brüder (vgl. S. 165).

4 Generalinventar des Mannheimer Theaters.

Ein Band in Folio. Enthält: I. Die Dekorationen, II. Die Requisiten, III. u. IV. Die Orchesterinstrumente, V. Die Möbel, VI. Die Musikalien, VII. Die

Bibliothek, VIII. Männergarderobe, IX. Frauenzimmergarderobe, X. Garderoberequisiten, XI. Perrückenzimmer, XII. Beleuchtung. — Ist undatiert, stammt aber nachweislich aus der Zeit des Intendanten v. Luxburg.

5. Garderobebücher.
Drei Folio-Bände Garderobebücher aus älterer Zeit.

f. Die Rollenbibliothek.

Enthält die älteren Rollen in über 1000 zusammengeschnürten Bündeln. Sie sind alphabetisch nach den Titeln der Stücke geordnet. Hierzu ist ein geschriebener Zettelkatalog angefertigt worden; die beigefügten Nummern sind die Ordnungsziffern innerhalb der einzelnen Buchstaben. Von vielen Stücken, namentlich von häufig gespielten sind keine Rollen, oder nur unvollständige Rollen vorhanden. Das bezieht sich namentlich auf Stücke des klassischen Repertoires, von denen sich meist nur vereinzelte Rollen in stark strapaziertem Zustand bis auf unsere Zeit erhalten haben. Die meisten der älteren Rollen sind von dem Souffleur Trinkle geschrieben, hie und da finden sich eigenhändige Eintragungen des betr. Schauspielers oder Dalbergs (vgl. z. B. die Timonrollen). Die Namen der Schauspieler, denen die Rollen zugeteilt wurden, sind von Dalberg, Rennschüb, Iffland, Beck, Denningen, Friedrich u. s. w. eigenhändig auf die Umschläge geschrieben. Besonders geordnet sind vorhanden: eigenhändig geschriebene private Rollensammlungen des Schauspielers J. M. Boek und des Schauspielers und Sängers St. Grua.

D.

Das Repertoire des Mannheimer Theaters unter Dalbergs Leitung.

1779 (1778) — 1803.

Die folgende Zusammenstellung sämtlicher Aufführungen des Mannheimer Theaters unter Dalbergs Intendanz (1779—1803) stützt sich auf die vorhandenen Zettelbände, Repertorien und Tagebücher. Sie ist nach dem vom Archivdirektor Burkhardt in seinem 1891 veröffentlichten „Repertoire des Weimarischen Theaters unter Goethes Leitung 1791—1817" (Theatergeschichtl. Forschungen Bd. 1) gegebenen Beispiele in zwei Teile gegliedert: 1. Chronologisches Verzeichnis der Stücke. 2. Alphabetisches Verzeichnis der Stücke (mit Angabe der einzelnen Aufführungstage.) In der Anlage beider Abteilungen schließt sich das nachfolgende Repertoire dem Burkhardtschen an, doch ist das chronologische Verzeichnis erweitert durch Beifügung der Wochentage (Sonntag, Montag u. s. w.) zum Datum, sowie durch zahlreiche Anmerkungen, welche sich auf die Besetzung der litterarisch wichtigeren Stücke, auf kritische Besprechungen derselben u. dgl. beziehen. Gesperrt gedruckte Titel bedeuten, daß das betreffende Stück zum ersten Male gegeben wurde. Die Verfasser bezw. Bearbeiter, deren Namen der Zettel häufig verschweigt, wurden, soweit sie ermittelt werden konnten, hinzu ergänzt.

Der Wert solcher authentischer Repertoirezusammenstellungen für litterarhistorische und theatergeschichtliche Studien leuchtet ohne weiteres ein. Der Mangel eines gedruckten Repertoires der klassischen Theaterzeit Mannheims wurde wiederholt von Forschern bedauert. Einige in Bibliotheken (z. B. der Münchener Hof- und Staatsbibliothek Cgm. 5449) vorhandene, oder hie und da von Antiquaren angebotene handschriftliche Verzeichnisse der älteren Mannheimer Aufführungen (teilweise vom Souffleur Trinkle herstammend) erwiesen sich als lückenhaft und ungenügend.[1]) Mit besonderem Nachdruck hat Minor in seiner Schillerbiographie (2,603) auf das Fehlen eines vollständigen Mannheimer Repertoires hingewiesen und die Zusammenstellung eines solchen als dringendes Bedürfnis bezeichnet. Die bisher vorhandenen gedruckten statistischen Tabellen konnten ein ausführliches Repertoire nicht ersetzen, da aus ihnen nur der Tag der ersten Aufführung und die Gesamtzahl der Aufführungen innerhalb einer bestimmten Periode zu ersehen war. Unter dem Titel „Rückblick auf die Verwaltung des Großh. Hof- und Nationaltheaters in Mannheim" liegen drei Tabellen (Druck und Verlag von J. Schneider) aus der Mitte dieses Jahrhunderts vor, die erste die Zeit vom 1. Okt. 1779 — 1. Okt. 1803, die zweite die Zeit vom 1. Okt. 1803 — 1. Okt. 1821, die dritte die Zeit vom 1. Okt. 1821 — 1. Okt. 1839 umfassend, worin sich außer Zusammenstellungen der wichtigeren Theaterereignisse, der Finanzen u. s. w. auch Angaben über die in dem betreffenden Zeitraum stattgehabten Premieren befinden. In Buchform erschien 1890, ebenso wie jene Tabellen vom Hoftheatercomité herausgegeben

---

[1]) Im Katalog der Wiener Theater-Ausstellung, Drama: S. 289 sind folgende Repertorien, Tagebücher ꝛc. aus Privatbesitz angeführt:

1—2 Verzeichnis der von 1777—1779 in Gotha aufg. Stücke und der in Mannh. 1779—1806 aufg. Stücke Hdschr. 2 Bde. von Heinrich Beck geführt, nach dessen Tod an Backhaus geschenkt, dann aus Thürnagels Besitz an A. Pichler, von diesem an Geh. Hofrat Prof. Josef Kürschner in Eisenach.

3—6 Repertorium des Großh. Hofth. in Mannheim 1779—1885 mit biogr. zeitgesch. Notizen, gedr. Mitt. aus dem Publ. etc. Hdschr. 4 Bde. Im Besitz des H. Geh. Hofrats Prof. Josef Kürschner in Eisenach.

7 Verzeichnis der vom 1. Okt. 1779 — Jan. 1830 auf der Hof- und Nationalbühne in Mh. aufg. Stücke u. Opern. Im Besitz des † Herrn Franz Thorbecke in Mh.

8 Stammbuch des Schauspr. Fr. Wilh. Meyer mit Einzeichnungen vieler Berühmtheiten des Mh. Th. Ende des 18. Jahrh. Im Besitz des Herrn Geh. Hofrats Joseph Kürschner in Eisenach.

ein „Rückblick und statistischer Bericht über die 50jährige bürgerliche Verwaltungsperiode des Großh. Hof- und Nationaltheaters zu Mannheim 1839—1889." Dieser Rückblick, der zum Teil auf einem 1864 herausgegebenen Rechenschaftsbericht über die ersten 25 Jahre der städtischen Verwaltung (1839—1864) beruht, zerfällt in drei „Tabellen": Tabelle I (in Buchform auf 68 Seiten) enthält eine in drei Gruppen: Schauspiele, Opern und Ballets, alphabetisch nach den Autoren geordnete Uebersicht über sämtliche dramatische Werke, die von 1779—1889 in Mannheim aufgeführt worden sind, (bei jedem Werk ist das Datum der Premiere, sowie die Zahl der Aufführungen von 1779—1839, von 1839—1849, 1849—59 u. s. w. bis 1889 angegeben) Tabelle II enthält eine Uebersicht der Ausgabe- und Einnahmebudgets und Tabelle III legt den Stand der Verwaltung im allgemeinen dar. Von 1889 an giebt eine jährlich erscheinende Uebersicht über die Vorstellungen des verflossenen Theaterjahres Rechenschaft über die künstlerische Thätigkeit des Theaters.

Das Vorwort zu dem Rückblick von 1839—89 betont, daß sich unter der bürgerlichen Verwaltung des Mannheimer Theaters die Pflege der Klassiker im Schauspiel und in der Oper gegen früher bedeutend gesteigert habe. Zum Beweis hiefür wird folgender statistischer Vergleich gezogen:

Es erschienen: im Zeitraum von 1779—1839			von 1839—1889		
von Goethe	6 Werke mit	63 Aufführungen	11 Werke mit	203 Auff.
„ Kleist	4 „	„ 26 „	5 „	„ 47 „
„ Lessing	5 „	„ 90 „	4 „	„ 84 „
„ Molière	3 „	„ 24 „	7 „	„ 55 „
„ Schiller	12 „	„ 276 „	16 „	„ 402 „
„ Shakespeare	14 „	„ 199 „	30 „	„ 384 „
„ Gluck	2 „	„ 17 „	6 „	„ 70 „
„ Mozart	6 „	„ 401 „	8 „	„ 402 „
Beethovens Fidelio		„ 20 „		„ 107 „
Zusammen: 53 Werke m. 1116 Aufführungen			87 Werke mit 1754 Auff.		

Auch aus dem folgenden Repertoire der Zeit von 1779—1803 ergiebt sich, daß die Pflege des klassischen Dramas unter Dalberg nicht im Vordergrund stand, sondern daß die Mannheimer Bühne durch die Aufführung von Ritterstücken, Familienstücken, Rührstücken, bürgerlichen Komödien und leichten Unterhaltungspossen, sowie beliebten Singspielen dem schnell wechselnden

Tagesgeschmack entgegenkam. Oefters wird in den Ausschußversammlungen darauf hingewiesen, daß mehr auf gute, ältere Stücke zurückgegriffen werden müsse, denn den neuen, schlechten „Kassenlockern" traue das Publikum nicht mehr. Iffland schreibt einmal (Juni 1784, Protokolle): „Die Mannheimer Bühne, die mit kalter Wahrheit gesagt, vermöge ihrer Intendance, ihrer trefflichen Einrichtung, ihrer Schauspieler und des thätigen Publikums es nicht nötig habe, ihren Repertoiren bald Mangel, bald den Strom der Mode, bald Zufall ansehen zu lassen, müsse auf Geschmack und Bildung bessernd einwirken." Auch David Beil betont: (Nov. 1786) „Stücke, die durch gewissenhafte Vorstellung der Schauspieler doch keines Menschen Herz und Sinn je erfreuten, müssen unwiderruflich vertilgt werden, damit eine so berühmte Bühne nicht mit Recht verderbten Geschmacks angeklagt werde." Dieser Kampf gegen die seichten Modeprodukte des Tages war sehr verdienstvoll, aber ziemlich aussichtslos bei dem hauptsächlich Unterhaltung und Abwechslung verlangenden Publikum und bei dem Mangel an wirklich guten Stücken.

„Wir müssen," schreibt Beck in den Protokollen im August 1787, „wir müssen bei unsern Nachbarn Unterstützung holen! Die Zahl unserer guten Dichter ist zu klein im Verhältnis mit dem Bedürfnis nach Abwechslung."

Wie heute, so mußte auch in der damaligen Zeit die Theaterleitung bei der Aufstellung des Repertoires auf möglichst große Abwechslung und Vielseitigkeit bedacht sein. Jedem etwas zu bieten, im Interesse der Kasse das Modebedürfnis zu befriedigen und im Interesse der Kunst das litterarisch und dramatisch Wertvolle nicht zu vernachlässigen, war die Parole Dalbergs. Das Minderwertige, flache bildete die Folie für das Gehaltvolle und Gute. Schröder ließ, wie er Beck versicherte, „Stücke absichtlich darum einstudieren, damit sie mißfallen und den Schatten formieren, der hernach die Stücke, von welchen er etwas erwartet, desto glänzender ins Licht heben soll." (vergl. Bd. I, S. 228.)

Niemand war mehr überzeugt von den hohen bildenden und erzieherischen Aufgaben der Bühne, als Dalberg und sein Regiekollegium. Der ernste ethische Gesichtspunkt, unter dem Schiller in der Rede, die er im Jahre 1784 in der kurf. deutschen Gesellschaft zu Mannheim hielt (Die Schaubühne als moralische Anstalt), das Wesen und die Aufgaben der Bühne betrachtete, war dem ideal gesinnten Leiter des Nationaltheaters und seinen Künstlern nicht fremd. Sie stimmten wohl überein mit Schillers Auffassung: „Die Gerichtsbarkeit der Bühne fängt an, wo das Gebiet der weltlichen Gesetze sich endigt ... Auch da, wo Religion und Gesetze es unter ihrer Würde achten, Menschenempfindungen zu begleiten, ist sie für unsere Bildung noch geschäftig ... Sie ist es, die der großen Klasse von Thoren den Spiegel vorhält und die tausendfachen Formen derselben mit heilsamem Spott beschämt ... Die Schaubühne ist mehr als jede andere öffentliche Anstalt des Staats eine Schule der praktischen Weisheit, ein Wegweiser durch das bürgerliche Leben, ein unfehlbarer Schlüssel zu den geheimsten Zugängen der menschlichen Seele ... So groß und vielfach ist das Verdienst der bessern Bühne um die sittliche Bildung; kein geringeres gebührt ihr um die ganze Aufklärung des Verstandes ... Die Schaubühne ist der gemeinschaftliche Kanal, in welchen von dem denkenden besseren Teile des Volks das Licht der Weisheit herunter strömt und von da aus in mildern Strahlen durch den ganzen Staat sich verbreitet ..." Aber bei dieser hohen Auffassung vom Theater als einer Bildungsanstalt der Sitten und des Geistes war Dalberg doch zu sehr praktischer Bühnenleiter und zu sehr abhängig von günstigen Kassenabschlüssen, als daß er sich lediglich von idealen Grundsätzen hätte leiten lassen. Je schwieriger und ungünstiger sich die Finanzlage des Theaters gestaltete, um so mehr mußte er den Neigungen des Publikums nachgeben.

In einer sehr interessanten Denkschrift über die Erhaltung und Weiterführung des Mannheimer Theaters vom 1. Dezember 1790 (A I, 4, 4 vgl. Koffka 255 ff., Pichler 116 f.) führte Dalberg aus, daß es von Anfang an der Wille des Stifters und Leiters der Mannheimer Bühne gewesen sei, der Mannheimer Einwohnerschaft und dem Fremdenpublikum ein gutes, gediegenes Kunstinstitut von dauerhaftem Bestand zu verschaffen. Daß die Mannheimer Bühne seit ihrer Entstehung sich zu dem Ruf einer vorzüglich guten emporgeschwungen habe, sei eben so wenig zu leugnen, als daß die Absichten des Kurfürsten bisher erreicht worden seien. Während ihres elfjährigen Bestehens habe sich im Schauspielwesen und im Geschmack des Publikums eine Reihe durchgreifender Veränderungen vollzogen, die von großem Einfluß auf die finanzielle und artistische Verwaltung gewesen seien.

Er fährt fort: „Die ersteren Jahre erheischen fast keiner Erwähnung; die Bühne war neu und die Lust zur Neuheit verschaffte auch den ältesten und mittelmäßigsten Stücken Zulauf. Der Operetten bediente man sich damals nur zur Aushülfe; dadurch wurde sehr vieles erspart; man sah sie mit Vergnügen, ohngeachtet sie veraltet waren; und die Schauspiele konnten, der Ungewohnheit wegen, öfter als jetzt wiederholet werden. Auf einmal kam in Deutschland eine Gattung Schauspiele auf, welche aus der vaterländischen Geschichte genommen, einen opernmäßigen Aufwand von Garderobe, Dekorationen und Comparsen erforderte. Allenthalben wurden sie gegeben und um den Beitrag des Publikums nicht zu vermindern, mußte man ebenfalls solche kostspielige Stücke hier aufführen lassen, wodurch aufs Neue wieder Vergnügen am Theater erweckt und die Lust, das Theater zu besuchen, vorteilhaft erhalten wurde. Mit dem Jahre 1783 und 1784 entstand ein anderer Geschmack, welcher nothwendig auch ein verändertes Theaterdirektions-System in Deutschland überhaupt, sowie hier besonders nach sich ziehen mußte. Durch die Erscheinung der Operette „die Entführung aus dem Serail", und d. m. fing das Publikum sowohl hier als auch anderwärts an, sein bisheriges Vergnügen an dem Schauspiel zu teilen, und die Operetten, welche bisher nur als Nebenwerk betrieben worden, mußten nun zur Abwechselung, und um sowohl dem Wunsche des Publikums Genüge zu leisten, als der Theaterkasse bessere Einnahmen zu verschaffen, von allen Theaterdirektionen mit dem Schauspiele gleich gesetzt werden. Man forderte jetzt Kompositionen von den berühmtesten Meistern, welche, teils aus dem Italienischen, teils aus dem Französischen übersetzt, mit einem kostspieligen Aufwande erscheinen mußten, wenn der Geschmack am Theater erhalten werden wollte. Aber welche Veränderung entstand nicht hierdurch im Schauspielwesen überhaupt! Bisher konnte man kleine Operetten zur Abwechslung geben, die weder ausgezeichnete Sänger noch Sängerinnen, noch sonst einen kostspieligen Aufwand erforderten; und nun mußten diese neuen lyrischen Produkte nicht allein teuer anerkauft werden, sondern sie erforderten auch Sänger und Sängerinnen zur Darstellung, welche größtenteils Meister in ihrer Kunst sind, und daher auch als solche bezahlt werden müssen; der Choristen, Dekorationen, Comparsen, Kleideraufwandes, und kostbaren Schreibgebühren nicht zu erwähnen, welche diese neuen Producte ganz unumgänglich nach sich ziehen. Auch das recitirende Schauspiel mußte notwendig dadurch zu einem größeren Aufwande als vorher steigen, wenn eine Direktion soviel durch die Komödie, als durch die Operetten einnehmen wollte. Seit den letzteren 5 oder 6 Jahren her übergaben die Schriftsteller, welche für die Theater arbeiten, nur alsdann ihre Stücke dem Druck, wenn sie solche einige Zeit vorher an die vorzüglichsten Bühnen im Manuscripte verkauft hatten. Der gedruckten guten Stücke um wohlfeilen Preis wurden dadurch so wenige, daß, wenn das hiesige Schauspielwesen nicht einschlafen und zweckmäßig eintragen sollte, keine andere Wahl übrig blieb, als dem Beispiele der vorzüglichsten Bühnen Deutschlands zu folgen, und ebenfalls Manuscripte zu erkaufen; denn blos allein durch Neuheiten und folglich durch beständige Abwechselung konnte die hiesige Bühne (bei einer im Grunde so geringen Anzahl von Zuschauern) 11 Jahre lang mit gutem Erfolge und Zufriedenheit erhalten werden."

Mannigfacher Art war die litterarische Initiative des Dalbergschen Repertoires. Es bedarf keines erneuten Hinweises, welches Wagnis es für den hochadligen Bühnenleiter, den hochgestellten Hof- und Regierungsbeamten, den Angehörigen der vornehmsten Gesellschaft Mannheims bedeutete, als er die revolutionären Sturm- und Drang-Stücke des jungen Schiller auf die vom Hof subventionirte Nationalbühne brachte, Werke wie die „Räuber" oder „Kabale und Liebe" in denen der Gesellschaftsklasse, vor der man sie spielte, offen der Krieg erklärt wurde. Es ist bekannt, mit welch glänzendem Erfolg dieses Wagnis begleitet war, das für ewige Zeiten den Namen Dalbergs, Jfflands und der Mannheimer Bühne mit demjenigen Schillers verknüpfte. Es ist ferner bekannt, mit welchem künstlerischen Eifer Dalberg, der neben der französischen und italienischen, die englische Lustspiel- und Schauspielllitteratur in breiten Massen an seiner Bühne einführte, für Shakespeare eintrat und das Mannheimer Publikum mit den bedeutendsten Bühnenwerken des großen Briten bekannt zu machen suchte,[1] allerdings nur in freien Bearbeitungen von

---

[1] Im Shakespeare-Jahrbuch IX befindet sich eine Zusammenstellung der Shakespeareaufführungen des Mannheimer Theaters 1779—1870 von Dr. Robert Gericke auf Grund des von Pichler im Jahre 1873 veröffentlichten Materials.

Schröder (Hamlet, Lear,) von ihm selbst (Cäsar, Timon etc.) oder anderen. Da diese Bemühungen von sehr ungleichem Erfolg begleitet waren, öfters sogar ganz mißglückten (Timon konnte nur zweimal, Coriolan nur einmal unter dem Mißfallen des Publikums gegeben werden), so schloß Dalberg 1791 mit der Coriolanaufführung seine Bemühungen, Shakespeare auf der Mannheimer Bühne mit weiteren Stücken heimisch zu machen, indem er diese Aufgabe einer späteren Zeit überließ.

Das Schauspielrepertoire beherrschten zu Dalbergs Zeit und in den zwei ersten Jahrzehnten des 19. Jahrhunderts Iffland und Kotzebue mit den Autoren, die ihrer Art folgten. Von Iffland erschienen in der Periode von 1779—1803 33 verschiedene Stücke auf der Mannheimer Bühne, dazu kamen bis 1808 noch 4 weitere, von Kotzebue bis Ende des Jahres 1803 34 Stücke, im ganzen 115 Stücke. Der Geschmack des Mannheimer Theaterpublikums der älteren Zeit und der Charakter des Repertoires von damals wird am besten durch folgende statistische Angaben gekennzeichnet. Wir lassen hier einige der Favoritstücke, die es in der Zeit von 1779—1889 über 30 Aufführungen gebracht haben, folgen und fügen die Zahl der Aufführungen in diesem Zeitraum bei.

Im Schauspiel:

Rautenstrauch. Jurist und Bauer. L. 2	mit 72	Aufführungen
Florian (Wall). Die beiden Billets. L. 1	„ 59	„
Schiller. Die Räuber. Tr. 7	„ 55	„
Kotzebue. Menschenhaß und Reue. S. 5	„ 53	„
Iffland. Die Hagestolzen. L. 5	„ 51	„
„ Die Jäger. S. 5	„ 50	„
Shakespeare (Schröder). Hamlet. Tr. 5	„ 46	„
Schiller. Kabale und Liebe. Tr. 5	„ 46	„
Lessing. Emilia Galotti. Tr. 5	„ 45	„
Jünger. Er mengt sich in alles. L. 5	„ 43	„
„ Die Entführung. L. 5	„ 42	„
Kotzebue. Die Verwandtschaften. L. 5	„ 42	„
„ Der Wildfang. L. 3	„ 40	„
„ Der Graf von Burgund. S. 4	„ 40	„
Schröder. Stille Wasser sind tief. L. 5	„ 40	„
Kotzebue. Bruderzwist. S. 5	„ 39	„
„ Armut und Edelsinn. L. 3	„ 37	„
„ Die Sonnenjungfrau. S. 5	„ 35	„
„ Das Epigramm. L. 4	„ 34	„
Sedaine. Felix. S. 3	„ 34	„

Schiller. Wilhelm Tell. S. 5	mit 33	Aufführungen
Kotzebue. Graf Benjowsky. S. 5	„ 33	„
Iffland. Dienstpflicht. S. 5	„ 33	„
„ Der Spieler. S. 5	„ 32	„
Beck (nach Shakespeare). Die Quälgeister. L. 5	„ 31	„
Iffland. Verbrechen aus Ehrsucht. S. 5	„ 31	„
Gemmingen. Der Hausvater. S. 5	„ 30	„

u. a.

In der Oper:

Mozart. Die Zauberflöte. O. 2	„ 115	„
„ Don Juan. O. 4	„ 100	„
„ Die Entführung. O. 3	„ 89	„
Winter. Das unterbrochene Opferfest. O. 2	„ 58	„
Cherubini. Der Wasserträger. O. 3	„ 53	„
Mozart. Figaros Hochzeit. O. 4	„ 52	„
W. Müller. Das Neusonntagskind. Opt. 2	„ 52	„
Dalayrac. Die beiden kleinen Savoyarden. O. 1	„ 50	„
Dittersdorf. Doktor und Apotheker. O. 4	„ 45	„
„ Das rote Käppchen. O. 2	„ 44	„
Audinot. Der Faßbinder. O. 1	„ 35	„
Gretry. Zemire und Azor. O. 4	„ 34	„
Süßmayer. Die neuen Arkadier. O. 2	„ 33	„
Dalayrac. Die Wilden. O. 3	„ 31	„

u. a.

Als Eröffnungstag des Nationaltheaters gilt der 7. Oktober 1779, an dem Bocks Lustspiel „Geschwind ehe es jemand erfährt" aufgeführt wurde. Die von Dalberg neuengagierte Schauspieler-Gesellschaft trat an diesem Tage zum ersten Mal in Thätigkeit. Am 20. Juni 1803 legte Dalberg die Intendanz nieder, die ihm durch ein kurfürstliches Reskript vom 1. Sept. 1778 übertragen worden war. Das nachstehende Repertoire enthält die Zusammenstellung sämtlicher Aufführungen innerhalb dieses fünfundzwanzigjährigen Zeitraumes.

Vorausgestellt ist diesem Repertoire ein Verzeichnis der Aufführungen im Mannheimer Theater unter Marchand und Seyler von Ostern 1778 bis September 1779. Dieses Verzeichnis hat keinen Zusammenhang mit dem Repertoire der Dalbergschen Zeit und ist bei der Zusammenstellung der Aufführungstage und der alphabetisch geordneten Stücke nicht berücksichtigt worden. Es gründet sich nicht auf Zettelbände (die vollständigen Zettel vor Okt. 1779 sind nicht mehr vorhanden, einzelne Zettel aus dieser Vorperiode sind große Raritäten), sondern auf die sog. Tagebücher der Mannheimer Schaubühne in den damaligen Mannheimer Zeitschriften: Rheinische Beiträge I, 2, 226 u. 381 (April, Mai u. Juni 1778)[1] und Pfälzisches Museum 3, 325 ff. (Okt. 1778—Okt. 1779 mit kurzen kritischen Bemerkungen).

Marchand spielte mit seiner Truppe[2] seit Neujahr 1777 in dem neuerbauten Nationaltheater (Eröffnungsvorstellung: „Der Schein betrügt" von Brandes). Seine Aufführungstage waren (ebenso wie früher bei der kurf. französischen Komödie in Mannheim): Sonntag, Dienstag und Donnerstag. Im April 1777 wurde Marchand zum Direktor der kurf. deutschen Schaubühne ernannt. Eine genaue Rekonstruktion seines Repertoires war erst von Ostern 1778 an möglich. Am 13. Sept. 1778 verabschiedete sich Marchand, der mit seiner Truppe dem Kurfürsten nach München folgte, in Lessings „Minna von Barnhelm" vom Mannheimer Publikum. Dalberg schloß darauf mit dem Direktor Seyler einen Vertrag, wonach derselbe mit seiner Truppe von Oktober 1778 bis Fasten 1779 (von Mainz herüberkommend) einmal wöchentlich, von Fastnacht bis Ostern 1779 dreimal wöchentlich spielte. Auch nach Ostern bis in den September 1779 spielte die Seylersche Gesellschaft in Mannheim und zwar durchschnittlich dreimal in der Woche. Mit dem 7. Okt. 1779 begann dann die Dalbergsche Periode des Mannheimer Theaters.

[1] Als Verfasser dieses Tagebuchs in den Rhein. Beiträgen bekennt sich in seinen Memoiren der Frh. Stefan v. Stengel, der im Oktober 1778 mit dem Hof nach München zog.

[2] Über das deutsche Schauspiel in Mannheim vor Dalberg vgl. die ersten Kapitel in Pichlers Chronik, ferner Walter, Gesch. des Theaters u. der Musik am kurpfälzischen Hofe S. 259 ff.

Marchandſche Truppe.

1778.

April
Di. 20. Der glückliche Geburtstag. L. Schletter.
Das Winterquartier in Amerika. L. 1 Babo.
Do. 23. Die Kandidaten. L. 5 Krüger.
So. 26. Arlechin, Kaiser in China. Pantomime, Muſik von Toeschi.
Die junge Indianerin. L. 1 a. d. f. des Chamfort.
Di. 28. Die Reiſenden. L. 5 [Bode].
Arlechin, Kaiſer in China.
Do. 30. Die Werber. L. 5 Stephanie d. j.

Mai
So. 3. Zemire u. Azor. Sg. 4 Gretry.
Di. 5. Der Fabrikant von London. S. 5 Falbaire.
Der Diamant. L. 1 Engel.
Do. 7. Miß Obre. L. 5 Cumberland.
Das Feſt der Liebe. Ballet.
So. 10. Der Zauberer. S.
Die abgenöthigte Einwilligung. L. 1.
Di. 12. Der Schein betrügt. L. 5 Brandes.
Die Fiſcher. B.
Do. 14. Die eiferſüchtige Ehefrau. L. 5 (nach Colman u. Garrik).
So. 17. Elfriede. Tr. 3 Bertuch.
Röschen u. Colas. Sg. 1 Monſigny.

Di. 19. Die Freundſchaft auf der Probe. Sg. 2 Weiße k., Gretry.
Die Mütterſchule. L. 5 De la Chauſſée.
Do. 21. Der wohlthätige Murrkopf. L. 5 nach Goldoni von Stephanie d. ä.
Die abgenöthigte Einwilligung. L. 1.
So. 24. Die eiferſüchtige Ehefrau. L. 5 e.
Lukas u. Hannchen. B. (n. d. frz. Singſpiel Annette u. Lupin.)
Di. 26. Der glückliche Geburtstag. L. Schletter.
Der Edelknabe. L. 1 Engel.
Fr. 29. Der Schiebkarren des Eſſigſieders. S. 3 Mercier.
Der verſtellte Gärtner. Sg. Philidor.

Juni
Di. 2. Der Gaſthof oder Trau ſchau wem? L. 5 Brandes.
Do. 4. Minna von Barnhelm. S. 5 Leſſing.
Mo. 8. Die Sklavin. Sg. 1 Piccini.
Das Duell oder Das junge Ehepaar. L. 1 Jeſter.
Do. 11. Henriette oder Sie iſt ſchon verheirathet. L. 5 Großmann.
So. 14. Walwais und Adelaide. S. 5 Dalberg.
Aeneas u. Dido. B.

Di. 16. m_____ _____alde. S. 5
    Dalberg.
    Äneas u. Dido. B.
Fr. 19. Julie. S. von ?
    Das Winterquartier in
    Amerika. L. 1 Babo.
So. 21. Der Spieler. L. 5 Regnard.
Di. 23. Der Triumph der Freund-
    schaft. L.
    Die Sklavin. Sg. 1 Piccini.

Do. 25. Eduard Montrose. Tr. 5
    Dierike.
Mo. 29. Henriette[1] L. 5 Großmann.

September
So. 13. Minna von Barnhelm. L. 5
    Lessing (Abschiedsvor-
    stellung der Marchandschen
    Truppe).

Seylersche Truppe.

1778.

Oktober
Di. 27. Geschwind ehe es jemand
    erfährt oder Der besondere
    Zufall. L. 3 Bock.
Do. 29. Merope. Tr. 5 Voltaire
    (Gotter).
    Das Mißverständnis. L. 1
    Sprickmann.
Fr. 30. Ertappt! Ertappt! L. 2
    Wezel.
    Ariadne auf Naxos. Dd.
    Brandes, Benda.

November
Di. 3. Sophonisbe. Dr. v. Meißner,
    Musik v. Neefe.
    Jeanette. L. 3 Gotter.
Mi. 4. Hamlet. Tr. 5 Shakespeare
    (3. 1. Mal).
Fr. 6. Der argwöhnische Ehemann.
    L. 5 Gotter.

Sa. 7. Hamlet. Tr. 5 Shakespeare.
So. 8. Graf von Olsbach. L. 5
    Brandes.
So. 22. Walwais u. Adelaide. S. 5
    Dalberg.
So. 29. Die verstellte Kranke. L. 3
    Goldoni.
    Die beiden Hüte. L. 1 ?.

Dezember
So. 6. Der Hausvater. S. 5 Diderot.
So. 13. Der Lügner. L. 3 Goldoni.
So. 20. Medea. Dd. Gotter, Benda[2].
Sa. 26. Der Mann nach der Welt.
    L. 5 Boissy.
    Der dankbare Sohn. L. 1.
    J. J. Engel.
So. 27. Die verstorbene Ehefrau oder
    Drei Liebhaber auf einen
    Tag. L. 5 Bretzner.
Mo. 28. Melanide. S. 5. La Chaussée.

1779.

Januar
So. 3. Die neugierigen Frauen-
    zimmer. L. 3 Goldoni.
    Der Edelknabe. L. 1 Engel.

So. 10. Sidney und Silly. D. 5. Frh.
    v. Gugler.
So. 17. Miß Sara Sampson. Tr. 5
    Lessing.

---

[1] In Anwesenheit des Kurfürsten vgl. Rh. Beitr. VI, 390 u. Pichler 32.
[2] Das zweite Stück dieses Abends ist im Tagebuch nicht genannt.

So.	24.	Der Freigeist.¹) L. 5 Lessing.	Sa. 20.	Die schöne Arsene. Sg. 4 Monsigny.
So.	31.	Der Zerstreute. L. 5 Regnard (Dyk).	So. 21.	Emilia Galotti. Tr. 5 Lessing.

Februar

- So. 7. Die verstellte Kranke. L. 3 Goldoni.
  Die beiden Hüte. L. 1 L.
- Do. 18. Eduard Montrose. Tr. 5 Diericke.
- So. 21. Die stumme Schönheit. L. 1 E. Schlegel.
  Die Kolonie. Opt. 2 Sacchini.
- Di. 23. Der geadelte Kaufmann. L. 5 Brandes.
- Do. 25. Die neue Agnese. L. 1 J. Fr. Löwen.
  Das Blendwerk. Opt. 2 Marmontel, Gretry.
- So. 28. Die eifersüchtige Ehefrau. L. 5 e.

März

- Di. 2. Wie man eine Hand umkehrt oder Der flatterhafte Ehemann. L. 5 Bock e.
- Do. 4. Das gute Mädchen²) Opt. 3 Piccini.
- So. 7. Der Ehescheue. L. 5 Dorat (Gotter).
- Di. 9. Hamlet. Tr. 5 Shakespeare.
- Do. 11. Romeo und Julia. O. 3 Gotter, Benda.
- So. 14. Der Tadler nach der Mode oder Ich weiß es besser. L. 3 Stephanie d. j.
- Di. 16. Zu gut ist nicht gut! L. 5 Goldsmith (bearb. v. Kommissionsrat Schmidt).
- Do. 18. Der gutherzige Polterer. L. 3 Goldoni.
  Ariadne auf Naxos. Dd. Brandes, Benda.

- Di. 23. Die Feuersbrunst. S. 3 Großmann.
  Der Alchymist. Opt. 1 Meißner (nach Le Grand), Schuster.
- Fr. 26. Getroffen! L. 1 Schletter.
  Das Blendwerk. Sg. 2 Marmontel, Gretry.
- Sa. 27. Macbeth³) Tr. 5 Shakespeare, umgearb. v. H. L. Wagner.
- Mo. 29. Reiste Seyler mit seiner Gesellschaft zur Frankf. Ostermesse. Das Theater blieb geschlossen bis zum 30. April.

April

- Fr. 30. Geschwind ehe es jemand erfährt oder Der besondere Zufall. L. 3 Bock.

Mai

- So. 2. Die drei Pachter. Sg. 2 Monvel (W. G. Becker), Desaides.
  Die Fischer oder Der betrogene Ehemann. Balletpantom.
- Mi. 5. Der Lügner. L. 3 Goldoni.
- Do. 6. Die drei Pachter. Sg. 2.
  Die Fischer. Balletpantom.
- So. 9. Stilpo und seine Kinder. Tr. 5 Klinger.
- Di. 11. Die Kolonie. Sg. 2 Sacchini.
  Schwarz und Weiß, Ballet.
- Mi. 12. Die Schule für Liebhaber. L. 5 Whitehead.
- So. 16. Der Teufel ist los! Opt. 3 Weiße, Hiller.
- Di. 18. Wickinson und Wandrop. S. 5 Möller.

---

¹) „Diese beyden Stücke machten keine sonderliche Wirkung."
²) „Madam Benda, eine dicke, fette, große Figur als gutes Mädchen!"
³) „Dieses Stück wurde ziemlich gut aufgeführt. Madame Seyler erhielt großen Beyfall in der Scene, wo sie im Traume das Blut von den Händen abwaschen will. Herr Borchers als Macbeth zeigte heute, daß er ein schlechter Fechter sey."

Do. 20. Wie man eine Hand umkehrt oder Der flatterhafte Ehemann. L. 5 Bock.
Medea. Dd. Gotter, Benda.
Mo. 24. Amalie. L. 5 Weiße.
Ein jedes Amt hat seine Beschwerden od. Das Narrenhaus, kom. Balletpantom. von Schulz.
Sa. 29. Der Spleen oder Einer hat zu viel, der andere zu wenig. L. 3 Stephanie d. j.
So. 30. Der Ehescheue. L. 5 Dorat (Gotter).

Juni

Fr. 4. Die verstellte Kranke. L. 3 Goldoni.
Das Blendwerk. Sg. 2 Marmontel, Gretry.
So. 6. Eugenie. D. 5 Beaumarchais.
Jedes Amt hat seine Beschwerden oder das Narrenhaus. Balletpant. Schulz.
Di. 8. Rache für Rache. L. 4 Wezel.
Do. 10. Der Triumph der guten Frauen. L. 5 Joh. Elias Schlegel.
Das redende Gemälde. Sg. 1 Gretry.
So. 13. Das gute Mädchen. Sg. 3 Piccini.
Do. 17. Eduard und Eleonore. Tr. 5 Thomson.
So. 20. Jeanette. L. 3 Gotter (nach Voltaires Nanine)
Alter hilft vor Thorheit nicht oder der Mechanikus. Kom. Ballet von Schulz.

Di. 22. Macbeth. Tr. 5 Shakespeare (Wagner.)
Do. 24. Der Baron vom festen Turme. Sg. 2 a. d. it., J. Michel (kurbair. Kompositeur.)
Die Kroaten auf dem Marsche. Ballet von Schulz.
So. 27. Die Römer in Deutschland. Tr. 5 Babo.[1])
Di. 29. Die unversehene Wette oder Wer viel weiß, weiß noch nicht alles. L. 2 n. Sedaine v. Rautenstrauch.
Das redende Gemälde. Sg 2 Gretry.

Juli

Do. 1. Die verstorbene Ehefrau oder Drei Liebhaber auf einen Tag. L. 5 Bretzner.
Wurst wieder Wurst oder Die Matrosen und Werber am Hafen. Ballet v. Schulz.
So. 4. Der Graf Waltron oder Die Subordination S. 5 Möller.
Di. 6. Jeanette L. 3 Gotter.
Der Tod der Dido.[2]) O. 1 Holzbauer.
Do. 8. Der Edelknabe. L. 1 Engel.
Die Freundschaft auf der Probe. Sg. 2 Gretry.
So. 11. Rodogune. Tr. 5 Corneille.
Di. 13. Die Mütterschule. L. 5 De la Chaussée.
Do. 15. Die drei Pachter. Sg. 2 Desaides.
Die drei Bucklichen aus Damasko. Ballet v. Schulz.

---

[1]) „Dies Stück ist das Werk eines unserer Mitbürger. Es erhielt den Preis in Hamburg, eine Denkmünze von der hiesigen Deutschen Gesellschaft und ward mit lautem Beifall aufgeführt."

[2]) Dieses Stück wurde zum Vergnügen Ihrer Kurfürstl. Durchlaucht der Frau Kurfürstin aufgeführt. Madame Dorothe Wendling spielte die Dido, Herr Zonca den Jarbas, Mlle. Fürst die Selene und Carnioli den Osmida. Die Musik war von Herrn Kapellmeister Holzbauer neu dazu gemacht. Das Publikum freute sich sehr, die berühmte Madame Wendling wieder einmal auf der Bühne zu sehen."

So. 18. Die Feuersbrunst. S. 3 Großmann.
Ariadne auf Naxos. Dd. Brandes, Benda.
Di. 20. Die schöne Arsene. Sg. 4 Monsigny.
Do. 22. Die Erbschaft. S. 3. („ein hiesiges Orig.-Schauspiel") Schwarz und Weiß. Ballet von Schulz.
So. 25. Die Dortmünder. L. 5 Schletter.
Mi. 28. Die Holländer oder was vermag ein vernünftiges Frauenzimmer nicht. L. 3 Bock (n. Goldoni.)

August.
So. 1. Sancho Pansa. Sg. 2 Philidor.
Die drei Bucklichen von Damasko, pant. Ballet Schulz.
Di. 3. Der Lügner. L. 3 Goldoni.
Do. 5. Emilia Galotti. Tr. 5 Lessing.
So. 8. Der Deserteur aus Kindesliebe. S. 3 Stephanie d. j.
Die Kroaten auf dem Marsch. Ballet von Schulz.
Di. 10. Die Holländer. L. 3 Bock (n. Goldoni.)
So. 15. Die Entführung oder Die zärtliche Mutter. D. 5 v. Mad. Seyler.
Die Fischer oder der betrogene Ehemann, Ballet v. Schulz.
Di. 17. Die drei Pachter. Sg. 2.
Do. 19. Semiramis. Tr. 5 f. (Voltaire?)
So. 22. Sophie oder Der gerechte Fürst. S. 3 Möller.[1]

Di. 24. Zemire und Azor. Sg. 4 Gretry.
Do. 26. Orest und Elektra. Tr. 5 Voltaire, bearb. v. Gotter.

„Den 28. August reiste die Seylerische Gesellschaft nach Frankfurt, und das Mannheimer Publikum erwartete nun mit Sehnsucht die Ankunft der neuen Gesellschaft."

* * *

„Da man Seiner Kurf. Durchlaucht, welche von München hieher gekommen war, einige Vorstellungen geben wollte, die Schauspieler aber von Gotha noch nicht angekommen waren, so wurde die Bühne den 19. Herbstmonat eröffnet."

September
So. 19. Die junge Indianerin. S. 1 Chamfort (Betti: Mad. Brandes.
Der Tod der Dido. O. 1 Holzbauer. (Dido: Mad. Wendling.)
Do. 23. Der Schein betrügt. L. 5 Brandes.
So. 26. Das Orakel. L. 1 St. Foix.[2]
Ariadne auf Naxos. Dd. Brandes, Benda. (Ariadne: Mad. Brandes.)
Do. 30. Das Duell oder Das junge Ehepaar. L. 1.
Medea. Dd. Gotter, Benda.

---

[1] „Heute war Unsinn im Stücke, Unsinn in Austeilung der Rollen und Unordnung im Parterre. Madame Seyler spielte Sophien; da denn ihre dicke Figur zu der gefangenen und täglich gequälten Sophie herrlich paßte. Madame Borchers mußte Theresen, des Stockmeisters Tochter, spielen. Nach geendigtem Stücke wurde Herr Möller als Autor herausgerufen, welcher dann dem Parterre zur Dankbarkeit einen ganzen Schwall Unsinn herplapperte und dasselbe vor den Richterstuhl Gottes citirte. Das Parterre, um Herrn Möller nichts schuldig zu bleiben, rief zuletzt alle heraus, die in dem Stücke gespielt hatten: allein Madame Seyler erschien im Namen der Gesellschaft, um für all den heutigen Unsinn zu danken."

[2] „Mlle. Brandes, ein hoffnungsvolles Mädchen, debütierte mit der Rolle der Lucinde und gefiel sehr. Mad. Toscani als Alcindor spielte eine traurige Rolle."

Die Dalbergſche Periode.

1779.

I. Theaterjahr.

Oktober
- Do. 7. Geſchwind ehe es jemand erfährt oder Der beſondre Zufall¹) L. 3 Bock.
- So. 10. Hamlet²) Tr. 5 Shakeſpeare (Schröder).
- Di 12. Der argwöhniſche Ehemann. L. 5 Gotter.
- Do. 14. Die verſtellte Kranke. L. 3 Goldoni.
  Das Orakel. L. 1 St. foix.
- Mo. 18. Die Schule der Damen oder Was feſſelt uns Männer. L. 3 Stephanie d. j. (Reichard).
- Mi. 20. Der flatterhafte Ehemann oder Wie man eine Hand umkehrt. L. 5 Bock e.
- Fr. 22. Die heimliche Heirat. L 5 Colman u. Garrik.
- So. 24. Olivia. Tr. 5 Brandes.
- Di. 26. Die Schule der Damen. L. 5 Stephanie d. j. (Reichard).
- Do. 28. Jeanette. L. 3 Gotter (Nanine des Voltaire).
  Die beiden Hüte. L. 1 Collé.³)
- So. 31. Der Eheſcheue. L. 5 (Dorat) Gotter.

¹) Im Tagebuch der Mh. Schaubühne (Pfälz. Muſ. 1786, S. 358) wird folgendes über dieſe Vorſtellung berichtet, die als die erſte des neuen Mh. Th. gilt, weil ſie die erſte nach Ankunft der Gothaiſchen Schauſpieler war: „Herr Iffland debütierte in der Rolle des Hieronymus Billerbeck. In den zwei erſten Akten hatte er Beifall; im dritten aber vermißte man Herrn Borchers. Herr Beil als Peter Gröbing gefiel ſehr, und Herr Meyer hatte allgemeinen Beifall wegen ſeiner richtigen Deklamation und ſeinem guten Organ. Madame Kummerfeld mißfiel gänzlich als Chriſtinchen." Ebenda ſind die nächſtfolgenden Vorſtellungen kurz beſprochen.

²) Die Schröderſche Hamletbearbeitung (in Mh. ſchon von der Seylerſchen Truppe 4. 11. 1778 gegeben) blieb bis 1835 auf dem Repertoire Erſte Beſetzung: König—Brandes, Königin—Mad. Seyler, Hamlet—Boek, Geiſt—Meyer, Oldenholm (Polonius)—Iffland, Ophelia—Mad. Toscani, Laertes—Zuccarini, Güldenſtern—Beck, Guſtav—Beil u. ſ. w. Das Tagebuch (Pf. Muſ.) berichtet: „Herr Boek debütierte in der Rolle des Hamlet mit Beifall. Herr Brandes gefiel nicht als König. Mad. Toscani erhielt Beifall als Ophelia."

³) Nach: Kom. Th. der Franzoſen (777 Bd. 2 iſt dies Luſtſpiel nicht von Collé, ſondern von Marmontel.

November

Mi. 3. Minna von Barnhelm[1]) L. 5 Lessing.

Fr. 5. Sind die Verliebten nicht Kinder? L. 3 Goldoni.
Der Schwätzer. L. 1 Boissy.

So. 7. Rodogune, Prinzessin der Parther. Tr. 5 Corneille.

Di. 9. Die sanfte Frau. L. 3 Goldoni.
Glücklicherweise. L. 1 Rochon de Chabanne (übers. v. Prinzen Aug. von Braunschweig).

Do. 11. Die heimliche Heirat. L. 5 Colman u. Garrik.

So. 14. Juliane von Lindorak. S. 5 Gozzi.
Der verliebte Werber. L. 1 [LeSage u. D'Orneval].

Di. 16. Der Deserteur aus Kindesliebe. L. 3 Stephanie d. j.
Medea. Dd. Gotter, Benda.

Do. 18. Richard III.[2]) Tr. 5 Shakespeare (Weiße).

So. 21. Die Nebenbuhler. L. 5 [Sheridan].

Di. 23. Der Ton der großen Welt. L. 2 Colman.
Der verliebte Werber[3]) L. 1 f.

Do. 25. Die Wirtschafterin oder Der Tambour bezahlt alles. L. 2 Stephanie d. j.
Nacht und Ohngefähr. L. 1 Reichard.

So. 28. Die schlaue Wittwe. L. 3 Goldoni.
Die Ungetreuen. L. 1 Barthe (Reichard).

Di. 30. Juliane von Lindorak. S. 5 Gozzi.
Die junge Indianerin. L. 1 Chamfort.

Dezember

Do. 2. Der Faschingsstreich. L. 5. Montfleury.

So. 5. Die Mediceer. S. 5 Brandes.

Di. 7. Eugenie.[4]) D. 5 Beaumarchais (Schwan.)

Do. 9. Sind die Verliebten nicht Kinder? L. 3 Goldoni.
Ariadne auf Naxos. Dd. 1 Brandes, Benda.

So. 12. Die Nebenbuhler. L. 5 Sheridan.

Di. 14. Der Jurist u. der Bauer. L. 2 Rautenstrauch.
Das Duell oder Das junge Ehepaar. L. 1 Jester.

Do. 16. Clavigo.[5]) Tr. 5 Goethe.

---

[1]) Tellheim—Boek, Minna—Fr.Brandes, Franziska—Fr. Pöschl, Just—Beil, Werner—Brandes, Wirt—Iffland, Dame in Trauer—Fr. Seyler, Feldjäger—Beck, Riccaut—Zuccarini, Bruchsal—Herter. „Mad. Brandes als Minna erschien heute wieder als große Künstlerin. Auch gefiel Herr Zuccarini sehr als Riccaut."

[2]) Bis 28. November 1786 4mal, die Schlegelsche Übers. erst seit 1863. Erste Besetzung: Richard III.—Boek (sehr gerühmt), Stanley—Brandes, Catesby—Iffland u. s. w. Das Tagebuch (Pfälz. Mus.) bemerkt: „Mad. Brandes und Herr Boek spielten heute meisterhaft."

[3]) Nach Pfälz. Mus. 1786 S. 365 ist nicht dies Nachspiel, sondern Ariadne auf Naxos von Benda gegeben worden.

[4]) Mit der Besprechung dieses Stückes beginnt das „Tagebuch der Mh. Schaubühne in den Rhein. Beitr. z. Gelehrsamkeit" 1780 I, 60.

[5]) Erste Besetzung: Clavigo — Zuccarini, Carlos — Iffland, Beaumarchais — Meyer, Marie — Mad. Brandes, Sophie — Mad. Kummerfeld, Guilbert — Herter, Buenco — Beck, St. George — Boek.

So. 19. Geschwind ehe es jemand erfährt oder Der besondere Zufall. L. 3. Bock.
Di. 21. Der Ehescheue. L. 5 (Dorat) Gotter.
Mi. 22. Clavigo¹) Tr. 5 Goethe.
Do. 23. Die Nebenbuhler. L. 5 Sheridan.
Medea. Dd. 1 Gotter. Benda.

So. 26. Der Jurist und der Bauer. L. 2 Rautenstrauch.
Die Dorfgala. Opt. 1 Gotter, Schweitzer.
Di. 28. Der Familienstolz.²) S. 5 Dr. Wagner.
Do. 30. Der flatterhafte Ehemann oder Wie man eine Hand umkehrt. L. 5 Bock e.

1780.

Januar
So. 2. Die heimliche Heirat. L. 5 Colman und Garrik.
Di. 4. Der Westindier. L. 5 u. Cumberland.
Fr. 7. Nacht und Ohngefähr. L. 1 Reichard.
Die Dorfgala. Opt. 1 Gotter, Schweitzer.
So. 9. Der Barbier v. Sevilla³) L. 4 Beaumarchais.
Di. 11. Die Holländer oder Was vermag ein vernünftiges Frauenzimmer nicht? L. 3 Bock (n. Goldoni).

Fr. 14. Henriette oder Sie ist schon verheirathet⁴) L. 5 Großmann.
So. 16. Die Wirtschafterin oder Der Tambour bezahlt alles. L. 2 Stephanie d. j.
Die junge Indianerin⁵) L. 1 Chamfort.
Di. 18. Die Schwiegermütter oder Die lächerlichen Irrtümer. L. 5 Brandes.
Die beiden Hüte. L. 1 Collé.
Do. 20. Rosamunde⁶) O. 3 Wieland, Schweitzer.
Fr. 21. Der Faschingsstreich. L. 5 Montflenry.
Die Ungetreuen. L. 1 Reichard (nach Barthe).

---

¹) Freier Eintritt in Gegenwart Goethes und des Herzogs von Sachsen-Weimar. Vgl. Rh. Beitr. 1780 I, 77. Pfälz. Mus. 1786, 368.
²) Vgl. für diese und die folgenden Vorstellungen Rh. Beitr. 1780 I, 160 f. sowie (wie schon für alle vorausgehenden) Pfälz. Mus. 1786, 369.
³) Boek spielte den Almaviva, Iffland den Bartolo, Mlle. Brandes die Rosine, Beil den Figaro.
⁴) Nach dem Verzeichnis der Rhein. Beitr. wurde „Der Schein betrügt" gegeben. Das Tagebuch im Pfälz. Museum dagegen bestätigt obige Vorstellung.
⁵) Das Tagebuch im Pf. Mus. hat für diesen Tag wohl irrtümlich die Vorstellungen: Die verstellte Kranke L. 3 Goldoni u. Der Edelknabe L. 1 Engel.
⁶) War schon 1777/78 von der kurf. Hofoper angenommen, kam damals aber wegen der Trauer und der Uebersiedelung des Hofes nach München nicht zur Aufführung. Die Rosamunde sang 1780 Mlle. Brandes, die Königin Mlle. Fürst, als Belmont debütierte der Bassist Gern. Besprochen: Rh. Beitr. 1780. I, 330, 497 u. 513 ff. Ferner: Tagebuch d. Mh. Schaub. im Pfälz. Mus. 1786 S. 371.

So. 23. Der Ehescheue¹) L. 5 Gotter (Dorat).
Di. 25. Der Geizige²) L. 5 Molière.
Do. 27. Rosamunde³) O. 3 Wieland, Schweitzer.
Fr. 28. Die Schwiegermütter⁴) L. 5 Brandes.
So. 30. Der Jurist und der Bauer. L. 2 Rautenstrauch. Cleopatra. Db. 1 Neumann, Franz Danzy.

Februar
Di. 1. Der Deserteur aus Kindesliebe. L. 3 Stephanie d. j. Ariadne auf Naxos. Db. 1 Brandes, Benda.
Mi. 2. Rosamunde. O. 3 Wieland, Schweitzer.
Fr. 4. Der poetische Dorfjunker oder Die Poeten vom Lande. L. 5 Destouches. Cleopatra. Db. 1 Neumann, Danzy.
So. 6. Rosamunde. O. 3 Wieland, Schweitzer.
Do. 10. Geschwind ehe es jemand erfährt. L. 3 Bock.
So. 13. Der Diamant. L. 1 Collé. Der Dorfjahrmarkt. O. 2 Gotter, Benda.
Di. 15. Die Nebenbuhler. L. 5 Sheridan.
Do. 17. Der argwöhnische Ehemann. L. 5 Gotter.
So. 20. Der Geizige. L. 5 Molière.
Di. 22. Der geadelte Kaufmann. L. 5 Brandes.
Do. 24. Der Postzug oder Die noblen Passionen. L. 2 Ayrenhoff. Der Jurist und der Bauer. L. 2 Rautenstrauch.

So. 27. Rodogüne, Prinzessin der Parther. Tr. 5 Corneille.
Di. 29. Sind die Verliebten nicht Kinder? L. 3 Goldoni. Der Schwätzer. L. 1 Boissy.

März
Do. 2. Das Spiel der Liebe und des Zufalls. L. 3 Marivaux. Die beiden Hüte. L. 1 Collé.
So. 5. Glücklicherweise. L. 1 Rochon de Chabannes (Prinz Aug. v. Braunschweig.) Der Dorfjahrmarkt. O. 2 Gotter, Benda.
Di. 7. Das Spiel der Liebe und des Zufalls. L. 3 Marivaux. Das Milchmädchen und die beiden Jäger. (les chasseurs et la laitière) Opt. 1 Anseaume, Duni.
Do. 9. Die Schwiegermütter. L. 5 Brandes. Die Komödie aus dem Stegreif. L. 1 [v. Gotter nach Poisson].
So. 12. Die Holländer. L. 3 Goldoni (Bock.)
Di. 14. Der Fall in Abgrund. Tr. 5 Gozzi. Die Dorfgala. Opt. 1 Gotter, Schweitzer.
Do. 16. Die verstellte Kranke. L. 3 Goldoni. Das Milchmädchen und die beiden Jäger. Opt. 1. Anseaume, Duni.

Osterferien.

Di. 28. Der Edelknabe. L. 1. J. J. Engel. Das tartarische Gesetz. Sg. 2 Gotter, Joh. André.

---

¹) Fehlt im Tagebuch des Pfälz. Mus. — ²) Iffland spielte den Harpagon. — ³) Fehlt im Tagebuch des Pfälz. Mus. — ⁴) Fehlt im Tagebuch des Pfälz. Mus.

Do. 30. Henriette, od. Sie ist schon verheiratet. L. 5 Großmann.

April
So. 2. Der Diamant. L. 1 Collé.
Das tartarische Gesetz. Sg. 2 Gotter, Joh. André.
Di. 4. Die Poeten nach der Mode. L. 3 C. F. Weiße.
Das Milchmädchen und die beiden Jäger. Opt. 1 Anseaume, Duni.
Do. 6. Der Geizige. L. 5 Molière.
So. 9. Die sanfte Frau. L. 3 Goldoni.
Die Komödie aus dem Stegreif. L. 1 Gotter f.
Di. 11. Präsentiert das Gewehr. L. 2 J. H. Fr. Müller.
Der Faßbinder. Sg. 1 [Musik von Audinot, neu bearb. v. Quétant u. Gossec.
Do. 13. Das Spiel der Liebe und des Zufalls. L. 3 Marivaux.
Cleopatra. Ddr. 1 Neumann, f. Danzy.
So. 16. Der Galeerensclave oder Die Belohnung der kindlichen Liebe. L. 5 Falbaire.
Di. 18. Die Mediceer. S. 5 Brandes.
Der Faßbinder. Sg. 1 Audinot.
Do. 20. Der Barbier von Sevilla. L. 4 Beaumarchais.
So. 23. Der Postzug oder Die noblen Passionen. L. 2 Ayrenhoff.
Die Dorfgala. Sg. 1 Gotter, Schweitzer.
Di. 25. Der geadelte Kaufmann. L. 5 Brandes.
Do. 27. Das öffentliche Geheimnis. L. 3 Gotter (Gozzi).

So. 30. Präsentiert das Gewehr. L 2 Müller.
Das tartarische Gesetz. Sg. 2 Gotter, André.

Mai.
Di. 2. Zemire und Azor. Sg. 4 Marmontel, Gretry.
So. 7. Die Gefahren der Verführung. S. 5 Brandes.
Das Milchmädchen und die beiden Jäger. S. 1 Duni.
Di. 9. Die Schule der Damen. L. 5 Stephanie d. ä., abgeänd. von Reichard.
Das Milchmädchen. Sg. 1 Anseaume, Duni.
Do. 11. Richard III. Tr. 5 Shakespeare (Weiße.)
Mo. 15. Der Galeerensclave. L. 5 Falbaire.
Mi. 17. Tartüffe oder Der scheinheilige Betrüger.[1] L. 5 Molière.
Fr. 19. Zemire und Azor. Sg. 4 Gretry.
So. 21. Das öffentliche Geheimnis. L. 3 Gotter (n. Gozzi.)
Di. 23. Der Edelknabe. L. 1 Engel.
Der Dorfjahrmarkt. Sg. 2 Gotter, Benda.
Fr. 26. Jeanette. L. 3 Voltaire (Gotter.)
Die Komödie aus dem Stegreif. L. 1 Gotter f.
So. 28. Die Wirtschafterin. L. 2 Stephanie d. j.
Ariadne auf Naxos. Db. 1 Brandes, Benda.
Di. 30. Walwais und Adelaide.[2] Orig.-Dr. 5 v. Dalberg.

---

[1] War unter Dalberg nur dies eine Mal; Beil spielte den Tartüffe.
[2] Tagebuch: „Das erste Produkt der dramatischen Muse des Intendanten der Bühne, des Frh. v. Dalberg. Gefiel sehr. War aber trotzdem nur zweimal. Besetzung: Gustav Adolf — Zuccarini, Walwais — Boek, Brahe — Beck, Wrangel — Meyer, Christiern — Iffland, Adelaide — Mad. Toscani, Leonore — Mad. Wallenstein, Walwais' Vater — Kirchhöfer. War schon 1778 in Mh. aufgeführt worden."

Juni.
Do. 1. Die Gefahren der Verführung.
 S. 5 Brandes.
So. 4. Orest und Elektra.¹) Tr. 5
 Voltaire (Gotter.)
Di. 6. Das Duell oder Das junge
 Ehepaar. L. 1 Jester.
 Azakia. Sg. 3 Schwan,
 Fr. Danzi.
Do. 8. Der Ton der großen Welt.
 L. 2 Colman.
 Der Faßbinder. Sg. 1
So. 11. Eugenie. Dr. 5 Beaumarchais.
Di. 13. Die Ungetreuen. L. 1 Barthe
 (Reichard.)
 Azakia. Sg. 3 Schwan, Danzi.
Do. 15. Die Nebenbuhler. L. 5 e.
Fr. 16. Hamlet.²) Tr. 5 Shakespeare,
 (Schröder.)
So. 18. Der dankbare Sohn.³)
 L. 1 J. J. Engel.
 Der Geizige.⁴) L. 5
 Molière.
Di. 20. Henriette.⁵) L. 5 Großmann.
Do. 22. Die Holländer.⁶) L. 3
 Goldoni (Bock.)
So. 25. Emilia Galotti.⁷) Tr. 5
 Lessing.

Di. 27. Der argwöhnische Ehemann.⁸)
 L. 5 Gotter.
Mi. 28. König Lear.⁹) Tr. 5
 Shakespeare (Schröder.)
Fr. 30. König Lear.¹⁰) Tr. 5
 Shakespeare (Schröder.)

Juli
So. 2. Hamlet¹¹) Tr. 5 Shakespeare
 (Schröder.)
Di. 4. Zemire und Azor. Sg. 4
 Gretry.
Do. 6. Die verstellte Kranke. L. 3
 Goldoni.
So. 9. Der flatterhafte Ehemann.
 L. 5 Bock e.
Di. 11. Der Jurist und der Bauer.
 L. 2 Rautenstrauch.
 Das Milchmädchen. Sg. 1
 Duni.
Do. 13. Der Adjutant. L. 3 Brömel.
 Ariadne auf Naxos. Ddr. 1
 Brandes, Benda.
So. 16. Die Komödie aus dem Steg-
 reif. L. 1 Gotter f.
 Die 3 Pächter. Opt. 2
 Monvel, Desaides.

---

¹) Tagebuch: „Gefiel ungeheuer." Orest — Boek, Elektra — Mad. Brandes, Clytemnestra — Mad. Seyler. — Vgl. 26. Aug. 1779.
²) Schröder, der am 14. von München angekommen war, spielte den Hamlet. Vgl. über Schröder: Rh. Beitr. 1780 II, 159 ff.
³) Vater Rode: Schröder a. G. — ⁴) Harpagon: Schröder a. G.
⁵) Oberst von Freihof: Schröder a. G.
⁶) Van der Hoeft: Schröder a. G.
⁷) Odoardo: Schröder a. G. Die übrige Besetzung war: Emilia Galotti — Mad. Toscani, Claudia — Mad. Pöschel, Prinz — Boek, Marinelli — Iffland, Rota — Kirchhöfer, Orsina — Mad. Seyler, Appiani — Zuccarini, Conti — Beck, Angelo — Pöschel, Pirro — Backhaus, Battista — Beil. — Unter Seyler war die Emilia Galotti am 21. März 1779 z. l. Mal in Mannheim gegeben worden. Besprechung: Rh. Beitr. 1780 II, 528 ff. 1781 I, 163 ff.
⁸) Licentiat Frank: Schröder a. G.
⁹) Lear: Schröder a. G. Uebrige Besetzung: Goneril — Mad. Brandes, Regan — Mad. Seyler, Cordelia — Mad. Toscani, Albanien — Zuccarini, Cornwall — Brandes, Kent — Beil, Gloster — Meyer, Edgar — Boek, Edmund — Beck, Narr — Iffland.
¹⁰) Lear: Schröder a. G.
¹¹) Hamlet: Schröder a. G. Am 4. Juli reiste Schröder nach Paris ab. „Unbeschreiblich war der Beifall, mit dem dieser große Künstler hier aufgenommen wurde. Alles drängte sich, ihn zu sehen und alles war von der Wahrheit seiner Darstellung hingerissen."

Di. 18. Sind die Verliebten nicht Kinder? L. 3 Goldoni.
Do. 20. Der Barbier von Sevilla. L. 4 Beaumarchais.
So. 23. Der Deserteur. Tr. 5 Mercier.
Di. 25. Die junge Indianerin. L. 1 Chamfort.
Die 3 Pächter. Opt. 2 Monvel, Desaides.
Do. 27. Der Familienstolz. S. 5 Wagner.
So. 30. Der Adjutant. L. 3 Brömel.
Der Faßbinder. Sg. 1 f.

August
Di. 1. Der Westindier¹) L. 5 Cumberland.
Mi. 2. Der Adjutant²) L. 3 Brömel.
Die 3 Pächter. Opt. 2 Monvel, Desaides.
Fr. 4. König Lear³) Tr. 5 Shakespeare (Schröder).
So. 6. Athelstan⁴) Tr. 5 e.
Das Milchmädchen. Opt. 1 Duni.
Di. 8. Das öffentliche Geheimnis. L. 3 Gotter n. Gozzi.
Do. 10. Der Ehescheue. L. 5 Gotter.
So. 13. Nacht u. Ohngefähr. L. 1 Reichard.
Das tartarische Gesetz. Sg. 2 Gotter, André.
Di. 15. Die abgedankten Offiziere. L. 5 Stephanie d. j.
Do. 17. Juliane von Lindorak. S. 5 Gozzi.
So. 20. Der Deserteur⁵) Opt. 3 Sedaine, Monsigny.

Di. 22. Die Holländer. L. 3 Bock (Goldoni).
Do. 24. Der Deserteur aus Kindesliebe. L. 3 Stephanie d. j.
Die verliebte Unschuld. L. 2 Marin.
So. 27. Die Schwiegermütter. L. 5 Brandes.
Glücklicherweise. L. 1 Rochon de Chabanne (Prinz Aug. v. Braunschw.).
Di. 29. Beverley oder Der englische Spieler⁶) Tr. 5 n. Moore und Saurin.
Do. 31. Die abgedankten Offiziere. L. 5 Stephanie d. j.

September
So. 3. Das Spiel der Liebe und des Zufalls. L. 3 Marivaux.
Di. 5. Geschwind eh' es jemand erfährt. L. 3 Bock.
Do. 7. Rache für Rache. L. 5 Weze̊l.
So. 10. Die verliebte Unschuld. L. 2 Marin.
Die 3 Pächter. Sg. 2 Monvel, Desaides.
Di. 12. Richard der Dritte. Tr. 5 Shakespeare (Weiße).
Do. 14. Minna von Barnhelm. L. 5 Lessing.
So. 17. Jugend hat selten Tugend. S. 4 Mercier (Schröder).
Der verliebte Werber. L. 1 f.
Di. 19.⁷) Eugenie. Dr. 5. Beaumarchais.

---

¹) Schröder (der am 27. von Paris wieder in Mannheim ankam) spielte den Westindier Belcour a. G.
²) General: Schröder a. G. — ³) Lear: Schröder a. G.
⁴) Athelstan: Schröder a. G. Schröder reiste am 8. Aug. ab und nahm Zuccarini mit. Die kurf. deutsche Gesellschaft machte ihm eine goldene Denkmünze zum Geschenk.
⁵) Alexis: Hartig aus München a. G.
⁶) Die Titelrolle spielte Boek.
⁷) Wegen Krankheit mehrerer Mitglieder mußte die Bühne auf einen halben Monat geschlossen werden.

II. Theaterjahr.

October.

- So. 8. Der Deserteur. Opt. 3 Sedaine, Monsigny.
- Mo. 9. Die Holländer. L. 3 Bock, Goldoni.
- Di. 10. Der Hofmeister.[1]) S. 4 Lenz (bearb. v. Schröder). Das Milchmädchen. Opt. 1 Duni.
- Do. 12. Jugend hat selten Tugend. S. 4 Mercier (Schröder). Das Duell. L. 1 Jester.
- So. 15. Zemire und Azor. Sg. 4 Gretry.
- Di. 17. Die heimliche Heirat. L. 5 Colman u. Garrik.
- Do. 19. Präsentiert das Gewehr. L. 2 Müller. Die Dorfgala. Sg. 1 Gotter, Schweitzer.
- So. 22. Der Westindier.[2]) L. 5 Cumberland.
- Di. 24. Olint und Sophronia. Tr. 5 Cronegk.
- Do. 26. Der flatterhafte Ehemann. L. 5 Bock e.
- So. 29. Die Wirtschafterin. L. 2 Stephanie d. j. Emma und Edgar.[3]) Ddr. 1 [Reichert], Franz Metzger.
- Di 31. Henriette. L. 5 Großmann.

November.

- Fr. 3. Rache für Rache. L. 4 Wezel.
- So. 5. Die verliebte Unschuld. L. 2 Marin. Das redende Gemälde. Sg. 1 Anseaume, Gretry.
- Di. 7. Der Barbier von Sevilla. L. 4 Beaumarchais.
- Fr. 10. Er hat den Teufel im Leibe. P. 2 Reichard e. Medea. Ddr. 1 Gotter, Benda.
- So. 12. Juliane von Lindorak. S. 5 Gozzi.
- Di. 14. Der Deserteur. Opt. 3 Sedaine, Monsigny.
- Mi. 15. Hamlet. Tr. 5 Shakespeare (Schröder.)
- Fr. 17. Sind die Verliebten nicht Kinder? L. 3 Goldoni. Das redende Gemälde. Sg. 1 Gretry.
- So. 19. Emilia Galotti. Tr. 5. Lessing.
- Di. 21. Er hat den Teufel im Leibe. P. 2 Reichard e. Emma und Edgar. Ddr. 1 Reichert, Metzger.
- Do. 23. Der Lügner. L. 3 Goldoni.
- So. 26. Die Familie oder Der deutsche Hausvater.[4]) S. 5 v. Gemmingen.
- Di. 28. Der Edelknabe. L. 1 Engel. Walder.[5]) L. m. Gsg. 1. Silvain, Benda.
- Do. 30. Beverley oder Der englische Spieler. Tr. 5 n. Moore u. Saurin.

Dezember.

- So. 3. Der weibliche Ehescheue. S. 2 Dalberg. Cleopatra. Ddr. 1. Neumann, F. Danzi.
- Di. 5. Jeanette. L. 3 Voltaire, (Gotter). Walder. Sg. 1 Silvain, Benda.

---

[1]) Bespr.: Rh. Beitr. 1781 II, 65.
[2]) Belconr: Lambrecht aus Hamburg a. G.
[3]) Der Dichter Hofgerichtsrat Reichert konnte aus Rh. Beitr. 1780 I, S. 287 wo das Stück gedruckt ist, festgestellt werden.
[4]) „Dieses Stück machte große Epoche in unserer Theaterwelt." Bespr.: Rh. Beitr. 1781 I. 65 f.
[5]) Als Dolmon debütirte der Tenorist Epp.

Do. 7. Der Hofmeister. S. 4 Lenz (Schröder.)
Der Schwätzer. L. 1 Boissy.
So. 10. Die Bekehrung auf dem Lande. S. 1
Der Dorfjahrmarkt. Sg. 2 Gotter, Benda.
Di. 12. Die Nebenbuhler.[1] L. 5 e.
Do. 14. Der Jurist und der Bauer. L. 2 Rautenstrauch.
Das Milchmädchen. Opt. 1 Duni.

So. 17. Olint und Sophronia. Tr. 5 Cronegk.
Di. 19. Die Jagd. O. 3. Chr. F. Weiße, Hiller.
Do. 21. Der Ehescheue. L. 5 Gotter.
Di. 26. Die Familie oder Der deutsche Hausvater. S. 5 v. Gemmingen.
Do. 28. Der Geizige. L. 5 Molière.

1781.

Januar

Mo. 1. Die Jagd. Sg. 3 Weiße, Hiller.
Mi. 3. Der Deserteur. Opt. 3 Sedaine, Monsigny.
Sa. 6. Agnes Bernauerin[2] Tr. 5 [Graf Joh. Aug. v. Törring-Guttenzell].
So. 7. Agnes Bernauerin. Tr. 5 Graf Törring.
Di. 9. Die sanfte Frau. L. 3 Goldoni.
Do. 11. Präsentiert das Gewehr. L. 2 Müller.
Azakia. Sg. 3 Schwan, Danzy.
So. 14. Die Schule der Damen oder Was fesselt uns Männer? L. 5 Stephanie d. j. (Reichard).
Di. 16.[3] Athelstan Tr. 5 e.

So. 21. Der Spleen oder Einer hat zu viel, der andere hat zu wenig. L. 3 Stephanie d. j.
Die beiden Hüte. L. 1 Collé.
Di. 23. Die abgedankten Offiziere. L. 5 Stephanie d. j.
Do. 25. Der Barbier von Sevilla. L. 4 Beaumarchais.
So. 28. Der Hofmeister[4] S. 4 Lenz (Schröder).
Di. 30. Das Spiel der Liebe und des Zufalls. L. 3 Marivaux.
Mi. 31. Alceste[5] O. 5 Wieland, Schweitzer.

Februar

Do. 1. Agnes Bernauerin[6] Tr. 5 Graf Törring.

---

[1] Für die folg. Vorstellungen vgl. Rh. Beitr. 1781 I. 181 ff.
[2] „Dieses Stück machte sehr viel Lärm. Dies ist der Zeitpunkt, wo hier der Geschmack an Ritterstücken sich verbreitete, und dieses Stück wird lange das Lieblingsstück des Publikums bilden." (Tagebuch). Vgl. Rhein. Beitr. 1781 I, 262 ff. auch für die folg. Vorstellungen. Ausführliche Besprechung der Agn. Bern. a. a. O. 1781 I, 330 ff.
[3] Donnerstag 18. Januar „wegen Kälte und Glatteis keine Vorstellung."
[4] Nach Rhein. Beitr. 1781, I, 267: Agnes Bernauerin.
[5] War schon 1775 in der kurf. Hofoper zur Aufführung gekommen. Die diesmalige Besetzung war: Alceste—Mlle. Fürst, Admet—Toskani, Parthenia—Mlle. Brandes, Herkules—Gern.
[6] Rh. Beitr. 1781 I, 268: „Das Publikum wird des Stückes nicht satt."

So. 4. Sie läßt sich herab um
zu siegen oder Die Irr-
tümer einer Nacht. L. 5
Goldsmith.
Mo. 5. Alceste. O. 5 Wieland,
Schweitzer.
Di. 6. Agnes Bernauerin. Tr. 5
Graf Törring.
Do. 8. Jugend hat selten Tugend.
S. 4 Mercier (Schröder).
So. 11. Der Amtmann Grau-
mann oder Die Be-
gebenheit auf dem
Marsch. S. 4 nach Calderon
de la Barca (Der Richter
von Zalamea).
Di. 13. Der Lügner. L. 3 Goldoni.
Mi. 14. Alceste. O. 5 Wieland,
Schweitzer.
Do. 15. Agnes Bernauerin. Tr. 5
Graf Törring.
So. 18. Alceste. O. 5 Wieland,
Schweitzer.
Di. 20. Sie läßt sich herab um zu
siegen oder Die Irrtümer
einer Nacht. L. 5
Goldsmith.
Do. 22. Agnes Bernauerin. Tr. 5
Graf Törring.
So. 25. Alceste. O. 5 Wieland,
Schweitzer.

März
Do. 1. Der Amtmann Graumann
oder die Begebenheit auf
dem Marsch. S. 4 n.
Calderon de la Barca.
So. 4. Der Schiffbruch. Tr. 5
Brandes (die dazu gehörige
Musik von F. Danzi.)
Di. 6.[1] Die verstellte Kranke. L. 3
Goldoni.

Do. 8. Die Wirtschafterin oder Der
Tambour bezahlt alles.
L. 2 Stephanie d. j.
Ariadne auf Naxos.[2]) Ddr. 1
Brandes, Benda.
So. 11. Agnes Bernauerin. Tr. 5
Graf Törring.
Di. 13. Die Komödie aus dem
Stegreif. L. 1 Gotter (n.
Poisson.)
Das redende Gemälde. Sg. 1
Gretry.
Do. 15. Wissenschaft geht vor
Schönheit. L. 3 (Goldoni)
Bock.
So. 18. Die Nebenbuhler. L. 5
Sheridan.
Mo. 19. Der Schiffbruch. Tr. 5
Brandes.
Di. 20. Henriette oder Der
Husarenraub. S. 5
Plümicke.
Do. 22. Das Duell oder Das junge
Ehepaar. L. 1 Jester.
Walder. L. m. Gesang 1
Silvain, Benda.
So. 25. Wissenschaft geht vor
Schönheit. L. 3 (Goldoni)
Bock.
Di. 27. Der Adjutant. L. 3 Brömel.
Das Milchmädchen. Opt. 1
Duni.
Do. 29. Eduard Montrose. Tr. 5
[Fr. v. Dierike.]

April
So. 1. Agnes Bernauerin. T. 5.
Graf Törring.
Di. 3. Zemire und Azor. Sg. 4
Gretry.
Do. 5. Er hat den Teufel im Leibe.
P. 2 Reichard.
Medea.[3]) Ddr. 1 Gotter,
Benda.

---
[1]) Herr und Mad. Seyler reisten ab.
[2]) Ueber Mad. Brandes als Ariadne vgl. Rh. Beitr. 1781. I. 538 ff.
[3]) Abschiedsrolle der Mad. Brandes. Die Familie B. verließ Mannheim.

Osterferien.

Di. 17. Henriette oder Der Husarenraub. S. 5 Plümicke.
Do. 19. Der Sturm von Boxberg. S. 3 Maier.
So. 22. Zemire und Azor. Sg. 4 Gretry.
Di. 24. Der Geizige. L. 5 Molière.
Do. 26. Der Edelknabe. L. 1 Engel.
Der Jurist und der Bauer. L. 2 Rautenstrauch.
So. 29. Die bezähmte Widerbellerin oder Gaßner der Zweite. L. 4 Shakespeare (Schink).
Der Faßbinder. Sg. 1 Audinot (neu bearb. von Quétant u. Gossec).

Mai.

Di. 1. Eduard Montrose. Tr. 5 Diericke.
Do. 3. Jugend hat selten Tugend. S. 4 (Mercier) Schröder.
So. 6. Der Sturm von Boxberg. S. 3 Maier.
Di. 8. Die Werber. L. 5 Stephanie d. j.
Do. 10. Der Deserteur. Opt. 3 Sedaine, Monsigny.
So. 13. Die bezähmte Widerbellerin. L. 4 Shakespeare (Schink).
Di. 15. Amtmann Graumann. S. 4 nach Calderon de la Barca.
Do. 17. Die zwei Geizigen. Sg. 2 Falbaire, Gretry.
Der Edelknabe. L. 1 Engel.
So. 20. Die Werber. L. 5 Stephanie.
Di. 22. Sie läßt sich herab, um zu siegen. L. 5 Goldsmith.
Fr. 25. Die Nebenbuhler. L. 5 Sheridan.

So. 27. Albert von Thurneisen oder Liebe und Pflicht im Streit.[1] S. 4 Iffland. (Symphonien, Zwischenaktmusik von F. Danzi.)
Di. 29. Die drei Pächter. Opt. 2 Monvel, Desaides.
Die beiden Hüte. L. 1 Collé.
Do. 31. Die heimliche Heirat. L. 5 Colman und Garrik.

Juni.

Mo. 4. Marianne.[2] Tr. 3 Gotter, [n. d. frz. des La Harpe.]
Das redende Gemälde. Sg. 1 Gretry.
Do. 7. Der Hofmeister. S. 4 Lenz (Schröder).
Herzog Michel. L. 1 Krüger.
So. 10. Der Postzug oder Die nobeln Passionen. L. 2 Ayrenhoff.
Die zwei Geizigen. Sg. 2 Gretry.
Di. 12. Emilia Galotti. Tr. 5 Lessing.
Fr. 15. Fernando und Olimpia. S. 5 D'Arien.
So. 17. Der flatterhafte Ehemann oder Wie man eine Hand umkehrt. L. 5 Bock e.
Di. 19. Marianne. Tr. 3 Gotter.
Herzog Michel. L. 1 Krüger.
Do. 21. Die Schule der Damen. L. 5 Stephanie d. j., abgeänd. v. Reichard.
So. 24. Die unvermutete Zusammenkunft oder Die Pilgrime v. Mecca. Sg. 3 Gluck (Text Uebersetzung von Doncourts Rencontre imprévu).
Di. 25. Der argwöhnische Ehemann. L. 5 Gotter.
Fr. 29. Der beschämte Freigeist. L. 5 Lessing.

---

[1] Das erste in Mannheim gegebene Stück von Iffland.
[2] In der Titelrolle debütierte Mad. Rennschüb.

Juli
So. 1. Der Spleen. L. 3 Stephanie d. j.
Medea. Ddr. 1 Gotter, Benda.
Di. 3. Albert v. Thurneisen. S. 4
Iffland.
Do. 5. Die Bekehrung auf dem Lande.
S. 1.
Die Sclavin oder Der großmütige Seefahrer.
Sg. 1 Piccini.
So. 8. Henriette. S. 5 Plümicke.
Di. 10. Fernando und Olimpia. S. 5
D'Arien.
Do. 12. Die unvermutete Zusammenkunft. Sg. 3 Gluck.
So. 15. Die Familie oder Der deutsche
Hausvater. S. 5 von
Gemmingen.
Di. 17. Die bezähmte Widerbellerin.
L. 4 Shakespeare (Schink).
Do. 19. Clavigo. Tr. 5 Goethe.
So. 22. Das Mißverständnis. S. 1.
Die 3 Pachter. Sg. 2 Monvel,
Desaides.
Di. 24. Der beschämte Freigeist. L. 5
Lessing.
Do. 26. Rache für Rache L. 4 Wezel.
So. 29. Nicht mehr als sechs
Schüsseln. S. 5 Großmann.
Di. 31. Die Holländer oder Was
vermag ein vernünftiges
Frauenzimmer nicht. L. 3.
Bock (n. Goldoni).

August
Do. 2. Die Ungetreuen. L. 1 Barthe
(Reichardt).
Der Jurist und der Bauer.
L. 2 Rautenstrauch.
Sa. 4. Nicht mehr als sechs Schüsseln[1])
Fam.-Gem. 5 Großmann.
mann.
So. 5. Agnes Bernauerin. Tr. 5
Graf Törring.

Di. 7. Er hat den Teufel im Leibe.
P. 2 Reichard e.
Der Dorfjahrmarkt. Sg. 2
Gotter, Benda.
Do. 9. Der Adjutant. L. 3 Brömel.
Herzog Michel. L. 1 Krüger.
So. 12. Nicht mehr als sechs Schüsseln.
S. 5 Großmann.
Mi. 15. Laura Rosetti. S. m.
Gsg. 3 d'Arien, Danzy.
Fr. 17. Graf von Essex. Tr. 5
Banks (Dyk).
So. 19. Der sehende Blinde. L. 1
Le Grand.
Die Dorfgala. Sg. 1 Gotter,
Schweitzer.
Di. 21. Die Werber. L. 5 Stephanie.
Do. 23. Das Mißverständnis. S. 1.
Die Sclavin. Sg. 1 Piccini.
So. 26. Die Lästerschule. L. 4
Sheridan (Schröder).
Di. 28. Eduard Montrose. Tr. 5
Diericke.
Do. 30. Amtmann Graumann. S. 4
n. Calderon de la Barca.

September.
So. 2. Die Jagd. Sg. 3 Weiße,
Hiller.
Di. 4. Die Wirtschafterin. L. 2
Stephanie d. j.
Elektra. Melodr. 1
Cannabich.
Do. 6. Geschwind ehe es jemand
erfährt oder Der besondere
Zufall. L. 3 Bock.
So. 9. Die Lästerschule. L. 4
Sheridan (Schröder).
Di. 11. Die heimliche Heirat. L. 5
Colman n. Garrik.
Mi. 12. Wilhelm v. Schenk.[2]) S. 5
Iffland.
Fr. 14. Die sanfte Frau. L. 3
Goldoni.

---

[1]) In Oggersheim (vor der Kurfürstin?).
[2]) Zu Ifflands Benefiz. Iffland spielte die Titelrolle.

So. 16. Der Spleen. L. 3 Stephanie d. j.
Der sehende Blinde. L. 1
n. Le Grand.
Di. 18. Die verstellte Kranke. L. 3
Goldoni.
Fr. 21. Nicht mehr als sechs Schüsseln.
Familiengem. 5 Großmann.
So. 23. Marianne. Tr. 3 Gotter.
Die Dorfgala. Sg. 1 Gotter,
Schweitzer.
Di. 25. Die Nebenbuhler. L. 5
Sheridan.
Do. 27. Die Werber. L. 5 Stephanie.
So. 30. Amtmann Graumann. S. 4
Calderon.
Elektra. Melodr. 1 Cannabich.

III. Theaterjahr.

October.

Di. 2. Die bezähmte Widerbellerin.
L. 4 Shakespeare (Schink).
Die beiden Hüte. L. 1 n. Collé.
Fr. 5. Das Loch in der Thüre.
L. 5 Stephanie d. j.
So. 7. Die Lästerschule. L. 4
Sheridan (Schröder).
Di. 9. Rache für Rache. L. 4 Wezel.
Der Edelknabe. L. 1 Engel.
Mi. 10. Der Graf von Olsbach.¹)
S. 5 Brandes.
Fr. 12. Die Bekehrung auf dem Lande.
S. 1
Der Geizige. L. 5 Molière.
So. 14. Die Schule der Damen. L. 5
Stephanie d. j. (abgeänd.
v. Reichard).
Di. 16. Der Tadler nach der
Mode. L. 3 Stephanie d. j.
Der sehende Blinde. L. 1
Le Grand.
Fr. 19. Der Jurist und der Bauer.
L. 2 Rautenstrauch.
Die 3 Pachter. Sg. 2 Desaides.

So. 21. Der flatterhafte Ehemann.
L. 5 Bock e.
Di. 23. Der Hofmeister. S. 4 Lenz
(Schröder).
Die Komödie aus dem Steg-
reif. L. 1 [Gotter nach
Poisson].
Do. 25. Sie läßt sich herab, um zu
siegen. L. 5 Goldsmith.
So. 28. Der Dienstfertige. L. 3 f.
Der Dorfjahrmarkt. Sg. 2
Gotter, Benda.
Di. 30. Die Lästerschule. L. 4
Sheridan.

November.

Sa. 3. Wie man's treibt, so
geht's L. 5 Iffland.
Di. 6.²) Der Sturm v. Bogberg. S. 3
Maier.
Do. 8. Die verstellte Kranke. L. 3
Goldoni.
Wer wird sie kriegen?
L. 1 [Fr. v. Eckardt].
So. 11. Der Geizige. L. 5 Molière.
Di. 13. Der Dienstfertige. L. 3 f.
Das Milchmädchen und Die
beiden Jäger. Opt. 1 Duni.
Do. 15. Die sanfte Frau. L. 3 Goldoni.
So. 18. Wer wird sie kriegen? L. 1
[Eckardt].
Das Blendwerk. Opt. 2
Marmontel, Gretry.
Di. 20. Der Sturm von Bogberg.
S. 3 Maier.
Fr. 23. Das Loch in der Thüre. L 5
Stephanie d. j.
So. 25. Die junge Indianerin. L. 1
Chamfort.
Die Liebe auf dem Lande.
Opt. 2 Weiße, Hiller.
Di. 27. Clavigo. Tr. 5 Goethe.
Do. 29. Die Werber. L. 5 Stephanie.

---

¹) „Dies Schauspiel wurde zur Feier des dritten Theaterjahres bei freiem Eintritt gegeben." Vgl. 8. Nov. 1778.
²) Sonntag den 4. Nov., Namenstag des Kurfürsten, fiel die Vorstellung aus „wegen der großen Wasserpartie sämtlicher hoher Herrschaften."

Dezember

- So. 2. Der dankbare Sohn. L. 1 Engel.
- Das Blendwerk. Opt. 2 Marmontel, Gretry.
- Di. 4. Die dürftige Familie¹) S. 3 n. Mercier.
- Die Sclavin. Sg. 1 Piccini.
- Do. 6. Die Familie oder Der deutsche Hausvater. S. 5 von Gemmingen.
- So. 9. So muß man die Männer fangen. L. 5 e. [Mrs. Cowley].
- Di. 11. Die unvermutete Zusammenkunft. Sg. 3 Gluck.
- Do. 13. Graf von Essex. Tr. 5 Banks (Dyk).
- So. 16. Der argwöhnische Ehemann. L. 5 Gotter.
- Di. 18. Der Adjutant. L. 3 Brömel.
- Die Liebe auf dem Lande. Opt. 2 Weiße, Hiller.
- Do. 20. Der Graf von Olsbach. S. 5 Brandes.
- So. 23. Albert von Thurneisen. S. 4 Iffland.
- Mi. 26. Nicht mehr als sechs Schüsseln. Familiengem. 5 Großmann.
- Fr. 28. Juliane von Lindorak. S. 5 Gozzi.
- So. 30. Der Weltbürger. L. 3 n. Goldoni [v. Reichard].
- Der sehende Blinde. L. 1 Le Grand.

1782.

Januar

- Di. 1. Die seidenen Schuhe. L. 2 [K. Fr. Kretschmann f.]
- Röschen und Colas. Opt. 1. [Sedaine, Monsigny.]
- Do. 3. So muß man die Männer fangen. L. 5 e [Mrs. Cowley.]
- So. 6. Die Familie oder Der deutsche Hausvater. S. 5 von Gemmingen.
- Di. 8. Die dürftige Familie. S. 3 Mercier.
- Röschen und Colas. Opt. 1 Sedaine, Monsigny.
- Do. 10. Der Ehescheue. L. 5 Gotter (n. Dorat).
- So. 13. Die Räuber. Tr. 7.²) Schiller (für Mh. bearb.)
- Di. 15. Die Holländer. L. 3. Goldoni (Bock).
- Do. 17. Henriette oder Der Husarenraub. S. 5 Plümicke.
- So. 20. Die Werber. L. 5 Stephanie.
- Di. 22. Der Tadler nach der Mode. L. 3 Stephanie d. j.
- Wer wird sie kriegen? L. 1 [Eckardt].
- Do. 24. Die Räuber. Tr. 7 Schiller.
- So. 27. Die Jagd. Sg. 3 Weiße, Hiller.
- Di. 29. Natalie. S. 4 Mercier.
- Do. 31. Henriette oder Sie ist verheiratet. L. 5 Großmann.

---

¹) Dalbergs Kritik der Vorstellung: Protokolle 47.

²) Besetzung: D. a. Moor—Kirchhöfer, Karl—Boeck, Franz—Iffland, Amalia—Mad. Toscani, Spiegelberg—Pöschel, Schweitzer—Beil, Grimm—Rennschüb, Schufterle—Frank, Roller—Toscani, Ratzmann—Herter, Kosinsky—Beck, Hermann—Meyer, Magistratsperson—Gern, Daniel—Backhaus, Bedienter—Epp.

Februar

- So. 3. Die Räuber. Tr. 7 Schiller.
- Di. 5. Geschwind eh' es jemand erfährt. L. 3 Bock.
- Do. 7. Der Weise in der That. S. 5 Sedaine (Gotter).
- So. 10. Die Räuber. Tr. 7 Schiller.
- Do. 14. Die heimliche Heirat. L. 5 Colman und Garrik.
- So. 17. Die samnitische Vermählungsfeier. O. 3 Gretry.
- Di. 19. Der argwöhnische Ehemann. L. 5 Gotter.
- Mi. 20. Die Jagd. Sg. 3 Weiße, Hiller.
- Do. 21. Das öffentliche Geheimnis. L. 3 Gozzi (Gotter).
- So. 24. Der Jurist und der Bauer. L. 2 Rautenstrauch.
  Das Blendwerk. Opt. 2 Gretry.
- Di. 26. Der Graf von Waltron oder Die Subordination. S. 5 Möller.
- Do. 28. Emilia Galotti. Tr. 5 Lessing.

März

- So. 3. Der Schmuck. L. 5 A. M. Sprickmann.
- Di. 5. Der Weltbürger. L. 3 Goldoni.
  Röschen und Colas. Opt. 1 Sedaine, Monsigny.
- Do. 7. Der Weise in der That. S. 5 Sedaine (Gotter).
  Das Milchmädchen und die beiden Jäger. Opt. 1 Duni.
- So. 10. Der Graf von Waltron. S. 5 Möller.
- Di. 12. Die sanfte Frau. L. 3 Goldoni.
- Do. 14. Die seidenen Schuhe. L. 2 f.
  Medea. Ddr. 1 Gotter, Benda.
- So. 17. Die samnitische Vermählungsfeier. O. 3 Gretry.

  Osterferien.

April

- Mo. 1. Der Schmuck. L. 5 Sprickmann.
- Mi. 3. Das Testament. L. 4 Schröder.
- Fr. 5. Der dankbare Sohn. L. 1 Engel.
  Der Holzhauer oder Die drei Wünsche. Opt. 1 a. d. frz. frei übers. von Gotter, Benda.
- So. 7. Die Schule der Damen. L. 5 Stephanie d. j. abgeänd. v. Reichard.
- Di. 9. Natalie. S. 4 u. Mercier.
  Zwei Onkel für einen. L. 1 [Gotter f.]
- Do. 11. Fernando und Olimpia. S. 5 D'Arien.
- So. 14. Der sehende Blinde. L. 1 n. Le Grand.
  Das Blendwerk. Opt. 2 Gretry.
- Di. 16. Der Westindier. L. 5 Cumberland.
- Do. 18. Minna v. Barnhelm. L. 5 Lessing.
- So. 21. Der Deserteur. Tr. 5 Mercier.
- Di. 23. Das Testament. L. 4 Schröder.
- Do. 25. Minna v. Barnhelm. L. 5 Lessing.
- So. 28. Zwei Onkel für einen. L. 1 [Gotter f.].
  Die Dorfgala. Sg. 1 Gotter, Schweitzer.
- Di. 30. Rache für Rache. L. 4 Wezel.

Mai

- Do. 2. Das gute Mädchen. Sg. 3 Piccini.
- So. 5. Die Liebe nach der Mode od. Der Eheprokurator. L. 5 Bretzner.
- Di. 7. Graf v. Esseg. Tr. 5 Banks (Dyk).

Fr. 10. Die Wirtschafterin. L. 2
Stephanie d. j.
Ariadne auf Naxos. Ddr. 1
Brandes, Benda.
So. 12. Das gute Mädchen. Sg. 3
Piccini.
Di. 14. Der Ehescheue. L. 5 Gotter.
Do. 16. Die seidenen Schuhe. L. 2
Kretschmann †.
Walder. Sg. 1 Silvain,
Benda.
Mo. 20. Hamlet. Tr. 5 Shakespeare
(Schröder).
Mi. 22. Er hat den Teufel im Leibe.
P. 2 Reichard e.
Medea. Ddr. 1 Gotter,
Benda.
Fr. 24. Der Graf von Olsbach. S. 5
Brandes.
So. 26. Der Weltbürger. L. 3 Goldoni.
Die junge Indianerin. L. 1
Chamfort.
Di. 28. Clavigo. Tr. 5 Goethe.
Zwei Onkel für einen. L. 1
Gotter f.
Do. 30. Wegen Krankheit keine
Vorstellung.

Juni

So. 2. Die Liebe nach der Mode.
L. 5 Bretzner.
Di. 4. Der Deserteur aus Kindes-
liebe. L. 3 Stephanie d. j.
Wer wird sie kriegen? L. 1
Eckardt.
Do. 6. Die bezähmte Widerbellerin.
L. 4 Shakespeare (Schink).
So. 9. Die Jubelhochzeit. Opt. 3
Weiße, Beecke.
Di. 11. Der deutsche Spieler.
Tr. 5.
Do. 13. Der beschämte Freigeist. L. 5
Lessing.
So. 16. Zemire und Azor. Sg. 4
Gretry.
Di. 18. Der deutsche Hausvater.
S. 5 v. Gemmingen.

Do. 20. Die Jubelhochzeit. Opt. 3
Weiße, Beecke.
So. 23. Die Irrungen durch
Einbildung, Eifer-
sucht und Liebe.
S. 5 n. Calderon.
Di. 25. Nicht mehr als sechs Schüsseln.
Fam.-Gem. 5 Großmann.
Do. 27. Natalie. S. 4 Mercier.
So. 30. Der taube Liebhaber.
L. 2 Pilow.
Der Holzhauer. Opt. 1
Gotter, Benda.

Juli

Di. 2. Der deutsche Spieler. Tr. 5.
Do. 4. Die Holländer. L. 3 Goldoni
(Bock).
So. 7. Zemire und Azor. Sg. 4
Gretry.
Di. 9. Die Nebenbuhler. L. 5
Sheridan.
Do. 11. Die junge Indianerin. L. 1
Chamfort.
Der Jurist und der Bauer.
L. 2 Rautenstrauch.
So. 14. Zemire und Azor. Sg. 4
Gretry.
Di. 16. Geschwind ehe es jemand
erfährt. L. 3 Bock.
Do. 18. Der Ton der großen Welt.
L. 2 Colman.
Der Hufschmied. Opt. 1
[Quétant und Anseaume],
Philidor.
So. 21. Elfriede. Tr. 3 Bertuch.
Röschen u. Colas. Opt. 1
Sedaine, Monsigny.
Di. 23. Der Schmuck. L. 5 Sprick-
mann.
Do. 25. Albert v. Thurneisen. S. 4
Iffland.
So. 28. Juliane von Lindorak. S. 5
Gozzi.
Das Blendwerk. Opt. 2
Gretry.

Di. 30. Der Liebe nach der Mode.
L. 5 Bretzner.

August
Do. 1. Die Irrungen durch Einbildung, Eifersucht und Liebe. S. 5 Calderon.
So. 4. Der Fähndrich oder Der falsche Verdacht. S. 3 Schröder.
Di. 6. Die Räuber. Tr. 7 Schiller.
Do. 8. Der Amtmann Graumann. S. 4 n. Calderon.
Medea. Ddr. 1 Gotter, Benda.
So. 11. Das gute Mädchen. Sg. 3 Piccini.
Di. 13. Die Lästerschule. L. 4 Sheridan.
Fr. 16. Der Deserteur. Tr. 3 Mercier.
So. 18. Die unversehene Wette. L. 1 Sedaine.
Der Hufschmied. Opt. 1 Philidor.
Di. 20. Die seidenen Schuhe. L. 2 Kretschmann f.
Wer wird sie kriegen? L. 1 Eckardt.
So. 25. Der taube Liebhaber. L. 2 Pilow.
Der Faßbinder. Sg. 1 Audinot.
Di. 27. Der Deserteur aus Kindesliebe. L. 3 Stephanie d. j.
Das Milchmädchen. Sg. 1 Duni.
Do. 29. Das neugierige Frauenzimmer. L. 3 Goldoni.

September
So. 1. Die Jagd. Sg. 3 Weiße, Hiller.
Di. 3. Der Adjutant. L. 3 Brömel.
Der Diamant. L. 1 Collé.
Do. 5. Die unversehene Wette. L. 1 Sedaine.
Der Schwätzer. L. 1 Boissy.

So. 8. Der eifersüchtige Liebhaber. Opt. 3 [d'Hèle], Gretry.
So. 15.[1]) Die Jubelhochzeit. Opt. 3 Weiße, Beecke.
Di. 17.[2]) Das neugierige Frauenzimmer. L. 3 Goldoni.
So. 29. Der Diamant. L. 1 Collé.
Die Kolonie. Sg. 2 (nach Isola d'amore). Sacchini.

IV. Theaterjahr.

Oktober
Di. 1. Glück bessert Thorheit. L. 5 Lee (Schröder).
Do. 3. Der taube Liebhaber. L. 2 Pilow.
Der eifersüchtige Liebhaber. Opt. 3 Gretry.
So. 6. Glück bessert Thorheit. L. 5 Lee (Schröder).
Di. 8. Die Schwiegermütter. L. 5 Brandes.
Do. 10. Der Schmuck. L. 5 Sprickmann.
So. 13. Zwei Onkel für einen. L. 1 Gotter f.
Die Kolonie. Sg. 2 Sacchini.
Di. 15. Die Nebenbuhler. L. 5 Sheridan.
Do. 17. Das neugierige Frauenzimmer. L. 3 Goldoni.
Der sehende Blinde. L. 1 Le Grand.
So. 20. Marianne. Tr. 3 Gotter.
Die Dorfgala. Sg. 1 Gotter, Schweizer.
Di. 22. Die neugierige Wirtin. L. 5 Stephanie d. j.
Do. 24. Die bezähmte Widerbellerin. Shakespeare (Schröder).
Wer wird sie kriegen? L. 1 Eckardt.

---

[1]) Vom 9.—15. Sept. war das Theater geschlossen.
[2]) Wegen Krankheiten wurde das Theater bis zum 29. Sept geschlossen.

So. 27. Der seltene Freier. L. 3
   (nach dem frz. des Gerne-
   valde von Meyer).
   Das Blendwerk. Opt. 2
   Gretry.
Di. 29. Der Weise in der That.
   S. 5 Sedaine.
   Der sehende Blinde. L. 1
   Le Grand.
Do. 31. Glück bessert Thorheit. L. 5
   Lee (Schröder).

November
Di. 5. Faust von Stromberg¹)
   S. 6 Maier.
Fr. 8. Der Geizige. L. 5 Molière.
   Der Faßbinder. Sg. 1 Audinot.
So. 10. Zwei Onkel für einen. L. 1
   Gotter f.
   Das Blendwerk. Opt. 2
   Gretry.
Di. 12. Der seltene Freier. L. 3
   Gernevalde (Meyer).
   Die Komödie aus dem Stegreif.
   L. 1 Gotter (n. Poisson).
Do. 14. Zemire u. Azor. Sg. 4 Gretry.
So. 17. Der Sturm v. Bogberg. S. 3
   Maier.
Di. 19. Die Jagd. Sg. 3 Weiße, Hiller.
Fr. 22. Die Schwiegermütter. L. 5
   Brandes.
So. 24. Die neugierige Wirtin. L. 3
   Stephanie d. j.
Di. 26. Weibergeklatsche. L. 1
   Chr. F. Weiße.
   Der Huffschmied. Opt. 1
   Philidor.

Do. 28. Geschwind ehe es Jemand
   erfährt. L. 3 Bock.

Dezember
So. 1. Die Jubelhochzeit. Opt. 3
   Weiße, Beecke.
Di. 3. Emilia Galotti. Tr. 5 Lessing.
Do. 5. Die Schule der Damen. L. 5
   Stephanie d. j. (abgeändert
   von Reichard).
So. 8. Der Gläubiger. S. 3
   J. Richter.
   Medea. Dor. 1 Gotter, Benda.
Di. 10. Der Diamant. L. 1 Collé.
   Die Weinlese. Opt. 2 Weiße,
   Beecke.
Do. 12. Der Fähndrich. S. 3 Schröder.
So. 15. Nicht mehr als sechs Schüsseln.
   Familiengem. 3 Groß-
   mann.
Di. 17. Der flatterhafte Ehemann.
   L. 3 Bock e.
Do. 19. Der Deserteur. Tr. 3 Mercier.
So. 22. Der Jurist und der Bauer.
   L. 2 Rautenstrauch.
   Die Weinlese. Opt. 2 Weiße,
   Beecke.
Mo. 23. Die Holländer. L. 3 Goldoni
   (Bock).
Do. 26. Die Irrungen. S. 5 Calderon.
So. 29. Lanassa. Tr. 5 Plümicke
   nach der Veuve du Malabar
   des La Mierre, Musik der
   Chöre von Franz Danzi.

1783.

Januar
Mi. 1. Der dankbare Sohn. L. 1 Engel.
   Der eifersüchtige Liebhaber.
   Opt. 3 Gretry.

Fr. 3. Die heimliche Heirat. L. 5
   Colman und Garrik.
So. 5. Faust von Stromberg. S. 6
   Maier.

---

¹) Beil spielte die Titelrolle, Bock den Steinach, Iffland den Artimes,
Mad. Toscani die Bertha, Mad. Wallenstein die Adelheid.

Mo. 6. Der deutsche Hausvater. S. 5 v. Gemmingen.
Do. 9. Der Westindier. L. 5 Cumberland.
So. 12. Die Lästerschule. L. 4 Sheridan.
Di. 14. Der Vormund oder Das Mädchen von Frascati. Opt. 4 Livigni, Paesiello.
Do. 16. Juliane von Lindorak. S. 5 Gozzi.
So. 19. Zwei Onkel für einen. L. 1 Gotter f.
Die Weinlese. Opt. 2 Weiße, v. Beecke.
Di. 21. Der seltene Freier. L. 3 Gernevalde (Meyer).
Der erste Dank. S. 1 Wezel.
Do. 23. Henriette oder Sie ist schon verheiratet. L. 5 Großmann.
So. 26. Lanassa. Tr. 5 Plümicke.
Di. 28. Der Gläubiger. S. 3 Richter.
Pygmalion. Monodr. 1 Rousseau, Benda.
Do. 30. Der Liebhaber ohne Namen. L. 5 Gotter.

Februar
So. 2. Die seidenen Schuhe. L. 2 Kretschmann f.
Der Alchymist. Opt. 1 Schuster.
Di. 4. Die Schule der Damen oder Was fesselt uns Männer. L. 5 Stephanie d. j. (Reichard).
Do. 6. Der erste Dank. S. 1 Wezel.
Der Alchymist. Opt. 1 Schuster.
So. 9. Der Graf von Waltron. S. 5 Möller.
Di. 11. Der Vormund. Opt. 4 Paesiello.

Do. 13. Miß Obre. L. 5 Cumberland.
So. 16. Die Räuber. Tr. 7 Schiller.
Di. 18. Die junge Indianerin. L. 1 Chamfort.
Die 3 Pächter. Sg. 2 Monvel, Desaides.
Do. 20. Der Fähndrich S. 3 Schröder.
Pygmalion. Monodr. 1 Rousseau, Benda.
So. 23. Der Ton der großen Welt. L. 2 Colman.
Die Weinlese. Opt. 2 Weiße, v. Beecke.
Di. 25. Der Ehescheue. L. 5 Gotter f.
Do. 27. Franz von Sickingen. S. 5. [A. v. Klein?][1]
Fr. 28. Das gute Mädchen. Sg. 3 Piccini.

März
So. 2. Franz v. Sickingen. S. 5.
Do. 6. Miß Obre. L. 5 Cumberland.
So. 9. Ertappt, ertappt. L. 1 Wezel.
Die Kolonie. Sg. 2 Sacchini.
Di. 11. Der Weise in der That. S. 5 Sedaine.
Do. 13. Das öffentliche Geheimnis. L. 3 (Gozzi) Gotter.
So. 16. Faust von Stromberg. S. 6 Maier.
Di. 18. Minna von Barnhelm. L. 5 Lessing.
Do. 20. Marianne. Tr. 3 Gotter.
Der erste Dank. S. 1 Wezel.
So. 23. Der Schulgelehrte. L. 2 Mrs. Cowley.
Die drei Pächter. S. 2 Monvel, Desaides.
Di. 25. Der Gläubiger. S. 3 Richter.
Ariadne auf Naxos. Ddr. 1 Brandes, Benda.

---
[1] Nach Minor, Schiller II, 189 von A. v. Klein. Vgl. Schiller an Dalberg 7. u. 29. Sept. 1783, Jonas I, 149 u. 156.

Do. 27. Die Expedition oder Die Hochzeit nach dem Tode. L. 3 Collé (Wall).
So. 30. So muß man die Männer fangen. L. 5 Cowley.

April
Di. 1. Fernando und Olympia. S. 5 d'Arien.
Do. 3. Der Schmuck. L. 5 Sprickmann.
So. 6. Felix oder Der Findling. Sg. 3 Sedaine, Monsigny.
Di. 8. Der argwöhnische Ehemann. L. 5 Gotter.
Do. 10. Glück bessert Thorheit. L. 5 Miß Lee (Schröder).

Osterferien.

Mo. 21. Zemire und Azor. Sg. 4 Gretry.
Mi. 23. Die Mediceer. S. 5 Brandes.
Fr. 25. Die Expedition oder Die Hochzeit nach dem Tode. L. 3 Collé (Wall).
So. 27. Lanassa. Tr. 5 La Mierre (Plümicke).
Di. 29. Der Schulgelehrte. L. 2 Cowley.
Der Alchymist. Opt. 1 Schuster.

Mai
Do. 1. Die listigen Stutzer. L. 5 Leonhardi e.
So. 4. Wissenschaft geht vor Schönheit.[1]) L. 3 Goldoni (Bock).
Di. 6. Felix oder Der Findling. Sg. 3 Sedaine, Monsigny.
Do. 8. Das Testament. L. 4 Schröder.
So. 11. Das Urteil des Midas.[2]) Opt. 3 d'Hèle, Gretry.

Mo. 12. Die Eifersüchtigen oder Alle irren sich. L. 3 Murphy.
Der Mechanikus. Pantomim. Divertiss.
Mi. 14. Sie läßt sich herab, um zu fliegen oder Die Irrtümer einer Nacht. L. 5 Goldsmith.
Fr. 16. Juliane von Lindorak. S. 5 Gozzi.
So. 18. Das Urteil des Midas. Opt. 3 Gretry.
Di. 20. Miß Obre. L. 5 Cumberland.
Do. 22. Der Richter. S. 2 Mercier.
Der Faßbinder. Sg. 1 Audinot.
So. 25. Der Sturm von Bogberg.[3]) S. 3 Maier.
Di. 27. Die Weinlese. Opt. 2 Weiße, v. Beecke.
Do. 29. Faust von Stromberg. S. 6 Maier.

Juni
So. 1. Die Eifersüchtigen. L. 3 Murphy.
Das Milchmädchen. Opt. 1 Duni.
Di. 3. Julie und Belmont. Tr. 5 Storz.
Do. 5. Der Richter. S. 2 Mercier.
Der Alchymist. Opt. 1 Schuster.
Mo. 9. Der verliebte Werber. L. 1 Le Sage.
Die beiden Geizigen. Opt. 2 Gretry.
Mi. 11. Graf von Essex. Tr. 5 Banks (Dyk).
Fr. 13. Der Hofmeister. S. 4 Lenz (Schröder).
Der erste Dank. S. 1 Wezel.
So. 15. Der Faschingsstreich. L. 5 Montfleury.

---

[1]) Zum Schluß ein pantom. Divertissement der Mad. Hartig.
[2]) Apollo: Hartig a. G.
[3]) Zum Schluß Pas seul der Mad. Hartig.

Di. 17. Jugend hat selten Tugend. S. 4 Mercier (Schröder).
Röschen und Colas. Opt. 1 Sedaine, Monsigny.
Fr. 20. Rache für Rache. L. 4 Wezel.
So. 22. Der Tote ein Freier. L. 2 Sedaine.
Der Huffschmied. Opt. 1 Philidor.
Di. 24. Die listigen Stutzer. L. 5 Leonhardi e.
Do. 26. Eugenie. D. 5 Beaumarchais.
So. 29. Die junge Indianerin. L. 1 Chamfort.
Unverhofft kommt oft. Opt. 3 [d'Hèle], Gretry.

Juli
Di. 1. Die Schwiegermütter. L. 5 Brandes.
Do. 3. Der Fähndrich oder Der falsche Verdacht. S. 3 Schröder.
So. 6. Die Maler. L. 1 Babo.
Der eifersüchtige Liebhaber. Opt. 3 Gretry.
Di. 8. Nicht mehr als sechs Schüsseln. Familiengm. 5 Großmann.
Do. 10. Felix oder Der Findling. Sg. 3 Sedaine, Monsigny.
So. 13. Hamlet. Tr. 5 Shakespeare (Schröder).
Di. 15. Die seidenen Schuhe. L. 2 Kretschmann f.
Der Husar als Zauberer. Opt. 1 Anseaume, Philidor.
Do. 17. Der Adjutant. L. 3 Brömel.
Das Milchmädchen. Opt. 1 Dmi.
So. 20. Glück bessert Thorheit. L. 5 Lee (Schröder).
Di. 22. Die beiden Hüte. L. 1 Collé.
Unverhofft kommt oft. Opt. 3 Gretry.

Do. 24. Die abgedankten Officiere. L. 5 Stephanie d. j.
So. 27. Der Mann, den seine Frau nicht kennt. L. 2 Boissy.
Die Liebe auf dem Lande. Opt. 2 Weiße, Hiller.
Di. 29. Der Amtmann Graumann. S. 4 n. Calderon.
Do. 31. Die Familie oder Der deutsche Hausvater. S. 5 von Gemmingen.

August
So. 3. Aurora. Musikdr. 1 Wieland, Schweizer.
Die Eifersüchtigen oder Alle irren sich. L. 3 Murphy.
Di. 5. Der Richter. S. 2 Mercier.
Der Alchymist. Opt. 1 Schuster.
Do. 7. Der Tote ein Freier. L. 2 Sedaine.
Die 3 Pächter. Opt. 2 Monvel, Desaides.
So. 10. Der Gläubiger. S. 3 Richter.
Die Maler. L. 1 Babo.
Di. 12. Walwais und Adelaide. Dr. 5 v. Dalberg.
Do. 14. Die Liebe nach der Mode oder Der Eheprokurator. L. 5 Bretzner.
So. 17. Die beiden Billets. L. 1 (Florian) Wall.
Felix oder Der Findling. Sg. 3 Sedaine, Monsigny.
Di. 19. Der Deserteur. Tr. 5 Mercier.
Do. 21. Henriette oder Der Husarenraub. S. 5 Plümicke.
So. 24. Die Holländer. L. 3 Goldoni (Bock).
Di. 26. Der Ton der großen Welt. L. 2 Colman.
Die beiden Billets. L. 1 (Florian) Wall.

Do. 28. Julie und Belmont. Tr. 5 Storz.
So. 31. Die Räuber. Tr. 7 Schiller.

September
Di. 2. Miß Obre. L. 5 Cumberland.
Do. 4. Die sanfte Frau. L. 3 Goldoni.
So. 7. Die schöne Arsene. Sg. 4 Favart, Monsigny.
Di. 9. Natalie. S. 4 Mercier.
   Der Diamant. L. 1 Collé.
Do. 11. Der verdächtige Freund. L. 4 Leonhardi e.
So. 14. Der Tote ein Freier. L. 2 Sedaine.
   Die Kolonie. Sg. 2 Sacchini.
Di. 16. Der Schmuck. L. 5 Sprickmann.
Do. 18. Marianne. Tr. 3 Gotter.
   Der Hufschmied. Opt. 1 Philidor.
So. 21. Der General von Schlenzheim u. seine Familie. S. 4 Spieß.
Di. 23. Die Lästerschule. L. 4 Sheridan.
Do. 25. Der Richter. S. 2 Mercier.
   Der Mann, den seine Frau nicht kennt. L. 2 Boissy.
So. 28. Zemire und Azor. Sg. 4 Gretry.
Di. 30. Der flatterhafte Ehemann. L. 5 Bock e.

V. Theaterjahr.

Oktober
Do. 2. Der taube Liebhaber. L. 2 Pilow.
   Medea. Ddr. 1 Gotter, Benda.
So. 5. Das Urteil des Midas. Opt. 3 Gretry.
Di. 7. Die bezähmte Widerbellerin. L. 4 Shakespeare (Schink).
   Die schöne Rosette. L. 1 Le Grand.

Do. 9. Juliane von Lindorak. S. 5 Gozzi.
So. 12. Der General von Schlenzheim und seine Familie. S. 4 Spieß.
   Der Husar als Zauberer. Opt. 1 Philidor.
Di. 14. Der argwöhnische Ehemann. L. 5 Gotter.
Do. 16. Die väterliche Rache. L. 4 [v. William Congreve, bearb. von Meyer u. Schröder].
So. 19. Zwei Onkel für einen. L. 1 Gotter f.
   Die Weinlese. Opt. 2 Weiße, v. Beecke.
Di. 21. Der Tadler nach der Mode. L. 3 Stephanie d. j.
   Röschen und Colas. Opt. 1 Sedaine, Monsigny.
Do. 23. Graf von Essex. Tr. 5 Banks (Dyk).
So. 26. Der Mann, den seine Frau nicht kennt. L. 2 Boissy.
   Die Dorfgala. Opt. 1 Gotter, Schweitzer.
Di. 28. Der verdächtige Freund. L. 4 Leonhardi e.
   Der Faßbinder. Sg. 1 Audinot.
Do. 30. Die Eifersüchtigen oder Alle irren sich. L. 3 Murphy.

November
So. 2. Lanassa. Tr. 5 La Mierre (Plümicke).
Di. 4. Der mißtrauische Liebhaber. L. 5 Bretzner.
Do. 6. Die Schule der Damen. L. 5 Stephanie d. j. (abgeänd. v. Reichard).
So. 9. Die schöne Arsene. Sg. 4 Monsigny.
Di. 11. Die väterliche Rache. L. 4 u. Congreve.

Do. 13. Der englische Kaper.
  L. 1 [Huber].
  Der Alchymist. Opt. 1
  Schuster.
So. 16. Der mißtrauische Liebhaber.
  L. 5 Bretzner.
Mi. 19. Die Dorfdeputierten.
  Opt. 3 Schuhbauer.
Fr. 21. Der englische Kaper. L. 1
  Huber.
  Das Milchmädchen und die
  beiden Jäger. Opt. 1
  Duni.
So. 23. Die Dorfdeputierten. Opt. 3
  Schuhbauer.
Di. 25. Der Faschingsstreich. L. 5
  Montfleury.
  Medea. Ddr. 1 Gotter, Benda.
Do. 27. Der Diamant. L. 1 Collé.
  Die 3 Pächter. Opt. 2
  Monvel, Desaides.
So. 30. Der Sturm von Bozberg.
  S. 3 Maier.

Dezember
Di. 2. Der Jurist und der Bauer.
  L. 2 Rautenstrauch.
  Die beiden Geizigen. Sg. 2
  Gretry.

Do. 4. Der Fähndrich od. Der falsche
  Verdacht. S. 3 Schröder.
So. 7. Der Kaufmann von
  Venedig.¹) L. 4
  Shakespeare.
Di. 9. Das Urteil des Midas.
  Opt. 3 Gretry.
Do. 11. Der Kaufmann von Venedig.
  L. 4 Shakespeare.
So. 14. Nicht mehr als sechs Schüsseln.
  Fam.-Gem. 5 Großmann.
Di. 16. Die Familie oder Der deutsche
  Hausvater. S. 5
  v. Gemmingen.
Do. 18. Glück bessert Thorheit. L. 5
  Lee.
So. 21. Der Ton der großen Welt.
  L. 2 Colman.
  Das Blendwerk. Opt. 2
  Gretry.
Di. 23. Der verdächtige Freund.
  L. 4 Leonhardi e.
  Der englische Kaper. L. 1
  Huber.
Fr. 26. Der mißtrauische Liebhaber.
  L. 5 Bretzner.
So. 28. Das Testament. L. 4 Schröder.
Di. 30. Die Holländer. L. 3 Goldoni
  (Bock).

1784.

Januar
Do. 1. Die Jagd. Sg. 3 Weiße,
  Hiller.
So. 4. Hamlet. Tr. 5 Shakespeare
  (Schröder).

Di. 6. Henriette. S. 5 Plümicke.
Do. 8. Zwei Onkel für einen. L. 1
  Gotter f.
  Die Dorfgala. Sg. 1 Gotter,
  Schweitzer.

---

¹) Besetzung: Antonio—Boek, Bassanio—Beck, Lorenzo—Epp, Salanio—Kirchhöfer, Solarino—Gern, Graziano—Beil, Shylock—Iffland, Jessika—Mlle. Baumann, Tubal—Frank, Lanzello—Frank, Porzia—Mad. Rennschüb, Nerissa—Mad. Wallenstein, Don Rodrigo—Toskani, Vicomte de Querchy—Herter, Doge—Rennschüb, Stephano—Backhaus.

So. 11. Die Verschwörung des Fiesko zu Genua¹) Tr. 5 Schiller. (Ouvertüre und Zwischenaktsmusik von Ferd. Fränzl.)
Di. 13. Der Weltbürger. L. 3 Goldoni. Röschen u. Colas. Opt. 1 Sedaine, Monsigny.
Do. 15. Der Spleen. L. 3 Stephanie d. j. Die beiden Billets. L. 1 Florian (Wall).
So. 18. Faust von Stromberg. S. 6 Maier.
Di. 20. Die Lästerschule. L. 4 Sheridan.
Do. 22. Die Vormünder. L. 4 Mrs. S. Centlivre (Schröder).
So. 25. Die Verschwörung des Fiesko zu Genua. Tr. 5 Schiller.
Di. 27. Der Weise in der That. S. 5 Sedaine.
Do. 29. Der Schulgelehrte. L. 2 Cowley. Der Dorfjahrmarkt. Sg. 2 Gotter, Benda.

Februar
So. 1. Der Kaufmann von Venedig. L. 4 Shakespeare.
Di. 3. Die Nebenbuhler. L. 5 Sheridan.
Do. 5. Romeo und Julia²) O. 3 Gotter, Benda.
So. 8. Die Räuber. Tr. 7 Schiller.
Di. 10. Die junge Indianerin. L. 1 Chamfort. Felix oder Der Findling. Sg. 3 Sedaine, Monsigny.
Do. 12. Die Wankelmütige oder Der weibliche Betrüger L. 3 Cibber (Schröder).
So. 15. Die Verschwörung des Fiesko zu Genua. Tr. 5 Schiller.
Di. 17. Die Vormünder. L. 4 Centlivre (Schröder).
Do. 19. Die Dorfdeputirten. Opt. 3 Schuhbauer.
So. 22. Der politische Kannengießer. L. 4 Holberg. Der Alchymist. Opt. 1 Schuster.
Do. 26.³) Julie und Belmont. Tr. 5 Storz.

März
Mi. 3. Die Familie oder Der deutsche Hausvater⁴) S. 5 von Gemmingen.
Do. 4. Henriette oder Sie ist schon verheirathet. L. 3 Großmann.
So. 7. Der Blinde aus Leichtgläubigkeit. L. 1 f. Romeo u. Julia. O. 3 Gotter, Benda.
Di. 9. Verbrechen aus Ehrsucht⁵) Familiengem. 5 Iffland.

¹) Besetzung: Fiesko—Boek, Andreas Doria—Kirchhöfer, Gianettino—Engel, Verrina—Iffland, Bourgognino—Beck, Kalkagno—Rennschüb, Sacco—Gern, Lomellino—Toskani, Mohr—Beil, Romano—Frank, Deutscher—Brand, Leonore—Mad. Beck (Karoline Ziegler), Julia—Mad. Rennschüb, Bertha—Mlle. Baumann, Laura—Mlle. Jaquemin, Rosa—Mad. Nicola, Arabella—Mad. Wallenstein.
²) Julia—Mlle. Schäfer, Romeo—Toscani. Der volle Titel lautet: eine ernsthafte Oper in 3 A., abwechselnd mit musikalischen Deklamationen.
³) Dienstag, 24. Febr. kein Theater wegen Wassersnot. Ebenso blieb das Theater Sonntag, 29. Febr. geschlossen.
⁴) Zum Besten der Wasserbeschädigten.
⁵) „Die vorhergehenden Arbeiten Ifflands waren mit geteiltem Beifall aufgenommen worden, aber bei diesem Stücke vereinigten sich alle Stimmen zu seinem Lobe. Es war eigentlich der Zeitpunkt, wo er seinen Ruhm als Schriftsteller gründete und den Grund zu jener allgemeinen Schätzung legte, die ihm später ganz Deutschland zollte. Die kurf. deutsche Gesellschaft sandte ihm nach der Aufführung dieses Stückes eine goldene Denkmünze von 25 Dukaten."

Do. 11. Die heimliche Heirat. L. 5 Colman u. Garrik.
So. 14. Der Wankelmütige. L. 3 Cibber (Schröder).
Die beiden Geizigen. Opt. 2 Gretry.
Di. 16. Miß Obre. L. 5 Cumberland.
Fr. 19. Verbrechen aus Ehrsucht. Familiengem. 5 Iffland.
So. 21. Julius von Tarent.¹) Tr. 5 Leisewitz.
Di. 23. Der englische Kaper. L. 1 Huber.
Die Kolonie. Sg. 2 Sacchini.
Do. 25. Der Adjutant. L. 3 Brömel.
Die drei Pachter. Sg. 2 Monvel, Desaides.
So. 28. Der mißtrauische Liebhaber. L. 5 Bretzner.
Di. 30. Die listigen Stutzer. L. 5 Leonhardi e.

April

Do. 1. Die Überraschung nach der Hochzeit. L. 5 Lambrecht e.

Osterferien.

Mo. 12. Die Dorfdeputierten. Opt. 3 Schuhbauer.
Di. 13. Der argwöhnische Ehemann. L. 5 Gotter.
Do. 15. Kabale u. Liebe²) Tr. 5 Schiller.
So. 18. Die Entführung aus dem Serail³) O. 3 Bretzner, Mozart.
Di. 20. Die bezähmte Widerbellerin. L. 4 Shakespeare (Schink).
Der Diamant. L. 1 Collé.
Do. 22. Marianne. Tr. 3 Gotter.
Der Faßbinder. Sg. 1 Audinot.
So. 25. Die Entführung aus dem Serail. O. 3 Bretzner, Mozart.
Di. 27. Emilia Galotti. Tr. 5 Lessing.
Do. 29. Die väterliche Rache. L. 4 n. Congreve.

Mai

So. 2. Zemire und Azor. Sg. 4 Gretry
Di. 4. Der Deserteur. Tr. 5 Mercier.
Do. 6. Der mißtrauische Liebhaber. L. 5 Bretzner.
So. 9. Kabale und Liebe. Tr. 5 Schiller.
Di. 11. Der Barbier von Sevilla. L. 4 Beaumarchais.
Do. 13. Die seidenen Schuhe. L. 2 Kretschmann f.
Romeo und Julia. O. 3 Gotter, Benda.
So. 16. Die Physiognomie. L. 5 Bretzner.
Di. 18. Juliane von Lindorak. S. 5 Gozzi.
Do. 20. Robert und Kalliste. O. 3 Eschenburg i., Guglielmi.
So. 23. Die Badekur. L. 2 Jünger.
Das Blendwerk. O. 2 Gretry.
Di. 25. So muß man die Männer fangen. L. 5 Cowley.

---

¹) Den Constantin spielte Iffland, Beck den Julius, Boek den Guido, Mad. Beck die Blanka.

²) Besetzung: Präsident—Boek, Ferdinand—Beck, Kalb—Rennschüb, Milford—Mad. Rennschüb, Wurm—Iffland, Miller—Beil, Frau Miller—Mad. Wallenstein, Louise—Mad. Beck, Sophie—Mad. Nicola, Kammerdiener des Fürsten—Pöschel. Die Premiere hatte bereits am 13. April 1784 bei Großmann in Frankfurt stattgefunden.

³) Besetzung: Selim—Rennschüb, Constanze—Mlle. Schefer, Blondchen—Jaquemin, Belmonte—Epp, Pedrillo—Brand, Osmin—Gern.

Do. 27. Wissenschaft geht vor Schön-
        heit.[1]) L. 3 Goldoni (Bock)
Mo. 31. Marianne.[2]) Tr. 3 Gotter.
        Die Dorfgala. Sg. 1 Gotter,
        Schweitzer.

Juni
Di. 1. Der verdächtige Freund. L. 4
        Leonhardi e.
Do. 3. Julius von Tarent. Tr. 5
        Leisewitz.
So. 6. Der Mann, den seine Frau
        nicht kennt. L. 2 Boissy.
        Die Zerstörung von
        Carthago.[3]) O. 1 nach
        Metastasio, Holzbauer.
Di. 8. Die beiden Billets. L. 1
        Florian (Wall).
        Felix oder der Findling.
        Sg. 3 Sedaine, Monsigny.
Fr. 11. Henriette oder Der Husaren-
        raub. S. 5 Plümicke.
So. 13. Lanassa. Tr. 5 La Mierre
        (Plümicke).
Di. 15. Der eifersüchtige Liebhaber.
        O. 3 Gretry.
Do. 17. Das Verbrechen aus Ehrsucht.
        Fam.-Gem. 5 Iffland.
So. 20. Die Räuber. Tr. 7 Schiller.
Di. 22. Emilia Galotti. Tr. 5
        Lessing.
Do. 24. Robert und Kalliste. O. 3
        Guglielmi.
So. 27. Der Barbier von Sevilla.
        L. 4 Beaumarchais.
Di. 29. Das Urteil des Midas. O. 3
        Gretry.

Juli
Do. 1. Die Physiognomie. L. 5
        Bretzner.
So. 4. Der Richter. S. 2 Mercier.
        Die Bergknappen. O. 1
        Umlauff.

Di. 6. Die Entführung aus dem
        Serail. O. 3 Bretzner,
        Mozart.
Do. 8. Der Graf von Essex. Tr. 5
        Banks (Dyk).
So. 11. Die Vatergrille. L. 3 e.
Di. 13. Die Dorfdeputierten. O. 3
        Schuhbauer.
Do. 15. Nicht mehr als sechs Schüsseln.
        Fam.-Gem. 5 Großmann.
So. 18. Der Sturm von Borberg.
        S. 3 Maier.
Di. 20. Die Eifersüchtigen oder Alle
        irren sich. L. 3 Murphy.
        Der Vertraute. Nachsp. 1
        Rahbek.
Do. 22. Zwei Onkels für einen. L 1
        Gotter f.
        Die drei Pachter. Sg. 2
        Monvel, Desaides.
So. 25. Zemire u. Azor. Sg. 4
        Gretry.

Vom 25. Juli — 1. August blieb die
Bühne wegen Reparaturen geschlossen.

August
So. 1. Beverley oder Der englische
        Spieler. Tr. 5 n. d. engl.
        des Moore und n. d. frz.
        des Saurin.
Di. 3. Der schwarze Mann. L. 2
        Gotter f.
        Die eingebildeten Philo-
        sophen. O. 2 Stephanie,
        Paesiello.
Mi. 4. Die Entführung aus dem
        Serail. O. 3 Bretzner,
        Mozart.
Do. 5. Glück bessert Thorheit. L. 5
        Lee.
So. 8. Die neue Emma. L. 3
        Unzer.
        Röschen u. Colas. O. 1
        Sedaine, Monsigny.

---

[1]) Mad. Gensike a. G.: Laurette. — [2]) Mad. Gensike a. G.: Marianne.
[3]) Dido: Mlle. Schaefer. — Schon unter Seyler aufg.: 6. Juli 1779.

Di. 10. Die Nebenbuhler. L. 5 Sheridan.
Do. 12. Der Richter. S. 2 Mercier.
Der Hufschmied. O. 1 Philidor.
So. 15. Der schwarze Mann. L. 2 Gotter 1.
Das Blendwerk. Opt. 2 Gretry.
Di. 17. Der Adjutant. L. 3 Brömel.
Die Liebe auf dem Lande. Opt. 2 Weiße, Hiller.
Do. 19. König Lear[1]) Tr. 5 Shakespeare (Schröder).
So. 22. Der Tote ein Freier. L. 2 Sedaine.
Der Alchymist. O. 1 Schuster.
Di. 24. Juliane von Lindorak. S. 5 Gozzi.
Do. 26. Die Drossel. S. 1 Unzer.
Romeo u. Julie. O. 3 Gotter, Benda.
So. 29. König Lear. Tr. 5 Shakespeare (Schröder).
Di. 31. Die Schule der Damen. L. 5 Stephanie d. j., abgeändert v. Reichard.

September
Do. 2. Die Badekur. L. 2 Jünger.
Der Jurist und der Bauer. L. 2 Rautenstrauch.
So. 5. Der Deserteur. O. 3 Sedaine, Monsigny.
Di. 7. Die Lästerschule. L. 4 n. Sheridan.
Do. 9. Die Irrungen durch Einbildung, Eifersucht und Liebe. S. 5 n. Calderon.
So. 12. Die Entführung aus dem Serail. O. 3 Bretzner, Mozart.
Di. 14. Wissenschaft geht vor Schönheit. L. 3 Goldoni (Bock).

Do. 16. Der Diamant. L. 1 Collé.
Die eingebildeten Philosophen. O. 2 Stephanie, Paesiello.
So. 19. Der Tadler nach der Mode. L. 3 Stephanie d. j.
Die Dorfgala. Sg. 1 Gotter, Schweitzer.
Di. 21. Clavigo. Tr. 5 Goethe.
Do. 23. Die verstellte Kranke. L. 3 Goldoni.
Die beiden Billets. L. 1 Florian (Wall).
So. 26. Die Art eine Bedienung zu erhalten. L. 5 Stephanie d. j.
Di. 28. Die Physiognomie. L. 5 Bretzner.
Do. 30. Der Geizige. L. 5 Molière.

VI. Theaterjahr.

Oktober
So. 3. Der Hausvater. S. 5 a. d. frz. des Diderot.
Di. 5. Robert u. Kalliste. O. 3 Guglielmi.
Do. 7. Amtmann Graumann. S. 4 n. Calderon.
Medea. Ddr. 1 Gotter, Benda.
So. 10. Die neue Emma. L. 3 Unzer.
Das Milchmädchen und die beiden Jäger. O. 1 Duni.
Mo. 11. Zemire u. Azor[2]) Sg. 4 Gretry.
Di. 12. Der Fähndrich oder Der falsche Verdacht. S. 3 Schröder.
Do. 14. Das Verbrechen aus Ehrsucht. Familiengem. 5 Iffland.
So. 17. Die Dorfdeputierten. O. 3 Schubauer.
Di. 19. Nicht mehr als sechs Schüsseln. Familiengem. 5 Großmann.

---

[1]) Die Titelrolle spielte Iffland zum ersten Male.
[2]) Zemire: Mad. Aloysia Lang geb. Weber aus Wien a. G.

Do. 21. Beverley oder Der englische
Spieler. Tr. 5 n. d. engl.
des Moore und d. frz. des
Saurin.
So. 24. Die Mündel. S. 5 Iffland.
Di. 26. Die Jagd. Sg. 3 Weiße,
Hiller.
Do. 28. Der Hausvater. S. 5 Diderot.
So. 31. Die Drossel. S. 1 Unzer.
Die Freundschaft auf der
Probe. O. 2 Favart,
Gretry.

November
Mi. 3. Marianne. Tr. 3 Gotter.
Wer wird sie kriegen? L. 1
Eckardt.
Do. 4. Die Mündel¹) S. 5 Iffland.
Fr. 5. Der wohlthätige Murr-
kopf. L. 3 [Bock n. d. frz.
des Goldoni].
Der Faßbinder. Sg. 1 Audinot.
So. 7. Jeanette. L. 3 (Voltaire)
Gotter.
Di. 9. Nicht mehr als sechs Schüsseln.
Fam.-Gem. 5 Großmann.
Do. 11. Der deutsche Hausvater oder
Die Familie. S. 5 von
Gemmingen.
So. 14. Die Art eine Bedienung zu
erhalten. L. 5 Stephanie d. j.
Di. 16. Der schwarze Mann. L. 2
Gotter f.
Die Freundschaft auf der
Probe. O. 2 Gretry.
Do. 18. Der Barbier von Sevilla. L. 4
Beaumarchais.
So. 21. Die Dorfdeputierten. O. 3
Schuhbauer.

Di. 23. Sind die Verliebten nicht
Kinder? L. 3 Goldoni.
Der Faßbinder. Sg. 1 Audinot.
Do. 25. Das Testament. L. 4 Schröder.
So. 28. Die olympischen Spiele.
O. 3 Metastasio, Sacchini.
Mo. 29. Die neue Emma. L. 3 Unzer.
Die Dorfgala. Sg. 1 Gotter,
Schweitzer.

Dezember
Mi. 1. Der Hofmeister. S. 4 Lenz
(Schröder).
Die Maler. L. 1 Babo.
So. 5. Die Kriegsgefangenen.
S. 5 Stephanie d. j.
Di. 7. Henriette oder der Husaren-
raub. S. 5 Plümicke.
Do. 9. Die Mündel. S. 5 Iffland.
So. 12. Die Entführung aus dem
Serail. O. 3 Bretzner,
Mozart.
Di. 14. Der mißtrauische Liebhaber.
L. 5 Bretzner.
Do. 16. Der Richter. S. 2 n. Mercier.
Essering-Esserogum oder
Die mißlungene Spe-
kulation. L. 1 Maier
(Hofgerichtsrat, Verfasser
des Faust v. Stromberg).
So. 19. Faust von Stromberg. S. 6
Maier.
Di. 21.²) Verbrechen aus Ehrsucht.
Fam.-Gem. 5 Iffland.
So. 26. Die Räuber.³) Tr. 7 Schiller.
Di. 28. Nicht mehr als sechs Schüsseln⁴)
Fam.-Gem. 5 Großmann.
Do. 30. Die Holländer. L. 3 Goldoni
(Bock).

¹) Zu Ifflands Benefiz.
²) Donnerstag den 23. Dezember fand keine Vorstellung statt wegen
„Theaterreparatur".
³) Zum Benefiz des Herrn Großmann.
⁴) Großmann spielte den Hofrat, seine Tochter die Wilhelmine.

1785.

Januar

- Sa. 1. Die Kriegsgefangenen.[1] S. 5 Stephanie d. j.
- So. 2. Oda, die Frau von zween Männern. Tr. 5 Babo.
- Di. 4. Der Deserteur. Tr. 5 Mercier.
- Do. 6. Günther von Schwarzburg.[2] O. 3 v. Klein, Holzbauer.
- Fr. 7. Der Fähndrich oder Der falsche Verdacht.[3] S. 5 Schröder.
- So. 9. Die Eifersüchtigen oder Alle irren sich. L. 3 Murphy. Die Maler. L. 1 Babo.
- Di. 11. Juliane von Lindorak. S. 5 Gozzi (Gotter). Er ist schwer zu befriedigen. L. 1 Jünger.
- Do. 13. Jeanette. L. 5 (Voltaire) Gotter. Pygmalion. Monodr. Rousseau, Benda.
- So. 16. Günther von Schwarzburg. O. 3 Klein, Holzbauer.
- Di. 18. Kabale und Liebe.[4] Tr. 5 Schiller.
- Do. 20. Die väterliche Rache. L. 4 Congreve.
- So. 23. Schonung bessert oder Die Spieler. S. 5 Joh. Dav. Beil.
- Di. 25. Der Adjutant. L. 3 Brömel. Der Dorfjahrmarkt oder Lucas u. Bärbchen. O. 1 Gotter (neu bearb.), Benda.
- Do. 27. Die Nebenbuhler. L. 5 Sheridan.
- So. 30. Günther von Schwarzburg. O. 3 Klein, Holzbauer.

Februar

- Di. 1. Schonung bessert oder Die Spieler[5] S. 5 Beil.
- Mi. 2. Graf von Essex[6] Tr. 5 Banks (Dyk).
- Fr. 4. Der argwöhnische Ehemann. L. 5 Gotter.
- So. 6. Günther von Schwarzburg. O. 3 Klein, Holzbauer.
- Do. 10.[7] Der argwöhnische Ehemann. L. 5 Gotter.
- So. 13. Lanassa. Tr. 5 La Mierre (Plümicke).
- Di. 15. Das Präferenz-Recht. L. 3. Wer wird sie kriegen? L. 1 Eckardt.
- Do. 17. Oda, die Frau von zween Männern. Tr. 3 Babo.
- So. 20. Der Westindier. L. 5 Cumberland.
- Di. 22. Die Lästerschule. L. 5 Sheridan.
- Do. 24. Die olympischen Spiele. O. 3 Metastasio, Sacchini.
- So. 27. König Lear. Tr. 5 Shakespeare (Schröder).

März

- Di. 1. Die Eifersucht auf der Probe. O. 3 Anfossi.

---

[1] Für die folg. Vorst. bis 3. März vgl. Schiller in der Thalia: Repertorium des Mh. Nationaltheaters.
[2] War bereits 1777 in der kurf. Hofoper mit sehr großem Erfolg in Scene gegangen. Die jetzige Besetzung war: Günther—Epp, Rudolf—Gern, Anna—Mlle. Schäfer, Asberta—Mlle. Boudet d. ä., Karl—Leonhard.
[3] Fehlt in Schillers Thalia. — [4] Vgl. Schillers Besprechung in der Thalia. — [5] Zum Benefiz des Herrn Beil.
[6] Mlle. Witthöft debütierte in der Rolle der Gräfin Rutland.
[7] Dienstag den 8. Febr. keine Vorstellung.

Do. 3.	Emilia Galotti. Tr. 5 Lessing.
So. 6.	Der Strich durch die Rechnung. L. 4 Jünger.
	Pygmalion. Monodr. Rousseau, Benda.
Di. 8.	Der verdächtige Freund. L. 4 Leonhardi e.
	Der Dorfjahrmarkt. O. 1 Gotter, Benda.
Do. 10.	Der Strich durch die Rechnung. L. 4 Jünger.
	Die Maler. L. 1 Babo.
So. 13.	Die Eifersucht auf der Probe. O. 3 Anfossi.
Di. 15.	Die Jäger¹) Ländl. Sittengem. 5 Iffland.
Do. 17.	Das Präferenz-Recht. L. 3
	Der Jurist und der Bauer. L. 2 Rautenstrauch.

Osterferien.

Mo. 28.	Die Entführung aus dem Serail. O. 3 Bretzner, Mozart.
Di. 29.	Der Westindier. L. 5 Cumberland.
Do. 31.	Julie u. Belmont. Tr. 5 Storz.

April

So. 3.	Die Jäger. Fam.-Gem. 5 Iffland.
Di. 5.	Der Kaufmann von Venedig. L. 4 n. Shakespeare.

Do. 7.	Die Schwiegermütter. L. 5 Brandes.
	Der taube Liebhaber. L. 2 Pilow.
So. 10.	Der Schornsteinfeger. O. 3 Auernbrugger, Salieri.
Di. 12.	Jeanette. L. 3 (Voltaire) Gotter.
Do. 14.	Der englische Kaper. L. 1 Huber.
	Der eifersüchtige Liebhaber. O. 3 Gretry.
So. 17.	Der Schmuck. L. 5 Sprickmann.
Di. 19.	Die Badekur. L. 2 Jünger.
	Der Alchymist. O. 1 Schuster.
Do. 21.	Robert und Kalliste. O. 3 Guglielmi.
So. 24.	Julius Cäsar.²) Tr. 6 Shakespeare (n. Wielands Übersetzung von Dalberg bearbeitet).
Di. 26.	Der Schornsteinfeger. O. 3 Salieri.
Do. 28.	Amtmann Graumann. S. 4 n. Calderon.
	Das Milchmädchen. Opt. 1 Duni.

Mai

So. 1.	Julius Cäsar. Tr. 6 Shakespeare (v. Dalberg).

---

¹) Tagebuchnotiz: Die Jäger wurden zum allererstenmal in Dürkheim auf dem Liebhaber-Theater des Fürsten von Leiningen gegeben, wobei der Erbprinz den Anton spielte. — Die erste Mannheimer Besetzung war: Oberförster—Iffland, Oberförsterin—Mad. Rennschüb, Anton—Beck, Friederike—Mlle. Withöft, Amtmann—Rennschüb, Kordelchen—Mlle. Jaquemin, Pastor—Boek, Schulz—Gern, Gerichtsschreiber—Beil u. s. w.

²) Tagebuch: „Dieses Stück, vom Frh. von Dalberg bearbeitet, war eine Vorstellung einzig in ihrer Art. Außer dem vortrefflichen Spiele der Schauspieler war auch das römische Kostüm aufs strengste beobachtet, und das ganze war mit Pracht aufgeführt." Die Besetzung dieser bemerkenswerten Aufführung war folgende: Cäsar—Boek, Antonius—Beil, Brutus—Beil, Cassius—Iffland, Casca—Leonhard, Cinna—Pöschel, Flavius—Rennschüb, Marullus—Gern, Artemidorus—Withöft, Lucius—Richter, Calpurnia—Mad. Rennschüb, Porcia—Mlle. Withöft.

Di. 3. Der lustige Tag oder Die Hochzeitsfeier des Figaro.[1]) L. 5 Beaumarchais (übers. nach der Kehler Originalausgabe).
Do. 5. Der Strich durch die Rechnung. L. 4 Jünger.
Der Alchymist. O. 1 Schuster.
So. 8. Julius Cäsar. Tr. 6 Shakespeare (v. Dalberg).
Di. 10. Der Schornsteinfeger. O. 3 Salieri.
Fr. 13. Günther von Schwarzburg. O. 3 Klein, Holzbauer.
Mo. 16. Der lustige Tag oder Die Hochzeitsfeier des Figaro. L. 5 Beaumarchais.
Mi. 18. Der argwöhnische Ehemann. L. 5 Gotter.
Fr. 20. Die neue Emma. L. 3 Unzer.
Wer wird sie kriegen? L. 1 Eckardt.
So. 22. Der Bürgermeister. L. 5 Graf von Brühl.
Der taube Liebhaber. L. 2 Pilow.
Di. 24. Der mißtrauische Liebhaber. L. 5 Bretzner.
Sa. 28. Die neue Emma. L. 3 Unzer.
Zwei Onkels für einen. L. 1 Gotter f.
So. 29. Die Eifersucht auf der Probe. O. 3 Anfossi.
Di. 31. Die Vormünder. L. 4 Centlivre (Schröder).

Juni.

Do. 2. Julius von Tarent. Tr. 5 Leisewitz.

So. 5. Der lustige Tag oder Die Hochzeitsfeier des Figaro. L. 5 Beaumarchais.
Di. 7. Das gute Mädchen. Sg. 3 Piccini.
Do. 9. Der Ostindier oder Die unmögliche Sache. L. 4 Schröder e.
So. 12. Der Bürgermeister. L. 5 Graf Brühl.
Der Faßbinder. Sg. 1 Audinot.
Di. 14. Der Mann, den seine Frau nicht kennt. L. 2 Boissy.
Die Freundschaft auf der Probe. O. 2 Gretry.
Do. 16. Die Physiognomie. L. 5 Bretzner.
So. 19. Der natürliche Sohn. L. 5 Cumberland.
Di. 21. Die Eifersucht auf der Probe. O. 3 Anfossi.
Fr. 24. Marianne. Tr. 3 Gotter.
Der Jurist und der Bauer. L. 2 Rautenstrauch.
So. 26. Der natürliche Sohn. L. 5 Cumberland.
Mi. 29. Der lustige Tag oder Die Hochzeitsfeier des Figaro. L. 5 Beaumarchais.
Do. 30. Die Eifersüchtigen. L. 3 Murphy.
Die Maler. L. 1 Babo.

Juli.

Fr. 1. In Schwetzingen:[2])
Verbrechen aus Ehrsucht. S. 5 Iffland.
So. 3. Julius Cäsar. Tr. 6 Shakespeare (v. Dalberg).

---

[1]) Boek spielte den Grafen, Mlle. Baumann die Gräfin, Mlle. Withöft die Susanne, Beck den Figaro, Leonhard den Basilius, Gern den Bartolo, Mad. Rennschüb die Marzelline, Mlle. Jaquemin den Cherubin, Iffland den Richter, Beil den Antonio. — Die „Vorbereitungssinfonie, Gesänge u. Märsche" von Gaberon.

[2]) In Schwetzingen fanden anläßlich der Anwesenheit des Kurfürsten einige Aufführungen statt. So: 1. u. 21., vielleicht auch 31. Juli, u. 4., 16., 28. Aug.

Di. 5. Die Lästerschule. L. 4 Sheridan.
Wer wird sie kriegen? L. 1 Eckardt.
Do. 7. Die Entführung aus dem Serail. O. 3 Bretzner, Mozart.
So. 10. König Lear. Tr. 5 Shakespeare (Schröder).
Di. 12. Der Cholerische. L. 5 Cumberland (v. Dalberg?).
Do. 14. Der argwöhnische Ehemann. L. 5 Gotter.
So. 17. Nicht mehr als sechs Schüsseln. Fam.-Gem. 5 Großmann.
Di. 19. Amtmann Graumann. S. 4 n. Calderon.
Do. 21. In Schwetzingen: König Theodor in Venedig. O. 2 Paesiello (3. 1. Mal).
Fr. 22. Der Vetter aus Lissabon. Familiengem. 3 Schröder.
Die Dorfgala. Sg. 1 Gotter, Schweitzer.
So. 24. König Theodor in Venedig. O. 2 Casti, Paesiello.
Di. 26. Der natürliche Sohn. L. 5 Cumberland.
Do. 28. Julie u. Belmont. Tr. 5 Storz.
So. 31. Der Cholerische. L. 5 Cumberland.

August

Di. 2. Sie läßt sich herab um zu siegen. L. 5 Goldsmith.
Do. 4. Die Familie oder Der deutsche Hausvater. S. 5 v. Gemmingen.
So. 7. Der lustige Tag. L. 5 Beaumarchais.
Di. 9. Der Tote ein Freier. L. 2 Sedaine.
Die Weinlese. O. 2 Weiße, Beecke.

Do. 11. Der Fähndrich. S. 3 Schröder.
So. 14. König Theodor in Venedig. O. 2 Paesiello.
Di. 16. Der Ostindier. L. 4 Schröder e.
Die Liebe auf dem Lande. Opt. 2 Weiße, Hiller.
Do. 18. Die Römer in Deutschland. Tr. 5 Babo.
So. 21. Die Mündel. S. 5 Iffland.
Di. 23. Der Schmuck. L. 5 Sprickmann.
Do. 25. Die Drossel. S. 1 Unzer.
Die eingebildeten Philosophen. O. 2 Stephanie, Paesiello.
So. 28. Der flatterhafte Ehemann. L. 5 Bock e.
Mi. 31. Die Entführung aus dem Serail¹) O. 3 Bretzner, Mozart.

September

Do. 1. Die Mündel. S. 5 Iffland.
So. 4. Gerechtigkeit und Rache. S. 5 Brömel.
Di. 6. Henriette oder Sie ist schon verheiratet. L. 5 Großmann.
Do. 8. Der Strich durch die Rechnung. L. 4 Jünger.
Der Faßbinder. Sg. 1 Audinot.
So. 11. Der Vetter aus Lissabon. Fam.-Gem. 3 Schröder.
Die Kolonie. Sg. 2 Sacchini.
Di. 13. Das Präferenz-Recht. L. 3.
Der englische Kaper. L. 1 Huber.
Do. 15. Die Jagd. O. 3 Weiße, Hiller.
So. 18. Gerechtigkeit und Rache. S. 5 Brömel.
Der Alchymist. O. 1 Schuster.
Di. 20. Die Schauspielerschule. L. 3 David Beil.

---

¹) Osmin: H. Fischer a. G.

Do. 22. Die Eifersüchtigen. L. 3 Murphy.
So. 25. Die Dorfdeputirten. O. 3 Schuhbauer.
Di. 27. Der flatterhafte Ehemann. L. 5 Bock e.
Do. 29. Die zwei Gräfinnen. O. 2 Sellini, Paesiello.

VII. Theaterjahr.

October.
So. 2. Der Sturm von Boxberg. S. 3 Maier.
Di. 4. Das gute Mädchen. Sg. 3 Piccini.
Do. 6. Der lustige Tag oder Die Hochzeitsfeier des Figaro. L. 5 Beaumarchais.
Fr. 7. Die Entführung aus dem Serail. O. 3 Bretzner, Mozart.
So. 9. Victorine oder Wohlthun trägt Zinsen. L. 4 Schröder.
Di. 11. Der Schornsteinfeger. O. 3 Salieri.
Do. 13. Jeanette. L. 3 (Voltaire) Gotter.
So. 16. König Theodor in Venedig. O. 2 Paesiello.
Di. 18. Verbrechen aus Ehrsucht. Fam.-Gem. 5 Iffland.
Do. 20. Die väterliche Rache. L. 4 Congreve.
So. 23. Die Entführung aus dem Serail. O. 3 Bretzner, Mozart.
Di. 25. Wissenschaft geht vor Schönheit. L. 3 Goldoni (Bock).
Do. 27. Die unvermutete Zusammenkunft. O. 3 Gluck.
Fr. 28. Die Jäger. Sittengem. 5 Iffland.
So. 30. Der Fähndrich. S. 3 Schröder. Das Blendwerk. O. 2 Gretry.

November
Do. 3. Der Deserteur. O. 3 Sedaine.
Fr. 4. Die Maler. L. 1 Babo. Die Weinlese. O. 2 Weiße, Beecke.
So. 6. Victorine oder Wohlthun trägt Zinsen. L. 4 Schröder.
Di. 8. Der Deserteur. Tr. 5 Mercier.
Do. 10. Der Tote ein Freier. L. 2 Sedaine. Die beiden Billetts. L. 1 Florian (Wall).
So. 13. Der Richter. S. 2 Mercier. Die buchstäbliche Auslegung der Gesetze. L. 1 [Brömel].
Di. 15. Der Westindier. L. 5 Cumberland.
Do. 17. Julius von Tarent. Tr. 5 Leisewitz.
So. 20. Liebe um Liebe[1]) S. 1 (als Prolog) Iffland. Der Barbier von Sevilla oder Die vergebliche Vorsicht. O. 4 nach Beaumarchais, Paesiello.
Di. 22. Der Vetter aus Lissabon. Familiengem. 3 Schröder. Die buchstäbliche Auslegung der Gesetze. L. 1 Brömel.
Do. 24. Der natürliche Sohn. L. 5 Cumberland.
Sa. 26. Der lustige Tag oder Die Hochzeitsfeier des Figaro. L. 5 Beaumarchais.
So. 27. Die Reue des Figaro. L. 1 Parisau. Verbrechen aus Ehrsucht. Fam.-Gem. 5 Iffland.

[1]) Zur Feier der Vermählung des Herzogs Max Josef von Zweibrücken. Vgl. Ifflands ausführl. Bericht in s. Selbstbiographie S. 62 ff.

Di. 29. Der Strich durch die Rechnung. L. 4 Jünger.
Der taube Liebhaber. L. 2 Pilow.

Dezember

Do. 1. Robert und Kalliste. O. 3 Guglielmi.
So. 4. Faust von Stromberg. S. 6 Maier.
Di. 6. Der mißtrauische Liebhaber. L. 5 Bretzner.
Do. 8. Der Cholerische. L. 5 Cumberland.
So. 11. Der Bürgermeister. L. 5 Graf Brühl.
Pygmalion. Ddr. 1 Rousseau, Benda.

Di. 13. Gerechtigkeit und Rache. S. 5 Brömel.
Der Hufschmied. Opt. 1 Philidor.
Do. 15. Die Nebenbuhler. L. 5 Sheridan.
So. 18. Ethelwolf oder Der König kein König. S. 5 L. F. Huber e.
Di. 20. Das Testament. L. 4 Schröder.
Do. 22. Der Hofmeister. S. 4 Lenz (Schröder).
Die buchstäbliche Auslegung der Gesetze. L. 1 Brömel.
Mo. 26. Die Mündel. S. 5 Iffland.
Do. 29. Im Trüben ist gut fischen. O. 3 Sarti.

1786.

Januar

Di. 3. Henriette oder Der Husarenraub. S. 5 Plümicke.
Fr. 6. Im Trüben ist gut fischen. O. 3 Sarti.
So. 8. Die Brüder. L. 5 Cumberland.
Der Mechanikus. pantom. Divertissement.
Di. 10. Der Ostindier oder Die unmögliche Sache. L. 4 Schröder e.
Mi. 11. Die Fischer. Pantom. Divertissement.
Do. 12. Ethelwolf oder Der König kein König. S. 5 Huber e.
So. 15. Die Räuber. Tr. 7 Schiller.
Di. 17. Gerechtigkeit und Rache. S. 5 Brömel.
Jurist und Bauer. L. 2 Rautenstrauch.
Do. 19. Der Adjutant. L. 3 Brömel.
Die drei Pächter. Sg. 2 Monvel, Desaides.

So. 22. Die Jäger. Ländl. Sittengem. 5 Iffland.
Di. 24. Jack Spleen. L. 1 [Dyk.]
Der Hufschmied. Opt. 1 Philidor.
Do. 26. Die Entführung aus dem Serail. O. 3 Bretzner, Mozart.
So. 29. Julius Cäsar. Tr. 6 Shakespeare (Dalberg).
Di. 31. Die Schauspielerschule. L. 3 Beil.
Jack Spleen. L. 1 Dyk.

Februar

Do. 2. Die Familie oder Der deutsche Hausvater. S. 5 v. Gemmingen.
So. 5. Der Irrwisch oder Endlich fand er sie. O. 3 Bretzner, Umlauff.
Di. 7. Nicht mehr als sechs Schüsseln. Fam.-Gem. 5 Großmann.

Do. 9. Juliane von Lindorak. S. 5 Gozzi.
Der Alchymist. O. 1 Schuster.
So. 12. Der König Theodor in Venedig. O. 2 Paesiello.
Di. 14. Der flatterhafte Ehemann. L. 5. Bock o.
Fr. 17. Götz von Berlichingen.¹) Tr. 5 Goethe.
So. 19. Götz von Berlichingen. Tr. 5 Goethe.
Di. 21. Die Dorfdeputierten. O. 3 Schuhbauer.
Do. 23. Der Vetter aus Lissabon. Fam.-Gem. 3 Schröder.
Die buchstäbliche Auslegung der Gesetze. L. 1 Brömel.
So. 26. Götz von Berlichingen. Tr. 5 Goethe.

März
Do. 2. Victorine oder Wohlthun trägt Zinsen. L. 4 Schröder.
Fr. 3. Im Trüben ist gut fischen. O. 3 Sarti.
So. 5. Die Brüder. L. 5 Cumberland.
Di. 7. Die Eifersüchtigen oder Alle irren sich. L. 3 Murphy.
Pyramus und Thisbe. Pantom. Div.
Do. 9. Der Irrwisch oder Endlich fand er sie. O. 3 Bretzner, Umlauff.
So. 12. Erziehung macht den Menschen. L. 5 Ayrenhoff.
Pyramus und Thisbe. Pant. Div.
Di. 14. Der Gläubiger. S. 3 Richter.
Adrast und Isidore oder Die Serenade. O. 2 Bretzner (u. Molière), Peru.

Do. 16. Fernando und Olympia. S. 5 D'Arien.
So. 19. Der lustige Tag oder Die Hochzeitsfeier des Figaro. L. 5 Beaumarchais.
Di. 21. Die Jäger. Ldl. Sittengem. 5 Iffland.
Do. 23. Der Cholerische. L. 5 Cumberland.
Die Maler. L. 1 Babo.
So. 26. Erziehung macht den Menschen. L. 3 Ayrenhoff.
Di. 28. Die neue Emma. L. 3 Unzer.
Die Dorfgala. Sg. 1 Gotter, Schweitzer.
Do. 30. Kabale und Liebe. Tr. 5 Schiller.

April
So. 2. Jack Spleen. L. 1 Dyk.
Felix oder Der Findling. Sg. 3 Sedaine, Monsigny.
Di. 4. Der mißtrauische Liebhaber. L. 5 Bretzner.
Do. 6. Oronooko. Tr. 5 v. Dalberg n. d. engl. des Sothern.

Osterferien.

Mo. 17. Die Entführung aus dem Serail. O. 3 Bretzner, Mozart.
Di. 18. Die Schauspielerschule. L. 3 Beil.
Der taube Liebhaber. L. 2 Pilow.
Do. 20. Verbrechen aus Ehrsucht. Fam.-Gem. 5 Iffland.
Die buchstäbliche Auslegung der Gesetze. L. 1 Brömel.
So. 23. Oronooko. Tr. 5 v. Dalberg (nach Sothern).
Di. 25. Der Westindier. L. 5 Cumberland.

¹) Über die Mh. Bearbeitung, in der das Stück gegeben wurde, vgl. die Bemerkungen zu dem Soufflierunannskript, S. 129. Die Titelrolle spielte Boek, Mad. Rennschüb die Elisabeth, Mlle. Baumann die Marie, Beil den Lerse, Iffland den Bruder Martin, Mlle. Withöft die Adelheid, Beck den Weislingen.

Do. 27. Der Schmaus. O. 2
Cimarosa.
So. 30. Erziehung macht den
Menschen. L. 5 Ayrenhoff.

Mai.
Di. 2. Das Räuschchen. L. 4
Bretzner.
Do. 4. Das Urteil des Midas. O. 3
Gretry.
So. 7. Der Schmaus. O. 2
Cimarosa.
Di. 9. Die Lästerschule. L. 4
Sheridan.
Do. 11. Graf Essex. Tr. 5 Banks
(Dyk).
So. 14. Das Räuschchen. L. 4
Bretzner.
Di. 16. Der König Theodor in
Venedig. O. 2 Paesiello.
Do. 18. Die bezähmte Widerbellerin.
L. 4 Shakespeare (Schink).
Wer wird sie kriegen? L. 1
Eckardt.
So. 21. Der deutsche Hausvater oder
Die Familie.[1]) S. 5
v. Gemmingen.
Mo. 22. Rosalie von Felsheim
od. Lilliput. L. 5 v. Soden.
Di. 23. Zwei Onkel für einen. L. 1
Gotter f.
Der eifersüchtige Liebhaber.
O. 3 Gretry.
Do. 25. Der lustige Tag oder Die
Hochzeitsfeier des Figaro.
L. 5 Beaumarchais.
So. 28. Das Loch in der Thür. L. 5
Stephanie d. j.
Di. 30. Emilia Galotti. Tr. 5 Lessing.

Juni
Do. 1. Im Trüben ist gut fischen.
O. 3 Sarti.

Fr. 2. Rosalie von Felsheim. L. 5
Soden.
Mo. 5. Die drei Töchter. L. 2
[Spieß].
Die buchstäbliche Auslegung
der Gesetze. L. 1 Brömel.
Di. 6. Sie läßt sich herab um zu
siegen. L. 5 Goldsmith
Do. 8. Beverley. Tr. 5 n. d. engl.
des Moore n. d. frz. des
Saurin.
So. 11. Der Mann, den seine Frau
nicht kennt. L. 2 Boissy.
Die eingebildeten Philosophen.
O. 2 Stephanie d. j.,
Paesiello.
Di. 13. Der Bürgermeister. L. 5
Graf Brühl.
Der Faßbinder. Sg. 1
Audinot.
Fr. 16. Das öffentliche Geheimnis.
L. 3 Gozzi (Gotter).
So. 18. Die beiden Billets. L. 1
Florian (Wall).
Die zwei Gräfinnen. O. 2
Paesiello.
Di. 20. Victorine. L. 4 Schröder.
Do. 22. Der Strich durch die Rechnung.
L. 4 Jünger.
So. 25. Der Schlaftrunk.[2]) L. 3.
Medea. Ddr. 1 Gotter, Benda.
Di. 27. Julius von Tarent. Tr. 5
Leisewitz.
Do. 29. Der Gläubiger. S. 3 Richter.
Pygmalion. Monodr.
Rousseau, Benda.

Juli
So. 2. Hamlet. Tr. 5 Shakespeare
(Schröder).
Di. 4. Der Deserteur aus Kindesliebe. S. 3 Stephanie d. j.
Do. 6. Die väterliche Rache. L. 4
Congreve (Meyer u.
Schröder).

---
[1]) Lotte: Mad. Lang aus München a. G.
[2]) Erstes Preisstück (vgl. Martersteig 311 u. 454), fiel durch. War anonym eingereicht.

So. 4. Der Deserteur. O. 3 Sedaine, Monsigny.
Di. 11. Der argwöhnische Ehemann. L. 5 Gotter.
Do. 13. Die Mediceer. S. 5 Brandes.
Die Drossel. S. 1 Unzer.
So. 16. Der englische Kaper. L. 1 Huber.
Romeo und Julia. O. 3 Gotter, Benda.
Di. 18. Der Cholerische. L. 5 Cumberland.
Do. 20. Julie und Belmont. Tr. 5 Storz.
So. 23. Oronooko. Tr. 5 Dalberg (nach Sothern).
Di. 25. Zemire und Azor. Sg. 4 Gretry.
Do. 27. Verbrechen aus Ehrsucht. Fam.-Gem. 5 Iffland.
So. 30. Haß und Liebe. S. 4 von Bonin.

August
Di. 1. Der verdächtige Freund. L. 4 Leonhardi e.
Do. 3. Drei Wochen nach der Hochzeit. L. 2 e.
Das komische Duell. O. 2 Moline, Paesiello.
Fr. 4. Der Strich durch die Rechnung. L. 4 Jünger.
Die Maler. L. 1 Babo.
So. 6. Der Sturm von Bozberg. S. 3 Maier.
Di. 8. Wissenschaft geht vor Schönheit. L. 3 Goldoni (Bock).
Do. 10. Der Deserteur. Tr. 5 Mercier.
So. 13. Felix oder Der Findling. Sg. 3 Sedaine, Monsigny.
Di. 15. Eugenie. D. 5 Beaumarchais.
Do. 17. Der Adjutant. L. 3 Brömel.
Das komische Duell. O. 2 Moline, Paesiello.

So. 20. Elise oder Einfalt und Bosheit[1] L. 5.
Di. 22. Im Trüben ist gut fischen. O. 3 Sarti.
Do. 24. Der Schmuck. L. 5 Sprickmann.
So. 27. Die drei Töchter. L. 2 Spieß.
Die zwei Vormünder. O. 2 Neefe a. d. frz., Dalayrac.
Di. 29. Glück bessert Thorheit. L. 5 a. d. engl. der Miß Lee.
Do. 31. Ethelwolf. S. 5 Huber e.

September
So. 3. Rosalie v. Felsheim. L. 5 v. Soden.
Die beiden Geizigen. Sg. 2 Gretry.
Di. 5. Haß und Liebe. S. 4 v. Bonin.
Do. 7. Die Holländer. L. 3 Goldoni (Bock).
So. 10. Der Einsiedler oder Der Mönch vom Carmel[2] Tr. 5 Dalberg.
Di. 12. Der Ostindier. L. 4 Schröder e.
Do. 14. Das Loch in der Thüre. L. 5 Stephanie d. j.
So. 17. Der Einsiedler vom Carmel. Tr. 5 Dalberg.
Di. 19. Der Barbier von Sevilla oder Die vergebliche Vorsicht. O. 4 Paesiello.
Do. 21. Die bezähmte Widerbellerin. L. 4 Shakespeare (Schink).
Jack Spleen. L. 1 Dyk.
So. 24. Zwei Onkels für einen. L. 1 Gotter f.
Romeo und Julia. O. 3 Gotter, Benda.
Di. 26. Erziehung macht den Menschen. L. 5 Ayrenhoff.
Do. 28. Eugenie. D. 5 Beaumarchais.

[1] Zweites Preisstück (vgl. Martersteig 311 u. 454) wurde ausgepfiffen, war anonym eingereicht.
[2] Trauerspiel in Versen; den Prolog u. Epilog sprach Mlle. Withöft. Iffland spielte die Titelrolle.

VIII. Theaterjahr.

Oktober

- So. 1. Verstand und Leichtsinn. L. 5 Jünger.
- Di. 3. Drei Wochen nach der Hochzeit. L. 1 e.
  Die zwei Geizigen. Sg. 2 Gretry.
- Do. 5. Die Physiognomie. L. 5 Bretzner.
- So. 8. Der seltene Freier. L. 3 Gernevalde (Meyer).
  Der Dorfjahrmarkt. O. 1 Gotter, Benda.
- Di. 10. Beverley. Tr. 5 n. d. engl. des Moore u. d. frz. des Saurin.
- Fr. 13. Der Spleen. L. 3 Stephanie d. j.
  Der Jurist und der Bauer. L. 2 Rautenstrauch.
- So. 15. Die samnitische Vermählungsfeier. O. 3 Gretry.
- Di. 17. Die Expedition oder Die Hochzeit nach dem Tode. L. 3 Collé (Wall).
- Do. 19. Minna von Barnhelm. L. 5 Lessing.
- So. 22. Die Dorfdeputierten. O. 3 Schuhbauer.
- Di. 24. Victorine. L. 4 Schröder.
- Do. 26. Der seltene Freier. L. 3 Gernevalde (Meyer).
  Der Hufschmied. O. 1 Philidor.
- So. 29. Im Trüben ist gut fischen. O. 3 Sarti.
- Di. 31. Verstand und Leichtsinn. L. 5 Jünger.

November

- Fr. 3. Die verstellte Kranke. L. 3 Goldoni.
  Der Alchymist. O. 1 Schuster.
- So. 5. Um sechs Uhr ist Verlobung. L. 5 Schröder e.

Die Vorstellung am Dienstag den 7. Nov. 1786 fiel aus wegen des Heidelberger Universitätsjubiläums.

- Fr. 10. Der mißtrauische Liebhaber. L. 5 Bretzner.
- So. 12. Der Barbier von Sevilla. O. 4 Paesiello.
- Di. 14. Der Gläubiger. S. 3 Richter.
  Zwei Onkels für einen. L. 1 Gotter f.
- Do. 16. Die Mündel. S. 5 Iffland.
- So. 19. Die Zauberhöhle des Trophonio. O. 3 Salieri.
- Di. 21. Um sechs Uhr ist Verlobung. L. 5 Schröder e.
- Do. 23. Die Zauberhöhle des Trophonio. O. 3 Salieri.
- So. 26. Das Räuschchen. L. 4 Bretzner.
- Di. 28. Richard der Dritte[1]) Tr. 5 Shakespeare (Weiße).
- Do. 30. Die Schauspielerschule. L. 3 Beil.
  Die buchstäbliche Auslegung der Gesetze. L. 1. Brömel.

Dezember

- So. 3. Der Ring (1. Teil). L. 5 Schröder.
- Di. 5. Helena und Paris. O. 3 Winter.
- Do. 7. Der Strich durch die Rechnung. L. 4 Jünger.
  Die Maler. L. 1 Babo.
- So. 10. Helena und Paris. O. 3 Winter.
- Di. 12. Das Bewußtsein. S. 5 Iffland.
- Do. 14. Der Richter. S. 2 Mercier.
  Pygmalion. Monodr. 1 Rousseau, Benda.

---

[1]) Becks Schwester trat in der Rolle der Elisabeth auf.

So. 17. Der Einsiedler von Carmel. Tr. 5 v. Dalberg.
Di. 19. Die beiden Billets. L. 1 Florian (Wall).
Felix oder der Findling. Sg. 3 Sedaine, Monsigny.
Mi. 20. Der Deserteur aus Kindesliebe. L. 3 Stephanie d. j.
Do. 21. Minna von Barnhelm. L. 5 Lessing.

Di. 26. Helena und Paris. O. 3 Winter.
Do. 28. Glück bessert Thorheit. L. 5 Lee.
So. 31. Rosalie von Felsheim. L. 5 Frh. v. Soden.
Wer wird sie kriegen? L. 1 Eckardt.

1787.

Januar

Mo. 1. Die zwei Gräfinnen. O. 2 Paesiello.
Do. 4. Der Ring (1. Teil). L. 5 Schröder.
So. 7. Hamlet. Tr. 5 Shakespeare (Schröder).
Di. 9. Der natürliche Sohn. L. 5 Cumberland.
Do. 11. Konradin von Schwaben. Tr. 5 Klinger.
So. 14. Der flatterhafte Ehemann. L. 5 Bock e.
Do. 18. Bellerofon. O. 3 Winter.
Fr. 19. Der Einsiedler vom Carmel. Tr. 5 v. Dalberg.
So. 21. Das Räuschchen. L. 4 Bretzner.
Die buchstäbliche Auslegung der Gesetze. L. 1 Brömel.
Di. 23. Die Zauberhöhle des Trophonio. O. 3 Salieri.
Do. 25. Erziehung macht den Menschen. L. 5 Ayrenhoff.
So. 28. Bellerofon. O. 3 Winter.
Di. 30. Emilia Galotti. Tr. 5 Lessing.

Februar

Do. 1. Die bezähmte Widerbellerin. L. 4 Shakespeare (Schink).
Jack Spleen. L. 1 Dyk.
Fr. 2. Der Vetter aus Lissabon. Fam.-Gem. 5 Schröder.
Der Jurist und der Bauer. L. 2 Rautenstrauch.
So. 4. Die Familie Eichenkron. L. 5 Kretschmann.
Di. 6. Die Jäger. Ldl. Sittengem. 5 Iffland.
Do. 8. Die Entführung aus dem Serail. O. 3 Bretzner, Mozart.
So. 11. Julius Cäsar. Tr. 6 Shakespeare (v. Dalberg).
Di. 13. Gerechtigkeit und Rache[1]) S. 5 Brömel.
Der Faßbinder. Sg. 1 Audinot.
Do. 15. Bewußtsein. S. 5 Iffland.
So. 18. Bellerofon. O. 3 Winter.
Do. 22. Die Schule der Damen. L. 5 Stephanie d. j.
So. 25. Oronooko. Tr. 5 v. Dalberg (Sothern).

---

[1]) Bei Mad. Ritter, welche das Hannchen spielte, findet sich im Backhaus'schen Tagebuch die Bemerkung: Mlle. Baumann, jetzige Mad. Ritter, vermählte sich mit dem Violoncellisten Ritter, nachdem sie vorher den berühmten Iffland und Schiller ausgeschlagen, die sich beide um ihre Hand bewarben.

Di. 27. Der Mann, den seine Frau nicht kennt. L. 2 Boissy.
Die eingebildeten Philosophen. O. 2 Stephanie d. j., Paesiello.

März

Do. 1. Der argwöhnische Ehemann. L. 5 Gotter.
So. 4. Der englische Kaper. L. 1 Huber.
Das tartarische Gesetz. Sg. 2 Gotter, André.
Di. 6. Marianne. Tr. 3 Gotter.
Das Weiber-Gelübde.¹) L. 2 Dalberg e.
Do. 8. Der Deserteur. O. 3 Sedaine, Monsigny.
So. 11. Die Räuber. Tr. 7 Schiller.
Di. 13. Der Cholerische. L. 5 Cumberland.
Do. 15. Zwei Onkel für einen. L. 1 Gotter f.
Romeo und Julie. O. 3 Gotter, Benda.
So. 18. Die Schauspielerschule. L. 3 Beil.
Das Weiber-Gelübde. L. 2 v. Dalberg e.
Di. 20. Der Barbier von Sevilla. O. 4 Paesiello.
Do. 22. Die väterliche Rache. L. 4 Congreve (Meyer und Schröder.)
So. 25. Helena und Paris. O. 3 Winter.
Di. 27. Das Testament. L. 4 Schröder.
Do. 29. Die Dorfdeputirten. Opt. 3 Schuhbauer.

Osterferien.

April

Mo. 9. Helena und Paris. O. 3 Winter.
Di. 10. Julie und Belmont. Tr. 5 Storz.
Do. 12. Gefälligkeit im Alter. L. 5 Destouches.
So. 15. Der Tote ein Freier. L. 2 Sedaine.
Die Luftbälle oder Der Liebhaber à la Montgolfier. O. 2 Bretzner, Ferd. Fränzl.
Di. 17. Der lustige Tag oder Die Hochzeitsfeier des Figaro. L. 5 Beaumarchais.
Mi. 18. Der Einsiedler vom Carmel. Tr. 5 v. Dalberg.
Do. 19. Bewußtsein. S. 5 Iffland.
So. 22. Das Landmädchen. L. 5 a. d. engl. [des Wicherley].
Di. 24. Emilia Galotti²) Tr. 5 Lessing.
Do. 26. Das Weibergelübde. L. 2 v. Dalberg e.
Die Luftbälle. O. 2 Bretzner, Fränzl.
So. 29. Der König Theodor in Venedig. O. 2 Paesiello.

Mai

Di. 1. Konradin von Schwaben. Tr. 5 Klinger.
Do. 3. Verstand und Leichtsinn. L. 5 Jünger.
So. 6. Instinkt oder Wer ist Vater zum Kinde? L. 1 Jünger.
Die drei Pächter. Sg. 2 Monvel, Desaides.
Di. 8. Henriette oder Sie ist schon verheiratet. L. 5 Großmann.

---

¹) Daß Dalberg dies engl. Lustspiel bearbeitet hat, geht hervor aus Becks Regiebericht vom 6. Aug. 1797.
²) Als Odoardo debütierte der bisherige Waldhornist Müller.

Do. 10. Gefälligkeit im Alter. L. 5 Destouches.
So. 13. Die Schule der Eifersucht. O. 3 Mazzola, Salieri.
Di. 15. Die Familie Eichenkron. L. 5 Kretschmann.
Do. 17. Die Eifersucht auf der Probe. O. 3 Anfossi.
So. 20. Der Günstling. Tr. 5 Klinger.
Di. 22. Nicht mehr als sechs Schüsseln. Fam.-Gem. 5 Großmann.
Do. 24. Sie läßt sich herab um zu siegen oder Die Irrtümer einer Nacht. L. 5 Goldsmith.
Mo. 28. Die schöne Arsene. Sg. 4 Monsigny.
Di. 29. Die Holländer. L. 3 Goldoni (Bock).
Do. 31. Der Strich durch die Rechnung. L. 4 Jünger.
Die Dorfgala. Sg. 1 Gotter, Schweitzer.

Juni
So. 3. Der alte böse General. L. 3 Kretschmann.
Pygmalion. Monodr. 1 Rousseau, Benda.
Di. 5. Die Schule der Eifersucht oder Das Narrenhospital. O. 3 Salieri.
Fr. 8. Die bezähmte Widerbellerin. L. 4 Shakespeare (Schink).
Der Hufschmied. O. 1 Philidor.
So. 10. Faust von Stromberg. S. 6 Maier.
Di. 12. Der Fähndrich oder der falsche Verdacht. S. 3 Schröder.
Do. 14. Der Eheschue. L. 5 Gotter.
So. 17. Der Gläubiger. S. 3 Richter.
Nina oder Wahnsinn aus Liebe. O. 1 Dalayrac.

Di. 19. Der Bürgermeister. L. 5 Graf Brühl.
Der Dorfjahrmarkt oder Lukas und Bärbchen. O. 1 Gotter, Benda.
Do. 21. Die neue Emma. L. 3 Unzer.
Die buchstäbliche Auslegung der Gesetze. L. 1 Brömel.
So. 24. Im Trüben ist gut fischen. O. 3 Sarti.
Di. 26. Das Loch in der Thüre. L. 5 Stephanie d. j.
Fr. 29. Marianne. Tr. 3 Gotter.
Die beiden Geizigen. Sg. 2 Gretry.

Juli
So. 1. Helena und Paris. O. 3 Winter.
Di. 3. Der Graf von Olsbach. S. 5 Brandes.
Do. 5. Der Günstling. Tr. 5 Klinger.
So. 8. Der alte böse General. L. 3 Kretschmann.
Der Bettelstudent oder Das Donnerwetter. Opt. 2 Winter.
Di. 10. Verbrechen aus Ehrsucht. Fam.-Gem. 5 Iffland.
Do. 12. Montesquieu oder Die unbekannte Wohlthat. S. 3 v. Dalberg.
Nina oder Wahnsinn aus Liebe. O. 1 Dalayrac.
So. 15. Erziehung macht den Menschen. L. 5 Ayrenhoff.
Di. 17. Die Zauberhöhle des Trophonio. O. 3 Salieri.
Do. 19. Verstand und Leichtsinn. L. 5 Jünger.
So. 22. Der Mann, den seine Frau nicht kennt. L. 2 Boissy.
Der Bettelstudent oder Das Donnerwetter. Opt. 2 Winter.
Di. 24. Der Vetter aus Lissabon. Fam.-Gem. 3 Schröder.

Do. 26. Die Schauspielerschule. L. 3
Beil.
Der Faßbinder. Sg. 1
Audinot.
So. 29. Offene Fehde. L. 3
Huber f.
Medea. Ddr. 1 Gotter, Benda.
Di. 31. Die Schule der Damen. L. 5
Stephanie d. j.

August
Fr. 3. Richard Löwenherz. O. 3
Sedaine, Gretry.
So. 5. Die Jäger. Sittengem. 5
Iffland.
Di. 7. Der Richter. S. 2 Mercier.
Die eingebildeten Philosophen. O. 2 Stephanie d. j.,
Paesiello.
Do. 9. Die Zauberhöhle des
Trophonio. O. 3 Salieri.
So. 12. Offene Fehde. L. 3 Huber f.
Die Maler. L. 1 Babo.
Di. 14. Jeanette. L. 3 (Voltaire)
Gotter.
Do. 16. Das gute Mädchen. O. 3
Piccini.
So. 19. Die Schule der Graubärte. L. 5 Miß Cowley.
Di. 21. Der flatterhafte Ehemann.
L. 5 Bock e.
Do. 23. Die Dorfdeputierten. O. 3
Schuhbauer.
So. 26. Montesquieu oder Die unbekannte Wohlthat. S. 3
v. Dalberg.
Das Weibergelübde. L. 2
v. Dalberg e.
Mo. 27. Der englische Kaper. L. 1
Huber.
Die Luftbälle. O. 2 Bretzner,
Fränzl.
Di. 28. Fernando und Olympia. S. 3
d'Arien.
Do. 30. Der Cholerische. L. 5 Cumberland.

September
So. 2. Im Trüben ist gut fischen.
O. 3 Sarti.
Di. 4. Der Ehescheue. L. 5 Gotter.
Do. 6. Der Einsiedler vom Carmel.
Tr. 5 v. Dalberg.
So. 9. Die Adelsucht. L. 2
Schröder.
Der Alchymist. O. 1 Schuster.
Di. 11. Rosalie von Felsheim oder
Liliput. L. 5 v. Soden.
Zwei Onkel für einen. L. 1
Gotter f.
Do. 13. Der Vormund oder Das
Mädchen von Frascati.
O. 4 Paesiello.
So. 16. Die Schule der Graubärte.
L. 5 Cowley.
Di. 18. Die Ungetreuen. L. 1
Barthe (Reichard).
Der eifersüchtige Liebhaber.
O. 3 Gretry.
Do. 20. Kabale und Liebe. Tr. 5
Schiller.
So. 23. Ariadne auf Naxos. Ddr. 1
Brandes, Benda.
Die Adelsucht. L. 2 Schröder.
Di. 25. Das Räuschchen. L. 4
Bretzner.
Do. 27. Minna von Barnhelm oder
Das Soldatenglück. L. 5
Lessing.
So. 30. Die Eifersucht auf der Probe.
O. 3 Anfossi.

IX. Theaterjahr.

Oktober
Di. 2. Die Holländer. L. 3 Bock
(n. Goldoni).
Do. 4. Bewußtsein. Tr. 5 Iffland.
So. 7. Die Ungetreuen. L. 1 Barthe
(Reichard.)
Alexis und Justine. O. 2
Monvel, Desaides.
Di. 9. Der mißtrauische Liebhaber.
L. 5 Bretzner.

Do. 11. Der alte böse General. L. 3 Kretschmann.
Nina oder Wahnsinn aus Liebe. O. 1 Dalayrac.
So. 14. Jack Spleen. L. 1 Dyk.
Die Luftbälle. O. 2 Bretzner, Fränzl.
Di. 16. Die Räuber. Tr. 7 Schiller.
Do. 18. Glück bessert Thorheit. L. 5 Lee.
So. 21. Die Entführung aus dem Serail. O. 3 Bretzner, Mozart.
Di. 23. Der Westindier. L. 5 Cumberland.
Do. 25. Das Herz behält seine Rechte. S. 5 Heinr. Beck (nach Kelly).
So. 28. Helena und Paris. O. 3 Winter.
Di. 30. Konradin v. Schwaben. Tr. 5 Klinger.

November
So. 4. Zemire u. Azor¹). Sg. 4 Gretry.
Di. 6. Julius von Tarent. Tr. 5 Leisewitz.
Do. 8. Offene Fehde. L. 3 Huber f.
Die Maler. L. 1 Babo.
So. 11. Das Weibergelübde. L. 2 v. Dalberg e.
Alexis und Justine. O. 2 Monvel, Desaides.
Di. 13. Sechs Wagen mit Contrebande oder Großthun und Knickerei²). L. 5 Dyk.
Do. 15. Die Entführung aus d. Serail. O. 3 Bretzner, Mozart.
So. 18. Der Sturm von Boxberg. S. 3 Maier.
Di. 20. Der Apotheker und der Doktor. O. 4 Stephanie d. j., Dittersdorf.
Mi. 21. Montesquieu. S. 3 Dalberg.
Der Magnetismus. L. 1 Iffland.

Do. 22. Offene Fehde. L. 3 Huber f.
Der taube Liebhaber. L. 2 Pilow.
So. 25. Der Apotheker und der Doktor. O. 4 Stephanie d. j., Dittersdorf.
Di. 27. Verbrechen aus Ehrsucht. Fam.-Gem. 5 Iffland.
Do. 29. Der deutsche Hausvater oder Die Familie. S. 5 von Gemmingen.

Dezember
So. 2. Die Zauberhöhle des Trophonio. O. 3 Salieri.
Di. 4. Das Herz behält seine Rechte. S. 5 Beck.
Do. 6. Die Schule der Graubärte. L. 5 Cowley.
So. 9. Der Essigmann mit seinem Schubkarren. Mercier. D. 3
Der Dorfjahrmarkt oder Lukas und Bärbchen. O. 1 Gotter, Benda.
Di. 11. Der argwöhnische Ehemann. L. 5 Gotter.
Do. 13. König Theodor in Venedig. O. 2 Paesiello.
So. 16. Faust v. Stromberg. S. 6 Maier.
Di. 18. Juliane von Lindorak. S. 5 n. Gozzi.
Der Huffschmied. O. 1 Philidor.
Do. 20. Der Ehescheue. L. 5 (Dorat) Gotter.
So. 23. Die drei Töchter. L. 2 Spieß.
Der Magnetismus. L. 1 Iffland.
Mi. 26. Der Apotheker und der Doktor. O. 4 Stephanie d. j., Dittersdorf.
Fr. 28. Der natürliche Sohn. L. 5 Cumberland.
So. 30. Im Trüben ist gut fischen. O. 3 Sarti.

---

¹) Sander: Herr Demmer als Debütrolle. — ²) „Beinahe ausgepfiffen."

1788.

Januar
Di. 1. Der alte böse General. L. 3 Kretschmann.
Der englische Kaper. L. 1 Huber.
Do. 3. Die neue Emma. L. 3 Unzer.
Die buchstäbliche Auslegung der Gesetze. L. 1 Brömel.
So. 6. Der Einsiedler vom Carmel. Tr. 5 v. Dalberg.
Di. 8. Die väterliche Rache. L. 4 Congreve.
Do. 10. Der Gläubiger. S. 3 Richter.
Die Adelsucht. L. 2 Schröder.
So. 13. Der Essigmann mit seinem Schubkarren. D. 3 Mercier.
Der Bettelstudent oder Das Donnerwetter. Opt. 2 Winter.
Di. 15. Mittelweg ist Tugendprobe.¹) S. 5 Iffland.
Fr. 18. Der Barbier von Sevilla. O. 4 Paesiello.
So. 20. Das Räuschchen. L. 4 Bretzner.
Die Tabaksdose. L. 1.
Di. 22. Der Ring. 1. Teil L. 5 Schröder.
Do. 24. Der Tote ein Freier. L. 2 Sedaine.
Die Kolonie. Sg. 2 Sacchini.
So. 27. Oronooko. Tr. 5 n. Sothern (v. Dalberg).
Di. 29. Die Holländer. L. 3 Goldoni (Bock).
Do. 31. Montesquieu oder Die unbekannte Wohlthat. S. 3 v. Dalberg.
Die Tabaksdose. L. 1.

Februar
So. 3. Helena und Paris²) O. 3 Winter.
Do. 7. Hamlet. Tr. 5 Shakespeare (Schröder).
So. 10. Der Apotheker u. der Doktor. O. 4 Stephanie, Dittersdorf.
Di. 12. Die geheime Verbindung oder Der verborgene Ehemann. L. 3 Florian.
Zwei Onkel für einen. L. 1 Gotter f.
Do. 14. Zemire u. Azor. Sg. 4 Gretry.
So. 17. Der Vetter aus Lissabon. Fam.-Gem. 3 Schröder.
Der Hirsch. S. 1.
Di. 19. Verstand u. Leichtsinn. L. 5 Jünger.
Do. 21. Erziehung macht den Menschen. L. 5 Ayrenhoff.
So. 24. Die Ungetreuen. L. 1 Barthe (Reichard).
Der verstellte Lord. O. 2 Piccini.
Di. 26. Die Mündel. S. 5 Iffland.
Do. 28. Die Schule der Damen. L. 5 Stephanie d. j., (abgeändert von Reichard).

März
So. 2. Die Geschwister³) S. 1 Goethe.
Romeo und Julie. O. 3 Gotter, Benda.

---

¹) Tagebuchnotiz: „Die zweite Fortsetzung von Ifflands Verbrechen aus Ehrsucht; wollte heute nicht recht ansprechen." — War nur dies eine Mal; Iffland spielte den Fabrikant Walsing.
²) Mlle. Scheefer trat in der Rolle der Helena z. 1. Mal als Mad. Beck auf.
³) Besetzung: Wilhelm—Leonhard, Marianne—Mlle. Withöft, Fabrice—Müller.

Di. 4. Der mißtrauische Liebhaber. L. 5 Bretzner.
Do. 6. Die Entführung aus dem Serail[1]) O. 3 Bretzner, Mozart.
So. 9. Der Apotheker und der Doktor[2]) O. 4 Stephanie, Dittersdorf.
Di. 11. Die bezähmte Widerbellerin. L. 4 Shakespeare (Schink). Die Tabaksdose. L. 1.
Do. 13. Der Graf von Olsbach. S. 5 Brandes.

Osterferien.

Mo. 24. Die Geschwister. S. 1 Goethe. Die Luftbälle oder Der Liebhaber à la Montgolfier. O. 2 Bretzner, Fränzl.
Di. 25. Der Essigmann mit seinem Schubkarren. D. 3 Mercier. Der englische Kaper. L. 1 Huber.
Do. 27. Minna von Barnhelm. L. 5 Lessing.
So. 30. Julius Cäsar. Tr. 6 Shakespeare (v. Dalberg).

April

Di. 1. Der flatterhafte Ehemann. L. 5 Bock v.
Do. 3. Marianne. Tr. 3 Gotter. Der verstellte Lord. O. 2 Piccini.
So. 6. Don Carlos, Infant von Spanien.[3]) Tr. 5 Schiller.

Di. 8. Der Richter. S. 2 Mercier. Die verstellte Liebhaberin. O. 1 Paesiello.
Do. 10. Die Eifersüchtigen oder Alle irren sich. L. 3 Murphy. Wer wird sie kriegen? L. 1 Eckardt.
So. 13. Der Gläubiger. S. 3 Richter. Nina oder Wahnsinn aus Liebe. O. 1 Dalayrac.
Di. 15. Bewußtsein. S. 5 Iffland.
Do. 17. Unschuld und Liebe. L. 2 (ursprüngl. Titel: Das sechzehnjährige Mädchen) [Lambrecht] f. Die verstellte Liebhaberin. O. 1 Paesiello.
So. 20. Don Carlos, Infant von Spanien. Tr. 5 Schiller.
Di. 22. Die Dorfdeputirten. O. 3 Schuhbauer.
Do. 24. Die Schauspielerschule. L. 3 Beil. Die Maler. L. 1 Babo.
So. 27. Die geheime Verbindung. L. 3 Florian. Die Geschwister. S. 1 Goethe.
Di. 29. Erziehung macht den Menschen. L. 3 Ayrenhoff.

Mai.

Do. 1. Der Einsiedler vom Carmel. Tr. 5 v. Dalberg.
So. 4. Die Erbschleicher.[4]) L. 5 Gotter.
Di. 6. Der deutsche Hausvater oder Die Familie. S. 5 von Gemmingen.

---

[1]) Als Belmonte gastierte Walter vom Frankfurter Theater wegen Epps Urlaub. — [2]) Gotthold: Walter a. G.
[3]) Besetzung: Philipp—Iffland, Elisabeth—Mad. Ritter, Carlos—Beck, Posa—Boek, Alba—Beil, Domingo—Rennschüb, Eboli—Mlle. Withöft. Tagebuchnotiz: „Ein Meisterwerk in Rücksicht auf Interesse, Charakterzeichnung, Diktion, Harmonie der Verse und große Züge. Dies Stück, von Künstlern wie unsere Schauspieler dargestellt, muß die höchste Wirkung hervorbringen. Es verbürgt dem Dichter Unsterblichkeit."
[4]) War das vierte Preisstück (Martersteig 454). Das dritte „Der neue Geizige" kam gar nicht zur Aufführung. Gotters Stück erhielt nur geteilten Beifall.

Do. 8. Der natürliche Sohn. L. 5 Cumberland.
Mo. 12. Unschuld und Liebe. L. 2 Lambrecht f.
- Die eingebildeten Philosophen. O. 2 Stephanie d. j., Paesiello.
Di. 13. Der Günstling. Tr. 5 Klinger.
Do. 15. Juliane von Lindorak. S. 5 Gozzi.
Jack Spleen. L. 1 Dyk.
So. 18. König Theodor in Venedig. O. 2 Paesiello.
Di. 20. Der Ehescheue. L. 5 (Dorat) Gotter.
Fr. 23. Der alte böse General. L. 3 Kretschmann.
So. 25. Der Vetter aus Lissabon. Fam.-Gem. 3 Schröder.
Die eheliche Probe. L. 1 v. Dalberg e.
Di. 27. Unschuld und Liebe. L. 2 Lambrecht f.
Die buchstäbliche Auslegung der Gesetze. L. 1 Brömel.
Do. 29. Offene Fehde. L. 3 Huber f.
Das Weiber-Gelübde. L. 2 v. Dalberg e.

Juni
So. 1. Macbeth.[1]) Tr. 5 Shakespeare (Mh. Bearbeitung).
Di. 3. Der Fähndrich. S. 3 Schröder.
Do. 5. Die geheime Verbindung. L. 3 Florian.
Die eheliche Probe. L. 1 v. Dalberg e.
So. 8. Lilla oder Schönheit und Tugend (Una cosa rara). O. 4 Da Ponte, Martin.
Di. 10. Verbrechen aus Ehrsucht. Fam.-Gem. 5 Iffland.
Do. 12. Die Erbschleicher. L. 5 Gotter.
Die verstellte Liebhaberin. O. 1 Paesiello.
So. 15. Julius Cäsar. Tr. 6 Shakespeare (Dalberg).
Di. 17. Das Räuschchen. L. 4 Bretzner.
Do. 19. Der Apotheker und der Doktor. O. 4 Stephani d. j., Dittersdorf.
So. 22. Macbeth. Tr. 5 Shakespeare.
Di. 24. Der Revers. L. 5 Jünger.
Do. 26. Der lustige Tag oder Die Hochzeitsfeier des Figaro. L. 5 Beaumarchais.
So. 29. Die buchstäbliche Auslegung der Gesetze. L. 1 Brömel.
Die Lustbälle. O. 2 Bretzner, Ferd. Fränzel.

Juli
Di. 1. Erziehung macht den Menschen. L. 5 Ayrenhoff.
Do. 3. Die Schauspielerschule. L. 3 Beil.
Der Magnetismus. L. 1 Iffland.
So. 6. König Theodor in Venedig. O. 2 Paesiello.
Di. 8. Der Revers. L. 5 Jünger.
Do. 10. Die Schule der Graubärte. L. 5 Cowley.
So. 13. König Lear. Tr. 5 Shakespeare (Schröder).
Do. 17. Die Zauberhöhle des Trophonio. O. 3 Salieri.
So. 20. Armut u. Hoffart. L. 5 David Beil.
Di. 22. Der Cholerische. L. 5 Cumberland.

---

[1]) Besetzung: König—Iffland, Macbeth—Boek, Banquo—Beil, Macduff—Beck, Lady Macbeth—Mad. Rennschüb. Symphonie, Zwischenakte und Marsch: neue Komposition von Ferdinand Fränzl. — Die Seylersche Truppe hatte Macbeth in Wagners Bearbeitung schon am 27. März 1779 in Mannheim gegeben.

Do. 24. Montesquieu oder Die unbekannte Wohlthat. S. 3 v. Dalberg.
Die Tabaksdose. L. 1.
So. 27. Die Dorfdeputierten. O. 3 Schuhbauer.
Di. 29. Der Westindier. L. 5 Cumberland.
Do. 31. Der Richter. S. 2 Mercier.
Der verstellte Lord. O. 2 Piccini.

August
So. 3. Hamlet. Tr. 5 Shakespeare (Schröder).
Mo. 4. Lilla. O. 4 Martin.
Di. 5. Die Schule der Väter. S. 5 Pieyre.
Die eheliche Probe. L. 1 v. Dalberg e.
Do. 7. Die neue Emma. L. 3 Unzer.
Die Adelsucht. L. 2 Schröder.
So. 10. Der taube Liebhaber. L. 2 Pilow.
Töffel u. Dorchen. O. 2 Monvel, Desaides (Fortsetzung der Drei Pächter).
Di. 12. Der flatterhafte Ehemann. L. 5 Bock e.
Fr. 15. Offene Fehde. L. 3 Huber f.
Die Geschwister. S. 1 Goethe.
So. 17. Die Entführung aus dem Serail. O. 3 Bretzner, Mozart.
Di. 19. Graf von Essex. Tr. 5 Banks (Dyk).
Do. 21. Im Trüben ist gut fischen. O. 3 Sarti.
So. 24. Das Kleid aus Lyon. L. 4 Jünger.
Di. 26. Die Jäger. Sittengem. 5 Iffland.
Do. 28. Marianne. Tr. 3 Gotter.
Der Huffschmied. O. 1 Philidor.
So. 31. Helena und Paris. O. 3 Winter.

September
Di. 2. Bewußtsein. S. 5 Iffland.
Do. 4. Die Maler. L. 1 Babo.
Töffel u. Dorchen. O. 2 Monvel, Desaides.
So. 7. Die Räuber. Tr. 7 Schiller.
Di. 9. Die Eifersüchtigen. L. 3 Murphy.
Der engl. Kaper. L. 1 Huber.
Do. 11. Die Mündel. S. 5 Iffland.
So. 14. Der Apotheker u. der Doktor. Stephanie d. J., Dittersdorf.
Di. 16. Der Barbier von Sevilla. O. 4 Paestello.
Do. 18. Alderson. Tr. 4 Brandes.
So. 21. Die Schule der Väter. S. 2 Pieyre.
Der Bettelstudent. Opt. 2 Winter.
Di. 23. Emilia Galotti. Tr. 5 Lessing.
Do. 25. Ariadne auf Naxos. Ddr. 1 Brandes, Benda.
Der Weise in der That. S. 5 Sedaine.
So. 28. Der betrogene Geizige. O. 3 Dulpius n. d. ital., Paesiello.
Di. 30. Der Essigmann mit seinem Schubkarren. D. 3 Mercier.
Die Geschwister. S. 1 Goethe.

X. Theaterjahr.

Oktober
Do. 2. Unschuld und Liebe. L. 2 Lambrecht f.
Der Dorfjahrmarkt. O. 1 Gotter, Benda.
So. 5. Oronooko. Tr. 5 v. Dalberg n. Sothern.
Di. 7. Der argwöhnische Ehemann. L. 5 Gotter.
Do. 9. Der Gläubiger. S. 3 Richter.
Die Ungetreuen. L. 1 Barthe (Reichard).

So. 12.¹) Die treuen Köhler. O. 2 Hermann, Schuhbauer.
Di. 14. Der flatterhafte Ehemann. L. 5 Bock e.
Do. 16. Die Eifersüchtigen. L. 3 Murphy.
Der Mann, den seine Frau nicht kennt. L. 2 Boissy.
So. 19. Die Schule der Väter. S. 5 Pieyre.
Die Übereilung. L. 1 Murphy (Meyer).
Di. 21. Das Kleid aus Lyon. L. 4 Jünger.
Die buchstäbliche Auslegung der Gesetze. L. 1 Brömel.
Do. 23. Im Trüben ist gut fischen. O. 3 Sarti.
So. 26. Die große Toilette. L. 3.
Di. 28. Die Dormünder. L. 4 Centlivre (Schröder).
Jack Spleen. L. 1 Dyk.
Do. 30. Der taube Liebhaber. L. 2 Pilow.
Nina. O. 1 Dalayrac.

November
Mo. 3. Die Heirat durch ein Wochenblatt. L. 1 [Schröder f.].
Die eingebildeten Philosophen. O. 2 Stephanie d. j., Paesiello.
Di. 4. Die Familie oder Der deutsche Hausvater. S. 5 von Gemmingen.
Do. 6. Der alte böse General. L. 3 Kretschmann.
Die eheliche Probe. L. 1 v. Dalberg e.
So. 9. Die Entführung aus dem Serail. O. 3 Bretzner, Mozart.

Di. 11. Die große Toilette. L. 5
Do. 13. Don Carlos Tr. 5 Schiller.
So. 16. Betrug durch Aberglaube. O. 3 Eberl, Dittersdorf.
Di. 18. Der Essigmann mit seinem Schubkarren. D. 3 Mercier.
Der Magnetismus. L. 1 Iffland.
Do. 20. Montesquieu. S. 3 v. Dalberg.
Die Übereilung. L. 1 Murphy.
So. 23. Betrug durch Aberglaube. O. 3 Eberl, Dittersdorf.
Di. 25. Die verstellte Kranke. L. 3 Goldoni.
Das Weiber-Gelübde. L. 2 v. Dalberg e.
Do. 27. Thomas More. Tr. 5 J. G. Dyk.
So. 30. Der Sturm von Bozberg. S. 3 Maier.
Die verstellte Liebhaberin. O. 1 Paesiello.

Dezember
Di. 2. Das Räuschchen. L. 4 Bretzner.
Zwei Onkel für einen. L. 1 Gotter f.
Do. 4. Die väterliche Rache. L. 4 Congreve (Meyer und Schröder).
Die Geschwister. S. 1 Goethe.
So. 7. Die Zauberhöhle des Trophonio. O. 3 Salieri.
Di. 9. Hamlet. Tr. 5 Shakespeare (Schröder).
Do. 11. Stille Wasser sind betrüglich. L. 4 Schröder e.
So. 14. Der Eremit auf Formentera.²) S. mit Gsg. 2 Kotzebue, P. Ritter.

---

¹) Vom 11. Oktober 1788 bis Juni 1789 war Kurfürst Karl Theodor in Mannheim.
²) Tagebuchnotiz: „Gefiel sehr. Der Komponist Peter Ritter, Violoncellist im hiesigen Orchester, ist ein junger Mann von vielen Kenntnissen und wahrem musikalischen Genie."

Di. 16. Die bezähmte Widerbellerin.
L. 4 Shakespeare (Schink).
Do. 18. Der Weise in der That. S. 5
Sedaine.
Die Heirat durch ein Wochenblatt. L. 1 Schröder f.
So. 21. Die vermeinten Fehler.
L. 1 Sedaine.
Der Bettelstudent oder Das
Donnerwetter. Opt. 2
Winter.

Di. 23. Thomas More. Tr. 5 Dyk.
Fr. 26. Betrug durch Aberglaube.
O. 3 Eberl, Dittersdorf.
So. 28. Stille Wasser sind betrüglich.
L. 4 Schröder.
Die Übereilung. L. 1 Murphy.
Di. 30. Der alte böse General. L. 3
Kretschmann.
Wer wird sie kriegen? L. 1
Eckardt.

1789.

Januar
Do. 1. Der Apotheker u. der Doktor.
O. 4 Stephanie d. j.,
Dittersdorf.
So. 4. Rache für Rache. L. 4
Wezel.

Dienstag 6. u. Donnerstag 8. Jan.
wurde das Theater wegen großer Kälte
geschlossen.

So. 11. Die Abenteuer einer
Nacht. L. 3 Huber sp.
Die Tabaksdose. L. 1.
Di. 13. Der Ehescheue. L. 5 (Dorat)
Gotter.
Do. 15. Der verdächtige Freund. L. 4
Leonhardi e.
Der Diamant. L. 1 Collé.
So. 18. Der mißtrauische Liebhaber.
L. 5 Bretzner.
Di. 20. Marianne. Tr. 3 Gotter.
Die Adelsucht. L. 2 Schröder.
Do. 22. Pygmalion. Monodr. 1
Rousseau, Benda.
Der Hofmeister. S. 4 Lenz
(Schröder).
So. 25. Gerechtigkeit u. Rache. S. 5
Brömel.
Die Dorfgala. O. 1 Gotter,
Schweitzer.

Di. 27. Bewußtsein. S. 5 Iffland.
Do. 29. Der Eremit auf Formentera.
S. 2 Kotzebue.

Februar
So. 1. Julius Cäsar. Tr. 6 Shakespeare (v. Dalberg).
Di. 3. Zu gut ist nicht gut. L. 5
(Goldsmith) Schmidt.
Do. 5. Unschuld und Liebe. L. 2
Lambrecht f.
Die buchstäbliche Auslegung
der Gesetze. L. 1 Brömel.
So. 8. Ariadne auf Naxos. Ddr. 1
Brandes, Benda.
Die Abenteuer einer Nacht.
L. 3 Huber sp.
Di. 10. Die bezähmte Widerbellerin.
L. 4 Shakespeare (Schink).
Der taube Liebhaber. L. 2
Pilow.
Do. 12. Der Gläubiger. S. 3 Richter.
Der Mann, den seine Frau
nicht kennt. L. 2 Boissy.
So. 15. Der Wechsel. L. 4 Jünger.
Die Maler. L. 1 Babo.
Di. 17. Der Barbier von Sevilla.
O. 4 Paesiello.
Do. 19. Die geheime Verbindung. L. 3
Florian.
Der Magnetismus. L. 1
Iffland.

So. 22. Der Sturm v. Boxberg. S. 3
    Maier.
Do. 26. Rache für Rache. L. 4 Wezel.

März

So. 1. Das Testament. L. 4 Schröder.
    Die buchstäbliche Auslegung
    der Gesetze. L. 1 Brömel.
Di. 3. Der Ehescheue. L. 3 (Dorat)
    Gotter.
    Die beiden Billets. L. 1
    Florian (Wall).
Do. 5. Der Essigmann mit seinem
    Schubkarren. D. 3
    Mercier.
    Die eheliche Probe. L. 1
    v. Dalberg e.
So. 8. Gerechtigkeit und Rache.
    S. 5 Brömel.
    Der englische Kaper. L. 1
    Huber.
Di. 10. Die Holländer. L. 3 Goldoni
    (Bock).
Do. 12. Zemire und Azor. Sg. 4
    Gretry.
So. 15. Der Wechsel. L. 4 Jünger.
    Das Weiber-Gelübde. L. 2
    v. Dalberg e.
Di. 17. Minna von Barnhelm. L. 5
    Lessing.
Do. 19. Der Gläubiger. S. 3 Richter.
    Nina oder Wahnsinn aus
    Liebe. O. 1 Dalayrac.
So. 22. Timon von Athen.[1]
    Tr. 5 Shakespeare
    (v. Dalberg).
Di. 24. Die Eifersucht auf der Probe.
    O. 3 Anfossi.
Do. 26. Der Einsiedler vom Carmel.
    Tr. 5 v. Dalberg.

So. 29. Helena und Paris. O. 3
    Winter.
Di. 31. Der Revers. L. 5 Jünger.

April

Do. 2. Timon von Athen. Tr. 5
    Shakespeare.

Osterferien.

Di. 14. Die große Toilette. L. 5.
    Die Übereilung. L. 1 Murphy
    (Meyer.)
Do. 16. Der Vetter aus Lissabon.[3]
    S. 3 Schröder.
    Die Ungetreuen. L. 1 Barthe
    (Reichard).
Fr. 17. Emilia Galotti.[3] Tr. 5
    Lessing.
So. 19. Die Liebe im Narren-
    hause. O. 2 Stephanie d. j.,
    Dittersdorf.
Di. 21. Die Lästerschule. L. 4
    Sheridan.
    Fritz und Hänschen oder
    Die Milchbrüder. L. 1 f.
Do. 23. Graf von Essex.[4] Tr. 5
    Banks (Dyk).
So. 26. Stille Wasser sind betrüglich.[5]
    L. 4 Schröder.
    Der schwarze Mann.[6] L. 2
    Gotter f.
Mo. 27. Der Strich durch die Rech-
    nung.[7] L. 4 Jünger.
    Die Maler. L. 1 Babo.
Di. 28. König Theodor in Venedig.
    O. 2 Paesiello.
Do. 30. Verstand und Leichtsinn. L. 5
    Jünger.

---

[1]) Timon—Bock, Alcibiades—Beck, Apemantus—Iffland, Flavius—Beil, Timandra—Mad. Ritter.
[2]) Sievers: Zuccarini a. G. — [3]) Orsina—Mad. Engst, Appiani—Zuccarini a. G. — [4]) Essex: Zuccarini. — [5]) Baron Wiburg—Zuccarini a. G. — [6]) Flickwort—Zuccarini a. G. — [7]) Karl—Zuccarini a. G., zu dessen Benefiz.

Mai

So. 3. Fritz u. Hänschen. L. 1 f.
Die Luftbälle oder der Liebhaber à la Montgolfier. O. 2 Bretzner, Fränzl.

Di. 5. Nicht mehr als sechs Schüsseln. Familiengem. 5 Großmann.

Do. 7. Rosalie v. Felsheim. L. 5 v. Soden.
Die beiden Billets. L. 1 Florian (Wall).

So. 10. Das Blatt hat sich gewendet. L. 5 Cumberland (Schröder).

Di. 12. Die Mündel. S. 5 Iffland.

Do. 14. Das Blatt hat sich gewendet. L. 5 Cumberland (Schröder).

So. 17. Macbeth. Tr. 5 Shakespeare.

Di. 19. Der Gläubiger. S. 3 Richter.
Der Ton der großen Welt. L. 2 Colman.

Do. 21. Die Entführung aus dem Serail. O. 3 Bretzner, Mozart.

So. 24. Die schlaue Wittwe. L. 3 Goldoni.
Die verstellte Liebhaberin. O. 1 Paesiello.

Di. 26. Juliane von Lindorak. S. 5 Gozzi.

Do. 28. Offene Fehde. L. 3 Huber f.
Der Jurist und der Bauer. L. 2 Rautenstrauch.

Juni

Mo. 1. Der Ton der großen Welt. L. 2 Colman.
Töffel u. Dorchen. Opt. 2 Monvel, Desaides.

Di. 2. Konradin von Schwaben. Tr. 5 Klinger.

Do. 4. Zu gut ist nicht gut. L. 5 (Goldsmith) Schmidt.

So. 7. Der engl. Kaper. L. 1 Huber.
Richard Löwenherz. O. 3 Sedaine, Gretry.

Di. 9. Die Eifersüchtigen oder Alle irren sich. L. 3 Murphy.
Der Diamant. L. 1 Collé.

Fr. 12. Der Wechsel. L. 4 Jünger.
Wer wird sie kriegen? L. 1 Eckardt.

So. 14. Der Tote ein Freier. L. 2 Sedaine.
Das Blendwerk. O. 2 Gretry.

Di. 16. Der Westindier. S. 5 Cumberland.

Do. 18. Miß Obre. L. 5 Cumberland.

So. 21. Lilla. O. 4 Martin.

Mi. 24. Alles aus Eigennutz oder Die Erbin. S. 5 Bourgoyne (Beck).

Do. 25. Der Weise in der That. S. 5 Sedaine (Gotter).
Der Hufschmied. O. 1 Philidor.

So. 28. Die Jäger. Sittengem. 5 Iffland.

Di. 30. Die Eifersucht auf der Probe. O. 3 Anfossi.

Juli

Do. 2. Julius von Tarent. Tr. 5 Leisewitz.

So. 5. Die eheliche Probe. L. 1 v. Dalberg e.
Der Bettelstudent. Opt. 2 Winter.

Di. 7. Gefälligkeit im Alter. L. 5 Destouches.

Do. 9. Der Barbier von Sevilla. O. 4 Paesiello.

So. 12. Der Vicekanzler. S. 5 Kratter.

Di. 14. Die Jäger.[1] Sittengem. 5 Iffland.

Do. 16. Der Apotheker und der Doktor. O. 4 Stephanie d. j., Dittersdorf.

So. 19. Der flatterhafte Ehemann.[2] L. 5 Bock e.

---

[1] Oberförster—Brockmann a. G. — [2] Ellborn—Brockmann a. G.

Mo. 20. Clavigo.¹) Tr. 5 Goethe.
Die Heirat durch ein Wochen-
blatt. L. 1 Schröder f.
Do. 23. Die schlaue Wittwe. L. 5
Goldoni.
So. 26. Die buchstäbliche Auslegung
der Gesetze. L. 1 Brömel.
Richard Löwenherz. O. 3
Sedaine, Gretry.
Di. 28. Marianne. Tr. 3 Gotter.
Wer wird sie kriegen? L. 1
Eckardt.
Do. 30. Der Tote ein Freier. L. 2
Sedaine.
Der Dorfjahrmarkt. O. 1
Gotter, Benda.

August
So. 2. Der Sturm von Boxberg.
S. 3 Maier.
Di. 4. Der mißtrauische Liebhaber.
L. 3 Bretzner.
Do. 6. Der Eremit auf Formentera.
S. 2 Kotzebue (Muf. von
Ritter).
So. 9. Wahrheit ist gut Ding.
L. 5 S. F. Schletter i.
Di. 11. Die große Toilette. L. 5.
Do. 13. Fernando und Olimpia. S. 5
d'Arien.
So. 16. Im Trüben ist gut fischen.
O. 2 Sarti.
Di. 18. Nicht mehr als sechs Schüsseln.
Fam.-Gem. 5 Großmann.
Do. 20. Die Familie oder Der deutsche
Hausvater. S. 5 von
Gemmingen.
So. 23. Der Mann, den seine Frau
nicht kennt. L. 3 Boiffy.
Felix oder Der Findling. Sg. 3
Sedaine, Monfigny.
Di. 25. Die Lästerschule. L. 4
Sheridan.

Do. 27. König Theodor in Venedig.
O. 2 Paesiello.
So. 30. Menschenhaß und Reue.
S. 5 v. Kotzebue.

September
Di. 1. Die Schauspielerschule. L. 3
Dav. Beil.
Die Übereilung. L. 1 Murphy.
Do. 3. Bewußtsein. S. 5 Iffland.
So. 6. Fritz und Hänschen oder Die
Milchbrüder. L. 1 f.
Das Blendwerk. O. 2 Gretry.
Di. 8. Der Wechsel. L. 4 Jünger.
Der Liebe Lohn. S. 2
Vulpius.
Do. 10. Montesquieu. S. 3 v. Dalberg.
Die eheliche Probe. L. 1
v. Dalberg e.
So. 13. Der Apotheker und Der
Doktor. O. 4 Stephanie d. j.,
Dittersdorf.
Di. 15. Gefälligkeit im Alter. L. 5
Destouches.
Do. 17. Menschenhaß und Reue. S. 5
v. Kotzebue.
So. 20. Der Liebe Lohn. S. 2
Vulpius.
Felix oder Der Findling. Sg. 3
Sedaine, Monfigny.
Di. 22. Emilia Galotti. Tr. 5
Lessing.
Do. 24. Der Vetter aus Lissabon.
Fam.-Gem. 3 Schröder.
Der englische Kaper. L. 1
Huber.
So. 27. Don Juan²) O. 2
Da Ponte, Mozart.
Mo. 28. Der flatterhafte Ehemann.
L. 5 Bock e.

¹) Beaumarchais—Brockmann a. G. Das Tagebuch bemerkt: „Der
Ruf hat nicht zuviel von diesem Künstler gesagt. Er ward bewundert."
²) Don Juan—Leonhard, Don Pedro—Backhaus, Donna Anna—Mad.
Beck, Donna Elvira—Mlle. Berwald, Don Gusman (Ottavio)—Epp, Leporello—Gern, Masetto—Demmer, Zerline—Mad. Nicola.

XI. Theaterjahr.

Oktober

Do. 1. Der Weise in der That. S. 5 Sedaine.
Die Geschwister. S. 1 Goethe.
So. 4. Zemire und Azor. O. 4 Gretry.
Mi. 7. Die geheime Verbindung oder Der verborgene Ehemann. L. 3 Florian.
Die Maler. L. 1 Babo.
Do. 8. Der Einsiedler vom Carmel. Tr. 5 v. Dalberg.
So. 11. Die Tabaksdose. L. 1.
Nina oder Wahnsinn aus Liebe. O. 1 Dalayrac.
Di. 13. Don Juan. O. 2 Da Ponte, Mozart.
Do. 15. Die Schule der Väter. S. 5 Pieyre.
Der Magnetismus. L. 1 Iffland.
So. 18. Don Juan. O. 2 Da Ponte, Mozart.
Di. 20. Alles aus Eigennutz. S. 5 Bourgoyne (Beck).
Do. 22. Konradin von Schwaben. Tr. 5 Klinger.
So. 25. Die Wilden (= Azemia). O. 3 Lachabeaussière, Dalayrac.
Di. 27. Montesquieu. S. 3 v. Dalberg.
Die eheliche Probe. L. 1 v. Dalberg e.
Do. 29. Im Trüben ist gut fischen. O. 3 Sarti.

November

Di. 3. Die Strelitzen. S. 4 Babo.
Do. 5. Stille Wasser sind betrüglich. L. 4 Schröder.
So. 8. Die Wilden. O. 3 Dalayrac.

Di. 10. Sind die Verliebten nicht Kinder? L. 3 Goldoni.
Der gutherzige Alte. L. 1 Florian.
Do. 12. Der Wechsel. L. 4 Jünger.
Der Magnetismus. L. 1 Iffland.
So. 15. Die Strelitzen. S. 4 Babo.
Di. 17. Alles aus Eigennutz. S. 5 Bourgoyne (Beck).
Der gutherzige Alte. L. 1 Florian.
Do. 19. Die geheime Verbindung. L. 3 Florian.
Reinald (Renaud d'Asti). Sg. 2 Radet u. Barré, Dalayrac.
So. 22. Faust von Stromberg. S. 6 Maier.
Di. 24. Der Ehescheue. L. 5 Dorat (Gotter).
Do. 26. Der Strich durch die Rechnung. L. 4 Jünger.
Die beiden Billets. L. 1 Florian (Wall).
So. 29. Die Negerin oder Lilliput[1]) 2. Teil. L. 5 von Soden.

Dezember

Di. 1. Der schwarze Mann. L. 2 Gotter f.
Reinald. Sg. 2 Dalayrac.
Do. 3. Graf von Essex. Tr. 5 Banks (Dyk).
So. 6. Menschenhaß und Reue. S. 5 Kotzebue.
Di. 8. Der Hofmeister. S. 4 Lenz (Schröder).
Nina oder Wahnsinn aus Liebe. O. 1 Dalayrac.
Do. 10. Der argwöhnische Ehemann. L. 5 Gotter.

---
[1]) Tagebuch: Wurde ausgezischt.

So. 13. Curd von Spartau[1]) S. 4 David Beil.
Der Hufschmied. O. 1 Philidor.
Di. 15. Das Blatt hat sich gewendet. L. 5 Cumberland (Schröder).
Die Maler. L. 1 Babo.
Do. 17. Das Testament. L. 4 Schröder.
So. 20. Betrug durch Aberglauben. O. 2 Eberl, Dittersdorf.

Di. 22. Der Cholerische. L. 5 Cumberland.
Sa. 26. Die Wilden. O. 3 Dalayrac.
So. 27. Die Strelitzen. S. 4 Babo.
Di. 29. Der Fähndrich oder Der falsche Verdacht. S. 3 Schröder.

1790.

Januar
Fr. 1. Betrug durch Aberglauben. O. 2 Eberl, Dittersdorf.
So. 3. Die Übereilung. L. 1 Murphy.
Felix oder Der Findling. Sg. 3 Sedaine, Monsigny.
Di. 5. Gerechtigkeit u. Rache. S. 5 Brömel.
Die Geschwister. S. 1 Goethe.
Do. 7. Curd von Spartan. S. 4 Dav. Beil.
So. 10. Hamlet. Tr. 5 Shakespeare (Schröder).
Di. 12. Das Räuschchen. L. 4 Bretzner.
Do. 14. Verbrechen aus Ehrsucht. Fam.-Gem. 5 Iffland.
So. 17. Der Baum der Diana. O. 2 Martin.
Mi. 20. Die Indianer in England. L. 3 Kotzebue.
Fr. 22. Erziehung macht den Menschen. L. 5 Ayrenhoff.
So. 24. Die Wilden. O. 3 Dalayrac.
Di. 26. Der Essigmann mit seinem Schubkarren. D. 3 Mercier.
Die Adelsucht. L. 2 Schröder.
Do. 28. Der gutherzige Alte. L. 1 Florian.
Töffel u. Dorchen. O. 2 Monvel, Desaides.

So. 31. Die Indianer in England. L. 3 Kotzebue.

Februar
Di. 2. Der Baum der Diana. O. 2 Martin.
Do. 4. Die väterliche Rache. L. 4 Congreve (Meyer und Schröder).
So. 7. Menschenhaß u. Reue. S. 5 Kotzebue.
Di. 9. Die Indianer in England. L. 3 Kotzebue.
Do. 11. Das heimliche Gericht. Tr. 5 L. F. Huber.
So. 14. Don Juan. O. 2 Mozart.
Do. 18. Die Lästerschule. L. 4 Sheridan.
Der Hufschmied. O. 1 Philidor.
So. 21. Der Baum der Diana. O. 2 Martin.
Di. 23. Die Mündel. S. 5 Iffland.
Do. 25. Die Erbschleicher. L. 5 Gotter.
So. 28. Der schwarze Mann. L. 2 Gotter f.
Graf Albert. Sg. 3 Gretry.

März
Di. 2. Marianne. Tr. 3 Gotter.
Der Jurist und der Bauer. L. 2 Rautenstrauch.

---

[1]) Tagebuch: Gefiel nicht sehr. — Boek spielte die Titelrolle, Beck den Fritz.

Do. 4. Die Dorfdeputierten. O. 3 Schuhbauer.
So. 7. Die unerwartete Wendung. L. 4 Jünger.
Di. 9. Die Abenteuer einer Nacht. L. 3 Huber sp.
Der taube Liebhaber. L. 2 Pilow.
Do. 11. Die Eifersüchtigen oder Alle irren sich. L. 3 Murphy.
Der gutherzige Alte. L. 1 Florian.
So. 14. Die Räuber. Tr. 7 Schiller.
Di. 16. Die Liebe im Narrenhause. O. 2 Stephanie d. j., Dittersdorf.
Fr. 19. Der Revers. L. 5 Jünger.
So. 21. Im Trüben ist gut fischen. O. 3 Sarti.

Osterferien
und Trauer für Kaiser Josef II.

April
Mo. 5. Der Apotheker und der Doktor. O. 4 Stephanie d. j., Dittersdorf.
Di. 6. Menschenhaß und Reue. S. 5 Kotzebue.
Do. 8. Der Optimist oder Die beste Welt. S. 5 Collin d'Harleville.
So. 11. Der Sclavenhändler. Sg. 2 Schwan, Ritter.
Di. 13. Bewußtsein. S. 3 Iffland.
Do. 15. Der Wechsel. L. 4 Jünger.
Pygmalion. Pantomim. Divertissement.
So. 18. Der Strich durch die Rechnung. L. 4 Jünger.
Pygmalion. Pantomim. Divertissement.
Di. 20. Die Liebe im Narrenhause. O. 2 Stephanie d. j., Dittersdorf.

Do. 22. Die Schule der Väter. S. 5 Pieyre.
Pyramus und Thisbe. Pantomim. Divertissement.
So. 25. Die Strelitzen. S. 4 Babo.
Di. 27. Die neue Emma. L. 3 Unzer.
Die beiden Billets. L. 1 Florian (Wall).
Mi. 28. Die eingebildeten Philosophen. O. 2 Stephanie d. j., Paesiello.
Der engl. Hutmacher. Pantomim. Divertissement.
Do. 29. Graf von Essex. Tr. 5 Banks (Dyk).

Mai.
So. 2. Verirrung ohne Laster. S. 5 Heinr. Beck.
Di. 4. Felix oder Der Findling⁵) Sg. 3 Sedaine, Monsigny.
Der engl. Hutmacher. Kom. pantom. Divertissement.
Do. 6. Der Optimist oder Die beste Welt. S. 5 Collin d'Harleville.
So. 9. Der Magnetismus. L. 1 Iffland.
Die drei Pächter. O. 2 Monvel, Desaides.
Di. 11. Curd v. Spartau. S. 4 Beil.
Der engl. Hutmacher. Pantom. Divertissement.
Do. 13. Der Sclavenhändler. Sg. 2 Schwan, Ritter.
So. 16. Die Indianer in England. L. 3 Kotzebue.
Di. 18. Der König Theodor in Venedig. O. 2 Paesiello.
Do. 20. Verirrung ohne Laster. S. 5 Beck.
Mo. 24. Unschuld u. Liebe. L. 2 Lambrecht f.
Der gutherzige Alte. L. 1 Florian.

Di. 25.	Zemire u. Azor. Sg. 4 Gretry.
Do. 27.	Der Ehescheue. L. 5 Dorat (Gotter).
So. 30.	Unschuld u. Liebe. L. 2 Lambrecht f.
	Zwei Onkel für einen. L. 1 Gotter f.

Juni.
Di. 1.	Mathilde, Gräfin von Giesbach. Tr. 5 Ziegler.
Fr. 4.	Die Jäger. Sittengem. 5 Iffland.
So. 6.	Die Entführung aus dem Serail[1]) O. 3 Bretzner, Mozart.
Di. 8.	Menschenhaß u. Reue. S. 5 Kotzebue.
Do. 10.	Der Richter. S. 2 Mercier.
	Nina. O. 1 Dalayrac.
So. 13.	Don Juan. O. 2 Mozart.
Di. 15.	Kabale und Liebe. Tr. 5 Schiller.
Do. 17.	Die eheliche Probe. L. 1 v. Dalberg e.
	Nina. O. 1 Dalayrac.
So. 20.	Der Apotheker u. der Doktor. O. 4 Stephanie d. j., Dittersdorf.
Di. 22.	Marianne. Tr. 3 Gotter.
	Der schwarze Mann. L. 2 Gotter f.
Do. 24.	Der Baum der Diana. O. 2 Martin.
Fr. 25.	Die Indianer in England. L. 3 Kotzebue.
So. 27.	Das Räuschchen. L. 4 Bretzner.
	Der gutherzige Alte. L. 1 Florian.
Di. 29.	Helena u. Paris. O. 3 Winter.

Juli
Do. 1.	Der Gläubiger. S. 3 Richter.
	Ariadne auf Naxos. Ddr. 1 Brandes, Benda.
So. 4.	Der gutherzige Sohn. L. 1 Florian (Schmieder).
	Romeo und Julie. O. 3 Gotter, Benda.
Di. 6.	Der mißtrauische Liebhaber. L. 5 Bretzner.
Do. 8.	Graf von Essex. Tr. 5 Banks (Dyk).
So. 11.	Er will Soldat werden. L. 5 Pilow.
Di. 13.	Der Apotheker und der Doktor. O. 4 Stephanie d. j., Dittersdorf.
Do. 15.	Emilia Galotti. Tr. 5 Lessing.
So. 18.	Die Übereilung. L. 1 Murphy.
	Romeo und Julie. O. 3 Gotter, Benda.
Di. 20.	Mathilde, Gräfin von Giesbach. Tr. 5 Ziegler.
Do. 22.	Montesquieu. S. 3 v. Dalberg.
	Der gutherzige Sohn. L. 1 Florian (Schmieder).
So. 25.	Der Ton der großen Welt. L. 2 Colman.
	Die beiden kleinen Savojarden. O. 1 Marsollier, Dalayrac.
Di. 27.	Verstand und Leichtsinn. L. 5 Jünger.
Do. 29.	Der Jurist und der Bauer. L. 2 Rautenstrauch.
	Der Bettelstudent. Opt. Winter.

August
So. 1.	Der Essigmann mit seinem Schubkarren. D. 3 Mercier.
	Die beiden kleinen Savojarden. O. 1 Dalayrac.
Di. 3.	Erziehung macht den Menschen. L. 5 Ayrenhoff.
Mi. 4.	Der Baum der Diana. O. 2 Martin.

---
[1]) Constanze: Mlle. Keilholz d. ä. Blondchen: Mlle. Keilholz d. j.

So. 8. Die Sonnenjungfrau.
S. 5 Kotzebue.
Di. 10. Das Blatt hat sich gewendet.
L. 5 Cumberland (Schröder).
Do. 12. Er will Soldat werden. L. 5
Pilow.
So. 15. Die Wilden. O. 3 Dalayrac.
Di. 17. Der deutsche Hausvater oder
Die Familie. S. 5
v. Gemmingen.
Do. 19. Im Trüben ist gut fischen.
O. 3 Sarti.
So. 22. Die Sonnenjungfrau. S. 5
Kotzebue.
Di. 24. Der Talisman oder Die
Zigeuner. O. 2 Goldoni,
Salieri.
Do. 26. Gerechtigkeit und Rache.
S. 5 Brömel.
Der gutherzige Sohn. L. 1
Florian (Schmieder).
So. 29. Die Dorfdeputierten. O. 3
Schuhbauer.
Di. 31. Der Einsiedler vom Carmel.
Tr. 5 v. Dalberg.

September
Do. 2. Der Vetter aus Lissabon.
Fam.-Gem. 3 Schröder.
Der Alchymist. O. 1 Schuster.
So. 5. Richard Löwenherz. O. 3
Sedaine, Gretry.
Die buchstäbliche Auslegung
der Gesetze. L. 1 Brömel.
Mi. 8. Freemann oder Wie wird
das ablaufen? S. 4
Jester.
Do. 9. Bewußtsein. S. 5 Iffland.
So. 12. Die Zauberhöhle des Tro-
phonio. O. 2 Salieri.
Di. 14. Juliane von Lindorak. S. 5
Gozzi.
Do. 16. Alles aus Eigennutz. =. 5
Bourgoyne (Beck).

So. 19. Felix oder Der Findling. Sg. 3
Sedaine, Monsigny.
Di. 21. Der Westindier. L. 5
Cumberland.
Do. 23. Offene Fehde. L. 3 Huber f.
Die beiden Billets. L. 1
Florian (Wall).
So. 26. Der Sclavenhändler. Sg. 2
Schwan, Ritter.
Di. 28. Die Eifersüchtigen. L. 3
Murphy.
Die Geschwister. S. 1 Goethe.
Do. 30. Der Adjutant. L. 3 Brömel.
Der englische Kaper. L. 1
Huber.

XII. Theaterjahr.

Oktober
So. 3. Der Talisman oder Die
Zigeuner. O. 2 Salieri.
Di. 5. Die bezähmte Widerbellerin.
L. 4 Shakespeare (Schink)
Ariadne auf Naxos. Ddr. 1
Brandes, Benda.
Do. 7. Unschuld und Liebe. L. 2
Lambrecht f.
So. 10. Der Apotheker und der
Doktor. O. 4 Stephanie d. j.,
Dittersdorf.
Di. 12. Der Gläubiger. S. 3 Richter.
Die drei Pächter. O. 2
Monvel, Desaides.
Do. 14. Die Schule der Damen. L. 5
Stephanie d. j., abgeänd.
von Reichard.
So. 17. Betrug durch Aberglaube.
O. 3 Eberl, Dittersdorf.
Di. 19. Der Strich durch die Rechnung.
L. 4 Jünger.
Die verstellte Liebhaberin.
Opt. 1 Paesiello.
Do. 21. Hamlet.¹) Tr. 5 Shakespeare
(Schröder).

---

¹) Hamlet: Beck; Ophelia: Mlle. Keilholz d. ä.

So. 24.	Die Hochzeit des Figaro.¹) O. 4 Da Ponte, Mozart.
Di. 26.	Freemann oder Wie wird das ablaufen. S. 4 Jester. Die buchstäbliche Auslegung der Gesetze. L. 1 Brömel.
Do. 28.	Der Jurist und der Bauer. L. 2 Rautenstrauch. Die beiden kleinen Savojarden. O. 1 Dalayrac.
Sa. 30.	Helena und Paris. O. 3 Winter.
So. 31.	Die Strelitzen. S. 4 Babo.

November

Mi. 3.	Verirrung ohne Laster. S. 5 Beck.
Fr. 5.	Die Erbschleicher. L. 5 Gotter.
So. 7.	Die Hochzeit des Figaro. O. 4 Mozart.
Di. 9.	Der Wechsel. L. 4 Jünger. Die Adelsucht. L. 2 Schröder.
Do. 11.	Das Portrait der Mutter od. Die Privatkomödie. L. 4 Schröder.
So. 14.	Julius Cäsar. Tr. 6 Shakespeare (v. Dalberg).
Di. 16.	Herbsttag. S. 5 Iffland.
Sa. 20.	Oberon König der Elfen. O. 3 Wranitzky.
So. 21.	Menschenhaß u. Reue. S. 5 Kotzebue.
Di. 23.	Der Cholerische. L. 5 Cumberland.
Do. 25.	Der Vetter aus Lissabon. Fam.-Gem. 3 Schröder. Röschen u. Colas. Opt. 1 Sedaine, Monsigny.
So. 28.	Oberon. O. 3 Wranitzky.
Di. 30.	Die Schauspielerschule. L. 3 Beil. Die beiden Billets. L. 1 Florian (Wall).

Dezember

Do. 2.	König Theodor in Venedig. O. 2 Paesiello.
So. 5.	Die Sonnenjungfrau. S. 5 Kotzebue.
Mi. 8.	Das Kind der Liebe. S. 4 Kotzebue.
Fr. 10.	Die Sonnenjungfrau. S. 5 Kotzebue.
So. 12.	Der Talisman. O. 2 Salieri.
Di. 14.	Herbsttag. S. 5 Iffland.
Do. 16.	Die Schule der Damen. L. 5 Stephanie d. j. (Reichard).
So. 19.	Der gutherzige Alte. L. 1 Florian. Romeo u. Julie. O. 3 Gotter, Benda.
Di. 21.	Der mißtrauische Liebhaber. L. 5 Bretzner.
Do. 23.	Oberon König der Elfen. O. 3 Wranitzky.
So. 26.	Das Portrait der Mutter. L. 4 Schröder.
Di. 28.	Die Eifersüchtigen. L. 3 Murphy. Der Hufschmied. Opt. 1 Philidor.
Do. 30.	Erziehung macht den Menschen. L. 5 Ayrenhoff.

---

¹) Mozart dirigierte selbst und reiste den folgenden Tag wieder ab. Er leitete auch die Hauptprobe am 23. Okt. Besetzung: Almaviva—Epp, Gräfin—Mad. Beck, Susanne—Mlle. Keilholz d. ä., Figaro—Gern; Cherubin—Mlle. Keilholz d. j., Marzelline—Mad. Nicola, Bartholo—Demmer, Basilio—Leonhard, Richter—Haßloch, Hannchen—Mlle. Boudet, Antonio—Backhaus.

1791.

Januar
So. 2. Die Übereilung. L. 1 Murphy.
Der Bettelstudent. Opt. 2 Winter.
Di. 4. Die Wilden. O. 3 Dalayrac.
Do. 6. Offene Fehde. L. 3 Huber f.
Die beiden kleinen Savojarden. O. 1 Dalayrac.
So. 9. Der Baum der Diana. Opt. 2 Martin.
Di. 11. Geschwind ehe es jemand erfährt. L. 3 Bock.
Do. 13. Der alte böse General. L. 3 Kretschmann.
Die Geschwister. S. 1 Goethe.
So. 16. Das Räuschchen. L. 4 Bretzner.
Weder einer noch der andere. P. 1.
Di. 18. Iphigenie in Tauris[1]) O. 4 Guillard, Gluck.
Fr. 21. Nicht mehr als sechs Schüsseln. Familiengem. 5 Großmann.
So. 23. Iphigenie in Tauris. O. 3 Gluck.
Di. 25. Die Entführung. L. 3 Jünger.
Der gutherzige Sohn. L. 1 Florian (Schmieder).
Do. 27. Das Portrait der Mutter. L. 4 Schröder.
So. 30. Der Apotheker u. der Doktor. O. 4 Stephanie d. j., Dittersdorf.

Februar
Mi. 2. Der Hofmeister. S. 4 Lenz (Schröder).
Die gute Ehe. L. 1 Florian (Wall).
Fr. 4. Marianne. Tr. 3 Gotter.
Wer wird sie kriegen? L. 1 Eckardt.
So. 6. Fürsten-Großmut[2]) L. 3.
Der Faßbinder. Sg. 1 Audinot.
Di. 8. Der Adjutant. L. 3 Brömel.
Der Diamant. L. 1 Collé.
Do. 10. Die Zauberhöhle des Trophonio. O. 2 Salieri.
So. 13. Iphigenie in Tauris. O. 4 Gluck.
Di. 15. Das Kind der Liebe. S. 4 Kotzebue.
Do. 17. Felix oder der Findling. Sg. 3 Sedaine, Monsigny.
So. 20. Iphigenie in Tauris. O. 4 Gluck.
Di. 22. Das Testament. L. 4 Schröder.
Do. 24. Der Fähnrich oder Der falsche Verdacht. S. 3 Schröder.
Der Faßbinder. Sg. 1 Audinot.
So. 27. Axur, König von Ormus. O. 4 Beaumarchais, Salieri.

März
Di. 1. Die Mündel. S. 5 Iffland.
Do. 3. Die Dorfdeputierten. O. 3 Schuhbauer.
So. 6. Axur, König von Ormus. O. 4 Beaumarchais, Salieri.
Do. 10. Der Strich durch die Rechnung. L. 4 Jünger.
Der Magnetismus. L. 1 Iffland.
So. 13. Fürsten-Großmut. L. 3.
Der Alchymist. Opt. 1 Schuster.

---

[1]) In Wien 23. Okt. 1781 erste deutsche Aufführung. Mh. Besetzung: Iphigenie—Mlle. Keilholz d. ä., Orest—Leonhard, Pylades—Epp, Thoas—Gern, Diana—Mlle. Keilholz d. j. Das Werk wurde in Mh. 1791 siebenmal aufgeführt und blieb dann bis 1813 liegen.
[2]) Verf. unbek., nicht zu verwechseln mit Fürstengröße von Ziegler.

Di. 15. Der Wechsel. L. 4 Jünger.
Die gute Ehe. L. 1 Florian
(Wall).
Do. 17. Zemire und Azor. Sg. 4
Gretry.
So. 20. Coriolan.¹) Tr. 5 Shake-
speare (v. Dalberg).
Di. 22. Verbrechen aus Ehrsucht.
Fam.-Gem. 5 Iffland.
Fr. 25. Der Gläubiger. S. 3 Richter.
Der eifersüchtige Liebhaber.
O. 3 Gretry.
So. 27. Faust von Stromberg. S. 6
Maier.
Di. 29. Verstand und Leichtsinn. L. 5
Jünger.
Do. 31. Der Einsiedler vom Carmel.
Tr. 5 v. Dalberg.

April
So. 3. Die Strelitzen. S. 4 Babo.
Di. 5. Die Schule der Väter. S. 5
Pieyre.
Weder einer noch der andere.
P. 1.
Do. 7. Gerechtigkeit und Rache. S. 5
Brömel.
Der schwarze Mann. L. 2
Gotter f.
So. 10. Der Zögling der Liebe
(Sargines). O. 4 Monvel,
Dalayrac.
Di. 12. Oberon, König der Elfen.
O. 3 Wranitzky.
Do. 14. Die Entführung. L. 3
Jünger.
Zwei Onkel für einen. L. 1
Gotter f.

Osterferien.

Mo. 25. Der Zögling der Liebe.
O. 4 Monvel, Dalayrac.

Di. 26. Menschenhaß und Reue. S. 5
Kotzebue.
Do. 28. Der flatterhafte Ehemann.
L. 5 Bock e.

Mai
So. 1. Iphigenie in Tauris. O. 4
Gluck.
Di. 3. Der Fähndrich oder Der falsche
Verdacht. S. 3 Schröder.
Do. 5. Das Kind der Liebe. S. 4
Kotzebue.
So. 8. Offene Fehde. L. 3 Huber f.
Die beiden kleinen Savojarden.
O. 1 Dalayrac.
Di. 10. Oberon, König der Elfen.
O. 3 Wranitzky.
Do. 12. Juliane von Lindorak. S. 5
Gozzi (Schröder u. Gotter).
Die buchstäbliche Auslegung
der Gesetze. L. 1 Brömel.
So. 15. Die eheliche Probe. L. 1
v. Dalberg e.
Romeo und Julie. O. 3
Gotter, Benda.
Di. 17. Elise von Walberg.²)
S. 5 Iffland.
Do. 19. Alles aus Eigennutz. S. 5
Bourgoyne (Beck).
So. 22. Elise von Walberg. S. 5
Iffland.
Di. 24. Die Geschwister. S. 1 Goethe.
Der taube Liebhaber. L. 2
Pilow.
Do. 26. Der eingebildete Demo-
krit. Opt. 2 Dittersdorf.
So. 29. Die Sonnenjungfrau. S. 5
Kotzebue.
Di. 31. Die Eifersüchtigen. L. 3
Murphy.
Die Übereilung. L. 1 Murphy.

¹) „Gefiel gar nicht" (Tagebuchnotiz). Besetzung: Coriolan—Boek,
Virgilia—Mad. Ritter, Menenius Agrippa—Beil, Aufidius—Beck.
²) Das Tagebuch bemerkt: „Das Stück wurde vortrefflich gegeben und
machte großes Auffsehen." Iffland spielte den Walberg, die Withöft die
Elise, Beck den Fürsten, die Keilholz die Fürstin, Boek den Hauptmann.

21*

Juni
Do. 2. Die Entführung. L. 3 Jünger.
Pygmalion. Monodr. 1 Rousseau, Benda.
So. 5. Oberon. O. 3 Wranitzky.
Di. 7. Der Vetter aus Lissabon. Fam.-Gem. 3 Schröder.
Nina. O. 1 Dalayrac.
Do. 9. Der argwöhnische Ehemann. L. 5 Gotter.
Mo. 13. Iphigenie in Tauris O. 4 Gluck.
Di. 14. Der Revers. L. 5 Jünger.
Die Maler. L. 1 Babo.
Do. 16. Der Ring 1. Teil. L. 5 Schröder.
So. 19. Der Ring 2. Teil oder Die unglückliche Ehe durch Delikatesse.[1] L. 4 Schröder.
Di. 21. Elise von Walberg. S. 5 Iffland.
Fr. 24. Curt von Spartau. S. 4 Beil.
Der Mechanismus. Pantom. Divertissement.
So. 26. Don Juan. O. 2 Mozart.
Mi. 29. Der Ring 2. T. L. 4 Schröder.
Do. 30. Marianne. Tr. 3 Gotter.
Der Stammbaum. L. 1 (Fortsetzung der beiden Billets) Wall.

Juli
So. 3. Der Baum der Diana. Opt. 2 Martin.
Di. 5. Er will Soldat werden. L. 5 Pilow.
Do. 7. Freemann. S. 4 Jester.
Der Faßbinder. Sg. 1 Audinot.
So. 10. Der Apotheker u. der Doktor. O. 4 Stephanie d. j., Dittersdorf.
Di. 12. Nicht mehr als sechs Schüsseln. Familiengem. 5 Großmann.
Do. 14. Die Mündel. S. 5 Iffland.
So. 17. Die Entführung aus dem Serail. O. 3 Bretzner, Mozart.
Di. 19. Der Bettelstudent oder Das Donnerwetter. Opt. 2 Winter.
Der militärische Lustgarten. Pantomim. Divertissement.
Do. 21. Menzikoff u. Natalie[3] Tr. 5 Kratter.
So. 24. Die eingebildeten Philosophen. Opt. 2 Stephanie d. j., Paesiello.
Der militärische Lustgarten. Pantom. Divertissement.
Di. 26. Montesquieu. S. 3 v. Dalberg.
Die gute Ehe. L. 1 Wall f.
Do. 28. Felix. Sg. 3 Sedaine, Monsigny.
So. 31. Menzikoff u. Natalie. Tr. 5 Kratter.

August
Di. 2. Der mißtrauische Liebhaber. L. 5 Bretzner.
Do. 4. Die Zigeunerin oder Der gefoppte Astrolog. Opt. 2 i., Paesiello.
Das Fest der Musen. Pantom. Allegorie.
So. 7. Marianne[4] Tr. 3 Gotter.
Die eheliche Probe. L. 1 v. Dalberg e.
Di. 9. Der Richter. S. 2 Mercier.
Der militärische Lustgarten. Pantom. Divertissement.

---

[1] „Gefiel sehr."
[2] Dies Stück hatte den von kurf. deutschen Gesellschaft ausgesetzten Preis von 50 Dukaten erhalten.
[3] Marianne: Mad. Freno a. Wien als Debut.

Do. 11. Menschenhaß u. Reue. S. 5 Kotzebue.
So. 14. Die schöne Arsene. Sg. 4 Monsigny.
Di. 16. Erziehung macht den Menschen. L. 5 Ayrenhoff.
Do. 18. Die Entführung. L. 3 Jünger.
Die beiden kleinen Savojarden. O. 1 Dalayrac.
So. 21. Azur, König v. Ormus. O. 4 Beaumarchais, Salieri.
Di. 23. Jack Spleen. L. 1 Dyk.
Töffel u. Dorchen. Opt. 2 Monvel, Desaides.
Do. 25. Die beiden Freunde oder Der Kaufmann aus Lyon. S. 5 Beaumarchais (Bock).
Die beiden kleinen Savojarden. Opt. 1 Dalayrac.
So. 28. Helena u. Paris. O. 3 Winter.
Di. 30. Die väterliche Rache. L. 4 Congreve (Meyer und Schröder).

September

Do. 1. Das Räuschchen. L. 4 Bretzner.
Fr. 2. Der Vetter aus Lissabon. Fam.-Gem. 3 Schröder.
So. 4. Lilla. O. 2 Martin.
Di. 6. Verirrung ohne Laster. S. 5 Beck.
Do. 8. Oberon. O. 3 Wranitzky.
So. 11. Iphigenie in Tauris. O. 4 Gluck.
Di. 13. Klara von Hoheneichen. S. 4 Spieß.
Do. 15. Das Testament. L. 4 Schröder.
Do. 16. Hamlet. Tr. 5 Shakespeare (Schröder).
So. 18. König Theodor in Venedig. O. 2 Paesiello.

Di. 20. Jurist und Bauer. L. 2 Rautenstrauch.
Der Alchymist. Opt. 1 Schuster.
Do. 22. Das Blatt hat sich gewendet. L. 5 Cumberland (Schröder).
So. 25. Die Wilden. O. 3 Dalayrac.
Di. 27. Klara von Hoheneichen. S. 4 Spieß.
Do. 29. Die Dorfdeputierten. Opt. 3 Schuhbauer.

XIII. Theaterjahr.

Oktober

So. 2. Die buchstäbliche Auslegung der Gesetze. L. 1 Brömel.
Richard Löwenherz. O. 3 Sedaine, Gretry.
Di. 4. Richard Löwenherz. O. 3 Sedaine, Gretry.
Do. 6. Bürgerglück. L. 3 Babo.
So. 9. Helena und Paris. O. 3 Winter.
Di. 11. Herbsttag. S. 3 Iffland.
Do. 13. Der adelsüchtige Bürger.[1] O. 3 Cimarosa.
So. 16. Bürgerglück. L. 3 Babo.
Di. 18. Das Manuscript. S. 1 Ochsenheimer.
Der Faßbinder. Sg. 1 Audinot.
Do. 20. Die Indianer in England.[2] L. 3 Kotzebue.
So. 23. Die Entführung aus dem Serail. O. 3 Bretzner, Mozart.
Di. 25. Der Westindier. L. 5 Cumberland.
Do. 27. Der Gläubiger. S. 3 Richter.
Ariadne auf Naxos. Ddr. 1 Brandes, Benda.
So. 30. Die Hochzeit des Figaro. O. 4 Mozart.

---

[1] „Gefiel nicht" (Tagebuchnotiz).
[2] „Heute spielte Rennschüb zum letzten Mal."

November

Di. 1. Die Vorstellung fiel wegen der Kälte aus.
Do. 3. Die Hagestolzen[1]) L. 5 Iffland.
Fr. 4. Die Geschwister. S. 1 Goethe.
  Romeo u. Julie. O. 3 Gotter, Benda.
So. 6. Der Zögling der Liebe. O. 4 Monvel, Dalayrac.
Di. 8. Der Wechsel. L. 4 Jünger.
  Das Manuskript. S. 1 Ochsenheimer.
Do. 10. Die Strelitzen. S. 4 Babo.
So. 13. Das rote Käppchen[2]) O. 2 Stephanie d. j., Dittersdorf.
Di. 15. Der Einsiedler vom Carmel. Tr. 5 v. Dalberg.
Do. 17. Im Trüben ist gut fischen. O. 3 Sarti.
So. 20. Das rote Käppchen. O. 2 Dittersdorf.
Di. 22. Die Erbschleicher. L. 5 Gotter.
Do. 24. Die Zauberhöhle des Trophonio. O. 2 Salieri.
So. 27. Das rote Käppchen. O. 2 Dittersdorf.
Di. 29. Die Hagestolzen. L. 5 Iffland.

Dezember

Do. 1. Der Papagei oder Der Schiffbruch. S. 3 Kotzebue.
  Die eheliche Probe. L. 1 v. Dalberg e.
So. 4. Betrug durch Aberglauben. O. 2 Eberl, Dittersdorf.
Di. 6. Montesquieu. S. 3 v. Dalberg.
  Töffel u. Dorchen. O. 2 Monvel, Desaides.
Do. 8. Die Sonnenjungfrau. S. 5 Kotzebue.
So. 11. Zemire u. Azor. Sg. 4 Gretry.
Di. 13. Erziehung macht den Menschen. L. 5 Ayrenhoff.
Do. 15. Felix. Sg. 3 Monsigny.
So. 18. Der Apotheker u. der Doktor. O. 4 Stephanie d. j., Dittersdorf.
Di. 20. Die Mündel. S. 5 Iffland.
Do. 22. Maria Stuart. Tr. 5 Spieß.
Mo. 26. Jurist u. Bauer. L. 2 Rautenstrauch.
  Die beiden kleinen Savojarden. O. 1 Dalayrac.
Di. 27. Die Entführung aus dem Serail. O. 3 Bretzner, Mozart.
Do. 29. Die heimliche Heirat. L. 5 Colman u. Garrik.

1792.

Januar

So. 1. Klara von Hoheneichen. S. 4 Spieß.
Di. 3. Gerechtigkeit u. Rache. S. 5 Brömel.
  Der schwarze Mann. L. 2 Gotter f.
Fr. 6. Oberon. O. 3 Wranitzky.

So. 8. Das rote Käppchen. O. 2 Dittersdorf.
Di. 10. Der taube Liebhaber. L. 2 Pilow.
  Nina. O. 1 Dalayrac.
Do. 12. Medea. Ddr. 1 Gotter, Benda.
  Die bezähmte Widerbellerin. L. 4 Shakespeare (Schink).

---

[1]) „Gefiel sehr" (Tagebuchnotiz).
[2]) „Gefiel außerordentlich" (Tagebuchnotiz).

So. 15. Der Papagei oder Der Schiffbruch. S. 3 Kotzebue.
Die Melomanie oder Die Singsucht. O. 1 Champein.
Di. 17. Im Trüben ist gut fischen. O. 3 Sarti.
Fr. 20.[1]) Der seltene Onkel L. 4 Ziegler.
So. 22. Der Baum der Diana. O. 2 Martin.
Di. 24. Bürgerglück. L. 3 Babo.
Do. 26. Hamlet. Tr. 5 Shakespeare (Schröder).
So. 29. Don Juan. O. 2 Mozart.
Di. 31. Der seltene Freier. L. 3 Gernevalde (Meyer).
Die beiden Billets. L. 1 Florian (Wall).

Februar
Do. 2. Maria Stuart. Tr. 5 Spieß.
So. 5. Die Wilden. O. 3 Dalayrac.
Di. 7. Der Gläubiger. S. 3 Richter.
Jurist u. Bauer. L. 2 Rautenstrauch.
Do. 9. Das Weiber-Gelübde. L. 2 v. Dalberg e.
Die Melomanie. O. 1 Champein.
So. 12. Helena und Paris. O. 3 Winter.
Di. 14. Das Blatt hat sich gewendet[2]) L. 5 Cumberland (Schröder).
Do. 16. Das rote Käppchen. O. 2 Dittersdorf.
So. 19. Liebhaber und Nebenbuhler in einer Person. L. 4 Ziegler.
Do. 23. Offene Fehde. L. 3 Huber f.
Die mütterliche Ungewißheit. S. 2.
So. 26. Der König Theodor in Venedig. O. 2 Paesiello.

Di. 28. Der seltene Onkel. L. 4 Ziegler.

März
Do. 1. Maria Stuart. Tr. 5 Spieß.
So. 4. Das rote Käppchen. O. 2 Dittersdorf.
Di. 6. Gerechtigkeit und Rache. S. 5 Brömel.
Die eheliche Vergeltung. L. 1 v. Dalberg e.
Do. 8. Die Indianer in England. L. 3 Kotzebue.
So. 11. Der Doktor und der Apotheker. O. 4 Stephanie d. j., Dittersdorf.
Di. 13. Mathilde, Gräfin von Giesbach. Tr. 5 Ziegler.
Do. 15. Der mißtrauische Liebhaber. L. 5 Bretzner.

„Wegen eingefallener Trauer durch das Ableben weiland Sr. Römisch-Kaiserlichen Majestät, Leopold des Zweiten, bleibt das Churfürstliche Nationaltheater bis zum zweiten Osterfeiertage geschlossen. Mannheim, den 16. März 1792."

April
Mo. 9. Faust von Stromberg. S. 6 Maier.
Di. 10. Die beiden Freunde oder Der Kaufmann aus Lyon. S. 5 Beaumarchais (Bock).
Die Weihe.[3]) Mus. S. 1 Römer, Ritter.
Do. 12. Liebhaber und Nebenbuhler in einer Person. L. 4 Ziegler.
So. 15. Lilla. O. 2 Martin.
Di. 17. Der seltene Freier. L. 3 Gernevalde (Meyer).
Die beiden Billets. L. 1 Florian (Wall).

[1]) Tagebuch: „Den 21. wurde H. Iffland Regisseur."
[2]) Tagebuch: „Heute spielte Mad. Rennschüb zum letzten Male."
[3]) Festvorstellung zu Ehren der Prinzessin May.

Do. 19. Die Entführung aus dem
Serail. O. 3 Bretzner,
Mozart.
So. 22. Klara von Hoheneichen. S. 4
Spieß.
Di. 24. Der Revers. L. 5 Jünger.
Do. 26. Der Papagei. S. 3 Kotzebue.
Wer wird sie kriegen? L. 1
Eckardt.
So. 29. Azur, König von Ormus.
O. 4 Beaumarchais, Salieri.

Mai

Di. 1. Der seltene Onkel. L. 4
Ziegler.
Do. 3. Die Hagestolzen. L. 5 Iffland.
So. 6. Der Barbier von Sevilla.
O. 4 Paesiello.
Di. 8. Jack Spleen. L. 1 Dyk.
Der Bettelstudent. Opt. 2
Winter.
Do. 10. Die Wilden. O. 3 Dalayrac.
So. 13. Klara von Hoheneichen. S. 4
Spieß.
Di. 15. Er mengt sich in Alles.
L. 5 Jünger.
Do. 17. Felix oder Der Findling. Sg. 3
Sedaine, Monsigny.
So. 20. Die Strelitzen.¹) S. 4 Babo.
Di. 22. Die väterliche Rache. L. 4
Congreve (Meyer und
Schröder).
Do. 24. Er mengt sich in Alles. L. 5
Jünger.
Mo. 28. Die Sonnenjungfrau.²) S. 5
Kotzebue.
Di. 29. Die Eifersucht auf der Probe.
O. 3 Anfossi.
Do. 31. Der Gläubiger. S. 3 Richter.
Die eheliche Vergeltung. L. 1
v. Dalberg e.

Juni

So. 3. Fürstengröße. S. 5
Ziegler.

Di. 5. Betrug durch Aberglaube.
O. 3 Eberl, Dittersdorf.
Fr. 8. Menschenhaß und Reue. S. 5
Kotzebue.
So. 10. Fürstengröße. S. 5 Ziegler.
Di. 12. Der Strich durch die Rechnung.
L. 4 Jünger.
Der englische Kaper. L. 1
Huber.
Do. 14. Das Kind der Liebe. S. 4
Kotzebue.
So. 17. Der Sturm von Boxberg.
S. 3 Maier.
Di. 19. Der taube Liebhaber. L. 2
Pilow.
Der Dorfjahrmarkt. O. 1
Gotter, Benda.
Do. 21. Die neue Emma. L. 3 Unzer.
So. 24. Das Urteil des Midas. O. 3
Gretry.
Di. 26. Die Entführung. L. 3 Jünger.
Leichtsinn und gutes
Herz. L. 1 Hagemann.
Fr. 29. Ernst Graf v. Gleichen.³)
S. 5 v. Soden.

Juli

So. 1. Die Liebe im Narrenhause.
O. 2 Stephanie d. j.,
Dittersdorf.
Di. 3. Freemann. S. 4 Jester.
Do. 5. Die beiden Freunde. S. 5
Beaumarchais (Bock).
Der Magnetismus. L. 1
Iffland.
So. 8. Das adlige Schäfer-
mädchen. O. 2 Guglielmi.
Di. 10. Der Fähndrich oder Der falsche
Verdacht. S. 3 Schröder.
Do. 12. Erziehung macht den
Menschen. L. 5 Ayrenhoff.
So. 15. Klara v. Hoheneichen. S. 4
Spieß.

---

¹) Czar Peter: H. Zuccarini a. G. — ²) Rolla: H. Zuccarini a. G.
³) Tagebuch: Gefiel nicht.

Chronologisches Repertoire 1792.

Di. 17. Der Vetter aus Lissabon.
Fam.-Gem. 3 Schröder.
Der schwarze Mann. L. 2
Gotter f.
Do. 19. Der Ostindier. L. 4 Schröder c.
Leichtsinn u. gutes Herz. L. 1
Hagemann.
So. 22. Das rote Käppchen. O. 2
Dittersdorf.
Di. 24. Fürstengröße. S. 5 Ziegler.
Do. 26. Die Strelitzen. S. 4 Babo.
So. 29. Die Sonnenjungfrau. S. 5
Kotzebue.
Di. 31. Freemann. S. 4 Jester.
Der Hufschmied. Opt. 1
Philidor.

August
Do. 2. Der seltene Freier. L. 3
Gernevalde (Meyer).
Zwei Onkel für einen. L. 1
Gotter f.
So. 5. Der Ritter Roland. O. 3
Joseph Haydn.
Di. 7. Bewußtsein. S. 3 Iffland.
Do. 9. Gerechtigkeit u. Rache. S. 5
Brömel.
Die Übereilung. L. 1 Murphy.
So. 12. Das adlige Schäfermädchen.
O. 2 Guglielmi.
Mi. 15. Die Luftbälle. O. 2 Bretzner,
Fränzl.
Fr. 17. Der Papagei. S. 3 Kotzebue.
Die eheliche Probe. L. 1
v. Dalberg e.
So. 19. Menzikoff u. Natalie. Tr. 5
Kratter.
Di. 21. Im Trüben ist gut fischen.
O. 3 Sarti.
Do. 23. Der Sonderling (= Bruder
Moritz, der Sonderling).
L. 4 Kotzebue.
So. 26. Der König Theodor in
Venedig. O. 2 Paesiello.
Di. 28. Die Hagestolzen. L. 5 Iffland.

Do. 30. Das Blatt hat sich gewendet.
L. 5 Cumberland (Schröder).

September
So. 2. Der Ritter Roland. O. 3
Haydn.
Di. 4. Er mengt sich in Alles. L. 5
Jünger.
Do. 6. Der Ritter Roland. O. 3
Haydn.
So. 9. Menschenhaß u. Reue. S. 5
Kotzebue.
Di. 11. Die bezähmte Widerbellerin.
L. 4 Shakespeare (Schink).
Die Erbschaft. L. 1 [A. W.
Schreiber.]
Do. 13. Kabale u. Liebe. Tr. 5
Schiller.
So. 16. Axur, König von Ormus.
O. 4 Beaumarchais, Salieri.
Di. 18. Die Holländer. L. 3 Goldoni
(Bock).
Do. 20. Der Sonderling. L. 4
Kotzebue.
So. 23. Faust von Stromberg. S 6
Maier.
Di. 25. Die Indianer in England.
L. 3 Kotzebue.
Do. 27. Der mißtrauische Liebhaber.
L. 5 Bretzner.
So. 30. Lilla. O. 2 Martin.

XIV. Theaterjahr.

Oktober.
Di. 2. Der Ehescheue. L. 5 Dorat
(Gotter).
Do. 4. Mathilde, Gräfin von Gies-
bach. Tr. 5 Ziegler.
So. 7. Oberon, König der Elfen[1])
O. 3 Wranitzky.
Di. 9. Der Ring. 1 T. L. 5
Schröder.
Do. 11. Das Räuschchen. L. 4
Bretzner.

¹) Als Oberon debütierte Mlle. Jagemann.

So. 14. Oberon. O. 3 Wranitzky.
Di. 16. Der deutsche Hausvater oder
    Die Familie. S. 5
    v. Gemmingen.
Do. 18. Die Quälgeister¹) L. 6
    Beck (nach Shakespeare).
So. 21. Die eheliche Vergeltung. L. 1
    v. Dalberg e.
    Die Kolonie. Sg. 2 Sacchini.
Di. 23. Der Wechsel. L. 4 Jünger.
    Die Maler. L. 1 Babo.
Do. 25. Die neue Emma. L. 3 Unzer.
    Die Erbschaft. L. 1.
So. 28. Don Juan. O. 2 Mozart.
Di. 30. Gerechtigkeit u. Rache. S. 5
    Brömel.
    Wer wird sie kriegen? L. 1
    Eckardt.

November
So. 4. Der Apotheker und der
    Doktor. O. 4 Stephanie d. j.,
    Dittersdorf.
Di. 6. Der Vetter aus Lissabon.
    Fam.-Gem. 3 Schröder.
    Die beiden Billets. L. 1
    Florian (Wall).
Do. 8. Die Quälgeister. L. 5 Beck
    (nach Shakespeare).
So. 11. Hieronymus Knicker.²)
    O. 2 Dittersdorf.
Di. 13. Die beiden Freunde. S. 5
    Beaumarchais (Bock).
    Der gutherzige Alte. L. 1
    Florian.
Do. 15. Die Pilger (Fortsetzung
    der Mathilde von Gies-
    bach). S. 5 Ziegler.
So. 18. Der Ritter Roland. O. 3
    Haydn.
Di. 20. Die Quälgeister. L. 5 Beck
    (nach Shakespeare).

Do. 22. Die Lästerschule. L. 4
    Sheridan.
So. 25. Das adlige Schäfermädchen.
    O. 2 Guglielmi.
Di. 27. Stille Wasser sind betrüglich.
    L. 4 Schröder.
Do. 29. Die Wilden. O. 3 Dalayrac.
    Leichtsinn und gutes Herz.
    L. 1 Hagemann.

Dezember
So. 2. Der lustige Tag oder Die
    Hochzeitsfeier des Figaro.
    L. 5 Beaumarchais.
Di. 4. Montesquieu. S. 3 v. Dalberg.
    Der taube Liebhaber. L. 2
    Pilow.
Do. 6. Freemann. S. 4 Jester.
So. 9. Die Pilger. S. 5 Ziegler.
Di. 11. Maske für Maske oder
    Das Spiel der Liebe
    und des Zufalls. L. 3
    Jünger (n. Marivaux).
    Der Bettelstudent. Opt. 2
    Winter.
Do. 13. Das Kind der Liebe. S. 4
    Kotzebue.
So. 16. Fürstengröße. S. 5 Ziegler.
Di. 18. Der Sonderling. L. 4 Kotzebue.
Do. 20. Der seltene Freier. L. 3
    Gernevalde (Meyer).
    Nina. O. 1 Dalayrac.
So. 23. Die Zauberhöhle des Tro-
    phonio. O. 2 Salieri.
Mi. 26. Das rote Käppchen. O. 2
    Dittersdorf.
Do. 27. Er mengt sich in Alles. L. 5
    Jünger.
So. 30. Der Essigmann mit seinem
    Schubkarren. D. 3
    Mercier.
    Der Alchymist. O. 1 Schuster.

¹) Ist eine freie Bearbeitung von „Viel Lärm um Nichts".
²) Tagebuch: Mißfiel sehr.

1793.

Januar

Di. 1. Die Verbrüderung.[1]) S. 1 Iffland.
Felix oder Der Findling. Sg. 3 Sedaine, Monsigny.
Do. 3. Erziehung macht den Menschen. L. 5 Ayrenhoff.
Sa. 6. Im Trüben ist gut fischen. O. 3 Sarti.
Di. 8. Der Ring 2 Teil oder Die unglückliche Ehe durch Delikatesse. L. 4 Schröder.
Do. 10. Maske für Maske. L. 3 Marivaux (Jünger).
Die Übereilung. L. 1 Murphy.
So. 13. Helena und Paris. O. 3 Winter.
Di. 15. Die Indianer in England. L. 3 Kotzebue.
Do. 17. Der Ring 2. Teil. L. 4 Schröder.
Die Dorfgala. O. 1 Gotter, Schweitzer.
So. 20. Klara von Hoheneichen. S. 4 Spieß.
Di. 22. Der Strich durch die Rechnung. L. 4 Jünger.
Die eheliche Probe. L. 1 v. Dalberg e.
Do. 24. Der Maitag. S. 4 Hagemann.
So. 27. Betrug durch Aberglaube. O. 2 Eberl, Dittersdorf.
Di. 29. Der argwöhnische Ehemann. L. 5 Gotter.
Do. 31. Menschenhaß und Reue. S. 5 Kotzebue.

Februar

So. 3. Jurist und Bauer. L. 2 Rautenstrauch.
Töffel und Dorchen. O. 2 Monvel, Desaides.
Di. 5. Bürgerglück. L. 3 Babo.
Do. 7. Die Strelitzen. S. 4 Babo.
So. 10. Der Spiegelritter. O. 3 Kotzebue, Walter d. ä.
Do. 14. Offene Fehde. L. 3 Huber f.
Die eheliche Vergeltung. L. 1 v. Dalberg e.
So. 17. Der Spiegelritter. O. 3 Kotzebue, Walter d. ä.
Di. 19. Der seltene Onkel. L. 4 Ziegler.
Do. 21. Das Blatt hat sich gewendet. L. 5 Cumberland (Schröder).
So. 24. Die Liebe im Narrenhause. O. 2 Stephanie d. j., Dittersdorf.
Di. 26. Marianne. Tr. 3 Gotter.
Die eheliche Versöhnung. L. 1 v. Dalberg e.
Do. 28. Die Pilger. S. 5 Ziegler.

März

So. 3. Die Wilden. O. 3 Dalayrac.
Di. 5. Der Revers. L. 5 Jünger.
Do. 7. Die Familie Spaden[2]) S. 4 Dav. Beil.
So. 10. Die Sonnenjungfrau. S. 5 Kotzebue.
Di. 12. Der Magnetismus. L. 1 Iffland.
Der Bettelstudent. Opt. 2 Winter.

---

[1]) Zur Feier der 50 jährigen Regierung des Kurfürsten Karl Theodor.
[2]) Tagebuch: „Ein neues Stück von Beil, welches seine vorhergehenden Arbeiten an ästhetischem Werte überwiegt."

Do. 14. Der Gläubiger. S. 3 Richter.
Drei Freier auf einmal.
Sg. 1 Rochon de Chabannes,
Lemoyne.
So. 17. Im Trüben ist gut fischen.
O. 3 Sarti.
Di. 19. Faust von Stromberg. S. 6
Maier.
Do. 21. Die Zauberhöhle des Tro-
phonio. O. 2 Salieri.

Osterferien.

April
Mo. 1. Die Quälgeister. L. 5 Beck
n. Shakespeare.
Di. 2. Die Entführung. L. 3 Jünger.
Drei Freier auf einmal. Sg. 1
Lemoyne.
Do. 4. Die Familie Spaden. S. 4
Beil.
So. 7. Betrug durch Aberglaube.
O. 2 Eberl, Dittersdorf.
Di. 9. Der Fähndrich oder Der
falsche Verdacht. S. 3
Schröder.
Mi. 10. Die Entführung aus dem
Serail. O. 3 Bretzner,
Mozart.
Die eheliche Probe[1]) L. 1
v. Dalberg e.
So. 14. Der Ritter Roland. O. 3
Haydn.
Di. 16. Der Sonderling. L. 4
Kotzebue.
Do. 18. Zwei Onkel für einen. L. 1
Gotter f.
Töffel u. Dorchen. O. 2
Monvel, Desaides.
So. 21. Das rote Käppchen. O. 2
Dittersdorf.

Di. 23. Der Essigmann mit seinem
Schubkarren. D. 3 Mercier.
Die Maler. L. 1 Babo.
Do. 25. Die buchstäbl. Auslegung der
Gesetze. L. 1 Brömel.
Felix. Sg. 3 Sedaine,
Monsigny.
So. 28. Das Mädchen v. Marien-
burg. S. 5 Kratter.
Mo. 29. Der Ritter Roland[2]) O. 3
Haydn.
Di. 30. Das Räuschchen. L. 4 Bretzner.
Drei Freier auf einmal[3]) Sg. 1
Lemoyne.

Mai.
Do. 2. Gerechtigkeit und Rache.
S. 3 Brömel.
Die beiden Billets. L. 1
Florian (Wall).
So. 5. Der Apotheker und der
Doktor. O. 4 Stephanie
d. j., Dittersdorf.
Di. 7. Die beiden Freunde oder Der
Kaufmann von Lyon. S. 5
Beaumarchais (Bock).
Leichtsinn und gutes Herz.
L. 1 Hagemann.
Do. 9. Das Mädchen von Marien-
burg. S. 5 Kratter.
So. 12. Die Wette (Cosi fan
tutte).[4]) O. 4 nach Da
Ponte bearb., Mozart.
Di. 14. Klara von Hoheneichen. S. 4
Spieß.
Do. 16. Der mißtrauische Liebhaber.
L. 5 Bretzner.
Mo. 20. Helena und Paris. O. 3
Winter.

---

[1]) In Gegenwart des Königs von Preußen.
[2]) „Die Komödie ging erst um 8 Uhr an, weil auf 5. Maj. den König von Preußen gewartet werden mußte." (Backhaus)
[3]) In Gegenwart des Königs von Preußen.
[4]) Tagebuch: „Gefiel nicht." Die Besetzung war folgende: Franziska—Mad. Beck, Friederike—Mad. Müller, Wilhelm—H. Leonhard, Ferdinand—H. Walter, Laurette—Mad. Nicola, Doktor Schneller—H. Gern. — Wurde damals nur einmal gegeben, dann erst 1799 wieder (zweimal).

Di. 21. Die väterliche Rache. L. 4 Congreve (Meyer und Schröder).
Do. 23. Die Geschwister vom Lande. L. 5 Jünger.
So. 26. Die Wilden. O. 3 Dalayrac.
Di. 28. Die bezähmte Widerbellerin. L. 4 Shakespeare (Schink).
Jack Spleen. L. 1 Dyk.
Fr. 31. Bürgerglück. L. 3 Babo.

Juni

So. 2. Die Geschwister vom Lande. L. 5 Jünger.
Töffel und Dorchen. O. 2 Monvel, Desaides.
Di. 4. Die Holländer. L. 3 Goldoni (Bock).
Do. 6. Der seltene Freier. L. 3 Gernevalde (Meyer).
Der Alchymist. O. 1 Schuster.
So. 9. Die eheliche Vergeltung. L. 1 v. Dalberg e.
Alexis und Justine. O. 2 Desaides.
Di. 11. Das Testament. L. 4 Schröder.
Do. 13. Wer wird sie kriegen? L. 1 Eckardt.
Der Bettelstudent. Opt. 2 Winter.
So. 16. Oberon. O. 3 Wranitzky.
Di. 18. Die Eifersüchtigen. L. 3 Murphy.
Der Huffschmied. O. 1 Philidor.
Do. 20. Der Maitag. S. 4 Hagemann.
So. 23. Die Hagestolzen. L. 5 Iffland.
Mo. 24. Der Aufschluß (la cifra). Sg. 2 Salieri.
Do. 27. Das Kind der Liebe. S. 4 Kotzebue.
So. 30. Menschenhaß und Reue. S. 5 Kotzebue.

Juli

Di. 2. Er mengt sich in Alles. L. 5 Jünger.
Do. 4. Otto der Schütz, Prinz v. Hessen. S. 5 Hagemann.
So. 7. Der Aufschluß. Sg. 2 Salieri.
Di. 9. Die Lästerschule. L. 4 Sheridan.
Do. 11. Der Bürgermeister. L. 5 Brühl.
Die beiden Billets. L. 1 Florian (Wall).
So. 14. Otto der Schütz. S. 5 Hagemann.
Di. 16. Der Sonderling. L. 4 Kotzebue.
Do. 18. Jurist u. Bauer. L. 2 Rautenstrauch.
Drei Freier auf einmal. Sg. 1 Lemoyne.
So. 21. Die eheliche Versöhnung. L 1 v. Dalberg e.
Die Luftbälle. O. 2 Bretzner, Fränzl.
Di. 23. Der Revers. L. 5 Jünger.
Do. 25. Leichtsinn u. gutes Herz. L. 1 Hagemann.
Alexis u. Justine. O. 2 Desaides.
So. 28. Das adlige Schäfermädchen. O. 2 Guglielmi.
Di. 30. Fürstengröße. S. 5 Ziegler.

August

Do. 1. Die Hagestolzen. L. 5 Iffland.
Sa. 3. Der Genius[1] Vorspiel 1 Iffland.
Otto der Schütz. S. 5 Hagemann.
So. 4. Der Aufschluß[2] O. 2 Salieri.
Di. 6. Das Blatt hat sich gewendet. L. 5 Cumberland (Schröder).
Do. 8. Das Testament. L. 4 Schröder.
So. 11. Klara v. Hoheneichen. S. 4 Spieß.

---
[1] „Der Genius, Prolog von Iffland, wurde zu Ehren Sr. Maj. des Königs von Preußen als Deutschlands Befreier (Zurückeroberung von Mainz) gegeben." (Backhaus) — [2] In Gegenwart des Königs von Preußen.

Di. 13. Zwei Onkel für einen. L. 1 Gotter f.
Alexis u. Justine. O. 2 Desaides.
Do. 15. Felix. Sg. 3 Monsigny.
So. 18. Die heimliche Ehe[1]) O. 2 Bertati, Cimarosa.
Mi. 21. Der seltene Freier. L. 3 Gernevalde (Meyer).
Arlequin, König v. Orakakoa. Pantom. 5 Frank.
Do. 22. Der König auf Reisen. L. 4 Ziegler.
So. 25. Die Liebe im Narrenhause. O. 2 Stephanie d. j., Dittersdorf.
Di. 27. Der Richter. S. 2 Mercier.
Arlequin König v. Orakakoa. Pantom. 5 Frank.
Do. 29. Der Fähndrich oder Der falsche Verdacht. S. 3 Schröder.

September
So. 1. Der Apotheker und der Doktor. O. 4 Stephanie d. j., Dittersdorf.
Di. 3. Die Zauberhöhle des Trophonio. O. 2 Salieri.
Do. 5. Freemann. S. 4 Jester.
So. 8. Zemire und Azor. Sg. 4 Gretry.
Di. 10. Freemann. S. 4 Jester.
Do. 12. Der Kerkermeister von Norwich.[2]) S. 4
So. 15. Der Talisman. O. 2 Salieri.
Di. 17. Der König auf Reisen. L. 4 Ziegler.
Do. 19. Die Quälgeister. L. 5 Beck nach Shakespeare.
So. 22. Richard Löwenherz. O. 3 Sedaine, Gretry.
Di. 24. Er mengt sich in Alles. L. 5 Jünger.
Leichtsinn und gutes Herz. L. 1 Hagemann.

Do. 26. Die Zwillingsbrüder. L. 5 Schröder (n. Regnard).
So. 29. Die Wilden. O. 3 Dalayrac.

XV. Theaterjahr.

Oktober
Di. 1. Die Lästerschule. L. 4 Sheridan.
Die Verlobung.[3]) L. 1.
Do. 3. Das Ehepaar vom Lande. L. 4 Jünger.
Der Bettelstudent. O. 2 Winter.
So. 6. Don Juan. O. 2 Mozart.
Di. 8. Bürgerglück. L. 3 Babo.
Der Magnetismus. L. 1 Iffland.
Do. 10. Der gutherzige Alte. L. 1 Florian (Wall).
Die eingebildeten Philosophen. O. 2 Stephanie d. j., Paesiello.
So. 13. Der Baum der Diana. O. 2 Martin.
Di. 15. Die Zwillingsbrüder. L. 5 Schröder (n. Regnard).
Die buchstäbliche Auslegung der Gesetze. L. 1 Brömel.
Do. 17. Die beiden Billets. L. 1 Florian (Wall).
Töffel und Dorchen. O. 2 Monvel, Desaides.
So. 20. König Theodor in Venedig. O. 2 Paesiello.
Di. 22. Die Entführung. L. 3 Jünger.
Der Alchymist. O. 1 Schuster.
Do. 24. Marianne. Tr. 3 Gotter.
Der taube Liebhaber. L. 2 Pilow.
So. 27. Das rote Käppchen. O. 2 Dittersdorf.
Di. 29. Nina oder Wahnsinn aus Liebe. Sg. 2 Paesiello.

---

[1]) In Gegenwart des Königs von Preußen. — [2]) Nur dies eine Mal gegeben. Fiel durch. — [3]) „Gefiel nicht."

Do. 31. Freemann. S. 4 Jester.
Die Maler. L. 1 Babo.

November
So. 3. Das adlige Schäfermädchen.
O. 2 Guglielmi.
Di. 5. Die Indianer in England.
L. 3 Kotzebue.
Do. 7. Der Vormund[1]) S. 5 Iffland.
So. 10. Lilla od. Schönheit u. Tugend.
O. 2 Martin.
Di. 12. Der Wechsel. L. 4 Jünger.
Die eheliche Probe. L. 1
v. Dalberg e.
Do. 14. Die Geschwister vom Lande.
L. 5 Jünger.
So. 17. Helena u. Paris. O. 3 Winter.
Di. 19. Die väterliche Rache. L. 4
Congreve (Meyer und
Schröder).
Do. 21. Die Hagestolzen. S. 5 Iffland.
So. 24. Der Talisman. O. 2 Salieri.
Di. 26. Der Einsiedler vom Carmel.
Tr. 3 v. Dalberg.
Do. 28. Der Ring. 2. Teil. L. 4
Schröder.

Dezember
So. 1. Der Aufschluß. Sg. 2 Salieri.
Di. 3. Das Blatt hat sich gewendet.
L. 5 Cumberland (Schröder).

Do. 5. Maske für Maske. L. 3
Marivaux (Jünger).
Die Melomanie. O. 1
Champein.
So. 8. Axur, König von Ormus.
O. 4 n. Beaumarchais,
Salieri.
Di. 10. Die Vormünder. L. 4
Schröder e.
Der gutherzige Alte. L. 1
Florian.
Do. 12. Der mißtrauische Liebhaber.
L. 5 Bretzner.
So. 15. Oberon. O. 3 Wranitzky.
Di. 17. Die Kriegskameraden.
L. 5 Kratter.
Do. 19. Der König auf Reisen. L. 4
Ziegler.
So. 22. Die Kriegskameraden. L. 5
Kratter.
Mo. 23. Die Holländer. L. 3 Goldoni
(Bock).
Do. 26. Das Ehepaar vom Lande.
L. 4 Jünger.
Taps oder Wie gewonnen
so zerronnen. L. 1 L.
So. 29. Felix oder Der Findling[2])
Sg. 3 Sedaine, Monsigny.

1794.

Januar
Do. 30. Otto der Schütz, Prinz von
Hessen.[3]) S. 5 Hagemann.

März
So. 2.[4]) Die Entführung aus dem
Serail. O. 3 Bretzner,
Mozart.
Mo. 3. Die Wilden.[5]) O. 3 Dalayrac,

---

[1]) „Gefiel ausnehmend." — [2]) Mit dieser Vorstellung wurde das Theater des Krieges wegen geschlossen. — [3]) Wohlthätigkeitsvorstellung zu Gunsten der geflüchteten deutschen Landleute.
[4]) Wiedereröffnung des Theaters. Der Mozartschen Oper ging ein von Dalberg verfaßter und von Iffland gesprochener Prolog voraus. Rh. Musen 1,26. — [5]) Rh. Musen 1,28.

Di. 4. Die Reise nach der
       Stadt.¹) L. 5 Iffland.
Do. 6. Fürstengröße.²) S. 5
       Ziegler.
So. 9. Die heimliche Ehe. O. 2
       Cimarosa.
Mo. 10. Menschenhaß und Reue.
        S. 5 Kotzebue.
Di. 11. Jurist und Bauer. L. 2
        Rautenstrauch.
        Drei Freier auf einmal.
        Sg. 1 Lemoyne.
Do. 13. Klara von Hoheneichen. S. 4
        Spieß.
So. 16. Oberon. O. 3 Wranitzky.
Mo. 17. Das Mädchen von Marien-
        burg. S. 5 Kratter.
Mi. 19. Das große Loos. L. 1
        Hagemeister.
        Alexis und Justine. Opt. 2
        Desaides.
Do. 20. Das Kind der Liebe. S. 4
        Kotzebue.
So. 23. Der König auf Reisen. L. 4
        Ziegler.
Mo. 24. Das Blatt hat sich gewendet.
        L. 5 Cumberland
        (Schröder).
Sa. 29. Die Zauberflöte.³) O. 2
        Schikaneder, Mozart.
So. 30. Die Zauberflöte. O. 2
        Mozart.
Mo. 31. Die Zauberflöte.⁴) O. 2
        Mozart.

April

Di. 1. Das Mädchen von Marien-
       burg. S. 5 Kratter.
Mi. 2. Er mengt sich in Alles. L. 5
       Jünger.
Do. 3. Die Kriegskameraden. L. 5
       Kratter.
So. 6. Das rote Käppchen. O. 2
       Dittersdorf.
Mo. 7. Marianne. Tr. 3 Gotter.
       Die eheliche Probe. L. 1
       v. Dalberg e.
Di. 8. Die Zauberhöhle des Tro-
       phonio. O. 2 Salieri.
Mi. 9. Der taube Liebhaber. L. 2
       Pilow.
       Die Melomanie. O. 1
       Champein.
Do. 10. Der argwöhnische Ehemann.
        L. 5 Gotter.

Osterferien.

Mo. 21. Die Zauberflöte⁵) O. 2
        Mozart.
Di. 22. Die Zauberflöte. O. 2 Mozart.
Mi. 23. Der Geburtstag (Der
        Emigrant). S. 5 [Bunsen].
Do. 24. Der Ring 2. T. L. 4 Schröder.
So. 27. Don Juan. O. 2 Mozart.
Di. 29. Der Strich durch die Rechnung.
        L. 4 Jünger.
        Die buchstäbl. Auslegung der
        Gesetze. L. 1 Brömel.

¹) Rh. Musen 1, 28 ff. — ²) Rh. Musen 1, 33 f.
³) Ausf. Besprechung: Rh. Musen 1, 85 ff. Besetzung: Sarastro—Gern, Tamino—Epp, Königin—Mad. Müller, Pamina—Mad. Beck, Damen der Königin—Mad. Nicola, Mlle. Marconi, Mlle. Koch, Genien—Mlle. Nicola, Mr. Nicola, Mr. Hofmann, Papageno—Leonhard, Papagena—Mlle. Jagemann, Monostatos—Demmer. — "Diese Oper wird mit einem Pomp gegeben, der alles übertrifft, was man je auf unsrer Bühne gesehen hat. Das Kostüm ist aufs strengste beobachtet. Die Dekorationen sind glänzend schön, und in Gesang und Spiel leisteten unsere Sänger und Sängerinnen alles, was man von solchen Künstlern erwarten kann. Groß sind die Verdienste des H. Iffland als Regisseur." (Backhaus' Tagebuch.)
⁴) "Drei Tage nach einander wurde diese herrliche Oper gegeben, und immer drängten sich die Menschen ins Schauspielhaus." (Backhaus.)
⁵) Tagebuch der folgenden Vorstellungen bis zum 27. Mai: Rh. Musen 1, 106 ff.

Mai

- Do. 1. Der Gläubiger. S. 3 Richter.
  Töffel u. Dorchen. O. 2
  Monvel, Desaides.
- Fr. 2. Die Geschwister vom Lande. L. 5 Jünger.
  Der gutherzige Alte. L. 1 Florian.
- So. 4. Helena u. Paris. O. 3 Winter.
- Di. 6. Die beiden Freunde. S. 5 Beaumarchais (Bock).
  Ariadne auf Naxos. Ddr. 1 Brandes, Benda.
- Do. 8. Das Ehepaar vom Lande. L. 4 Jünger.
  Die eheliche Vergeltung. L. 1 v. Dalberg.
- Fr. 9. Der mißtrauische Liebhaber. L. 5 Bretzner.
- So. 11. Klara von Hoheneichen. S. 4 Spieß.
- Di. 13. Das Mädchen von Marienburg. S. 5 Kratter.
- Do. 15. Armut u. Edelsinn¹) L. 3 Kotzebue.
- So. 18. Lilla. O. 2 Martin.
- Di. 20. Der Geburtstag. S. 5 Bunsen.
- Do. 22. Hamlet. Tr. 5 Shakespeare (Schröder).
- So. 25. Rudolf von Crequi. Sg. 3 (n. Raoul Sir de Créqui) Schmieder, Dalayrac.
- Di. 27. Armut u. Edelsinn. L. 3 Kotzebue.
- Do. 29. Der Vormund²) S. 5 Iffland.
- Fr. 30. Der Gläubiger. S. 3 Richter.
  Die beiden kleinen Savojarden. O. 1 Dalayrac.

Juni

- So. 1. Das große Loos. L. 1 Hagemeister.
  Das Blendwerk.³) O. 2 Gretry.
- Di. 3. Der deutsche Hausvater oder Die Familie. S. 5 v. Gemmingen.
- Do. 5. Freemann. S. 4 Jester.
- Mo. 9. Die Zauberflöte. O. 2 Mozart.
- Di. 10. Die Zauberflöte. O. 2 Mozart.
- Do. 12. Schein-Verdienst.⁴) S. 5 Iffland.
- So. 15. Rudolf von Crequi. Sg. 3 Dalayrac.
- Mo. 16. Die Entführung. L. 3 Jünger.
  Das Weiber-Gelübde. L. 2 v. Dalberg e.
- Di. 17. Die Lästerschule. L. 4 Sheridan.
- Fr. 20. Die Quälgeister. L. 5 Beck (n. Shakespeare).
- So. 22. Die Zauberflöte. O. 2 Mozart.
- Mo. 23. Die Zauberflöte. O. 2 Mozart.
- Di. 24. Er mengt sich in Alles. L. 5 Jünger.
  Die Stiefsöhne.⁵) S. 1.
- Do. 26. Der Sonderling. L. 4 Kotzebue.
- So. 29. Die Hochzeit des Figaro.⁶) O. 4 Mozart.

Juli

- Di. 1. Der König auf Reisen. L. 4 Ziegler.

---

¹) Ausf. bespr.: Rh. Musen 1, 133 ff.
²) Tagebuch der folgenden Vorstellungen bis zum 30. Mai: Rh. Musen 1, 179 ff.
³) Tagebuch der Vorstellungen bis 23. Juni: Rh. Musen 1, 227 ff.
⁴) Ausf. bespr.: Rh. Musen 1, 182 ff.
⁵) Tagebuch der Vorstellungen bis zum 6. Juli: Rh. Musen 1, 273 ff.
⁶) Der Kritiker der Rh. Musen 1, 273 behauptet: es sei eine unglückliche Idee gewesen, Beaumarchais' treffliches Lustspiel in eine Oper umzuwandeln.

Do.	3.	Die Zwillingsbrüder. L. 5 Regnard (Schröder).
Fr.	4.	Die Stiefsöhne. S. 1. Die beiden kleinen Savojarden. Opt. 1 Dalayrac.
So.	6.	Ludwig der Springer. S. 5 Hagemann.
Di.	8.	Der seltene Freier. L. 3 Gernevalde (Meyer). Zwei Onkels für einen¹) L. 1 Gotter f.
Do.	10.	Stille Wasser sind betrüglich. L. 4 Schröder.
Fr.	11.	Der Fähndrich od. Der falsche Verdacht. S. 3 Schröder.
So.	13.	Oberon. O. 3 Wranitzky.
Di.	15.	Schein-Verdienst. S. 5 Iffland.
Do.	17.	Der verborgene Ehemann. L. 3 Florian. Leichtsinn u. gutes Herz. L. 1 Hagemann.
Fr.	18.	Menschenhaß u. Reue. S. 5 Kotzebue.
So.	20.	Der Talisman. Opt. 2 Salieri.
Di.	22.	Bürgerglück. L. 3 Babo.
Do.	24.	Zemire u. Azor. Sg. 4 Gretry.
Fr.	25.	Maske für Maske. L. 3 Marivaux (Jünger). Die beiden Billets. L. 1 Florian (Wall).
So.	27.	Faust von Stromberg. S. 6 Maier.
Di.	29.	Der Papagei. S. 3 Kotzebue. Der Jurist u. der Bauer²) L. 2 Rautenstrauch.
Do.	31.	Das Liebesgeständnis³) L. 5 Anton Seibold.

August

So.	3.	Die Zauberflöte⁴) O. 2 Mozart.
Mo.	4.	Die Zauberflöte. O. 2 Mozart.
Mi.	6.	Ludwig der Springer⁵) S. 5 Hagemann.
Fr.	8.	Herbsttag. S. 5 Iffland.
So.	10.	Die Entführung aus dem Serail. O. 3 Bretzner, Mozart.
Di.	12.	Das Liebesgeständnis. L. 5 Seibold.
Do.	14.	Graf von Essex⁶) Tr. 5 Banks (Dyk).
Fr.	15.	Das rote Käppchen. O. 2 Dittersdorf.

Das Theater wurde wegen des am 17. Aug. erfolgten Ablebens der Kurfürstin auf 6 Wochen geschlossen.

September

So.	28.	Der Ritter Roland.⁷) O. 3 Haydn.
Di.	30.	Allzu scharf macht schartig.⁸) S. 5 Iffland.

XVI. Theaterjahr.

Oktober

Do.	2.	Die Indianer in England. L. 3 Kotzebue.
Fr.	3.	Das Blatt hat sich gewendet. L. 5 Cumberland (Schröder).
So.	5.	Der Aufschluß. Sg. 2 Salieri.

---

¹) Tagebuch der folg. Vorstellungen: Rh. M. 2,56 ff.
²) Als Kunz trat David Beil († 13. 8. 1794) z. letzten Mal auf.
³) Ausf. bespr.: Rh. Musen 2,31 ff.
⁴) Tagebuch der folg. Vorstellungen: Rh. Musen 2,169 ff.
⁵) „Wieder ein Blechkappenstück, wie sie zu Dutzenden erscheinen und den deutschen Publikums gefallen." (Rh. Musen 2,169.)
⁶) Rh. Musen 2,283.
⁷) Tagebuch der folgenden Vorstellungen: Rh. Musen 2,269 ff.
⁸) Ausf. bespr.: Rh. Musen 2,216 ff.

Di. 7.	Die Strelitzen.¹) S. 4 Babo.
Do. 9.	Felix. Sg. 3 Sedaine, Monsigny.
Fr. 10.	Unschuld und Liebe. L. 2 Lambrecht f.
	Der taube Liebhaber. L. 2 Pilow e.
So. 12.	Die Zauberflöte. O. 2 Mozart.
Mo. 13.	Die Zauberflöte. O. 2 Mozart.
Do. 16.	Der Ring 2. Teil. L. 4 Schröder.
Fr. 17.	Der alte böse General. L. 5 Kretschmann.
	Medea. Ddr. 1 Gotter, Benda.
So. 19.	Die Sonnenjungfrau. S. 5 Kotzebue.
Di. 21.	Im Trüben ist gut fischen. O. 3 Sarti.
Do. 23.	Armut und Edelsinn. L. 3 Kotzebue.
Fr. 24.	Die Indianer in England. L. 3 Kotzebue.
So. 26.	Rudolf von Crequi. Sg. 3 Dalayrac.
Di. 28.	Die drei Töchter. L. 2 Spieß.
	Die beiden kleinen Savojarden. Opt. 1 Dalayrac.
Do. 30.	Das große Loos. L. 1 Hagemeister.
	Drei Freier auf einmal. Sg. 1 Lemoyne.

November

Sa. 1.	Otto der Schütz²) S. 5 Hagemann.
Di. 4.	Die lustigen Weiber³) Sg. 3 Shakespeare (Römer), P. Ritter.
Do. 6.	Allzu scharf macht schartig. S. 5 Iffland.

Fr. 7.	Die Eifersüchtigen. L. 3 Murphy.
	List und Unschuld. L. 1 Dulpius.
So. 9.	Rudolf von Crequi. Sg. 3 Dalayrac.
Di. 11.	Schein-Verdienst. S. 5 Iffland.
Do. 13.	Der Strich durch die Rechnung. L. 4 Jünger.
	Die eheliche Versöhnung. L. 1 v. Dalberg.
So. 16.	Die Entführung aus dem Serail. O. 3 Bretzner, Mozart.
Di. 18.	Hamlet. Tr. 5 Shakespeare (Schröder).
Do. 20.	Die Maler. L. 1 Babo.
	Die Zigeunerin oder Der gefoppte Astrolog. Opt. 1 Paesiello.
Fr. 21.	Der König auf Reisen. L. 4 Ziegler.
So. 23.	Lilla. O. 2 Martin.
Di. 25.	Das Ehepaar vom Lande. L. 4 Jünger.
	Die Melomanie. O. 1 Champein.
Do. 27.	Der König Theodor in Venedig. O. 2 Paesiello.
Fr. 28.	Die Entführung. L. 3 Jünger.
	Der gutherzige Alte. L. 1 Florian.
So. 30.	Die Spanier in Peru⁴) Tr. 5 Kotzebue (Fortsetzung der Sonnenjungfrau).

Dezember

Di. 2.	Die buchstäbl. Auslegung der Gesetze. L. 1 Brömel.
	Töffel u. Dorchen. Opt. 2 Monvel, Desaides.
Do. 4.	Die Quälgeister. L. 5 Shakespeare (Beck).

---

¹) In neuer Besetzung. H. Vogel (Soufanin) wurde engagiert.
²) Tagebuch der folg. Vorstellungen: Rh. Musen 3,89 ff.
³) fiel durch (vgl. Rh. Musen 3,90).
⁴) Ausf. bespr.: Rh. Musen 3,145 ff.

So. 7. Der Spiegelritter. O. 3 Kotzebue, Walter d. ä.
Mo. 8. Das rote Käppchen. O. 2 Dittersdorf.
Do. 11. Die Spanier in Peru. Tr. 5 Kotzebue.
Fr. 12. Juliane von Lindorak. S. 5 Gozzi.
Der Faßbinder. Sg. 1 Audinot.
So. 14. Die Wilden. O. 3 Dalayrac.
Di. 16. Ludwig der Springer. S. 5 Hagemann.

Do. 18. Die bezähmte Widerbellerin. L. 4 Shakespeare (Schink).
Der Hufschmied. Opt. 1 Philidor.
So. 21. Die Strelitzen. S. 4 Babo.
Di. 23. Die Eifersüchtigen. L. 3 Murphy.
Die beiden Billets. L. 1 Florian (Wall).

Schließung der Bühne wegen des Bombardements der Stadt.

1795.

Januar
Do. 1. Klara von Hoheneichen.¹) S. 4 Spieß.
So. 4. Oberon. O. 3 Wranitzky.
Di. 6. Die Zauberflöte. O. 2 Mozart.
Mi. 7. Die Zauberflöte. O. 2 Mozart.
Fr. 9. Dienstpflicht.²) S. 5 Iffland.
So. 11. Das rote Käppchen. O. 2 Dittersdorf.
Di. 13. Freemann. S. 4 Jester.
Do. 15. Der alte böse General. L. 3 Kretschmann.
So. 18. Dienstpflicht. S. 5 Iffland.
Di. 20. Der Ritter Roland. O. 3 Haydn.
Do. 22. Menschenhaß und Reue. S. 5 Kotzebue.
So. 25. Der Baum der Diana. O. 2 Martin.
Di. 27. Er mengt sich in Alles. L. 5 Jünger.
Leichtsinn und gutes Herz. L. 1 Hagemann.

Do. 29. Der Essigmann mit seinem Schubkarren. D. 3 Mercier.
Der Faßbinder. Sg. 1 Audinot.

Februar
So. 1. Axur, König von Ormus³) O. 4 Beaumarchais, Salieri.
Mo. 2. Die Aussteuer. S. 5 Iffland.
Do. 5. Bürgerglück. L. 3 Babo.
So. 8. Der Apotheker und der Doktor. O. 4 Stephanie d. j., Dittersdorf.
Di. 10. Der Adjutant. L. 3 Brömel.
Die eheliche Probe. L. 1 v. Dalberg e.
Do. 12. Die Kriegskameraden. L. 5 Kratter.
So. 15. Die Dorfdeputierten. Opt. 3 Schuhbauer.
Do. 19. Die Aussteuer. S. 5 Iffland.
Fr. 20. Der mißtrauische Liebhaber. L. 5 Bretzner.

---

¹) Ab. fnsp. Zu Gunsten der durch das Bombardement Geschädigten. Tagebuch der folg. Vorstellungen: Rh. Musen 3, 170 ff.
²) Ausf. bespr.: Rh. Musen 3, 160 ff.
³) Tagebuch der folg. Vorstellungen: Rh. Musen 3, 272 ff.

So. 22. Otto der Schütz. S. 5 Hagemann.
Di. 24. Die Abenteuer einer Nacht. L. 3 Huber sp.
Pygmalion. Monodr. 1 Rousseau, Benda.
Do. 26. Die Strelitzen. S. 4 Babo.

März
So. 1. Die Spanier in Peru. Tr. 5 Kotzebue.
Di. 3. Allzu scharf macht schartig. S. 5 Iffland.
Do. 5. Der Strich durch die Rechnung. L. 4 Jünger.
Die Geflüchteten[1]) S. 1 Iffland.
So. 8. Herbsttag. S. 5 Iffland.
Di. 10. Armut u. Edelsinn. L. 3 Kotzebue.
Do. 12. Die bezähmte Widerbellerin[2]) L. 4 Shakespeare (Schink).
Das große Loos. L. 1 Hagemeister.
So. 15. Lanassa. Tr. 5 La Mierre (Plümicke).
Di. 17. Der deutsche Hausvater oder Die Familie. S. 5 v. Gemmingen.
Do. 19. Dienstpflicht. S. 5 Iffland.
So. 22. Faust von Stromberg. S. 6 Maier.
Di. 24. Scheinverdienst. S. 5 Iffland.
Mi. 25. Der Schiffs-Patron oder Der Gutsherr[3]) Opt. 3 Dittersdorf.
Fr. 27.[4]) Der Magnetismus. L. 1 Iffland.
Das Blendwerk. Opt. 2 Gretry.

Osterferien.

April
So. 12. Die Zauberflöte.[5]) O. 2 Mozart.
Mo. 13. Die Zauberflöte. O. 2 Mozart.
Do. 16. Die Schachmaschine.[6]) L. 4 Beck e.
Fr. 17. Der taube Liebhaber. L. 2 Pilow.
Töffel und Dorchen. Opt. 2 Monvel, Desaides.
So. 19. Der Schiffspatron. Opt. 3 Dittersdorf.
Di. 21. Maria Stuart. Tr. 5 Spieß.
Do. 23. Felix. Sg. 3 Sedaine, Monsigny.
Fr. 24. Die Geschwister vom Lande. L. 5 Jünger.
So. 26. Helena und Paris.[7]) O. 3 Winter.
Di. 28. Die Schachmaschine. L. 4 Beck e.
Do. 30. Die Stieffsöhne. S. 1.
Die beiden kleinen Savojarden. Opt. 1 Dalayrac.

Mai.
So. 3. Die Zauberflöte.[8]) O. 2 Mozart.
Mo. 4. Die Zauberflöte. O. 2 Mozart.
Di. 5. Bürgerglück. L. 3 Babo.
Do. 7. Das rote Käppchen. O. 2 Dittersdorf.
So. 10. Die Spanier in Peru. Tr. 5 Kotzebue.
Di. 12. Verirrung ohne Laster. S. 5 Beck.

---

[1]) Für Beils Witwe geschrieben, die darin debütierte; vgl. Rh. M. 3,270.
[2]) „Um dies Stück wieder zu geben, muß große Not sein". Rh. M. 3,275.
[3]) Vernichtende Kritik in Rh. Musen 3,278.
[4]) Schließung des Th. wegen Ablebens des Herzogs Karl von Zweibrücken.
[5]) Tagebuch der folg. Vorstellungen: Rh. Musen 4,84.
[6]) Ausf. bespr.: Rh. Musen 4,85 ff.
[7]) „Eine prunkvolle Vorstellung." Rh. Musen 4,94.
[8]) Tagebuch der folg. Vorstellungen: Rh. Musen 4,183 ff.

Do. 14. Die heimliche Ehe. O. 2 Cimarosa.
Fr. 15. Herbsttag. S. 5 Iffland.
So. 17. Die Wilden. O. 3 Dalayrac.
Di. 19. Siri Brahe oder Die Neugierigen.¹) S. 3 Gustav III., König von Schweden.
Do. 21. Juliane von Lindorak. S. 5 Gozzi (Schröder u. Gotter).
Fr. 22. Im Trüben ist gut fischen. Opt. 3 Sarti.
Mo. 25. Die Entführung aus dem Serail. O. 3 Bretzner, Mozart.
Di. 26. Der König auf Reisen. L. 4 Ziegler.
Do. 28. Der Richter. S. 2 Mercier.
Arlequin, König auf Orakakoa. Pantom. 5 Frank.
Fr. 29. Leichtsinn und gutes Herz. L. 1 Hagemann.
Arlequin, König auf Orakakoa. Pantom. 5 Frank.
So. 31. Rudolf von Crequi. Sg. 3 Schmieder, Dalayrac.

Juni
Di. 2. Die Hagestolzen.²) L. 5 Iffland.
Fr. 5. Der Ring 2. Teil. L. 4 Schröder.
So. 7. Das Sonnenfest der Braminen. O. 2 Hensler, Wenzel Müller.
Di. 9. Der Vormund. S. 5 Iffland.
Do. 11. Siri Brahe. S. 3 Gustav III., König von Schweden.
Fr. 12. Freemann. S. 4 Jester.
So. 14. Die Zauberflöte. O. 2 Mozart.
Di. 16. Der Adjutant. L. 3 Brömel.
Die eheliche Probe. L. 1 v. Dalberg e.

Do. 18. Die Zauberhöhle des Trophonio. O. 2 Salieri.
Fr. 19. Armut und Edelsinn. L. 3 Kotzebue.
So. 21. Der Aufschluß. Sg. 2 Salieri.
Di. 23. Leichtsinn und kindliche Liebe oder Der Weg zum Ruin.³) L. 5 Huber [u. Holcroft].
Mi. 24. Dienstpflicht. S. 5 Iffland.
Fr. 26. Der taube Liebhaber. L. 2 Pilow.
Die mütterliche Ungewißheit. S. 2.
So. 28. Lilla. O. 2 Martin.
Mo. 29. Die Quälgeister. L. 5 Beck (u. Shakespeare).

Juli
Do. 2. Die Maler. L. 1 Babo.
Der Bettelstudent. Opt. 2 Winter.
Fr. 3. Scheinverdienst. S. 5 Iffland.
So. 5. Das Sonnenfest der Braminen. O. 2 Hensler, W. Müller.
Di. 7. Die Zauberflöte. O. 2 Mozart.
Mi. 8. Die Zauberflöte. O. 2 Mozart.
Fr. 10. Das Mädchen von Marienburg. S. 5 Kratter.
So. 12. Die Sonnenjungfrau. S. 5 Kotzebue.
Di. 14. Der Apotheker u. der Doktor. O. 4 Dittersdorf.
Mi. 15. Dienstpflicht. S. 5 Iffland.
Do. 16. Der Jude. S. 5 Cumberland (Brockmann).
Fr. 17. Oberon. O. 3 Wranitzky.
So. 19. Die Spanier in Peru. Tr. 5 Kotzebue.
Di. 21. Die Zauberflöte. O. 2 Mozart.
Mi. 22. Die Zauberflöte. O. 2 Mozart.
Do. 23. Menschenhaß u. Reue. S. 5 Kotzebue.
Fr. 24. Die Schachmaschine. L. 4 Beck e.

---

¹) Vgl. Rh. Musen 4, 183 f. — ²) Tagebuch der Juni-Vorstellungen: Rh. Musen 4, 268 ff. — ³) Sonst unter dem Titel: „Güte rettet". Fiel durch.

So. 26. Die Entführung aus dem Serail. O. 3 Bretzner, Mozart.
Di. 28. Klara von Hoheneichen. S. 4 Spieß.
Do. 30. Der Jude. S. 5 Cumberland (Brockmann).
Fr. 31. Der deutsche Hausvater oder Die Familie. S. 5 von v. Gemmingen.

August
So. 2. Der Baum der Diana. O. 2 Martin.
Di. 4. Die Advokaten. S. 5 Iffland.
Mi. 5. Die Reise nach der Stadt. L. 5 Iffland.
Do. 6. Die Indianer in England. L. 3 Kotzebue.
Fr. 7. Unschuld u. Liebe. L. 2 Lambrecht f.
Ariadne auf Naxos. Ddr. 1 Brandes, Benda.
So. 9. Der Ritter Roland. O. 3 Haydn.
Di. 11. Ludwig der Springer. S. 5 Hagemann.
Do. 13. Das Kind der Liebe. S. 4 Kotzebue.
Sa. 15. Die Aussteuer. S. 5 Iffland.
So. 16. Der weibliche Soldat[1]) Sg. 2 n. d. ital. (La dama soldato), Naumann.
Di. 18. Armut u. Edelsinn. L. 3 Kotzebue.
Do. 20. Das rote Käppchen. O. 2 Dittersdorf.
Fr. 21. Marianne. Tr. 3 Gotter.
Die Freunde auf der Probe. L. 1 Beaunoir (Römer).
So. 23. Helena u. Paris. O. 3 Winter.

Di. 25. Der mißtrauische Liebhaber. L. 5 Bretzner.
Do. 27. Dienstpflicht. S. 5 Iffland.
Fr. 28. Der Strich durch die Rechnung. L. 4 Jünger.
Leichtsinn u. gutes Herz L. 1 Hagemann.
So. 30. Don Juan. O. 2 Mozart.

September
Di. 1. Die Advokaten. S. 5 Iffland.
Do. 3. Die Dorfdeputierten. Opt. 3 Schuhbauer.
Fr. 4. Die Geschwister vom Lande. L. 5 Jünger.
So. 6. König Theodor in Venedig. O. 2 Paesiello.
Di. 8. Otto der Schütz. S. 5 Hagemann.
Do. 10. Bürgerglück. L. 3 Babo.
Fr. 11. Der alte böse General. L. 3 Kretschmann.
So. 13. Die Freunde auf der Probe. L. 1 Beaunoir (Römer).
Die Luftbälle. Opt. 2 Bretzner, Fränzl.
Di. 15. Die Strelitzen. S. 4 Babo.

Vom 15.—27. blieb das Theater wegen des Krieges geschlossen.

So. 27. Die Entführung aus dem Serail. O. 3 Bretzner, Mozart.
Di. 29. Die Übereilung. L. 1 Murphy.
Die beiden kleinen Savojarden. Opt. 1 Dalayrac.

XVII. Theaterjahr.

Oktober
Do. 1. Klara von Hoheneichen. S. 4 Spieß.
So. 4. Rudolf von Crequi. Sg. 3 Dalayrac.

---

[1]) Fiel durch! „Der Mangel an Raum bei der großen Anzahl von Fremden macht das Abonn. suspendu für heute notwendig."

Do. 8. Oberon. O. 3 Wranitzky.
So. 11. Der taube Liebhaber. L. 2
　　　 Pilow.
　　　 Töffel und Dorchen. Opt. 2
　　　 Monvel, Desaides.
Di. 13. Die Zwillingsbrüder. L. 5
　　　 Regnard (Schröder).
　　　 Ariadne auf Naxos. Ddr. 1
　　　 Brandes, Benda.
Fr. 16. Die Zauberflöte O. 2 Mozart.
So. 18. Die Zauberflöte.¹) O. 2
　　　 Mozart.
Do. 22. Die Dorfdeputierten. O. 3
　　　 Schuhbauer.
So. 25. Oberon. O. 3 Wranitzky.
Di. 27. Die Zauberflöte. O. 2 Mozart.
Do. 29. Die beiden Billets. L. 1
　　　 Florian.
　　　 Die beiden kleinen Savo-
　　　 jarden.²) Opt. 1 Dalayrac.

Dezember
So. 6. Klara von Hoheneichen.³)
　　　 S. 4 Spieß.

Di. 8. Das rote Käppchen. O. 2
　　　 Dittersdorf.
Do. 10. Der Essigmann mit seinem
　　　 Schubkarren. D. 3
　　　 Mercier.
　　　 Die Übereilung. L. 1 Murphy.
So. 13. Die Zauberflöte. O. 2 Mozart.
Di. 15. Die Quälgeister. L. 5
　　　 Beck (n. Shakespeare).
Do. 17. Die Zwillingsbrüder. L. 5
　　　 Regnard (Schröder).
　　　 Die eheliche Probe. L. 1
　　　 v. Dalberg e.
So. 20. Oberon. O. 3 Wranitzky.
Di. 22. Der Wildfang.⁴) L. 3
　　　 Kotzebue.
Mi. 23. Er mengt sich in Alles.
　　　 L. 5 Jünger.
Sa. 26. Der Apotheker u. der Doktor.
　　　 O. 4 Stephanie d. j.,
　　　 Dittersdorf.
So. 27. Die Dorfdeputierten. Opt. 3
　　　 Schuhbauer.
Di. 29. Der Sonderling. L. 4
　　　 Kotzebue.

1796.

Januar
Fr. 1. Die Entführung aus dem
　　　 Serail. O. 3 Bretzner,
　　　 Mozart.
So. 3. Der Magnetismus. L. 1
　　　 Iffland.
　　　 Das Blendwerk. Opt. 2
　　　 Gretry.
Mi. 6. Der Wildfang. L. 3 Kotzebue.

Fr. 8. Die Eifersüchtigen. L. 3
　　　 Murphy.
　　　 Die Maler. L. 1 Babo.
So. 10. Die Sonnenjungfrau. S. 5
　　　 Kotzebue.
Di. 12. Graf von Essex. Tr. 5 Banks
　　　 (Dyk).
Do. 14. Die Streliten. S. 4 Babo.
So. 17. Die Müllerin. Opt. 3 n. d.
　　　 ital. (La molinara), Paesiello.

¹) Diese Vorstellung fehlt in den Zettelbänden, da kein bes. Zettel gedruckt wurde. Der Zettel vom 16. Okt. enthält den betr. Vermerk.
²) Bombardement Mannheims durch die Oesterreicher. Die Savojarden konnten nicht zu Ende gespielt werden. Das Theater wurde geschlossen bis Anfang Dezember.
³) In Gegenwart des österr. Generals von Wurmser, der mit Pauken und Trompeten empfangen wurde. Das Haus war illuminiert.
⁴) „Ein sehr schmutziges Stück von H. v. K." (Backhaus.) Wurde bis 1829 40 mal gegeben.

Di. 19. Der deutsche Hausvater oder
Die Familie. S. 5
v. Gemmingen.
Fr. 22. Der Graf v. Burgund¹)
S. 4 Kotzebue.
So. 24. Die Zauberflöte. O. 2 Mozart.
Di. 26. Der Graf v. Burgund. S. 4
Kotzebue.
Do. 28. Die verstellte Kranke. L. 3
Goldoni.
So. 31. Die Müllerin. Opt. 3
Paesiello.

Februar
Di. 2. Der König Theodor in
Venedig. Opt. 2 Paesiello.
Do. 4. Maria Stuart. Tr. 5 Spieß.
So. 7. Betrug durch Aberglauben.
O. 2 Eberl, Dittersdorf.
Do. 11. Das rote Käppchen. O. 2
Dittersdorf.
So. 14. Gustav Wasa. Tr. 5
Kotzebue.
Mo. 15. Der Apotheker und der
Doktor. O. 4 Stephanie d. j.,
Dittersdorf.
Di. 16. Die Zwillingsbrüder. L. 5
Regnard (Schröder).
Do. 18. Gustav Wasa. Tr. 5 Kotzebue.
Fr. 19. Menschenhaß u. Reue. S. 5
Kotzebue.
So. 21. Der Graf v. Burgund. S. 4
Kotzebue.
Mo. 22. Dienstpflicht. S. 5 Iffland.
Do. 25. Die Hagestolzen. L. 5 Iffland.
So. 28. Die Quälgeister. L. 5 Beck
(n. Shakespeare).

März
Di. 1. Armut u. Edelsinn. L. 3
Kotzebue.
Do. 3. Der Wildfang²) L. 3 Kotzebue.

So. 6. Azur König von Ormus.
O. 4 Beaumarchais,
Salieri.
Di. 8. Der Graf v. Burgund. S. 4
Kotzebue.
Do. 10. Die drei Töchter. L. 2 Spieß.
Der Faßbinder. Sg. 1 Audinot.
Fr. 11. Die Schachmaschine. L. 4
Beck v.
So. 13. Die Wilden. O. 3 Dalayrac.
Di. 15. Dienstpflicht. S. 5 Iffland.
Do. 17. Der Spieler³) S. 5 Iffland.
Sa. 19. Die Müllerin. Opt. 3
Paesiello.

Osterferien.
Mo. 28. Die Spanier in Peru. Tr. 5
Kotzebue.
Di. 29.⁴) Der Wildfang. L. 3 Kotzebue.

April
So. 3. Die Entführung aus d. Serail.
O. 3 Bretzner, Mozart.
Mo. 4. Maria Stuart. Tr. 5 Spieß.
Do. 7. Stille Wasser sind betrüglich.
L. 4 Schröder.
So. 10. Die heimliche Ehe. O. 2
(neu bearbeitet), Cimarosa.
Di. 12. Falsche Scham. S. 4
Kotzebue.
Do. 14. Der Strich durch die Rechnung.
L. 4 Jünger.
Das große Loos. L. 1 Hagemeister.
So. 17. Betrug durch Aberglauben.
Opt. 2 Eberl, Dittersdorf.
Di. 19. Falsche Scham. S. 4 Kotzebue.
Do. 21. Die Dorfdeputierten. O. 3
Schuhbauer.
Fr. 22. Die Indianer in England.
L. 3 Kotzebue.
So. 24. Felix. Sg. 3 Sedaine,
Monsigny.

---

¹) Gefiel außerordentlich; wurde bis 1821 40mal gegeben.
²) „Mit Abänderungen", bemerkt der Zettel.
³) Wurde bis 1865 40mal gegeben, 20. 8. 1864 zur Ifflandfeier.
⁴) Die Vorstellung am 31. März wurde abgesagt wegen des am 30.
erfolgten Todes der Herzogin von Zweibrücken.

Di. 26. Die Hagestolzen. L. 5 Iffland.
Do. 28. Otto der Schütz. S. 5 Hagemann.
Fr. 29. Der Gläubiger. S. 3 Richter.
Die Übereilung. L. 1 Murphy.

Mai.
So. 1. Das rote Käppchen. O. 2 Dittersdorf.
Di. 3. Offene Fehde. L. 3 Huber f.
Das große Loos. L. 1 Hagemeister.
Do. 5. Graf von Essex. Tr. 5 Banks (Dyck).
So. 8. Ludwig der Springer. S. 5 Hagemann.
Di. 10. Die Zauberflöte. O. 2 Mozart.
Do. 12. Die Zwillingsbrüder. L. 5 Regnard (Schröder).
Fr. 13. Der Wildfang. L. 3 Kotzebue.
Mo. 16. Die Sonnenjungfrau. S. 5 Kotzebue.
Di. 17. Herbst-Tag. S. 5 Iffland.
Do. 19. Die Müllerin. Opt. 3 Paesiello.
So. 22. Stille Wasser sind betrüglich. L. 4 Schröder.
Di. 24. Der taube Liebhaber. L. 2 Pilow.
La Peyrouse.¹) S. 2 Kotzebue.
Fr. 27. Der Spieler. S. 5 Iffland.
So. 29. Lilla. O. 2 Martin.
Di. 31. Der Graf von Burgund. S. 4 Kotzebue.

Juni
Do. 2. Der Apotheker und der Doktor. O. 4 Stephanie d. j., Dittersdorf.
Fr. 3. Der Essigmann mit seinem Schubkarren. D. 3 Mercier.
Die Übereilung. L. 1 Murphy.
So. 5. Gustav Wasa. Tr. 5 Kotzebue.

Di. 7. Dienstpflicht. S. 5 Iffland.
Do. 9. Die Advokaten. S. 5 Iffland.
Fr. 10. Er mengt sich in Alles. L. 5 Jünger.
So. 12. Oberon. O. 3 Wranitzky.
Di. 14. Armut und Edelsinn. L. 3 Kotzebue.
Do. 16. Falsche Scham. S. 4 Kotzebue.
Fr. 17. Der Vormund. S. 5 Iffland.
So. 19. Leichtsinn und gutes Herz. L. 1 Hagemann.
Töffel und Dorchen. Opt. 2 Monvel, Desaides.
Di. 21. Die Strelitzen. S. 4 Babo.
Do. 23. Die Indianer in England. L. 3 Kotzebue.
Fr. 24. Die Schachmaschine. L. 4 Beck e.
So. 26. Der Ritter Roland. O. 3 Haydn.
Di. 28. Das Ehepaar vom Lande. L. 4 Jünger.
Der gutherzige Alte. L. 1 Florian.
Mi. 29. Felix. Sg. 3 Sedaine, Monsigny.

Juli
Fr. 1. Dienstpflicht. S. 5 Iffland.
So. 3. Das Incognito. S. 5 Federici (v. Dalberg).
Di. 5. Freemann. S. 4 Jester.
Do. 7. Der deutsche Hausvater oder Die Familie. S. 5 v. Gemmingen.
So. 10. Die Geschwister vom Lande²) L. 5 Jünger.
So. 24.³) Klara v. Hoheneichen. S. 4 Spieß.
Do. 28. Die Zwillingsbrüder. L. 5 Regnard (Schröder).
So. 31. Die Entführung aus dem Serail. O. 3 Bretzner, Mozart.

---
¹) War nur dies eine Mal. — ²) Letztes Auftreten Ifflands, der am 11. Juli abreiste. — ³) Vom 10.—24. geschlossen wegen Anrücken der Franzosen.

August

- Di. 2. Ludwig der Springer. S. 5 Hagemann.
- Do. 4. Leichtsinn u. gutes Herz. L. 1 Hagemann.
  - Töffel u. Dorchen. Opt. 2 Monvel, Desaides.
- So. 7. Die Wilden. O. 3 Dalayrac.
- Di. 9. Der Wildfang. L. 3 Kotzebue.
- Do. 11. Der taube Liebhaber. L. 2 Pilow.
  - Die beiden kleinen Savojarden. Opt. 1 Dalayrac.
- So. 14. Die Zauberflöte. O. 2 Mozart.
- Mo. 15. Der Graf v. Burgund. S. 4 Kotzebue.
- Do. 18. Der König auf Reisen. L. 4 Ziegler.
- So. 21. Oberon. O. 3 Wranitzky.
- Di. 23. Der Gläubiger. S. 3 Richter.
  - Das große Loos. L. 1 Hagemeister.
- Do. 25. Armut u. Edelsinn. L. 3 Kotzebue.
- So. 28. Graf Benjowsky oder Die Verschwörung auf Kamtschatka. S. 5 Kotzebue.
- Di. 30. Der Graf v. Burgund. S. 4 Kotzebue.

September

- Do. 1. Der Strich durch die Rechnung. L. 4 Jünger.
  - Die Stiefsöhne. S. 1.
- So. 4. Die Dorfdeputierten. O. 3 Schuhbauer.
- Di. 6. Marianne. Tr. 3 Gotter.
  - Die junge Indianerin. L. 1 Chamfort.
- Do. 8. Graf Benjowsky. S. 5 Kotzebue.
- So. 11. Das rote Käppchen. O. 2 Dittersdorf.
- Di. 13. Menschenhaß und Reue. S. 5 Kotzebue.
- Do. 15. Die Übereilung. L. 1 Murphy.
  - Die beiden kleinen Savojarden. Opt. 1 Dalayrac.
- So. 18. Otto der Schütz. S. 5 Hagemann.
- Di. 20. Offene Fehde. L. 3 Huber f.
  - Die beiden Billets. L. 1 Florian (Wall).
- Do. 22. Die Dorfdeputierten. Opt. 3 Schuhbauer.
- So. 25. Ludwig der Springer. S. 5 Hagemann.
- Di. 27. Das Kind der Liebe. S. 4 Kotzebue.
- Do. 29. Die Eifersüchtigen. L. 3 Murphy.
  - Leichtsinn und gutes Herz. L. 1 Hagemann.

XVIII. Theaterjahr.

Oktober

- So. 2. Die Entführung aus dem Serail. O. 3 Bretzner, Mozart.
- Di. 4. Die Entführung. L. 3 Jünger.
  - Der Magnetismus. L. 1 Iffland.
- Do. 6. Alte Zeit und neue Zeit. S. 5 Iffland.
- So. 9. Der Talisman. Opt. 3 Salieri.
- Di. 11. Er mengt sich in Alles. L. 5 Jünger.
- Do. 13. Der Ostindier. L. 4 Schröder v.
- So. 16. Der Deserteur. O. 3 Sedaine, Monsigny.
- Di. 18. Der König auf Reisen. L. 4 Ziegler.
- Do. 20. Der mißtrauische Liebhaber. L. 5 Bretzner.
- So. 23. Oberon. O. 3 Wranitzky.
- Di. 25. Armut und Edelsinn. L. 3 Kotzebue.
- Do. 27. Alte Zeit und neue Zeit. S. 5 Iffland.

So. 30. Die Danaiden.¹) O. 4 [du
       Rollet u. Tschudy], Salieri.
Mo. 31. Die Danaiden. O. 4 Salieri.

November
Do. 3. Das Kind der Liebe²) S. 4
       Kotzebue.
Fr. 4. Dankbarkeit. S. 1.
       Der Faßbinder. Sg. 1 Audinot.
So. 6. Die Wilden. O. 3 Dalayrac.
Di. 8. Menschenhaß u. Reue. S. 5
       Kotzebue.
Do. 10. Die buchstäbliche Auslegung
       der Gesetze. L. 1 Brömel.
       Töffel u. Dorchen. O. 2
       Monvel, Desaides.
So. 13. Die Entführung aus dem
       Serail. O. 3 Bretzner,
       Mozart.
Di. 15. Der Wildfang. L. 3 Kotzebue.
Do. 17. Graf Benjowsky. S. 5
       Kotzebue.
So. 20. Der Talisman. O. 3 Salieri.
Di. 22. Die Dichterfamilie³) L. 5
       Max Roller.
Do. 24. Der Strich durch die Rech-
       nung. L. 4 Jünger.
       Dankbarkeit. S. 1.
So. 27. Die Danaiden⁴) O. 4 Salieri.
Mo. 28. Die Danaiden. O. 4 Salieri.
Mi. 30. Der seltene Onkel. L. 4
       Ziegler.

Dezember
Fr. 2. Offene Fehde. L. 3 Huber f.
      Der ungegründete Ver-
      dacht. L. 1.
So. 4. Der Deserteur. O. 3
      Sedaine, Monsigny.
Di. 6. Das große Loos. L. 1
      Hagemeister.
      Der Bettelstudent. Opt. 2
      Winter.
Do. 8. Der Graf v. Burgund. S. 4
      Kotzebue.
So. 11. Der Apotheker u. der Doktor.
      O. 4 Stephanie d. j.,
      Dittersdorf.
Di. 13. Der Ostindier. L. 4 Schröder e.
Do. 15. Die Zwillingsbrüder. L. 5
      Regnard (Schröder).
So. 18. Der taube Liebhaber. L. 2
      Pilow.
      Der Faßbinder. Sg. 1 Audinot.
Di. 20. Weiber-Ehre. S. 5 Ziegler.
Do. 22. Das rote Käppchen. O. 2
      Dittersdorf.
Mo. 26. Die Zauberflöte⁵) O. 2
      Mozart.
Di. 27. Die Entführung. L. 3 Jünger.
      Der ungegründete Verdacht.
      L. 1.
Do. 29. Der Graf von Burgund.
      S. 4 Kotzebue.

1797.

Januar
So. 1. Im Trüben ist gut fischen.
       Opt. 3 Sarti.
Di. 3. Freemann. S. 4 Jester.
Fr. 6. Die Zauberflöte.⁶) O. 2
       Mozart.
So. 8. Weiber-Ehre. S. 5 Ziegler.

Di. 10. Die Dorfdeputierten. Opt. 3
      Schuhbauer.
Do. 12. Der Wildfang. L. 3 Kotzebue.
So. 15. Die Müllerin. Opt. 3
      Paesiello.
Mi. 18. Der Genius der Zeit.⁷)
      Vorspiel 1 Römer.
      Die Danaiden. O. 4 Salieri.

---

¹) Abonnement suspendu. — ²) Wildenhain: H. Möller a. G.
³) Fiel durch. „Ein zum Einschlafen langweiliges Stück" (Backhaus).
⁴) Abonnement suspendu. — ⁵) Sarastro: Georg Gern a. G.
⁶) Abonnement suspendu. — ⁷) Zum Einzug des Erzherzogs Karl.

Fr. 20. Otto der Schütz. S. 5 Hagemann.
So. 22. Die Müllerin. Opt. 3 Paesiello.
Di. 24. Alte Zeit und neue Zeit. S. 5 Iffland.
Do. 26. Der Graf von Burgund. S. 4 Kotzebue.
Fr. 27. Die Zauberflöte. O. 2 Mozart.
So. 29. Klara von Hoheneichen. S. 4 Spieß.
Di. 31. Der König auf Reisen. L. 4 Ziegler.

Februar
Do. 2. Oberon. O. 3 Wranitzky.
So. 5. Der Apotheker u. der Doktor. O. 4 Stephanie d. j., Dittersdorf.
Di. 7. Offene Fehde. L. 3 Huber f. Die beiden Billets. L. 1 Florian (Wall).
Do. 9. Der Jurist und der Bauer. L. 2 Rautenstrauch. Die beiden kleinen Savojarden. Opt. 1 Dalayrac.
So. 12. Im Trüben ist gut fischen. Opt. 3 Sarti.
Di. 14. Er mengt sich in Alles. L. 5 Jünger.
Do. 16. Die Zwillingsbrüder. L. 5 Regnard (Schröder).
So. 19. Die Entführung aus dem Serail. O. 3 Bretzner, Mozart.
Di. 21. Ludwig der Springer. S. 5 Hagemann.
Do. 23. Weltton und Herzensgüte. S. 4 Ziegler.
So. 26. Das Sonntagskind. O. 2 Perinet, W. Müller.

März
Do. 2. Graf von Essex. Tr. 5 Banks (Dyk).

So. 5. Helena u. Paris. O. 3 Winter.
Di. 7. Die Schachmaschine. L. 4 Beck e.
Do. 9. Das Sonntagskind. O. 2 Müller.
Fr. 10. Dankbarkeit. S. 1. Der Jurist und der Bauer. L. 2 Rautenstrauch.
So. 12. Der Baum der Diana. O. 2 Martin.
Di. 14. Weltton u. Herzensgüte. S. 4 Ziegler.
Do. 16. Die Zauberflöte. O. 2 Mozart.
So. 19. Die Sonnenjungfrau. S. 5 Kotzebue.
Di. 21. Die bezähmte Widerbellerin. L. 4 Shakespeare (Schink). Leichtsinn u. gutes Herz. L. 1 Hagemann.
Do. 23. Felix. Sg. 3 Sedaine, Monsigny.
Sa. 25. Die Spanier in Peru. Tr. 5 Kotzebue.
So. 26. Die Müllerin. Opt. 3 Paesiello.
Di. 28. Bruderzwist. S. 5 Kotzebue.
Do. 30. Die Danaiden. O. 4 Salieri.

April
So. 2. Bruderzwist. S. 5 Kotzebue.
Di. 4. Stille Wasser sind betrüglich. L. 4 Schröder.
Do. 6. Das rote Käppchen. O. 2 Dittersdorf.
Fr. 7. Der Wildfang. L. 3 Kotzebue.

Osterferien.

Mo. 17. Der Baum der Diana. O. 2 Martin.
Di. 18. Die Eifersüchtigen. L. 3 Murphy. Die beiden Billets. L. 1 Florian (Wall).
Do. 20. Menschenhaß u. Reue. S. 5 Kotzebue.

So. 23. Rudolf v. Crequi. Sg. 3
    Dalayrac.
Di. 25. Bruderzwist. S. 5 Kotzebue.
Do. 27. Paul u. Virginie. Sg. 3
    Favières (Schmieder),
    R. Kreutzer.
So. 30. Die Entführung aus dem
    Serail. O. 3 Bretzner,
    Mozart.

Mai
Di. 2. Marianne. Tr. 3 Gotter.
    Die beiden kleinen Savo-
    jarden. Opt. 1 Dalayrac.
Do. 4. Paul und Virginie. Sg. 3
    Favières (Schmieder),
    R. Kreutzer.
So. 7. Der Apotheker u. der Doktor.
    O. 4 Stephanie d. j.,
    Dittersdorf.
Di. 9. Abällino. Tr. 5 Zschokke.
Do. 11. Das Kind der Liebe. S. 4
    Kotzebue.
So. 14. Der Ritter Roland. O. 3
    Haydn.
Di. 16. Der Ring 2. Teil. L. 4
    Schröder.
Do. 18. Klara von Hoheneichen. S. 4
    Spieß.
So. 21. Die Danaiden. O. 4 Salieri.
Di. 23. Der König auf Reisen. L. 4
    Ziegler.
Do. 25. Der Talisman. O. 2 Salieri.
So. 28. Helena und Paris. O. 3
    Winter.
Di. 30. Weltton und Herzensgüte.
    S. 4 Ziegler.

Juni
Do. 1. Die Jäger. Sittengem. 5
    Iffland.
Mo. 5. Lilla. O. 2 Martin.
Di. 6. Der Strich durch die Rechnung.
    L. 4 Jünger.
    Das große Loos. L. 1
    Hagemeister.
Do. 8. Abällino. Tr. 5 Zschokke.

So. 11. Rudolf von Crequi. Sg. 3
    Dalayrac.
Di. 13. Offene Fehde. L. 3 Huber f.
    Der englische Kaper. L. 1
    Huber.
Fr. 16. Die Jäger. Sittengem. 5
    Iffland.
So. 18. Die Verwandtschaften.
    L. 5 Kotzebue.
Di. 20. Die Dorfdeputierten. Opt. 3
    Schuhbauer.
Do. 22. Graf von Essex. Tr. 5
    Banks (Dyk).
Sa. 24. Otto der Schütz. S. 5
    Hagemann.
So. 25. König Theodor in Venedig.
    O. 2 Paesiello.
Di. 27. Der Vormund. S. 5 Iffland.
Do. 29. Stille Wasser sind betrüglich.
    L. 4 Schröder.

Juli
So. 2. Die Danaiden. O. 4 Salieri.
Di. 4. Die Verwandtschaften. L. 5
    Kotzebue.
Do. 6. Der Graf von Burgund. S. 4
    Kotzebue.
So. 9. Die Zauberflöte. O. 2 Mozart.
Di. 11. Der Magnetismus. L. 1
    Iffland.
    Töffel u. Dorchen. Opt. 2
    Monvel, Desaides.
Fr. 14. Axur, König von Ormus.
    O. 4 Beaumarchais,
    Salieri.
So. 16. Das Incognito. S. 5 Federici
    (v. Dalberg).
Di. 18. Die Schachmaschine. L. 4
    Beck.
Do. 20. Bruderzwist. S. 5 Kotzebue.
So. 23. Helena u. Paris. O. 3 Winter.
Di. 25. Weiber-Ehre. S. 5 Ziegler.
Do. 27. Das Vermächtnis. S. 5
    Iffland.
So. 30. Der Aufschluß. Sg. 2 Salieri.

August

- Di. 1. Unmut u. Edelsinn. L. 3 Kotzebue.
- Do. 3. Im Trüben ist gut fischen. Opt. 3 Sarti.
- So. 6. Lilla. O. 2 Martin.
- Di. 8. Die Eifersüchtigen. L. 3 Murphy.
  Leichtsinn u. gutes Herz. L. 1 Hagemann.
- Do. 10. Das Vermächtnis. S. 5 Iffland.
- So. 13. Die Sonnenjungfrau. S. 5 Kotzebue.
- Di. 15. Das rote Käppchen. O. 2 Dittersdorf.
- Do. 17. Die Geschwister vom Lande. L. 5 Jünger.
- So. 20. Lodoiska. O. 3 Fillete-Loreaux (Schmieder), Cherubini.
- Di. 22. Menschenhaß u. Reue. S. 5 Kotzebue.
- Do. 24. Das Gewissen[1]) Tr. 5 Iffland.
- Fr. 25. Weltton u. Herzensgüte. S. 4 Ziegler.
- So. 27. Die Jäger. Sittengem. 5 Iffland.
- Di. 29. Der Apotheker und der Doktor. O. 4 Stephanie d. j., Dittersdorf.
- Do. 31. Die Entführung. L. 3 Jünger. Der Magnetismus[2]) L. 1 Iffland.

September

- So. 3. Die Zauberflöte. O. 2 Mozart.
- Di. 5. Freemann. S. 4 Jester.
- Fr. 8. Das Gewissen. Tr. 5 Iffland.
- So. 10. Der Graf von Burgund. S. 4 Kotzebue.
- Di. 12. Falsche Scham. S. 4 Kotzebue.
- Do. 14. Das Kind der Liebe. S. 4 Kotzebue.
- So. 17. Die Danaiden. O. 4 Salieri.
- Di. 19. Gleiches mit Gleichem. L. 5 (Federici) Vogel.
- Do. 21. Die Wilden. O. 3 Dalayrac.
- So. 24. Weiber-Ehre. S. 5 Ziegler.
- Di. 26. Gleiches mit Gleichem. L. 5 (Federici) Vogel.
- Do. 28. Der Gläubiger. S. 5 Richter.
  Ariadne auf Naxos. Ddr. 1 Brandes, Benda.

XIX. Theaterjahr.

Oktober

- So. 1. Rudolf von Crequi. Sg. 3 Dalayrac.
- Di. 3. Bruderzwist. S. 5 Kotzebue.
- Do. 5. Zemire und Azor. Sg. 4 Gretry.
- Fr. 6. Die Zwillingsbrüder. L. 5 Regnard (Schröder).
  Die arme Frau. Nachsp. 1 Marsollier.
- So. 8. Die Zauberflöte. O. 2 Mozart.
- Di. 10. Die Verwandtschaften. L. 5 Kotzebue.
- Do. 12. Die Indianer in England. L. 3 Kotzebue.
- Fr. 13. Der Wildfang. L. 3 Kotzebue.
- So. 15. Gleiches mit Gleichem. L. 5 (Federici) Vogel.
- Di. 17. Das Räuschchen. L. 4 Bretzner.
- Do. 19. Das Mädchen von Marienburg. S. 5 Kratter.
- So. 22. Die neuen Arkadier.[3]) O. 2 Vulpius (n. Schikaneder), Süßmayer.
- Di. 24. Die neuen Arkadier. O. 2 Süßmayer.

---

[1]) Abonnement suspendu zu Gunsten des Witwen- u. Waisenfonds.
[2]) In beiden Stücken gastierte H. Grüner. — [3]) Abonn. suspendu.

Do. 26.	Die Schachmaschine.¹) L. 4 Beck e.
Fr. 27.	Emilia Galotti. Tr. 5 Lessing.
So. 29.	Der Ring 2. Teil. L. 4 Schröder.
Di. 31.	Marianne. Tr. 3 Gotter. Die beiden kleinen Savojarden. Opt. 1 Dalayrac.

November

Fr. 3.	Die Hagestolzen. L. 5 Iffland.
So. 5.	Der Baum der Diana. O. 2 Martin.
Di. 7.	Der König auf Reisen. L. 4 Ziegler.
Do. 9.	Abällino. Tr. 5 Zschokke.
Fr. 10.	Der Hausfrieden. L. 5 Iffland.
So. 12.	Die Wilden. O. 3 Dalayrac.
Di. 14.	Der Graf v. Burgund. S. 4 Kotzebue.
Do. 16.	Freemann. S. 4 Jester.
Fr. 17.	Der Hausfrieden. L. 5 Iffland.
So. 19.	Die Danaiden. O. 4 Salieri.
Di. 21.	Der Strich durch die Rechnung. L. 4 Jünger. Das große Loos. L. 1 Hagemeister.
Do. 23.	Klara v. Hoheneichen. S. 4 Spieß.
Fr. 24.	Bruderzwist. S. 5 Kotzebue.
So. 26.	Die neuen Arkadier. O. 2 Süßmayer.
Mo. 27.	Der taube Liebhaber. L. 2 Pilow. Töffel u. Dorchen. Opt. 2 Monvel, Desaides.²)
Di. 28.	Die neue Emma. L. 3 Unzer. Der Faßbinder. Sg. 1 Audinot.
Do. 30.	Armut u. Edelsinn. L. 3 Kotzebue.

Dezember

Fr. 1.	Der Ostindier. L. 4 Schröder e.
So. 3.	Die Zauberflöte. O. 2 Mozart.
Di. 5.	Falsche Scham. S. 4 Kotzebue.
Do. 7.	Die Jäger. Sittengem. 5 Iffland.
Fr. 8.	Das rote Käppchen. O. 2 Dittersdorf.
So. 10.	Otto der Schütz. S. 5 Hagemann.
Di. 12.	Der Fähndrich. S. 3 Schröder. Der Magnetismus. L. 1 Iffland.
Do. 14.	Der Ritter Roland. O. 3 Haydn.
Fr. 15.	Dienstpflicht. S. 5 Iffland.
So. 17.	Die Sonnenjungfrau. S. 5 Kotzebue.
Di. 19.	Die Indianer in England. L. 3 Kotzebue.
Do. 21.	Der Dormund. S. 5 Iffland.
Fr. 22.	Die Entführung. L. 3 Jünger. Der Faßbinder. Sg. 1 Audinot.
Di. 26.	Die neuen Arkadier. O. 2 Süßmayer.
Do. 28.	Der Spieler. S. 5 Iffland.
Fr. 29.	Das Gewissen. Tr. 5 Iffland.
So. 31.	Die Spanier in Peru. Tr. 5 Kotzebue.

1798.

Januar

Mo. 1.	Die Wilden. O. 3 Dalayrac.
Do. 4.	Rudolf von Crequi. Sg. 3 Dalayrac.
Sa. 6.	Cora in Spanien. S. 5.
So. 7.	Im Trüben ist gut fischen. Opt. 3 Sarti.

---

¹) Theaternachricht: „Wegen der freudigsten aller Nachrichten wird das für heute angesetzte Trauerspiel Emilia Galotti mit dem Lustspiel Die Schachmaschine vertauscht." — ²) Zum Benefiz Kirchhöfers (50jähr. Dienstjubiläum).

Di. 9. Dienstpflicht. S. 5 Iffland.
Do. 11. Herbsttag.¹) S. 3 Iffland.
So. 14. Dilara oder Die schwarze Zauberinsel. Sg. 2 n. Gozzi, Ritter.
Di. 16. Das Mädchen von Marienburg. S. 5 Kratter.
Do. 18. Er mengt sich in Alles. L. 5 Jünger.
Leichtsinn und gutes Herz.²) L. 1 Hagemann.
Sa. 20. Cora in Spanien. S. 5.
So. 21. Helena und Paris. O. 3 Winter.
Di. 23. Der Vetter aus Lissabon. Fam.-Gem. 3 Schröder.
Die beiden Billets. L. 1 Florian (Wall).
Do. 25. Der Jurist und der Bauer. L. 2 Rautenstrauch.
Medea.³) Ddr. 1 Gotter, Benda.
So. 28. Die Danaiden. O. 4 Salieri.
Di. 30. Armut und Edelsinn. L. 3 Kotzebue.

Februar
Fr. 2. Dilara. Sg. 2 Gozzi, Ritter.
So. 4. Elise von Walberg. S. 5 Iffland.
Di. 6. Das Räuschchen. L. 4 Bretzner.
Do. 8. Die Entführung. L. 3 Jünger.
Medea. Ddr. 1 Gotter, Benda.
So. 11. Die neuen Arkadier. O. 2 Süßmayer.
Di. 13. Bürgerglück. L. 3 Babo.
Do. 15. Gleiches mit Gleichem. L. 5 (Federici) Vogel.
So. 18. Der Aufschluß. Sg. 2 Salieri.
Do. 22. Die Hagestolzen. L. 5 Iffland.

Fr. 23. Ludwig der Springer. S. 5 Hagemann.
So. 25. Die Zauberflöte. O. 2 Mozart.
Di. 27. Das Kind der Liebe. S. 4 Kotzebue.

März
Do. 1. Otto der Schütz. S. 5 Hagemann.
So. 4. Azur, König von Ormus. O. 4 Salieri.
Di. 6. Elise von Walberg. S. 5 Iffland.
Do. 8. Leichter Sinn. L. 5 Iffland.
Fr. 9. Der Hausfrieden. L. 5 Iffland.
So. 11. Das Sonnenfest der Braminen. O. 2 Müller.
Di. 13. Weltton u. Herzensgüte. S. 4 Ziegler.
Do. 15. Stille Wasser sind betrüglich. L. 4 Schröder.
So. 18. Der Gläubiger. S. 3 Richter.
Nina. O. 1 Dalayrac.
Mo. 19. Der Graf v. Burgund. S. 4 Kotzebue.
Do. 22. Abällino. Tr. 5 Zschokke.
So. 25. Das Sonnenfest der Braminen. O. 2 Müller.
Di. 27. Weiberehre. S. 5 Ziegler.
Do. 29. Das Weibergelübde. L. 2 v. Dalberg e.
Nina. O. 1 Dalayrac.
Fr. 30. Die Jäger. Ländl. Sittengem. 5 Iffland.

Osterferien.

April
Mo. 9. Die neuen Arkadier. O. 2 Süßmayer.
Di. 10. Der König auf Reisen. L. 4 Ziegler.
Do. 12. Die Verwandtschaften. L. 5 Kotzebue.

---
¹) Peter: H. Werdy a. G. — ²) In beiden Stücken: Werdy a. G.
³) Medea konnte nicht zu Ende gespielt werden wegen des Bombardements der Rheinschanze durch die Franzosen. Haubitzen, die im Theatergebäude einschlugen, vertrieben die Zuschauer daraus.

So. 15. Don Juan. O. 2 Mozart.
Di. 17. Menschenhaß u. Reue. S. 5 Kotzebue.
Do. 19. Marianne. Tr. 3 Gotter.
Der taube Liebhaber. L. 2 Pilow.
So. 22. Der Spieler. S. 5 Iffland.
Di. 24. Die Eifersüchtigen. L. 3 Murphy.
Die Übereilung. L. 1 Murphy.
Do. 26. Falsche Scham. S. 4 Kotzebue.
So. 29. Oberon. O. 3 Wranitzky.

Mai

Di. 1. Leichter Sinn. L. 5 Iffland.
Do. 3. Die bezähmte Widerbellerin. L. 4 Shakespeare (Schink).
So. 6. Das Neu-Sonntagskind. P. m. Ges. 2 neu bearb. von Perinet, W. Müller.
Di. 8. Klara von Hoheneichen. S. 4 Spieß.
Do. 10. Die neue Emma. L. 3 Unzer.
Die beiden kleinen Savojarden. Opt. 1 Dalayrac.
So. 13. Der Baum der Diana. O. 2 Martin.
Di. 15. Der Ring 2. Teil. L. 4 Schröder.
Do. 17. Die silberne Hochzeit. S. 5 Kotzebue.
So. 20. Die Müllerin. Opt. 3 Paesiello.
Di. 22. Emilia Galotti.¹) Tr. 5 Lessing.
Do. 24. Der Vormund. S. 5 Iffland.
Fr. 25. Der Magnetismus. L. 1 Iffland.
Die drei Pachter.²) Sg. 2 Monvel, Defaides.
Mo. 28. Das Neu-Sonntagskind. P. 2 Perinet, Müller.

Di. 29. Hamlet.³) Tr. 5 Shakespeare (Schröder).
Do. 31. Dienstpflicht.⁴) S. 5 Iffland.

Juni

Fr. 1. Die Hagestolzen. L. 5 Iffland.
So. 3. Das Sonnenfest der Braminen. O. 2 Müller.
Di. 5. Der Vetter aus Lissabon. Fam.-Gem. 3 Schröder.
Die Maler. L. 1 Babo.
Fr. 8. Die neuen Arkadier. O. 2 Süßmayer.
So. 10. Die Corsen. S. 4 Kotzebue.
Di. 12. Das Räuschchen. L. 4 Bretzner.
Do. 14. Die silberne Hochzeit. S. 5 Kotzebue.
Fr. 15. Das Blatt hat sich gewendet. L. 5 Cumberland (Schröder).
Der dankbare Sohn.⁵) L. 1 Engel.
So. 17. Felix. Sg. 3 Sedaine, Monsigny.
Di. 19. Das Gewissen. Tr. 5 Iffland.
Do. 21. Verbrechen aus Ehrsucht.⁶) Fam.-Gem. 5 Iffland.
Fr. 22. Bruderzwist. S. 4 Kotzebue.
So. 24. Don Juan. O. 2 Mozart.
Di. 26. Der lustige Tag oder Die Hochzeit des Figaro. L. 5 Beaumarchais.
Fr. 29. Die Sonnenjungfrau. S. 5 Kotzebue.

Juli

So. 1. Zemire und Azor. Sg. 4 Gretry.
Di. 3. Die Corsen. S. 4 Kotzebue.
Do. 5. Der Ritter Roland. O. 3 Haydn.

---

¹) Orsina: Mad. Brochard a. G. — ²) Regine: Mad. Brochard a. G.
³) Hamlet: H. Stentzsch (neu eng.) — ⁴) Dallner: H. Herdt, kgl. preuß. Hofschausp. a. G. — ⁵) In beiden Stücken: H. Herdt a. G.
⁶) Abonn. suspendu, Benefiz für H. Herdt (Rentmeister a. G.)

So. 8.	Der verliebte Briefwechsel. L. 5 Fabre d'Eglantine (Huber). Die beiden kleinen Savojarden. Opt. 1 Dalayrac.
Di. 10.	Die Indianer in England. L. 3 Kotzebue.
Do. 12.	Armut u. Edelsinn. L. 3 Kotzebue.
So. 15.	Die Zauberflöte. O. 2 Mozart.
Di. 17.	Die Verschleierte. L. 4 n. Federici.
Do. 19.	Der König auf Reisen. L. 4 Ziegler.
So. 22.	Gleiches mit Gleichem. L. 5 (Federici) Vogel.
Di. 24.	Palmira[1]) O. 4 Gamera, Salieri.
Do. 26.	Palmira[2]) O. 4 Salieri.
Fr. 27.	Elise v. Walberg. S. 5 Iffland.
So. 29.	Die Unglücklichen. L. 1 Kotzebue. Töffel u. Dorchen. O. 2 Monvel, Desaides.
Di. 31.	Leichter Sinn. L. 5 Iffland.

August

Do. 2.	Die Zwillingsbrüder. L. 5 Regnard (Schröder).
So. 5.	Die neuen Arkadier. O. 2 Süßmayer.
Di. 7.	Stille Wasser sind betrüglich. L. 4 Schröder.
Do. 9.	König Lear. Tr. 5 Shakespeare (Schröder).
So. 12.	Palmira[3]) O. 4 Salieri.
Di. 14.	Der verliebte Briefwechsel. L. 5 Fabre d'Eglantine (Huber).
Mi. 15.	Das Neu-Sonntagskind. P. 2 Perinet, Müller.

Fr. 17.	Die Entführung. L. 3 Jünger. Die Unglücklichen. L. 1 Kotzebue.
So. 19.	Oberon. O. 3 Wranitzky.
Di. 21.	Die Corsen. S. 4 Kotzebue.
Do. 23.	Die Verschleierte. L. 4 Federici.
So. 26.	König Theodor in Venedig. O. 2 Paesiello.
Di. 28.	Marianne. Tr. 3 Gotter. Der kleine Matrose. Sg. 1 Lebrun, Gaveaux.
Do. 30.	Erinnerung. S. 5 Iffland.

September

So. 2.	Das Sonnenfest der Braminen. O. 2 Müller.
Di. 4.	Herbsttag. S. 5 Iffland.
Do. 6.	Die Geschwister vom Lande. L. 5 Jünger.
Sa. 8.	Die Schachmaschine. L. 4 Beck e.
So. 9.	Palmira.[4]) O. 4 Salieri.
Di. 11.	Verbrechen aus Ehrsucht. Fam.-Gem. 5 Iffland.
Do. 13.	Der Graf von Burgund. S. 4 Kotzebue.
So. 16.	Der Schreibpult. S. 5 Kotzebue.
Di. 18.	Die silberne Hochzeit. S. 5 Kotzebue.
Do. 20.	Der taube Liebhaber. L. 2 Pilow. Die Zigeuner.[5]) Ballet 2 Morelli.
So. 23.	Graf Benjowsky. S. 5 Kotzebue.
Di. 25.	Die Unglücklichen. L. 1 Kotzebue. Der kleine Matrose. Sg. 1 Lebrun, Gaveaux.

[1]) Abonnement suspendu. Orontes: H. Sutor a. G. [2]) Ebenso. — [3]) Abonnement suspendu. — [4]) Abonnement suspendu. Bühnenabschied des Bassisten Gern.
[5]) Diese und die folgenden Balletaufführungen waren Gastspiele des Balletmeisters Cosmas Morelli. „Die Balletspekulation war nicht übel," schreibt Beck. „Es hat mich lange nichts so ergötzt, als dies Ballet," schreibt Dalberg. (Regiebericht vom 20. Sept. 1798.)

Do. 27. Bürgerglück. L. 3 Babo.
So. 30. Das rote Käppchen. O. 2
 Dittersdorf.

XX. Theaterjahr.

Oktober
Di. 2. Der Jurist und der Bauer.
 L. 2 Rautenstrauch.
 Der verkleidete Lieb-
 haber od. Der gefoppte
 Bräutigam. Ballet 2
 Morelli.
Do. 4. Das große Loos. L. 1
 Hagemeister.
 Die drei Pachter. Sg. 2
 Monvel, Defaides.
So. 7. Der Sturm von Boxberg.
 S. 3 Maier.
Di. 9. Der Schreibpult. S. 5
 Kotzebue.
Do. 11. Die neuen Arkadier.[1]) O. 2
 Süßmayer.
Fr. 12. Das Weiber-Gelübde. L. 2
 Dalberg e.
 Das geraubte u. wieder-
 befreite Bauern-
 mädchen oder Die zer-
 störte Zigeunerbande.
 Ballet 2 Morelli.
So. 14. Die Spanier in Peru. Tr. 5
 Kotzebue.
Di. 16. Der Wildfang. L. 3 Kotzebue.
Do. 18. Das Ehepaar vom Lande.
 L. 4 Jünger.
 Der Weiberfeind oder
 Der Triumph des
 schönen Geschlechts.
 Divertissement 1 Morelli.
Fr. 19. Menschenhaß und Reue.
 S. 5 Kotzebue.
So. 21. Das Sonnenfest der Braminen.
 O. 2 Müller.
Di. 23. Don Juan. O. 2 Mozart.

Do. 25. Maske für Maske. L. 3
 Marivaux (Jünger).
 Der verkleidete Liebhaber.
 Ballet 2 Morelli.
Fr. 26. Die Hagestolzen. L. 5
 Iffland.
So. 28. Doktor Conuccio.[2]) L. 5
 Jester.
Di. 30. Die Corsen. S. 4 Kotzebue.

November
So. 4. Der Ritter Roland. O. 3
 Haydn.
Di. 6. Die Indianer in England.
 L. 3 Kotzebue.
Do. 8. Das Räuschchen. L. 4 Bretzner.
So. 11. Das unterbrochene
 Opferfest. O. 2 Winter.
Di. 13. Die Jäger. Sittengem. 5
 Iffland.
Do. 15. Die beiden Billets. L. 1
 Florian (Wall).
 Don Juan Tenorio oder
 Das steinerne Gast-
 mahl. Ballet 6 Morelli,
 Müller.
Fr. 16. Falsche Scham. S. 4
 Kotzebue.
So. 18. Faust von Stromberg. S. 6
 Maier.
Di. 20. Weltton u. Herzensgüte. S. 4
 Ziegler.
Do. 22. Die Wilden. O. 3 Dalayrac.
So. 25. Die Müllerin. Opt. 3 Paesiello.
Di. 27. Bruderzwist. S. 5 Kotzebue.
Do. 29. Der Strich durch die Rechnung.
 L. 4 Jünger.
 Das geraubte und wieder-
 befreite Bauernmädchen.
 Ballet 2 Morelli.

Dezember
So. 2. Margot oder Das Miß-
 verständnis. S. 1.
 Don Juan Tenorio. Ballet 6
 Morelli, Müller.

---
[1]) In Gegenwart der verwittw. Königin v. Preußen. — [2]) „Ausgepfiffen".

Di.	4.	Im Trüben ist gut fischen. Opt. 3 Sarti.
Do.	6.	Abällino. Tr. 5 Zschokke.
Sa.	8.	Palmira¹) O. 4 Salieri.
So.	9.	Üble Laune. S. 4 Kotzebue.
Di.	11.	Er mengt sich in Alles. L. 5 Jünger.
		Der nächtliche Zufall od. Die taube Wirtin. Ballet 1 Morelli.
Do.	13.	Doktor Conuccio. L. 5 Jester.
So.	16.	Das unterbrochene Opferfest. O. 2 Winter.
Di.	18.	Gleiches mit Gleichem. L. 5 (Federici) Vogel.
Do.	20.	Der Dormund. S. 5 Iffland.
Fr.	21.	Margot oder das Mißverständnis. S. 1.
		Das Waldmädchen. Ballet 2 Morelli.
So.	23.	Die neuen Arkadier. O. 2 Süßmayer.
Mi.	26.	Die Zauberflöte. O. 2 Mozart.
Do.	27.	Die Vorstellung fiel wegen großer Kälte aus.
So.	30.	Hieronymus Knicker. Opt. 2 Dittersdorf.

1799.

Januar

Di.	1.	Graf von Essex.²) Tr. 5 Banks (Dyk).
Do.	3.	Armut und Edelsinn.³) L. 3 Kotzebue.
Fr.	4.	Hamlet.⁴) Tr. 5 Shakespeare (Schröder).
So.	6.	Rettung für Rettung. S. 5 Beck.
Di.	8.	Üble Laune. S. 4 Kotzebue.
Do.	10.	Der Schiffbruch oder Die Erben. L. 1 Steigentesch.
		Das Waldmädchen. Ballet 2 Morelli.
So.	13.	Das Neu-Sonntagskind. P. 2 Perinet, Müller.
Di.	15.	Der Schreibpult. S. 5 Kotzebue.
Do.	17.	Der vernünftige Narr. L. 1 Schröder.
		Don Juan Tenorio. Ballet 6 Morelli, Müller.
So.	20.	Helena und Paris. O. 3 Winter.
Di.	22.	Rettung für Rettung. S. 5 Beck.
Do.	24.	Die Unglücklichen. L. 1 Kotzebue.
		Der kleine Matrose. Sg. 1 Lebrun, Gaveaux.
So.	27.	Der Baum der Diana. O. 2 Martin.
Di.	29.	Der Schiffbruch. L. 1 Steigentesch.
		Das Waldmädchen. Ballet 2 Morelli.
Do.	31.	Der verliebte Briefwechsel. L. 5 Fabre d'Eglantine (Huber).
		Der nächtliche Zufall. Ballet 1 Morelli.

Februar

Sa.	2.	Faust von Stromberg. S. 6 Maier.
So.	3.	Das rote Käppchen. O. 2 Dittersdorf.
Do.	7.	Das Weiber-Gelübde. L. 2 Dalberg e.
		Die beiden kleinen Savojarden. Opt. 1 Dalayrac.

---

¹) Abonnement suspendu. — ³) Elisabeth: Mad. Vanini a. G.
²) Rose: Mad. Vanini a. G. — ⁴) Königin: Mad. Vanini a. G. Benefiz für dieselbe.

So. 10. Albert von Thurneysen.
Tr. 5 Iffland (neu bearb.)
Di. 12. Ludwig der Springer. S. 5
Hagemann.
Do. 14. Der vernünftige Narr. L. 1
Schröder.
Der Bettelstudent. Opt. 2
Winter.
So. 17. Selbstbeherrschung. S. 5
Iffland.

Die Bühne wurde wegen Ablebens des Kurfürsten Karl Theodor von Pfalz-Baiern geschlossen. Auf Verlangen der Franzosen, die am 2. März in Mh. einrückten, mußte die Trauer aufgehoben und die Bühne am 10. März wiedereröffnet werden.

März
So. 10. Die Entführung aus dem Serail[1]) O. 3 Bretzner, Mozart.
Di. 12. Der taube Liebhaber. L. 2 Pilow.
Die beiden Savojarden. Opt. 1 Dalayrac.
Do. 14. Menschenhaß und Reue. S. 5 Kotzebue.

Osterferien

Mo. 25. Die Zauberflöte. O. 2 Mozart.
Di. 26. Der Wildfang. L. 3 Kotzebue.
Do. 28. Das große Loos. L. 1 Hagemeister.
Der kleine Matrose. Sg. 1 Lebrun, Gaveaux.
So. 31. Die Danaiden. O. 4 Salieri.

April
Mo. 1. Das rote Käppchen. O. 2 Dittersdorf.

Do. 4. Gattin u. Wittwe zugleich. S. 5 Vogel.
So. 7. Die neuen Arkadier. O. 2 Süßmayer.
Di. 9. Üble Laune. S. 4 Kotzebue.
Do. 11. Die Unglücklichen. L. 1 Kotzebue.
Der Bettelstudent. Opt. 2 Winter.
So. 14. Die Danaiden. O. 4 Salieri.
Di. 16. Der Schreibpult. S. 5 Kotzebue.
Do. 18. Der Schiffbruch. L. 1 Steigentesch.
Töffel und Dorchen. O. 2 Monvel, Desaides.
So. 21. Die Wette oder Weibertreue keine Treue. O. 4 frei n. Cosi fan tutte (neu bearbeitet), Mozart.
Di. 23. Otto der Schütz. S. 5 Hagemann.
Do. 25. Im Trüben ist gut fischen. O. 3 Sarti.
So. 28. Die Zauberflöte. O. 2 Mozart.
Di. 30. Klara v. Hoheneichen. S. 4 Spieß.

Mai
Do. 2. Oberon. O. 3 Wranitzky.
So. 5. Die Wette. O. 4 frei n. Cosi fan tutta, Mozart.
Di. 7. Der verliebte Briefwechsel. L. 5 Fabre d'Eglantine, (Huber).
Margot oder das Mißverständnis. S. 1.
Do. 9. Zemire und Azor.[2]) Sg. 4 Gretry.
Mo. 13. Palmira. O. 4 Salieri.
Di. 14. Die Zwillingsbrüder. L. 5 Regnard (Schröder).
Do. 16. Die Corsen. S. 4 Kotzebue.

[1]) Bei dieser u. den folgenden Vorstellungen steht auf der Rückseite des deutschen Zettels die frz. Uebersetzung.
[2]) Auf Befehl des frz. Generals Collaud mußte im Theater die Marseillaise gespielt werden.

So. 19. Das Sonnenfest der Braminen.
O. 2 Müller.
Di. 21. Die beiden Billets. L. 1
Florian (Wall).
Der kleine Matrose. Sg. 1
Lebrun, Gaveaux.
Fr. 24. Die Müllerin. Opt. 3
Paesiello.
So. 26. Eugenius Skoko, Erb-
prinz von Dalmatien.
Tr. 5 Hensler.
Di. 28. Gattin und Wittwe zugleich.
S. 5 Vogel.
Do. 30. Die üble Gewohnheit.
L. 1 f.
Töffel und Dorchen. Opt. 2
Desaides.

Juni

So. 2. Rudolf von Crequi. Sg. 3
Dalayrac.
Di. 4. Offene Fehde. L. 3 Huber f.
Medea. Ddr. 1 Gotter, Benda.
Do. 6. Selbstbeherrschung. S. 5
Iffland.
So. 9. Die üble Gewohnheit. L. 1 f.
Der Gefangene. Opt. 1
n. Duval, Della Maria.
Di. 11. Der Graf von Burgund.
S. 4 Kotzebue.
Do. 13. Das Weibergelübde. L. 2
v. Dalberg e.
Die beiden kleinen Savo-
jarden. Opt. 1 Dalayrac.
So. 16. Die beiden Klingsberg.
L. 4 Kotzebue.
Di. 18. Die silberne Hochzeit. S. 5
Kotzebue.
Do. 20. Die Eifersüchtigen. L. 3
Murphy.
Der Faßbinder. Sg. 1
Audinot.
So. 23. Eugenius Skoko. Tr. 5
Hensler.

Mo. 24. Der Ritter Roland. O. 3
Haydn.
Do. 27. Das Kind der Liebe. S. 4
Kotzebue.
Sa. 29. Die Sonnenjungfrau. S. 5
Kotzebue.
So. 30. Der Magnetismus. L. 1
Iffland.
Der Gefangene. Opt. 1
Duval, Della Maria.

Juli

Di. 2. Die Geschwister vom Lande.
L. 5 Jünger.
Do. 4. Bürgerglück. L. 3 Babo.
So. 7. Das unterbrochene Opferfest.
O. 2 Winter.
Di. 9. Die Jäger. Sittengem. 5
Iffland.
Do. 11. Agnes Bernauerin¹) Tr. 5
Graf Törring.
Fr. 12. Verbrechen aus Ehrsucht.
Fam.-Gem. 5 Iffland.
So. 14. Helena und Paris. O. 3
Winter.
Di. 16. Die Corsen. S. 4 Kotzebue.
Do. 18. Die Indianer in England.
L. 3 Kotzebue.
So. 21. Die neuen Arkadier. O. 2
Süßmayer.
Di. 23. Die Hagestolzen. L. 5 Iffland.
Do. 25. Der lustige Tag oder Die
Hochzeit des Figaro. L. 5
Beaumarchais.
So. 28. Der Talisman. Opt. 3 Salieri.
Di. 30. Rettung für Rettung. S. 5
Beck.

August

Do. 1. Agnes Bernauerin. Tr. 5
Graf Törring.
So. 4. Der Lohn der Wahrheit.
S. 5 Kotzebue.
Mi. 7. Palmira. O. 4 Salieri.
Fr. 9. Leichter Sinn. L. 5 Iffland.

---

¹) „Dieses Stück wurde nach 18 Jahren durch den jetzigen Kurfürsten erlaubt, wieder zu geben." (Backhaus)

So. 11. Der Baum der Diana. O. 2 Martin.
Di. 13. Die beiden Klingsberg. L. 4 Kotzebue.
Do. 15. König Lear. Tr. 5 Shakespeare (Schröder).
So. 18. Axur, König von Ormus. O. 4 n. Beaumarchais, Salieri.
Di. 20. Das Neu-Sonntagskind. P. 2 Perinet, Müller.
Do. 22. Lohn der Wahrheit. S. 5 Kotzebue.
So. 25. Die Zauberflöte. O. 2 Mozart.
Di. 27. Agnes Bernauerin. Tr. 5 Graf Törring.
Do. 29. Die Entführung aus d. Serail. O. 3 Bretzner, Mozart.

September
So. 1. Oberon. O. 3 Wranitzky.
Di. 3. Der König auf Reisen. L. 4 Ziegler.
Do. 5. Im Trüben ist gut fischen. Opt. 3 Sarti.
So. 8. Die Wilden. O. 3 Dalayrac.
Di. 10. Jeanette. L. 3 Voltaire (Gotter).
Do. 12. Bruderzwist. S. 5 Kotzebue.
So. 15. Die Brüder als Nebenbuhler. O. 2 Winter.
Di. 17. Die Zwillingsbrüder. L. 5 Regnard (Schröder).
Mi. 18.¹) Im Trüben ist gut fischen. Opt. 3 Sarti.
Fr. 20. Weiberehre.²) S. 5 Ziegler.
So. 22. Das unterbrochene Opferfest. O. 2 Winter.

Di. 24. Die Schachmaschine. L. 4 Beck e.
Do. 26. Das große Loos. L. 1 Hagemeister.
Die beiden kleinen Savojarden. O. 1 Dalayrac.
Fr. 27. Gattin u. Wittwe zugleich. S. 5 Vogel.
So. 29. Die Zauberflöte. O. 2 Mozart.

XXI. Theaterjahr.

Oktober
Di. 1. Üble Laune. S. 4 Kotzebue.
Do. 3. Die Brüder als Nebenbuhler. O. 2 Winter.
So. 6. Das unterbrochene Opferfest³) O. 2 Winter.
Di. 8. Das Epigramm. L. 4 Kotzebue.
Do. 10. Der Graf v. Burgund. S. 4 Kotzebue.
So. 13. Lilla (una cosa rara).⁴) O. 2 Martin.
Di. 15.⁵) Jeanette. L. 3 Voltaire (Gotter).
Do. 17. Die Müllerin. Opt. 3 Paesiello.
So. 20. Das Neu-Sonntagskind⁶) P. 2 Perinet, Müller.
Di. 22. Die Schachmaschine. L. 4 Beck e.
Do. 24. Die beiden Billets. L. 1 Florian (Wall).
Nina⁷) O. 1 Dalayrac.
So. 27. Die neuen Arkadier. O. 2 Süßmayer.
Di. 29. Der Schreibpult. S. 5 Kotzebue.

---

¹) „Den 18. trieben die Kaiserlichen die Franzosen zur Stadt hinaus." (Backhaus' Tagebuch)
²) Auf dem Zettel dieser und der folg. Vorstellungen fehlt die frz. Uebersetzung wieder.
³) Myrrha: Mlle. Hartig. — ⁴) Lilla: Mlle. Hartig.
⁵) „Heute rückten abermals die Franzosen hier ein, nachdem uns die Kaiserlichen in der vergangenen Nacht verlassen mußten." (Tagebuch)
⁶) Für diese Vorstellung u. die folgenden ist den Zetteln wieder die frz. Uebersetzung auf der Rückseite beigedruckt.
⁷) „Nina sang heute beim Dacaporufen die Arie im Wahnsinne französisch". (Tagebuch)

Mi. 30. Oberon. O. 3 Wranitzky.
Do. 31. Zemire u. Azor. Sg. 4 Gretry.

November
So. 3. Die Danaiden. O. 4 Salieri.
Di. 5. Der Wildfang. L. 3 Kotzebue.
Do. 7. Die Übereilung. L. 1 Murphy.
  Der kleine Matrose. Sg. 1
  Lebrun, Gaveaux.
So. 10. Die Zauberflöte.[1] O. 2
  Mozart.
Di. 12. Das Blatt hat sich gewendet.
  L. 5 Cumberland (Schröder).
Do. 14. Der Hut. L. 1 Vogel.
  Der Gefangene. Opt. 1
  Duval, Della Maria.
So. 17. Das rote Käppchen. O. 2
  Dittersdorf.
Di. 19. Die Verwandtschaften. L. 5
  Kotzebue.
Do. 21. Felix oder Der Findling.
  Sg. 3 Sedaine, Monsigny.
So. 24. Die Entführung aus dem
  Serail. O. 3 Bretzner,
  Mozart.
Di. 26. Der taube Liebhaber. L. 2
  Pilow.
  Der Faßbinder. Sg. 1 Audinot.
Do. 28. Der Jurist und der Bauer.
  L. 2 Rautenstrauch.
  Die beiden kleinen Savojarden.
  O. 1 Dalayrac.

Dezember
So. 1. Lilla. O. 2 Martin.
Di. 3. Die Sonnenjungfrau.[2] S. 5
  Kotzebue.
Mi. 4. Die Zauberflöte.[3] O. 2
  Mozart.
Fr. 6. Falsche Scham.[4] S. 4
  Kotzebue.
So. 8. Das unterbrochene Opfer-
  fest.[5] O. 2 Winter.
Di. 10. Der Spieler.[6] S. 5 Iffland.
Do. 12. Das Neu-Sonntagskind. P. 2
  Perinet, Müller.
Fr. 13. Lohn der Wahrheit.[7] S. 5
  Kotzebue.
So. 15. Die Müllerin. Opt. 3
  Paesiello.
Di. 17. Klara von Hoheneichen.[8]
  S. 4 Spieß.
Do. 19. Der Hut. L. 1 Vogel.
  Der Gefangene. Opt. 1
  Duval, Della Maria.
Fr. 20. Die Mündel.[9] S. 5 Iffland.
So. 22. Der Apotheker u. der Doktor.
  O. 4 Stephanie d. j.,
  Dittersdorf.
Mo. 23. Bruderzwist. S. 5 Kotzebue.
Do. 26. Die Zauberflöte. O. 2 Mozart.
So. 29. Die Entführung aus dem
  Serail. O. 3 Bretzner,
  Mozart.

1800.

Januar
Mi. 1. Die neuen Arkadier. O. 2
  Süßmayer.
Fr. 3. Der Revers. L. 5 Jünger.
So. 5. Oberon. O. 3 Wranitzky.

Mo. 6. Ludwig der Springer. S. 5
  Hagemann.
Do. 9. Das Epigramm. L. 4
  Kotzebue.
So. 12. Der Aufschluß. Sg. 2 Salieri.

---

[1] „Auf Begehren! — Betet Kinder, sagte der Dechant, wenn die Zauberflöte ist, werden die Franzosen allemal geschlagen." Den 9. rückten die Deutschen wieder ein. (Tagebuch.)
[2] Rolla: H. Gley a. G. — [3] Tamino: H. Epp a. G.
[4] Erlach: H. Gley a. G. — [5] Murney: H. Epp a. G.
[6] Wallenfeld: H. Gley a. G. — [7] Hellmuth: H. Gley a. G.
[8] Ursmar: H. Gley a. G. — [9] Brook: H. Gley a. G.

Di. 14. Der alte Leibkutscher
Peter des Dritten.
Anekdote 1 Kotzebue.
Der Bettelstudent. Opt. 2
Winter.
Do. 16. Armut u. Edelsinn. L. 5
Kotzebue.
So. 19. Axur, König von Ormus.
O. 4 n. Beaumarchais,
Salieri.
Di. 21. Der Graf von Burgund.
S. 4 Kotzebue.
Do. 23. Der Schreibpult¹) S. 5
Kotzebue.
So. 26. Theatralische Abenteuer. O. 2 frei n. d. ital.,
Cimarosa u. Mozart.
Di. 28. Das große Loos. L. 1 Hagemeister.
Der Gefangene. Opt. 1
Duval, Della Maria.
Do. 30. Die Jäger. Sittengem. 5
Iffland.

Februar
So. 2. Das rote Käppchen. O. 2
Dittersdorf.
Di. 4. Üble Laune. S. 4 Kotzebue.
Do. 6. Die Entführung. L. 3 Jünger.
Die beiden Billets. L. 1
Florian (Wall).
So. 9. Palmira. O. 4 Salieri.
Di. 11. Palmira. O. 4 Salieri.
Do. 13. Der Hausdoktor. L. 3
Ziegler.
So. 16. Die Danaiden. O. 4 Salieri.
Di. 18. Das Blatt hat sich gewendet.
L. 5 Cumberland (Schröder).
Do. 20. Der Gläubiger. S. 3 Richter.
Der kleine Matrose. Sg. 1
Lebrun, Gaveaux.
So. 23. Der Ritter Roland. O. 3
Haydn.
Do. 27. Das Epigramm. L. 4
Kotzebue.

März
So. 2. Die Wilden. O. 3 Dalayrac.
Di. 4. Gleiches mit Gleichem. L. 5
(Federici) Vogel.
Do. 6. Hamlet. Tr. 5 Shakespeare.
(Schröder).
So. 9. Oberon. O. 3 Wranitzky.
Di. 11. Otto der Schütz. S. 5
Hagemann.
Do. 13. Der König auf Reisen. L. 4
Ziegler.
Fr. 14. Das Kind der Liebe. S. 4
Kotzebue.
So. 16. Klara von Hoheneichen. S. 4
Spieß.
Mi. 19. Das unterbrochene Opferfest.
O. 2 Winter.
Fr. 21. Die Nebenbuhler. L. 5
Sheridan.
So. 23. Die Spanier in Peru. Tr. 5
Kotzebue.
Di. 25. Der Revers. L. 5 Jünger.
Die ländliche Unterhaltung.
Pantom. Ballet 1.
Do. 27. Der Eifersüchtige ohne
Liebe. L. 3.
Die Quäker. Ballet 1.
Fr. 28. Der Gefangene. Opt. 1
Duval, Della Maria.
Der Zeichenmeister. Ballet 1.
So. 30. Die neuen Arkadier. O. 2
Süßmayer.

April
Di. 1. Kabale und Liebe. Tr. 5
Schiller.
Do. 3. Der Magnetismus. L. 1
Iffland.
Die beiden kleinen Savojarden. O. 1 Dalayrac.

Osterferien.

Mo. 14. Die Zauberflöte. O. 2 Mozart.

---

¹) Der Zettel trägt zum ersten Mal die Bezeichnung: Hoftheater.
Backhaus bemerkt: Kindtaufe des Nationaltheaters zum Hoftheater.

Di. 15. Der Ring 2. Teil. L. 4.
Schröder.
Do. 17. Der Tag der Erlösung.
S. 5 Ziegler.
So. 20. Der Barbier von Sevilla.
O. 4 Paesiello.
Di. 22. Die Strelitzen. S. 4 Babo.
Do. 24. Albert von Thurneisen. Tr. 5
Iffland (neu bearb.)
So. 27. Theatralische Abenteuer.
O. 2 Cimarosa u. Mozart.
Di. 29. Die beiden Klingsberg. L. 4
Kotzebue.

Mai
Do. 1. Dienstpflicht. S. 5 Iffland.
So. 4. Die Sonnenjungfrau. S. 5
Kotzebue.
Di. 6. Im Trüben ist gut fischen.
O. 3 Sarti.
Do. 8. Armut und Edelsinn. L. 3
Kotzebue.
So. 11. Der Corsar aus Liebe.
O. 2 n. d. ital., Weigl.
Di. 13. Die Zwillingsbrüder. L. 5
Regnard (Schröder).
Do. 15. Der Hausfrieden. L. 5
Iffland.
So. 18.¹) Betrug durch Aberglauben.
O. 2 Eberl, Dittersdorf.
Di. 20. Die silberne Hochzeit. S. 5
Kotzebue.
Do. 22. Der Amerikaner. L. 5
(Federici) Vogel.
So. 25. Der Aufschluß. Sg. 2 Salieri.
Di. 27. Der Tag der Erlösung. S. 5
Ziegler.
Do. 29. Weltton und Herzensgüte.
S. 4 Ziegler.

Juni
Mo 2. Der Corsar. O. 2 Weigl.

Di. 3. Lohn der Wahrheit. S. 5
Kotzebue.
Do. 5. Maske für Maske. L. 3
Marivaux (Jünger).
Leichtsinn und gutes Herz.
L. 1 Hagemann.
So. 8. Die Entführung aus dem
Serail. O. 3 Bretzner,
Mozart.
Di. 10. Gattin und Wittwe zugleich.
S. 5 Vogel.
Fr. 13. Das Neu-Sonntagskind. P. 2
Perinet, Müller.
So. 15. Der Lorbeerkranz oder
Die Macht der Gesetze.
S. 5 Ziegler.
Di. 17. Felix. Sg. 3 Sedaine,
Monsigny.
Do. 19. Das Blatt hat sich gewendet.
L. 5 Cumberland (Schröder).
So. 22. Oberon. O. 3 Wranitzky.
Di. 24. Graf Benjowsky. S. 5
Kotzebue.
Do. 26. Die Hagestolzen. L. 5 Iffland.
So. 29. Die Mitternachtsstunde.
Sg. 3 Lambrecht (nach
La guerre ouverte),
Franz Danzi.

Juli
Di. 1. Das Kind der Liebe. S. 4
Kotzebue.
Do. 3. Leichter Sinn. L. 5 Iffland.
So. 6. Don Juan. O. 2 Mozart.
Di. 8. Die Eifersüchtigen. L. 3
Murphy.
Der Faßbinder. Sg. 1 Audinot.
Do. 10. Der Blinde. S. 5 v. Soden.
So. 13. Die Zauberflöte. O. 2
Mozart.
Di. 15. Der Revers. L. 2 Jünger.

---

¹) „Don gestern Abend an war die merkwürdigste Epoche für Mannheim — ganz ohne Garnison zu sein. Die Einquartierungskommission bewies, daß die Stadt, solange der Krieg dauerte, 275,000 Mann Einquartierung von Truppen aller Art zu verpflegen hatte. Ein großes Glück, daß es nur Soldaten waren! Wenn es erst Sänger gewesen wären!" (Tagebuch.)

Do. 17. Das Mädchen von Marienburg. S. 5 Kratter.
So. 20. Der Lorbeerkranz. S. 5 Ziegler.
Di. 22. Die Dorfdeputierten. O. 3 Schuhbauer.
Do. 24. Der Dormund. S. 8 Iffland.
So. 27. Der Ritter Roland. O. 3 Haydn.
Di. 29. Der Schreibpult. S. 5 Kotzebue.
Do. 31. Der Schiffbruch. L. 1 Steigentesch.
Der Alchymist. Opt. 1 Schuster.

August
So. 3. Das Vaterhaus. S. 5 Iffland.
Di. 5. Die Mitternachtstunde. Sg. 3 Lambrecht f., Danzi.
Do. 7. Der Blinde. S. 5 v. Soden.
So. 10. Das Neu-Sonntagskind. P. 2 Perinet, Müller.
Di. 12. Die Schachmaschine. L. 4 Beck e.
Fr. 15. Weiberehre. S. 5 Ziegler.
So. 17. Der Aufschluß. Sg. 2 Salieri.
Di. 19. Die Entführung. L. 3 Jünger.
Jeder fege vor seiner Thür. L. 1 f.
Do. 21. Die Stiefsöhne. S. 1.
Töffel und Dorchen. O. 2 Monvel, Desaides.
So. 24. Der Baum der Diana. O. 2 Martin.
Di. 26. Die Entführung. L. 3 Jünger.
Der Magnetismus. L. 1 Iffland.
Do. 28. Rettung f. Rettung. S. 5 Beck.
So. 31. Die neuen Arkadier. O. 2 Süßmayer.

September
Di. 2. Bruderzwist. S. 5 Kotzebue.
Do. 4. Der Graf v. Burgund. S. 4 Kotzebue.
So. 7. Das Sonnenfest der Braminen. O. 2 Müller.

Mo. 8. Der Lorbeerkranz. S. 5 Ziegler.
Do. 11. Der Taubstumme oder Der Abbé de l'Epée. D. 5 Bouilly (Kotzebue).
So. 14. Das Neu-Sonntagskind. P. 2 Perinet, Müller.
Di. 16. Der Wildfang. L. 3 Kotzebue.
Do. 18. Das Vaterhaus. S. 5 Iffland.
So. 21. Die Danaiden. O. 4 Salieri.
Di. 23. Er mengt sich in Alles. L. 5 Jünger.
Do. 25. Das Epigramm. L. 4 Kotzebue.
So. 28. Das unterbrochene Opferfest. O. 2 Winter.
Di. 30. Gleiches mit Gleichem. L. 5 (Federici) Vogel.

XXII. Theaterjahr.

Oktober.
Do. 2. Das rote Käppchen. O. 2 Dittersdorf.
So. 5. Johanna v. Montfaucon. Rom. Sittengem. 5 Kotzebue.
Di. 7. Der Gefangene. Opt. 1 Duval, Della Maria.
Der Gläubiger. S. 3 Richter.
Do. 9. Die üble Gewohnheit. L. 1 f.
Die beiden kleinen Savojarden. Opt. 1 Dalayrac.
So. 12. Der Corsar. O. 2 Weigl.
Di. 14. Menschenhaß und Reue. S. 5 Kotzebue.
Do. 16. Zemire u. Azor. Sg. 4 Gretry.
So. 19. Johanna von Montfaucon. Sittengem. 5 Kotzebue.
Di. 21. Im Trüben ist gut fischen. O. 3 Sarti.
Do. 23. Kabale u. Liebe. Tr. 5 Schiller.
So. 26. Azur, König v. Ormus. O. 4 n. Beaumarchais, Salieri.
Di. 28. Otto der Schütz. S. 5 Hagemann.

Do. 30. Leichtsinn u. gutes Herz. L. 1 Hagemann.
Cöffel u. Dorchen. Opt. 2 Monvel, Desaides.

November
Sa. 1. Der Aufschluß. Sg. 2 Salieri.
Di. 4. Der König auf Reisen. L. 4 Ziegler.
Do. 6. Der Graf von Burgund. S. 4 Kotzebue.
So. 9. Der Ritter Roland. O. 3 Haydn.
Di. 11. Gleiches mit Gleichem. L. 5 (Federici) Vogel.
Do. 13. Felix. Sg. 3 Sedaine, Monsigny.
So. 16. Oberon. O. 3 Wranitzky.
Di. 18. Rettung für Rettung. S. 5 Beck.
Do. 20. Der Lorbeerkranz. S. 5 Ziegler.
So. 23. Die Danaiden. O. 4 Salieri.
Di. 25. Falsche Scham. S. 4 Kotzebue.
Do. 27. Der Jurist und der Bauer. L. 2 Rautenstrauch.
Der Faßbinder. Sg. 1 Audinot.
So. 30. Bayard. S. 5 Kotzebue.

Dezember
Di. 2. Menschenhaß und Reue. S. 5 Kotzebue.
Do. 4. Der Strich durch die Rechnung. L. 4 Jünger.
Pygmalion. Monodr. 1. Rousseau, Benda.
So. 7. Johanna von Montfaucon. Sittengem. 5 Kotzebue.
Mo. 8. Die Müllerin. Opt. 3 Paesiello.
Do. 11. Die Sonnenjungfrau. S. 5 Kotzebue.
Fr. 12. Die Schachmaschine. L. 4 Beck e.
So. 14. Der Apotheker und der Doktor. O. 4 Stephanie d. j., Dittersdorf.
Di. 16. Hamlet. Tr. 5 Shakespeare (Schröder).
Do. 18. Lohn der Wahrheit. S. 5 Kotzebue.
So. 21. Die neuen Arkadier. O. 2 Süßmayer.
Di. 23. Das Mädchen von Marienburg. S. 5 Kratter.
Fr. 26. Bayard. S. 5 Kotzebue.
So. 28. Ludwig der Springer. S. 5 Hagemann.
Di. 30. Das Kind der Liebe. S. 4 Kotzebue.

1801.

Januar
Do. 1. Das Neu-Sonntagskind. P. 2 Perinet, Müller.
Fr. 2. Das Hausregiment. L. 5 (Colman) Meyer.
So. 4. Die Hochzeit des Figaro. O. 4 Mozart.
Di. 6. Abällino. Tr. 5 Zschokke.
Do. 8. Jeder fege vor seiner Thür. L. 1 f.
Der kleine Matrose. Sg. 1 Lebrun, Gaveaux.
So. 11. Don Juan. O. 2 Mozart.
Di. 13. Die Sonnenjungfrau. S. 5 Kotzebue.
Do. 15. Die Jäger. Sittengem. 5 Iffland.
So. 18. Der Besuch oder Die Sucht zu glänzen. L. 4 Kotzebue.
Di. 20. Klara von Hoheneichen. S. 4 Spieß.
Do. 22. Die beiden Klingsberg. L. 4 Kotzebue.

So. 25. Der Besuch. L. 4 Kotzebue.
Di. 27. Armut und Edelsinn. L. 3 Kotzebue.
Do. 29. Der Taubstumme. D. 5 Bouilly (Kotzebue).

Februar
So. 1. Camilla. O. 3 Carpani, Paër.
Di. 3. Das Epigramm. L. 4 Kotzebue.
Do. 5. Die Corsen. S. 4 Kotzebue.
So. 8. Die Danaiden. O. 4 Salieri.
Di. 10. Das Geheimnis. L. 1. Der Gefangene. Opt. 1 Duval, Della Maria.
Do. 12. Er mengt sich in Alles. L. 5 Jünger.
So. 15. Die Schwestern von Prag oder Irrtum in allen Ecken. P. 2 Perinet, W. Müller.
Do. 19. Die Verwandtschaften. L. 5 Kotzebue.
So. 22. Camilla. O. 3 Paër.
Di. 24. Die Indianer in England. L. 3 Kotzebue.
Do. 26. Das rote Käppchen. O. 2 Dittersdorf.
Fr. 27. Der Lorbeerkranz. S. 5 Ziegler.

März
So. 1. Johanna von Montfaucon. Sittengem. 5 Kotzebue.
Di. 3. Die Unglücklichen. L. 1 Kotzebue.
Der Bettelstudent. Opt. 2 Winter.
Do. 5. Graf Benjowsky. S. 5 Kotzebue.
So. 8. Die Zauberflöte. O. 2 Mozart.
Di. 10. Bruderzwist. S. 5 Kotzebue.
Do. 12. Das rächende Gewissen. S. 4 Zschokke.

So. 15. Oberon. O. 3 Wranitzky.
Di. 17. Der Schreibpult. S. 5 Kotzebue.
Do. 19. Im Trüben ist gut fischen. Opt. 3 Sarti.
So. 22. Der Taubstumme. D. 5 Bouilly (Kotzebue).
Mi. 25. Die Zauberzither. O. 3 Perinet, W. Müller.
Fr. 27. Die Zauberzither. O. 3 W. Müller.

Osterferien.

April
Mo. 6. Der Ritter Roland. O. 3 Haydn.
Di. 7. Das Räuschchen. L. 4 Bretzner.
Do. 9. Der Müller im Eichthale oder Die Verwiesenen. S. 4.
So. 12. Johanna von Montfaucon. Sittengem. 5 Kotzebue.
Di. 14. Die Schachmaschine. L. 4 Beck e.
Do. 16. Der Graf v. Burgund. S. 4 Kotzebue.
So. 19. Die neuen Arkadier. O. 2 Süßmayer.
Di. 21. Kabale u. Liebe. Tr. 5 Schiller.
Do. 23. Er mengt sich in Alles. L. 5 Jünger.
Il Calzolajo, der Schuster [1]) Intermezzo 1 Paesiello.
Sa. 25. Das Neu-Sonntagskind. P. 2 Perinet, Müller.
So. 26. Die Müllerin. Opt. 3 Paesiello.
Di. 28. Herbsttag. S. 5 Iffland.
Mi. 29. Der Jurist u. der Bauer. L. 2 Rautenstrauch.
Il Maestro di Capella. Intermezzo 2 n. Cimarosas Mus. bearb. v. Ellmenreich.

---

[1]) In diesem Intermezzo und dem folgenden gastierte der Bassist Ellmenreich.

Mai.
Fr. 1. Das große Loos. L. 1 Hagemeister.
Il Maestro di Capella. Intermezzo 2 n. Cimarosa, bearb. von Ellmenreich.
So. 3. Das unterbrochene Opferfest. O. 2 Winter.
Di. 5. Der Mann von Wort. S. 5 Iffland.
Do. 7. Zemire und Azor. Sg. 4 Gretry.
Fr. 8. Der Müller im Eichthale. S. 4. Die Wiedererstattung. S. 1.
So. 10. Die Zauberflöte. O. 2 Mozart.
Di. 12.¹) Lohn der Wahrheit. S. 5 Kotzebue.
Do. 14. Hamlet. Tr. 5 Shakespeare (Schröder).
So. 17. Die Zauberzither. O. 3 Müller.
Mo. 18. Der Strich durch die Rechnung. L. 4 Jünger.
Di. 19.²) Das Blatt hat sich gewendet. L. 5 Cumberland (Schröder).
Do. 21. Zweimal sterben macht Unfug. L. 5.
Mo. 25. Axur, König von Ormus. O. 4 n. Beaumarchais, Salieri.
Di. 26. Der Schreibpult. S. 5 Kotzebue.
Do. 28. Üble Laune. S. 4 Kotzebue.
So. 31. Helena und Paris. O. 3 Winter.

Juni
Di. 2. Verbrechen aus Ehrsucht. Fam.-Gem. 5 Iffland.
Fr. 5. Der Wildfang. L. 3 Kotzebue.
So. 7. Bayard. S. 5 Kotzebue.

Di. 9. Das Neu-Sonntagskind. P. 2 Perinet. Müller.
Do. 11. Gleiches mit Gleichem. L. 5 (Federici) Vogel.
So. 14. Die Entführung aus dem Serail. O. 3 Bretzner, Mozart.
Di. 16. Die Lästerschule. L. 4 Sheridan.
Do. 18. Die Hagestolzen. L. 5 Iffland.
So. 21. Die nächtliche Erscheinung. O. 2 J. F. Schubert.
Mi. 24. Johanna von Montfaucon. Sittengem. 5 Kotzebue.
Fr. 26. Das Epigramm. L. 4 Kotzebue.
So. 28. Der Corsar. O. 2 Weigl.
Mo. 29. Der Lorbeerkranz. S. 5 Ziegler.

Juli
Do. 2. Das rote Käppchen. O. 2 Dittersdorf.
So. 5. Gustav Wasa. S. 5 Kotzebue.
Di. 7. Die Jäger. Sittengem. 5 Iffland.
Do. 9. Der Ring 2. Teil. L. 4 Schröder.
So. 12. Camilla. O. 3 Paër.
Di. 14. Elise v. Walberg. S. 5 Iffland.
Mi. 15. Der Mann von Wort. S. 5 Iffland.
Do. 16. Die Verwandtschaften. L. 5 Kotzebue.
Fr. 17. Johanna v. Montfaucon. Sittengem. 5 Kotzebue.
So. 19. Stille Wasser sind betrüglich. L. 4 Schröder.
Di. 21. Das unterbrochene Opferfest. O. 2 Winter.

---

¹) „Heute verließen die Franzosen vermöge des Friedens von Luneville die Stadt, nachdem sie seit dem 26. Juli 1800 ihr Unwesen hier getrieben hatten." (Tagebuch.) — ²) Beck wird Direktor d. Th.

Do. 23. Das Neujahrsgeschenk.
L. 1 f.
Cöffel u. Dorchen¹) O. 2
Monvel, Desaides.
So. 26. Bayard.²) S. 5 Kotzebue.
Di. 28. Die Müllerin³) Opt. 3
Paesiello.
Fr. 31. Die Zauberflöte⁴) O. 2
Mozart.

August
So. 2. Gustav Wasa. S. 5 Kotzebue.
Di. 4. Der Taubstumme. D. 5
Bouilly, Kotzebue.
Do. 6. Otto der Schütz. S. 5 Hagemann.
So. 9. Rudolf v. Crequi. Sg. 3
Dalayrac.
Di. 11. Das Kind der Liebe. S. 4
Kotzebue.
Sa. 15. Don Juan. O. 2 Mozart.
So. 16. Der Graf v. Burgund. S. 4
Kotzebue.
Di. 18. Die beiden Klingsberg. L. 4
Kotzebue.
Do. 20. Felix. Sg. 3 Sedaine,
Monsigny.
So. 23. Das Chamäleon. L. 5 Beck.
Di. 25. Der Vormund. S. 5 Iffland.
Do. 27. Der Vetter aus Lissabon.
S. 3 Schröder.
Ariadne auf Naxos. Ddr. 1
Brandes, Benda.
So. 30. Der Scheintote. O. 2
Paër.

September
Di. 1. Der König auf Reisen. L. 4
Ziegler.
Do. 3. Albert von Thurneisen. Tr. 5
Iffland.

So. 6. Palmira. O. 4 Salieri.
Di. 8. Agnes Bernauerin. Tr. 5
Graf Törring.
Do. 10. Das Neu-Sonntagskind. P. 2
Perinet, Müller.
So. 13. Pflicht und Liebe.⁵) S. 5
Vogel f.
Di. 15. Der Talisman. O. 3 Salieri.
Do. 17. Bruderzwist. S. 5 Kotzebue.
So. 20. Die Danaiden. O. 4 Salieri.
Di. 22. Der Hausfrieden. L. 5
Iffland.
Do. 24. Die üble Gewohnheit. L. 1 f.
Der Bettelstudent. Opt. 2
Winter.
So. 27. Die Spanier in Peru. Tr. 5
Kotzebue.
Di. 29. Hamlet. Tr. 5 Shakespeare
(Schröder).

XXIII. Theaterjahr.

Oktober
Do. 1. Die Indianer in England.
L. 3 Kotzebue.
So. 4. Faust von Stromberg. S. 6
Maier.
Di. 6. Der mißtrauische Liebhaber.
L. 5 Bretzner.
Do. 8. Richard Löwenherz. O. 3
Sedaine, Gretry.
So. 11. Das Chamäleon. L. 5 Beck.
Mo. 12. Richard Löwenherz O. 3
Sedaine, Gretry.
Mi. 14. Der Besuch. L. 4 Kotzebue.
Fr. 16. Der Mondkaiser. Scherzspiel 1 f.
Der Faßbinder. Sg. 1
Aubinot.
So. 18. König Lear. Tr. 5 Shakespeare (Schröder).

¹) In beiden Stücken gastierte die Jagemann. — ²) Blanca: Mlle. Jagemann a. G. — ³) Röschen: Mlle. Jagemann a. G. — ⁴) Pamina: Mlle. Jagemann a. G.
⁵) Der Zettel trägt den Vermerk: „Kinder unter 6 Jahren stören oft die Aufmerksamkeit durch Geräusch; man ersucht, solche nicht in das Schauspiel bringen zu wollen."

Di. 20. Die Wilden. O. 3 Dalayrac.
Do. 22. Bürgerglück. L. 3 Babo.
So. 25. Der Baum der Diana. O. 2 Martin.
Di. 27. Gleiches mit Gleichem. L. 5 (Federici) Vogel.
Fr. 30. Die Räuber. Tr. 7 Schiller.

November
Di. 3. Die Räuber. Tr. 7 Schiller.
Do. 5. Die Entführung. L. 3 Jünger.
       Der Magnetismus. L. 1 Iffland.
So. 8. Der Invalide. S. 1 Vogel.
       Der Dorfbarbier¹) Sg. 1 Weidemann, Schenk.
Di. 10. Pflicht u. Liebe. S. 5 Vogel.
Do. 12. Die Schachmaschine. L. 4 Beck e.
So. 15. Die komische Ehe oder Sie werden ihre eignen Nebenbuhler. L. 1 [Sierers f.].
        Der Dorfbarbier. Sg. 1 Schenk.
Di. 17. Der Ring. 1 T. L. 5 Schröder.
Do. 19. Rettung für Rettung. S. 5 Beck.
So. 22. Die Zauberzither. O. 3 Müller.
Di. 24. Der Schreibpult. S. 5 Kotzebue.

Do. 26. Die komische Ehe. L. 1.
        Die beiden kleinen Savojarden. Opt. 1 Dalayrac.
So. 29. Der Sturm v. Vorgberg. S. 3 Maier.

Dezember
Di. 1. Der Inrist u. der Bauer. L. 2 Rautenstrauch.
       Medea. Ddr. 1 Gotter, Benda.
Do. 3. Albert v. Thurneisen. Tr. 5 Iffland.
So. 6. Die Hochzeit des Figaro. O. 4 Mozart.
Di. 8. Gustav Wasa. S. 5 Kotzebue.
Do. 10. Das große Loos. L. 1 Hagemeister.
        Nina. O. 1 Dalayrac.
So. 13. Nicht mehr als sechs Schüsseln. Fam.-Gem. 5 Großmann.
Di. 15. Armut u. Edelsinn. L. 3 Kotzebue.
Do. 17. Der Spieler. S. 5 Iffland.
So. 20. Die Eifersucht auf der Probe. Opt. 3 Anfossi.
Di. 22. Der Lorbeerkranz. S. 5 Ziegler.
Sa. 26. Die neuen Arkadier. O. 2 Süßmayer.
So. 27. Das Chamäleon. L. 5 Beck.
Di. 29. Die beiden Klingsberg. L. 4 Kotzebue.

1802.

Januar
Fr. 1. Das Neujahrsgeschenk. L. 1 f.
       Der Dorfbarbier. Sg. 1 Schenk.
So. 3. Repressalien. S. 4 Ziegler.
Mi. 6. Graf Armand oder Die zwei gefahrvollen Tage (Der Wasserträger). Sg. 3 Bouilly (Ihlée), Cherubini.

Die Bühne wurde 14 Tage geschlossen wegen der Hoftrauer für den † Erbprinzen von Baden.

Mo. 18. Graf Armand. Sg. 3 Cherubini.
Mi. 20. Die Räuber. Tr. 7 Schiller.
Fr. 22. Der Aufschluß. Sg. 2 Salieri.

¹) „Gefiel ungeheuer" (Tagebuch).

So. 24. Nicht mehr als sechs Schüsseln.
Fam.-Gem. 5 Großmann.
Di. 26. Der Deserteur. O. 3 Sedaine, Monsigny.
Do. 28. Die Verwandtschaften. L. 5 Kotzebue.
So. 31. Die Zauberflöte. O. 2 Mozart.

Februar
Di. 2. Der Graf von Burgund. S. 4 Kotzebue.
Do. 4. Das Kind der Liebe. S. 4 Kotzebue.
So. 7. Don Carlos. Tr. 5 Schiller.
Di. 9. Üble Laune. S. 4 Kotzebue.
Do. 11. Hamlet. Tr. 5 Shakespeare (Schröder).
So. 14. Der erste führt die Braut heim. L. 3 Vial (Vogel).
Der Gefangene. O. 1 Duval, Della Maria.
Di. 16. Repressalien. S. 4 Ziegler.
Do. 18. Kabale und Liebe. Tr. 5 Schiller.
So. 21. Das unterbrochene Opferfest. O. 2 Winter.
Di. 23. Der König auf Reisen. L. 4 Ziegler.
Do. 25. Das rote Käppchen. O. 2 Dittersdorf.
So. 28. Palmira. O. 4 Salieri.

März
Do. 4. Emilia Galotti. Tr. 5 Lessing.
So. 7. Don Juan. O. 2 Mozart.
Di. 9. Die silberne Hochzeit. S. 5 Kotzebue.
Do. 11. Der Besuch. L. 4 Kotzebue.
So. 14. Die neuen Arkadier. O. 2 Süßmayer.
Di. 16. Abällino. Tr. 5 Zschokke.
Fr. 19. Die komische Ehe. L. 1.
Das Singspiel. Opt. 1 Hiemer, Della Maria.

So. 21. Azur, König von Ormus. O. 4 Beaumarchais, Salieri.
Di. 23. Medea. Ddr. 1 Gotter, Benda.
Der Dorfbarbier. Sg. 1 Schenk.
Do. 25. Agnes Bernauerin. Tr. 5 Graf Törring.
So. 28. Der Ritter Roland. O. 3 Haydn.
Di. 30. Verbrechen aus Ehrsucht. Fam.-Gem. 5 Iffland.

April
Do. 1. Der Wildfang. L. 3 Kotzebue.
So. 4. Die Zauberzither. O. 3 Müller.
Di. 6. Der Westindier. L. 5 Cumberland.
Do. 8. Die Sonnenjungfrau. S. 5 Kotzebue.
Fr. 9. Die Spanier in Peru. Tr. 5 Kotzebue.

Osterferien.

Mo. 19. Die Entführung aus d. Serail. O. 3 Bretzner, Mozart.
Di. 20. Die Schachmaschine. L. 4 Beck c.
Do. 22. Der mißtrauische Liebhaber. L. 5 Bretzner.
So. 25. Richard Löwenherz. O. 3 Sedaine, Gretry.
Di. 27. Albert v. Thurneisen. Tr. 5 Iffland.
Do. 29. Die Verläumder. S. 5 Kotzebue.

Mai
So. 2. Palmira. O. 4 Salieri.
Di. 4. Der Ring. 2 T. L. 4 Schröder.
Do. 6. Klara v. Hoheneichen. S. 4 Spieß.
So. 9. Die Zauberflöte¹) O. 2 Mozart.
Di. 11. Die beiden Klingsberg. L. 4 Kotzebue.
Do. 13. Leichter Sinn. L. 5 Iffland.
Fr. 14. Johanna v. Montfaucon. Sittengem. 5 Kotzebue.

¹) Sarastro u. Papagena: Herr u. Mad. Gerl a. G.

So. 16. König Theodor in Venedig. O. 2 Paesiello.
Di. 18. Der Hausfrieden. L. 5 Iffland.
Do. 20. Die Hochzeit des Figaro. O. 4 Mozart.
So. 23. Der Apotheker und der Doktor. O. 4 Stephanie d. j., Dittersdorf.
Di. 25. Armut u. Edelsinn. L. 3 Kotzebue.
Do. 27. Don Juan. O. 2 Mozart.
Fr. 28. Der Spieler. S. 5 Iffland.
So. 30. Otto v. Wittelsbach, Pfalzgraf in Bayern. Tr. 5 Babo.

Juni
Di. 1. Der Jurist u. der Bauer. L. 2 Rautenstrauch.
Der Dorfbarbier. Sg. 1 Schenk.
Do. 3. Üble Laune. S. 4 Kotzebue.
Mo. 7. Otto v. Wittelsbach. Tr. 5 Babo.
Di. 8. Bürgerglück. L. 3 Babo.
Do. 10. Das Mädchen v. Marienburg. S. 5 Kratter.
So. 13. Graf Armand. Sg. 3 Cherubini.
Di. 15. Die Entführung. L. 3 Jünger.
Die Unglücklichen. L. 1 Kotzebue.
Fr. 18. Otto der Schütz. S. 5 Hagemann.
So. 20. Oberon. O. 3 Wranitzky.
Di. 22. Stille Wasser sind betrüglich. L. 4 Schröder.
Do. 24. Der Sturm v. Bozberg. S. 3 Maier.
So. 27. Drei Väter u. zwei Kinder. O. 2 Romanus, Mozart u. Hofmeister.
Di. 29. Beschämte Eifersucht. L. 2 Weißenthurn.
Der Gefangene. O. 1 Duval, Della Maria.

Juli
Do. 1. Emilia Galotti. Tr. 5 Lessing.
So. 4. Das Sonnenfest der Braminen. O. 2 Müller.
Di. 6. Agnes Bernauerin. Tr. 5 Graf Törring.
Do. 8. Die Verläumder. S. 5 Kotzebue.
So. 11. Die Entführung aus d. Serail. O. 3 Bretzner, Mozart.
Di. 13. Gustav Wasa. S. 5 Kotzebue.
Do. 15. Graf Armand. Sg. 3 Cherubini.
Fr. 16. Ariadne auf Naxos. Ddr. 1 Brandes, Benda.
Das Bouquet. S. 2 Elise Bürger.
So. 18. Beschämte Eifersucht. L. 2 Weißenthurn.
Der Schreiner. Sg. 1 Kotzebue, Wranitzky.
Di. 20. Das Epigramm. L. 4 Kotzebue.
Do. 22. Abällino. Tr. 5 Zschokke.
So. 25. Das Neu-Sonntagskind. P. 2 Perinet, Müller.
Mo. 26. Die Familie oder Der deutsche Hausvater. S. 5 v. Gemmingen.
Pygmalion. Monodr. 1 Rousseau, Benda.[1]
Di. 27. Selbstbeherrschung.[2] S. 5 Iffland.
Mi. 28. Der Taubstumme. D. 5 Bouilly (Kotzebue).
Die eheliche Probe. L. 1 Dalberg e.[3]
Fr. 30. Menschenhaß und Reue.[4] S. 5 Kotzebue.

August
So. 1. Graf Benjowsky.[5] S. 5 Kotzebue.

---

[1] Wodmar u. Pygmalion: Iffland a. G. — [2] Konstant: Iffland a. G.
[3] Abbé u. Tremund: Iffland a. G. — [4] Bittermann: Iffland a. G.
[5] Hettmann: Iffland a. G.

Di. 3. Lohn der Wahrheit. S. 5 Kotzebue.
Do. 5. Die Jäger. Sittengem. 5 Iffland.
So. 8. Titus.¹) O. 2 n. Metastasio, Mozart.
Mo. 9. Titus. O. 2 n. Metastasio, Mozart.
Mi. 11. Der Westindier. L. 5 Cumberland.
Fr. 13. Das Kind der Liebe. S. 4 Kotzebue.
So. 15. Entsagung. S. 3 Weißenthurn.
Die beiden kleinen Savojarden. O. 1 Dalayrac.
Di. 17. Kein Theater wegen der Hitze.
Do. 19. Der taube Liebhaber. L. 2 Pilow.
Nina. O. 1 Dalayrac.
So. 22. Die Quälgeister. L. 5 (Shakespeare) Beck.
Di. 24. Kein Theater wegen der Hitze.
Do. 26. Der Talisman. O. 3 Salieri.
So. 29. Die Räuber. Tr. 7 Schiller.
Di. 31. Elise von Walberg. S. 5 Iffland.

September

Do. 2. Die Sonnenjungfrau. S. 5 Kotzebue.
Fr. 3. Graf Benjowsky. S. 5 Kotzebue.
So. 5. Das unterbrochene Opferfest. O. 2 Winter.
Mi. 8. Das rote Käppchen. O. 2 Dittersdorf.
Fr. 10. Kabale u. Liebe. Tr. 5 Schiller.
So. 12. Die Kleinstädter. L. 4 Kotzebue.

Di. 14. Verbrechen aus Ehrsucht. Fam. Gem. 5 Iffland.
Do. 16. Die Strelitzen. S. 4 Babo.
So. 19. Das große Loos. L. 1 Hagemeister.
Die beiden Gefangenen. O. 1 Marsollier (Jhlée), Ferd. Fränzl.
Di. 21. Entsagung. S. 3 Weißenthurn.
Leichtsinn u. gutes Herz. L. 1 Hagemann.
Do. 23. Die beiden Klingsberg. L. 4 Kotzebue.
So. 26. Die üble Gewohnheit. L. 1 f.
Die beiden Gefangenen. O. 1 Marsollier (Jhlée), Fränzl.
Di. 28. Lorenz Stark. Fam.-Gem. 5 Engel.
Mi. 29. Otto v. Wittelsbach. Tr. 5 Babo.
Do. 30. Pflicht u. Liebe. S. 5 Vogel f.

XXIV. Theaterjahr.

Oktober

So. 3. Die Danaiden. O. 4 Salieri.
Di. 5. Der Schreibpult. S. 5 Kotzebue.
Do. 7. Herbsttag. S. 5 Iffland.
So. 10. Richard Löwenherz. O. 3 Sedaine, Gretry.
Di. 12. Ludwig der Springer. S. 5 Hagemann.
Do. 14. Der Lorbeerkranz. S. 5 Ziegler.
So. 17. Camilla. O. 3 Paër.
Di. 19. Der Hausfrieden. L. 5 Iffland.
Do. 21. Die Müllerin. Opt. 3 Paesiello.
So. 24. Die Jungfrau von Orleans²) Tragödie 6 Schiller.
Di. 26. Zemire u. Azor. S. 4 Gretry.

---

¹) Titus—Hiller, Vitellia—Mad. Beck, Sextus—Mad. Müller, Annius—Hofmann, Servilia—Mad. Meyer. Aufgeh. Abonn.
²) Karl—Zimmermann, Jsabeau—Mad. Nicola, Agnes—Mlle. Koch, Philipp—Lübenau, Dunois—Beck, La Hire—Gerl, Duchatel—Leonhard, Raoul—Frank, Talbot—Müller, Lionel—Hofmann, Thibaut D'Arc—Beck, Johanna—Mad. Ritter. schwarzer Ritter—Hiller ꝛc.

Do. 28. Das Räuschchen. L. 4 Bretzner.
So. 31. Beschämte Eifersucht. L. 2 Weißenthurn.
Dies Haus ist zu verkaufen. Sg. 1 Duval (Hiemer), Dalayrac.

November
Mi. 3. Klara von Hoheneichen. S. 4 Spieß.
Fr. 5. Die Schachmaschine. L. 4 Beck c.
So. 7. Das Neu-Sonntagskind. P. 2 Perinet, Müller.
Di. 9. Der Graf von Burgund. S. 4 Kotzebue.
Do. 11. Die Martinsgänse. L. 1 Hagemann.
Die Dorfgala. Opt. 1 Gotter, Schweitzer.
So. 14. Die Jungfrau von Orleans. Tr. 6 Schiller.
Di. 16. Der Wildfang. L. 3 Kotzebue.
Do. 18. Kindliche Liebe. S. 5 Weißenthurn.
So. 21. Die Zauberflöte. O. 2 Mozart.
Di. 23. Titus.[1]) O. 2 n. Metastasio, Mozart.
Do. 25. Der Ring 2. T. L. 4 Schröder.
So. 28. Die neuen Arkadier. O. 2 Süßmayer.
Di. 30. Armut und Edelsinn. L. 3 Kotzebue.

Dezember
Do. 2. Die beiden Billets. L. 1 Florian (Wall).
Die beiden Gefangenen. O. 1 Marsollier, Fränzl.
So. 5. Richard Löwenherz. O. 3 Sedaine, Gretry.
Mi. 8. Die Kleinstädter. L. 4 Kotzebue.
Fr. 10. Der Spieler. S. 5 Iffland.
So. 12. Die Entdeckungsfahrer. O. 2 Martin.
Di. 14. Der König auf Reisen. L. 4 Ziegler.
Do. 16. Der Magnetismus. L. 1 Iffland.
Der Dorfbarbier. Sg. 1 Schenk.
So. 19. Gustav Wasa. S. 5 Kotzebue.
Di. 21. Der mißtrauische Liebhaber. L. 5 Bretzner.
Do. 23. Hamlet. Tr. 5 Shakespeare (Schröder).
So. 26. Die Unglücklichen. L. 1 Kotzebue.
Dies Haus ist zu verkaufen. Sg. 1 Duval, Dalayrac.
Di. 28. Die Strelitzen. S. 4 Babo.
Do. 30. Der Jurist und der Bauer. L. 2 Rautenstrauch.
Medea. Ddr. 1 Gotter, Benda.

1803.

Januar
Sa. 1. Ida Münster. S. 5 [Delamotte].
So. 2. Don Juan. O. 2 Mozart.
Di. 4. Der Ring. L. 5 Schröder.
Do. 6. Agnes Bernauerin. Tr. 5 Graf Törring.
So. 9. Ida Münster. S. 5 Delamotte.
Di. 11. Der schwarze Mann. L. 2 Gotter 1.
Der Faßbinder. Sg. 1 Audinot.
Do. 13. Der Apotheker und der Doktor. O. 4 Dittersdorf.

---

[1] „Wegen Civilbesitznahme der Rheinpfalz krönte H. Direktor Beck unter einer passenden Rede die Büste Seiner Hochfürstl. Durchl. des Herrn Markgrafen von Baden. Freies Entrée." (Tagebuch.)

So. 16. Die Räuber. Tr. 7 Schiller.
Di. 18. Die Sklaven. S. 1 J. K. Waldau.
Die Martinsgänse. L. 1 Hagemann.
Do. 20. Die Zauberflöte. O. 2 Mozart.
So. 23. Die neuen Arkadier. O. 2 Süßmayer.
Di. 25. Der Schreibpult. S. 5 Kotzebue.
Do. 27. Die Kleinstädter. L. 4 Kotzebue.
So. 30. Lilla. O. 2 Martin.

Februar
Mi. 2. Johanna v. Montfaucon. Sittengem. 5 Kotzebue.
Fr. 4. Bruderzwist. S. 5 Kotzebue.
So. 6. Oberon. O. 3 Wranitzky.
Di. 8. Das Blatt hat sich gewendet. L. 5 Cumberland (Schröder).
Do. 10. Die Entführung. L. 3 Jünger.
Der taube Liebhaber. L. 2 Pilow.
So. 13. Die Sonnenjungfrau. S. 5 Kotzebue.
Di. 15. Die Jäger. Sittengem. 5 Iffland.
Do. 17. Otto v. Wittelsbach. Tr. 5 Babo.
So. 20. Der Totenschein. L. 3 Andrieny (F. K. Hiemer).
Der Dorfbarbier. Sg. 1 Schenk.
Do. 24. Das Mädchen v. Marienburg. S. 5 Kratter.
So. 27. Axur, König von Ormus. O. 4 n. Beaumarchais, Salieri.

März
Di. 1. Menschenhaß u. Reue. S. 5 Kotzebue.
Do. 3. Das Neu-Sonntagskind. P. 2 Perinet, Müller.
So. 6. Bayard. S. 5 Kotzebue.
Di. 8. Bürgerglück. L. 3 Babo.
Do. 10. Graf Benjowski. S. 5 Kotzebue.

So. 13. Richard Löwenherz. O. 3 Sedaine, Gretry.
Di. 15. Albrecht v. Thurneisen. Tr. 5 Iffland.
Do. 17. Wegen Unpäßlichkeiten nichts.
Sa. 19. Der Graf von Burgund. S. 4 Kotzebue.
So. 20. Klara v. Hoheneichen. S. 4 Spieß.
Di. 22. Herbsttag. S. 5 Iffland.
Fr. 25. Der Schreibpult. S. 5 Kotzebue.
So. 27. Die Danaiden. O. 4 Salieri.
Di. 29. Dienstpflicht. S. 5 Iffland.
Do. 31. Die Hagestolzen. L. 5 Iffland.

Osterferien.

April
Mo. 11. Das unterbrochene Opferfest. O. 2 Winter.
Di. 12. Otto v. Wittelsbach. Tr. 5 Babo.
Do. 14. Die Entdeckung. L. 2 Steigentesch.
Pygmalion. Monodr. 1 Rousseau, Benda.
So. 17. Die Wilden. O. 3 Dalayrac.
Di. 19. Die Verwandtschaften. L. 5 Kotzebue.
Do. 21. Üble Laune. S. 4 Kotzebue.
So. 24. Die Zauberflöte. O. 2 Mozart.
Di. 26. Der Taubstumme. D. 5 Bouilly (Kotzebue).
Do. 28. Das große Loos. L. 1 Hagemeister.
Der Gefangene. Opt. 1 Duval, Della Maria.

Mai
So. 1. Regulus. Tr. 5 Collin.
Di. 3. Kindliche Liebe. S. 5 Weißenthurn.
Do. 5. Armut und Edelsinn. L. 3 Kotzebue.
So. 8. Graf Armand. Sg. 3 Cherubini.

Di. 10. Stille Wasser sind betrüglich.
L. 4 Schröder.
Do. 12. Der dankbare Sohn. L. 1
Engel.
Die beiden kleinen Savo-
jarden. Opt. 1 Dalayrac.
So. 15. Ida Münster. S. 5 Delamotte.
Di. 17. Der Ring 2. Teil. L. 4
Schröder.
Do. 19. Das unterbrochene Opferfest.
O. 2 Winter.
So. 22. Emilia Galotti. Tr. 5
Lessing.
Di. 24. Die neuen Arkadier. O. 2
Süßmayer.
Do. 26. Nina. O. 1 Dalayrac.
Die Corsen. S. 4 Kotzebue.
Fr. 27. Johanna von Montfaucon.
Sittengem. 5 Kotzebue.
Mo. 30. Der Ritter Roland. O. 3
Haydn.

Di. 31. Elise von Walberg. S. 5
Iffland.

Juni
Fr. 3. Palmira.[1] O. 4 Salieri.
Sa. 4. Die Entdeckung. L. 2
Steigentesch.
Der Gefangene. Opt. 1
Duval, Della Maria.
So. 5. Regulus. Tr. 5 Collin.
Di. 7. Graf Armand. Sg. 3
Cherubini.
Mi. 8. Die Danaiden. O. 4 Salieri.
Fr. 10. Die Kleinstädter. L. 4
Kotzebue.
So. 12. Der Ritter Roland. O. 3
Haydn.
Di. 14. Das Chamäleon. L. 5 Beck.
Do. 16. Das Neu-Sonntagskind. P. 2
Perinet, Müller.
So. 19. Die Jungfrau von Orleans.
Tr. 6 Schiller.

Freih. v. Dalberg tritt von der Intendanz zurück; sein Schwiegersohn Freih. v. Venningen übernimmt die Leitung des Theaters (20. Juni
1803).

Di. 21. Die Entführung aus d. Serail.
O. 3 Bretzner, Mozart.
Mi. 22. Die Jäger. Sittengem. 5
Iffland.
Fr. 24. Die neuen Arkadier. O. 2
Süßmayer.
So. 26. Otto von Wittelsbach. Tr. 5
Babo.
Mi. 29. Graf Benjowski. S. 5
Kotzebue.

Juli
Fr. 1. Die Verwandtschaften. L. 5
Kotzebue.
So. 3. Vetter Jacob. Sg. 2
Bouilly (Hiemer), Mehul.
Di. 5. Hamlet. Tr. 5 Shakespeare
(Schröder).

Do. 7. Die Sklaven. S. 1 Waldau.
Der kleine Matrose. Sg. 1
Lebrun, Gaveaux.
So. 10. Die Hussiten vor Naum-
burg im Jahre 1432.
S. 5 Kotzebue.
Di. 12. Die Corsen. S. 4 Kotzebue.
Do. 14. Der Scheintote. O. 2 Paër.
So. 17. Die Verläumder. S. 5
Kotzebue.
Di. 19. Vetter Jacob. Sg. 2 Bouilly
(Hiemer), Mehul.
Do. 21. Das unterbrochene Opferfest.
O. 2 Winter.
So. 24. Die Hussiten vor Naumburg.
S. 5 Kotzebue.
Di. 26. Das rote Käppchen. O. 2
Dittersdorf.

[1] Zur Feier des am 2. Juni stattgehabten Einzugs des Kurfürsten
Karl Friedrich von Baden. Voraus ging der Oper ein von Mad. Ritter
gesprochener Prolog: Die Huldigung.

August

Wegen der großen Hitze war kein Theater bis zum 14. August.

- So. 14. Der Puls. L. 2 Babo.
  Dies Haus ist zu verkaufen.
  Sg. 1 Duval, Dalayrac.
- Mo. 15. Der Wildfang. L. 3 Kotzebue.
- Do. 18. Die Kleinstädter. L. 4 Kotzebue.
- So. 21. Im Trüben ist gut fischen. O. 3 Sarti.

Die Bühne blieb eine Woche lang geschlossen wegen der Proben zur Oper Marie von Montalban.[1]

- So. 28. Axur, König von Ormus. O. 4 Beaumarchais, Salieri.
- Di. 30. Der Taubstumme. D. 5 Bouilly (Kotzebue).

September

- Do. 1. Die Strelitzen. S. 4 Babo.
- So. 4. Der Puls. L. 2 Babo.
  Der Gefangene. Opt. 1 Duval, Della Maria.
- Mi. 7. Marie von Montalban.[2] O. 4 Reger, Winter.
- Mo. 12. Palmira. O. 4 Salieri.
- Mi. 14. Die Zauberflöte. O. 2 Mozart.
- Do. 15. Die Jungfrau von Orleans. Tr. 6 Schiller.
- So. 18. Regulus. Tr. 5 Collin.
- Di. 20. Graf Armand. Sg. 3 Cherubini.
- Do. 22. Das Räuschchen. L. 4 Bretzner.
- So. 25. Don Juan. O. 2 Mozart.
- Di. 27. Die Schachmaschine. L. 4 Beck c.
- Do. 29. Der Apotheker und der Doktor. O. 4 Stephanie d. j., Dittersdorf.

XXV. Theaterjahr.

Oktober

- So. 2. Octavia. Tr. 5 Kotzebue.
- Di. 4. Der Revers. L. 5 Jünger.
- Do. 6. Der Totenschein. L. 3 Andrieux (Hiemer).
  Der Faßbinder. Sg. 1 Audinot.
- So. 9. Richard Löwenherz. O. 3 Sedaine, Gretry.
- Di. 11. Bruderzwist. S. 5 Kotzebue.
- Do. 13. Das Epigramm. L. 4 Kotzebue.
- So. 16. Der Corsar. O. 2 Weigl.
- Di. 18. Er mengt sich in Alles. L. 5 Jünger.
- Do. 20. Lilla. O. 2 Martin.
- So. 23. Die Ausgewanderten in Wien. S. 3 Delamotte.
- Di. 25. Die Quälgeister. L. 5 Beck (n. Shakespeare).
- Mi. 26. Die neuen Arkadier. O. 2 Süßmayer.
- Do. 27. List gegen Mißtrauen. L. 1 f.
  Der Perücken-Stock. Dram. Bagatelle 1 Heigel.
- So. 30. List gegen Mißtrauen. L. 1 f.
  Der Perücken=Stock. Dram. Bagatelle 1 Heigel.

November

- Do. 3. Minna v. Barnhelm. L. 5 Lessing.
- So. 6. Die Entführung a. d. Serail. O. 3 Bretzner, Mozart.
- Di. 8. Der Strich durch die Rechnung. L. 4 Jünger.
- Do. 10. Die Wilden. O. 3 Dalayrac.

---

[1] Das Backhaussche Tagebuch bemerkt: „Hier wurde wieder geschlossen, weil H. Regisseur Prandt so viele Umstände macht wegen der Oper Marie von Montalban, die auf die Ankunft des Königs von Schweden gegeben werden soll. Es hätte aber doch fortgespielt werden können, aber man wollte der Kasse eher ab- als aufhelfen."

[2] In Gegenwart des Königs von Schweden und des ganzen badischen Hofes.

So. 13. Pagenstreiche. P. 5
    Kotzebue.
Di. 15. Vetter Jacob. Sg. 2 Bouilly
    (Hiemer), Mehul.
Do. 17. Der Lorbeerkranz. S. 5
    Ziegler.
So. 20. Octavia. Tr. 5 Kotzebue.
Di. 22. Griselda. O. 2 Jhlée i.,
    Paër.
Do. 24. Die Hagestolzen. L. 5 Iffland.
So. 27. Der Vater von ungefähr.
    L. 1 Kotzebue f.
    Der Dorfbarbier. Sg. 1 Schenk.
Di. 29. Der Puls. L. 2 Babo.
    Der italienische Schuster.
    Zwischensp. 1 Paesiello.

Dezember

Do. 1. Die Entdeckung. L. 2 Steigen-
    tesch.
    Il Maestro di Capella.
    Zwischensp. 3 Cimarosa.
Fr. 2. Der König Theodor in
    Venedig. O. 2 Paesiello.
So. 4. Die Hussiten vor Naumburg.
    S. 5 Kotzebue.

Di. 6. Das Chamäleon. L. 5 Beck.
Do. 8. Der tote Neffe. L. 1
    Martinville (Kotzebue).
    Dies Haus ist zu verkaufen.
    Sg. 1 Duval, Dalayrac.
So. 11. Griselda. O. 2 Jhlée i., Paër.
Di. 13. Rettung für Rettung. S. 5
    Beck.
Do. 15. Das rote Käppchen. O. 2
    Dittersdorf.
So. 18. Der tote Neffe. L. 1 Martin-
    ville (Kotzebue).
    Eduard in Schottland.
    S. 3 (Duval) Kotzebue.
Di. 20. Der Taubstumme. D. 5
    Bouilly (Kotzebue).
Do. 22. Die Verläumder. S. 5
    Kotzebue.
Mo. 26. Palmira. O. 4 Salieri.
Di. 27. Der Vater von ungefähr. L. 1
    Kotzebue f.
    Eduard in Schottland. S. 3
    (Duval) Kotzebue.
Do. 29. Elise v. Walberg. S. 5
    Iffland.

Alphabetisches Verzeichnis

der

von 1779—1803 aufgeführten Stücke.

Vorbemerkung.

Die vom 7. Oktober 1779 bis 31. Dezember 1803 im Mannheimer Theater aufgeführten Stücke sind nachstehend alphabetisch verzeichnet. Bei jedem Stück sind die einzelnen Aufführungstage innerhalb dieser Periode angegeben. Die Marchand-Seylerschen Aufführungen und die Zeit nach 1803 blieben unberücksichtigt. Diese Zusammenstellung beruht auf selbständiger Durcharbeitung und Collationierung der vorhandenen Zettelbände, Tagebücher etc. Sie benutzte das Gruasche Repertorium (S. 221) nur zum Zweck der Nachprüfung. Jedes Stück trägt zwei Nummern: links die Ordnungsziffer des vorliegenden alphabetischen Verzeichnisses, rechts in Klammern die Ordnungsziffer des Gruaschen Repertoriums. Für die alphabetische Anordnung galten dieselben Principien wie für den Katalog (S. 4). Opern, Schauspiele, Lustspiele u. s. w. sind nicht getrennt, dagegen folgen die Balletpantomimen am Schluß gesondert.

1. **Abällino.** Tr. 5 Zschokke. (480)
   1797 Mai 9, Juni 8, Nov. 9. 1798 März 22, Dez. 6. 1801 Jan. 6. 1802 März 16, Juli 22.

   Der Abbé de l'Epée siehe Der Taubstumme.

2. **Die Abenteuer einer Nacht.** L. 5 Huber sp. (332)
   1789 Jan. 11, Febr. 8. 1790 März 9. 1795 Febr. 24.

3. **Die abgedankten Offiziere.** L. 5 Stephanie d. j. (77)
   1780 Aug. 13, Aug. 31. 1781 Jan. 25. 1785 Juli 24.

4. **Die Adelsucht.** L. 2 Schröder. (296)
   1787 Sept. 9, 25. 1788 Jan. 10, Aug. 7. 1789 Jan. 20. 1790 Jan. 26, Nov. 9.

5. **Der adelsüchtige Bürger.** O. 5 n. Molière, Cimarosa. (388)
   1791 Okt. 15.

6. **Der Adjutant.** L. 3 Brömel. (73)
    1780 Juli 13, 30, Aug. 2. 1781 März 27, Aug. 9, Dez. 18.
    1782 Sept. 3. 1783 Juli 17. 1784 März 25, Aug. 17. 1785 Jan. 25.
    1786 Jan. 19, Aug. 17. 1790 Sept. 30. 1791 Febr. 8. 1795 Febr. 10,
    Juni 16.

7. **Das adlige Schäfermädchen.** O. 2 Guglielmi. (404)
    1792 Juli 8, Aug. 12, Nov. 25. 1793 Juli 28, Nov. 3.

8. **Adrast und Isidore oder Die Serenade.** O. 2 Bretzner (n. Molière), Pern. (260)
    1786 März 14.

9. **Die Advokaten.** S. 5 Iffland. (458)
    1795 Aug. 4, Sept. 1. 1796 Juni 9.

10. **Agnes Bernauerin.** Tr. 5 [Graf Joh. Aug. v. Törring-Guttenzell]. (94)
    1781 Jan. 6, 7, Febr. 1, 6, 15, 22, März 11, April 1, Aug. 5.
    1799 Juli 11, Aug. 1, 27. 1801 Sept. 8. 1802 März 25, Juli 6.
    1803 Jan. 6.

11. **Albert von Thurneisen oder Liebe und Pflicht im Streit.** S. 4 Iffland. (107)
    1781 Mai 27, Juli 3, Dez. 25. 1782 Juli 25.

12. **Albert von Thurneisen.** Tr. 5 Iffland (ganz neu bearb.) (514)
    1799 Febr. 10. 1800 April 24. 1801 Sept. 3, Dez. 5. 1802 April 27.
    1803 März 15.

13. **Alceste.** O. 5 Wieland, Schweitzer. (96)
    1781 Jan. 31, Febr. 5, 14, 18, 25.

14. **Der Alchymist.** Opt. 1 Schuster. (169)
    1783 Febr. 2, 6, April 29, Juni 5, Aug. 5, Nov. 13. 1784 Febr. 22,
    Aug. 22. 1785 April 19, Mai 5, Sept. 18. 1786 Febr. 9, Nov. 3.
    1787 Sept. 9. 1790 Sept. 2. 1791 März 13, Sept. 20. 1792 Dez.
    30. 1793 Juni 6, Okt. 22. 1800 Juli 31.

15. **Alderson.** Tr. 4 Brandes. (321)
    1786 Sept. 18.

16. **Alexis und Justine.** O. 2 Monvel, Desaides. (297)
    1787 Okt. 7, Nov. 11. 1793 Juni 9, Juli 25, Aug. 13. 1794 März 19.
    Alle irren sich siehe Die Eifersüchtigen.

17. **Alles aus Eigennutz oder Die Erbin.** S. 5 Bourgoyne (Beck). (339)
    1789 Juni 24, Okt. 20, Nov. 17. 1790 Sept. 16. 1791 Mai 19.

18. **Allzu scharf macht schartig.** S. 5 Iffland. (445)
    1794 Sept. 30, Nov. 6. 1795 März 3.

19. **Der alte böse General.** L. 3 Kretschmann. (289)
    1787 Juni 3, Juli 8, Okt. 11. 1788 Jan. 1, Mai 23, Nov. 6,
    Dez. 30. 1791 Jan. 13. 1794 Okt. 17. 1795 Jan. 15, Sept. 11.

20. **Der alte Leibkutscher Peter des Dritten.** Anekdote 1 Kotzebue. (526)
    1800 Jan. 14.

21. **Alte Zeit und neue Zeit.** S. 5 Iffland. (470)
    1796 Okt. 6, 27. 1797 Jan. 24.

22. **Der Amerikaner.** L. 5 (frei n. Federici) Vogel. (532)
    1800 Mai 22.

23. Amtmann Graumann oder Die Begebenheit auf dem Marsch. S. 4 nach Calderon de la Barca (Der Richter von Zalamea). (98)
   1781 Febr. 11, März 1, Mai 15, Aug. 30, Sept. 30. 1782 Aug. 8. 1783 Juli 29. 1784 Okt. 7. 1785 April 28, Juli 16.

24. Der Apotheker und der Doktor. O. 4 Stephanie d. j., Dittersdorf. (300)
   1787 Nov. 20, 23, Dez. 26. 1788 Febr. 10, März 9, Juni 19, Sept. 14. 1789 Jan. 1, Juli 16, Sept. 15. 1790 April 5, Juni 20, Juli 13, Okt. 10. 1791 Jan. 30, Juli 10, Dez. 18. 1792 März 11, Nov. 4. 1793 Mai 5, Sept. 1. 1795 Febr. 8, Juli 14, Dez. 26. 1796 Febr. 15, Juni 2, Dez. 11. 1797 Febr. 5, Mai 7, Aug. 29. 1799 Dez. 22. 1800 Dez. 14. 1802 Mai 25. 1803 Jan. 15, Sept. 29.

25. Der argwöhnische Ehemann. L. 5 (n. Hoadly) Gotter. (8)
   1779 Okt. 12. 1780 Febr. 17, Juni 27. 1781 Juni 26, Dez. 16. 1782 Febr. 19. 1783 April 8, Okt. 14. 1784 April 15. 1785 Febr. 4, 10, Mai 18, Juli 14. 1786 Juli 11. 1787 März 1, Dez. 11. 1788 Okt. 7. 1789 Dez. 10. 1791 Juni 9. 1793 Jan. 29. 1794 April 10.

26. Ariadne auf Naxos. Ddr. 1 Brandes, Benda. (34)
   1779 Dez. 9. 1780 Febr. 1, Mai 28, Juli 15. 1781 März 8. 1782 Mai 10. 1783 März 25. 1787 Sept. 25. 1788 Sept. 28. 1789 Febr. 8. 1790 Juli 1, Okt. 5. 1791 Okt. 27. 1794 Mai 6. 1795 Aug. 7, Okt. 13. 1797 Sept. 28. 1801 Aug. 27. 1802 Juli 16.

27. Die arme Frau. Nachsp. 1 Marsollier. (486)
   1797 Okt. 6.

28. Armut u. Edelsinn. L. 3 Kotzebue. (439)
   1794 Mai 15, 27, Okt. 23. 1795 März 10, Juni 19, Aug. 18. 1796 März 1, Juni 14, Aug. 25, Okt. 25. 1797 Aug. 1, Nov. 30. 1798 Jan. 30, Juli 12. 1799 Jan. 3. 1800 Jan. 16, Mai 8. 1801 Jan. 27, Dez. 15. 1802 Mai 25, Nov. 30. 1803 Mai 5.

29. Armut u. Hoffart. L. 5 David Beil. (317)
   1788 Juli 20.

30. Die Art eine Bedienung zu erhalten. L. 5 Stephanie d. j. (219)
   1784 Sept. 26, Nov. 14.

31. Athelstan. Tr. 5 [Leonhardi] e. (76)
   1780 Aug. 6. 1781 Jan. 16.

32. Der Aufschluß (la cifra). Sg. 2 Salieri. (421)
   1793 Juni 24, Juli 7, Aug. 4, Dez. 1. 1794 Okt. 5. 1795 Juni 21. 1797 Juli 30. 1798 Febr. 18. 1800 Jan. 12, Mai 25, Aug. 17, Nov. 1. 1802 Jan. 22.

33. Aurora. Musikdr. 1 Wieland, Schweizer. (186)
   1783 Aug. 5.

34. Die Ausgewanderten in Wien. S. 5 Delamotte. (594)
   1803 Okt. 23.

35. Die Aussteuer. S. 5 Iffland. (450)
   1795 Febr. 2, 19, Aug. 15.

36. Azur, König von Ormus. O. 4 n. Beaumarchais, Salieri. (376)
   1791 Febr. 27, März 6, Aug. 21. 1792 April 29, Sept. 10. 1793 Dez. 8. 1795 Febr. 1. 1796 März 6. 1797 Juli 14. 1798 März 4. 1799 Aug. 18. 1800 Jan. 19, Okt. 26. 1801 Mai 25. 1802 März 21. 1803 Febr. 27, Aug. 28.

37. Azakia. Sg. 3 Schwan, Fr. Danzi. (69)
   1780 Juni 6, 13. 1781 Jan. 11.
   Azemia siehe Die Wilden.
38. Die Badekur. L. 2 Jünger. (210)
   1784 Mai 23, Sept. 2. 1785 April 19.
39. Der Baum der Diana. O. 2 Martin. (351)
   1790 Jan. 17, Febr. 2, 21, Juni 24, Aug. 4. 1791 Jan. 9, Juli 3.
   1792 Jan. 22. 1793 Okt. 15. 1795 Jan. 25, Aug. 2. 1797 März
   12, April 17, Nov. 5. 1798 Mai 13. 1799 Jan. 27, Aug. 11.
   1800 Aug. 24. 1801 Okt. 23.
40. Der Barbier von Sevilla. L. 4 Beaumarchais. (41)
   1780 Jan. 9, April 20, Juli 20, Nov. 7. 1781 Jan. 23. 1784
   Mai 11, Juni 27, Nov. 18.
41. Der Barbier von Sevilla oder Die vergebliche Vorsicht. O. 4
   [Sterbini nach Beaumarchais], Paesiello. (251)
   1785 Nov. 20. 1786 Sept. 19, Nov. 12. 1787 März 20. 1788
   Jan. 18, Sept. 16. 1789 Febr. 17, Juli 9. 1792 Mai 6. 1800
   April 20.
42. Bayard. S. 5 Kotzebue. (540)
   1800 Nov. 30, Dez. 26. 1801 Juni 7, Juli 26. 1803 März 6.
43. Die beiden Billets. L. 1 (frei n. Florian) Wall. (187)
   1783 Aug. 17, 26. 1784 Jan. 15, Juni 8, Sept. 23. 1785 Nov. 10.
   1786 Juni 18, Dez. 19. 1789 März 3, Mai 7, Nov. 26. 1790
   April 27, Sept. 23, Nov. 30. 1792 Jan. 31, April 17, Nov. 6.
   1793 Mai 2, Juli 11, Okt. 17. 1794 Juli 23, Dez. 25. 1795 Okt.
   29. 1796 Sept. 20. 1797 Febr. 7, April 18. 1798 Jan. 23,
   Nov. 13. 1799 Mai 21, Okt. 24. 1800 Febr. 6. 1802 Dez. 2.
44. Die beiden Freunde oder Der Kaufmann aus Lyon. S. 5
   Beaumarchais (Bock). (385)
   1791 Aug. 25. 1792 April 10, Juli 5, Nov. 13. 1793 Mai 7.
   1794 Mai 6.
45. Die beiden Gefangenen. O. 1 Marsollier (Ihlée), Ferd. Fränzl. (577)
   1802 Sept. 19, 26, Dez. 2.
   Die beiden Geizigen siehe Die zwei Geizigen.
46. Die beiden Hüte. L. 1 Collé (bezw. Marmontel vgl. S. 91). (11)
   1779 Okt. 28. 1780 Jan. 18, März 2. 1781 Jan. 21, Mai 29,
   Okt. 2. 1783 Juli 22.
47. Die beiden kleinen Savojarden. O. 1 Marsollier, Dalayrac. (362)
   1790 Juli 25, Aug. 1, Okt. 28. 1791 Jan. 6, Mai 8, Aug. 18, 23,
   Dez. 26. 1794 Mai 30, Juli 4, Okt. 28. 1795 April 30, Sept. 29,
   Okt. 29. 1796 Aug. 11, Sept. 15. 1797 Febr. 9, Mai 2, Okt. 31.
   1798 Mai 10, Juli 8. 1799 Febr. 7, März 12, Juni 13, Sept. 26,
   Nov. 28. 1800 April 5, Okt. 9. 1801 Nov. 26. 1802 Aug. 13.
   1803 Mai 12.
48. Die beiden Klingsberg. L. 4 Kotzebue. (521)
   1799 Juni 16, Aug. 15. 1800 April 29. 1801 Jan. 22, Aug. 18,
   Dez. 29. 1802 Mai 11, Sept. 23.
49. Die Bekehrung auf dem Lande. S. 1. (92)
   1780 Dez. 10. 1781 Juli 3, Okt. 12.
50. Bellerofon. O. 3 Winter. (280)
   1787 Jan. 18, 28, Febr. 18.

Alphabetisches Repertoire.

51. **Die Bergknappen.** O. 1 Umlauff. (212)
    1784 Juli 4.
52. **Beschämte Eifersucht.** L. 2 Weißenthurn. (571)
    1802 Juni 29, Juli 18, Okt. 31.
53. **Der beschämte Freigeist.** L. 3 Lessing. (112)
    1781 Juni 29, Juli 24. 1782 Juni 13.
    Die beste Welt siehe Der Optimist.
54. **Der Besuch oder Die Sucht zu glänzen.** L. 4 Kotzebue. (542)
    1801 Jan. 18, 23, Okt. 14. 1802 März 11.
55. **Der betrogene Geizige.** O. 3 Vulpins n. d. ital., Paesiello. (322)
    1788 Sept. 28.
56. **Betrug durch Aberglaube.** O. 3 Eberl, Dittersdorf. (327)
    1788 Nov. 16, 25. Dez. 26. 1789 Dez. 20. 1790 Jan. 1, Okt. 17.
    1791 Dez. 4. 1792 Juni 5. 1793 Jan. 27, April 7. 1796 Febr. 7,
    April 17. 1800 Mai 18.
57. **Der Bettelstudent oder Das Donnerwetter.** Opt. 2 Winter. (291)
    1787 Juli 8, 22. 1788 Jan. 13, Sept. 21, Dez. 21. 1789 Juli 3.
    1790 Juli 29. 1791 Jan. 2, Juli 19. 1792 Mai 8, Dez. 11.
    1793 März 12, Juni 13, Okt. 3. 1795 Juli 2. 1796 Dez. 6.
    1799 Febr. 14, April 11. 1800 Jan. 14. 1801 März 3, Sept. 24.
58. **Beverley oder Der englische Spieler.** Tr. 5 n. Moore n. Saurin. (80)
    1780 Aug. 29, Nov. 30. 1781 Aug. 1, Okt. 21. 1786 Juni 8, Okt. 10.
59. **Das Bewußtsein.** S. 5 Iffland. (278)
    1786 Dez. 12. 1787 Febr. 13, April 19, Okt. 4. 1788 April 13,
    Sept. 2. 1789 Jan. 27, Sept. 3. 1790 April 13, Sept. 9. 1792
    Aug. 7.
60. **Die bezähmte Widerbellerin oder Gaßner der Zweite.** L. 4
    Shakespeare (Schink). (104)
    1781 April 29, Mai 13, Juli 17, Okt. 2. 1782 Juni 6, Okt. 24.
    1783 Okt. 7. 1784 April 20. 1786 Mai 18, Sept. 21. 1787 Febr.
    1, Juni 8. 1788 März 11, Dez. 16. 1789 Febr. 10. 1790 Okt. 3.
    1792 Jan. 12, Sept. 11. 1793 Mai 28. 1794 Dez. 18. 1795
    März 12. 1797 März 21. 1798 Mai 3.
61. **Das Blatt hat sich gewendet.** L. 5 Cumberland (Schröder). (338)
    1789 Mai 10, 14, Dez. 13. 1790 Aug. 10. 1791 Sept. 22. 1792
    Febr. 14, Aug. 30. 1793 Febr. 21, Aug. 6, Dez. 3. 1794 März 24,
    Okt. 3. 1798 Juni 13. 1799 Nov. 12. 1800 Febr. 18, Juni 19.
    1801 Mai 19. 1803 Febr. 8.
62. **Das Blendwerk.** Opt. 2 Marmontel, Gretry. (128)
    1781 Nov. 18, Dez. 2. 1782 Febr. 24, April 14, Juli 28, Okt. 27,
    Nov. 10. 1783 Dez. 21. 1784 Mai 25, Aug. 15. 1785 Okt. 30.
    1789 Juni 14, Sept. 6. 1794 Juni 1. 1795 März 27. 1796 Jan. 3.
63. **Der Blinde.** S. 3 v. Soden. (535)
    1800 Juli 10, Aug. 7.
64. **Der Blinde aus Leichtgläubigkeit.** L. 1 f. (202)
    1784 März 7.
65. **Das Bouquet.** S. 2 Elise Bürger. (572)
    1802 Juli 16.

66. **Die Brüder.** L. 5 Cumberland. (255)
   1786 Jan. 8, März 5.
67. **Die Brüder als Nebenbuhler.** O. 2 u. d. ital., Winter. (523)
   1799 Sept. 15, Okt. 5.
   Bruder Moritz, der Sonderling siehe Der Sonderling.
68. **Bruderzwist.** S. 5 Kotzebue. (478)
   1797 März 28, April 2, 25, Juli 20, Okt. 5, Nov. 24. 1798 Juni 22,
   Nov. 27. 1799 Sept. 12, Dez. 23. 1800 Sept. 2. 1801 März 10,
   Sept. 17. 1803 Febr. 4, Okt. 11.
69. **Die buchstäbliche Auslegung der Gesetze.** L. 1 [Brömel]. (249)
   1785 Nov. 15, 22, Dez. 22. 1786 Febr. 23, April 20, Juni 5,
   Nov. 30. 1787 Jan. 21, Juni 21. 1788 Jan. 5, Mai 27, Juni 29,
   Okt. 21. 1789 Febr. 3, März 1, Juli 20. 1790 Sept. 5, Okt. 26.
   1791 Mai 12, Okt. 2. 1793 April 25, Okt. 15. 1794 April 29,
   Dez. 2. 1796 Nov. 10.
70. **Bürgerglück.** L. 5 Babo. (387)
   1791 Okt. 6, 16. 1792 Jan. 24. 1793 Febr. 5, Mai 31, Okt. 8.
   1794 Juli 22. 1795 Febr. 5, Mai 5, Sept. 10. 1798 Febr. 13,
   Sept. 27. 1799 Juli 4. 1801 Okt. 22. 1802 Juni 8. 1803 März 8.
71. **Der Bürgermeister.** L. 5 Graf von Brühl. (238)
   1785 Mai 22, Juni 12, Dez. 11. 1786 Juni 13. 1787 Juni 19.
   1793 Juli 11.
72. **Il Calzolajo, der Schuster.** Intermezzo 1 Paesiello. (549)
   1801 April 25. 1803 Nov. 29.
73. **Camilla.** O. 3 Carpani, Paër. (543)
   1801 Febr. 1, 22, Juli 12. 1802 Okt. 17.
74. **Das Chamäleon.** L. 5 Beck. (557)
   1801 Aug. 25, Okt. 11, Dez. 27. 1803 Juni 14, Dez. 6.
75. **Der Cholerische.** L. 5 Cumberland (v. Dalberg?). (241)
   1785 Juni 12, Juli 31, Dez. 8. 1786 März 25, Juli 18. 1787 März 13,
   Aug. 30. 1788 Juli 22. 1789 Dez. 22. 1790 Nov. 25.
76. **Clavigo.** Tr. 5 Goethe. (37)
   1779 Dez. 10, 22. 1781 Juli 19, Nov. 27. 1782 Mai 28.
   1784 Sept. 21. 1789 Juli 20.
77. **Cleopatra.** Dd. 1 Neumann, Franz Danzy. (47)
   1780 Jan. 30, Febr. 4, April 13, Dez. 3.
78. **Cora in Spanien.** S. 5. (489)
   1798 Jan. 6, 20.
79. **Coriolan.** Tr. 5 Shakespeare (v. Dalberg). (377)
   1791 März 20.
80. **Der Corsar aus Liebe.** O. 2 u. d. ital., Weigl. (531)
   1800 Mai 11, Juni 2, Okt. 12. 1802 Juni 28. 1803 Okt. 10.
81. **Die Corsen.** S. 4 Kotzebue. (494)
   1798 Juni 10, Juli 3, Aug. 21, Okt. 30. 1799 Mai 16, Juli 16.
   1801 Febr. 5. 1803 Mai 26, Juli 12.
   Cosi fan tutte siehe Die Wette.
82. **Curd von Spartau.** S. 4 David Beil. (350)
   1789 Dez. 15. 1790 Jan. 7, Mai 11. 1791 Juni 24.

83. **Die Danaiden.** O. 4 [du Rollet u. Tschudy], Salieri. (471)
   1796 Okt. 30, 31, Nov. 27, 28. 1797 Jan. 18, März 30, Mai 21,
   Juli 2, Sept. 17, Nov. 19. 1798 Jan. 28. 1799 März 31, April 14,
   Nov. 3. 1800 Febr. 16, Sept. 21, Nov. 23. 1801 Febr. 8, Sept. 20.
   1802 Okt. 3. 1803 März 27, Juni 8.

84. **Der dankbare Sohn.** L. 1 J. J. Engel. (70)
   1780 Juni 18. 1781 Dez. 2. 1782 April 5. 1783 Jan. 1. 1798
   Juni 15. 1803 Mai 12.

85. **Dankbarkeit.** S. 1. (472)
   1796 Nov. 4, 24. 1797 März 10.

86. **Der Deserteur.** Tr. 5 Mercier. (75)
   1780 Juli 23. 1782 April 21, Aug. 16, Dez. 19. 1783 Aug. 19.
   1784 Mai 4. 1785 Jan. 4, Nov. 8. 1786 Aug. 10.

87. **Der Deserteur.** Opt. 3 Sedaine, Monsigny. (78)
   1780 Aug. 20, Okt. 8, Nov. 14. 1781 Jan. 3, Mai 10. 1784
   Sept. 5. 1785 Nov. 3. 1786 Juli 9. 1787 März 8. 1796 Okt. 16,
   Dez. 4. 1802 Jan. 26.

88. **Der Deserteur aus Kindesliebe.** L. 3 Stephanie d. j. (21)
   1779 Nov. 16. 1780 Febr. 1, Aug. 24. 1782 Juni 4, Aug. 27.
   1786 Juli 4, Dez. 20.

   Der deutsche Hausvater siehe Die Familie.

89. **Der deutsche Spieler.** Original-Tr. 5. (147)
   1782 Juni 11, Juli 2.

90. **Der Diamant.** L. 1 Collé. (49)
   1780 Febr. 13, April 2. 1782 Sept. 3, 29, Dez. 10. 1783 Sept. 9,
   Nov. 27. 1784 April 20, Sept. 16. 1789 Jan. 15, Juni 9.
   1791 Febr. 8.

91. **Die Dichterfamilie.** L. 5 Max Roller. (478)
   1796 Nov. 22.

92. **Der Dienstfertige.** L. 3 f. (125)
   1781 Okt. 28, Nov. 13.

93. **Dienstpflicht.** S. 5 Iffland. (449)
   1795 Jan. 9, 18, März 19, Juni 24, Juli 15, Aug. 27. 1796 Febr. 22,
   März 15, Juni 7, Juli 1. 1797 Dez. 15. 1798 Jan. 9, Mai 31.
   1800 Mai 1. 1803 März 29.

94. **Dilara oder Die schwarze Zauberinsel.** Sg. 2 n. Gozzi, Ritter. (480)
   1798 Jan. 14, Febr. 2.

95. **Doktor Tonuccio.** L. 5 Jester. (505)
   1798 Okt. 28, Dez. 13.

   Der Doktor und der Apotheker siehe Der Apotheker und der Doktor.

96. **Don Carlos, Infant von Spanien.** Tr. 5 Schiller. (309)
   1788 April 6, 20, Nov. 13. 1802 Febr. 7.

97. **Don Juan.** O. 2 Da Ponte, Mozart. (344)
   1789 Sept. 27, Okt. 13, 18. 1790 Febr. 14, Juni 13. 1791 Juni 26.
   1792 Jan. 29, Okt. 28. 1793 Okt. 6. 1794 April 27. 1795 Aug. 30.
   1798 April 15, Juni 24, Okt. 23. 1800 Juli 6. 1801 Jan. 11,
   Aug. 15. 1802 März 7, Mai 27. 1803 Jan. 2, Sept. 25.

98. **Der Dorfbarbier.** Sg. 1 Jos. Weidemann, Joh. Schenk. (562)
   1801 Nov. 8, 15. 1802 Jan. 1, März 23, Juni 1, Dez. 16.
   1803 Febr. 20, Nov. 27.

99. **Die Dorfdeputierten.** Opt. 3 Schuhbauer. (195)
   1783 Nov. 19, 23. 1784 Febr. 19, April 12, Juli 13, Okt. 17,
   Nov. 21. 1785 Sept. 25. 1786 Febr. 21, Okt. 22. 1787 März 29,
   Aug. 23. 1788 April 22, Juli 27. 1790 März 4, Aug. 29.
   1791 März 3, Sept. 29. 1795 Febr. 15, Sept. 3, Okt. 22, Dez. 27.
   1796 April 21, Sept. 4, 22. 1797 Jan. 10, Juni 20. 1800 Juli 22.

100. **Die Dorfgala.** Opt. 1 Gotter, Schweitzer. (38)
   1779 Dez. 20. 1780 Jan. 7, März 14, April 23, Okt. 19.
   1781 Aug. 19, Sept. 23. 1782 April 28, Okt. 20. 1783 Okt. 26.
   1784 Jan. 8, Mai 31, Sept. 19, Nov. 29. 1785 Juli 22. 1786 März 28.
   1787 Mai 31. 1789 Jan. 25. 1795 Jan. 17. 1802 Nov. 11.

101. **Der Dorfjahrmarkt (Lukas u. Bärbchen).** O. 2 Gotter, Benda. (50)
   1780 Febr. 13, März 5, Mai 23, Dez. 10. 1781 Aug. 7, Okt. 28.
   1784 Jan. 29. 1785 Jan. 25, März 8. 1786 Okt. 8. 1787 Juni
   19, Dez. 9. 1788 Okt. 2. 1789 Juli 30. 1792 Juni 19.

102. **Drei Freier auf einmal.** Sg. 1 Rochon de Chabannes, Lemoyne. (417)
   1793 März 14, April 2, 30, Juli 18. 1794 März 11, Okt. 30.

103. **Die drei Pächter.** Opt. 2 Monvel, Desaides. (74)
   1780 Juli 16, 25, Aug. 2, Sept. 10. 1781 Mai 29, Juli 22, Okt. 19.
   1783 Febr. 18, März 23, Aug. 7, Nov. 27. 1784 März 23, Juli 22.
   1786 Jan. 19. 1787 Mai 6. 1790 Mai 9, Okt. 12. 1798 Mai 23,
   Okt. 4.

   Die drei Pächter, Fortsetzung siehe Töffel und Dorchen.

104. **Die drei Töchter.** L. 2 [Spieß]. (265)
   1786 Juni 5, Aug. 27. 1787 Dez. 23. 1794 Okt. 28. 1796
   März 10.

105. **Drei Väter und zwei Kinder.** O. 2 frei nach Romanus, Musik
   von Mozart und Hofmeister. (570)
   1802 Juni 27.

106. **Drei Wochen nach der Hochzeit.** L. 2 e. (268)
   1786 Aug. 3, Okt. 3.

   Die drei Wünsche siehe Der Holzhauer.

107. **Die Drossel.** S. 1 Unzer. (218)
   1784 Aug. 26, Okt. 31. 1785 Aug. 23. 1786 Juli 13.

108. **Das Duell oder Das junge Ehepaar.** L. 1 Jester. (36)
   1779 Dez. 14. 1780 Juni 6, Okt. 12. 1781 März 22.

109. **Die dürftige Familie.** S. 5 nach Mercier. (130)
   1781 Dez. 4. 1782 Jan. 8.

110. **Der Edelknabe.** L. 1 J. J. Engel. (57)
   1780 März 28, Mai 23, Nov. 28. 1781 April 26, Mai 17, Okt. 9.

111. **Eduard in Schottland.** S. 3 (Duval) Kotzebue. (601)
   1803 Dez. 18, 27.

112. **Eduard Montrose.** Tr. 5 [Fr. v. Dierike]. (102)
   1781 März 29, Mai 1, Aug. 28.

113. **Die eheliche Probe.** L. 1 v. Dalberg e. (313)
   1788 Mai 25, Juni 5, Aug. 5, Nov. 6. 1789 März 5, Juli 5,
   Sept. 10, Okt. 27. 1790 Juni 17. 1791 Mai 15, Aug. 7, Dez. 1.
   1792 Aug. 17. 1793 Jan. 22, April 10, Nov. 12. 1794 April 7.
   1795 Febr. 10, Juni 16, Dez. 17. 1802 Juli 28.

114. **Die eheliche Vergeltung.** L. 1 [v. Dalberg e.] (398)
    1792 März 6, Mai 31, Okt. 21. 1793 Febr. 14, Juni 9. 1794 Mai 8.

115. **Die eheliche Versöhnung.** L. 1 [v. Dalberg e.] (415)
    1793 Febr. 26, Juli 21. 1794 Nov. 13.

116. **Das Ehepaar vom Lande.** L. 4 Jünger. (430)
    1793 Okt. 3, Dez. 26. 1794 Mai 8, Nov. 25. 1796 Juni 28.
    1798 Okt. 18.

    Der Eheprokurator siehe Die Liebe nach der Mode.

117. **Der Ehescheue.** L. 5 (Dorat) Gotter. (12)
    1779 Okt. 31, Dez. 21. 1780 Jan. 23, Aug. 10, Dez. 21. 1782
    Jan. 10, Mai 14. 1783 Febr. 25. 1787 Juni 14, Sept. 4, Dez. 20.
    1788 Mai 20. 1789 Jan. 13, März 3, Nov. 24. 1790 Mai 27.
    1792 Okt. 2.

118. **Die Eifersucht auf der Probe.** O. 3 Anfossi. (232)
    1785 März 1, 13, Mai 29, Juni 21. 1787 Mai 17, Sept. 30.
    1789 März 24, Juni 30. 1792 Mai 29. 1801 Dez. 20.

119. **Der eifersüchtige Liebhaber.** Opt. 3 [d'Hèle], Gretry. (155)
    1782 Sept. 8, Okt. 3. 1783 Jan. 1, Juli 6. 1784 Juni 15.
    1785 April 14. 1786 Mai 23. 1787 Sept. 18. 1791 März 25.

120. **Die Eifersüchtigen oder Alle irren sich.** L. 3 Murphy. (178)
    1783 Mai 12, Juni 1, Aug. 3, Okt. 30. 1784 Juli 20. 1785
    Jan. 9, Juni 30, Sept. 22. 1786 März 7. 1788 April 10, Sept. 9,
    Okt. 16. 1789 Juni 19. 1790 März 11, Sept. 28, Dez. 28. 1791
    Mai 31. 1793 Juni 18. 1794 Nov. 7, Dez. 23. 1796 Jan. 8,
    Sept. 29. 1797 April 18, Aug. 8. 1798 April 21. 1799 Juni 20.
    1800 Juli 8.

121. **Der Eifersüchtige ohne Liebe.** L. 3. (529)
    1800 März 27.

122. **Der eingebildete Demokrit.** Opt. 2 n. d. ital., Dittersdorf. (380)
    1791 Mai 26.

123. **Die eingebildeten Philosophen.** O. 2 Stephanie, Paesiello. (216)
    1784 Aug. 5, Sept. 16. 1785 Aug. 25. 1786 Juni 11. 1787 Febr. 27,
    Aug. 7. 1788 Mai 12, Nov. 5. 1790 April 28. 1791 Juli 24.
    1793 Okt. 10.

124. **Der Einsiedler oder Der Mönch vom Carmel.** Tr. 3 Dalberg. (272)
    1786 Sept. 10, 17, Dez. 17. 1787 Jan. 19, April 18, Sept. 6.
    1788 Jan. 6, Mai 1. 1789 März 26, Okt. 8. 1790 Aug. 31.
    1791 März 31, Nov. 15. 1795 Nov. 26.

125. **Elektra.** Melodr. 1 Chr. Cannabich. (120)
    1781 Sept. 4, 30.

126. **Elfriede.** Tr. 3 Bertuch. (151)
    1782 Juli 21.

127. **Elise oder Einfalt und Bosheit.** L. 5. (Zweites Preisstück, vgl.
    Martersteig Prot. 311 u. 454, anonym eingereicht.) (270)
    1786 Aug. 20.

128. **Elise von Walberg.** S. 5 Iffland. (379)
    1791 Mai 17, 22, Juni 21. 1798 Febr. 4, März 6, Juli 27.
    1801 Juli 14. 1802 Aug. 31. 1803 Mai 31, Dez. 29.

    Der Emigrant siehe Der Geburtstag.

129. **Emilia Galotti.** Tr. 5 Lessing. (71)
 1780 Juni 25, Nov. 19. 1781 Juni 12. 1782 Febr. 28, Dez. 3.
 1784 April 27, Juni 22. 1785 März 3. 1786 Mai 30. 1787 Jan. 30,
 April 24. 1788 Sept. 23. 1789 April 17, Sept. 22. 1790 Juli 15.
 1797 Okt. 27. 1798 Mai 22. 1802 März 4, Juli 1. 1803 Mai 22.

130. **Emma und Edgar.** Dbr. 1 [Reichert], Franz Metzger. (85)
 1780 Okt. 29, Nov. 21.

131. **Der englische Kaper.** L. 1 [Huber]. (194)
 1783 Nov. 13, 21, Dez. 23. 1784 März 23. 1785 April 14,
 Sept. 13. 1786 Juli 16. 1787 März 4, Aug. 27. 1788 Jan. 1,
 März 23, Sept. 9. 1789 März 8, Juni 7, Sept. 24. 1790 Sept. 30.
 1792 Juni 12. 1797 Juni 13.

132. **Die Entdeckung.** L. 2 Steigentesch. (587)
 1803 April 14, Juni 4, Dez. 1.

133. **Die Entdeckungsfahrer.** O. 2 Vinc. Martini. (583)
 1802 Dez. 12.

134. **Die Entführung.** L. 3 Jünger. (373)
 1791 Jan. 25, April 14, Juni 2, Aug. 18. 1792 Juni 26. 1793
 April 2, Okt. 22. 1794 Juni 16, Nov. 28. 1796 Okt. 4, Dez. 27.
 1797 Aug. 31, Dez. 22. 1798 Febr. 8, Aug. 17. 1800 Febr. 6,
 Aug. 19, 26. 1801 Nov. 5. 1802 Juni 15. 1803 Febr. 10.

135. **Die Entführung aus dem Serail.** O. 3 Bretzner, Mozart. (207)
 1784 April 18, 25, Juli 6, Aug. 4, Sept. 12, Dez. 12. 1785 März 28,
 Juli 7, Aug. 31, Okt. 7, 23. 1786 Jan. 26, April 12. 1787 Febr.
 8, Okt. 21, Nov. 15. 1788 März 6, Aug. 17, Nov. 9. 1789 Mai 21.
 1790 Juni 6. 1791 Juli 17, Okt. 23, Dez. 27. 1792 April 19.
 1793 April 10. 1794 März 2, Aug. 10, Nov. 16. 1795 Mai 25,
 Juli 26, Sept. 27. 1796 Jan. 1, April 3, Juli 31, Okt. 2, Nov. 13.
 1797 Febr. 19, April 30. 1799 März 10, Aug. 29, Nov. 24, Dez. 29.
 1800 Juni 8. 1801 Juni 14. 1802 April 19, Juli 11. 1803
 Juni 21, Nov. 6.

136. **Entsagung.** S. 3 Weißenthurn. (575)
 1802 Aug. 15, Sept. 21.

137. **Das Epigramm.** L. 4 Kotzebue. (524)
 1799 Okt. 8. 1800 Jan. 9, Febr. 27, Sept. 25. 1801 Febr. 3,
 Juni 26. 1802 Juli 20. 1803 Okt. 13.

 Die Erbin siehe Alles aus Eigennutz.

138. **Die Erbschaft.** L. 1 [A. W. Schreiber]. (407)
 1792 Sept. 11, Okt. 25.

139. **Die Erbschleicher.** L. 5 Gotter. (Drittes Preisstück). (312)
 1788 Mai 4, Juni 12. 1790 Febr. 25, Nov. 5. 1791 Nov. 22.

140. **Der Eremit auf Formentera.** S. m. Gsg. 2 Kotzebue, P. Ritter. (330)
 1788 Dez. 14. 1789 Jan. 29, Aug. 6.

141. **Er hat den Teufel im Leibe.** P. 2 Reichard e. (87)
 1780 Nov. 10, 21. 1781 April 5, Aug. 7. 1782 Mai 22.

142. **Erinnerung.** S. 5 Iffland. (500)
 1798 Aug. 30.

143. **Er ist schwer zu befriedigen.** L. 1 Jünger. (229)
 1785 Jan. 11.

144. Er mengt sich in Alles. L. 5 Jünger. (400)
    1792 Mai 15, 24, Sept. 4, Dez. 27. 1793 Juli 2, Sept. 24.
    1794 April 2, Juni 24. 1795 Jan. 27, Dez. 23. 1796 Juni 10,
    Okt. 11. 1797 Febr. 14. 1798 Jan. 18, Dez. 11. 1800 Sept. 25.
    1801 Febr. 12, April 23. 1803 Okt. 18.

145. Ernst Graf v. Gleichen. S. 5 v. Soden. (403)
    1792 Juni 29.

146. Der erste Dank. S. 1 Wezel. (166)
    1783 Jan. 21, Febr. 6, März 20, Juni 15.

147. Der erste führt die Braut heim. L. 3 Dial (Vogel). (566)
    1802 Febr. 14.

148. Ertappt, ertappt. L. 1 Wezel. (172)
    1783 März 9.

149. Er will Soldat werden. L. 5 Pilow. (361)
    1790 Juli 11, Aug. 12. 1791 Juli 5.

150. Erziehung macht den Menschen. L. 5 Ayrenhoff. (259)
    1786 März 12, 26, April 30, Sept. 26. 1787 Jan. 25, Juli 15.
    1788 Febr. 21, April 29, Juli 1. 1790 Jan. 22, Aug. 3, Dez. 30.
    1791 Aug. 16, Dez. 15. 1792 Juli 12. 1793 Jan. 3.

151. Esserig-Esserogum oder Die mißlungene Spekulation. L. 1
    Maier (Hofgerichtsrat, Verfasser des Faust v. Stromberg). (226)
    1784 Dez. 16.

152. Der Essigmann mit seinem Schubkarren. D. 3 Mercier. (302)
    1787 Dez. 9. 1788 Jan. 15, März 25, Sept. 30, Nov. 18. 1789
    März 5. 1790 Jan. 26, Aug. 1. 1792 Dez. 30. 1793 April 23.
    1795 Jan. 29, Dez. 10. 1796 Juni 3.

153. Ethelwolf oder Der König kein König. S. 3 L. F. Huber e. (253)
    1785 Dez. 18. 1786 Jan. 12, Aug. 31.

154. Eugenie. D. 5 Beaumarchais (Schwan). (38)
    1779 Dez. 7. 1780 Juni 11, Sept. 19. 1785 Juni 26. 1786 Aug.
    15, Sept. 28.

155. Eugenius Skoko, Erbprinz von Dalmatien. Tr. 5 [Hensler]. (518)
    1799 Mai 26, Juni 25.

156. Die Expedition oder Die Hochzeit nach dem Tode. L. 3 Collé
    (Wall). (174)
    1783 März 27, April 25. 1786 Okt. 17.

157. Der Fähndrich oder Der falsche Verdacht. S. 3 Schröder. (152)
    1782 Aug. 4, Dez. 12. 1783 Febr. 20, Juli 3, Dez. 4. 1784 Okt. 12.
    1785 Jan. 7, Aug. 11, Okt. 30. 1787 Juni 12. 1788 Juni 5.
    1789 Dez. 29. 1791 Febr. 24, Mai 3. 1792 Juli 10. 1793 April 9,
    Aug. 29. 1794 Juli 11. 1797 Dez. 12.

158. Der Fall im Abgrund. Tr. 5 Gozzi. (56)
    1780 März 14.

159. Falsche Scham. S. 4 Kotzebue. (466)
    1796 April 12, 19, Juni 16. 1797 Sept. 12, Dez. 5. 1798 April 26,
    Nov. 16. 1799 Dez. 6. 1800 Nov. 25.

160. Die Familie Eichenkron. L. 5 Kretschmann. (281)
    1787 Febr. 4, Mai 15.

161. Der Familienstolz. S. 5 Dr. Wagner. (89)
    1779 Dez. 28. 1780 Juli 27.

162. **Die Familie oder Der deutsche Hausvater.** S. 5 v. Gemmingen. (89)
  1780 Nov. 26, Dez. 20. 1781 Juli 13, Dez. 6. 1782 Jan. 6,
  Juni 18. 1783 Jan. 6, Juli 31, Dez. 16. 1784 März 3, Nov. 11.
  1785 Aug. 4. 1786 Febr. 2, Mai 21. 1787 Nov. 29. 1788 Mai 6,
  Nov. 4. 1789 Aug. 20. 1790 Aug. 17. 1792 Okt. 16. 1794 Juni 3.
  1795 März 17, Juli 31. 1796 Jan. 19, Juli 7. 1802 Juli 26.

163. **Die Familie Spaden.** S. 4 Dav. Beil. (416)
  1793 März 7, April 4.

164. **Der Faschingsstreich.** L. 5 Montfleury. (81)
  1779 Dez. 2. 1780 Jan. 21. 1783 Juni 15, Nov. 25.

165. **Der Faßbinder.** Sg. 1 [Musik von Audinot, neu bearb. v. Quétant u. Gossec]. (61)
  1780 April 11, 18, Juni 8, Juli 30. 1781 April 29. 1782 Aug. 25,
  1782 Nov. 8. 1783 Mai 22, Okt. 28. 1784 April 22, Nov. 5, 23.
  1785 Juni 12, Sept. 8. 1786 Juni 13. 1787 Febr. 13, Juli 26.
  1791 Febr. 6, 24, Juli 7, Okt. 18. 1794 Dez. 12. 1795 Jan. 29.
  1796 März 10, Nov. 4, Dez. 18. 1797 Nov. 28, Dez. 22.
  1799 Juni 20, Nov. 26. 1800 Juli 8, Nov. 27. 1801 Okt. 16
  1803 Jan. 11, Okt. 6.

166. **Faust von Stromberg.** National-S. 6 Maier. (160)
  1782 Nov. 5. 1783 Jan. 5, März 16, Mai 29. 1784 Jan. 18,
  Dez. 19. 1785 Dez. 4. 1787 Juni 10, Dez. 16. 1789 Nov. 22.
  1791 März 27. 1792 April 9, Sept. 25. 1793 März 19. 1794 Juli 27.
  1795 März 22. 1798 Nov. 18. 1799 Febr. 2. 1801 Okt. 4.

167. **Felix oder Der Findling.** Sg. 3 Sedaine, Monsigny. (175)
  1783 April 6, Mai 6, Juli 10, Aug. 17. 1784 Febr. 10, Juni 8.
  1786 April 2, Aug. 13, Dez. 19. 1789 Aug. 23, Sept. 20.
  1790 Jan. 3, Mai 4, Sept. 19. 1791 Febr. 7, Juli 28, Dez. 15.
  1792 Mai 17. 1793 Jan. 1, April 25, Aug. 15, Dez. 29.
  1794 Okt. 9. 1795 April 23. 1796 April 24, Juni 29. 1797 März 23.
  1798 Juni 17. 1799 Nov. 21. 1800 Juni 17, Nov. 13. 1801 Aug. 20.

168. **Fernando und Olimpia.** S. 5 D'Arien. (110)
  1781 Juni 15, Juli 10. 1782 April 11. 1783 April 1. 1786
  März 10. 1787 Aug. 28. 1789 Aug. 13.

169. **Der flatterhafte Ehemann oder Wie man eine Hand umkehrt.**
  L. 5 Bock e. (7)
  1779 Okt. 20, Dez. 30. 1780 Juli 9, Okt. 26. 1781 Juni 17,
  Okt. 21. 1782 Dez. 17. 1783 Sept. 30. 1785 Aug. 28, Sept. 27.
  1786 Febr. 14. 1787 Jan. 14, Aug. 21. 1788 April 1, Aug. 12,
  Okt. 14. 1789 Juli 19, Sept. 28. 1791 April 28.

170. **Franz von Sickingen.** S. 5 [A. v. Klein?] (171)
  1785 Febr. 27, März 2.

171. **Freemann oder Wie wird das ablaufen?** S. 4 Jester. (365)
  1790 Sept. 8, Okt. 26. 1791 Juli 7. 1792 Juli 3, 31, Dez. 6.
  1793 Sept. 3, 10, Okt. 31. 1794 Juni 5. 1795 Jan. 13, Juni 12.
  1796 Juli 5. 1797 Jan. 3, Sept. 5, Nov. 16.

  Der Freigeist (v. Lessing) siehe Der beschämte Freigeist.

172. **Die Freunde auf der Probe.** L. 1 Beaunoir (Römer). (460)
  1795 Aug. 21, Sept. 13.

173. **Die Freundschaft auf der Probe.** O. 2 Favart, Gretry. (222)
  1784 Okt. 31, Nov. 16. 1785 Juni 14.

174. Fritz und Hänschen oder Die Milchbrüder. L. 1 f. (337)
   1789 April 21, Mai 3, Sept. 6.
175. Fürstengröße. S. 5 Ziegler. (401)
   1792 Juni 3, 10, Juli 24, Dez. 16. 1793 Juli 30. 1794 März 6.
176. Fürsten-Großmut. L. 3. (375)
   1791 Febr. 6, März 13.
177. Der Galeerensklave oder Die Belohnung der kindlichen Liebe.
   L. 3 Falbaire. (62)
   1780 April 16, Mai 15.

Gaßner der Zweite siehe Die bezähmte Widerbellerin.

178. Gattin und Wittwe zugleich. S. 3 Vogel. (516)
   1799 April 4, Mai 28, Sept. 27. 1800 Juni 10.
179. Der geadelte Kaufmann. L. 3 Brandes. (51)
   1780 Febr. 22, April 25.
180. Der Geburtstag (Der Emigrant). S. 3 [Bursen]. (438)
   1794 April 23, Mai 20.
181. Die Gefahren der Verführung. S. 5 Brandes. (65)
   1780 Mai 7, Juni 1.
182. Gefälligkeit im Alter. L. 3 Destouches. (283)
   1787 April 12, Mai 10. 1789 Juli 7, Sept. 15.
183. Der Gefangene. Opt. 1 n. Duval, Della Maria. (520)
   1799 Juni 9, 30, Nov. 14, Dez. 19. 1800 Jan. 28, März 28, Okt. 7. 1801 Febr. 10. 1802 Febr. 14, Juni 29. 1803 April 28, Juni 4, Sept. 4.
184. Die Geflüchteten. S. 1 Iffland. (451)
   1795 März 5.

Der gefoppte Astrolog siehe Die Zigeunerin.

185. Die geheime Verbindung oder Der verborgene Ehemann.
   L. 3 n. Florian. (305)
   1788 Febr. 12, April 27, Juni 5. 1789 Febr. 19, Okt. 7, Nov. 19. 1794 Juli 17.
186. Das Geheimnis. L. 1. (544)
   1801 Febr. 10.
187. Der Geizige. L. 5 Molière. (46)
   1780 Jan. 25, Febr. 20, April 6, Juni 18, Dez. 28. 1781 April 24, Okt. 12, Nov. 11. 1782 Nov. 8. 1784 Sept. 30.
188. Der General von Schlenzheim und seine Familie. S. 4 Spieß. (190)
   1785 Sept. 21, Okt. 12.
189. Der Genius. Vorspiel 1 Iffland. (423)
   1795 Aug. 3.
190. Der Genius der Zeit. Vorspiel 1 Römer. (475 a)
   1797 Jan. 18.
191. Gerechtigkeit und Rache. S. 5 Brömel [n. Shakespeares „Maß für Maß"]. (245)
   1785 Sept. 4, 18, Dez. 13. 1786 Jan. 17. 1787 Febr. 13. 1789 Jan. 25, März 8. 1790 Jan. 5, Aug. 26. 1791 April 7. 1792 Jan. 3, März 6, Aug. 9, Okt. 30. 1793 Mai 2.

192. **Geschwind ehe es jemand erfährt oder Der besondere Zufall.**
L. 3 Bock. (1)
1779 Okt. 7, Dez. 19. 1780 Febr. 10, Sept. 5. 1781 Sept. 6.
1782 Febr. 5, Juli 16, Nov. 28. 1791 Jan. 11.

193. **Die Geschwister.** S. 1 Goethe. (308)
1788 März 2, 24, April 27, Aug. 15, Sept. 30, Dez. 4. 1789 Okt. 1.
1790 Jan. 5, Sept. 28. 1791 Jan. 13, Mai 24, Nov. 4.

194. **Die Geschwister vom Lande.** L. 3 Jünger. (420)
1793 Mai 23, Juni 2, Nov. 14. 1794 Mai 2. 1795 April 24,
Sept. 4. 1796 Juli 10. 1797 Aug. 17. 1798 Sept. 6. 1799
Juli 2.

195. **Das Gewissen.** Tr. 3 Iffland. (484)
1797 Aug. 24, Sept. 8, Dez. 29. 1798 Juni 19.

196. **Der Gläubiger.** S. 3 J. Richter. (162)
1782 Dez. 8. 1783 Jan. 28, März 25, Aug. 10. 1786 März 14,
Juni 29, Nov. 14. 1787 Juni 17. 1788 Jan. 10, April 15, Okt. 9.
1789 Febr. 12, März 19, Mai 19. 1790 Juli 1, Okt. 12. 1791
März 23, Okt. 27. 1792 Febr. 7, Mai 31. 1793 März 14. 1794
Mai 1, 30. 1796 April 29, Aug. 23. 1797 Sept. 28. 1798 März 18.
1800 Febr. 20, Okt. 7.

197. **Gleiches mit Gleichem.** L. 3 (frei n. Federici) Vogel. (485)
1797 Sept. 19, 26, Okt. 15. 1798 Febr. 15, Juli 22, Dez. 18.
1800 März 4, Sept. 30, Nov. 11. 1801 Juni 11, Okt. 27.

198. **Glück bessert Thorheit.** L. 5 Miß Lee (Schröder). (157)
1782 Okt. 1, 6, 31. 1783 April 10, Juli 20, Dez. 18. 1784 Aug. 5.
1786 Aug. 29, Dez. 28. 1787 Okt. 18.

199. **Glücklicherweise.** L. 1 Rochon de Chabanne (übers. v. Prinzen Aug.
von Braunschweig). (18)
1779 Nov. 9. 1780 März 5, Aug. 27.

200. **Götz von Berlichingen.** Tr. 5 Goethe (Mh. Bearb.) (258)
1786 Febr. 17, 19, 26.

201. **Graf Albert.** Sg. 3 Gretry. (354)
1790 Febr. 28.

202. **Graf Armand oder Die zwei gefahrvollen Tage.** (Der Wasserträger.) Sg. 3 Bouilly (Ihlée), Cherubini. (565)
1802 Jan. 6, 18, Juni 13, Juli 15. 1803 Mai 8, Juni 7, Sept. 20.

203. **Graf Benjowsky oder Die Verschwörung auf Kamtschatka.**
S. 5 Kotzebue. (469)
1796 Aug. 28, Sept. 8, Nov. 17. 1798 Sept. 23. 1800 Juni 24.
1801 März 5. 1802 Aug. 1, Sept. 3. 1803 März 10, Juni 29.

204. **Der Graf von Burgund.** S. 4 Kotzebue. (463)
1796 Jan. 22, 26, Febr. 21, März 8, Mai 31, Aug. 15, 30, Dez. 8, 29.
1797 Jan. 26, Juli 6, Sept. 10, Nov. 14. 1798 März 19, Sept. 13.
1799 Juni 11, Okt. 10. 1800 Jan. 21, Sept. 4, Nov. 6.
1801 April 16, Aug. 16. 1802 Febr. 2, Nov. 9. 1803 März 19.

205. **Graf von Essex.** Tr. 5 Banks (Dyk). (117)
1781 Aug. 17, Dez. 13. 1782 Mai 7. 1783 Juni 11, Okt. 23.
1784 Juli 8. 1785 Febr. 2. 1786 Mai 11. 1788 Aug. 19.
1789 April 23, Dez. 3. 1790 April 29, Juli 8. 1794 Aug. 14.
1796 Jan. 12, Mai 5. 1797 März 2, Juni 22. 1799 Jan. 1.

206. **Der Graf von Olsbach.** S. 5 Brandes. (123)
1781 Okt. 10, Dez. 20. 1782 Mai 24. 1787 Juli 3. 1788 März 13.

207. Der Graf von Waltron oder Die Subordination. S. 5 Möller. (139)
    1782 Febr. 26, März 10. 1783 Febr. 9.
208. Griselda. O. 2 Ihlée i., Paër. (598)
    1803 Nov. 22, Dez. 11.
209. Das große Loos. L. 1 Hagemeister. (436)
    1794 März 19, Juni 1, Okt. 30. 1795 März 12. 1796 April 14,
    Mai 3, Aug. 23, Dez. 6. 1797 Juni 6, Nov. 21. 1798 Okt. 4.
    1799 März 28, Sept. 26. 1800 Jan. 28. 1801 Mai 1, Dez. 10.
    1802 Sept. 19. 1803 April 28.
210. Die große Toilette. L. 5 [Schmieder]. (825)
    1788 Okt. 26, Nov. 11. 1789 April 14, Aug. 11.
211. Der Günstling. Tr. 5 Klinger. (288)
    1787 Mai 20, Juli 5. 1788 Mai 13.
212. Günther von Schwarzburg. O. 3 v. Klein, Holzbauer. (928)
    1785 Jan. 6, 16, 30, Febr. 6, Mai 13.
213. Gustav Wasa. Tr. 5 [Kotzebue]. (464)
    1796 Febr. 14, 18, Juni 5.
214. Gustav Wasa. S. 5 Kotzebue (ganz neu bearbeitet). (555)
    1801 Juli 5, Aug. 2, Dez. 8. 1802 Juli 13, Dez. 19.
215. Die gute Ehe. L. 1 Florian (Wall). (874)
    1791 Febr. 2, März 15, Juli 26.
216. Das gute Mädchen. Sg. 3 n. Goldoni, Piccini. (144)
    1782 Mai 2, 12, Aug. 11. 1783 Febr. 28. 1785 Juni 7, Okt. 4.
    1787 Aug. 16.

Güte rettet siehe Leichtsinn und kindliche Liebe.

217. Der gutherzige Alte. L. 1 Florian. (347)
    1789 Nov. 10, 17. 1790 Jan. 28, März 11, Mai 21, Juni 27,
    Dez. 19. 1792 Nov. 13. 1793 Okt. 10, Dez. 10. 1794 Mai 2,
    Nov. 28. 1796 Juni 28.
218. Der gutherzige Sohn. L. 1 Florian (Schmieder). (860)
    1790 Juli 4, 22, Aug. 26. 1791 Jan. 25.

Der Gutsherr siehe Der Schiffspatron.

219. Die Hagestolzen. L. 5 Iffland. (390)
    1791 Nov. 3, 29. 1792 Mai 3, Aug. 28. 1793 Juni 23,
    Aug. 1, Nov. 21. 1795 Juni 2. 1796 Febr. 25, April 26. 1797
    Nov. 3. 1798 Febr. 22, Juni 1, Okt. 26. 1799 Juli 23. 1800
    Juni 26. 1801 Juni 18. 1803 März 31, Nov. 24.
220. Hamlet. Tr. 5 Shakespeare (Schröder). (2)
    1779 Okt. 10. 1780 Juni 16, Juli 2, Nov. 15. 1782 Mai 20.
    1783 Juli 13. 1784 Jan. 4. 1786 Juli 2. 1787 Jan. 7.
    1788 Febr. 7, Aug. 3, Dez. 9. 1790 Jan. 10, Okt. 21. 1791 Sept. 16.
    1792 Jan. 26. 1794 Mai 22, Nov. 18. 1798 Mai 29. 1799 Jan. 4.
    1800 März 6, Dez. 16. 1801 Mai 14, Sept. 29. 1802 Febr. 11,
    Dez. 23. 1803 Juli 5.
221. Haß und Liebe. S. 4 von Bonin. (267)
    1786 Juli 30, Sept. 5.
222. Der Hausdoktor. L. 3 Ziegler. (528)
    1800 Febr. 13.

223. **Der Hausfrieden.** L. 5 Iffland. (488)
   1797 Nov. 10, 17. 1798 März 9. 1800 Mai 15. 1801 Sept. 22.
   1802 Mai 18, Okt. 19.

224. **Dies Haus ist zu verkaufen.** Sg. 1 Duval, Dalayrac. (580)
   1802 Okt. 31, Dez. 26. 1803 Aug. 14, Dez. 8.

225. **Das Hausregiment.** L. 5 (fr. u. Colman) Meyer. (541)
   1801 Jan. 2.

226. **Der Hausvater.** S. 5 n. d. frz. des Diderot. (220)
   1784 Okt. 3, 28.

227. **Die heimliche Ehe.** O. 2 Bertati, Cimarosa. (424)
   1793 Aug. 18. 1794 März 9. 1795 Mai 14. 1796 April 10.

228. **Das heimliche Gericht.** Tr. 5 L. F. Huber. (853)
   1790 Febr. 11.

229. **Die heimliche Heirat.** L. 5 Colman u. Garrik. (8)
   1779 Okt. 22, Nov. 11. 1780 Jan. 2, Okt. 17. 1781 Mai 31,
   Sept. 11. 1782 Febr. 14. 1783 Jan. 3. 1784 März 11. 1791
   Dez. 29.

230. **Die Heirat durch ein Wochenblatt.** L. 1 [Schröder f.] (326)
   1788 Nov. 3, Dez. 18. 1789 Juli 20.

231. **Helena und Paris.** Musikal. S. 3 Winter. (277)
   1786 Dez. 5, 10, 26. 1787 März 25, April 9, Juli 1, Okt. 28.
   1788 Febr. 3, Aug. 31. 1789 März 29. 1790 Juni 29, Okt. 30.
   1791 Aug. 28, Okt. 9. 1792 Febr. 12. 1793 Jan. 13, Mai 20,
   Nov. 17. 1794 Mai 4. 1795 April 26, Aug. 25. 1797 März 5,
   Mai 28, Juli 23. 1798 Jan. 21. 1799 Jan. 20, Juli 14. 1801
   Mai 31.

232. **Henriette oder Der Husarenraub.** S. 5 Plümicke. (101)
   1781 März 20, April 17, Juli 8. 1782 Jan. 17. 1783 Aug. 21.
   1784 Jan. 6, Juni 11, Dez. 7. 1786 Jan. 3.

233. **Henriette oder Sie ist schon verheiratet.** L. 5 Großmann. (43)
   1780 Jan. 14, März 30, Juni 20, Okt. 31. 1782 Jan. 31. 1783
   Jan. 23. 1784 März 4. 1785 Sept. 6. 1787 Mai 8.

234. **Herbsttag.** S. 5 Iffland. (368)
   1790 Nov. 16, Dez. 14. 1791 Okt. 11. 1794 Aug. 8. 1795 März 8,
   Mai 15. 1796 Mai 17. 1798 Jan. 11, Sept. 4. 1801 April 28.
   1802 Okt. 7. 1803 März 22.

235. **Das Herz behält seine Rechte.** S. 5 Heinr. Beck [n. Kelly]. (298)
   1787 Okt. 25, Dez. 4.

236. **Herzog Michel.** L. 1 Krüger. (109)
   1781 Juni 7, 19, Aug. 9.

237. **Hieronymus Knicker.** O. 2 Dittersdorf. (409)
   1792 Nov. 11. 1798 Dez. 30.

238. **Der Hirsch.** S. 1. (306)
   1788 Febr. 17.

Die Hochzeit des Figaro (von Beaumarchais) siehe Der lustige Tag.

239. **Die Hochzeit des Figaro.** O. 4 Da Ponte, Mozart. (356)
   1790 Okt. 24, Nov. 7. 1791 Okt. 30. 1794 Juni 29. 1801 Jan. 4,
   Dez. 6. 1802 Mai 20.

Die Hochzeit nach dem Tode siehe Die Expedition.

240. **Der Hofmeister.** S. 4 Lenz (bearb. v. Schröder). (83)
   1780 Okt. 10, Dez. 7. 1781 Jan. 28, Juni 7, Okt. 23. 1783 Juni 13.
   1784 Dez. 1. 1785 Dez. 22. 1789 Jan. 22, Dez. 8. 1791 Febr. 2.

241. **Die Holländer oder Was vermag ein vernünftiges Frauenzimmer nicht?** L. 3 Bock (n. Goldoni). (42)
   1780 Jan. 11, März 12, Juni 22, Aug. 12, Okt. 9. 1781 Juli 31.
   1782 Jan. 15, Juli 4, Dez. 23. 1783 Aug. 24, Dez. 30. 1784 Dez. 30.
   1786 Sept. 7. 1787 Mai 29, Okt. 2. 1788 Jan. 29. 1789 März 10.
   1792 Sept. 18. 1793 Juni 4, Dez. 23.

242. **Der Holzhauer oder Die drei Wünsche.** Opt. 1 a. d. frz. [des Bucheron] frei überf. von Gotter, Benda. (142)
   1782 April 5, Juni 30.

243. **Der Hufschmied.** Opt. 1 [Quétant und Anseaume], Philidor. (150)
   1782 Juli 18, Aug. 18, Nov. 26. 1783 Juni 22, Sept. 18. 1784
   Aug. 12. 1785 Dez. 15. 1786 Jan. 24, Okt. 26. 1787 Juni 8,
   Dez. 18. 1788 Aug. 28. 1789 Juni 25, Dez. 15. 1790 Febr. 18,
   Dez. 28. 1792 Juli 31. 1793 Juni 18. 1794 Dez. 18.

244. **Der Husar als Zauberer.** Opt. 1 [Anseaume], Philidor. (184)
   1783 Juli 15, Okt. 12.

   Der Husarenraub siehe Henriette.

245. **Die Hussiten vor Naumburg im Jahre 1432.** S. 5 Kotzebue. (590)
   1803 Juli 10, 24, Dez. 4.

246. **Der Hut.** L. 1 Vogel. (525)
   1799 Nov. 14, Dez. 19.

247. **Jack Spleen.** L. 1 [Dyk]. (256)
   1786 Jan. 24, 31, April 2, Sept. 21. 1787 Febr. 1, Okt. 14.
   1788 Mai 15, Okt. 28. 1791 Aug. 23. 1792 Mai 8. 1793 Mai 28.

248. **Die Jagd.** O. 3 Chr. F. Weiße, J. A. Hiller. (93)
   1780 Dez. 19. 1781 Jan. 1, Sept. 2. 1782 Jan. 27, Febr. 20,
   Sept. 1, Nov. 19. 1784 Jan. 1, Okt. 26. 1785 Sept. 15.

249. **Die Jäger.** Ländl. Sittengem. 5 Iffland. (234)
   1785 März 15, April 3, Okt. 28. 1786 Jan. 22, März 21.
   1787 Febr. 6, Aug. 5. 1788 Aug. 26. 1789 Juni 28, Juli 14.
   1797 Juni 1, 16, Aug. 27, Dez. 7. 1798 März 30, Nov. 15.
   1799 Juli 9. 1800 Jan. 30. 1801 Jan. 15, Juli 7. 1802 Aug. 5.
   1803 Febr. 15, Juni 22.

250. **Ida Münster.** S. 5 [Delamotte]. (584)
   1803 Jan. 1, 9, Mai 15.

251. **Jeanette.** L. 3 Gotter (n. der Nanine des Voltaire). (10)
   1779 Okt. 28. 1780 Mai 26, Dez. 5. 1784 Nov. 7. 1785 Jan. 15,
   April 12, Okt. 13. 1787 Aug. 14. 1799 Sept. 10, Okt. 15.

252. **Jeder fege vor seiner Thür.** L. 1 f. (537)
   1800 Aug. 19. 1801 Jan. 8.

253. **Im Trüben ist gut fischen.** O. 3 Sarti. (254)
   1785 Dez. 29. 1786 Jan. 6, März 3, Juni 1, Aug. 22, Okt. 29.
   1787 Juni 24, Sept. 2, Dez. 30. 1788 Aug. 21, Okt. 23. 1789 Aug. 16,
   Okt. 29. 1790 März 21, Aug. 19. 1791 Nov. 17. 1792 Jan. 17,
   Aug. 21. 1793 Jan. 6, März 17. 1794 Okt. 21. 1795 Mai 22.
   1797 Jan. 1, Febr. 12, Aug. 3. 1798 Jan. 7, Dez. 4. 1799 April 25,
   Sept. 5, 16. 1800 Mai 6, Okt. 21. 1801 März 19. 1803 Aug. 21.

254. **Das Incognito.** S. 5 Federici (v. Dalberg). (468)
   1796 Juli 5. 1797 Juli 16.

255. **Die Indianer in England.** L. 3 Kotzebue. (352)
1790 Jan. 20, 31, Febr. 9, Mai 16, Juni 25. 1791 Okt. 20.
1792 März 8, Sept. 25. 1793 Jan. 15, Nov. 5. 1794 Okt. 2, 24.
1795 Aug. 6. 1796 April 22, Juni 23. 1797 Okt. 12, Dez. 19.
1798 Juli 10, Nov. 6. 1799 Juli 18. 1801 Febr. 24, Okt. 1.

256. **Instinkt oder Wer ist Vater zum Kinde?** L. 1 Jünger. (286)
1787 Mai 6.

257. **Der Invalide.** S. 1 Vogel. (561)
1801 Nov. 8.

258. **Johanna von Montfaucon.** Rom. Sittengem. 5 Kotzebue. (539)
1800 Okt. 5, 19, Dez. 7. 1801 März 1, April 12, Juni 24, Juli 17.
1802 Mai 14. 1803 Febr. 2, Mai 27.

259. **Iphigenie in Tauris.** O. 4 [Guillard], Gluck. (379)
1791 Jan. 18, 23, Febr. 15, 20, Mai 1, Juni 13, Sept. 11.

Die Irrtümer einer Nacht siehe Sie läßt sich herab um zu siegen.

260. **Die Irrungen durch Einbildung, Eifersucht und Liebe.** S. 5 n. Calderon. (148)
1782 Juni 23, Aug. 1, Dez. 26. 1784 Sept. 9.

261. **Der Irrwisch od. Endlich fand er sie.** O. 3 Bretzner, Umlauff. (257)
1786 Febr. 5, März 9.

262. **Die Jubelhochzeit.** Opt. 3 Chr. Fr. Weiße, Ign. v. Beecke. (146)
1782 Juni 9, 20, Sept. 15, Dez. 1.

263. **Der Jude.** S. 5 Cumberland (Brockmann). (457)
1795 Juli 16, 30.

264. **Jugend hat selten Tugend.** S. 4 Mercier (Schröder). (82)
1780 Sept. 17, Okt. 12. 1781 Febr. 8, Mai 3. 1783 Juni 17.

265. **Juliane von Lindorak.** S. 5 Gozzi (Schröder u. Gotter). (19)
1779 Nov. 14, 30. 1780 Aug. 17, Nov. 12. 1781 Dez. 28. 1782
Juli 28. 1783 Jan. 16, Mai 16, Okt. 9. 1784 Mai 18, Aug. 24.
1785 Jan. 11. 1786 Febr. 9. 1787 Dez. 18. 1788 Mai 15.
1789 Mai 26. 1790 Sept. 14. 1791 Mai 12. 1794 Dez. 12.
1795 Mai 21.

266. **Julie und Belmont.** Bürgerl. Tr. 5 Storz. (180)
1783 Juni 3, Aug. 28. 1784 Febr. 26. 1785 März 31, Juli 28.
1786 Juli 20. 1787 April 10.

267. **Julius Cäsar.** Tr. 6 Shakespeare (n. Wielands Übersetzung von Dalberg bearbeitet). (236)
1785 April 24, Mai 1, 8, Juli 3. 1786 Jan. 29. 1787 Febr. 11.
1788 März 30, Juni 15. 1789 Febr. 1. 1790 Nov. 14.

268. **Julius von Tarent.** Tr. 5 Leisewitz. (204)
1784 März 21, Juni 3. 1785 Juni 2, Nov. 17. 1786 Juni 27.
1787 Nov. 6. 1789 Juli 2.

Das junge Ehepaar siehe Das Duell.

269. **Die junge Indianerin.** L. 1 Chamfort. (30)
1779 Nov. 30. 1780 Jan. 16, Juli 25. 1781 Nov. 25. 1782
Mai 26, Juli 11. 1783 Febr. 18, Juni 29. 1784 Febr. 10. 1796
Sept. 6.

270. **Die Jungfrau von Orleans.** Rom. Tragödie 6 Schiller (Th.-Bearb.) (579)
1802 Okt. 24, Nov. 14. 1803 Juni 19, Sept. 15.

271. **Der Jurist und der Bauer.** L. 2 Rautenstrauch. (85)
1779 Dez. 14, 26. 1780 Jan. 30, Febr. 24, Juli 11, Dez. 14.
1781 April 26, Aug. 2, Okt. 19. 1782 Febr. 24, Juli 11, Dez. 22.
1783 Dez. 2. 1784 Sept. 2. 1785 März 17, Juni 24. 1786 Jan. 17,
Okt. 13. 1787 Febr. 2. 1789 Mai 28. 1790 März 17, Juli 29,
Okt. 28. 1791 Sept. 20, Dez. 26. 1792 Febr. 7. 1793 Febr. 5,
Juli 18. 1794 März 11, Juli 29. 1797 Febr. 9, März 10. 1798
Jan. 25, Okt. 2. 1799 Nov. 28. 1800 Nov. 27. 1801 April 29,
Dez. 1. 1802 Juni 1, Dez. 30.

272. **Kabale u. Liebe.** Tr. 5 Schiller. (206)
1784 April 15, Mai 9. 1785 Jan. 18. 1786 März 30. 1787 Sept. 20.
1790 Juni 15. 1792 Sept. 13. 1800 April 1, Okt. 23. 1801 April 21.
1802 Febr. 18, Sept. 10.

Der Kapellmeister (Intermezzo) siehe Il Maestro di Capella.

Der Kaufmann aus Lyon siehe Die beiden Freunde.

273. **Der Kaufmann von Venedig.** L. 4 Shakespeare. (Mh. Bearb.) (196)
1783 Dez. 7, 11. 1784 Febr. 1. 1785 April 5.

274. **Der Kerkermeister von Norwich.** S. 4. (427)
1793 Sept. 12.

275. **Das Kind der Liebe.** S. 4 Kotzebue. (370)
1790 Dez. 8. 1791 Febr. 15, Mai 5. 1792 Juni 14, Dez. 15.
1793 Juni 27. 1794 März 20. 1795 Aug. 13. 1796 Sept. 27,
Nov. 3. 1797 Mai 11, Sept. 14. 1798 Febr. 27. 1799 Juni 27.
1800 März 14, Juli 1, Dez. 30. 1801 Aug. 11. 1802 Febr. 4,
Aug. 13.

276. **Kindliche Liebe.** S. 5 Weißenthurn. (582)
1802 Nov. 18. 1803 Mai 3.

277. **Klara von Hoheneichen.** Ritter-S. 4 Spieß. (386)
1791 Sept. 13, 27. 1792 Jan. 1, April 22, Mai 13, Juli 15.
1793 Jan. 20, Mai 14, Aug. 11. 1794 März 13, Mai 11.
1795 Jan. 1, Juli 28, Okt. 1, Dez. 6. 1796 Juli 24. 1797 Jan. 29,
Mai 18, Nov. 23. 1798 Mai 8. 1799 April 30, Dez. 17.
1800 März 16. 1801 Jan. 20. 1802 Mai 6, Nov. 3. 1803 März 20.

278. **Das Kleid aus Lyon.** L. 4 Jünger. (820)
1788 Aug. 24, Okt. 21.

279. **Der kleine Matrose.** Sg. 1 Lebrun, Gaveaux. (499)
1798 Aug. 28, Sept. 25. 1799 Jan. 24, März 28, Mai 21, Nov. 7.
1800 Febr. 20. 1801 Jan. 8. 1803 Juli 7.

280. **Die Kleinstädter.** L. 4 Kotzebue. (576)
1802 Sept. 12, Dez. 8. 1803 Jan. 27, Juni 10, Aug. 18.

281. **Die Kolonie.** Sg. 2 (nach Isola d'amore), Sacchini. (156)
1782 Sept. 29, Okt. 13. 1783 März 9, Sept. 14. 1784 März 23.
1785 Sept. 11. 1788 Jan. 24. 1792 Okt. 21.

282. **Das komische Duell.** O. 2 Moline, Paesiello. (269)
1786 Aug. 3, 17.

283. **Die komische Ehe oder Sie werden ihre eignen Nebenbuhler.**
L. 1. [Sievers f.] (563)
1801 Nov. 15, 26. 1802 März 19.

284. **Die Komödie aus dem Stegreif.** L. 1 [v. Gotter n. Poisson]. (55)
1780 März 9, April 9, Mai 26, Juli 16. 1781 März 15, Okt. 23.
1782 Nov. 12.

285. **Der König auf Reisen.** L. 4 Ziegler. (426)
    1793 Aug. 22, Sept. 17, Dez. 19. 1794 März 25, Juli 1, Nov. 21.
    1795 Mai 26. 1796 Aug. 18, Okt. 18. 1797 Jan. 31, Mai 23
    Nov. 7. 1798 April 10, Juli 19. 1799 Sept. 3. 1800 März 13,
    Nov. 4. 1801 Sept. 1. 1802 Febr. 23, Dez. 14.

286. **König Lear.** Tr. 5 Shakespeare (Schröder). (72)
    1780 Juni 28, 30, Aug. 4. 1784 Aug. 19, 29. 1785 Febr. 27,
    Juli 10. 1788 Juli 13. 1794 Aug. 9. 1799 Aug. 15. 1801
    Okt. 18.

287. **König Theodor in Venedig.** O. 2 [Casti], Paesiello. (243)
    1785 Juli 21 (in Schwetzingen), 24, Aug. 14, Okt. 16. 1786 Febr. 12,
    Mai 16. 1787 April 29, Dez. 13. 1788 Mai 18, Juli 6. 1789
    April 28, Aug. 27. 1790 Mai 18, Dez. 2. 1791 Sept. 18. 1792
    Febr. 26, Aug. 26. 1793 Okt. 20. 1794 Nov. 27. 1795 Sept. 6
    1796 Febr. 2. 1797 Juni 25. 1798 Aug. 26. 1802 Mai 16.
    1803 Dez. 2.

288. **Konradin von Schwaben.** Tr. 5 Klinger. (279)
    1787 Jan. 11, Mai 1, Okt. 30. 1789 Juni 2, Okt. 22.

289. **Die Kriegsgefangenen.** S. 5 Stephanie d. j. (225)
    1784 Dez. 5. 1785 Jan. 1.

290. **Die Kriegskameraden.** L. 5 Kratter. (488)
    1793 Dez. 17, 22. 1794 April 3. 1795 Febr. 12.

    Die lächerlichen Irrtümer siehe Die Schwiegermütter.

291. **Lanassa.** Tr. 5 Plümicke nach der Veuve du Malabar des La Mierre,
    Musik der Chöre von Franz Danzi. (164)
    1782 Dez. 29. 1783 Jan. 26, April 27, Nov. 2. 1784 Juni 13.
    1785 Febr. 13. 1786 Jan. 1. 1795 März 15.

292. **Das Landmädchen.** L. 5 a. d. engl. [des Wicherley]. (285)
    1787 April 22.

293. **Die Lästerschule.** L. 4 Sheridan (Schröder). (119)
    1781 Aug. 26, Sept. 9, Okt. 7, 30. 1782 Aug. 13. 1783 Jan. 12,
    Sept. 23. 1784 Jan. 20, Sept. 7. 1785 Febr. 22, Juli 5.
    1786 Mai 9. 1789 April 21, Aug. 25. 1790 Febr. 18. 1792 Nov. 22.
    1793 Juli 9, Okt. 1. 1794 Juni 17. 1801 Juni 16.

294. **Laura Rosetti.** S. m. Gsg. 3 d'Arien, Fr. Danzy. (116)
    1781 Aug. 15.

295. **Leichter Sinn.** L. 5 Iffland. (491)
    1798 März 8, Mai 1, Juli 31. 1799 Aug. 9. 1800 Juli 3.
    1802 Mai 13.

296. **Leichtsinn und gutes Herz.** L. 1 Hagemann. (402)
    1792 Juni 26, Juli 19, Nov. 24. 1793 Mai 7, Juli 25, Sept. 24.
    1794 Juli 17. 1795 Jan. 27, Mai 29, Aug. 28. 1796 Juni 19,
    Aug. 4, Sept. 29. 1797 März 21, Aug. 8. 1798 Jan. 18.
    1800 Juni 5, Okt. 30. 1802 Sept. 21.

297. **Leichtsinn und kindliche Liebe oder Der Weg zum Ruin.**
    L. 5 Huber [n. Holcroft]. (456)
    1795 Juni 23.

298. **Die Liebe auf dem Lande.** Opt. 3 Chr. F. Weiße, Joh. A.
    Hiller. (129)
    1781 Nov. 25, Dez. 18. 1783 Juli 27. 1784 Aug. 17. 1785 Aug. 16.

299. Die Liebe im Narrenhause. O. 2 Stephanie d. j., Dittersdorf. (336)
1789 April 19. 1790 März 10, April 20. 1792 Juli 1. 1793 Febr. 23, Aug. 28.

300. Der Liebe Lohn. S. 2 Vulpius. (343)
1789 Sept. 8, 20.

301. Die Liebe nach der Mode oder Der Eheprokurator. L. 5 Bretzner. (145)
1782 Mai 5, Juni 2, Juli 30. 1783 Aug. 14.

302. Das Liebesgeständnis. L. 5 Anton Seibold. (444)
1794 Juli 31, Aug. 12.

303. Liebe um Liebe. S. 1 (als Prolog) Iffland. (250)
1785 Nov. 20.

304. Der Liebhaber ohne Namen. L. 5 Gotter f. (168)
1783 Jan. 30.

305. Liebhaber und Nebenbuhler in einer Person. L. 4 Ziegler. (396)
1792 Febr. 19, April 12.

306. Lilla oder Schönheit und Tugend (Una cosa rara). O. 4 Da Ponte, Martin. (315)
1788 Juni 8, Aug. 4. 1789 Juni 21. 1791 Sept. 4. 1792 April 15 Sept. 30. 1793 Nov. 10. 1794 Mai 18, Nov. 23. 1795 Juni 28. 1796 Mai 29. 1797 Juni 5, Aug. 6. 1799 Okt. 13, Dez. 1. 1803 Jan. 30, Okt. 20.

307. List gegen Mißtrauen. L. 1 f. (595)
1803 Okt. 27, 30.

308. Die listigen Stutzer. L. 5 Leonhardi v. (176)
1783 Mai 1, Juni 24. 1784 März 30.

309. List und Unschuld. L. 1 Vulpius. (447)
1794 Nov. 7.

310. Das Loch in der Thüre. L. 5 Stephanie d. j. (122)
1781 Okt. 5, Nov. 23. 1786 Mai 28, Sept. 14. 1787 Juni 26.

311. Lodoiska. O. 3 Fillete-Loreanz (Schmieder), Cherubini. (483)
1797 Aug. 20.

312. Lohn der Wahrheit. S. 5 Kotzebue. (522)
1799 Aug. 4, 22, Dez. 15. 1800 Jan. 5, Dez. 18. 1801 Mai 12. 1802 Aug. 3.

313. Der Lorbeerkranz oder Die Macht der Gesetze. S. 5 Ziegler. (533)
1800 Juni 15, Juli 20, Sept. 8, Nov. 20. 1801 Febr. 27, Juni 29 Dez. 22. 1802 Okt. 14. 1803 Nov. 17.

314. Lorenz Stark. Bürgerl. Fam.-Gem. 5 frei n. Engel. (578)
1802 Sept. 28.

315. Ludwig der Springer. S. 5 Hagemann. (443)
1794 Juli 6, Aug. 6, Dez. 16. 1795 Aug. 11. 1796 Mai 8, Aug. 2 Sept. 25. 1797 Febr. 21. 1798 Febr. 23. 1799 Febr. 12. 1800 Jan. 6, Dez. 28. 1802 Okt. 12.

316. Die Luftbälle oder Der Liebhaber à la Montgolfier. O. 2 Bretzner, Ferd. Fränzl. (284)
1787 April 15, 26, Aug. 27, Okt. 14. 1788 März 24, Juni 29. 1789 Mai 3. 1792 Aug. 15. 1793 Juli 21. 1795 Sept. 13.

317. Der Lügner. L. 3 Goldoni. (88)
1780 Nov. 25. 1781 Febr. 13.

Lukas und Bärbchen siehe Der Dorfjahrmarkt.

318. Die lustigen Weiber. Sg. 3 Römer (n. Shakespeare), P. Ritter. (446)
1794 Nov. 4.

319. Der lustige Tag oder Die Hochzeitsfeier des Figaro. L. 5 Beaumarchais (überf. nach der Kehler Originalausgabe). (237)
1785 Mai 5, 16, Juni 5, 29, Aug. 7, Okt. 6, Nov. 26. 1786 März 19, Mai 25. 1787 April 17. 1788 Juni 26. 1792 Dez. 2. 1798 Juni 26. 1799 Juli 25.

320. Macbeth. Tr. 5 Shakespeare (Mh. Bearbeitung). (314)
1788 Juni 1, 22. 1789 Mai 17.

Die Macht der Gesetze siehe Der Lorbeerkranz.

Das Mädchen von Frascati siehe Der Vormund.

321. Das Mädchen von Marienburg. S. 5 Kratter. (418)
1793 April 28, Mai 9. 1794 März 17, April 1, Mai 15. 1795 Juli 10. 1797 Okt. 19. 1798 Jan. 16. 1800 Juli 17, Dez. 23. 1802 Juni 10. 1803 Febr. 24.

322. Il Maestro di Capella. Intermezzo 2 n. Cimarosas Muf. bearb. von J. Ellmenreich. (550)
1801 April 29, Mai 1. 1803 Dez. 1.

323. Der Magnetismus. L. 1 Iffland. (301)
1787 Nov. 21, Dez. 23. 1788 Juli 3, Nov. 18. 1789 Febr. 19, Okt. 15, Nov. 12. 1790 Mai 9. 1791 März 10. 1792 Juli 5. 1793 März 12, Okt. 8. 1795 März 27. 1796 Jan. 3, Okt. 4. 1797 Juli 11, Aug. 31, Dez. 12. 1798 Mai 25. 1799 Juni 30. 1800 April 3, Aug. 26. 1801 Nov. 5. 1802 Dez. 16.

324. Der Maitag. S. 4 Hagemann. (413)
1793 Jan. 24, Juni 20.

325. Die Maler. L. 1 Babo. (183)
1783 Juli 6, Aug. 10. 1784 Dez. 1. 1785 Jan. 9, März 10, Juni 30, Nov. 4. 1786 März 23, Aug. 4, Dez. 7. 1787 Aug. 12, Nov. 8. 1788 April 24, Sept. 4. 1789 Febr. 15, April 27, Okt. 7, Dez. 15. 1791 Juni 14. 1792 Okt. 23. 1793 April 23, Okt. 31. 1794 Nov. 20. 1795 Juli 2. 1796 Jan. 8. 1798 Juni 5.

326. Der Mann, den seine Frau nicht kennt. L. 2 Boissy. (185)
1783 Juli 27, Sept. 25, Okt. 26. 1784 Juni 6. 1785 Juni 14. 1786 Juni 11. 1787 Febr. 27, Juli 22. 1788 Okt. 16. 1789 Febr. 12, Aug. 23.

327. Der Mann von Wort. S. 5 Iffland. (551)
1801 Mai 5, Juli 15.

328. Das Manuscript. S. 1 Ochsenheimer. (389)
1791 Okt. 18, Nov. 8.

329. Margot oder Das Mißverständnis. S. 1. (508)
1798 Dez. 2, 21. 1799 Mai 7.

330. Marianne. Tr. 3 Gotter, [n. d. frz. des La Harpe]. (108)
1781 Juni 4, Juni 19, Sept. 23. 1782 Okt. 20. 1783 März 20, Sept. 18. 1784 April 22, Mai 31, Nov. 3. 1785 Juni 24. 1787 März 6, Juni 29. 1788 April 3, Aug. 28. 1789 Jan. 20, Juli 28. 1790 März 2, Juni 22. 1791 Febr. 4, Juni 30, Aug. 7. 1793 Febr. 26, Okt. 24. 1794 April 7. 1795 Aug. 21. 1796 Sept. 6. 1797 Mai 2, Okt. 31. 1798 April 19, Aug. 28.

331. **Maria Stuart.** Tr. 5 Spieß. (893)
    1791 Dez. 22. 1792 Febr. 2, März 1. 1795 April 21. 1796 Febr. 4, April 4.

332. **Marie von Montalban.** O. 4 Winter. (592)
    1803 Sept. 7.

333. **Die Martinsgänse.** L. 1 Hagemann. (581)
    1802 Nov. 11. 1803 Jan. 18.

334. **Maske für Maske oder Das Spiel der Liebe und des Zufalls (siehe auch dort).** L. 3 Jünger (n. Marivaux). (411)
    1792 Dez. 11. 1793 Jan. 10, Dez. 5. 1794 Juli 25. 1798 Okt. 25. 1800 Juni 5.

335. **Mathilde, Gräfin von Giesbach.** Tr. 5 Ziegler. (859)
    1790 Juni 1, Juli 20. 1792 März 13, Okt. 4.

336. **Medea.** Dbr. 1 Gotter, Benda. (22)
    1779 Nov. 16, Dez. 23. 1780 Nov. 10. 1781 April 5, Juli 1. 1782 März 14, Mai 22, Aug. 8, Dez. 8. 1783 Okt. 2, Nov. 25. 1784 Okt. 7. 1786 Juni 25. 1787 Juli 29. 1792 Jan. 12. 1794 Okt. 17. 1798 Jan. 25, Febr. 8. 1799 Juli 4. 1801 Dez. 1. 1802 März 23, Dez. 30.

337. **Die Mediceer.** F. 5 Brandes. (32)
    1779 Dez. 5. 1780 April 18. 1785 April 23. 1786 Juli 15.

338. **Die Melomanie oder Die Singsucht.** O. 1 Champein. (394)
    1792 Jan. 15, Febr. 9. 1795 Dez. 5. 1794 April 9, Nov. 25.

339. **Menschenhaß und Reue.** S. 5 v. Kotzebue. (342)
    1789 Aug. 30, Sept. 17, Dez. 6. 1790 Febr. 7, April 6, Juni 8, Nov. 21. 1791 April 26, Aug. 11. 1792 Juni 8, Sept. 9. 1793 Jan. 31, Juni 30. 1794 März 10, Juli 18. 1795 Jan. 22, Juli 23. 1796 Febr. 19, Sept. 13, Nov. 8. 1797 April 20, Aug. 22. 1798 April 17, Okt. 19. 1799 März 14. 1800 Okt. 14, Dez. 2. 1802 Juli 30. 1803 März 1.

340. **Menzikoff und Natalie.** Tr. 5 Kratter. (383)
    1791 Juli 21, 31. 1792 Aug. 19.

    Die Milchbrüder siehe Fritz und Hänschen.

341. **Das Milchmädchen und die beiden Jäger** (Les chasseurs et la laitière). Opt. 1 Anseaume, Duni. (51)
    1780 März 7, 16, April 4, Mai 7, 9, Juli 11, Aug. 6, Okt. 10, Dez. 14. 1781 März 27, Nov. 13. 1782 März 7, Aug. 27. 1783 Juni 1, Juli 17, Nov. 21. 1784 Okt. 10. 1785 April 28.

342. **Minna von Barnhelm.** L. 5 Lessing. (13)
    1779 Nov. 3. 1780 Sept. 14. 1782 April 18, 25. 1785 März 18. 1786 Okt. 19, Dez. 21. 1787 Sept. 27. 1788 März 27. 1789 März 17. 1803 Nov. 3.

343. **Miß Obre.** L. 5 n. Cumberland. (170)
    1783 Febr. 15, März 6, Mai 20, Sept. 2. 1784 März 16. 1789 Juni 18.

344. **Der mißtrauische Liebhaber.** L. 5 Bretzner. (193)
    1783 Nov. 4, 16, Dez. 26. 1784 März 28, Mai 6, Dez. 14. 1785 Mai 24, Dez. 6. 1786 April 4, Nov. 10. 1787 Okt. 9. 1788 März 4. 1789 Jan. 18, Aug. 4. 1790 Juli 6, Dez. 21. 1791 Aug. 2. 1792 März 15, Sept. 27. 1793 Mai 16, Dez. 12. 1794 Mai 9. 1795 Febr. 20, Aug. 25. 1796 Okt. 20. 1801 Okt. 6. 1802 April 22, Dez. 21.

345. Das Mißverständnis. S. 1 [C. H. Schmidt e.]. (114)
   1781 Juli 22, Aug. 23.
346. Mittelweg ist Tugendprobe. S. 3 Iffland. (303)
   1788 Jan. 15.
347. Die Mitternachtsstunde. Sg. 3 Lambrecht (nach La guerre ouverte von Jadin), Franz Danzi. (534)
   1800 Juni 29, Aug. 5.
   Der Mönch vom Carmel siehe Der Einsiedler vom Carmel.
348. Der Mondkaiser. Scherzspiel 1 f. (560)
   1801 Okt. 16.
349. Montesquieu od. Die unbekannte Wohlthat. S. 3 v. Dalberg. (292)
   1787 Juli 12, Aug. 26, Nov. 21. 1788 Jan. 31, Juli 24, Nov. 20.
   1789 Sept. 10, Okt. 27. 1790 Juli 22. 1791 Juli 26, Dez. 6.
   1792 Dez. 4.
350. Der Müller im Eichthale oder Die Verwiesenen. S. 4. (548)
   1801 April 9, Mai 8.
351. Die Müllerin. Opt. 3 n. d. ital. (La molinara), Paesiello. (462)
   1796 Jan. 17, 31, März 19, Mai 19. 1797 Jan. 15, 22, März 26.
   1798 Mai 20, Nov. 25. 1799 Mai 24, Okt. 17, Dez. 13. 1800
   Dez. 8. 1801 April 26, Juli 28. 1802 Okt. 21.
352. Die Mündel. S. 5 Iffland. (221)
   1784 Okt. 24, Nov. 4, Dez. 9. 1785 Aug. 21, Sept. 1, Dez. 26.
   1786 Nov. 16. 1788 Febr. 26, Sept. 11. 1789 Mai 12. 1790
   Febr. 23. 1791 März 1, Juli 14, Dez. 20. 1799 Dez. 20.
353. Die mütterliche Ungewißheit. S. 2. (397)
   1792 Febr. 23. 1795 Juni 26.
354. Die nächtliche Erscheinung. O. 2 J. F. Schubert. (554)
   1801 Juni 21.
355. Nacht und Ohngefähr. L. 1 Reichard. (27)
   1779 Nov. 25. 1780 Jan. 7, Aug. 13.
   Das Narrenhofspital siehe Die Schule der Eifersucht.
356. Natalie. S. 4 Mercier. (136)
   1782 Jan. 29, April 9, Juni 27. 1783 Sept. 9.
357. Der natürliche Sohn. L. 5 Cumberland. (240)
   1785 Juni 19, 26, Juli 26, Nov. 24. 1787 Jan. 9, Dez. 28.
   1788 Mai 8.
358. Die Nebenbuhler. L. 5 [n. Sheridan]. (24)
   1779 Nov. 21, Dez. 12, 23. 1780 Febr. 15, Juni 15, Dez. 12.
   1781 März 18, Mai 25, Sept. 25. 1782 Juli 9, Okt. 15.
   1784 Febr. 3, Aug. 10. 1785 Jan. 27, Dez. 15. 1800 März 21.
359. Die Negerin oder Lilliput 2. Teil. L. 5 von Soden. (349)
   1789 Nov. 29.
360. Die neue Emma. L. 3 Unzer. (217)
   1784 Aug. 8, Okt. 10, Nov. 29. 1785 Mai 20, 28. 1786 März 28.
   1787 Juni 21. 1788 Jan. 3, Aug. 7. 1790 April 27. 1792 Juni 21,
   Okt. 25. 1797 Nov. 28. 1798 Mai 10.
361. Die neuen Arkadier. O. 2 Vulpius (n. Schikaneder), Süßmayer. (487)
   1797 Okt. 22, 24, Nov. 26, Dez. 26. 1798 Febr. 11, April 9,
   Juni 8, Aug. 5, Okt. 11, Dez. 23. 1799 April 7, Juli 21, Okt. 27.
   1800 Jan. 1, März 30, Aug. 31, Dez. 21. 1801 April 19, Dez. 26.
   1802 März 14, Nov. 28. 1803 Jan. 23, Mai 24, Juni 24, Okt. 26.

362. **Das neugierige Frauenzimmer.** L. 3 n. Goldoni. (154)
    1782 Aug. 29, Sept. 17, Okt. 17.

363. **Die neugierige Wirtin.** L. 5 Stephanie d. j. (158)
    1782 Okt. 22, Nov. 24.

364. **Das Neujahrsgeschenk.** L. 1 f. (556)
    1801 Juli 23. 1802 Jan. 1.

    Das Neu-Sonntagskind siehe Das Sonntagskind.

365. **Nicht mehr als sechs Schüsseln.** Fam.-Gem. 5 Großmann. (115)
    1781 Juli 29, Aug. 4, 12, Sept. 21, Dez. 26. 1782 Juni 25,
    Dez. 15. 1783 Juli 8, Dez. 14. 1784 Juli 15, Okt. 19, Nov. 9,
    Dez. 28. 1785 Juli 17. 1786 Febr. 7. 1787 Mai 22. 1789 Mai 5,
    Aug. 18. 1791 Jan. 21, Juli 12. 1801 Dez. 13. 1802 Jan. 24.

366. **Nina od. Wahnsinn aus Liebe.** O. 1 [Marsollier], Dalayrac. (290)
    1787 Juni 17, Juli 12, Okt. 11. 1788 April 13, Okt. 30.
    1789 März 19, Okt. 11, Dez. 8. 1790 Juni 10, 17. 1791 Juni 7.
    1792 Jan. 10, Dez. 20. 1798 März 18, 29. 1799 Okt. 24.
    1801 Dez. 10. 1802 Aug. 19. 1803 Mai 26.

367. **Nina oder Wahnsinn aus Liebe.** Sg. 2 i., Paesiello. (431)
    1793 Okt. 29.

368. **Oberon König der Elfen.** O. 3 Wranitzky. (369)
    1790 Nov. 20, 28, Dez. 23. 1791 April 12, Mai 10, Juni 5.
    Sept. 8. 1792 Jan. 6, Okt. 7, 14. 1793 Juni 16, Dez. 15.
    1794 März 16, Juli 15. 1795 Jan. 4, Juli 17, Okt. 8, 25, Dez. 20.
    1796 Juni 12, Aug. 21, Okt. 25. 1797 Febr. 2. 1798 April 29.
    Aug. 19. 1799 Mai 2, Sept. 1, Okt. 30. 1800 Jan. 5, März 9,
    Juni 22, Nov. 16. 1801 März 15. 1802 Juni 20. 1803 Febr. 6.

369. **Octavia.** Tr. 5 Kotzebue. (593)
    1803 Okt. 2, Nov. 20.

370. **Oda, die Frau von zween Männern.** Tr. 5 Babo. (227)
    1785 Jan. 2, Febr. 17.

371. **Offene Fehde.** L. 3 L. F. Huber f. (293)
    1787 Juli 29, Aug. 12, Nov. 8, 22. 1788 Mai 29, Aug. 15.
    1789 Mai 28. 1790 Sept. 23. 1791 Jan. 6, Mai 8. 1792 Febr. 23.
    1793 Febr. 14. 1796 Mai 3, Sept. 20, Dez. 2. 1797 Febr. 7,
    Juni 13. 1799 Juni 4.

372. **Das öffentliche Geheimnis.** L. 3 Gotter (n. Gozzi). (63)
    1780 April 27, Mai 21, Aug. 8. 1782 Febr. 21. 1783 März 15.
    1786 Juni 16.

373. **Olint und Sophronia.** Tr. 5 Cronegk. (84)
    1780 Okt. 24, Dez. 17.

374. **Olivia.** Tr. 5 Brandes. (9)
    1779 Okt. 24.

375. **Die olympischen Spiele.** O. 3 Metastasio, Sacchini. (224)
    1784 Nov. 28. 1785 Febr. 24.

376. **Der Optimist oder Die beste Welt.** S. 5 Collin d'Harleville. (356)
    1790 April 8, Mai 6.

377. **Das Orakel.** L. 1 Saint-Foix. (5)
    1779 Okt. 14.

378. **Orest und Elektra.** Tr. 5 Voltaire (Gotter). (68)
    1780 Juni 4.

379. **Oronooko.** Tr. 5 v. Dalberg n. Sothern. (261)
1786 April 6, 23, Juli 23. 1787 Febr. 25. 1788 Jan. 27, Okt. 5.

380. **Der Ostindier oder Die unmögliche Sache.** L. 4 Schröder e. (239)
1785 Juni 9, Aug. 16. 1786 Jan. 10, Sept. 12. 1792 Juli 19.
1796 Okt. 15, Dez. 13. 1797 Dez. 1.

381. **Otto der Schütz, Prinz v. Hessen.** Vaterl. S. 5 Hagemann. (422)
1793 Juli 4, 14, Aug. 3. 1794 Jan. 30, Nov. 1. 1795 Febr. 22,
Sept. 8. 1796 April 28, Sept. 18. 1797 Jan. 20, Juni 24, Dez. 10.
1798 März 1. 1799 April 23. 1800 März 11, Okt. 28. 1801 Aug. 6.
1802 Juni 18.

382. **Otto von Wittelsbach, Pfalzgraf in Bayern.** Tr. 5 Babo. (569)
1802 Mai 30, Juni 7, Sept. 29. 1803 Febr. 17, April 12, Juni 26.

383. **Pagenstreiche.** P. 5 Kotzebue. (597)
1803 Nov. 13.

384. **Palmira.** O. 4 [Gamera], Salieri. (497)
1798 Juli 24, 26, Aug. 12, Sept. 9, Dez. 8. 1799 Mai 13, Aug. 7.
1800 Febr. 9, 11. 1801 Sept. 6. 1802 Febr. 28, Mai 2. 1803
Juni 3, Sept. 12, Dez. 26.

385. **Der Papagei oder Der Schiffbruch.** S. 3 Kotzebue. (392)
1791 Dez. 1. 1792 Jan. 15, April 26, Aug. 17. 1794 Juli 29.

386. **Paul und Virginie.** Sg. 3 Favières (Schmieder), R. Kreutzer. (479)
1797 April 27, Mai 4.

387. **Der Perücken-Stock.** Dram. Bagatelle 1 Heigel. (596)
1803 Okt. 27, 30.

388. **La Peyrouse.** S. 2 Kotzebue. (467)
1796 Mai 24.

389. **Pflicht und Liebe oder Wiedervergeltung.** S. 5 Vogel f. (559)
1801 Sept. 13, Nov. 10. 1802 Sept. 30.

Pflicht und Liebe im Streit (v. Iffland) siehe Albert von Thurneisen.

390. **Die Physiognomie.** L. 5 Bretzner. (208)
1784 Mai 16, Juli 1, Sept. 28. 1785 Juni 16. 1786 Okt. 5.

391. **Die Pilger** (Fortsetzung der Mathilde v. Giesbach). S. 5 [Ziegler]. (410)
1792 Nov. 15, Dez. 9. 1793 Febr. 28.

Die Pilgrime von Mecca siehe Die unvermutete Zusammenkunft.

392. **Die Poeten nach der Mode.** L. 3 C. F. Weiße. (59)
1780 April 4.

393. **Der poetische Dorfjunker oder Die Poeten vom Lande.** L. 5
n. Destouches. (48)
1780 Febr. 4.

394. **Der politische Kannengießer.** L. 4 Holberg. (201)
1784 Febr. 22.

395. **Das Portrait der Mutter oder Die Privatkomödie.** L. 4
Schröder. (367)
1790 Nov. 11, Dez. 26. 1791 Jan. 27.

396. **Der Postzug oder Die noblen Passionen.** L. 2 Ayrenhoff. (52)
1780 Febr. 24, April 23. 1781 Juni 10.

397. **Das Präferenz-Recht.** L. 3. (231)
1785 Febr. 15, März 17, Sept. 13.

398. **Präsentiert das Gewehr.** L. 2 J. H. Fr. Müller. (60)
1780 April 11, 30, Okt. 19. 1781 Jan. 11.

399. **Der Puls.** L. 2 Babo. (591)
1803 Aug. 14, Sept. 4, Nov. 29.

400. **Pygmalion.** Monodr. 1 Rousseau, Benda. (167)
1783 Jan. 28, Febr. 20. 1785 Jan. 13, März 6, Dez. 11.
1786 Juni 29, Dez. 14. 1787 Juni 3. 1789 Jan. 22. 1791 Juni 2.
1795 Febr. 24. 1800 Dez. 4. 1802 Juli 26. 1803 April 14.

401. **Die Quälgeister.** L. 5 Beck (nach Shakespeares Viel Lärm um Nichts). (408)
1792 Okt. 18, Nov. 8, 20. 1793 April 1, Sept. 19. 1794 Juni 20, Dez. 4. 1795 Juni 29, Dez. 15. 1796 Febr. 28. 1802 Aug. 22. 1803 Okt. 25.

402. **Rache für Rache.** L. 4 Wezel. (81)
1780 Sept. 7, Nov. 3. 1781 Juli 26, Okt. 9. 1782 April 30.
1783 Juni 20. 1789 Jan. 4, Febr. 26.

403. **Das rächende Gewissen.** S. 4 Zschokke. (546)
1801 März 12.

404. **Die Räuber.** Tr. 7 Schiller (für Mh. bearb.). (135)
1782 Jan. 13, 24, Febr. 3, 10, Aug. 6. 1783 Febr. 16, Aug. 31.
1784 Febr. 8, Juni 20, Dez. 26. 1786 Jan. 15. 1787 März 11, Okt. 16. 1788 Sept. 7. 1790 März 14. 1801 Okt. 30, Nov. 3.
1802 Jan. 20, Aug. 29. 1803 Jan. 16.

405. **Das Räuschchen.** L. 4 Bretzner. (263)
1786 Mai 2, 14, Nov. 26. 1787 Jan. 21, Sept. 25. 1788 Jan. 20, Juni 17, Dez. 2. 1790 Jan. 16, Juni 27. 1791 Jan. 16, Sept. 1.
1792 Okt. 11. 1795 Okt. 30. 1797 Okt. 17. 1798 Febr. 6, Juni 12, Nov. 8. 1801 April 7. 1802 Okt. 28. 1803 Sept. 22.

406. **Das redende Gemälde.** Sg. 1 Anseaume, Gretry. (86)
1780 Nov. 5, 17. 1781 März 13, Juni 4.

407. **Regulus.** Tr. 5 Collin. (688)
1803 Mai 1, Juni 5, Sept. 18.

408. **Reinald** (Renaud d'Asti). Sg. 2 [Radet u. Barré], Dalayrac. (348)
1789 Nov. 19, Dez. 1.

409. **Die Reise nach der Stadt.** L. 5 Iffland. (435)
1794 März 4. 1795 Aug. 3.

410. **Repressalien.** S. 4 Ziegler. (564)
1802 Jan. 3, Febr. 16.

411. **Rettung für Rettung.** S. 5 Beck. (511)
1799 Jan. 6, 22, Juli 30. 1800 Aug. 28, Nov. 18. 1801 Nov. 19.
1803 Dez. 13.

412. **Die Reue des Figaro.** L. 1 Parisan. (252)
1785 Nov. 27.

413. **Der Revers.** L. 5 Jünger. (316)
1788 Juni 24, Juli 8. 1789 März 31. 1790 März 19. 1791 Juni 14.
1792 April 24. 1793 März 5, Juli 23. 1800 Jan. 3, März 25, Juli 15. 1803 Okt. 4.

414. **Richard III.** Tr. 5 n. Shakespeare (bearb. von Weiße). (23)
1779 Nov. 18. 1780 Mai 11, Sept. 12. 1786 Nov. 28.

415. Richard Löwenherz. O. 3 Sedaine, Gretry. (294)
   1787 Aug. 5. 1789 Juni 7, Juli 26. 1790 Sept. 5. 1791 Okt. 2, 4.
   1793 Sept. 22. 1801 Okt. 8, 12. 1802 April 25, Okt. 10, Dez. 5.
   1803 März 15, Okt. 9.

416. Der Richter. S. 2 Mercier. (179)
   1783 Mai 22, Juni 5, Aug. 5, Sept. 25.   1784 Juli 4, Aug. 12,
   Dez. 16.   1785 Nov. 15.   1786 Dez. 14.   1787 Aug. 7.   1788
   April 8, Juli 31.   1790 Juni 10.   1791 Aug. 9.   1793 Aug. 27.
   1795 Mai 28.

417. Der Ring 1. Teil. L. 5 Schröder. (276)
   1786 Dez. 5.   1787 Jan. 4.   1788 Jan. 22.   1791 Juni 16.
   1792 Okt. 9.   1801 Nov. 17.   1803 Jan. 4.

418. Der Ring 2. Teil oder Die unglückliche Ehe durch Delikatesse
   L. 4 Schröder. (381)
   1791 Juni 19, 29.   1793 Jan. 8, 17, Nov. 28.   1794 April 24,
   Okt. 16.   1795 Juni 5.   1797 Mai 16, Okt. 29.   1798 Mai 15.
   1800 April 15.   1801 Juli 9.   1802 Mai 4, Nov. 25.   1803 Mai 17.

419. Ritter Roland. O. 3 [n. Nunz. Porta], Joseph Haydn. (405)
   1792 Aug. 5, Sept. 2, 6, Nov. 18.   1793 April 14, 29.   1794 Sept. 28.
   1795 Jan. 20, Aug. 9.   1796 Juni 26.   1797 Mai 14, Dez. 14.
   1798 Juli 5, Nov. 4.   1799 Juni 24.   1800 Febr. 23, Juli 27,
   Nov. 9.   1801 April 6.   1802 März 28.   1803 Mai 30, Juni 12.

420. Robert und Kalliste. O. 3 Eschenburg i., Guglielmi. (209)
   1784 Mai 20, Juni 24, Okt. 5.   1785 April 21, Dez. 1.

421. Rodogune, Prinzessin der Parther. Tr. 5 Corneille. (16)
   1779 Nov. 7.   1780 Febr. 27.

422. Romeo und Julia. O. 3 (abwechselnd mit musikal. Deklamationen)
   Gotter, Benda. (199)
   1784 Febr. 5, März 7, Mai 13, Aug. 26.   1786 Juli 16, Sept. 24.
   1787 März 15.   1788 März 2.   1790 Juli 4, 18, Dez. 19.   1791
   Mai 15, Nov. 4.

423. Die Römer in Deutschland. Tr. 5 Babo. (244)
   1785 Aug. 18.

424. Rosalie von Felsheim oder Lilliput. L. 5 von Soden. (264)
   1786 Mai 22, Juni 2, Sept. 3, Dez. 31.   1787 Sept. 11.   1789 Mai 7.

425. Rosamunde. O. 3 Wieland, Schweizer. (45)
   1780 Jan. 20, 27, Febr. 2, 6.

426. Röschen und Colas. Opt. 1 [Sedaine, Monsigny]. (134)
   1782 Jan. 1, 8, März 5, Juli 21.   1783 Juni 17, Okt. 24.
   1784 Jan. 13, Aug. 8.   1790 Nov. 25.

427. Das rote Käppchen. O. 2 Stephanie d. j., Dittersdorf. (391)
   1791 Nov. 13, 20, 27.   1792 Jan. 8, Febr. 16, März 4, Juli 22,
   Dez. 26.   1793 April 24, Okt. 27.   1794 April 6, Aug. 15, Dez. 8.
   1795 Jan. 11, Mai 7, Aug. 20, Dez. 8.   1796 Febr. 11, Mai 1,
   Sept. 11, Dez. 22.   1797 April 6, Aug. 15, Dez. 8.   1798 Sept. 30.
   1799 Febr. 3, April 1, Nov. 17.   1800 Febr. 2, Okt. 2.   1801
   Febr. 26, Juli 2.   1802 Febr. 25, Sept. 8.   1803 Juli 26, Dez. 15.

428. Rudolf von Crequi. Sg. 3 (n. Raoul Sir de Créqui) Schmieder,
   Dalayrac. (440)
   1794 Mai 25, Juni 15, Okt. 26, Nov. 9.   1795 Mai 31, Okt. 4.
   1797 April 23, Juni 11, Okt. 1.   1798 Jan. 4.   1799 Juni 2.
   1801 Aug. 9.

429. Die famnitische Vermählungsfeier. O. 3 Gretry. (138)
   1782 Febr. 17, März 17. 1786 Okt. 15.
430. Die sanfte Frau. L. 3 n. Goldoni. (17)
   1779 Nov. 9. 1780 April 9. 1781 Jan. 9, Sept. 14, Nov. 15.
   1782 März 12. 1783 Sept. 4.

Sargines siehe Der Zögling der Liebe.

431. Die Schachmaschine. L. 4 Beck e. (453)
   1795 April 16, 28, Juli 24. 1796 März 11, Juni 24. 1797 März 7,
   Juli 18, Okt. 26. 1798 Sept. 8. 1799 Sept. 24, Okt. 22. 1800
   Aug. 12, Dez. 12. 1801 April 14, Nov. 12. 1802 April 20, Nov. 5.
   1803 Sept. 27.
432. Die Schauspielerschule. L. 3 David Beil. (246)
   1785 Sept. 20. 1786 Jan. 31, April 18, Nov. 30. 1787 März 18,
   Juli 26. 1788 April 24, Juli 3. 1789 Sept. 1. 1790 Nov. 30.
433. Der Scheintote. O. 2 Paër. (558)
   1801 Aug. 30. 1803 Juli 14.
434. Scheinverdienst. S. 5 Iffland. (441)
   1794 Juni 12, Juli 15, Nov. 11. 1795 März 24, Juli 3.
435. Der Schiffbruch. Tr. 5 Brandes (die dazu gehörige Musik von
   F. Danzi). (99)
   1781 März 4, 19.
436. Der Schiffbruch oder Die Erben. L. 1 Steigentesch. (512)
   1799 Jan. 10, 29, April 18. 1800 Juli 31.
437. Der Schiffspatron oder Der Gutsherr. O. 3 Dittersdorf. (452)
   1795 März 25, April 19.
438. Der Schlaftrunk. L. 3. (Erstes Preisstück, vgl. Martersteig Prot.
   311 u. 454, anonym eingereicht.) (266)
   1786 Juni 25.
439. Die schlaue Wittwe. L. 3 n. Goldoni. (28)
   1779 Nov. 28. 1789 Mai 24, Juli 23.
440. Der Schmaus. O. 2 Cimarosa. (262)
   1786 April 27, Mai 7.
441. Der Schmuck. L. 5 A. M. Sprickmann. (140)
   1782 März 3, April 1, Juli 23, Okt. 10. 1783 April 3, Sept. 16.
   1785 April 17, Aug. 23. 1786 Aug. 24.
442. Die schöne Arsene. Sg. 4 Favart, Monsigny. (188)
   1783 Sept. 7, Nov. 9. 1787 Mai 28. 1791 Aug. 14.

Die schöne Müllerin siehe Die Müllerin.

443. Die schöne Rosette. L. 1 Le Grand. (191)
   1783 Okt. 7.

Schönheit und Tugend siehe Ella.

444. Schonung bessert oder Die Spieler. S. 5 Joh. Dav. Beil. (280)
   1785 Jan. 23, Febr. 1.
445. Der Schornsteinfeger. O. 3 [Auernbrugger], Salieri. (235)
   1785 April 10, 26, Mai 10, Okt. 11.
446. Der Schreibpult. S. 5 Kotzebue. (501)
   1798 Sept. 16, Okt. 9. 1799 Jan. 15, April 16, Okt. 29.
   1800 Jan. 23, Juli 29. 1801 März 17, Mai 26, Nov. 24.
   1802 Okt. 5. 1803 Jan. 25, März 25.

447. **Der Schreiner.** Sg. 1 Kotzebue, Wranitzky. (578)
1802 Juli 18.
448. **Die Schule der Damen oder Was fesselt uns Männer.** L. 5 Stephanie d. j. (abgeändert von Reichard). (6)
1779 Okt. 18, 26. 1780 Mai 9. 1781 Jan. 14, Juni 21, Okt. 14. 1782 April 7, Dez. 5. 1783 Febr. 4, Nov. 6. 1784 Aug. 31. 1787 Febr. 22, Juli 31. 1788 Febr. 28. 1790 Okt. 14, Dez. 16.
449. **Die Schule der Eifersucht oder Das Narrenhospital.** O. 3 Mazzola, Salieri. (287)
1787 Mai 13, Juni 5.
450. **Die Schule der Graubärte.** L. 5 Mrs. Cowley. (295)
1787 Aug. 19, Sept. 16, Dez. 6. 1788 Juli 10.
451. **Die Schule der Väter.** S. 5 Pierre. (318)
1788 Aug. 5, Sept. 21, Okt. 19. 1789 Okt. 15. 1790 April 22. 1791 April 5.
452. **Der Schulgelehrte.** L. 2 Mrs. Cowley. (173)
1783 März 23, April 29. 1784 Jan. 29.
Der Schuster (Intermezzo) siehe Il Calzolajo.
453. **Der schwarze Mann.** L. 2 Gotter f. (215)
1784 Aug. 3, 15, Nov. 16. 1789 April 26, Dez. 1. 1790 Febr. 28, Juni 22. 1791 April 7. 1792 Jan. 5, Juli 17. 1803 Jan. 11.
454. **Der Schwätzer.** L. 1 Boissy. (15)
1779 Nov. 5. 1780 Febr. 29, Dez. 7. 1782 Sept. 5.
455. **Die Schwestern von Prag oder Irrtum in allen Ecken.** P. 2 n. Perinet, W. Müller. (545)
1801 Febr. 15.
456. **Die Schwiegermütter oder Die lächerlichen Irrtümer.** L. 5 Brandes. (44)
1780 Jan. 18, 28, März 9, Aug. 27. 1782 Okt. 8, Nov. 22. 1783 Juli 1. 1785 April 7.
Das sechzehnjährige Mädchen siehe Unschuld und Liebe.
457. **Sechs Wagen mit Contrebande oder Großthun und Knickerei.** L. 5 Dyk. (299)
1787 Nov. 13.
458. **Der sehende Blinde.** L. 1 Le Grand. (118)
1781 Aug. 19, Sept. 16, Okt. 16, Dez. 30. 1782 April 14, Okt. 17, 29.
459. **Die seidenen Schuhe.** L. 2 f. [K. Fr. Kretschmann] (133)
1782 Jan. 1, März 14, Mai 16, Aug. 20. 1783 Febr. 2, Juli 15. 1784 Mai 13.
460. **Selbstbeherrschung.** S. 5 Iffland. (515)
1799 Febr. 17, Juni 6. 1802 Juli 27.
461. **Der seltene Freier.** L. 3 [nach dem frz. des Gernevalde von Meyer]. (159)
1782 Okt. 27, Nov. 12. 1783 Jan. 21. 1786 Okt. 8, 26. 1792 Jan. 31, April 17, Aug. 2, Dez. 20. 1793 Juni 6, Aug. 21. 1794 Juli 8.
462. **Der seltene Onkel.** L. 4 Ziegler. (395)
1792 Jan. 20, Febr. 28, Mai 1. 1793 Febr. 19. 1796 Nov. 30.
Sie ist schon verheiratet siehe Henriette.

463. **Sie läßt sich herab um zu siegen** oder **Die Irrtümer einer Nacht.** L. 5 Goldsmith. (97)
    1781 Febr. 4, 20, Mai 22, Okt. 25. 1783 Mai 14. 1785 Aug. 2. 1786 Juni 6. 1787 Mai 24.
464. **Die silberne Hochzeit.** S. 5 Kotzebue. (498)
    1798 Mai 17, Juni 14, Sept. 18. 1799 Juni 18. 1800 Mai 20. 1802 März 9.
465. **Sind die Verliebten nicht Kinder?** L. 3 n. Goldoni. (14)
    1779 Nov. 5, Dez. 9. 1780 Febr. 29, Juli 18, Nov. 17. 1784 Nov. 23. 1789 Nov. 10.
466. **Das Singspiel.** Opt. 1 [Ségur u. Dupaty], Della Maria. (667)
    1802 März 19.
. **Die Singsucht** siehe **Die Melomanie.**
467. **Siri Brahe** oder **Die Neugierigen.** S. 3 Gustav III., König von Schweden. (454)
    1795 Mai 19, Juni 11.
468. **Die Sklaven.** S. 1 J. K. Waldau. (585)
    1803 Jan. 18, Juli 7.
469. **Der Sklavenhändler.** Sg. 2 [Schwan], Ritter. (357)
    1790 April 11, Mai 13, Sept. 26.
470. **Die Sklavin** oder **Der großmütige Seefahrer.** Sg. 1 Piccini. (113)
    1781 Juli 5, Aug. 23, Dez. 4.
    Der Soldat als Zauberer siehe **Der Husar als Zauberer.**
471. **So muß man die Männer fangen** (= **So fesselt man die Männer**). L. 5 e. [Mrs. Cowley]. (181)
    1781 Dez. 9. 1782 Jan. 3. 1783 März 30. 1784 Mai 25.
472. **Der Sonderling** (= **Bruder Moritz, der Sonderling**). L. 4 [Kotzebue]. (406)
    1792 Aug. 23, Sept. 20, Dez. 18. 1793 April 16, Juli 16. 1794 Juni 26. 1795 Dez. 29.
473. **Das Sonnenfest der Braminen.** O. 2 Hensler, Wenzel Müller. (455)
    1795 Juni 7, Juli 5. 1798 März 11, 25, Juni 3, Sept. 2, Okt. 21. 1799 Mai 19. 1800 Sept. 7. 1802 Juli 4.
474. **Die Sonnenjungfrau.** S. 5 Kotzebue. (363)
    1790 Aug. 8, 22, Dez. 5, 10. 1791 Mai 29, Dez. 8. 1792 Mai 28, Juli 29. 1793 März 10. 1794 Okt. 19. 1795 Juli 12. 1796 Jan. 10, Mai 16. 1797 März 19, Aug. 13, Dez. 17. 1798 Juni 29. 1799 Juni 29, Dez. 3. 1800 Mai 4, Dez. 11. 1801 Jan. 13. 1802 April 8, Sept. 2. 1803 Febr. 13.
475. **Das Sonntagskind.** O. 2 Perinet, W. Müller. (477)
    1797 Febr. 26, März 9.
476. **Das Neu-Sonntagskind.** P. m. Ges. 2 neu bearb. von Perinet, W. Müller. (492)
    1798 Mai 6, 28, Aug. 15. 1799 Jan. 13, Aug. 20, Okt. 20, Dez. 12. 1800 Juni 13, Aug. 10, Sept. 14. 1801 Jan. 1, April 25, Juni 9, Sept. 10. 1802 Juli 25, Nov. 7. 1803 März 3, Juni 16.
477. **Die Spanier in Peru.** Tr. 5 Kotzebue (Fortsetzung der Sonnenjungfrau). (448)
    1794 Nov. 30, Dez. 11. 1795 März 1, Mai 10, Juli 19. 1796 März 28. 1797 März 25, Dez. 31. 1798 Okt. 14. 1800 März 23. 1801 Sept. 27. 1802 April 9.

Der Spiegel aus Arkadien siehe Die neuen Arkadier.

478. Der Spiegelritter. O. 3 Kotzebue, Walter d. ä. (414)
1795 Febr. 10, 17. 1794 Dez. 7.

479. Das Spiel der Liebe und des Zufalls. L. 3 Marivaux. (Siehe auch Maske für Maske.) (53)
1780 März 2, 7, April 15, Sept. 3. 1781 Jan. 30.

480. Der Spieler. S. 5 Iffland. (465)
1796 März 17, Mai 27. 1797 Dez. 28. 1798 April 22. 1799 Dez. 10. 1801 Dez. 17. 1802 Mai 28, Dez. 10.

Der Spieler siehe auch Beverley, und Der deutsche Spieler.

Die Spieler (von Beil) siehe Schonung bessert.

481. Der Spleen oder Einer hat zu viel, der andere hat zu wenig. L. 3 Stephanie d. j. (95)
1781 Jan. 21, Juli 1, Sept. 16. 1784 Jan. 15. 1786 Okt. 13.

482. Der Stammbaum (Fortsetzung der beiden Billets). L. 1 Wall. (382)
1791 Juni 30.

483. Die Stieffsöhne. S. 1 [Framul von Weißenthurn]. (442)
1794 Juni 24, Juli 4. 1795 April 30. 1796 Sept. 1. 1800 Aug. 21.

484. Stille Wasser sind betrüglich (tief). L. 4 Schröder e. (329)
1788 Dez. 11, 28. 1789 April 26, Nov. 5. 1792 Nov. 27. 1794 Juli 10. 1796 April 7, Mai 22. 1797 April 4, Juni 29. 1798 März 15, Aug. 7. 1801 Juli 19. 1802 Juni 22. 1803 Mai 10.

485. Die Strelitzen. S. 4 Babo. (346)
1789 Nov. 3, 15, Dez. 27. 1790 April 25, Okt. 31. 1791 April 3, Nov. 10. 1792 Mai 20, Juli 26. 1793 Febr. 7. 1794 Okt. 7, Dez. 21. 1795 Febr. 26, Sept. 15. 1796 Jan. 14, Juni 21. 1800 April 22. 1802 Sept. 16, Dez. 28. 1803 Sept. 1.

486. Der Strich durch die Rechnung. L. 4 Jünger. (233)
1785 März 6, 10, Mai 5, Sept. 8, Nov. 29. 1786 Juni 22, Aug. 4, Dez. 7. 1787 Mai 31. 1789 April 27, Nov. 26. 1790 April 18, Okt. 19. 1791 März 10. 1792 Juni 12. 1793 Jan. 22. 1794 April 29, Nov. 13. 1795 März 5, Aug. 28. 1796 April 14, Sept. 1, Nov. 24. 1797 Juni 6, Nov. 21. 1798 Nov. 29. 1800 Dez. 4. 1801 Mai 18. 1803 Nov. 8.

487. Der Sturm von Boxberg. Pfälzisches National-S. 3 Maier. (103)
1781 April 19, Mai 6, Nov. 6, 20. 1782 Nov. 17. 1783 Mai 25, Nov. 30. 1784 Juli 18. 1785 Okt. 2. 1786 Aug. 6. 1787 Nov. 18. 1788 Nov. 30. 1789 Febr. 22, Aug. 2. 1792 Juni 17. 1798 Okt. 7. 1801 Nov. 29. 1802 Juni 24.

Die Sucht zu glänzen siehe Der Besuch.

488. Die Tabaksdose. L. 1. (304)
1788 Jan. 20, 31, März 11, Juli 24. 1789 Jan. 11, Okt. 11.

489. Der Tadler nach der Mode. L. 3 Stephanie d. j. (124)
1781 Okt. 16. 1782 Jan. 22. 1783 Okt. 21. 1784 Sept. 19.

490. Der Tag der Erlösung. S. 5 Ziegler. (530)
1800 April 17, Mai 27.

491. Der Talisman oder Die Zigeuner. O. 2 [Goldoni], Salieri. (364)
1790 Aug. 24, Okt. 5, Dez. 12. 1793 Sept. 15, Nov. 24. 1794 Juli 20. 1796 Okt. 9, Nov. 20. 1797 Mai 25. 1799 Juli 28. 1801 Sept. 15. 1802 Aug. 26.

Der Tambour bezahlt alles siehe Die Wirtschafterin.

492. Taps oder Wie gewonnen so zerronnen. L. 1 f. (434)
1793 Dez. 26.

493. Das tartarische Gesetz. Sg. 2 Gotter, Joh. André. (58)
1780 März 28, April 2, 30, Aug. 13. 1787 März 4.

494. Tartüffe oder Der scheinheilige Betrüger. L. 5 Molière. (66)
1780 Mai 17.

495. Der taube Liebhaber. L. 2 n. Pilow. (149)
1782 Juni 30, Aug. 25, Okt. 3. 1783 Okt. 2. 1785 April 7,
Mai 22, Nov. 29. 1786 April 18. 1787 Nov. 22. 1788 Aug. 10,
Okt. 30. 1789 Febr. 10. 1790 März 9. 1791 Mai 24. 1792 Jan. 10,
Juni 19, Dez. 4. 1793 Okt. 24. 1794 April 9, Okt. 10. 1795 April 17,
Juni 26, Okt. 11. 1796 Mai 24, August 11, Dez. 18. 1797 Nov. 27.
1798 April 19, Sept. 20. 1799 März 12, Nov. 26. 1802 Aug. 19.
1803 Febr. 10.

496. Der Taubstumme oder Der Abbé de l'Epée. D. 5 Bouilly
(Kotzebue). (538)
1800 Sept. 11. 1801 Jan. 29, März 22, Aug. 4. 1802 Juli 28.
1803 April 26, Aug. 30, Dez. 20.

497. Das Testament. L. 4 Schröder. (141)
1782 April 3, 23. 1783 Mai 8, Dez. 28. 1784 Nov. 25. 1785 Dez. 20.
1787 März 27. 1789 März 1, Dez. 17. 1791 Febr. 22, Sept. 15.
1793 Juni 11, Aug. 8.

498. Theatralische Abenteuer. O. 2 frei n. d. ital., Cimarosa und
Mozart. (527)
1800 Jan. 26, April 27.

499. Thomas More. Tr. 5 J. G. Dyk. (828)
1788 Nov. 27, Dez. 23.

500. Timon von Athen. Tr. 5 Shakespeare (v. Dalberg). (835)
1789 März 22, April 2.

501. Titus. O. 2 Metastasio, Mozart. (574)
1802 Aug. 8, 9, Nov. 23.

502. Töffel und Dörchen. O. 2 Monvel, Desaides (Fortsetzung der Drei
Pächter). (319)
1788 Aug. 10, Sept. 4. 1789 Juni 1. 1790 Jan. 28. 1791
Aug. 23, Dez. 6. 1793 Febr. 3, April 18, Juni 2, Okt. 17. 1794
Mai 1, Dez. 2. 1795 April 17, Okt. 11. 1796 Juni 19, Aug. 4,
Nov. 10. 1797 Juli 11, Nov. 27. 1798 Juli 29. 1799 April 18,
Mai 30. 1800 Aug. 21, Okt. 30. 1801 Juli 23.

503. Der Ton der großen Welt. L. 2 Colman. (25)
1779 Nov. 23. 1780 Juni 8. 1782 Juli 18. 1783 Febr. 23,
Aug. 26, Dez. 21. 1789 Mai 19, Juni 1. 1790 Juli 25.

504. Der Tote ein Freier. L. 2 Sedaine. (181)
1783 Juni 22, Aug. 7, Sept. 14. 1784 Aug. 22. 1785 Aug. 9,
Nov. 10. 1787 April 15. 1788 Jan. 24. 1789 Juni 14, Juli 30.

505. Der tote Neffe. L. 1 Martinville (Kotzebue). (600)
1803 Dez. 8, 18.

506. Der Totenschein. L. 3 Andrieu (F. K. Hiemer). (586)
1803 Febr. 20, Okt. 6.

507. Die treuen Köhler. O. 2 Hermann, Schuhbauer. (823)
1788 Okt. 12.

508. Die Übereilung. L. 1 Murphy (Meyer). (824)
1788 Okt. 19, Nov. 20, Dez. 28. 1789 April 14, Sept. 1.
1790 Jan. 5, Juli 18. 1791 Jan. 2, Mai 31. 1792 Aug. 9.
1793 Jan. 10. 1795 Sept. 29, Dez. 10. 1796 April 29, Juni 5,
Sept. 15. 1798 April 24. 1799 Nov. 7.

509. Die Überraschung nach der Hochzeit. L. 5 Lambrecht e. (205)
1784 April 1.

510. Die üble Gewohnheit. L. 1 f. (519)
1799 Mai 30, Juni 9. 1800 Okt. 9. 1801 Sept. 24. 1802 Sept. 26.

511. Üble Laune. S. 4 Kotzebue. (509)
1798 Dez. 9. 1799 Jan. 8, April 9, Okt. 1. 1800 Febr. 4.
1801 Mai 28. 1802 Febr. 9, Juni 5. 1803 April 21.

512. Um sechs Uhr ist Verlobung. L. 5 Schröder e. (274)
1786 Nov. 5, 21.

Una cosa rara siehe Lilla.

Die unbekannte Wohlthat siehe Montesquieu.

513. Die unerwartete Wendung. L. 4 Jünger. (355)
1790 März 7.

514. Der ungegründete Verdacht. L. 1. (474)
1796 Dez. 2, 27.

515. Die Ungetreuen. L. 1 Barthe (Reichard). (29)
1779 Nov. 28. 1780 Jan. 21, Juni 13. 1781 Aug. 2. 1787 Sept. 18,
Okt. 7. 1788 Febr. 24, Okt. 9. 1789 April 16.

Die unglückliche Ehe durch Delikatesse siehe Der Ring 2. Teil.

516. Die Unglücklichen. L. 1 Kotzebue. (498)
1798 Juli 29, Aug. 17, Sept. 25. 1799 Jan. 24, April 11.
1801 März 3. 1802 Juni 15, Dez. 26.

Die unmögliche Sache siehe Der Ostindier.

517. Unschuld und Liebe (urspüngl. Titel: Das sechszehnjährige Mädchen).
L. 2 [Lambrecht] f. (811)
1788 April 17, Mai 12, 27, Okt. 2. 1789 Febr. 5. 1790 Mai 24, 30.
Okt. 7. 1794 Okt. 10. 1795 Aug. 7.

518. Das unterbrochene Opferfest. O. 2 [J. Huber], P. Winter. (506)
1798 Nov. 11, Dez. 16. 1799 Juli 7, Sept. 22, Okt. 6, Dez. 8.
1800 März 19, Sept. 28. 1801 Mai 3, Juli 21. 1802 Febr. 21,
Sept. 5. 1803 April 11, Mai 19, Juli 21.

519. Unverhofft kommt oft. Opt. 3 [d'Héle], Gretry. (182)
1783 Juni 29, Juli 22.

520. Die unvermutete Zusammenkunft oder Die Pilgrime von
Mecca. Sg. 3 (nach Doncourts Recontre imprévue), Gluck. (111)
1781 Juni 24, Juli 12, Dez. 11. 1785 Okt. 27.

521. Die unversehene Wette. L. 1 Sedaine. (153)
1782 Aug. 18, Sept. 5.

522. Das Urteil des Midas. Opt. 3 [d'Héle], Gretry. (177)
1783 Mai 11, 18, Okt. 5, Dez. 9. 1784 Juni 29. 1786 Mai 4.
1792 Juni 24.

523. Die Vatergrille. L. 3 e. (213)
1784 Juli 11.

524. Das Vaterhaus (Fortsetzung der Jäger). S. 5 Iffland. (536)
   1800 Aug. 3, Sept. 18.
525. Die väterliche Rache. L. 4 [William Congreve, bearb. v. Meyer
   u. Schröder]. (192)
   1783 Okt. 16, Nov. 11. 1784 April 29. 1785 Jan. 20, Okt. 20.
   1786 Juli 6. 1787 März 22. 1788 Jan. 8, Dez. 4. 1790 Febr. 4.
   1791 Aug. 30. 1792 Mai 22. 1793 Mai 21, Nov. 19.
526. Der Vater von ungefähr. L. 1 Kotzebue f. (599)
   1803 Sept. 27, Dez. 27.
   Der verborgene Ehemann siehe Die geheime Verbindung.
527. Verbrechen aus Ehrsucht. Familiengem. 5 Iffland. (203)
   1784 März 9, 19, Juni 17, Okt. 14, Dez. 21. 1785 Juli 1, Okt. 18,
   Nov. 27. 1786 April 20, Juli 27. 1787 Juli 10, Nov. 27. 1788
   Juni 10. 1790 Jan. 14. 1791 März 22. 1798 Juni 21, Sept. 11.
   1799 Juli 12. 1801 Juni 2. 1802 März 30, Sept. 14.
528. Die Verbrüderung. S. 1 (Prolog) Iffland. (412)
   1795 Jan. 1.
529. Der verdächtige Freund. L. 4 Leonhardi e. (189)
   1783 Sept. 11, Okt. 28, Dez. 23. 1784 Juni 1. 1785 März 8.
   1786 Aug. 1. 1789 Jan. 15.
530. Verirrung ohne Laster. S. 5 Heinr. Beck. (358)
   1790 Mai 2, 20, Nov. 3. 1791 Sept. 6. 1795 Mai 12.
531. Die Verläumder. S. 5 Kotzebue. (568)
   1802 April 29, Juli 8. 1803 Juli 17, Dez. 22.
532. Der verliebte Briefwechsel. L. 5 Fabre d'Eglantine (Huber). (495)
   1798 Juli 8, Aug. 14. 1799 Jan. 31, Mai 7.
533. Die verliebte Unschuld. L. 2 Marin. (79)
   1780 Aug. 24, Sept. 10, Nov. 5.
534. Der verliebte Werber. L. 1 [Le Sage u. D'Orneval]. (20)
   1779 Nov. 14, 23. 1780 Sept. 17. 1785 Juni 9.
535. Die Verlobung. L. 1 [Brömel]. (429)
   1795 Okt. 1.
536. Das Vermächtnis. S. 5 Iffland. (482)
   1792 Juli 27, Aug. 10.
537. Die vermeinten Fehler. L. 1 Sedaine. (331)
   1788 Dez. 21.
538. Der vernünftige Narr. L. 1 Schröder. (513)
   1799 Jan. 17, Febr. 14.
539. Die Verschleierte. L. 4 u. Federici. (496)
   1798 Juli 17, Aug. 23.
540. Die Verschwörung des Fiesko zu Genua. Tr. 5 Schiller. (197)
   1784 Jan. 11, 25, Febr. 15.
541. Verstand und Leichtsinn. L. 5 Jünger. (278)
   1786 Okt. 1, 31. 1787 Mai 5, Juli 19. 1788 Febr. 19. 1789
   April 30. 1790 Juli 27. 1791 März 29.
542. Die verstellte Kranke. L. 3 Goldoni. (4)
   1779 Okt. 14. 1780 März 16, Juli 6. 1781 März 6, Sept. 18,
   Nov. 8. 1784 Sept. 23. 1786 Nov. 3. 1788 Nov. 25. 1796 Jan. 28.

543. Die verstellte Liebhaberin. O. 1 Paesiello. (310)
1788 April 8, 17, Juni 12, Nov. 30. 1789 Mai 24. 1790 Okt. 19.
544. Der verstellte Lord. O. 2 Piccini. (307)
1788 Febr. 24, April 3, Juli 31.
545. Der Vertraute. Nachsp. 1 Rahbek. (214)
1784 Juli 20.
546. Die Verwandtschaften. L. 5 Kotzebue. (481)
1797 Juni 18, Juli 4, Okt. 10. 1798 April 12. 1799 Nov. 19.
1801 Febr. 19, Juli 16. 1802 Jan. 28. 1803 April 19, Juli 1.
547. Der Vetter aus Lissabon. Familiengem. 3 Schröder. (242)
1785 Juli 22, Sept. 11, Nov. 22. 1786 Febr. 23. 1787 Febr. 2,
Juli 24. 1788 Febr. 17, Mai 25. 1789 April 16, Sept. 24. 1790
Sept. 2. Nov. 25. 1791 Juni 7, Sept. 2. 1792 Juli 17, Nov. 6.
1798 Jan. 23, Juni 5. 1801 Aug. 27.
548. Vetter Jacob oder Die beiden Füchse oder Je toller je besser.
Sg. 2 Bouilly (Liemer), Mehul. (589)
1803 Juli 3, 19, Nov. 15.
549. Der Vicekanzler. S. 5 Kratter. (340)
1789 Juli 12.
550. Victorine oder Wohlthun trägt Zinsen. L. 4 Schröder. (248)
1785 Okt. 9, Nov. 6. 1786 März 2, Juni 20, Okt. 24.
Viel Lärm um nichts siehe Die Quälgeister.
551. Der Vormund. S. 5 Iffland. (432)
1793 Nov. 7. 1794 Mai 29. 1795 Juni 9. 1796 Juni 17.
1797 Juni 27, Dez. 21. 1798 Mai 24, Dez. 20. 1800 Juli 24.
1801 Aug. 25.
552. Der Vormund oder Das Mädchen von Frascati. Opt. 4 [Livigni],
Paesiello. (165)
1783 Jan. 14, Febr. 11. 1787 Sept. 13.
553. Die Vormünder. L. 4 Mrs. S. Centlivre (Schröder). (198)
1784 Jan. 22, Febr. 17. 1785 Mai 31. 1788 Okt. 28. 1793 Dez. 10.
Wahnsinn aus Liebe siehe Nina.
554. Wahrheit ist gut Ding. L. 3 S. F. Schletter i. (341)
1789 Aug. 9.
555. Walder. L. m. Gsg. 1 Silvain, Benda. (90)
1780 Nov. 28, Dez. 5. 1781 März 22. 1782 Mai 16.
556. Walwais und Adelaide. Orig.-Dr. 5 v. Dalberg. (67)
1780 Mai 30. 1783 Aug. 12.
557. Die Wankelmütige oder Der weibliche Betrüger. L. 3 Cibber
(Schröder). (200)
1784 Febr. 12, März 14.
Was fesselt uns Männer? siehe Die Schule der Damen.
Was vermag ein vernünftiges Frauenzimmer nicht? siehe
Die Holländer.
Der Wasserträger siehe Graf Armand.
558. Der Wechsel. L. 4 Jünger. (334)
1789 Febr. 15, März 15, Juni 12, Sept. 8, Nov. 12. 1790 April 15.
Nov. 9. 1791 März 15, Nov. 8. 1792 Okt. 23. 1793 Nov. 12,

559. Weder einer noch der andere. P. 1. (371)
1791 Jan. 16, April 5.
Der Weg zum Ruin siehe Leichtsinn und kindliche Liebe.

560. Weiberehre. S. 3 Ziegler. (475)
1796 Dez. 20. 1797 Jan. 8, Juli 25, Sept. 24. 1798 März 27.
1799 Sept. 20. 1800 Aug. 15.

561. Weibergeklatsche. L. 1 Chr. F. Weiße. (161)
1782 Nov. 26.

562. Das Weibergelübde. L. 2 Dalberg v. (262)
1787 März 6, 18, April 26, Aug. 26, Nov. 11. 1788 Mai 29,
Nov. 25. 1789 März 15. 1792 Febr. 9. 1794 Juni 16. 1798
März 29, Okt. 12. 1799 Febr. 7, Juni 13.

563. Der weibliche Ehescheue. S. 2 Dalberg. (91)
1780 Dez. 5.

564. Der weibliche Soldat. Sg. 2 n. d. ital. (La dama soldato),
Naumann. (459)
1795 Aug. 16.

565. Die Weihe. Muf. S. 1 Römer, Ritter. (399)
1792 April 10.

566. Die Weinlese (Der Erntekranz). Opt. 2 Weiße, J. v. Beecke. (163)
1782 Dez. 10, 22. 1783 Jan. 19, Febr. 23, Mai 27, Okt. 19.
1785 Aug. 9, Nov. 4.

567. Der Weise in der That. S. 5 Sedaine (Gotter). (137)
1782 Febr. 7, März 7, Okt. 29. 1783 März 11. 1784 Jan. 27.
1788 Sept. 25, Dez. 18. 1789 Juni 25, Okt. 1.

568. Der Weltbürger. L. 3 n. Goldoni [bearb. v. Reichard]. (132)
1781 Dez. 30. 1782 März 5, Mai 26. 1784 Jan. 13.

569. Weltton und Herzensgüte. S. 4 Ziegler. (476)
1797 Febr. 23, März 14, Mai 30, Aug. 25. 1798 März 13, Nov. 20.
1800 Mai 29.

570. Die Werber. L. 3 Stephanie d. j. (105)
1781 Mai 8, 20, Aug. 21, Sept. 27, Nov. 29. 1782 Jan. 20.

571. Wer wird sie kriegen? L. 1 [fr. v. Eckardt]. (127)
1781 Nov. 8, 18. 1782 Jan. 22, Juni 4, Aug. 20, Okt. 24.
1784 Nov. 3. 1785 Febr. 15, Mai 20, Juli 5. 1786 Mai 18,
Dez. 31. 1788 April 10, Dez. 30. 1789 Juni 12, Juli 28.
1791 Febr. 4. 1792 April 26, Okt. 30. 1793 Juni 13.

572. Der Westindier. L. 5 n. Cumberland. (40)
1780 Jan. 4, Aug. 1, Okt. 22. 1782 April 16. 1783 Jan. 9.
1785 Febr. 20, März 29, Nov. 15. 1786 April 25. 1787 Okt. 23.
1788 Juli 29. 1789 Juni 16. 1790 Sept. 21. 1791 Okt. 25.
1802 April 6, Aug. 11.

573. Die Wette (Cosi fan tutte). O. 4 nach Da Ponte bearb.,
Mozart. (419)
1793 Mai 12.

574. Die Wette oder Weibertreue keine Treue. O. 4 frei n. Cosi
fan tutte (ganz neu bearbeitet), Mozart. (517)
1799 April 21, Mai 5.

575. Die Wiedererstattung. S. 1. (552)
1801 Mai 8.

Wie man eine Hand umkehrt siehe Der flatterhafte Ehemann.

576. Wie man's treibt, so geht's. L. 5 Iffland. (126)
    1781 Nov. 3.

577. Die Wilden (= Azemia). O. 3 Lachabeaufsière, Dalayrac. (345)
    1789 Okt. 25, Nov. 8, Dez. 26.   1790 Jan. 24, Aug. 15.   1791
    Jan. 4, Sept. 25.   1792 Febr. 5, Mai 10, Nov. 29.   1793 März 3,
    Mai 26, Sept. 29.   1794 März 3, Dez. 14.   1795 Mai 17.   1796
    März 13, Aug. 7, Nov. 6.   1797 Sept. 21, Nov. 12.   1798 Jan. 1,
    Nov. 22.   1799 Sept. 8.   1800 März 2.   1801 Okt. 20.   1803
    April 17, Nov. 10.

578. Der Wildfang. L. 5 Kotzebue. (461)
    1795 Dez. 22.   1796 Jan. 6, März 3, 29, Mai 13, Aug. 9, Nov. 15.
    1797 Jan. 12, April 7, Okt. 13.   1798 Okt. 16.   1799 März 26,
    Nov. 5.   1800 Sept. 16.   1801 Juni 5.   1802 April 1, Nov. 16.
    1803 Aug. 15.

579. Wilhelm von Schenk. S. 5 Iffland. (121)
    1781 Sept. 12.

580. Die Wirtschafterin oder Der Tambour bezahlt alles. L. 2
    Stephanie d. j. (26)
    1779 Nov. 25.   1780 Jan. 16, Mai 28, Okt. 29.   1781 März 8,
    Sept. 4.   1782 Mai 10.

581. Wissenschaft geht vor Schönheit. L. 3 (Goldoni) Bock. (100)
    1781 März 15, 25.   1783 Mai 4.   1784 Mai 27, Sept. 14.
    1785 Okt. 25.   1786 Aug. 8.

582. Der wohlthätige Murrkopf (Paridom Wrantpott). L. 5 [Bock n. d.
    frz. des Goldoni]. (223)
    1784 Nov. 5.

Wohlthun trägt Zinsen siehe Victorine.

583. Die Zauberflöte. O. 2 Schikaneder, Mozart. (437)
    1794 März 29, 30, 31, April 21, 22, Juni 9, 10, 22, 23, Aug. 3, 4,
    Okt. 12, 13.   1795 Jan. 6, 7, April 12, 13, Mai 3, 4, Juni 14,
    Juli 7, 8, 21, 22, Okt. 16, 18, 27, Dez. 15.   1796 Jan. 24, Mai 10,
    Aug. 14, Dez. 26.   1797 Jan. 6, 27, März 16, Juli 9, Sept. 3,
    Okt. 8, Dez. 3.   1798 Febr. 25, Juli 15, Dez. 26.   1799 März 25,
    April 28, Aug. 25, Sept. 29, Nov. 10, Dez. 4, 26.   1800 April 14,
    Juli 15.   1801 März 8, Mai 10, Juli 31.   1802 Jan. 31, Mai 9,
    Nov. 21.   1803 Jan. 20, April 24, Sept. 14.

584. Die Zauberhöhle des Trophonio. O. 3 [Casti], Salieri. (275)
    1786 Nov. 19, 23.   1787 Jan. 23, Juli 17, Aug. 9, Dez. 2
    1788 Juli 17, Dez. 7.   1790 Sept. 12.   1791 Febr. 10, Nov. 24.
    1792 Dez. 23.   1793 März 21, Sept. 3.   1794 April 8.   1795 Juni 14.

585. Die Zauberzither (auch unter dem Titel: Kaspar der Fagottist).
    O. 3 [Perinet]. W. Müller. (547)
    1801 März 25, 27, Mai 17, Nov. 22.   1802 April 4.

586. Zemire und Azor. Sg. 4 Marmontel, Gretry. (64)
    1780 Mai 2, 19, Juli 4, Okt. 15.   1781 April 3, 22.   1782 Juni 16,
    Juli 7, 14, Nov. 14.   1783 April 21, Sept. 28.   1784 Mai 2,
    Juli 25, Okt. 11.   1786 Juli 25.   1787 Nov. 4.   1788 Febr. 14.
    1789 März 12, Dez. 11.   1790 Mai 25.   1791 März 17, Dez. 11.
    1793 Sept. 8.   1794 Juli 24.   1797 Okt. 5.   1798 Juli 1.   1799
    Mai 9, Okt. 31.   1800 Okt. 16.   1801 Mai 7.   1802 Okt. 26.

587. Die Zerstörung von Carthago (Der Tod der Dido). O. 1 nach
  Metastasio, Holzbauer. (211)
    1784 Juni 6.
588. Die Zigeunerin oder Der gefoppte Astrolog. Opt. 2 i.,
  Paesiello. (884)
    1791 Aug. 4. 1794 Nov. 20.
  Die Zigeuner siehe Der Talisman.
589. Der Zögling der Liebe (Sargines). O. 4 Monvel, Dalayrac. (378)
    1791 April 10, 25, Nov. 6.
590. Zu gut ist nicht gut. L. 5 (Goldsmith) Schmidt. (338)
    1789 Febr. 3, Juni 4.
591. Die zwei Geizigen. Sg. 2 Falbaire, Gretry. (106)
    1781 Mai 17, Juni 10. 1783 Juni 9, Dez. 2. 1784 März 14.
    1786 Sept. 3, Okt. 3. 1787 Juni 29.
592. Die zwei Gräfinnen. O. 2 [Sellini], Paesiello. (247)
    1785 Sept. 29. 1786 Juni 18. 1787 Jan. 1.
593. Zweimal sterben macht Unfug. L. 3. (553)
    1801 Mai 21.
594. Zwei Onkel für einen. L. 1 [Gotter l.] (143)
    1782 April 9, 28, Mai 28, Okt. 13, Nov. 10. 1783 Jan. 19,
    Okt. 19. 1784 Jan. 8, Juli 22. 1785 Mai 26. 1786 Mai 23,
    Sept. 24, Nov. 14. 1787 März 15, Sept. 11. 1788 Febr. 12,
    Dez. 2. 1790 Mai 30. 1791 April 14. 1792 Aug. 2. 1793 April 18,
    Aug. 13. 1794 Juli 8.
595. Die zwei Vormünder. O. 2 Neefe l., Dalayrac. (271)
    1786 Aug. 27.
596. Die Zwillingsbrüder. L. 5 Schröder (n. Regnard). (428)
    1793 Sept. 26, Okt. 15. 1794 Juli 3. 1795 Okt. 13, Dez. 17.
    1796 Febr. 16, Mai 12, Juli 28, Dez. 15. 1797 Febr. 16,
    Okt. 6. 1798 Aug. 2. 1799 Mai 14, Sept. 17. 1800 Mai 13.

Ballets und Balletpantomimen.

597. Arlequin, König von Orakakoa. Pantom. 5 Frank.
    1793 Aug. 21, 27. 1795 Mai 28, 29.
598. Don Juan Tenorio oder Das steinerne Gastmahl. Ballet 6
  Morelli, Müller.
    1798 Nov. 15, Dez. 2. 1799 Jan. 17.
599. Der englische Hutmacher. Kom. pantom. Divertissement.
    1790 Mai 4.
600. Das Fest der Musen. Pantom. Allegorie.
    1791 Aug. 4.
601. Die Fischer. Pantom. Divertissement.
    1786 Jan. 11.

602. Das geraubte und wieder befreite Bauernmädchen oder Die zerstörte Zigeunerbande. Ballet 2 Morelli.
1798 Okt. 12, Nov. 29.
603. Die ländliche Unterhaltung. Pantom. Ballet 1.
1800 März 25.
604. Der Mechanikus. Pantom. Divertissement.
1783 Mai 12, 1786 Jan. 8.
605. Der militärische Lustgarten. Pantom. Divertissement.
1791 Juli 19, 24, Aug. 9.
606. Der nächtliche Zufall. Ballet 1 Morelli.
1798 Dez. 11, 1799 Jan. 31.
607. Pygmalion. Pantom. Divertissement.
1790 April 18.
608. Pyramus und Thisbe. Pantom. Divertissement.
1786 März 7, 12.
609. Die Quäker. Ballet 1.
1800 März 27.
610. Der verkleidete Liebhaber oder Der gefoppte Bräutigam. Ballet 2 Morelli.
1798 Okt. 2, 25.
611. Das Waldmädchen. Ballet 2 Morelli.
1798 Dez. 21. 1799 Jan. 10, 29.
612. Der Weiberfeind oder Der Triumph des schönen Geschlechts. Divertissement 1 Morelli.
1798 Okt. 18.
613. Der Zeichenmeister. Ballet 1.
1800 März 28.
614. Die Zigeuner. Ballet 2 Morelli.
1798 Sept. 20.

Berichtigungen

zum chronologischen Repertoire.

Als Premieren sind gesperrt zu lesen:

1782: 10. Dez. Die Weinlese.
1783: 17. Aug. Die beiden Billets.
  „   7. Sept. Die schöne Arsene.
  „ 11. Sept. Der verdächtige Freund.
1785: 11. Jan. Er ist schwer zu befriedigen.
1786: 25. Juni Der Schlaftrunk.

Nicht gesperrt zu lesen:

1800; 21. Aug. Die Stiefsöhne.
  „   5. Okt. Der Gefangene.

S. 297 ist einzufügen:

1786: 1. Jan. Lanassa. Tr. 5 Plümicke.

Abkürzungen.

B Ballet.
D Drama.
Dd Duodrama.
e aus dem Englischen.
f aus dem Französischen.
i aus dem Italienischen.
L Lustspiel.
O Oper.
Opt Operette.
S Schauspiel.
sp aus dem Spanischen.
Tr Trauerspiel.

Bei Opern u. dgl. bedeutet der erste Autoren-Name den Textdichter, der nach dem Komma folgende den Komponisten. In runden Klammern stehende Namen bezeichnen die Übersetzer und Bearbeiter, z. B.

Die gute Ehe. L. 1 Florian (Wall)

bedeutet: aus dem Französischen des Florian, übersetzt von Wall. Die entgegengesetzte Klammerstellung:

(Florian) Wall

würde bedeuten: nach dem Florianschen Stück frei und selbständig umgearbeitet von Wall.

Eckige Klammern [ ] deuten auf Ergänzungen des Herausgebers hin.

Autorenregister.

Das folgende Register enthält nur die Namen der in den eigentlichen Katalogabteilungen dieses Bandes vorkommenden Schriftsteller und Komponisten. Die beigesetzten Ziffern bedeuten Seitenzahlen. Ein S hinter einer Ziffer bedeutet: Sammelausgabe, ein A: Almanach, Auswahl u. dgl.

Die auf R folgenden fettgedruckten Ziffern beziehen sich auf das alphabetische Verzeichnis der von 1779—1803 aufgeführten Stücke und sind die Ordnungsnummern dieses Verzeichnisses.

Acanzio, Eschilo 214.
Adam, A. K. 11, 46.
Addison, Jos. 116.
Adolphi, F. 13.
Ahl, F. 34, 190.
Albini, A. 18, 34, 68 S, 90, 95.
Albinoni, Tom. 209.
Albrecht, Ignaz 111.
Albrecht, Joh. Fr. E. 39, 68 S.
Albrecht, K. T.
Alednog 40.
Alessandri, Fel. 213, 216.
Alexis 31.
Alexis, Willibald 91.
Allainval, S. de 98, 114.
Alvensleben, L. v. 32, 45, 88 A.
Amon, J. 193.
André, Joh. 21, 43, 49, 50, 60, 62, 105, 106, 174, 177, 178, 193. — R 498.
Andreozzi, Gaet. 183, 184, 200.
Andrieny 58. — R 506.
Anelli, Angelo 201, 202, 210.

Anfossi, Pasquale 17, 170, 182, 198, 200, 207, 213, 215, 216, 217. — R 118.
Angely, L. 13, 19, 39, 48, 52, 65, 68 S, 90, 174, 177.
Angiolini, Pietro 202.
Anicet 58, 89.
Anseaume 36, 48, 169, 173. — R 243, 244, 341, 406.
Anton, Ad. 39.
Anton, J. D. 172.
Arago, E. 40, 58.
Arien, B. Chr. d' 17, 21, 35, 90, 102. — R 168, 294.
Armand-Goust 109.
Arnaud, Baculard d' 21, 106.
Arnstein, B. D. 25.
Arresto, Chr. G. H. (Burchardi) 23, 31, 46, 54.
Artaria, St. 54.
Artner, Therese von 57.
Äschylos 24.

Auber, D. F. E. 11, 15, 18, 22, 29, 36, 52, 53.
Aubigny, Th. A. d' 9, 25, 88.
Audinot, N. M. 171. — B 165.
Auernbrugger, Dr. 48. — R 445.
Auffenberg, J. v. 11, 21, 37, 53, 61, 62, 63, 68 S.
Augier, Emil 14.
Auletta, Pietro 213.
Ayrenhoff, C. H. v. 19, 101, 102, 103, 108. — R 150, 896.

Babo, J. M. 12, 24, 43, 45, 47, 49, 55, 56, 63. — R 70, 325, 370, 382, 399, 423, 485.
Bach, Joh. Christ. 181, 187, 207, 208.
Bach, Joh. Seb. 187.
Bach, J. D. 190.
Bach, Karl Phil. Em. 186, 187.
Bacherer, Gustav 17.
Bahrdt, J. F. 36, 68 S.
Balfe, M. W. 179.
Balocchi, L. 63.
Bandes y Candamo, Francisco 95.
Banks 71, 89. — R 205.
Baour-Lormian, P. M. 211.
Bärmann, G. N. 22, 55, 94.
Barnickel, C. F. W. 35.
Barré, P. 176. — R 408.
Barta, Giuf. 216.
Bartels, H. 112.
Barthe, N. Th. 59, 60, 103, 114. — R 515.
Bartsch, Leopold 91.
Basconi, D. 204, 205.
Bäuerle, Adolf 6, 68 S, 170.
Bauernfeld, Ed. 19, 36, 53, 56, 60, 69 S, 87, 95.
Baur 103.
Bayard, J. Fr. A. 45, 57.
Beauchamps 104.
Beauharnais, Gräfin 80.
Beaumarchais 8, 9, 19, 55, 69 S, 90, 92, 105, 202, 216. — R 36, 40, 41, 44, 154, 319.
Beaumont, Fr. 19, 55, 89.

Beaunoir, A. L. B. (Robineau) 50, 58. — R 172.
Beauval 174, 177.
Beck, Heinr. 7, 13, 29, 47, 48, 51, 61, 69 S. — R 17, 74, 235, 401, 411, 431, 580.
Beck, Louise 26.
Becker, L. 94.
Becker, W. G. 95 A.
Beecke, Ignaz von 31. — R 262, 566.
Beer, M. 11, 43, 45.
Beethoven, L. van 36, 170, 171 (vgl. auch 198, 199).
Behr, R. 25.
Beil, Joh. Dav. 8, 10, 13, 51, 55. — R 29, 82, 163, 482, 444.
Beil, K. Th. 6, 15, 47.
Belin, Fr. 59, 89.
Bellini, D. 22, 42, 47, 180.
Belloy, Buirette de 104.
Ben, Miß 16.
Benda, Georg 8, 30, 37, 40, 49, 63, 167, 169, 173, 174, 175, 176, 193. — R 26, 101, 242, 336, 400, 422, 555.
Benda, Joh. Wilh. 28.
Benedig, Rod. 10, 14, 55.
Benincori, A. M. 211.
Benzel-Sternau, Graf E. v. 13, 66.
Beraud, A. N. 31.
Berge, Rud. von 23.
Bergen, Ad. 28.
Berger, C. P. 9, 28, 39, 53.
Berger, Tr. B. 23.
Berio, Marchese 45, 176.
Bernabei, Giuseppe Ant. 209.
Bernard, J. C. 21, 36.
Bernardoni, P. A. 201.
Bernasconi, Andr. 209.
Bertati, Giov. 28, 199, 211, 213, 215, 218. — R 227.
Berton, H. M. 6, 55, 58, 105, 108, 109, 172, 175, 210.
Bertoni, Ferd. Giuf. 213.
Bertuch, F. J. 17, 97, 176. — R 126.
Bianchi, Fr. 213, 217, 218.
Biedenfeld, F. v. 11, 13, 45.
Bielfeld, D. F. 32.

Bierey, G. B. 24, 50.
Bigatti, Carlo 202.
Bilderbeck, C. F. v. 69 S.
Binder, Karl 32, 61.
Bioern, S. 28.
Birch, Chrift. 94.
Birch-Pfeiffer, Ch. 7, 25, 26, 29, 31, 45, 50, 51, 55, 90.
Bis, H. L. Fl. 57.
Blangini, Felix 42.
Blau, G. A. 9.
Blum, J. Chr. 97.
Blum, Karl 9, 19, 20, 25, 29, 30, 37, 51, 54, 55, 57, 69 S, 177.
Blumauer, Aloys 102.
Blyma, Franz 193.
Boccherini, Giov. Gaft. 203, 207, 208, 215, 216.
Boccherini, Luigi 190.
Bock, J. C. 9, 27, 32, 34, 45, 61, 90, 97, 98 A, 107, 108. — R 44, 169, 192, 241, 581, 582.
Bode, A. 49, 108.
Bogers, Lukas 102.
Bohdanowicz, Mich. 184.
Boieldieu, A. F. 9, 14, 26, 29, 32, 35, 50, 52, 56, 107, 167.
Boiffy, L. 52, 92, 111. — R 326, 454.
Bonafont, Ph. K. 46, 69 S.
Bondi, Wilh. 94.
Bonin, Chr. Fr. v. 16, 27. — R 221.
Bonjour, C. 16.
Bonlajo 198.
Bononcini, Giov. 214.
Borghi, Batt. 181.
Borufchein, Ernft 63.
Börnstein, S. 26.
Boroni, Ant. 181, 212.
Böfenberg, J. H. 46, 61, 69 S.
Both, L. W. 88 A.
Bothe, F. G. 39.
Bouchardy 34.
Bouilly, J. N. 12, 14, 27, 28, 37, 60, 62, 105, 107. — R 202, 496, 548.
Bouqueton 206.
Bourgoyne, J. 7. — R 17.

Brahm, P. M. von 59.
Brandes, J. Chr. 6, 8, 18, 24, 27, 51, 53, 70 S, 96, 97, 101, 102, 104, 167. — R 15, 26, 179, 181, 206, 337, 374, 435, 456.
Brandl 29, 187, 193.
Brandt, Ludw. 66.
Brandt 190.
Braun, C. Frh. v. Braunthal 22, 42, 53.
Braun, G. Chr. 38.
Braunfchweig, Auguft Prinz von R 199.
Brawe, J. W. v. 95, 96.
Brentano, Clemens 58.
Bretzner, Chr. Fr. 6, 8, 18, 21, 24, 28, 31, 35, 36, 37, 46, 48, 50, 64, 70 S, 97. — R 8, 135, 261, 301, 316, 344, 390, 405.
Briffault 44.
Brockmann, F. C. R 263.
Bröckelmann, W. 28.
Brömel, W. H. 5, 12, 24, 61, 70 S, 102, 103. — R 6, 69, 191, 535.
Brooke, B. 89.
Brueys, J. R. de 92.
Brühl, Graf F. A. v. 12, 16, 53, 54, 66. — R 71.
Brummer, Andr. 57, 63.
Bruni, A. B. 45, 174.
Brunswick, L. 11, 46, 179.
Bucheron R 242.
Budberg, O. Chr. v. 9, 23, 52, 171.
Bujac 44.
Bullinger, Jof. 13, 94, 168.
Bulwer, E. L. 38.
Bunfen, P. L. 17, 24, 67. — R 189.
Burchardi fiehe Arrefto.
Bürde, Sam. Gottl. 24.
Bürger, Elife R 65.
Bürger, G. A. 38.
Buri, L. Th. v. 11, 37, 59, 102.
Burmann, J. Heinr. 52.
Büffel, A. 35.

Cabella, Giufeppe 200.
Caignie; 50.

Caldara, Ant. 214.
Calderon, P. de la Barca 7, 13, 15, 31, 35, 49, 58, 61, 66, 93, 94, 95, 94, 102. — R 28, 260.
Calzabigi 215.
Camarone, S. 10.
Camerer, J. F. 99.
Candeille, J. 13.
Cannabich, Chr. 8, 170, 190, 193, 206, 207, 208. — R 125.
Capacelli, Albegalti 42, 101, 107.
Capotorti, Luigi 209.
Caraffa, M. E. 17.
Carcani, Giuf. 212, 214.
Carpani, Giuseppe 59. — R 78.
Caselli, Pietro 202.
Castelli, J. F. 5, 17, 21, 26, 27, 31, 34, 42, 63, 88 A, 106, 108, 179.
Casti 179, 216, 217. — R 287, 584.
Catel, Ch. S. 6, 62, 108.
Catrufo, J. 171.
Centlivre, Mrs. Susanna 19, 45, 62, 90. — R 553.
Champein, St. 40, 175. — R 338.
Champfort, S. R. 32, 53. — R 269.
Charlemagne, J. A. 46.
Chelard, H. 56.
Chelleri, Fort. 203.
Cherubini, L. 7, 9, 20, 24, 26, 46, 106, 107, 108, 170, 187, 190. — R 202, 811.
Chezy, Helmine v. 170.
Chiari, P. 101.
Ciampi, Vinc. 209, 213.
Cibber, Colley 59, 89, 104. — R 557.
Cimarosa, Dom. 5, 10, 14, 28, 30, 31, 44, 52, 57, 61, 166, 168, 169, 173, 178, 180, 184, 199, 200, 201, 203, 210, 211, 216, 217, 218. — R 5, 227, 322, 440, 498.
Claudius, Georg Karl 44, 94.
Clauren, H. (Heun) 11, 62, 66, 71 S.
Clesheim, A. Frh. 47.
Clodius, Chr. Aug. 96, 101.
Cocchi, Gioachino 209, 213.
Colla, Giuf. 182, 206.

Collé, Charles 20, 58, 91, 92, 106, 107. — R 46, 90, 158.
Colley 89.
Collin, H. J. v. 8, 10, 48. — R 407.
Collin d'Harleville 27, 29, 37, 41, 44, 59, 74. — R 876.
Colman, Georg 28, 56, 58, 89, 90, 95. — R 225, 229, 503.
Coltellini, M. 198, 216.
Comberuffe 25.
Congreve, William 89. — R 525.
Conforto, N. 211.
Contessa, Chr. J. Salice 6, 47.
Conz, C. Ph. 24.
Cords, G. 9.
Corneille, P. 13, 46, 49, 98. — R 421.
Corneille, Th. 113, 116 S.
Costenoble, C. L. 60, 71 S.
Courcy 17.
Cowley, Mrs. 52, 54, 103, 108. — R 450, 452, 471.
Cowmeadow, J. W. Prof. 6, 52.
Cramer L. G. 30.
Crébillon, C. P. Jolyot de 100, 102, 113, 115.
Cremeri, Anton 71 S.
Crestofilo, Timolao 202.
Creuzé de Lesser 173.
Cronegk, Joh. Fr. v. 44, 95, 96, 100, 106. — R 873.
Crowe, William 103.
Cumberland, R. 11, 12, 13, 31, 41, 42, 65, 102, 107, 109. — R 61, 66, 75, 263, 343, 357, 572.
Cuno 62.
Cupeda, Donato 214.
Cuvelier de Try, J. G. 34.
Czarnowsky, O. v. 38.

Dalayrac, N. 26, 35, 36, 43, 50, 51, 65, 66, 67, 74, 106, 107, 109, 172, 174, 176, 177, 179. — R 47, 224, 366, 408, 428, 577, 589, 595.
Dalberg, Friedr. v. 183, 186, 187.
Dalberg, W. H. v. 16, 30, 32, 41, 44, 59, 63, 64, 93. — R 75, 79, 113, 114, 115, 124, 254, 267, 349, 379, 500, 556, 562, 563.

Danckelmann, Fr. K. v. 25.
Dancourt, L. R. 60, 64, 93, 109. — R 520.
Danet, M. 110.
Danzi, Franz 5, 8, 35, 41, 56, 175, 187. — R 37, 77, 291, 294, 347, 435.
Dartois de Bournonville 69.
Danvilliers 209.
Davans 190.
Decourcy 65.
Dejaure, J. E. Bedenc 55, 175.
Deinhardstein, Joh. Ludw. 19, 23, 27, 55, 71 S.
Delamotte, K. A. 8, 10, 30. — R 34, 250.
Delavigne, C. 34, 43, 45, 49, 52, 77, 88.
Della-Maria, Dom. 24, 74, 108, 109. — R 183, 466.
Deller, Flor. 208.
Demieur 106.
Demoustier, Ch. Alb. 74.
Denifle, F. 45.
Depenty 18.
Dercia 30, 47.
Desaides (Dezèdes), A. 6, 11, 166, 169, 178. — R 16, 103, 502.
Desfontaines 170.
Desforges, Choudard 11, 20.
Desnoyer 41.
Desriaux 108.
Destouches, Ph. Nericault 61, 71, 91, 92, 100, 104, 109, 113, 115. — R 182, 393.
Devienne, Fr. 109.
Devrient, Ed. 20, 74, 90.
Dickhut, C. 168, 171, 175, 190.
Diderot, D. 71 S. — R 226.
Diericke, Fr. v. — R 112.
Dieulafoy, J. M. 44, 107.
Dinaug, A. M. 45.
Dittersdorf, K. D. v. 10, 14, 24, 36, 50, 51, 168, 172, 193, 203. — R 24, 56, 122, 237, 299, 427, 437.
Donizetti, G. 7.
Donner, J. J. C. 7.

Dorat 92, 101, 103. — R 117
Döring, G. 13.
Dorvigny, Louis 65, 93, 105.
Drieberg, Friedr. 177.
Dryden, John 89, 93.
Ducange, Victor 13, 15, 57.
Dudoyer de Gastels, G. 92.
Dufresny, Ch. R. 93, 104.
Dumaniant 16, 56, 79.
Dumanoir, Pinel 88.
Dumas, A. 22, 28, 33, 38, 51, 61.
Dumoncheau 174.
Duni, Eg. R. 169, 175. — R 341.
Dupaty, E. 11, 14, 109, 171, 210. — R 466.
Duport, P. 11.
Düringer, Ph. J. 40, 112.
Dusch, Joh. Jakob 97.
Dussec, Franc. 201.
Dutillieu, P. 218.
Duval, A. 16, 24, 26, 28, 35, 74, 78, 108, 167, 174. — R 111, 183, 224.
Duvert, F. A. 57.
Duveyrier (siehe auch Melesville) 40, 89.
Dyk, J. G. 53, 57, 71 N, 91 A, 93. — R 205, 247, 457, 499.

Eberl, Anton 10, 193. — R 56.
Eberwein, Carl 36, 37, 174.
Eberwein, Jul. 44.
Eckardt, Fr. v. 65, 102, 104. — R 571.
Eckartshausen, Karl v. 21, 59.
Eichel, Karl 73.
Eichner, Ernst 193.
Ellem, S. siehe Düringer.
Ellmenreich, Friederike 9, 11, 14, 17, 22, 50.
Ellmenreich, J. R 322.
Elsner, Joseph 190.
Emden, G. W. 65.
Engel, J. J. 8, 14, 17, 37, 96, 97. — R 84, 110, 314.
Engel, K. Chr. 11, 24, 33, 42.
Engelbrecht, J. A. 89.
Entsch, A. 87 A.

Epheu, F. L. 54.
Ersch, Sam. 112.
Eschenburg, Joh. Joach. 17, 49. — R 420.
Esménard 210.
Esser, Heinr. 58, 190.
Etienne, Ch. G. 8, 26, 53, 56, 89, 106, 172, 211.
Eule, Karl 60, 178.
Ewald, Joh. 92.

Faber, J. H. 60.
Fabiani 207.
Fabre d'Eglantine 30, 53, 71. — R 532.
Fabrizi, Vinc. 199.
Fagan, Chr. Barth. 72, 101.
Falbaire 106, 167. — R 177, 591.
Farinelli, Giuseppe 201, 202, 210.
Farquhar, Georg 82, 89, 103.
Favart, Charles 52, 54, 113, 114, 167. — R 173, 442.
Favart, Mad. 108.
Favières 6, 105, 176. — R 886.
Federici, Giov. Batt. Cam. 7, 23, 25, 30, 48, 61. — R 22, 197, 254, 589.
Federici, Vinc. 201, 202.
Fegeio, Pol. 175, 198, 206, 211, 213, 215, 216.
Feldmann, L. 22, 46.
Fels, F. 10.
Ferrari 210, 217.
Ferretti 8.
Fétis, F. J. 167.
Fielding, H. 59, 93.
Filistri, Antonio de 198.
Fillete-Loreaur 45. — R 311.
Filz, Anton 187.
Finger, Gottfr. 203.
Fioravanti, Val. 50, 63, 201.
Fischer, A. (Kapellmeister) 174, 188.
Fischer, Alexander 55, 91 A.
Fischer, A. J. 62.
Fischietti, Dom. 210, 211.
Fleischer, F. W. 93.
Fleischmann 172, 193.

Fletcher, John 19, 55, 89.
Florian, Jean Pierre Claris de 11, 27, 30, 61, 67, 93. — R 43, 185, 215, 217, 218.
Foote, Samuel 72 S, 103.
Foppa, Gius. 201, 213.
Forst, Jos. 15, 18.
Forster, Georg 50.
Fosse, A. de la F. d'Aubigny 116 S.
Fouqué, F. de la Motte 6, 35, 55, 46, 57, 66, 94.
Frank, Georg R 597.
Frank, G. v. 34.
Frank, Dr. 95 A.
Franke, C. W. 48.
Franz, J. W. 6.
Fränzl, Ferd. 9, 12, 20, 168, 171, 190. — R 45, 316.
Fränzl, Ignaz 172, 206.
Fresenius, Aug. 57.
Fresenius, J. C. L. 28.
Frey 188.
Freytag, Honorio 187.
Fricke 22.
Friedel 94 A.
Friedrich, C. H. 62, 87 A.
Friedrich, W. 20.
Frohberg, R. 32, 45, 55.
Fuchs, K. A. F. 9, 72 S.
Fulgence 69.
Funk, Franz v. 99.
Furchau, Ad. Fr. 22.
Fuz, Josef 214.

Gallani 209.
Galuppi, Bald. 170, 173, 175, 180, 182, 184, 198, 205, 206, 207, 211, 212, 213, 215.
Gamera, 5, 45, 208, 215. — R 384.
Gardel, P. G. 210.
Garrick, David 45, 89, 104. — R 229.
Garzia, Fr. Xaver 206, 211, 215, 219.
Gaßmann, Flor. Leop. 215.
Gasman, Fr. X. 181, 207.
Gatti, Luigi 217.
Gaveaur, Pierre 29, 53, 173, 174. — R 279.

Autorenregister.

Gazzaniga, Giuf. 188, 207, 213, 214, 216, 218.
Gebel, Fr. H. 105.
Gebhard, Friedr. Alb. 72 S.
Gebler, Tob. Frh. von 72 S, 94, 96, 97, 101, 107, 186.
Gehe, Ed. 28, 93.
Gehrig, J. 38.
Gemmingen, Otto v. 14, 48, 97. — R 162.
Gellert, C. F. 96, 100.
Gendré 11.
Generali, Pietro 8, 202, 210.
Genlis, Gräfin 41, 92, 93, 105.
Gerhard, Wilh. 54.
Gerl Franz 179.
Gerle W. A. 62.
Gernevalde R 461.
Gerstenberg, H. W. v. 96.
Geßner, Sal. 97, 207.
Ghelen, Joh. Leop. von 214.
Gianella 174.
Giesebrecht, K. 53.
Giesecke, K. L. 28, 172, 175.
Gläser, Frz. 5, 171.
Gleim, Joh. Wilh. Ludw. 97.
Gley, J. F. 17.
Gluck, Chr. W. v. 31, 36, 46, 60, 105, 107, 109, 186, 196, 206, 210, 214, 215. — R 259, 520.
Gnecco, Fr. 201, 202, 210.
Goethe, J. W. v. 16, 21, 25, 26, 30, 31, 41, 56, 64, 94, 97, 170. — R 76, 193, 200.
Goldoni, Carlo 20, 26, 27, 40, 42, 45, 50, 51, 54, 55, 63, 64, 71, 72 S, 90, 92, 95, 97, 98, 99, 100, 101, 104, 106, 107, 108, 201, 207, 211, 215, 217. — R 216, 241, 317, 362, 430, 439, 465, 491, 542, 568, 581, 582.
Goldsmith, O. 48, 54, 59, 89, 95, 103, 106. — R 463, 590.
Gollmick, C. 58.
Gomez, Mad. de 114.
Goffec, Fr. J. 171, 193. — R 165.

Gotter, F. W. 7, 18, 21, 24, 30, 31, 37, 39, 40, 41, 44, 49, 52, 58, 60, 63, 64, 67, 73 S, 90, 92, 93, 97, 102, 103, 109, 169, 172, 173, 175. — R 25, 100, 101, 117, 119, 189, 242, 251, 265, 284, 304, 330, 336, 372, 378, 422, 458, 493, 567, 594.
Gottsched, Joh. Chr. 98, 99.
Gottsched, Louise Adelg. Vict. 91, 98, 99, 100.
Götze, C. 21.
Gozzi, Gasparo Conte 14, 20, 32, 44, 90, 105. — R 94, 158, 265, 372.
Graez, J. 187.
Grahn, J. J. 73 S.
Grande 216.
Grandual 209.
Grange-Chancel, 116 S.
Graphigny, Frau v. 99.
Graun, Carl Heinr. 189, 197, 198, 203.
Greatheed, B. 55.
Greber, Jacob 203, 204.
Gresset, J. B. 94.
Gretry, A. E. M. 8, 11, 17, 22, 23, 25, 48, 49, 50, 60, 66, 95, 108, 167, 168, 170, 171, 172, 174, 175, 176, 178, 179, 208. — R 62, 173, 201, 406, 415, 429, 519, 522, 586, 591.
Gries, J. D. 13.
Gries, Joh. Friedr. 100.
Grillparzer, Franz 25, 34, 50, 58.
Grimm, A. L. 10.
Grimm, Friedr. Melchior 98.
Grosheim, Ch. C. 196.
Großmann, G. F. W. 43, 90, 97, 107. — R 233, 365.
Grötsch, J. G. 29.
Grua, Karl Peter 204, 205.
Grua, Marie 190.
Grua, Paul 209.
Grua, Stefan 190, 221, 259.
Gruguanelli, Fr. 197.
Grünbaum 45, 49.

Grüner, Franz (v. Akats) 111.
Grüner, S. 24, 46.
Gruttschreiber, J. A. 54.
Guardasoni, Dom. 199.
Gubitz, F. W. 90 A, 91.
Gugler, von 101.
Guglielmi 5, 21, 167, 180, 181, 182, 207, 211, 213, 215, 217, 218. — R 7, 420.
Guidi, Anastasio 211.
Guillard 31, 107. — R 259.
Guttenberg, A. J. v. 22.
Gutzkow, Karl 49, 64, 65.
Guymond de la Touche 115.
Gyrowetz, Adalbert 6, 8, 30, 105, 106, 166, 173, 193, 196, 219.

Hacke, Gottlob 52.
Haffner 175.
Hafner, Philipp 38.
Hagemann, G. 15, 19, 23, 25, 29, 35, 37, 38, 40, 45, 53, 64, 90. — R 296, 315, 324, 333, 381.
Hagemeister, J. F. 26, 31, 94. — R 209.
Hähnel, J. 10.
Halbel, H. 59.
Halbe, Joh. Aug. 61.
Halem, G. A. v. 63.
Halevy, J. from. 37.
Halirsch, L. 41, 93.
Haller, J. G. 22.
Halm, Friedr. 5, 26, 95.
Hammer, Jos. v. 45.
Händel, G. F. 187, 189.
Hänlein, C. v. 30, 46.
Hansing, G. F. A. 18, 94.
Happoncourt de Grafigny 113.
Harrys, G. 8, 25, 34, 54, 56.
Harpe, de la 39, 113. — R 330.
Hasse, Ad. 188, 197, 198, 205, 206.
Hang, C. E. 12, 18.
Haupt, Theod. v. 57, 73 S.
Haußner, F. W. 33.
Hauteroche 92, 116 S.
Haydn, Jos. 182, 186, 187, 188, 189, 193, 194, 203. — R 419.

Haydn, Michael 149.
Hayne, Th. 33.
Heiberg, P. A. 28, 88.
Heigel, C. M. 14, 45, 50, 54, 73 S. — R 387.
Hèle, d' 60. — R 119, 519, 522.
Hell, Th. (Winkler) 7, 10, 11, 19, 21, 27, 43, 48, 67, 73 S, 88 A, 94, 98 A.
Henneberg, Joh. Bapt. 62, 174, 179.
Hensel, Mad. siehe Seyler, Friederike.
Hensler, K. F. 7, 14, 19, 43, 51, 54, 57, 60, 63, 109, 166, 177, 178. — R 155, 473.
Herbst, C. A. 74 S.
Herklots, C. 24, 33, 45, 168, 174.
Hermann 58. — R 507.
Hermes, K. H. 29.
Herold, L. J. F. 37, 66.
Herrmann, B. A. 33, 40, 41, 62.
Hesse, Katharina v. 47.
Heufeld, Franz 101, 102.
Heubel, Joh. Georg 99, 100.
Heun, K. siehe Clauren.
Hey 209.
Heyden, Friedr. von 74 S.
Heydenreich 92.
Heymann, G. 205.
Heyne, Chr. L. siehe Wall, Anton.
Hiemer, E. B. 5.
Hiemer, F. K. 25, 58, 59, 60, 62, 74 S. — R 506, 548.
Hilaire, St. 15.
Hild, Jacob 190.
Hilferding, Franz 214.
Hiller, Joh. Ad. 11, 36, 174, 189. — R 248, 298.
Himmel, F. 20, 198.
Hinauz 11.
Hippel, K. Th. 59, 94, 95.
Hoadley, B. R 25.
Hoffer, Josef 214.
Hoffmann, C. O. 21.
Hoffmann, E. T. A. 38.
Hofmeister, F. A. 15, 57, 170, 177. — R 105.

Holbein, Fr. v. 7, 15, 22, 30, 33, 36, 40, 45, 61, 62, 63, 65, 66, 74 S, 173.
Holberg 46. — R 394.
Holcroft, Thomas 27. — R 297.
Holm, K. F. 90.
Holtei, K. v. 7, 36, 37, 39, 55, 65, 90, 91 A, 106, 173.
Holzbauer, Ignaz 26, 58, 178, 186, 194, 205, 206. — R 212, 587.
Horn, Frz. 33, 46
Horn, Otto siehe Bäuerle, Ad.
Horn, Uffo 62.
Hotho, H. G. 106.
Houwald, E. v. 11, 21, 23, 28, 36, 53.
Huber, Frz. X. 31, 54, 60.
Huber, Jos. 58, 199. — R 518.
Huber, Joseph Karl 100.
Huber, Leop. 9, 17, 55, 60.
Huber, L. F. 5, 17, 19, 27, 28, 32, 35, 41, 42, 43, 44, 55, 74 S. — R 2, 131, 153, 228, 297, 371, 532.
Hübner, Lorenz 209.
Hugo, Viktor 29, 39.
Hume 113.
Hunnius, Anton 90.
Hutt, Joh. 14, 74 S.

Jacobi, Joh. G. 97.
Jadin, L. E. R 347.
Jephson, Robert 103.
Jerrmann, E. 12, 14, 15, 17, 45, 51, 80.
Jester, E. F. 15, 17, 22. — R 95, 108, 171.
Iffland, A. W. 6, 7, 8, 10, 11, 14, 17, 19, 21, 22, 23, 24, 25, 27, 28, 33, 36, 38, 39, 44, 48, 51, 53, 55, 56, 60, 61, 62, 74 S, 87 A. — R 9, 11, 12, 18, 21, 35, 50, 93, 128, 142, 184, 189, 195, 219, 223, 234, 240, 295, 303, 323, 327, 346, 352, 434, 460, 480, 524, 527, 528, 536, 551, 576, 579.
Ihlée, J. J. 9, 12, 26, 36, 45, 50, 51, 105, 172, 177. — R 45, 202, 208.

Imbert, H. J. 17.
Immermann, K. 49, 75 S, 95.
Inchbald, Miß 52.
Johnson 56.
Joli 16.
Jomelli, N. 180, 182, 183, 187, 190, 194, 200, 205, 206, 212, 214.
Jones, William 50, 89.
Jouy, E. 57, 62, 107, 109, 167.
Isouard, N. 6, 8, 35, 37, 41, 56, 109, 177.
Jung, Joh. 9.
Jünger, J. F. 8, 9, 12, 16, 18, 19, 22, 25, 31, 33, 34, 40, 43, 48, 53, 55, 59, 62, 64, 93, 103. — R 38, 116, 134, 143, 144, 194, 256, 278, 334, 413, 486, 541, 558.
Jungmann, W. 16.

Kaffka, J. C. 65.
Kaibel, K. L. 16, 31.
Kaiser, Friedr. 61.
Kalchberg, Joh. v. 26, 49, 57, 66.
Kalidasa 50.
Kalkbrenner, Chr. 210.
Kalkreuth, Fr. Graf v. 31.
Kanne, F. A. 45, 107.
Kauer, Ferd. 9, 43, 55, 63.
Keese, John 49.
Kelly, Hughes 29, 109. — R 235.
Kenrick, W. 89, 98.
Kerpen, Frh. v. 108, 176.
Kettel, G. 40, 49, 51.
Kind, Friedr. 16, 42, 52, 75 S, 171.
Kirpal, J. 17.
Kirsch, K. W. 26, 48.
Klähr, Karl 75 S.
Klebe, A. 104.
Klein, A. v. 26, 32, 93 A, 107, 176. — R 170, 212.
Kleist, H. v. 20, 33, 63, 75 S, 82.
Klesheim, A. v. 29.
Klingemann, A. 14, 21, 26, 28, 35, 40, 41, 51, 60, 87 A, 93.
Klinger, Friedr. M. 20, 26, 34, 51, 53, 55, 67, 75 S, 89, 103. — R 211, 288.

Klopstock, Fr. G. 29, 186.
Knecht, Justinus Heinr. 189.
Koller, J. 61.
Kollmann, J. 15.
Komareck, J. N. 21, 23, 30, 75 S.
Körner, Theod. 58, 76 f. S.
Körtinger, M. M. 7.
Kotzebue, A. v. 6, 7, 8, 9, 10, 11, 12, 13, 14, 15, 16, 17, 18, 20, 21, 24, 25, 26, 27, 30, 31, 33, 34, 35, 37, 39, 40, 42, 43, 44, 45, 46, 47, 48, 50, 51, 52, 54, 55, 56, 57, 58, 59, 60, 61, 62, 64, 65, 66, 67, 75 f. S, 87 A, 168, 171, 176, 177. — R 20, 28, 42, 48, 68, 81, 137, 140, 159, 203, 204, 213, 214, 245, 255, 258, 275, 280, 312, 339, 369, 383, 385, 388, 446, 447, 464, 472, 474, 477, 478, 496, 505, 511, 516, 528, 531, 546, 578.
Kotzebue, Frau v. 30.
Kozeluch, L. 185.
Krahe, G. J. 7, 20.
Kramer 6.
Kratter, Franz 16, 22, 34, 38, 40, 53, 61, 77 S. — R 290, 321, 340, 549.
Kraus, G. 185.
Kretschmann, K. F. 7, 20, 27, 92. — R 19, 160, 459.
Kreubé, Fr. 170.
Kreutzer, Conr. 14, 56, 106, 179, 185, 212.
Kreutzer, M. 210.
Kreutzer, R. 45, 176. — R 880.
Krickeberg, Friederike 32.
Krieg, G. 6.
Krüger, Joh. Christ. 95, 96, 101. — R 236.
Kruse, L. 20.
Kuffner, Chr. 13.
Kühne, G. 32.
Külb, P. H. 37, 39.
Kunz, Ed. 194.
Kunze 21, 106.
Kupelwieser, Joh. 176, 179.

Kurländer, F. A. v. 20, 93 A.
Küstner, K. Th. 9, 77 S.

La Chabeaussière, Poisson de R 577.
Lachner, Fr. 6, 33.
Lachner, Ign. 79.
Lachner, Vinc. 190.
Lachnith, L. W. 194.
La Font, Charles 106.
Lafontaine, August 52, 58, 66, 77 S.
Lagueyrie, F. 20.
Lamartellière 26.
Lambrecht, Math. G. 7, 18, 29, 36, 37, 41, 53, 59, 60. — R 347, 509, 517.
La Mierre 35. — R 291.
La Motte 107, 115, 198.
Lange, Ed. 65.
La Place 99.
La Roche, Sophie 112.
Lattanzi, Giuseppe 201.
Laube, H. 41, 49.
Lauchery, Et. 205, 207, 208.
Laudes, Jos. 101.
Laudi, Marco 202.
Laun, F. 29.
Lavigna, Vinc. 201.
Le Bailly, Arm. 210.
Lebrun, Alexander 205.
Lebrun, K. 9, 10, 21, 24, 30, 33, 39, 45, 65, 77 S, 80, 87 A, 91, 108. — R 279.
Le Duc 194.
Lee, Miß 25, 103. — R 198.
Lefèvre, P. Fr. 113.
Le Grand, M. A. 6, 62, 92, 101, 104, 113, 114, 115. — R 443, 458.
Leiningen, Erbprinz v. 13.
Leisewitz, J. A. 32, 94, 107. — R 268.
Lembert, J. W. (Tremler) 11, 14, 16, 20, 21, 44, 48, 77 S, 87 A, 95.
Lemoyne, Gabr. 15, 169, 176, 210. — R 102.
Lenox, Charlotte 89.
Lens, Andr. 111.
Lentner, Jos. Fr. 15, 18.

Lenz, Jak. Mich. Reinhold 30. —
  R 240.
Lenz, J. R. (gen. Kühne) 21, 77 S.
Leo, F. 24.
Leonini, J. 16.
Leonhardi, J. 8, 35, 56, 61, 102. —
  R 31, 308, 529.
Lepique (Pfarrer) 21.
Le Sage, A. R. 92, 107. — R 584.
Lessing, G. E. 40, 42, 44, 70, 78 S,
  83, 94, 96, 101, 110. — R 58, 129,
  342.
Lessing, Karl 78, 89, 102, 110.
Lesueur, Jean Fr. 30, 47.
Leutner, Em. 25.
Leuven, de 11, 46, 58, 179.
Lewald, Aug. 69, 87 A.
Lichtenstein, Frh. v. 9, 11, 16, 36.
Lieberkühn, Chr. G. 96.
Lifl, Georg 188.
Lillo, George 70, 101.
Linden, G. 12, 43, 56.
Lindheimer, Friedr. 12, 22, 23, 31, 63.
Lindpaintner, Peter Jof. 21, 178.
Livigni, Fil. 22, 216. — R 552.
Locrou 89.
Löhle, Fr. 11.
Longchamps, de 29.
Lope de Vega 26, 52, 55, 94, 95,
  109.
Lorenzi 10, 216.
Lortzing, A. 46.
Löwe 96.
Lynar, Fürst v. 40.

Maffei, Sc. 40, 98.
Mai, Sophie 95 A.
Maier, J. (Hofgerichtsrat) 19, 23,
  56. — R 151, 166, 487.
Mailhol 115.
Majo, Fr. 166, 181, 182, 183, 206.
Malsburg, O. v. 55, 109.
Maltitz, Fr. v. 14, 95.
Maltitz, G. A. v. 7, 27, 95.
Mand, J. E. 90.
Marchland, Wilh. 22.
Marconi 201.

Marescotti, Ant. 206.
Marin R 533.
Marinelli, Gaetano 209.
Marivaux, P. Carlet de Chamblain de
  40, 48, 78 S, 79, 102, 103, 109,
  117 S. — R 334.
Marmontel, J. F. 11, 56, 63, 66,
  91, 92, 95, 101, 108, 113, 208. —
  R 46, 62, 586.
Marschner, Ed. 13.
Marsollier de Divetières, B. J. 7,
  8, 9, 26, 67, 74, 89, 105, 106, 109,
  167, 170, 174. — R 27, 45, 47, 366.
Martini, Eg. (Schwartzendorf) 170,
  174.
Martini, G. B. 96, 111.
Martini, V. (Martin y Solar) 9, 18,
  31, 37, 168, 172, 173, 174, 211,
  214, 217. — R 89, 183, 306.
Martainville, A. L. D. 58. — R 505.
Marton 52.
Masi, Giov. 212.
Mathos Fragoso, Don Juan de 95.
Matte, b. 13.
Matteis, de 200.
Matteis, N. 214.
Mayer, Joh. Cöl. 105.
Mayer, v. 178.
Mayr, Simon 5, 166, 201, 202, 211,
  218.
Mazères, Ed. 77.
Mazzola 109. — R 449.
Meck, F. 33.
Mederitsch, Joh. (Gallus) 176.
Mehul, E. H. 8, 20, 28, 51, 58, 60,
  62, 67, 105, 109, 167, 173, 177. —
  R 548.
Meisl, K. 8, 19, 21, 40, 52, 53,
  78 S, 171.
Meißner, A. G. 6, 10, 13, 54, 92,
  187.
Melesville (= Duveyrier) 21, 32,
  36, 40, 48, 56.
Menander 102.
Mendelssohn-Bartholdi, F. 28.
Mendouze 7.
Menger 168.

Menges 173.
Meno 25.
Mercadante, Sav. 180.
Mercier, L. S. 6, 14, 16, 19, 24, 44, 49, 95, 104, 106, 108. — R 86, 109, 152, 264, 356, 416.
Merville, G. 72, 85, 115.
Metastasio, P. 6, 32, 44, 58, 98, 99, 100, 105, 177, 178, 197, 199, 200, 204, 205, 206, 207, 209, 213, 214, 215, 217. — R 375, 501, 587.
Metzger, Franz R 130.
Meyer, F. L. 79 S, 90, 110. — R 225, 461, 508, 525.
Meyer, Ludw. 13, 50.
Meyer, W. Chr. D. 28.
Meyer 95.
Meyerbeer, Giac. 30, 49.
Michaelis, Joh. Benj. 96, 97.
Michel, Jos. 167.
Miedke, K. G.
Miersch, K. G. 62.
Migliavacca, Gian Ambr. 214.
Molière, Jean Bapt. Poquelin 6, 39, 69, 71, 79 S, 90, 92, 113, 114, 115. — R 5, 8, 187, 494.
Moline, P. L. 34, 170. — R 282.
Möller, Heinr. Ferd. 26, 109. — R 207.
Molter, Friedr. 98.
Monsigny, P. A. de 14, 21, 50, 52, 167, 169. — R 87, 167, 426, 442.
Montereau 117 S.
Montesquiou 17.
Montfleury 92, 114, 117 S. — R 164.
Monvel, J. M. (Boutet) 11, 50, 66, 92, 95, 105, 166, 178. — R 16, 103, 502, 589.
Moore, Edward 65, 90. — R 58.
Morelli, Cosm. R 598, 602, 606, 610, 611, 612, 614.
Moreto, A. 15, 95.
Mörike, Ed. 79 S.
Morlacchi, Franc. 202.
Morton, Thomas 22, 55.
Mosel, J. F. v. 52.
Mosen, Julius 32, 79 S.

Möser, J. 58.
Moska, Luigi 201, 202.
Mozart, W. A. 13, 15, 18, 38, 57, 64, 65, 66, 169, 170, 172, 173, 177, 179, 180, 181, 182, 183, 186, 187, 188, 194, 201, 211, 219. — R 97, 105, 135, 239, 498, 501, 578, 574, 583.
Müchler, Karl 47, 79 S.
Mühling, A. 173.
Müller, Adolf 20, 52, 56, 167, 179.
Müller, Elise 11, 34.
Müller, J. H. Fr. 46, 103. — R 398.
Müller, Karl 15.
Müller, Wenzel 6, 7, 17, 19, 20, 38, 42, 51, 54, 57, 60, 66, 106, 108, 109, 166, 170, 171, 174, 175, 177, 178. — R 455, 473, 475, 476, 585.
Müller, Wilh. 91.
Müller 177.
Müllner, Ad. 6, 34, 52, 57, 62, 87 A.
Murphy, A. 17, 59, 90. — R 120, 508.
Musäus, J. K. A. 50, 97.
Mylius, Chr. 95.

Nadal, Aug. 116.
Nagel, Herm. 25.
Nasolini, Seb. 180, 184, 218.
Naumann, Joh. Am. 64, 183, 199, 213, 216. — R 564.
Neefe, Chr. G. 6, 8, 9, 34, 51, 54, 66, 67, 166, 170. — R 595.
Nelli, Angiolo 205.
Neri, Bened. 201.
Nestroy, J. 20, 32, 56, 179.
Neubauer, F. 194.
Neuberin, Fr. Car. 99.
Neukomm, Sig. 188.
Neumann, Karl 59.
Neumann (Sekretär) R 77.
Neustädt, Bernh. 10, 21.
Niccolini, Giuseppe 184, 201, 202, 209, 210, 218.
Niccolini, Homobono 209.
Nicolai, Friedr. 111.

Nivelle de la Chaussée 72, 82, 101, 108, 115.
Nolte, V. 80 S.
Norbeck, C. 90.
Noris, M. 213.

Obermayer, Franz 6, 44, 45, 57.
Ochsenheimer, Ferd. 39. — R 328.
Oeser, Chr. 91.
Öhlenschläger, A. 8, 13, 18, 22, 37, 55.
Oliveri, Cesare 213.
Oluffen, Chr. 88.
Orgitano, Raffaele 210.
Orlandi, Ferd. 201, 202, 210.
Orneval, d' 92.
Osann, F. 8.
Osten, L. 12.
Östreicher, Karl 176.
Oswald, H. S. 91.
Ottani, Bern. 213.
Otterwolf, Frz. von 101.
Öttinger, E. M. 31, 88 A.
Ottmann, K. F. 94 A.
Otway, Thomas 24, 89, 99.

Paccini, A. Fr. G. 184.
Paër, Ferd. 5, 12, 33, 36, 38, 48, 50, 51, 54, 172, 176, 177, 184, 199, 201, 210, 211. — R 73, 208, 433.
Paesiello, Giov. 9, 10, 22, 24, 34, 41, 43, 49, 62, 66, 67, 167, 168, 170, 171, 172, 175, 178, 179, 182, 183, 199, 201, 202, 208, 209, 210, 211, 213, 216, 217, 218. — R 41, 55, 72, 123, 282, 287, 350, 367, 543, 552, 588, 592.
Paganini, Ercole 201, 202.
Pain, M. J. 60.
Pallavicini 199, 216.
Pallissot de Montenoy 105.
Palm, J. C. W. 23.
Palomba, Giuseppe 201, 209, 210, 216, 218.
Pannasch, A. 6, 13, 40, 43, 80 S.
Panse, Karl 56.
Parissan 48. — R 412.

Parmentier, Ch. 114.
Pasquini, Giov. Cl. 197, 204, 205.
Pariati, Pietro 214.
Patrat, Jos. 29, 90.
Pauersbach, J. v. 101, 102.
Pavesi, Stef. 39, 201, 202.
Pelzel, Jos. Bernh. 101.
Pepoli, Graf Alessandro 47.
Pereni 205.
Perez, Dav. 182, 183, 214.
Pergolese, Giov. Batt. 180, 198, 205.
Perinet, Joachim 38, 43, 54, 66, 105, 106, 108, 175. — R 455, 475, 476, 585.
Perfuis, Loiseau de 210, 211.
Peru 6. — R 8.
Peschetti, Giamb. 213.
Petit, Dr. 53.
Petz, Andr. 30.
Petz, Joh. Chr. 198.
Peucer, H. 66.
Pfeffel, Konrad 96.
Philbua, Ant. 214.
Philidor, François André Danican 30, 50, 54, 93, 168, 173, 176, 177, 178. — R 243, 244.
Picard, Louis Benoit 7, 9, 11, 18, 67, 73, 74, 77, 80 S, 89, 109.
Piccini, N. 21, 26, 62, 93, 168, 170, 171, 173, 176, 178, 182, 184, 190, 206, 207, 213, 215. — R 216, 470, 511.
Pichler, Karoline 28.
Pieyre, J. 52. — R 451.
Pigault-Lebrun, Ch. 33, 174.
Pillwitz, Ferd. 47, 176.
Pilow 19, 57, 105. — R 149, 495.
Pintus 203.
Piron, B. 73, 108.
Pistocchi, Fr. Ant. 197.
Piticchio 217.
Pitschel, Friedr. Lebegott 99.
Pixis 190.
Planard, Fr. de 17, 18, 29, 89.
Planché, J. R. 43.
Pleißner, H. C. 31.
Pleyel, Ignaz 190, 194.

Plötz, Joh. v. 50, 80 S.
Plümicke, C. M. 10, 24, 28, 30, 35, 97. — R 232, 291.
Poinsinet, A. 177, 178.
Poißl, J. N. Frh. v. 7, 167, 209.
Poisson 115. — R 284.
Poli, Agostino 212.
Pollarolo, C. F. 213.
Ponso, Gius. 216.
Ponte, Lor. da 9, 174, 198, 201, 211, 214, 216, 217, 218. — R 97, 239, 306, 573.
Pope, A. 186.
Porta, Nunziato 198, 217. — R 419.
Portogallo, Marco 202.
Prati, M. 209, 218.
Prechtler, O. 6.
Pren, Friedr. 31, 166.
Prix, Ad. 51, 57.
Proch, Heinr. 175, 176.
Prunetti, Michelangelo 202.
Pufendorf, Joh. Andr. 102.

Quaisin 50, 106.
Quandt, Dan. Gottl. 111.
Quétant, A. Fr. 30, 171, 173. — R 165, 243.
Quinault, Ph. 198, 210.
Quistorp, Joh. Theod. 100.

Racine, Jean 7, 46, 98, 100, 113, 117 S.
Radé (Radet), J. B. 176. — R 408.
Rahbeck, K. L. 40, 85, 88. — R 545.
Raimund, Ferd. 80 S.
Ralph 89.
Rambach, F. 12, 26, 29, 39, 52.
Rapparini, Giorgio Maria 203.
Ratschky, J. F. 104.
Rauchenegger, B. 112.
Rauffer, A. K. G. 43.
Raupach, E. 10, 18, 21, 22, 24, 31, 34, 35, 36, 41, 42, 43, 47, 49, 51, 52, 54, 55, 58, 62, 64, 66, 80 S, 90, 175.
Rautenstrauch, J. 32, 102. — R 271.
Ranzzini, Venanzio 216.

Rebmann, G. F. 59.
Reger 39.
Regnard, J. Fr. 9, 55, 71, 92, 103. — R 596.
Reichard, H. A. O. 42, 46, 54, 59, 64. — R 141, 355, 448, 515, 568.
Reichardt, Joh. Friedr. 168, 186, 198.
Reichert (Hofgerichtsrath) R 130.
Reiff, Joh. Jos. 58.
Reil, Friedr. 62.
Reinbeck, Georg 8, 65, 81 S.
Reinhard, B. H. C. 45.
Reissiger, K. G. 190.
Reitha, J. 194.
Reitzenstein, C. v. 26.
Rellstab, L. 19, 33.
Remmiz 50.
Renth, A. 42.
Rhode, F. L. 29, 176.
Ricoboni, L. 95.
Richter, Franz Xaver 205.
Richter, Jos. 25. — R 196.
Riemann, C. 41.
Riesch, F. Graf von 81 S.
Rigel, Heinr. Jos. 104.
Righini, Vinc. 183, 184, 198, 199, 216, 217.
Ripfel, F. 14, 169.
Ritschel, Joh. 187.
Ritter, Heinr. L. 22, 32.
Ritter, K. A. 9, 22, 36, 37, 57, 65, 174.
Ritter, Peter 6, 10, 14, 21, 26, 38, 50, 53, 56, 57, 66, 166, 168, 172, 173, 177, 185, 190. — R 94, 140, 318, 469, 563.
Robert, Ludwig 11, 38, 58, 90.
Roccaforte, Gaetano 205.
Rochlitz, Fr. 21, 38, 48.
Rochon de Chabannes, M. A. 25, 210. — R 102, 199.
Roggenbach, v. 190.
Rolle, Jos. Heinr. 188.
Roller, M. 14, 26. — R 91.
Rollet, Bailli du (Gand-Leblanc) R 83.
Romanelli, Luigi 201, 202, 203, 218.
Romani 7, 42, 178, 217.

Romanus, Fr. K. 15, 96. — R 105.
Romberg, Andr. 194.
Römer, G. Chr. 6, 12, 18, 55, 81 S. — R 172, 190, 318, 565.
Rosenhain, Jacques 168.
Rosetti, A. 195.
Rosier 87.
Rösler, J. 17, 195.
Rossi, Gaet. 8, 56, 202.
Rossi, Giuf. 218, 219.
Rossini, G. 8, 9, 14, 17, 25, 31, 38, 45, 49, 56, 57, 59, 176, 178, 203.
Rötscher, H. Th. 110.
Rousseau, J. J. 95, 114, 115, 176. — R 400.
Rowe, Nic. 34, 89, 93.
Rubrecht 35.
Rüdinger, K. A. 18.
Rue, P. de la 93.
Rust, Jacob 216.
Rutini, Gio. Marco 213.

Sacchini, Ant. 34, 44, 167, 168, 175, 180, 181, 182, 183, 206, 207, 209, 211, 212, 215. — R 281, 375.
Sachsen, Amalie Prinzessin v. 35.
Sachsen, Maria Antonia Kurfürstin v. Sachsen 209.
Saint-Cyr 106, 170.
Saint-Foix 79, 91, 92. — R 377.
Saint-Georges, J. B. Vernoy de 33, 37, 58.
Saint-Hilaire 15
Saint-Just 29, 32, 107.
Saint-Marc, Ch. Lefèvre de 97.
Saint-Victor 60, 63.
Sales, Pomp. 206.
Salieri, A. 8, 13, 42, 45, 48, 56, 66, 167, 168, 176, 177, 179, 184, 189, 199, 200, 208, 211, 215, 216, 217, 218. — R 82, 86, 83, 884, 445.
Salini, Pietro 216.
Samsöe, O. J. 16.
Sander, Chr. L. 16, 88 A.
Santorini, Lor. 203.
Sarti, Giuseppe 58, 175, 180, 198, 200, 210, 216, 217. — R 253.

Saurin, B. J. 90, 106, 115. — R 58.
Scarlatti, Giuf. 215.
Schack, Benedikt 9, 179.
Schaden, Ad. v. 105.
Schall, C. H. 47, 58, 60, 63, 81 S.
Scharfenstein, Jul. Friedr. 99, 100.
Schenk, F. K. Ed. v. 6, 10, 34, 81 S.
Schenk, Joh. R 98.
Schiebler 174.
Schießler, S. W. 93 A, 95.
Schiff, Dr. 90.
Schikaneder, E. 8, 9, 42, 59, 63, 66, 105, 174, 176, 178, 179. — R 361, 583.
Schiller, F. v. 11, 14, 15, 21, 23, 28, 32, 38, 39, 46, 47, 54, 63, 65, 86, 95. — R 96, 270, 272, 404, 540.
Schink, J. F. 10, 34, 36, 61, 65, 81 S, 90, 95, 110. — R 60.
Schlegel, A. W. 27, 32, 66.
Schlegel, Joh. Elias 81 S, 95, 96, 100, 101, 104.
Schlegel, Joh. Heinr. 81.
Schletter, S. F. 17, 37, 63, 102, 103. — R 554.
Schlotterbeck, Joh. Friedr. 45.
Schmelka, Heinr. 91.
Schmid, Chr. Heinr. 89 A, 97.
Schmid 95.
Schmieder, H. G. 8, 14, 15, 23, 26, 27, 37, 40, 45, 50, 66, 108, 169, 175, 176. — R 210, 218, 311, 386, 428.
Schmidt, C. H. R 845.
Schmidt, F. L. 10, 14, 35, 48, 59, 64, 82 S, 110.
Schmidt, K. L. 33.
Schmidt, M. J. 112.
Schmidt R 590.
Schmidt, J. Fr. (weimarscher Rat) 102.
Schmidt (Komp.) 191.
Schmitt, Aloys 176.
Schneider, Friedr. 196.
Schneider, L. 19, 43, 87 A, 108, 170.
Schneider 176.
Schödler, F. 62.

Schrämbl, Franz Anton 102.
Schreck 187.
Schreiber, Aloys W. 29, 34, 66, 82 S. — R 138.
Schreyvogel siehe West.
Schröder, F. L. 5, 7, 9, 10, 17, 20, 21, 25, 27, 29, 30, 32, 44, 46, 49, 52, 55, 57, 60, 61, 62, 82 S, 90, 93, 103, 104, 110. — R 4, 61, 157, 198, 220, 230, 240, 264, 265, 286, 293, 380, 395, 417, 418, 484, 497, 512, 525, 538, 547, 550, 553, 557, 596.
Schubart, Ludw. 44, 45.
Schubert, F. A. 45.
Schubert, Joh. Friedr. 42, 175. — R 354.
Schuhbauer, L. 15, 38, 58, 169, 178. — R 99, 507.
Schulz, Aug. Ed. 22.
Schulz, Joh. 19.
Schumacher, A. 14.
Schummel, Joh. Gottl. 97.
Schuster, Joseph 166, 169, 170, 181, 187, 199. — R 14.
Schütz, F. W. von 82 S.
Schütze, St. 31.
Schwab, Joh. Joach. 98.
Schwan, C. F. 8, 53, 107, 109. — R 37, 154, 469.
Schwarz, Georg 59, 94.
Schweden, Gustav III. König von Schweden 54, 73 S. — R 467.
Schwegler, d. ä. J. D. 12.
Schweitzer, A. 15, 50, 105, 169, 176, 182, 183, 208. — R 13, 33, 100, 425.
Schwenke, Chr. Fr. 186.
Scott, Walther 77.
Scolari, Giuf. 213, 215.
Scribe, A. E. 14, 16, 19, 20, 21, 22, 24, 25, 32, 36, 39, 41, 49, 52, 53, 54, 56, 69, 88, 89.
Sebastiani, F. J. 109.
Seckendorff, G. v. 44, 82 S.
Sedaine, Michel Jean 8, 10, 14, 21, 48, 49, 58, 61, 64, 92, 98, 108, 169, 174, 176. — R 87, 167, 415, 426, 449, 491, 504, 521, 537, 567, 584.

Ségur 50. — R 466.
Seibold, Anton 36. — R 302.
Seida, F. E. J. v. 47.
Seidel, C. A. 23, 38, 82 S.
Seidel, Heinr. 66.
Sellen, G. 16.
Sellini R 592.
Senefelder, Joh. Aloys 40.
Senf, Friedr. Tr. 65.
Serimann, Graf 209.
Serta, Gaet. 198, 200.
Seydelmann, Jof. 168, 217.
Seydelmann, K. 21, 45.
Seyfried, Joseph v. 5, 6, 14, 29, 34, 39, 42, 50, 62, 63, 105, 106, 107, 108, 109, 175, 179.
Seyler, Friederike Sophie (Hensel) 43, 96, 101.
Shakespeare, W. 13, 27, 28, 30, 31, 34, 36, 38, 44, 45, 47, 48, 49, 56, 58, 65, 70, 82 S, 85, 89, 90, 94, 98, 101, 102, 103, 107, 172, 217. — R 60, 79, 191, 220, 267, 273, 286, 318, 820, 414, 502.
Shelley, P. B. 13.
Sheridan 35, 46, 89. — R 293, 358.
Sheridan, Mrs. 89.
Siegfried, J. S. 42.
Sievers, G. L. P. 34, 35, 42, 64, 112. — R 283.
Silvain R 555.
Sinibaldo, Giac. 211.
Skjöldebrand 29.
Soden, J. Graf v. 10, 11, 14, 15, 30, 35, 42, 47, 49, 82 f. S. — R 63, 145, 359, 424.
Sografi, P. 30, 201, 202.
Solié 24, 109, 179.
Solis, Antonio de 88.
Sommer, K. E. 28.
Sonnleithner 6, 11, 20, 36, 105, 166.
Sophokles 7, 75, 81.
Sothern 44. — R 879.
Souvestre, E. 20.
Spalart, Rob. v. 111.
Speyer, F. M. 58.

Spieß, Chr. H. 7, 9, 15, 17, 22, 23, 24, 33, 34, 40, 103. — R 104, 188, 277, **331**.
Spindler, F. 166.
Spindler, K. 10.
Spohr, Ludw. 21, 187.
Spontini, C. 21, 41, 44, 62, 107, 109.
Sprickmann, A. M. 52, 102. — R 441.
Stadler, Abbé M. 188.
Stamitz, Anton 195.
Stamitz, Karl 195.
Stamm, Theod. 64.
Stegmann, Fr. Dan. 173.
Stegmayer, M. 7, 10, 20, 29, 31, 35, 47, 49, 50, 106, 109.
Steigentesch, E. A. Fr. v. 18, 22, 35, 48, 61, 65, 83 S, 101. — R 132, 436.
Stein, Karl 83 S.
Steinberg, C. 27.
Steinmüller, J. W. 27.
Stephanie d. Ä., Chr. G. 52, 97, 101, 102.
Stephanie d. J., Gottl. 17, 25, 36, 37, 43, 44, 48, 50, 52, 55, 56, 83 S, 97, 101, 102, 103, 105. — R 3, 24, 30, 88, 123, 289, 299, 310, 363, 427, 448, 481, 489, 570, 580.
Steppes, Ad. 49, 83 S.
Sterbini, P. 202, 216. — R 41.
Sterkel, Joh. Franz 184, 195, 209.
Sternschutz, Joh. v. 101.
Stoll, Joh. L. 51.
Storace, Stefano 217.
Storz (Sturz), H. P. 96. — R 266.
Stricker, Aug. 203.
Studnitz, Wilh. v. 91.
Stumpf, Joh. Chr. 191.
Stuntz, J. H. 187.
Stüve, von 99.
Süßmayer, Frz. X. 41, 42, 46, 54, 107, 175, 218. — R 361.

Tagliazucchi, Girolamo 198, 212.
Tarchi 109, 179, 180.
Taffis 215.
Tasso, Torquato 198.
Täuscher, F. 37.
Teisserenc 114.
Telemann, G. Ph. 188.
Telle, F. W. 176.
Temlich, Karl 103.
Terzago, Ventura 209.
Teutscherin, Mlle. 102.
Thaarup, Thomas 19.
Thale, Adalb. vom 27, 83 S.
Thau, K. E. 20.
Théaulon de Lambert, M. 50, 65, 66.
Thombrinck, W. 7.
Thomson, Jacob 83 S, 101.
Thumb, K. K. v. 6, 7, 9, 14, 25, 43, 48, 54, 55, 56, 65, 84 S.
Thürnagel, E. 112.
Tieck, Ludw. 56, 75, 110.
Tietz, Fr. 91.
Tilly, J. B. 38, 42, 90.
Toeschi, Joh. 206, 207.
Tomascheck, W. J. 195.
Töpfer, Karl 10, 17, 18, 22, 23, 29, 34, 35, 42, 48, 56, 66, 84 S.
Torri, P. 209.
Törring-Guttenzell, J. A. Graf v. 6, 33, 94. — R 10.
Törring-Seefeld, Aug. Graf v. 209.
Törring-Seefeld, K. G. Graf v. 57.
Tottola, A. L. 209.
Tozzi, A. 181.
Traetta, Tom. 177, 181, 182, 183, 195, 206, 214.
Treitschke, G. F. 6, 15, 28, 37, 46, 59, 63, 105, 107, 108, 109.
Trenk, Fr. v. 99.
Triebensee, Jos. 39, 175.
Tritto, Giac. 210.
Trujillo 22.
Tschudy R 83.
Tuczek, Fr. J. 13, 94, 168.
Tuillerie, de la 113.
Tyrof 34.

Umlauf, Ignaz 10, 25, 31, 173. — R 51, 261.
Ungenannt, Seb. 11.

Unger, J. Fr. 48.
Unzer, J. Chr. 16, 42, 97. — R 107, 360.
Uriot, Jof. 212.

Dabé 115, 116.
Dalville, B. 106, 108.
Vanbrugh, John 89.
Vanderburch, E. L. 45.
Darin 44, 52.
Deit, E. 8.
Velde, K. Fr. van der 36, 91.
Denningen, Friedr. A. v. 196.
Derazi, M. 205, 206, 207, 208, 212.
Derazi jun. 208.
Dermale, de 205.
Dermond, M. 40.
Destris, Stefano 210.
Dial 6, 105, 172.
Vieillard, P. A. 60.
Dillati, Leop. 198, 203.
Dilliers, P. 109.
Diotti, G. B. 182.
Vogel, Wilh. 7, 12, 18, 19, 22, 23, 24, 25, 30, 31, 34, 40, 46, 47, 48, 50, 58, 63, 93, 98, 168. — R 22, 178, 197, 246, 257, 389.
Vogler, G. J. 29, 108, 186, 187, 188, 189, 191, 196, 209.
Vogl, N. 28.
Voigt, F. 47.
Voisenon, Cl. de 93.
Voltaire, F. M. Arouet 7, 30, 40, 44, 46, 56, 66, 84 S, 90, 95, 96, 102, 103, 104, 108, 113, 218. — R 251, 378.
Doß, Joh. H. 44.
Doß, Jul. v. 19, 45, 58, 84 S.
Dulpius, C. A. 10, 16, 25, 33, 36, 42, 52, 57, 66, 179. — R 55, 300, 309, 361.

Wafflard, A. J. M. 56, 69.
Wagner, C. 105, 196.
Wagner, Fr. 6.
Wagner, Heinr. Leop. 20, 85 S. — R 161.
Wahlert, G. F. A. 29.

Waldau, J. K. 53. — R 468.
Walder, A. K. 85 S.
Wall, A. 8, 9, 12, 20, 26, 55, 85 S, 92, 93, 104. — R 48, 156, 215, 482.
Wallace, Lady 58.
Wallner, F. 179.
Walter, Ignaz 55, 168, 177. — R 478.
Walter, Kurt 91.
Weber, B. A. 65, 168, 179.
Weber, Gottfr. 188.
Weber, K. M. 43, 170, 171.
Wehl, Fedor 48.
Weidemann, Jof. R 98.
Weidmann, F. K. 13, 52, 102.
Weidner, A. F. 87.
Weigl, Jof. 6, 8, 13, 15, 31, 32, 59, 62, 63, 108, 109, 167, 178, 201, 202, 211, 218. — R 80.
Weikard, Marianne Sophie 34, 53.
Weisker, Fr. Wilh. 99.
Weismann, J. H. 53.
Weiße, Christian Felix 20, 22, 31, 64, 85 S, 88, 94, 95, 96, 97, 101. — R 248, 262, 298, 392, 414, 561, 566.
Weißenbach, A. 11.
Weißenthurn, J. 10, 16, 18, 22, 28, 33, 36, 38, 62, 63, 64, 85 S. — R 52, 136, 276, 488.
Wenzel, Gottfr. Im. 86 S.
Werne, F. 30.
Werner, F. L. Zach. 62.
Werther 28.
West, K. A. (Schreyvogel) 15, 34, 49.
Wezel, J. K. 47, 86 S, 92, 94. — R 146, 148, 402.
Whycherley 89, 90. — R 292.
Whitehead, W. 108.
Wieland, Chr. M. 32, 43, 50, 97, 101, 105, 176, 208. — R 13, 83, 267, 425.
Wilderer, Hugo 200, 204.
Will d. j. 65.
Willkomm, E. 91 A.
Willms, C. 30.
Winkes, Seb. 5.
Winkler, K. G. Th. siehe Hell, Th.

Wineberger, Paul A. 171.
Winter, Peter 8, 10, 12, 28, 39, 47, 60, 105, 107, 167, 168, 174, 176, 182, 191, 195, 196, 199. — R 50, 57, 67, 231, 332.
Wittenberg 54.
Wohlbrück, G. 27.
Wolf, P. A. 13, 15, 47, 90, 91.
Wolff, L. 87 A.
Wolff 62.
Wörner 191.
Wranitzky, Paul 43, 52, 175, 177, 195. — R 368, 447.
Wutstrack, J. F. 28.

Young, Ed. 47, 100.

Zachariä, J. Fr. W. 82, 186.
Zahlhas, J. B. v. 12, 57.

Zedlitz, Jof. Chr. von 86 S, 87 A.
Zehnmann, Pf. 42.
Zeno, Apostolo 99, 197, 200, 214.
Ziegler, F. W. 9, 12, 22, 23, 26, 27, 34, 37, 38, 40, 41, 45, 46, 47, 48, 53, 56, 62, 63, 64, 66. — R 175, 222, 285, 305, 318, 335, 391, 410, 462, 490, 560, 569.
Zimmermann, F. Gg. 110.
Zingarelli, N. 202, 211, 218.
Zschokke, Heinr. 5, 32, 41, 47, 66, 86 S. — R 1, 403.
Zuccarini, Karl 205.
Zumbach, K. A. 47.
Zumsteg, R. 24, 172, 185, 212.
Zunz, H. 35.

Inhalt.

A. Die Bibliothek.   Seite

    Einleitung 1

    I. Katalog der Manuskripte und gedruckten Bücher (M und G) alphabetisch nach den Titeln der Stücke 5

    II. Gesammelte Bühnenwerke einzelner Autoren (S) alphabetisch nach den Verfassern 68

    III. Sammelausgaben, Almanachs u. s. w. 87

    Nachtrag I: Inhalt einiger Sammelbände, alphabetisch nach den Titeln der Stücke (Nachtrag zu G; N — Operntexte) 105

    Nachtrag II: Verschiedenes. Litterarhistorische, biographische Werke, Nachschlagebücher u. ä. 110

    Nachtrag III: Französische und italienische Bühnenwerke (R, bisherige Requisitenbücher) 113

Beilage.

    Bemerkungen über die wichtigsten Manuskr. der Theaterbibliothek:

        Coriolan 118
        Don Carlos 120
        Egmont 126
        Fiesko 128
        Götz von Berlichingen 129
        Hamlet 135
        König Heinrich IV., 1. Teil 135
        Julius Cäsar 136
        Julius von Tarent 137
        Die Jungfrau von Orleans 138
        Kabale und Liebe 138
        Der Kaufmann von Venedig 139
        König Lear 141
        Macbeth 142
        Maria Stuart 144
        Nathan der Weise 145
        Othello 147
        Die Piccolomini 147

		Seite
Die Räuber	. . . .	148
Richard II.	. . . .	152
Richard III.	., ...	152
Romeo und Julia	. . . .	153
Timon von Athen	. . . .	154
Wallenstein	. . . .	155
Wilhelm Tell	. . . .	156
Die Zauberflöte	. . . .	158

B. Die Musikbibliothek.

Einleitung	161
I. u. II. Opern, Operetten, Ballets und Schauspielmusik .	166
III. Arien, Lieder und Duette	180
IV. Kirchenmusik	186
V. Entreaktmusik	190
VI. Märsche, VII. Tanzmusik	192
VIII. Symphonien	193
IX. Ouvertüren	196
Anhang: Textbücher von alten Opern, Oratorien und Ballets (Hackesche Sammlung, T)	197

C. Verschiedenes.

Repertorien, Scenarien, Tagebücher, Zettelbände, Inventarien und Kataloge; Rollenbibliothek.

a. Repertorien	221
b. Alte Scenarien	237
c. Tagebücher	238
d. Zettelbände	239
e. Kataloge und Inventarien	246
f. Die Rollenbibliothek	247

D. Das Repertoire des Mannheimer Theaters unter Dalbergs Leitung 1779 (1778)—1803.

Einleitung	249
Repertoire der Marchandschen Truppe 1778 . . : .	254
Repertoire der Seylerschen Truppe 1778—1779	260
Die Dalbergsche Periode:	
1. Chronologisches Repertoire 1779—1803	264
2. Alphabetisches Verzeichnis der von 1779—1803 aufgeführten Stücke	379

Autorenregister	421

• • •